국제 통상론

박종수

博 英 社

제 2 개정판을 내면서

국제통상은 역사적 기원이나, 정책수립 및 실행의 성격상 경제적이기보다는 훨씬 정치경제적이다. 통상정책과 국가의 역할에 따라서 특정산업에 유리한 시장의 형성과 확대, 미래 성장동력에 대한 지원, 국내시장의 형성과 안정, 국가 리스크의 관리 등이 가능하다. 즉 국가가 시장에 그냥 따라가는 것이 아니라, 통상정책을 통하여 일정 정도 시장을 만들고, 확대하고, 관리하는 기능을 할 수 있다. 한국 정도의 경제적 규모와 국제정치적 위상을 가지고 있는 국가라면 이제 국제통상 이슈나 타국의 통상문제에 수동적으로 그냥 따라가기보다는 주도적으로 시장을 창출하고 확대하며 시장관리에 참여하고, 그에 따른 적절한 국내적 보상체계를 마련하며, 미래 시장동력을 지원하고, 국내 및 국제적 통상문제를 조정해나갈 필요가 있다.

한국이 고도의 통상국가로 도약하려면 지금과 같은 통상정책 환경이 더 이상 방치되어서는 안 된다. 이러한 통상인프라 속에서 이루어지는 통상정책이 효율적이기를 기대하기는 무리다. 통상정책이 국가경제 전체의 운용에 대한 비전과 방향으로부터 유리되어 이루어진다면, 효율성도 없고 정치적 정당성도 찾기 어렵다. 현재 한국의 통상정책이 겪고 있는 어려움의 가장 큰 원인은 '개방과 개혁을 축으로 하는 선진경제 진입'이라는 큰 비전과 통상정책이 실제 이행과정에서 제대로 연계되지 않고 있다는 것이다. 각 통상현안마다 통상입국을 실현할 수 있도록 정책이 입안되고 부처간의 갈등이 조정되는 것이 필수적이다. 이를 위해서는 한국과 같은 대통령중심제에서는 최고통치자의 정치적 리더십이 가장 중요하다. 미래를 내다보는 비전과 결단을 갖춘 정치적 리더십의 바탕 위에 정부부처간 조정을 원활하게 하여 정책의 거래비용(transaction cost)을 줄이고, 통상정책의 각 단계에서 행정부, 국회간의 유기적인 협조체계를 구축하여 정치비용(political cost)을 줄이는 방향으로 한국의 통상거버넌스를 개선시켜 나가야 한다.

효과적인 통상거버넌스는 개방 친화적 통상인프라를 구축하고 효율적 통상정책 결정 및 운영체계를 정착시키는 방향으로 이루어져야 한다. 이를 위해서 1) 일부의 편파적인 반개방정서를 극복할 수 있는 통상진흥 공공교육 홍보 프로그램 운영, 2) 농업·제조업·서비스업에서의 개방으로 인한 충격을 완충시키면서 구조조정을 촉진할 수 있는 종합적인 무역조정지원제도, 3) 무역조정지원제도가 사회적 도덕적 해이를 유발시키지 않게끔 효과적으로 작동하기 위한 무역위원회의 심사기능 강화, 4) 통상의 주체인 기업들의 현장의 애로사항을 조기에 파악하고 적극 반영하는 기업지원형 통상인프라 구축 등이 개방친화적 통상인프라 구축의 과제이다. 효율적인 통상정책체계의 정착을 위해서는 민간의 참여를 증대시키고 정책과정의 투명성을 높이며, 정부부처간 조정 권한을 강화하고, 행정부와 국회간의 통상교섭협력절차를 확립하는 것이 주요 정책과제이다.

이번 개정판에서는 국제통상과 관련된 국내외적인 문제들이 다소 변화되었기 때문에 낡은 내용들은 새것으로 과감히 수정·가필하고 중요도가 떨어진 내용은 축소·조정하였다.

끝으로 본서의 내용을 계속 보완할 수 있도록 충고와 격려를 하여 주신 여러분들께 감사드리며, 개정판을 내도록 배려해 주신 박영사의 안종만 회장님과 교정과 편집에 노고가 많았던 편집부 여러분에게 깊은 사의를 표하는 바이다.

庚寅年 새해

저자 씀

개정판을 내면서

인류는 오늘날 전인미답(前人未踏)의 혁명적인 격변기에 살고 있다. 과거의 인쇄매체, 전화 그리고 텔레비전을 능가하는 새로운 커뮤니케이션 미디어가 인간의 사회적 · 경제적 삶에 막대한 영향을 끼치면서 새롭게 부각되고 있기 때문이다. 단지 정보를 관리하는 도구로 사용되었던 컴퓨터가 커뮤니케이션을 추진하기 위한 정보 인프라로 새롭게 자리매김하고 있다. 상호작용이 가능한 멀티미디어와 정보고속도로, 그리고 인터넷이 인간의 지능을 네트워킹함으로써 탄생되는 신경제, 즉 디지털 경제로의 변화가 촉진되고 있다.

디지털 경제에서 개인과 기업 및 정부는 지식 및 네트워크를 이용하여 인적정보를 구축하고 제조업, 농업, 서비스업 등에 활용함으로써 부를 창출하고 있다. 디지털 경제를 개척하는 데 있어서 각각의 역할과 규칙 그리고 생존과 성공을 위한 조건들 모두가 변화하고 있다. 경제와 사회관계에서의 이러한 변화는 불과 수년 전에 시작되었다. 이 같은 시대적 흐름 속에서 정부와 기업, 개인 모두가 자기혁신에 노력해야 함은 두말 할 필요조차 없다. 정부는 먼저 디지털 네트워크로 전 국토를 무장시켜 정보화 경쟁에 매진하고, 아울러 개인과 기업의 통상 및 경영활동에 최대한 자율권을 부여해야 한다. 이 시기는 모든 분야에서 상상을 초월하는 도전과 기회가 제공되는 거대하고 새로운 약속의 시대이다. 이에 따라 우리는 이러한 거대한 세계조류와 국제통상환경의 변화에 능동적이고 신속하게 대처할 수 있도록 우리의 모든 역량을 결집해야 하는 전환점(turning point)에 서 있다.

본서가 발간된 지 어언 4년이 지나는 동안 국내외적으로 엄청난 변화가 일어났으며, 이번 개정판에서는 이러한 점을 감안하여 다음과 같은 변화를 담고 있다. 우선 기존 13개 장으로 구성했던 것을 1개의 장을 추가하고 기존 5부 3개의 장을 하나로 줄여 12개 장으로 축소하였다. 둘째로, 초판이 나온 이후 2004년까지 일어난 변화들을 반영하여 모든 장을 수정 · 보완하였다. 특히 WTO도하개발 아젠다 협상 등을 비롯해, 세계 FTA의 확산과 전망, 지속 가능한 발전 정상회의를 비롯한 국제회의의 결과 등이 추가되었으며, 기존 통계 및 수치들을 가능한 한 최근의 것들로 수정하였다.

마지막으로 국제통상의 새로운 이슈에 관한 내용을 추가하였다. 새로이 추가된 11장에서는 세계화와 정보혁명에 대하여 설명하고 있다. 즉, 오늘날 우리는 지구촌이라는 한 울타리 안에 살고 있다. 이는 지구촌이 한 가족으로서 지구상에 존재하는 국가들과 인적 · 물적 정보교류가 폭발적으로 확대됨을 의미하며, 우리는 이를 세계화라고 한다. 이것은 많은 독자들이 이 책에서 이 분야가 상대적으로 소홀하게 다루어졌다는 지적을 해 주셨기 때문이다.

아무튼 부족한 책임에도 불구하고 많은 분들께서 격려와 질책을 해 주셨고, 이와 더불어 책을 쓴다는 일에 대한 엄청난 두려움을 느꼈다. 또 이 책을 교재뿐만 아니라, 일반인들이 국제통상관계에 대한 지식을 얻기 위해 읽는다는 사실에 보람과 함께 또 다른 책임감을 느꼈다.

마지막으로 개정판의 출간을 격려해 준 박영사 安鍾萬 회장님과 관계자 여러분에게 깊은 감사를 드린다.

2004년 12월
저자 씀

머 리 말

지금 우리는 글로벌화와 정보화의 파고에 각국의 국경이 힘없이 무너져 버리고 있는 놀라운 변화를 실감하고 있다. 바야흐로 세계경제는 하나의 거래시장이 되었고 경쟁은 더욱 치열해지고 있음을 직시하고 있다. 또한 이러한 여파로 국제통상에 대한 기존사고와 행동기준을 묶어 놓았던 관점과 가치관마저 바뀌고 있으며, 이러한 변화에 동참하지 못하는 기업이나 국가는 도태되고 말지도 모른다는 신드롬에 사로잡혀 있다.

국경이 무너지면 더 이상 자신과 자신의 기업을 보호해 줄 수 있는 홈그라운드나 다름없는 국내적 기반마저 없어져버리고 말 것이다. 모든 기업이 국경에 관계없이 각각의 생산요소를 최적 결합하는 방식으로 투자하고 생산·판매하는 등 그야말로 무한경쟁을 벌이고 있다. 이미 경쟁은 WTO 출범으로 오래 전에 시작되었지만 무한경쟁으로 치닫고 있다는 사실은 위기감을 느끼게 하기에 충분하며, 나아가 살아남는 일이 얼마나 힘든 것인가를 실감케 해 준다.

이처럼 세계경제가 단일 경제권으로 통합됨에 따라 국제거래가 늘어나고 거래형태 또한 다양화됨에 따라 기업들의 국제적 활동에 새로운 지평을 열어주는 한편, 국가간 경쟁이 심화되고 분쟁과 마찰의 소지도 그만큼 커지기 때문에 국제통상활동을 하는 주체자에게는 기회와 도전이 늘 상존하게 되는 것이다. 이런 관점에서 우리는 국제통상환경의 변화에 능동적이고 신속하게 대처할 수 있도록 우리의 모든 역량을 결집해야 하는 중요한 시점에 와 있다.

우리 속담에 "선 무당이 사람 잡는다"는 말이 있다. 이것은 누구나 가지고 있는 고정관념이나 편견, 또는 확인되지 않은 어설픈 정보나 소문을 듣고 내리는 그릇된 결정이 큰 과실을 범하는 경우를 두고 하는 말이다. 따라서 통상문제에 있어서는 한쪽으로 치우치지 않는, 모든 정보를 정확하고 신속히 입수하여 장·단기적 대응과 가치중립적 판단을 내려야 하는 것이다.

통상문제는 그 기본성격에서 대외거래의 안정과 확대라는 총괄적 관점도 중요하지만, 그에 이르는 과정과 절차, 그리고 그에 따르는 제반 조정과 대응이 더욱 중요하다. 그리고 국제통상이라는 통로에는 무임승차적인 일방통행보다는 쌍방통행이, 한쪽이 이득을 보면 반드시 상대방이 손해를 보는 zero-sum game이 아닌 양쪽이 다 이득을 볼 수 있는 positive-sum game이라야 한다.

오늘날 국제통상에 대한 이해는 정치, 경제, 문화, 사회환경, 각종 법제, 관행 및 규범 등 제반 요소들을 포괄하여 접근할 필요가 있다. 따라서 본서는 국제통상의 복합적이고 종합적이며 광범위한 분야를 가능한 한 간단명료하게 구성하여 보다 쉽게 이해하고 이를 다시 효과적으로 실무에 적용할 수 있도록 체계화하였다.

이 책은 독창적이라기보다는 기존 관련자료 및 다른 책들을 많이 인용하여 만든 것이며, 특히 본인의 「국제통상원론」 중 미비된 점을 크게 보완하여 「국제통상론」으로 개칭하였다. 이 분야는 앞으로도 학문적 검증을 통해서 더욱 완성되어야 하겠지만 이론중심의 총론에 못지않게 실무적 각론으로 발전해 나가야 함을 강조하는 바이다.

아무쪼록 이 한 권의 책이 국제통상업무에 종사하거나 통상문제에 관심이 있는 여러분에게 이해의 폭을 넓혀 주는 통상지침서로 활용될 수 있기를 기대해 보며, 부족하고 잘못된 부분은 계속 수정, 보완해 나갈 것을 약속하면서 독자제현의 많은 지도와 편달 그리고 비판과 충고를 기대해 마지 않는다.

끝으로 이 책의 출간을 허락해 주신 박영사의 安鍾萬 사장님과 편집부 宋逸根 주간님, 그리고 崔尙九 편집위원에게 깊은 감사를 드린다.

2000년 6월
저자 씀

차 례

제1부 국제통상기초

제1장 국제통상의 개요

제2장 국제통상의 이념과 규범

제2부 국제통상정책

제3장 통상정책 개설

제4장 통상정책의 형태와 주요 정책

제 3 부　국제통상법

제 5 장　국제통상법 개설

제 6 장　국제통상법의 주요 내용

제 7 장 주요 국제통상법제

제 4 부 국제협상과 국제협력

제 8 장 국제협상

제 9 장 국제경제협력

제10장 국제통상전략

제 5 부 세계화와 문화 및 정보혁명

제11장 세계화와 정보혁명

제12장 문화의 상품화 및 세계화

제 1 부

국제통상기초

제 1 장

국제통상의 개요

제 1 절 국제통상의 기본개념

1. 국제통상의 의의

1.1 국제통상의 개념과 범위

(1) 국제통상의 개념

국제통상이란 "국가간의 경제교류에 작용하는 제약요인을 제거하고 효과적인 전략을 수립하여 국제적인 거래를 통하여 상업적인 이익을 추구하는 상행위"라는 점에서 근본적으로 무역의 개념과 다를 바 없으며, 영어로 international trade 또는 international commerce로 표기하고 있는데 이는 둘 다 국제무역 또는 국제통상의 의미로 사용하고 있기도 하나 실제로 의미상의 차이는 없다.

다만, 오늘날 국제통상에서 말하는 상행위의 범위는 국가와 국가 사이에서 정부간 또는 정부와 기업간이나 또는 개인 상호간에 이루어지는 거시적 국제경제관계 및 거래당사자간의 사경제적 관계 모두가 포함된다.

즉, 국제통상은 국가간의 상품 및 서비스 교역활동으로 무역과 근본적으로 동일한 개념이지만, 무역의 경우는 일반적으로 유형재인 상품(상품과 불가분의 관계가 있는 기술, 용역의 유상적 제공도 포함시킴)의 국제적 이동을 전제로 하는 수출과 수입을 지칭한다. 이에 반해 국제통상은 상품의 수출입은 물론 서비스의 교역, 자본과 노동, 기술 및 투자, 기타 지적재산권의 이전과 이들 생산요소의 결합체 이동 등 각종의 유형재 및 무형재를 포함하는 모든 국제간의 교역활동을 뜻한다. 특히 WTO체제의 출범을 계기로 국제통상은 국제무역에서 다루는 분야를 초월하는 국가간의 모든 경제교류와 협상 및 협력의 전부문을 포괄하는 광의의 무역과 동등한 개념으로 받아들여지고 있다. 결국 국제통상은 국가간 상품의 이동인 국제무역뿐만 아니라 화폐 및 금융자산의 이동, 자본과 노동의 이동, 기술 및 경영능력의 이동 그리고 이들 생산요소의 결합체의 이동 등과 같은 국가간에 발생되는 무역거래, 금융거래, 투자거래 등의 모든 국제경제거래를 의미한다.

아울러 국제통상은 경제주체의 합리적인 의사결정과 이러한 의사결정에 따른 상거래에 대한 제약요인을 완화해 나가는 과정 및 활동을 포함하고 있다. 즉, 국가라는 주권 단위가 국가간의 경제교류에 작용하는 제약요인을 제거하고 국가간의 상거래를 원활하게 하기 위한 상호간 또는 다자간 협상과 협력을 통하여 국가간 상거래 또는 경제거래를 통(通)하게 만드는 여러 가지 활동 및 과정을 의미한다.

이러한 점에서 국제통상이라는 학문은 국가 사이에서 발생하고 있는 제반 경제활동의 특징적인 양상과 이슈를 이해하고, 이 같은 활동을 뒷받침하기 위한 국가간의 협상과 전략 및 해결방식(양자간 · 다자간 협상 및 지역간 협정체결 등), 규범제정과정, 그리고 국제경제규범의 배경이 되는 경제적 현상과 논리를 체계적으로 이해하여야 한다.

(2) 국제통상의 범위

한 나라가 어떤 목적하에서 국경을 통과하는 경제활동에 대한 규제를 가할 때에 여타 국가 또는 기구가 이를 해소할 목적으로 대응하는 각종 조치가 국제통상활동이 되는 것이다. 또한 역사적으로 볼 때 국제통상활동에서 여러 국가가 공동의 규칙을 정하기 위한 각종 노력을 한 것도 중요한 부분을 차지하고 있다.

그런데 국가간 경제활동의 범위가 매우 다양해지고 복잡해짐에 따라 국제통상의 개념도 이와 같은 궤를 밟고 있는 것이 사실이다. 예컨대, 국가간의 경제활동이 단순한 상품거래에 머물렀던 시절과 오늘날처럼 서비스교역의 비중이 급격히 증가하고 해외직접투자의 확대, 그리고 생산 및 판매의 글로벌화가 일반화되고 있는 시점에 있어서 국제통상의 개념과 범위는 과거와 상당한 차이가 존재할 수밖에 없다. 즉, 국제적 경제활동의 내용 및 구조상의 변화가 국제통상의 개념에 포함되는 것으로 이해해야 한다. 그렇지 않고 국가간의 갈등을 해소하는 과정으로만 국제통상을 이해하는 것은 절름발이의 결과만을 도출하게 될 것이다. 국제통상은 제도적인 변화를 요구하는 경제활동 즉, 상거래 내용의 변화와 이에 대응하기 위하여 이루어지는 국가간의 상호작용을 모두 다 포함하는 개념인 것이다.[1)]

이상과 같은 논의를 바탕으로 국제통상분야에서 다루게 되는 대상과 범위는 다음과 같다.

첫째, 국가간의 모든 경제활동이 국제통상의 대상과 범위에 포함되고 있다.

국제통상은 세계화와 가장 밀접한 관계를 가지고 있는 분야로서, 국가간에 이동될 수 있는 모든 자원이 국제통상활동의 대상이 된다고 할 수 있다. 즉 국제통상은 일반상품(물리적 재화)의 수출입은 물론 무역관련 해외 직접투자분야, 서비스 분야, 지적 재산권 분야까지도 포함한다.

둘째, 글로벌 경제와 무한경쟁에 따라 국제통상의 분야에 있어서도 그 내용이 각 국가의 의무를 더욱 증대시키는 방향으로 변화하고 있다.

통신 및 교통수단의 혁신적인 발달과 국가간의 인적·물적 교류의 증가로 국경 개념이 희박해지고, 세계 각국은 점차 단일 시장으로 통합되어 가고 있다. 이에 따라 국가나 기업, 개인 모두가 무엇이든 세계 어디서나 만들 수 있고, 세계 어디서나 팔 수 있는 글로벌 경제와 무한경쟁의 시대를 맞이하게 되었다.

이러한 변화에 따라 과거에는 통상의 목표가 각국이 실시하고 있는 국경장벽의 완화 내지 철폐를 위한 것이었다면, 최근에는 전통적인 무역분야에 있어서도 국내정책의 변화를 요구하는 방향으로 바뀌고 있다. 이른바 '자유무역'(自由貿易)에서 '공정무역'(公正貿易, fair trade)으로 통상활동의 초점이 바

1) 강인수 외 7인, 「국제통상론」, 박영사, 1999, pp. 46~47.

꿔어 가고 있는 것이다.

셋째, 새로운 통상과제와 다자간의 규범화가 넓은 분야에서 추진될 것이다.

WTO의 탄생으로 전통적으로 국제무역의 협상대상이었던 관세나 수입제한과 같은 국경에서의 조치에 관한 협상은 대체로 마무리되었다. 그러나 세계 경제가 통합화 되어가는 상황에서는 이러한 국경에서의 조치보다는 국내에서의 조치가 더 중요한 무역장벽으로 인식됨에 따라 국경내에서의 조치에 해당하는 경쟁정책, 환경, 노동, 투자 등의 문제가 새로운 통상의제로서 제기되어 왔다.

이미 WTO에서 많은 분야가 규범화되었지만, 당장 현안이 되고 있는 환경, 노동, 경쟁, 부패, 투자 등을 필두로 다양한 분야에 대한 규범화가 추진되고 국제통상질서는 이러한 제도화된 규범을 바탕으로 움직이게 될 것이다.

넷째, 국제통상활동에 있어서 협상분야가 갖는 중요성이다. 국제통상활동의 과정은 기본적으로 협상이다. 양자간 또는 복수간에 발생하는 통상은 말할 것도 없으며, 세계 대부분의 국가가 참여하는 WTO체제를 출범시킨 우루과이라운드도 협상의 결과이다.

특히, 개별통상현안 해결방식으로는 당사국간의 마찰이 심화되고, 전반적인 통상문제의 해결이 어려우면 포괄적 협상방식으로 전환하여, 전략적으로 제휴하거나 종합적인 이해득실을 고려하는 등의 방식이 요구된다.

따라서 국제통상과 그 결과로 나타나는 통상규범에 대한 이해를 위해서는 협상의 방식, 협상당사자의 협상력이 규범에 미치는 영향, 그리고 협상의 규범화과정에 대한 전반적인 이해가 필수적이다.

이처럼 통상의 범위가 확장되면서 기업들은 통상기회와 국제사업활동의 범위가 더욱 증대되는 새로운 환경을 맞게 되었다. 하지만, 이러한 환경변화는 이중적 성격을 지니고 있다.

우선, 그 동안 국내시장에 국한해서 영업활동을 해 오던 기업들이 시야를 해외로 넓힘으로써 수익성을 더욱 높일 수 있는 기회를 갖게 된다. 반대로, 이러한 기회를 적극적으로 활용하지 못한 채 안일한 자세로 국내시장에만 계속 치중하는 기업들은 외국기업들의 시장침투로 인하여 수익감소와 더 나아가 생존위협까지 받게 된다. 결국, 통상범위의 확대는 기업들의 국제적인 활동에 새로운 지평을 열어주는 한편, 그것을 불가피하게 만드는 도전적인 성격을 띠고 있는 것이다.

1.2 국제통상의 본질

(1) 국제통상의 성격

1) 개별경제적 성격

기업이나 개인은 통상문제와 관련하여 상품과 서비스, 투자 또는 지적재산권의 이전 등 통상을 수행하는 주체이다. 다만 국제통상에 참여하는 기업이나 개인은 어디까지나 영리를 목적으로 하는 사법적인 주체일 뿐이다.

국제통상은 국내 상거래와 같이 기업이 주체가 되어 영리를 목적으로 하는 국제거래행위라고 말할 수 있다. 국내상업의 주체가 기업인 것처럼 국제통상의 주체 또한 기업이 되는 것이 일반적인 경향이다. 따라서 기업이 행하는 국제거래 행위는 국제통상 자체를 형성하기 때문에 이러한 의미에서 국제통상은 개별경제적 성격을 가지고 있다고 할 수 있다.

2) 국민경제적 성격

국제통상은 자국과 타국간의 상품의 교류를 의미한다. 국제통상이 개별기업체간에 자유롭게 이루어진다 하더라도 국제통상은 국경을 넘어서 이루어지므로, 그 기본주체는 개별기업체에서 국가로 전환된다.

기업의 경영목적은 오직 이윤추구에 있으나 국민경제의 교역목적은 국가의 산업정책과 국제수지의 균형유지를 실현하는 데 있다. 따라서 개별기업의 경영목적은 국가경제의 공익이라는 테두리 내에서 불가피하게 제약을 받지 않을 수 없다. 그러므로 국제통상의 행위주체는 개별기업이라고 볼 수 있으나 기본주체는 국민경제라고 말할 수 있다.

3) 세계경제적 성격

오늘날 어떠한 국가도 모든 물품을 자급자족하고 있는 나라는 없다. 따라서 다른 나라의 국민경제와 상호밀접한 의존관계를 맺고 있다. 이러한 의미에서 국제간의 통상협정과 그것을 실현하는 개별기업간 말단접촉의 경영활동은 모두 세계경제의 범위 안에서 이루어지므로 각국의 국제통상은 세계경제의 일부를 구성하고 있다고 할 수 있다.

그리고 국제통상이 중개역할을 담당하게 됨으로써 국민경제는 국제통상을 중심으로 세계경제의 유기적 구성을 심화시키고 있어 국제통상은 세계경제적 성격을 띠고 있다.

(2) 국제통상의 특수성

1) 국제통상의 규범성

국제간의 거래에 있어서 중요한 것은 일정한 표준과 거래관행이다. 국제협약이나 국제규칙은 물론 세계적으로 인정할 수 있는 상관습 등이 하나의 규정화된 틀로서 법리적 판단을 할 때에 그 기준으로 채택된다면, 이를 총칭하여 규범이라고 할 수 있다. 따라서 각종 상관습은 물론 국제통상관련 협정 및 규칙들은 모두 국제규범을 구성하는 요소들이 된다.

어떠한 규범이든 국제통상관계를 규정하는 모든 규범은 특정상황에서 특정사실에 대해 적용되는 것을 그 주목적으로 삼고 있다. 하지만 규범이 적용되는 상황 혹은 원용하는 국가에 따라서 해석상 상호 불일치하는 요소 또한 언제나 존재하기 마련이다. 이러한 불일치요소로는 규범의 적용범위, 이행수단 그리고 예외규정 등이 있을 수 있으며, 이와 같은 불일치요소를 구제하는 수단이 다름 아닌 WTO의 '분쟁해결 절차 규정'이라 할 수 있다. 따라서 WTO는 국제통상관계를 규율하는 기본규범이라고 할 수 있다.

두 나라 사이의 무역거래는 기본적으로 수출업자와 수입업자 간의 계약에 의해서 이루어진다. 그러나 그 계약의 과정과 조건은 양 당사자의 뜻대로만 이어지는 것이 아니라 거기에도 엄연한 질서와 규칙이 있다. 왜냐하면 계약의 대상이 두 나라 사이의 국경(경제적 의미로는 관세선)을 통과하기 때문이다. 계약의 대상이 관세선을 통과하기 위해서는 적절한 통관절차가 필요하고, 정해진 관세 등을 납부해야 한다. 만약 통관절차와 관세납부 등이 수입국 마음대로 이루어진다면, 또 명확한 기준이 없다면 무역거래는 지연되고 무역량은 줄어들 수밖에 없다.

WTO는 기본적으로 이러한 나라 사이의 무역거래(모든 경제거래 포함)에 규칙과 질서를 부여해 주는 국제규범이다. 즉 수출입과정에 대한 명료한 원칙과 규칙을 제정함으로써 국가간의 무역이 보다 더 원활하게 이루어지도록 하려는 것이다.[2)]

---

2) 박종수, 「국제통상관계론」, 도서출판 두남, 1995, p. 69.

2) 통상정책 · 제도의 차이

국제통상이 경제성장, 물가, 고용, 소비, 국제수지 등을 통해 국민경제에 미치는 영향은 지대하다. 이러한 까닭에 각국 정부는 시대상황에 따라 통상을 촉진하거나 규제하는 여러 가지 직 · 간접의 정책을 실시하고 있다. 각국의 경제 · 통상정책이 상이하므로 국제거래에 대한 규제정책의 범위가 달라질 뿐 아니라 그에 따른 관세 또는 비관세의 장벽도 다르다. 그리고 각국은 고유의 통화를 사용하고 있고, 그 통화가 국내에는 법률에 의하여 통용성이 보장되나, 국제적으로는 자유롭게 통용되지 않는 경우가 많다. 따라서 환율의 문제가 생긴다.

3) 통상마찰의 상존

통상마찰이란 특정국이 어떤 이유로 통상에 대하여 영향을 주는 조치를 취했거나 또는 취하려고 했을 경우에, 그 조치에 의해 불이익을 받거나 받을 우려가 있는 상대국과의 사이에서 발생한 분쟁이라고 할 수 있다.

즉, 일국의 특정품목에 대한 상대국 시장진출의 급격한 증가와 이에 따른 거래의 불균형이 발생, 또는 확대되거나 상대국 시장에서 질서의 혼란과 불공정, 실업의 증대 등으로 위기감을 초래할 때, 상대국은 당해 국가로부터의 수입을 억제 또는 그 나라에 대해 수입확대 및 시장개방 등 대응요구가 나타나는 통상메커니즘의 작용이라고 볼 수 있다.

이러한 마찰의 현상은 초기에는 개별상품 중심으로 야기되었으나 점점 제도 · 관습에 이르기까지 광범위하게 파급되고 있다. 이에 대응하여 나라마다 규제조치를 취하고, 상품거래에만 한정하지 않고 서비스 · 금융 · 직접투자 등 경제 전체를 포함할 뿐 아니라, 국가의 정책적 대립에서부터 국민감정적 대립으로까지 전개되고 있다.

4) 통상협상의 중요성

일반적으로 협상(bargaining)이란 둘 이상의 행위자가 가능한 협조행위를 통하여 서로의 입장차이를 양보함으로써 타협(negotiation)하는 것을 말한다. 인간은 규모의 종류는 다르지만 언제나 협상하면서 살고 있다고 해도 과언이 아니다. 개인, 집단 또는 국가 사이에는 수많은 갈등이 일어나고 있거나 잠재해 있다. 동일한 목표(금전적 · 비금전적 이익)를 두고 벌어지는 개인간의 이해갈등, 노동조합과 기업 사이의 집단갈등 그리고 통상마찰을 둘러싼 국가간 갈등은 주변에서 늘 목격되는 대표적인 갈등들이다. 이러한 갈등은 두 가지 결과로서 나타난다. 협상을 통해 타협되고 중재되거나 그렇지 않으면 극단적인 파국으로 끝난다. 개인들은 타협에 실패하면 기존의 모든 관계를 종결함으로써 비극적인 원한관계로, 노사관계는 파업으로 그리고 국제관계는 전쟁으로 발전한다. 이와 같은 파국은 당사자나 당사국이 갈등쟁점에 대한 전혀 다른 원칙에서 출발하기 때문이다. 국제무역, 고용이나 합작투자 등과 같은 행위는 국가 · 집단 및 개인 사이에 일어나는 협조행위에 속하며 이러한 협조행위는 잠재적 타협의 의지가 많다. 협상의 결과는 둘 중의 하나이다. 쌍방이 서로에게 유익한 협조방향으로 나아가거나 아니면 협상의 결렬, 즉 갈등의 지속이다.

5) 문화이해의 필요성

개인도 국가와 마찬가지로 자신만의 고유한 문화를 갖고 있다. 따라서 개인간의 관계는 상호 문화적 관계로 이루어진다. 또한 집단 간에는 집단문화, 국가간에는 국가문화가 만나게 되며, 상호 이해가 맞물리거나 대립되는 경우 잦은 충돌을 일으킬 수밖에 없다.

특히 국제통상관련 문제 및 협상에는 각 문화간에 필연적으로 상충되는 상이한 문화적 배경을 절충하고 관리하여 원만한 합의에 도달하는 과정이 포함되어 있다. 이 과정에서 나타나는 문화 차이가 해소되지 않아 각종 협상에 부정적인 영향을 미친 사례는 일일이 열거할 수 없을 정도로 많다.

그리고 문화는 사람들의 공통된 삶의 방식 또는 생활양식을 나타내므로 어느 한 지역에 대해서 집중적인 시장 공략을 할 경우 꼭 알아두어야 할 필수사항이다. 요즘 각 기업체에서 양성하고 있는 지역전문가라는 것도 사실상 지역문화학습을 의미하고, 이러한 학습을 위해 외국의 어느 한 지역에 파견되어 장기간 언어 훈련 및 문화습득을 하게 된다.

2. 국제통상의 역할과 과제

2.1 국제통상의 역할

(1) 소비자의 효용증대

소비자들은 국내시장에서만 획득하던 상품 및 서비스를 무역을 통하여 보다 넓은 시장에서 조달할 수 있게 된다. 즉 보다 품질이 우수한 상품을 보다 저렴한 가격에 획득할 수 있을 뿐만 아니라, 이제까지 접근할 수 없었던 상품도 획득할 수 있게 된다. 따라서 무역은 소비자의 효용을 증대시켜 준다.

(2) 생산자의 이익증대

생산자들은 무역을 통하여 외국에서 보다 저렴하고 다양한 생산 요소를 구입, 활용하여 생산비를 절감한다. 또한 제한된 국내시장뿐만 아니라 해외시장에 판매하게 되어 매출이 증대된다. 아울러 생산 활동을 국외에서 함으로써 생산비를 줄이고 해외시장접근을 용이하게 할 수 있다. 원가절감과 매출증대는 곧 이익증대를 의미한다.

(3) 산업경쟁과 분업촉진

국제통상은 보다 넓은 시장을 상대로 한 대량생산과 경쟁을 촉진하며 전문화와 분업을 촉진한다. 분업과 전문화는 국가와 기업의 생산성을 높인다.[3)]

(4) 고용과 소득증대

국제통상은 새로운 고용기회를 창출한다. 예컨대 수출입은 수출입업은 물론 해운업, 보험업, 금융업, 제조업 등의 활성화를 가져와 국가의 고용과 소득이 증대된다. 다른 국제거래도 마찬가지이다. 국민소득이 증대되면 국민

---

3) 기업들이 세계시장을 상대로 활동을 하는 경우, 국내시장에서의 국내기업들간의 경쟁과는 비교가 안 될 정도로 심한 경쟁환경에 처하기 때문에, 기업들은 경쟁력 증대에 보다 많은 노력을 기울이게 된다.

의 소비지출과 저축이 많아져 국민소득은 더욱 증가하게 된다.

반대로 경쟁력이 없는 자국산업 또는 업체를 퇴출시켜 해당 근로자를 곤란하게 한다. 국제거래 속에서 신설되는 사업체와는 반대로 이런 기존업체들의 근로자에게는 실업의 위험이 있다.

(5) 사회 · 문화적 교류증대

국제통상과 개방은 불가분의 관계에 있다. 국제통상을 통해 국가간의 물적 교류뿐만 아니라 인적 · 문화적 교류까지 이루어지게 된다. 국제거래가 증대될수록 사회 · 문화적 교류는 더욱 증대되고 정치적 민주화 수준도 높아진다.[4)]

한편 사회개방과 교류증대는 외국문화를 무분별하게 유입시켜 기존의 전통문화를 파괴할 수 있다. 예컨대 NAFTA(북미자유무역지대) 창설 이후 멕시코인의 대거 미국 진출로 인해 미국은 심한 문화변질을 우려하고 있다.

(6) 물가안정과 경제성장

국내가격보다 낮은 가격의 상품이 수입 또는 판매되면 물가지수가 낮아진다. 물가안정은 저축 및 투자증대로 이어져 경제성장을 촉진한다. 국내물가의 등귀는 국민경제의 내적요인과 외적요인에 의하여 발생하므로 이는 통상정책을 통하여 국내물가를 안정시키지 않으면 안 된다.

경제성장은 각국 경제의 주요한 목표다. 각국은 경제성장을 추구하기 위하여 통상정책을 수립하고 있으며, 이를 성공적으로 실현하기 위하여 국내경제의 여건을 정비하고 모든 정책적 수단을 동원하고 있다.

2.2 국제통상의 현안과 관리체제

(1) 국제통상의 현안 과제

국제거래가 늘어나고 거래형태가 다양화될수록 국가간 경쟁이 심화되고 분쟁과 마찰의 소지도 그만큼 커지기 때문에, 통합과 분열의 양면성을 지닌 21세기 국제통상문제는 다음과 같은 현안문제들과 직면하게 될 것이다.

첫째, 다자간 규범화가 광범위한 분야에서 추진될 것이다.

---

4) 정홍주, 「국제통상론」, 문영사, 1999, pp. 12~13.

한 나라의 이자율 정책이나 산업정책은 물론이고 하다못해 사소한 거래 관습마저 교역 파트너에게 직접적으로 영향을 미치고 있는 오늘날과 같은 세계화시대에는 거의 모든 정책, 제도, 관습이 다자 규범화의 대상이 될 소지가 그 어느 때보다 크다고 하겠다.

따라서 지금까지 자유무역의 이념이 자원의 효율적 배분과 부의 창출 및 인류의 복지를 증진시키는 데 크게 기여함으로써 보호무역주의의 도전을 물리치게 하였으나, 21세기 국제통상무대에서는 자유무역보다는 규범을 앞세우는 이른 바 '제도주의'가 득세할 것으로 보인다.

둘째, 글로벌리즘과 국가, 민족주의 또는 지역주의 간의 대립이 중요한 이슈로 부각될 전망이다.

글로벌라이제이션은 역류될 수 없는 대세이긴 하나, 아이러니하게도 내셔널리즘과 지역주의를 함께 부각시키는 속성을 지니고 있다. 유행 속에서 개성이 강조되듯이, 물리적인 국경은 사라져도 문화적인 경계는 더욱 뚜렷하게 부각되고 그에 따른 충돌과 갈등은 통상마찰을 심화, 확대시키며 국제무역질서에 여러 가지 파장을 몰고 올 것이다. 글로벌라이제이션의 진전과 함께 통상마찰은 더 이상 무역장벽을 둘러싼 문제가 아니라, 국가간 또는 민족간 문화적 충돌로 그 성격이 근본적으로 변화하게 될 것이기 때문이다. 지역주의도 WTO체제 출범 이후에 오히려 더욱 활발하게 추진되어 현재 세계적으로 120여 개 이상의 지역협정이 체결되어 있지만, 부정적인 측면보다는 긍정적인 측면이 많다고 생각된다. 물론 WTO 회원국들의 관심이 다자질서로부터 이탈하는 것이 아닌가 하는 우려를 자아내는 면이 없지 않지만, 이는 다자주의를 통해 낮아진 무역 장벽이 보편화됨에 따라 새롭고 비보편적인 혜택을 통해 경제성장의 새로운 동인을 마련하려는 것으로 이해해야 할 것이며, 결국은 글로벌리즘 진전의 촉매제가 될 것이다.

셋째, 세계적인 산업간 구조조정 문제가 심각한 현안으로 부상할 전망이다.

글로벌라이제이션이 진전될수록 통상문제의 핵심은 결국 산업간 구조조정 문제로 귀착될 것으로 보여진다. 전체적으로 아무리 무역의 확대균형이 이루어져도 불균형이 있는 산업분야 간에는 마찰이 발생하기 마련이며, 이는 글로벌라이제이션과 함께 무한경쟁이 가속되면서 더욱 심화될 것이다.

얼마전 한-미간 자동차 분쟁은 좋은 사례인 바, 미국이 통상압력을 가해

오는 이면에는 세계적인 자동차 과잉공급에 대한 우려와 자국 자동차산업의 미래에 대한 불안감이 내재해 있다고 할 것이다. 최혜국대우원칙을 최고의 가치로 신봉했던 GATT 시절에도 다자간섬유협정(MFA)을 비롯해 철강이나 조선과 같은 기간 산업 분야에 별도의 협정이 있었음은 모두가 주지하는 바와 같다.

따라서 통상정책도 바로 동일 산업내 협력과 갈등 해소에 초점이 모아져야 할 것이다.

넷째, 다자주의의 체제변혁과 지역주의가 심화될 전망이다.

DDA 협상의 지연에도 불구하고 세계화는 지속될 것이며, WTO를 중심으로 하는 다자체제 역시 중장기적으로 효율성을 개선하려는 체제변혁이 불가피할 것이다. EU, MERCOSUR, AFTA를 근간으로 소규모의 새로운 FTA의 체결이 증가하면서 지역주의는 계속 확산될 것으로 전망된다. 지역주의의 확산은 그 자체로써 무역확대에 기여할 뿐만 아니라 WTO의 다자체제로 하여금 지역무역협정 수준 이상의 자유화를 추진하도록 하는 역할분담이 예상된다.

다섯째, WTO의 규율 범위와 역할을 새로이 정립하는 문제도 중요한 과제이다.

오늘날 무역은 단순히 무역만의 문제가 아니며, 환경 · 노동 · 경쟁 · 부패 · 투자 등 다른 여러 분야와 불가분의 관계를 맺고 있고, 이에 따라 IMF, ILO, IBRD 등 다른 국제기구와의 역할분담이 이루어져야 하는 것이다.

그러나 현재까지의 WTO의 위상을 감안하거나 이러한 제반 문제들이 WTO를 주축으로 하지 않고서는 해결되기 어렵다는 점에서, WTO의 규율범위는 지속적으로 확대되고, 다른 국제기구들과의 관계에서도 중추적인 역할을 수행해 나갈 것으로 보아진다.

이러한 불투명한 통상현안에 대비하여 효율적인 통상전략을 수립하기 위해서는 국제질서의 대세를 읽고 그것을 바탕으로 현재의 질서와 규범이 어떻게 변화되고 운용될지에 대해 깊이 있는 학문적 연구가 뒷받침되어야 할 것이다.

(2) 국제통상의 관리체제

21세기의 국제통상 관리체제는 IT분야 등 첨단기술의 발달이 더욱 가속화되고, 경제는 지식기반 산업에 의존할 것이고, 경제성장에 따른 가치변화, 문화적 다양성으로 인해 새로운 관리체제가 형성될 것이다.

일국의 관리체제는 국가 통치체제(national governance)라고 일컬으며, 세계경제의 질서체계는 국제경제 관리체제(global economic governance)라고 통칭한다. 국제경제 관리체제는 세계경제의 질서체계이며 다음과 같이 네 가지로 대별할 수 있다.

첫째, 세계화의 심화 추세와 함께 세계화에 대한 도전현상이 부각되면서 현재의 국제경제 질서를 재편하는 과정에 있다. 즉, 세계화의 편익을 극대화하고 폐해를 최소화히기 위해 제도적인 장치를 마련하는 작업이 그것이다. 이에는 금융시장의 안정화, 환경악화 방지, 부패방지, 다자통상체제 강화 등의 노력이 포함된다.

둘째, 범지구적 경제통합이 진행되는 현재 치열해지는 국제경쟁에서 생존하기 위한 전략으로서 관리체제 정비문제가 논의되고 있다. 이는 기업 및 금융기관의 경영쇄신, 전자상거래 확대 추세에 대응, 기술혁신을 위한 노력

국제통상 관리체제의 변화와 대응

국제통상 관리체제는 부단히 변화해 왔다. 그것은 세계경제가 처한 환경이 바뀌고 사람들의 인식이 바뀌며 과학기술이 나날이 혁신되어 왔기 때문이다. 제2차 세계대전 이후에 정립된 브레튼우즈 체제는 무역자유화에 초점을 두되 자유방임적 금융 흐름은 어느 정도 통제할 수 있도록 고안된 것이었다. 그러나 국경간 거래량이 폭증하고 전자결제수단이 발전함과 동시에 인간 활동의 자유영역 확대를 희구하는 의식이 증대됨에 따라 금융통제는 사실상 불가능해지고 브레튼우즈 체제는 막을 내렸다.

자유무역과 무제한적 금융 흐름을 기조로 하는 현재의 세계화 체제는 인류역사상 전대미문의 부를 창출하고 있지만, 이와 더불어 새로운 도전현상도 야기하고 있다. 1997년의 아시아의 금융위기, 2001년의 9·11 테러사태, 2001년 말 미국 Enron사의 도산 등은 급변하는 세계경제 환경변화에 우리가 효과적으로 대응하지 못할 경우 인류 경제가 나락으로 치닫을 수 있음을 시사한다. 세계경제 전체의 새로운 규범 창출, 즉 새로운 국제경제(통상) 관리체제의 정립이 요구되고 있다.

등을 의미한다.

셋째, 새로이 등장하는 국제경제 이슈에 대한 규범 정립의 필요성이 대두되고 있다. 생명공학기술과 생물 다양성 문제의 대두, 노동 및 경쟁 이슈와 무역규범의 연계 문제 등이 그러한 예이다.

넷째, 선진국들이 대개도국 원조추진과 관련하여 수원국이 양호한 관리체제를 먼저 갖출 것을 요구하고 있다. 이것은 수원국의 부패방지 노력, 스스로의 경제발전 전략수립, 경제 · 사회적인 법 · 제도 구축 추진 등을 강조한다.

제 2 절 국제통상의 주체 및 대상과 거래형태

1. 국제통상의 주체와 대상

(1) 국제통상의 주체

1) 개　　인

개인은 해외여행, 해외잡지구독, 해외송금, 해외연수, 이민, 해외투자 등을 통해 국제거래를 할 수 있다. 개방화에 따라 국제통상에서 개인이 참여하는 규모와 범위가 점차 확대되고 있다.

2) 기　　업

기업은 국제통상에서 가장 중요한 주체이다. 국제통상에 참여하는 기업의 형태에는 여러 가지가 있다. 즉, 제조와 수출(수입)을 겸하는 기업이 있는가 하면 수출(수입)만을 전문으로 하는 기업도 있고, 수출입을 대리하는 기업도 있다. 또 종합상사나 다국적기업과 같은 대기업이 있는가 하면 중소기업도 많다.

3) 정　　부

정부는 개인이나 기업과 마찬가지로 국제통상의 참여자로서 정부물자나 전략물자의 조달 등을 위해 수입을 행하기도 한다. 이러한 정부무역은 국가경제에서의 정부부문의 비중이 커질수록 증가한다. 정부가 경제를 완전히 통제하는 사회주의 경제체제에서는 정부무역이 국가무역의 전부가 되기도 한다. 또한 정부는 통상정책을 통하여 민간무역과 투자활동에 개입한다.

4) 국제기구

국제기구(international organization)는 국제사회에서 활동하는 범세계적 또는 지역적 조직체이다. 국제기구는 일반적으로 국제사회의 수단, 포럼(토론장), 독립적 행위자로서의 역할을 수행한다. 세계가 첨단 정보통신 기술과 교통의 발달 그리고 정치·경제 장벽의 붕괴로 인해 하나의 경제 및 생활권으로 변화하고 있으며 더욱 다원적이고 상호의존적으로 발전하고 있는 지금 국가간의 협조체제, 다시 말해서 UN, WTO, IMF와 같은 국제적 기구에 의한 질서는 그 중요성이 거듭 확인되고 있다.

(2) 국제통상의 대상

통신 및 교통수단의 혁신적인 발달과 국가간의 인적·물적 교류의 증가로 국경개념이 희박해지고, 세계각국은 점차 단일시장으로 통합되어 가고 있다. 이에 따라 국가나 기업, 개인 모두가 무엇이든 세계 어디서나 만들 수 있고 세계 어디서나 팔 수 있는 글로벌 경제와 무한경쟁의 시대를 맞이하게 되었다.

국제통상은 세계화와 가장 밀접한 관계를 가지고 있는 분야로서, 국가간에 이동될 수 있는 모든 자원이 국제통상활동의 대상이 된다고 할 수 있다. 즉 국제통상은 일반상품(물리적 재화)의 수출입은 물론 무역관련 해외직접투자분야, 서비스분야, 지적재산권분야까지도 포함된다.

이들은 국가간에 이동되는 형태가 각각의 특성과 주어진 상황에 따라 달라지게 되는데, 제각기 별개의 독립된 것으로서 항상 별도의 계약에 의하여 이동되는 것만은 아니다. 때로는 여러 가지가 결합된 상태에서 별도의 계약을 요구하는 경우도 있으며, 하나의 계약에 의하여 물리적 재화, 자본, 지적재산권 및 서비스가 결합된 형태로 이동되는 경우도 있다.

1) 상 품

농림수산물, 광물, 공산품, 플랜트 등

2) 서 비 스

해운, 내륙수로 운송, 육상운송, 항공, 통신, 노동력 이동, 금융, 시청각 서비스 투자 등

3) 지적재산권

특허, 실용신안, 의장, 상표, 서비스마크 등의 산업적 무체재산권인 산업재산권과 예술적 인문과학적 창작의 산출물인 저작권, 그리고 노하우(Know how)보호권, 컴퓨터의 소프트웨어 보호권, 영업비밀 등의 인접재산권

4) 자 본

단기자본, 장기자본, 신용공여

5) 지구환경

지구환경문제는 무역과 불가분의 연계성을 띠고 있다. 최근 환경오염규제가 배기가스규제(자동차산업), CFC규제(가전산업)에서부터 해양생물자원(원양어업)에 이르기까지 거의 모든 분야와 관련되어 있어 당연히 통상문제의 중요한 분야로 제기되고 있다.

6) 경제정책

한국의 OECD 가입과 더불어 재정 및 금융정책 등 거시경제정책의 조정문제가 경제정책의 투명성과 공정성이 주요 관심사가 되고 있다. 즉, 자본시장 자유화, 국내 금융시장을 포함한 서비스 시장의 개방화, 각 분야에서의 제도 개선 및 규제가 철폐되어야 한다. 그러나 부정부패, 불공정거래, 환경오염 등 시장실패를 막기 위한 사회규제는 오히려 강화되어야 할 것이다.

2. 국제통상의 거래형태

국제통상에 의하여 기업과 기업 또는 국가와 국가간에 거래될 수 있는 형태에는 국제통상의 대상인 상품, 자본, 지적재산권, 서비스, 노동 등이 모두 포함된다. 이들은 기업간 또는 국가간에 거래되는 형태가 각각의 특성과 주어진 상황에 따라 상이하게 이동되는데, 제각기 별개의 독립된 것으로써 항상 별도의 계약에 의하여 거래되는 것만은 아니다. 대부분 여러 가지가 결

합된 상태에서 별도의 계약에 의하는 경우도 있으며, 하나의 계약에 의하여 상품, 자본, 노동, 기술 및 서비스가 결합된 형태로 거래되는 경우도 있다.

2.1 상품거래

국제통상을 통한 대표적인 거래형태는 수출입에 의한 일반상품의 거래이다. 오늘날 대부분의 통상은 상품거래(transaction of goods)를 중심으로 이루어지고 있다. 상품거래는 물자의 교류라고 말할 수 있으며, 원료(raw materials), 공업제품(manufactured goods) 및 식료품(food stuffs) 등의 거래가 이에 속한다. 이러한 거래를 '눈에 보이는 무역' 또는 유형무역(visible trade)이라고 한다.

국제통상을 통한 물리적 재화의 대표적인 이동형태로서 좁은 의미의 무역거래, 즉 일반재화의 수출입을 들 수 있다. 수출입이란 그 역사가 가장 오래된 전통적인 이동형태로서 가장 전형적인 국제적 상거래방식이라고 할 수 있다.

상거래란 논리적 합리성과 타당성에 의해서만 이루어지는 것은 아니며, 지금까지 해왔던 관습이나 관례에 의하여 이루어지는 경우도 많이 있다. 특히 수출입과 같은 국제적인 상거래의 경우에는 사회·문화적인 배경이 다른 상인들간의 거래이며 국가에 따라 적용되는 국내법이 다르기 때문에, 상호간의 마찰을 최소화시키고 원활한 수출입거래를 이행하기 위하여 합리성이나 타당성에 근거를 둔 거래방식보다는 지금까지 해왔던 전통적인 방식을 근거로 거래를 하는 경우가 많이 있다. 따라서 수출입에 사용되는 여러 가지 거래조건들이나 결제방식들은 관습이나 관행에 따라 형성된 것들이 주종을 이룬다.

그러나 수출입거래를 완전히 관습에만 의존하여 이행할 수는 없는 것이기에 일련의 국제협약이나 국제규칙이 적용되는데, 수출입과 관련되어 UN이나 국제상업회의소에서 제정한 국제협약이나 규칙들도 국제상관습에서 발전된 관습법의 특성을 지니는 경우가 많으며, 이것들은 적어도 수십년 내지는 수백년 동안 행해 온 관례나 관행을 바탕으로 성립된 관습을 근거로 하고 있다.

수출입거래를 하기 위해서는 우선적으로 양 당사자들이 어떠한 물품을, 어떠한 조건으로, 얼마의 대가를 받고 거래할 것인가에 대하여 구체적인 합의를 하고, 이를 토대로 매매계약을 체결하게 된다. 매매계약이 체결되면 수출업자는 수입업자에게 약정된 물품을 수출하기 위하여 국제물품운송을 하여야 하며, 운송 중에 물품이 파손되거나 분실될 것에 대비하여 보험에 가입한다. 또한 수입업자는 물품대금을 지급하여야 하는데, 이를 위하여 은행의 서비스를 이용한다.

이러한 일련의 수출입절차는 계약을 근거로 하여 이루어진다. 기본적으로 수출입거래는 그 근본이 매매계약을 토대로 하는 국제거래이기 때문에 국제물품 매매계약이 수출입거래의 토대가 되며, 이는 물품의 운송·보험·대금결제를 위한 매매계약의 종속계약으로 이루어진다.

(1) 상품거래의 형태

1) 거래대상에 따른 형태

① **유형무역** 유형무역(visible trade)이란 형태가 있고 눈에 보이는 상품의 수출입을 말한다. 따라서 상품의 수출입시 세관의 통관절차를 거치게 되므로 무역통계상 국제수지로 계상된다. 그러나 샘플·기증품 및 선물·이삿짐 등 무환수출입의 경우는 국제수지통계에서 제외된다.

② **무형무역** 무형무역(invisible trade)이란 광의의 상품에 포함되는 생산요소(자본·노동)나 서비스 등의 국제간 거래를 말한다. 무형무역의 경우에 국가간에 외화의 수취나 지급을 눈으로 볼 수 없기 때문에 세관의 통관절차를 거치지 않으므로 무역통계에는 계상되지 않으나 국제수지표에는 나타난다.

우리나라의 경우에는 운임·보험료, 기타 운수·여행 투자수익·용역 등으로 구성되고 있고 특히 기술·플랜트·기업·관광수출 등을 포함시키고 있다.

2) 거래방식에 따른 형태

① **직접무역** 직접무역(direct trade)이란 양국의 거래당사자가 제3국의 상인을 개입시키지 않고 직접적으로 매매가 이루어지는 무역을 말한다. 직접수출의 경로는 제조업자·무역상 등을 통하여 자사의 현지법인·지점·현지의 무역상사·판매 대리점·도소매상·무역브로커(broker)·백화점·구매자 등과 직접 무역계약을 체결하므로 수출입활동이 이루어지게 된다.

② **간접무역** 간접무역(indirect trade)이란 직접무역의 경우와 달리 제3

국의 상인을 통하여 거래를 성립시키고 수수료(commission)를 지불하는 경우를 말한다. 간접무역의 형태는 다음과 같다.

ⓘ 중개무역 중개무역(merchandising trade)은 수출입 당사자간에 매매계약이 직접 체결되지 않고 제3국의 중간상인이 중개하여 매매계약이 체결된다. 그리고 상품은 수출국에서 수입국으로 직송되며, 최종수입국이 결정되어 있다. 즉, 제3국의 입장에서 본 교역의 형태이다.

수출입당사자가 직접 대금결제를 하고, 중개상은 수출자와 수입자 양측으로부터 일정한 수수료를 지급받거나 또는 중개상이 수입국으로부터 대금을 회수하여 일정액의 수수료를 공제한 후 수출상에게 결제하는 방법이 있다.

ⓘⓘ 중계무역 중계무역(intermediate trade)이란 수출할 것을 목적으로 물품을 수입하여 재수출하는 경우의 무역을 말한다. 이 거래방식은 수입한 물품을 가공하지 않고 원형 그대로 수출하는 점이 가공무역과 다르며, 수출가격과 수입가격의 차이, 즉 일정한 중계수수료를 수취하는 거래이다.

ⓘⓘⓘ 통과무역 통과무역(transit trade)이란 물품이 수출국에서 수입국으로 수송되는 도중에 제3국을 통과하는 무역을 말하는데 제3국의 입장에서 본 무역이다.

예를 들면 A→B→C의 경우 B국 입장에서 본 무역을 말하며, 통과세 및 통과운임(취급 수수료 · 보험료 · 운임)을 목적으로 하며, 과거 네덜란드와 같은 내륙국에서 흔히 볼 수 있는 무역의 형태이다.

ⓘⓥ 우회무역 우회무역(round-about trade)이란 어떤 국가가 외환에 대한 통제나 수입규제가 심할 경우 외환통제나 수입규제를 받지 않는 제3국을 통하여 이루어지는 무역형태를 말한다.

예를 들면 한국이 미국으로부터의 컬러TV에 대한 수입규제를 피하기 위해 멕시코를 통해 미국에 수출하는 방식 등이 이에 해당된다.

3) 통상의 확대 및 균형유지를 위한 형태

① **물물교환** 하나의 계약서로 거래가 성립되며 신용장(L/C) 개설이 없는 직접적인 물물교환(barter trade) 형태이고 환거래가 발생하지 않으며 교환상품의 양과 질에 의해 쌍방간 지불의무상계(支拂義務相計)로 이루어진다.

② **구상무역** 환거래가 발생하고 대응수입의무를 제3국에 전가할 수 있다는 점 등을 제외하고는 물물교환의 형태와 동일하다.

하나의 계약서로 거래가 성립되며, 기탁신용장(escrow L/C)[5] 등 특례신용장을 개설하고 환거래가 발생하며 쌍방간 합의된 통화로 대금결제가 된다. 대응수입 이행기간은 통상 3년 이내이고 대응수입 비율이 통상 20~100%로 대응수입의무를 제3국으로 전가할 수 있다.

③ **대응구매** 동서교역에 활용된 가장 보편적인 거래형태로서, 대응수입계약 조건하에서 수출액의 일정비율에 상응하는 상품을 대응수입해야 하는 의무를 지게 된다. 구상무역(compensation trade)과 차이가 없으나, two-way trade 개념에 의해서 두 개의 별도 계약서에 의하여 거래가 이루어지고 형식상 완전히 분리된 두 개의 일반무역거래형태로서 대응수입 이행기간은 통상 5년 이내이다. 환거래가 발생하며 쌍방간 합의된 통화로 결제하고 대응수입의무를 제3국으로 전가할 수 있다.

④ **산업협력** 설비수출에 의한 생산제품 수입(buy-back-deal)과 합작투자(joint venture) 형태로 구분된다. 설비수출에 의한 생산제품 수입은 플랜트 · 장비 · 기술 등의 수출에 대응하여 동설비(同設備)나 기술로 생산되는 제품을 수입하는 거래형태이다. 합작투자는 일반적인 자본재의 수출이 아닌 자본참여, 판매망 제공 등 수출자의 참여형식을 취하고 있다.

대응수입 상품이 수출상품의 관련재이며 대응수입은 별도계약서에 의해 이루어지고 제3국으로 전가가 가능하다. 대응수입 이행기간은 통상 3년 내지 25년 정도이고 대응수입은 1회에 한하지 않고, 그 비율도 100%를 초과할 수 있다. 대응수입은 상품에 국한되지 않고, 그 판매망 제공 등으로 상계될 수 있다.

4) 국가의 개입 정도에 따른 형태

① **자유무역** 자유주의 통상(free trade)이란 국가가 수출입행위에 대하여 일체 간섭하지 않고 자유를 보장하는 무역이다. 자유무역은 19세기 아담스미스가 중상주의적 무역통제정책의 비판으로부터 발생하여 리카르도(D. Ricardo)의 비교생산비원리에 의하여 이론적 기초가 정립되었다. 그리고 GATT · IMF 체제를 중심으로 발전되어 왔으며, 현재는 WTO 체제를 중심으로 추진되고 있다.

---

5) 당해 신용장에 의하여 발행되는 수출환어음 매입대금을 수출업자에게 직접 지급하지 않고 수출자명의의 기탁계정에 따로 예치하여 두었다가, 그 수출업자가 당해 수입업자로부터 수입을 할 경우에만 대금을 인출 사용할 수 있도록 하는 조건의 신용장이다.

② **보호무역** 보호주의 통상(protective trade)이란 자국의 유치산업 및 성숙산업의 보호육성과 국제수지개선, 재정수입, 군사 및 외교상의 이유로 관세정책이나 수입억제정책 등 대외무역정책에 국가가 적극 개입하는 무역을 말한다.

③ **관리무역** 관리주의 통상(controlled trade)은 국가가 무역의 일부 또는 전부에 대하여 그 총액 · 내용 · 품목 · 결제시기 및 방법에 대하여 행정력을 발동하여 직 · 간접적으로 규제를 가하는 형태의 무역이다. 자유무역이란 실제로 존재하지 않으며, 오늘날에 와서는 대부분 수출입허가제 및 수입할당제 등 비관세 장벽의 수단을 주로 사용하는 관리무역을 실시하고 있다.

5) 상품의 가공방식에 따른 형태

① **일반가공무역** 가공무역(improvement trade, processing trade)은 외화가득액을 얻기 위하여 원자재의 전부 또는 일부를 수입하여 가공한 후 다시 수출하는 것을 의미한다. 그리고 원자재를 수입한 국가에 재수출할 경우 이를 능동적으로 가공무역(active processing trade)이라 하고, 외국에 원자재를 수출하여 가공 후 수입하는 것을 수동적 가공무역(passive processing trade)이라고 한다. 또한 대상원자재를 수입 가공한 후 원자재 수입국 이외의 제3국으로 수출할 때 이를 통과적 가공무역(transit processing trade)이라고 한다.

② **위탁가공무역** 위탁가공무역은 원자재의 전부 또는 일부를 외국의 거래상대자에게 수출하여 가공한 후 가공임을 지급하고 이를 수입하는 것을 말한다.

③ **수탁가공무역** 수탁가공무역은 외화가득액을 획득하기 위하여 대상원자재 전부 또는 일부를 거래상대자의 위탁에 의하여 외국으로부터 수입하여 가공한 후, 위탁자 혹은 그가 지정하는 자에게 수출하는 거래를 의미한다. 외환결제의 발생 여부에 따라 무환수탁가공무역과 유환수탁가공무역으로 구별한다.

ⓘ 무환수탁가공무역 우리나라의 경우 외자도입법에 의하여 외자도입의 인가를 받은 기업이 대상원자재의 전부 또는 일부를 무상으로 수입하여 이를 가공한 후 가공임만 받고 수출하는 형태이다.

ⓘⓘ 유환수탁가공무역 대상원자재를 유환으로 수입하여 가공한 후 수출하는 거래로서 원자재의 수입대금과 가공제품의 수출대금이 직접 이체방식에 따

라 결제되는 거래를 의미한다.

6) 상품의 판매방식에 따른 형태

① **위탁판매무역** 위탁판매무역이란 무역에 대한 지식이나 무역실무의 경험이 없어서 해외시장에 어둡거나 무역거래방법에 미숙한 경우 또는, 신제품의 개발로 신시장개척 등 직접무역이 불가능할 때 이루어진다. 물품을 무환으로 수출하여 당해 물품이 판매된 범위 안에서 대금을 결제한다는 계약에 의한 무역을 의미한다.

② **수탁판매무역** 이는 위탁판매무역의 반대되는 개념으로, 상품을 외국으로부터 무환으로 수입하여 상품이 판매된 범위내에서 대금을 결제하고 일정비율의 판매수수료를 수취한 후 잔여상품을 반환하는 거래이다.

7) 기타 무역의 형태

① **플랜트수출** 플랜트수출은 선진공업국에서 후진국으로 공장기계설비 등 공장건설을 위한 자본재의 수출을 의미한다.

오늘날 플랜트수출은 거대 자본이 소요되고 시공의 장기화 및 고도의 기술이 필요하기 때문에 기술수출과 기업수출이 병행되는 수가 많으며, 정부와 금융기관의 지급보증에 따라 장기연불로 지급되고 있다.

② **기술수출** 선진공업국이 자기들이 개발소유하고 있는 공업소유권(특허권 · 상표권)의 양도, 공업소유권에 대한 사용권의 설정, know-how(제조기술 · 경영기술 등) 제공, 기술원조 및 기술제휴와 같은 기술이전계약을 체결하고 일정액의 기술사용료나 로열티(royalty)를 받는 것을 말한다.

③ **OEM방식수출** OEM(Original Equipment Manufacturing)방식 수출이란 주문자상표 부착방식 수출로서 수입업자로부터 수출상품의 생산을 주문받아 생산된 제품에 수입업자의 상표를 부착하여 수출하는 방식이다.

④ **녹다운 방식수출** 완제품이 아닌 부품 또는 반제품을 상대국에 수출하고 수입국 현지에서 이러한 부품이나 반제품을 조립하여 완제품을 만들어 현지에 판매하는 형태의 수출거래이다.

⑤ **수출광속교역**(Commerce At Light Speed: CALS) 범세계적인 전자교역(electronic commerce)을 목표로 제품과 공정의 디자인에서부터 기술개발-제조-유통-유지보수에 이르기까지 모든 데이터를 표준화, 거래관계에 있는 기업끼리 신속히 주고받는 것을 지향하고 있다.

따라서 컴퓨터에 의해 전자적으로 비즈니스 데이터를 교환하는 전자문서 교역(Electronic Data Interchange: EDI), 기술정보교환, 제조정보를 기업들이 이용할 경우 정보통신에 의해 모든 거래자료가 교환되는 전자상거래가 실현될 수 있다.

(2) 상품거래의 특성

1) 고도의 해상의존성

국제통상은 고대에서부터 지금까지 바다를 주된 운송통로로 사용하고 있기 때문에 해상수송과 그에 따른 제도의 경제적 기능에 의해 실현되어 왔다. 해상수송은 수송비가 저렴하고 한꺼번에 많은 양의 상품을 운송할 수 있는 장점이 있어 단순히 도서국에만 국한되지 않고 내륙국에서도 거의 해상수송에 의존하고 있다.

2) 기업의 위험성

국제거래는 통상이 갖는 여러 가지 특성상 국내거래에서는 개재되지 않거나 국내거래에서 직면하게 되는 위험보다도 더 큰 위험을 내포하고 있다. 즉, 국제통상은 거래장벽, 시간적(장시간)·공간적(장거리) 차이 등의 특징에 따라 국내거래보다 위험이 크다.

더욱이 국제통상에는 상품대금 및 상품가격에 관한 위험, 환위험(exchange risk) 및 국가위험(country risk)이라는 위험이 상존한다. 이러한 위험들은 국제통상에서 발생하는 추가적인 거래비용이 된다.

3) 산업연관성

국제통상은 국민경제상 국민소득을 증가시켜 줄 뿐만 아니라 한 국가의 산업구조와는 불가분의 인과관계를 맺고 있다. 수출의 증가는 국내산업의 생산증가를 통해 산업발전과 고용 및 국민소득증가를 유발시킨다. 반면, 수입의 증가는 당해 산업의 생산감소를 초래하여 고용 및 소득 감소를 가져온다.

또한, 국제통상은 국제분업의 발달을 촉진시킴으로써 품질이 우수하고 값이 싼 상품의 국제적 배급을 용이하게 하며, 산업의 효율성을 증대시킨다.

4) 국제관습성

각국은 언어가 다르고 역사와 전통이 다르다. 이것은 상관습의 차이를 초래하므로 어떤 나라에 진출하기 위해서는 그 나라의 언어능력은 물론이고, 그 나라의 풍속 · 관습 · 법에 대한 이해가 절실하다. 따라서 국제상업회의소(International Chamber of Commerce: ICC) 등은 국제규칙을 제정하여 각국의 서로 다른 상관습을 통일화시키려고 안간힘을 기울이고 있다. 그러므로 우리는 통상의 확대를 위해서 영어는 물론 일본어, 불어 등의 외국어 습득에 각별한 노력을 기울여야 할 것이며, 국제상관습을 이해하기 위해서 국제통일규칙에 대한 연구가 철저해야 할 것이다.

2.2 서비스거래

오늘날 글로벌 무역체제에서 나타난 새로운 변화는 서비스교역의 증대이다. 1970년대 이후 세계경제에서 서비스무역이 차지하는 비중은 점차 증대되기 시작하였으며, 특히 전자 및 컴퓨터 분야의 눈부신 발전은 서비스무역의 급격한 증가에 견인차 역할을 담당하였다. 그리고 물리적 재화의 국가간 무역증대는 점차 서비스 업종인 금융 및 정보서비스 분야에의 의존도를 증대시키게 되었으며, 서비스무역은 일반산업에 대한 보조 역할로서의 중요성이 매우 커지게 되었다.

서비스 또는 '보이지 않는 상품(invisibles)'으로서의 이 분야는 일반 재화의 경우와 달리 상품을 보관 또는 저장할 수 없다. 따라서 어떤 형태로든 생산자와 구매자간에 만나야 한다는 직접적인 연결고리가 필요해진다. 그렇기 때문에 국가간의 서비스거래를 위해서는 반드시 외국시장에서의 상업행위를 필요로 하게 된다.

WTO 서비스 협정문에서 취급하고 있는 분야에는 사업서비스,[6] 통신서비스, 건설서비스, 유통서비스, 환경서비스, 금융서비스, 관광서비스, 운송서비스 등이 있다.

서비스(service)에 대한 개념은 재화에 반대되는 시각에서 이해할 수 있다. 먼저 재화는 소유할 수 있고, 따라서 서로 다른 경제주체 간에 양도 가능한 유형의 물체라고 한다면, 서비스는 어떤 경제단위에 속하는 사람이나

6) 사업서비스는 전문직서비스(회계, 세무, 건축설계, 엔지니어링, 종합엔지니어링, 도시계획, 조경설계 등), 컴퓨터 관련서비스, 연구 · 개발서비스, 부동산서비스, 임대서비스, 기타 사업서비스(광고, 시장 및 여론조사, 경영컨설팅 등) 등의 6개 분야 46개 업종으로 분류되고 있다.

물건의 상태가 그 사람 또는 물건이 속하는 경제단위의 양해하에 다른 경제단위의 행위의 결과로 변화하는 것을 말한다. 즉, 서비스는 그 자체가 변화하거나 이의 제공에 대한 대가로 발생하는 시간, 공간 및 형태의 효용을 제공하는 경제적 활동을 말하는 것이다.

서비스는 재화에 비하여 그 대상이 되는 차원이 근본적으로 다르다는 특징을 지니고 있다. 재화는 그 차원이 유형의 물체이지만, 서비스는 그 차원이 무형의 어떤 상태의 변화를 말하는 것이다. 또 재화는 다른 경제단위 사이의 경제적 교환에 의하여 그 소유권이 이전하는 것이지만, 서비스는 이러한 소유권의 이전이 일어나지 아니한다는 것이다. 시간적으로도 재화에 대한 생산과 소비의 행위는 대체로 일정한 시차를 두고 발생하지만, 서비스는 그 공급자에 의한 상태의 변화와 소비자에게 미치는 상태의 변화가 동시에 발생한다는 것이 커다란 차이점이다.

(1) 서비스거래의 형태

1) 서비스의 국경간 공급(cross-border supply)

서비스의 국경간 공급은 서비스 공급자가 서비스의 수입국 내에 존재하지 아니한 상태에서의 서비스의 공급을 말한다. 즉, 서비스 공급자가 서비스의 수출국 내에 그대로 주재하면서 서비스를 생산하여 이를 서비스 수입국 내로 공급하되 자본이나 노동과 같은 생산요소의 이동은 전혀 수반되지 아니하는 경우를 말한다. 예컨대 통신수단에 의한 서비스공급 또는 상품에 체화된 서비스공급을 들 수 있다. 케이블이나 위성에 의한 국가간 방송프로그램의 방송, 통신사와 신문사간의 뉴스전송, 팩스나 우편에 의한 법률자문, 통신수단에 의한 금융서비스의 제공, 그리고 상품에 체화된 서비스공급으로서 컴퓨터 디스켓에 내장하여 제공하는 각종 프로그래밍 서비스 등이 대표적인 서비스의 국경간 공급사례라고 볼 수 있다. 기타 운송서비스의 경우도 서비스 공급자가 자국에 머물면서 항공기, 선박, 차량 등의 운송수단에 의하여 외국의 특정지점까지 여객이나 화물을 운송하는 서비스공급이 가능하기 때문에 국경간 공급서비스의 형태라고 볼 수 있다.

2) 서비스의 해외소비(consumption abroad)

서비스의 해외소비는 서비스의 소비자가 자국 영토 밖에서, 즉 서비스 수출국 영토 내에서 서비스를 구매·소비하는 경우를 말한다. 서비스의 소비자는 자연인이 될 수도 있지만, 자연인의 이동이 없이 자연인의 소유물이 해외로 이동하여 서비스를 구매·소비하는 경우도 있을 수 있다. 예컨대 관광객이 해외에 나가 구매하는 각종 관광서비스, 유학생이 해외유학으로 구매하는 교육서비스, 환자가 외국의 병원에서 진료를 받는 의료서비스 등은 자연인의 이동에 의한 서비스의 해외소비에 해당한다. 이 밖에 항공기, 선박, 차량 등이 해외에서 운행하는 도중에 현지에서 수선·유지관리 서비스를 제공받거나, 또는 시계·전자제품을 우편으로 해외에 보내어 수리받는 등의 경우는 자연인의 이동이 없는 서비스의 해외소비에 해당한다. 서비스의 해외소비라고 볼 수 있는 가장 근본적인 판별기준은 서비스 소비자의 본국 이외의 영토에서 서비스가 제공되었어야 한다는 것이다.

3) 상업적 주재(commercial presence)

서비스협정에 있어서 “상업적 주재”란 서비스를 공급할 목적으로 한 회원국의 영토 내에서 사업체의 설립, 인수 또는 운영을 통한 모든 영업형태를 의미한다. 상업적 주재는 외국기업이 이러한 사업체를 서비스 수입국 내에 설립하여 영업활동을 영위하는 경우뿐만 아니라 기존의 국내기업을 인수하는 경우도 포함하며, 그 인수방법은 가리지 아니한다. 즉, 외국인 직접투자에 의한 기업설립뿐만 아니라 기존 국내기업의 직접매입, 외국인의 간접투자(주식 등)를 통한 기존 국내기업의 인수 등 모든 형태의 서비스 공급업체 설립, 인수 또는 운영이 상업적 주재에 해당한다.

4) 자연인의 주재(presence of natural persons)

자연인의 주재는 서비스 수입국의 영토 내에 외국의 서비스 공급인력이 주재하는 것을 말한다. 자연인의 주재는 상업적 목적으로의 주재와 관련된 여부를 불문한다.

서비스는 그 특성상 서비스 공급인력에 의하여 현장에서 생산·판매 되는 경우가 대부분이지만, 서비스협정상 자연인의 주재는 앞서 언급한 상업적 주재와 함께 중요한 비중을 차지하고 있다. 그러나 자연인의 주재문제는 경제적 의미뿐만 아니라 정치·사회·문화적으로도 중대한 의미를 지니고 있기 때문에 대부분의 국가에서는 이를 엄격히 통제하고 있다. 자연인의 주재형태는 인력의 종류나 서비스분야에 따라 달라지게 된다. 대표적인 예로서 서비

표 1-1 서비스거래의 형태

구 분	형 태	정 의	비 고
공급자가 소비국내에 주재하지 않는 경우	(1) 국경간 공급 (cross-border supply)	인력이나 자본 등 생산요소의 이동이 수반되지 않은 서비스제품 자체의 국경간 공급	서비스 생산물의 이동
	(2) 해외소비(consumption abroad)	서비스 소비자의 소속국 이외의 영토에서 서비스의 소비행위가 완결되는 경우	소비자의 이동
공급자가 소비국내에 주재하는 경우	(3) 상업적 주재(commercial presence)	서비스 수입국내에 서비스공급주체를 설립하여 서비스를 생산 · 판매하는 경우	생산요소(자본)의 이동
	(4) 자연인의 주재 (presence of natural persons)	서비스 수입국내에 서비스공급인력이 주재하는 경우(상업적 주재 여부를 불문함)	생산요소(노동)의 이동

스 공급기업의 임직원의 주재, 상업적 주재의 설립을 준비하거나 또는 서비스 공급 계약을 체결하거나 마케팅 활동을 위하여 일정기간 기업의 대표로 임직원을 파견하는 경우, 또는 상업적 주재와 관계없이 주재국 내에서 서비스를 공급하기 위하여 일정기간 임직원을 파견하는 경우, 기타 개인서비스 공급자(노동)의 일시적인 주재 등이 이에 해당한다.

(2) 서비스거래의 특성

서비스의 국제거래는 상품의 거래에 부수적인 경우도 있다. 예를 들어 상품 수출의 경우 그를 뒷받침하는 엔지니어링과 보수서비스 등의 거래도 발생한다. 그러나 법률 · 의료서비스의 거래에서 보듯이 서비스거래가 주가 되어 상품거래가 발생하기도 하고 또, 때로는 국제서비스거래는 국제상품거래와 완전히 무관한 경우도 있다.

국제서비스거래는 국제 상품거래와는 다른 몇 가지 특성이 있다. 이런 특성들은 거래방향, 거래방식, 정부의 규제, 거래장벽 등에서 찾아볼 수 있다.

1) 거래방향

방향상의 특성은 주로 선진국이 서비스의 수출국이고 개도국이 수입국이 된다는 점이다. 특히 신형서비스의 경우에는 더욱 그렇다. 개도국의 경우에

는 구형서비스를 수출하기도 한다.[7)]

2) 거래방식

서비스거래의 해외시장 진출방식으로는 주로 해외직접투자를 이용한다. 무형의 서비스를 선박이나 항공기에 적재하여 갈 수는 없는 노릇이다. 다만 사람에 체화되어 이전하는 것은 가능하다. 또 서비스는 소비자 가까이에서 행하여야 하므로 직접투자방식이 일반적이다. 그러나 최근 수출형으로 일부 변화가 일어나고 있다.

3) 정부규제

정부의 규제 측면에서 볼 때 상품거래와 서비스거래는 각 국가의 규제방식이 다르다. 국제서비스거래의 경우에는 군사적 · 사회적 · 문화적 고려, 공공성 강한 분야를 제외하고 별다른 규제를 하지 않는다. 관세보다는 비관세장벽(사업권/지분제한 외환/여행 등 규제자료 교환통제)이 중요하다. 직접투자가 중심이 되는 서비스무역을 규제하는 방법으로는 시장접근을 중심으로 하는 수량적 규제[8)]와 가격에 바탕을 둔 내국인대우[9)]가 대표적인 방법이라 하겠다.

4) 거래장벽

문화적인 차원에서 거래장벽이 높다. 서비스에는 인적요소가 많이 가미되고 또 인간이 중심이 되므로, 서비스 제공자는 사업을 영위하기 위해 각국의 제도와 관습을 학습할 필요가 있다.[10)]

이런 사회 · 경제 · 문화 · 관습상의 차이가 서비스거래의 장애요인이 된다. 이런 장애요인들을 시장진입 저해장벽(사업소개설, 자본참가비율 등의 제한), 영업자유저해장벽(외국기업에 대한 과세, 생산수단의 현지조달 의무화, 광고

---

7) 신형서비스는 소득의 증가에 따라 수요가 높아지는(소득탄력적인) 교육 · 의료 · 오락 등 자본집약적 서비스이고 구형서비스는 반대로 수요의 소득탄력성이 낮은 운송 · 영화 등 노동집약적 서비스이다.

8) 입국이나 외국인기업의 설립을 방해하는 여러 수단을 말한다. 즉, 외국인의 진입제한, 사업소의 지리적인 위치 제한, 시장에서의 기업수의 제한 등이 있다.

9) 이는 외국인과 외국기업이 내국민이나 내국기업에 비해 얼마나 동등한 대우를 받느냐에 관계되는 모든 조치를 뜻한다. 가격과 관련한 이런 규제에는 조세를 통한 제한, 외환의 적절한 교환, 정부의 조달에 관한 참여제한, 지방에서의 자본조달 등에 영향을 주는 수단들이 있다.

10) 예를 들어 미국 변호사는 한국 내의 변호사 자격요건, 법률업무관행의 차이를 습득하여야 한다.

선전규제, 정부조달에 있어 국내기업 우선), 수익취급장벽(본국송금규제) 등으로 나누기도 한다.

(3) 서비스거래와 통상정책

경제의 서비스화가 범세계적으로 진행됨에 따라 서비스무역에 관한 각국 정책당국의 관심이 높아지고 있다. 앞서 지적한 바와 같이 국제서비스거래의 경우에는 군사적 · 사회적 · 문화적 측면이나 공공성이 강한 분야를 제외하고 각국 정부는 별다른 규제를 하지 않는다.

그러나 수입증가로 인한 국내산업의 피해가 현저한 경우 국내산업피해를 구제하기 위해 관세 또는 시장접근, 내국인대우 등과 관련한 방식을 채택하여 규제할 수 있다. 이런 방법으로는 [표 1-2]와 같은 방식들이 있다.

2.3 기술 등 지적재산권 거래형태

국제무역의 복잡성과 다양화에 따라 무역거래의 대상은 유형재인 상품 외에 외국과 기술제휴계약을 체결하고, 그 제공한 기술의 대가를 받거나 저작권, 특허권, 상품권 등의 산업재산권도 국제통상거래의 주요 형태가 되고 있다.

기술거래는 한 국가에서 과거 또는 현재에 성취하여(일반적 과학정보가 아닌) 실질적 생산에 체화되는 기술과 기술사용능력을 다른 나라와 교환 또는

표 1-2 서비스 공급방식별 정부 규제방식

서비스 공급방식	규제 방식
서비스 자체의 이동	관세, 수량제한
소비자의 국경간 이동	비자발급 제한, 외환통제
생산자의 국경간 이동	비자발급 제한, 거주 및 취업제한제도, 전문직 자격제한, 송금제한, 대금규제, 현지인 고용의무
상업적 주재	설립허가 및 등록제, 출자율 규제, 현지법인화 규제, 업무규제, 자본 및 자산규제, 사업영역규제, 업종간 업무규제, 외국환규제, 부동산취득규제, 시설보유규제, 자격규제, 지점설립규제, 자금조달 및 운용규제

매매하는 것이다. 이는 기술도입(technology import), 기술이전(technology transfer), 기술수출(technology export), 기술무역(technology trade)이라고 부르기도 한다. 기술무역은 기술공여자, 기술도입자, 기술 등 3요소로 구성된다.

모든 교환이 그렇듯 기술의 국제거래도 기술공여자와 기술도입자의 이해가 맞아야 성립된다. 기술공여자의 입장에서는 기술수출에 따른 추가적 이익(부가가치) 창출, 마케팅이익(시장침투력), 기술의 과다현상조절, 중간재수출 및 훈련을 통한 부가가치 창출, 시장정보 및 상업적 지식 획득, 평판제고 등을 기술수출에 따른 이익으로 들 수 있다.

반면 기술도입자는 개발이 어려운 기술을 쉽게 확보하고, 기술활용에 따른 추가적 이익 획득과 개발에 따르는 위험의 감소효과 등을 얻는다. 그 밖에 기술도입자의 입장에서 기술무역의 효과로서 신제품개발효과, 품질 및 성능 향상효과, 수입대체효과, 기술축적 및 향상 효과, 원가절감 및 생산성 향상효과 등도 있다.

특히 지식기반(knowledge-based)산업의 중요성이 높아지면서 선진국들의 비교우위 산업은 점점 높은 기술을 요구하는 분야가 되고 있다. 그러나 이 분야에서 신기술을 개발하는 것은 많은 시간과 비용을 필요로 한다. 반면에 이러한 기술들은 별 비용을 들이지 않고 쉽게 복사될 수 있어서, 이러한 상품을 개발한 국가들의 수익성을 약화시키고, 기업들의 새로운 기술개발의지를 억제하게 된다.

이러한 이유에서 기술개발을 촉진하기 위하여 선진국들은 기술개발자들을 특허, 상표, 그리고 저작권 등으로 보호하고 있다. 그러나 지적재산권에 대한 보호는 선진국 간에도 그 정도가 다르며 개발도상국들에는 존재하지 않는 경우도 있다. 이에 따라 선진국들은 WIPO 및 UR에서 재적재산권에 관한 협의절차와 분쟁해결 절차를 마련하고자 노력하였다.

(1) 기술거래의 형태

기술거래는 대상별로 지적재산권, 노하우, 기술용역으로 구분할 수 있다. 그 중 대표적인 것이 지적재산권이다.

1) 노하우(Know-how)

노하우는 다년간의 경험으로 축적된 제조 및 영업상의 비밀이나 기술로 공업소유권은 없으나 공개되지 않은 사업비밀을 말한다. 노하우는 법적으로 보호받지 못하고 유사기술의 출현 위험이 있는 대신 비밀만 유지되면 영구적으로 보호할 수 있다는 장점이 있다. 코카콜라의 콜라 성분 공식이 이에 해당한다.

2) 기술용역

기술용역은 공장이나 시설의 건설(광업, 제조업, 전기가스업, 방송통신업 영위), 제조, 영업 등의 기술자문 등 서비스로 분류할 수 있는 기술무역이다. 이는 일정시간에 행위가 시작하여 일정시간에 끝나고 가시적인 부분이 있다는 특성이 있다.

3) 지적재산권

일반적으로 지적재산권(intellectual property rights: IPR)이란 재산권적 가치를 지니고 있다고 인정하는 어떤 아이디어, 발명, 창조적 표현의 결합체라 할 수 있다.

지적소유권보호를 위한 국제기구인 국제지적재산권기구(World Intellectual Property Organization: WIPO)는 지적재산권을 '문학 및 과학작품, 연출, 예술가의 공연, 음반 및 방송, 발명, 과학적 발견, 산업디자인 · 등록상표 · 서비스마크 및 상호에 관한 권리 또한 불공정 경쟁으로부터의 보호, 또는 산업 · 과학 · 문학 · 예술 분야의 지적 활동에서 발생하는 모든 권리'로 정의한다.

지적재산권의 보호는 인간 고유의 창의성에 기초한 창작활동의 결과에 대하여 독점적 권리를 발명자 또는 개발자에게 일정기간 부여함으로써 그 노력과 능력발휘에 대한 보상을 준다는 형평성의 원리와 또한 그렇게 함으로써 개발에 대한 동기를 일반인에게 부여하는 효율성의 원리에 의해 그 의미를 갖는다.

정부가 지적재산권을 보호하는 논거는 보호대상의 특성에 따라 차이가 있다. 특히 특허 · 저작권 · 인근 재산권 · 산업비밀(industrial secrets) · 산업용 설계(industrial designs)는 그야말로 상업적 가치를 지닌 지적재산(intellectual property: IP)으로서, 무형이기는 하지만 지식상품(knowledge goods)적 가치를 갖고 있다고는 보기 어려운 등록상표(trade marks)나 원산지표시(marks of origin)와는 구별된다.

또한 독점권의 기간을 영원히 인정한다면 발생할 수 있는 문제, 즉 개발자가 아닌 일반인들의 부담과 개발자 후세들의 부당한 이득, 그리고 개발자 자신의 추가개발 의욕상실 등의 문제들을 극복하기 위해 필요한 조치이다. 즉 인간의 정신활동의 사회성 또는 공공성의 차원에서 개발이익의 독점권을 제한적으로 부여하는 것이다.

(2) 기술거래의 특징과 이전단계

1) 기술거래의 특징

국제간의 기술거래는 기술의 특성상 기술이전(technology transfer)문제가 중요한 관심사가 되는데, 국제기술이전은 일반 재화나 다른 생산요소의 이동과는 달리 다음과 같은 특징을 가진다.

첫째, 기술수출자는 대부분 선진국의 다국적 기업이며, 기술수출의 목적은 독점이윤의 극대화이다.

둘째, 기술은 그 특성상 비밀이 유지되므로 판매자는 독점적 위치를 확보할 뿐만 아니라 일반적으로 기술도입에 대한 수요가 많으므로 기술시장은 대체로 구매자보다는 판매자의 발언권이 강한 판매자시장(seller's market)인 경우가 많다.

셋째, 대체로 생산 · 판매 시스템 혹은 공장건설, 종업원훈련에 이르기까지 다른 요소들과 하나의 패키지(package)로 연계되어 함께 이전된다.

2) 기술거래의 이전단계

위와 같은 특징에 따라 기술이전은 공여자인 다국적기업의 입장에서 볼 때 대체로 다음과 같은 세 가지 유형으로 분류해 볼 수 있다.

첫째, 기술의 비교우위가 절대적으로 높을 때는 기술이전 대신에 재화를 직접 생산하여 수출함으로써 이윤극대화를 누리고자 한다. 왜냐하면, 기술적 우위가 크면 독점적 위치가 확실하므로 상품의 가격도 독점적으로 결정할 수 있기 때문이다. 게다가 만일 기술을 직접 이전하면 새로운 경쟁자를 등장시키게 되어 소위 부메랑효과(boomerang effect)가 나타날 수도 있기 때문이다.

둘째, 기술의 비교우위가 상대적으로 작거나 해당 제품에 대한 수입국의 무역제한이 있을 때는 직접투자방법을 이용하여 기술 및 자본을 이전하여 이윤극대화를 꾀할 수 있다. 왜냐하면 직접투자의 경우 경영에까지 직접통제를 할 수 있기 때문이다.

셋째, 시간이 흐름에 따라 기술적 우위를 상실하게 될 시점에 이르면 기술료계약(licensing)을 통하여 기술이전을 시켜 주며 그 대가로 기술사용료(royalty)를 받는 방법으로 이윤극대화를 꾀하게 된다. 이 마지막의 경우가 일반적인 기술거래에 해당한다.

지적재산권

지적재산권은 크게 산업재산권 · 저작권 · 신지적재산권의 분야로 분류할 수 있다.

산업재산권은 최근까지 사용되었던 공업소유권을 개칭한 것으로 특허 · 실용신안 · 의장 · 상표 및 지리적 표시 등에 관한 권리로 구성되어 있다. 이 중 상표권은 생산자가 자신의 상품을 타상품과 구별하기 위해 사용하는 고유의 기호 · 문자 · 도형 · 색채 또는 이들의 결합으로 표현된 상징에 대한 독점적 사용권을 말한다.

저작권은 저작물에 대한 저작재산권과 저작자의 인격적 보호를 위한 저작인격권, 그리고 저작인접권으로 나누어진다.

또한 신지적재산권은 산업저작권, 첨단산업재산권, 정보재산권으로 나눌 수 있는데, 산업저작권에는 컴퓨터프로그램과 데이터베이스가 포함되고, 첨단산업재산권은 생명공학기술, 반도체집적회로의 배치설계에 관한 권리 등이 포함되며, 정보재산권에는 영업비밀 · 프랜차이징 · 상품화권 등이 포함된다.

- 지적재산권
  - 산업재산권
    - 특 허 ┐ ……… 기술적 창작
    - 실용신안 ┘ ……… 자타상품 식별표시 선택
    - 의 장 …………… 심미적 창작
    - 상 표
  - 저 작 권
    - 저작재산권 ┐
    - 저작인격권 ┤…… 학문적, 예술적 창작
    - 저작인접권 ┘
  - 신지적재산권
    - 산업저작권………… 컴퓨터프로그램, 데이터베이스
    - 첨단산업재산권…… 생명공학기술, 반도체 집적회로의 배치설계에 관한 권리
    - 정보재산권………… 영업비밀, 프랜차이징, 상품화권

(3) 기술거래의 운용방식

지적재산권의 범위에 포함되는 기술이나 경영상의 노하우, 마케팅 노하우, 제품이나 공정에 대한 노하우, 특허권, 상표권, 저작권 등은 오늘날 국제적으로 라이선싱계약, 프랜차이징, 경영관리계약, 계약생산, 턴키계약 등의 형태로 거래가 이루어지고 있다.

1) 라이슨싱계약

라이슨싱계약이란 특정기업이 소유하고 있는 특허권, 상표권, 저작권, 제품이나 공정에 대한 노하우 등을 타기업으로 하여금 특정지역 내에서 일정한 조건하에 활용할 수 있도록 기술지원, 정보제공, 부수되는 권리제공을 대가로 로얄티 등 각종 대가를 지불받기로 약정한 계약을 말한다.

2) 프랜차이징

프랜차이징이란 특정기업이 갖고 있는 저명한 상표나 상호의 사용권을 타기업에게 부여해 주는 동시에, 그 반대급부로 원료 · 부품 · 서비스 등 최종제품의 주요 성분을 일괄적으로 공급 · 판매할 수 있는 권리를 확보하는 방법이다. 따라서 이는 광의의 개념으로 볼 때 라이슨싱계약의 한 형태라 할 수 있다.

3) 계약생산

계약생산이란 진출대상국의 기존 제조업체로 하여금 계약조건에 따라 제품을 대신 생산하도록 하는 반면에 현지에서의 마케팅 활동을 직접 수행하는 방법이다.

따라서 이 방법은 진출기업 내부의 비교우위요소가 제품의 생산보다는 마케팅 측면에 있는 경우에 많이 활용되는 해외시장 진출방법이다.

4) 경영관리계약

경영관리계약이란 일정기간 동안 특정대가를 받고 경영을 도와 주거나 경영을 대신해 주는 방법으로 해외시장에 진출하는 방법을 말한다. 이 방법은 진출기업이 경영에 직접 참여함으로써 원료, 중간재, 기계, 부품, 장비 등을 부수적으로 판매할 수도 있다는 장점을 지니고 있다. 이는 호텔업 등의 특수 서비스업종에서 많이 활용되고 있는 방법이다.

5) 턴키계약

턴키계약이란 특정기업이 공장이나 산업시스템에 대한 설계와 건설 및 초기운영까지 담당해 준 후, 시운전이 성공리에 끝난 단계에서 공장을 현지인이 직접 담당·운영하도록 키를 넘겨 주는 사업을 말한다. 이 방법은 해외 직접투자방법이나 수출방법 또는 라이슨싱계약 방법과 달리 양국간의 기술격차나 기술이전의 문제를 해결해 주는 방법이다.

2.4 자본거래

국제자본거래는 이윤확보, 위험분산, 경영권확보 등을 목적으로 해외에 자본을 투자하거나 해외로부터 자본을 도입하는 것을 의미한다. 국제자본거래는 직접투자와 간접투자로 구분되는데, 간접투자와 달리 직접투자는 특정산업 또는 특정사업체에 소유 및 지배를 목적으로 출자하여 원리금 상환에 있어 신축적인 투자형태이다.

또한 직접투자는 대체로 자본외에 노동, 경영, 기술 등이 패키지로 이동하기도 한다는 점에서 자본의 단순한 이동인 간접투자와 구분된다.

자본거래는 장기자본이나 단기자본과 같은 자금의 국제적 이동을 말한다. 즉, 서비스의 제공이나 상품의 수출입판매와는 직접적인 관계 없이 외국

표 1-3 직접투자와 간접투자의 비교

	직접투자	간접투자
소유 및 지배	유	무
투자대상산업	특정산업	일반사업
원리금상	영업이익에 의거 - 상환부담(경기변동에 신축적) - 무리한 상환압박 회피	정해진 상환계획에 의거 -상환기간(단기적) -이자율 성격(국제평균금리수준 이상) -상환압박
이동 형태	자본, 노동, 경영, 기술의 package로 나타남 동일한 산업내에서 주로 이루어짐	자본만이 이동 자본잉여국에서 부족국으로의 일반적 흐름
이동 방향	국가 혹은 경제그룹간의 양방향에서 상호투자(cross hauling)	

에 자본을 대여해 주거나 투자를 한 후에 이자 · 배당금 등을 받는 행위 또는 상품대금을 대여해 주는 신용공여(credit giving) 등이 이에 속한다.

오늘날 대부분 자본거래는 국제간의 장기자본이동 형태인 해외직접투자를 통하여 이루어진다. 해외투자를 하여 현지에 생산체를 가지게 되면, 무역장벽을 넘을 수 있을 뿐만 아니라 현지인의 거부감을 극복하여 해외마케팅을 용이하게 할 수 있다. 또 노동력이 풍부한 국가에 직접투자를 하는 경우에는 생산비를 절감하여 상품의 경쟁력을 강화할 수 있는 장점이 있다.

직접 · 간접수출방식은 자국 내의 생산요소들을 자국 내에서 결합하여 재화와 용역을 국제적으로 이전시키는 방법이고, 라이센싱계약 방법은 자국 내의 특정기업이 보유하고 있는 기술이나 노하우 등을 일정한 대가를 받고 국제적으로 이전시키는 방법인데 반하여 해외직접투자방법은 자국 내의 생산요소인 자본 · 경영능력 · 기술 · 인력 등을 해외로 이전하여 현지국의 생산요소인 노동 · 토지 등과 결합하여 현지국에서 생산 및 판매하는 방법이다.

(1) 해외직접투자

해외직접투자(foreign direct investment)란 기업이 현지국에서 제조공장 및 생산시설의 확충을 위하여 자본을 투자하는 형태를 말한다. 이러한 투자방식은 기업의 설립방식에 따라 신규설립(new venture), 합작투자(joint venture), 국제인수 · 합병(M&A)으로 구분된다.

여기에서 경영에 직접 참여한다는 의미는 기업의 경영자들이 의사결정과정에서 영향을 미칠 수 있는 통제권을 발휘하게 되는 개념으로 파악할 수 있다.

해외투자는 투자 주체별로 공공투자와 민간투자로, 기간별로는 장기투자와 단기투자로, 유형별로는 직접투자와 간접투자로 분류되며, 직접투자는 단독투자와 합작투자로 구성된다. 따라서 해외직접투자는 유형별 분류에 의한 개념으로서 투자주체별로는 민간투자가 대종을 이루며, 기간별로는 장기투자에 해당된다.

해외직접투자는 한 나라의 기업이 다른 나라에서 새로운 사업체를 신설 또는 기존사업체의 인수를 통하여 이를 통제할 수 있는 투자지분율을 획득하여 장기적인 관점에서 직접 경영에 참여하는 것을 목적으로 하는 투자행위를 말한다. 따라서 해외직접투자는 일반적으로 경영권 통제를 목표로 하는 국제

장기자본이동으로서 자본 이외에도 기술 · 경영기법 등이 포함되어 이루어지는 투자이다.

해외직접투자는 국제간의 장기자본이동의 한 형태로서 장래의 수익을 목적으로 국내의 자본 · 기술 및 인력 등의 생산요소를 해외에 이전하는 것을 말하는 것으로, 재화(상품)의 이전인 무역에 비하여 해외투자는 매니지먼트시스템의 이전이라고 할 수 있다.

1) 해외직접투자의 동기

해외직접투자의 동기는 투자국 내의 기업환경, 당해 기업의 경영전략, 현지국(투자유치국)의 투자환경에 따라 다르며 제반 동기와 목적이 복합적으로 작용하여 이루어진다.

개별기업의 입장에서 본 해외직접투자의 동기는 크게 전략적 동기, 행동적 동기, 경제적 동기 등으로 분류할 수 있다. 각각에 대하여 간략히 살펴보기로 한다.

① 전략적 동기

기업이 해외직접투자를 추구하는 전략적 차원에서의 동기는 그 형태에 따라 시장지향형, 생산효율지향형, 원료지향형, 지식지향형 등으로 구분할 수 있다.

첫째, 시장지향형(market seekers) 직접투자는 기존의 시장과 판매망을 유지하면서 제3국의 새로운 시장을 개척하기 위하여 현지에 진출하여 해외생산을 하는 진출방식이다.

둘째, 생산효율지향형(production efficiency seekers)은 생산성에 비하여 생산요소가격이 상대적으로 저렴한 지역에 진출하는 투자방식이다. 이는 주로 노동집약적 산업에서 이러한 동기의 투자가 이루어지고 있다.

셋째, 원료지향형(raw material seekers)은 원유 · 광업 · 임업 · 농업 등의 자원개발 투자와 관련된, 즉 각종 생산원료가 풍부하고 저렴한 지역을 찾아 투자하는 방식이다.

넷째, 지식지향형(knowledge seekers)은 외국의 첨단 선진기술이나 경영관리기법을 습득하기 위해 진출하는 방식이다.

② 행동적 동기

기업의 해외직접투자(FDI)가 기업 외부환경의 자극 또는 조직 내부에서의 최고경영자 성향이나 필요에 따라 기업의 조직구성원이나 그룹에 대한 공약 등의 동기에 의해서 이루어지는데, 그 대표적인 요인은 다음과 같다.

ⓘ 외국 정부, 자사제품의 해외대리점 및 고객 등의 권유

ⓘⓘ 자사제품의 판매시장 상실에 대한 우려

ⓘⓘⓘ 경쟁기업의 해외진출에 따른 경쟁력 상실 우려

ⓘⓥ 국내시장에서의 외국기업과의 경쟁예상

③ **경제적 동기**

경제적 동기에 따르면, 기업이 이윤을 극대화하기 위해 세계 제품시장, 생산요소, 금융시장이 완전경쟁시장이 아닌 불완전경쟁시장이기 때문에 이를 활용하기 위해 해외직접투자를 하게 된다는 것이다. 즉, 투자 기업들은 규모의 경제, 경영관리기법, 제품 및 생산요소시장에 대한 충분한 정보와 지식, 특정기술, 충분한 자금공급능력 등을 갖고 있으므로 자신들의 이러한 경쟁적 우위의 폭을 확대시킴으로써 이윤을 극대화할 수 있기 때문이다.

2) 해외직접투자의 방식

특정기업이 해외직접투자를 통하여 현지기업의 경영에 참여할 때 그 기업의 주식을 100% 소유하면 단독투자, 100% 미만이면 합작투자가 된다. 여기에서 합작투자는 다시 그 소유권비율에 의해 51% 이상의 소유권지분을 확보하는 다수지분(majority ownership), 50% 대 50%의 동등지분(equal ownership), 50% 미만의 소유권지분을 확보하는 소수지분(minority ownership)으로 세분될 수 있다. 그리고 오늘날 합작투자의 파트너로는 일반적으로 현지국의 기업, 현지국 정부, 제3국 기업 중 하나가 선택되고 있다.

기업이 해외에 진출하여 투자하려고 할 때, 그 투자방식은 기업의 설립방식에 따라 신규설립, 합작투자, 인수·합병으로 구분된다.

① **신규설립**

신규설립은 투자기업이 100% 전액을 투자하여 해외자회사의 소유권을 완전통제하는 형태로 단독투자하여 합작 소유시 발생되는 소유권 및 수익배분 등에 대한 갈등을 회피하고자 하거나, 모기업의 범세계적 경영관리조직 내에 모든 기능을 통합·통제하고자 할 때 선택되는 투자방식이다.

② 국제합작투자

국제합작투자란 “서로 다른 국가의 2개 또는 그 이상의 투자선들이 영구

적인 기반 위에서 특정기업의 경영에 참여하는 것"으로 그 정의를 내릴 수 있다. 그리고 국제콘소시움(international consortium)이란 원래 금융용어로서 "한 나라의 차관제공시 위험을 분담하기 위하여 여러 금융기관들이 국제공동 차관을 형성하는 것"으로 그 정의를 내릴 수 있으며, 최근 대규모 해외공사를 수주 · 완성하기 위하여 자금 · 기술 · 경영 등의 측면에서 협력하는 것도 국제콘소시움이라는 용어를 사용하고 있다.

이러한 국제콘소시움과 국제합작투자와의 차이점은 국제콘소시움의 경우, ⅰ 국제합작투자처럼 영구적인 기반 위에서 참여하는 것이 아니라 특정 프로젝트가 완성되면 자동적으로 해산된다는 점과, ⅱ 일반적으로 합작투자시의 기업수보다 참여하는 기업의 수가 더 많다는 점 등을 들 수 있다.

③ 국제 인수 · 합병

국제 인수 · 합병(International M&A)란 서로 다른 두 개 이상의 기업이 결합하여 하나의 기업이 되거나, 한 기업이 다른 기업을 매입함으로써 외부경영자원의 지배권을 획득하여 단기간 내에 경영성과를 올리기 위한 투자전략이다.

해외투자기업은 다양한 이유, 즉 제품 차별화, 시장 다변화, 자산 획득(경영관리, 기술, 유통망, 노동력 등), 천연자원 확보, 투자의 포트폴리오 등의 목적으로 현지기업을 인수 · 합병하고자 한다. 또한 현지기업의 인수는, 유사한 제품계열, 시장, 사업의 획득을 목적으로 하는 '수평적(horizental) 인수'와, 상이한 기술에 의한 동일한 시장으로의 진출, 또는 동일한 기술에 의한 상이한 시장으로의 진출을 목적으로 하는 '수직적(vertical) 인수'의 두 유형을 띤다.

3) 해외직접투자에 따른 정치적 리스크

투자국 입장에서의 '해외직접투자'는 투자수용국 입장에서는 '외국인직접투자'가 된다. 그런데 투자수용국 입장에서는 외국인직접투자를 통하여 얻는 것과 잃는 것이 있다. 그리고 외국인직접투자로 인하여 국민소득의 증대라든지 국제수지 개선효과 등과 같이 화폐단위로 측정될 수 있는 것도 있지만, 경쟁유발효과나 산업화에 대한 기여 등과 같이 객관적 지표로 측정되기 곤란한 요소도 많이 포함되어 있다. 오늘날 해외직접투자는 일반적 정치적 리스크[11]란 현지국에서의 정치적 역학관계의 변동에 의하여 진출기업의 수익성이나 기업목표에 영향을 미치는 기업환경의 변화가 발생될 가능성을 의미한다. 단 정치적 리스크로 정의되기 위해서는, ① 기업환경의 갑작스런 변화가 있어야 하며, ② 그 변화는 예측하기 어려운 변화이어야 하며, ③ 정치적 역학관계와 관련된 문제에 의하여 초래된 것이어야 하며, ④ 그 변화가 특정 기업의 수익성이나 기업목표에 상당한 영향을 미칠 수 있는 가능성이 있어야 한다는 점 등이 전제되어야 한다.

이러한 정치적 리스크는 국가별 리스크(country risk)의 개념과는 구분되어야 한다. 즉 국가별 리스크란 해외에 자금을 공여해 주는 국제금융기관들의 관심의 대상이 되는 것으로서 특정국가가 외채를 갚을 수 있는 능력이 충분한가를 평가하기 위한 개념인데 비하여, 정치적 리스크란 이보다 포괄적인 개념으로서 한 국가 내에서 외국기업의 경영활동에 영향을 미치는 기업환경의 변화를 의미하는 개념이다.

정치적 위험에 대한 보험

제한된 투자프로젝트의 최종적 결정은 정치적 위험에 대한 보험서비스의 가능성과 보험 비용에 의해 좌우되기도 한다. 미국의 경우에 있어서는 정부산하기관인 OPIC(Overseas Private Investment Corporation)에서 외국 통화의 태환불능, 강제적 수용, 전쟁, 혁명, 폭동 등의 위험에 대한 보험서비스를 제공해 주고 있다. 정치적 위험에 대한 보험서비스는 사적인 보험회사들로부터도 제공받을 수 있는데, 즉 미국의 AIG(American International Group)와 영국의 Lioyd's社가 대표적이라고 할 수 있다. 그러나 일반적으로 해외투자에 대한 보험서비스는 특정의 투자 대상국들에만 한정되거나, 또는 사고 발생시에 보험금이 총투자금액의 일부분만 커버해 주기 때문에, 보험을 통해서 정치적 위험을 완전히 회피할 수는 없는 것이다. 따라서 기업들은 해당 투자프로젝트에 대한 보험이 가능하더라도 현지국의 정치적 위험에 대한 평가를 등한시해서는 안 된다.

11) 리스크란 특정의 사건이 불리한 결과와 유리한 결과를 초래시킬 가능성을 모두 포함하는 개념임에 비해, 위험이란 불리한 결과만을 초래시킬 가능성만을 지칭하는 개념이다.

(2) 해외간접투자

해외간접투자(foreign indirect investment)란 경영에는 직접 참가하지 않고 투자상대방이 지급하는 배당금이나 이자의 획득만을 목적으로 하는 단순한 유가증권투자를 의미한다. 해외간접투자는 투자자들이 국가간 이자율 차이를 이용하거나 경영의 다각화를 통한 위험 및 금리관리를 위해서 해외투자를 하는 경우이다.

결국, 해외직접투자와 간접투자의 차이는 피투자기업에 대한 경영권통제의 행사 유무에 있다고 할 수 있다.

외국에서 기업체 주식을 사고 파는 것, 외국의 채권이나 주식의 발행에 응모하여 사는 것 또는 이미 발행되어 유통되고 있는 증권을 다른 사람으로부터 사는 것을 말하며 포트폴리오투자 또는 국제증권투자라고도 한다.

1) 해외간접투자의 동기

① **이자율격차** 국가간에 이자율이 다른 경우 이자율이 낮은 나라로부터 높은 나라로 자본이 이동하여 추가적인 수익률을 도모하는 것이다. 그래서 국제수지적자국은 보통금리를 인상하여 다국적 단기자본을 유인하기도 한다. 국제적인 금리 차이는 환율변동에 의해 조정되는 것이 정상이지만 이는 장기적으로 발생하고 단기적으로는 그렇지 않기 때문에 금리차에 따른 간접투자는 활발하다.

② **위험분산** 이것은 정치적·경제적 이유로 말미암아 국제적으로 도피 또는 분산되는 자본이동을 말한다. 단기적인 도피자본은 국내의 정치적·경제적 불안, 자본에 대한 과세의 위험, 원금의 가치안정 등의 이유로 이루어진다.

③ **통화평가** 외환율의 변동에서 오는 환차손을 회피하고 환차익을 올리려는 투기적인 행동 때문에도 간접투자가 발생한다. 환율은 일시적으로 정상가치를 반영하지 못하는 수가 생긴다. 이러한 상황이 발생하는 경우 무역거래와 무관하게 투기적인 목적의 단기적 해외간접투자를 한다.

2) 해외간접투자의 리스크

① **환율위험(foreign exchange risk)** 외국으로 자본이 투자되는 경우, 예상하지 못한 환율변동에 따라, 투자자본을 국내통화로 환산한 가치가 적어질

위험이 있다. 이러한 환율변동위험은 각국의 금리변동위험보다 훨씬 크다. 그러므로 환위험관리기법들이 사용되는데, 다각화(다양한 통화로 분산투자), 파생금융상품(선물 · 옵션 등)이 그 예이다.

② **비상위험(country risk)** 비상위험 또는 국가위험은 투자국의 정부 정책의 예측하지 못한 변화를 말한다. 통화량, 조세, 지출, 외국인 대우 등과 관련한 급격한 정책변화는 외국의 투자자들에게는 위협이 아닐 수 없다.

물론 국내기업들도 마찬가지이지만 외국투자자의 입장에서 이런 변화의 예측력이 상대적으로 낮을 뿐 아니라 적응력도 낮기 때문에 비상위험은 중요하다. 특히 강제수용, 몰수, 송금제한 등은 외국인투자자를 대상으로 주로 발생한다.

③ **2중과세(double taxation)** 해외투자로부터 소득이 발생하는 경우 투자국과 피투자국의 정부들이 조세수입을 위해 각각 과세권을 행사하려고 한다. 즉, 거주국과 원천지국의 과세권의 사전적 조정이 이루어지지 않는 경우에는 투자자는 2중으로 조세부담이 발생한다. 이런 문제는 각국 정부간의 자발적 협정이나 또는 국제조약으로 해소할 수 있다.

(3) 자본거래자유화와 국가경제

국제거래의 대상으로서 자본은 매우 중요하다. 그 이유는 첫째, 규모가 크다는 점이다. 상품, 서비스, 기술, 노동력에 비해 자본의 국제거래 규모는 수십배, 수백배에 이른다. 둘째, 이동속도가 매우 빠르다. 컴퓨터 마우스를 한번 클릭하면 단 몇초 내로 수억달러가 다른 나라로 이동된다. 다른 재화들은 그렇지 않다(특히 노동력의 국제이동은 매우 더디다). 대규모로 신속하게 거래되는 국제자본은 양날을 가진 칼처럼 세계경제에 자리하고 있다.[12)]

자본자유화란 자본의 국제적 이동에 대한 법적 장애를 없애거나 완화하는 일련의 조치를 뜻한다. 그 결과 종래 억제되어 오던 자본의 유입과 유출이 자유화되어 환율과 물가 그리고 이자율 등 국내 거시경제변수들에 상당한 영향을 미치게 되는 것이다.

아울러 우루과이라운드에서는 전례없이 '무역관련 해외직접투자'의 자유화문제에 대한 합의를 이끌어냈다. 즉 우루과이라운드에서는 무역과 관련된 부문의 해외직접투자에 관한 한 각국 정부에서는 진출기업에 대하여 그동안

12) 정홍주, 「국제통상론」, 문영사, 1999, pp. 305~310.

부과시켜 왔던 여러 가지 형태의 각종 규제들을 철폐하도록 한다는 데 합의하였으며, 위반시에는 WTO의 규제를 받을 수 있도록 하였다.

2.5 노동거래

노동거래는 일반거래와는 달리 주로 이민과 정치적 이유로 이루어진다. 오늘날 노동의 국제적 이동은 자발적인 경제활동의 소산이라기 보다는 오히려 비자발적인 정치적 색채가 짙기 때문에 정상적인 노동의 이동과는 구별되어야 할 것이다.

전통적으로 천연자원과 노동자원 등 2개 요소를 본원적 생산요소라고 부른다. 본원적이라고 부르는 것은 그의 공급이 대체로 경제제도 밖에서 결정되기 때문이다(이에 대해 자본은 파생적 생산요소라고 할 수 있다). 오늘날 국가간 이동성이 가장 높은 생산요소는 자본인 반면 노동력은 이동가능성이 가장 낮다. 자국민을 우선적으로 보호해야 하는 국가의 입장에서 외국인의 이주를 통제하기 때문이다. 한편 자국경제를 성장 · 안정화시킬 목적으로 외국인에게 문호를 개방하는 경우도 적지 않다. 또한 민주주의 체제에서 노동력이 갖는 정치적 의미는 다른 것과 다르다.

노동의 질과 양 그리고 노동력의 구성 등은 국가마다 각기 다르다. 노동의 질은 노동자의 태도, 교육, 숙련도로 평가할 수 있으며, 노동의 양과 구성은 인구수 및 인구구조에 달려 있다.

노동력은 자원, 자본, 기술 등과 함께 주요한 생산요소이다. 기업의 경쟁력은 사용하는 노동력의 질과 비용에 크게 영향을 받는다. 특히 저임금에 의존해 온 국내기업들 중 국내의 임금상승으로 임금이 낮은 중국, 베트남 등의 국가로 생산시설을 옮기는 사례가 많아지고 있다. 한편 노동력의 국제이동도 최근 활발해지고 이에 따른 문제들도 관심의 대상이 되고 있다.

(1) 노동거래의 배경

1) 노동수요 측면

국경간 노동이동의 수요 측면을 결정하는 중요한 변수는 한 국가의 노동력 부족의 정도와 외국인력에 대한 노동정책이다.

국내인력의 고학력화 및 청년층 인구감소로 인해 저학력 단순기능 인력의 부족현상은 1990년대 초 집중적으로 나타나 우리나라 노동시장에서 단순기능 외국 노동력에 대한 하나의 수요요인이 되었다.

또한 이동대상국가의 외국인력정책도 영향을 준다. 예를 들어 싱가폴은 외국노동력에 대한 규제가 까다롭기 때문에 노동이용비용이 상대적으로 크다. 그러므로 순기대수익이 우리나라의 경우보다 결코 크지 않다면 노동 수출국의 근로자는 싱가폴 대신 한국으로 이동하기 쉽다.

2) 노동공급 측면

가격이 상승하면 상품의 공급량이 증가하듯이 노동(공급)자들은 임금이 높은 곳으로 이동하고자 한다. 한 근로자가 현 지역(혹은 현 직장)에서 소득이 다른 지역(혹은 다른 직장)으로 이동하였을 경우 기대되는 소득이 더 크다고 판단되는 경우 국경간 노동이동을 하게 된다. 따라서 양국간의 임금 차이와 노동이동비용이 노동력의 국제 이동에 주요한 변수가 된다.

3) 개방화 시대의 진입

범세계적인 개방화, 국제화의 진전은 무역과 투자 등의 국제거래와 더불어 노동력의 국제 이동을 촉진하는 요인이 되고 있다. UR협상에서 노동의 자유로운 이동에 대해서는 각국의 첨예한 이해대립으로 어떠한 결론도 내지는 못했지만 향후 WTO에서 중요한 의제로 등장할 전망이다.

한편 이미 합의된 서비스부문의 개방에 따라 서비스기업에 고용된 인력이나 변호사, 회계사, 의사 등 독립적인 개인서비스 공급자의 국경간 이동이 활발해질 전망이다. 그러나 단순노동직의 경우 개도국들이 선진국에 대한 개방압력을 넣고 있고, 실업문제가 심각한 선진국들은 이에 대해 소극적인 입장을 보이고 있다.[13)]

(2) 노동거래의 효과

1) 비숙련노동의 국제이동 효과

단순직 외국노동자의 유입은 고유문화의 변질(우리나라의 경우 남북통일시의 부담) 등의 문제를 야기시킨다. 그 외 경제적인 특면에서 단순 외국노동력의 유입의 효과를 살펴보자.

① **제조원가 절감** 저임금 단순노동력의 증가로 생산비용의 주요항목인 노무비용의 감소가 초래된다. 이에 따라 제품의 가격을 낮추어 경쟁력이

개선되거나 또는 같은 가격으로 판매하는 경우 이윤율이 높아진다. 그리고 이에 따라 생산규모도 확대된다. 판매가 신장되거나 이윤이 높아진다면 생산량이 증가하는 것은 당연하다.

② **국내자원과의 대체** 외국 단순노동인력이 국내외 노동집약적 산업에 취업하게 되는 경우 단점으로 기업가의 노동절약적 노력, 즉 자본투자나 기술개발에 의한 자동화 및 기계화의 진전을 저해하게 된다. 한편 노동이 자본이나 기술 등과 단기적 대체관계에 있다 하더라도 그 결과는 외국단순기능인력이 경영자의 선택의 폭을 넓혀주어 외국인력이 없었을 경우의 결과보다 더 효율적인 선택이라는 주장도 있다.

③ **갈 등** 국내의 저임금근로자들은 해외로부터 유입된 근로자들로 인하여 취업과 임금수준 등에서 불이익을 받게 된다. 이에 따라 국내의 노동시장에서 외국인력 유입에 대한 반발과 로비가 심해지고 때로는 정치문제화된다.

④ **국내총생산** 외국인력이 국내총생산에 미치는 영향은 국내노동력과의 대체가능성, 외국인력이 주로 취업하는 부문의 생산성, 외국인력의 국내소비수준에 달려 있다. 즉, 외국인력이 국내 노동력과의 대체가능성이 낮은 노동을 할수록, 생산성이 높을수록, 외국인력의 국내소비수준이 높을수록 국내총생산이 증가하게 된다.

⑤ **외부효과** 외국인력의 국내진출은 국내 경제사회에 새로운 사회적 비용(social cost)을 창출한다. 인구밀도를 더욱 조밀하게 하고 교통·환경 문제를 야기할 가능성이 있다. 또한 저소득의 외국인력은 사회보장 관련 기여에 비해 혜택을 많이 받음으로써 우리나라의 사회복지에 무임승차하여 의료비용과 복지비용의 증가를 초래하여 기업과 국내근로자의 부담증가요인이 될 수 있다.

⑥ **불법취업에 대한 규제비용** 일단 외국인력의 수입을 허용하면 상당수가 계약기간을 초과해 불법체류자가 될 가능성이 있다. 이에 따라 불법취업규제를 실행함에 따라 비용이 발생하고 그 비용이 때로는 규제에 따른 이익을 초과할 수도 있다.

⑦ **외국인력정책의 제한** 국제환경의 개방화 진전은 우리가 선택할 수 있는 외국인력정책에 일정한 한계를 가져오고 있다. 가령 불법취업자를 규제하기 위해 입국심사를 강화한다든지 일부국가에게는 관광비자를 발급하지 않

는 등의 정책은 국제사회의 비판을 받아, 예를 들면 국산제품불매운동 등 부작용이 매우 클 것이다.

2) 숙련노동의 국제이동 효과(두뇌유출)

일반적으로 비숙련 노동자들의 이민은 이민법(미국 · 영국, 기타 선진국에서 적용하고 있음)에 의해 억제되고 있지만 숙련노동자들의 이민은 쉽게 받아들여진다. 그러나 숙련노동자를 보내는 입장에서는 그 반대이다. 즉, 개발도상국으로부터 선진국으로의 고급인력유출(brain drain)은 개도국의 입장에서 다음과 같은 이유 때문에 달가운 일로 여기지 않고 있다.

첫째, 교육훈련에 투입되었던 인적자본의 손실을 가져온다. 상당기간 교육을 통해 창출된 고급두뇌의 유출은 선진국의 경제에 기여할지 모르나, 개발도상국의 입장에서는 커다란 손실이다.

둘째, 고급두뇌의 유출은 경제내적 및 경제외적 손실을 초래한다. 국내의 기술 · 학문 · 연구개발을 촉진시키고 경제발전의 기틀을 마련할 고급두뇌의 유출은 개발도상국의 발전잠재력을 축소시키며 후생수준을 떨어뜨리는 원인의 하나가 된다.

두뇌유출은 1950년대와 1960년대 이후에 상당수의 과학자, 기술자, 의사, 간호사, 그리고 기타 고도의 숙련된 인적자원이 개도국에서 선진국으로, 유럽에서 미국으로 이동되었던 형태를 말한다.

제 1 장 연습문제

논술형

1. 국제통상의 의의와 그 범위를 논하시오.
2. 국제통상의 역할과 그 현안 과제를 논하시오.
3. 서비스거래의 의의와 그 거래형태를 논하시오.
4. 기술거래의 의의와 그 운용방식을 논하시오.
5. 자본거래의 의의와 그 투자형태를 논하시오.

약술형

1. 국제통상의 성격
2. 국제통상의 특수성
3. 상품거래의 특성
4. 서비스거래의 특성
5. 서비스거래와 통상정책
6. 기술거래의 특징과 이전단계
7. 해외직접투자의 동기
8. 해외직접투자에 따른 정치적 리스크
9. 해외간접투자에 따른 리스크
10. 노동거래의 효과

제 2 장

국제통상의 이념과 규범

제 1 절 국제통상의 이념

1. 전통적 통상이념

1.1 중상주의 통상이념

15세기 후반부터 18세기 중엽까지 약 300여 년간 유럽에서의 유력한 경제정책의 체계 및 그 이론의 총칭을 중상주의(mercantilism)라 부른다. 다시 말해서 중상주의는 중세에서 근대사회로 이행하는 과정에서 서유럽국가들이 국민적 통일을 실현하고 국력을 배양하기 위한 이론적 · 사상적 배경을 갖고 있는 경제정책을 일컫는 것이다. 중상주의는 초기 자본주의, 즉 공장제수공업(manufacture) 자본을 근본적으로 축적하고 추진하기 위한 당시의 정책체제이었으며, 또한 이 체제를 배경으로 한 제반 이론의 집합체라고도 할 수 있다.[1)]

이처럼 중상주의에 대한 해석은 다양하지만 그 본질을 종합적으로 규명

1) 박종수, 전게서.

한 헥셔(F. F. Hecksher)에 따르면, 중상주의의 목적은 국가의 통일체계(unifying system)와 권력체제(system of power)를 추구하는 데 있으며, 그 목적을 달성하기 위한 정책으로서 보호체제(protection system)와 화폐체제(monetary system)를 추구하는 것이라고 주장하였다. 통일체제는 대외경쟁에 있어서 국가적 통일을 지향하는 것이며, 권력체제는 국내의 경제력을 정치력과 일치시켜 국력을 증진시키는 일이다. 이러한 목적을 달성하기 위해 수입을 제한하여 국내산업을 보호하는 동시에 무역확대를 통해서 경제력를 극대화시켜야 한다는 것이다. 따라서 이러한 목적을 정책화함으로써 중금주의정책에서 무역차액정책으로 그리고 산업보호정책으로까지 확산되었다.

중상주의는 역사상 스페인, 포르투갈, 네덜란드 등이 훨씬 앞섰던 나라들이었으나 끝까지 중상주의를 전형적으로 진전시킨 나라는 영국과 프랑스였다. 17세기 말, 영국은 봉건주의의 잔재에서 벗어나면서 항해조례 등을 설정하여 해상권을 장악하면서 식민지를 확대하고 유럽 최강의 중상주의 대국이 되었다.

(1) 중금주의

중금주의(bullionism)는 금과 은의 보유가 국가의 부를 좌우한다고 보고 금은의 국내유입을 촉진하고 국외유출을 억제하여 가능한 한 많은 금은을 국내에 보유하려는 정책을 말한다. 중금주의는 유럽이 금과 은의 격심한 부족을 겪으면서 급격히 팽창하는 무역량에 충당할 만큼 충분한 화폐를 가지지 못했던 시기에 나타났다.

중상주의 시대에 있어서 국가적인 통일성과 부국강병에 입각한 중앙집권적 국가제도의 확립에 따른 막대한 자금의 필요성과 그리고 신항로의 개척에 따른 화폐 유통성의 확대 등이 직접적인 요인이 되어 부의 가치기준을 화폐, 즉 금은의 국내축적량에 두었던 것이다. 이와 같이 중금주의는 금은과 부를 동일시하여 금은을 국부의 가치척도로 삼았기 때문에 쟝 보뎅(Jean Bodin)은 이를 가리켜 화폐(금 · 은 · 地金)는 국가의 신경이라 하였고, 또한 이를 관리하는 능력 자체가 국가의 운명을 좌우한다고 하였다.

(2) 무역차액주의

중상주의 초기에 있어서의 금은의 직접적인 거래, 즉 금은 자체를 획득하는 방식보다 외국무역이 발전함에 따라 무역흑자를 통해서 간접적으로 유입시키려는 방향으로 전환하게 되었다. 무역에 의한 부의 축적도 초기에는 개개의 거래에서 무역차액을 획득하려는 개별무역차액론의 입장이었으나, 후에는 전체의 거래에서 무역차액을 얻으려는 일반적 무역차액의 형태로 발전하였다.

즉, 비록 어느 나라와의 거래에서 무역차액이 적자(수입초과)가 발생하더라도 전체의 무역차액이 흑자(수출초과)가 되면 국부는 증대된다. 따라서 이러한 사상은 중금주의사상에 비하여 보다 진보적인 시대적 산물이라 할 수 있다.

이 무역차액주의사상은 당시 영국의 동인도회사의 중역이었던 토마스 먼(Thomas Mun)에 의해 이론적 확립을 보았다. 그의 저서인 「영국의 동인도무역에 관한 고찰」과 「외국무역에 의한 영국의 재보」에서 "일국은 타국으로부터 금은을 증여받거나 강탈함으로써 부유해질 수 있지만 그것은 불확실할 뿐 아니라 중요하지도 않다. 따라서 우리 나라의 부와 재보를 증가시키는 일반적인 방법은 외국무역이다. 이 무역에 있어서 매년 외국상품을 소비하는 것보다 더 가치 있는 상품을 외국에 판매해야 한다는 원칙에 따라야 한다"라고 주장하였다. 이와 같이 그의 주장은 무역차액의 순조에 있었으며, 또한 그 순조무역의 방법으로서는 수출의 장려와 수입의 억제, 중계무역의 중시, 그리고 관세정책과 지금(地金)수출 등으로 요약할 수 있다.

(3) 산업보호주의

중상주의는 시대적 변천에 따라 중금주의정책에서 무역차액정책으로 전개되었고 이어서 산업보호정책으로 발전되었다. 이러한 발전형태는 중상주의체제가 절대왕정기의 중상주의에서 시민혁명에 의한 의회주의적 중상주의로 전환됨에 따라 산업경제적인 측면에서도 공장제 수공업이 발달됨에 따라 종전의 상업자본의 지배에 이어 대외무역에 중점을 둔 농공업의 연대적 보호정책 방향으로 중상주의체제가 변화되었기 때문이다.

이와 같이 중상주의체제의 제3단계로서의 산업보호정책은 그 기본방향을 대외무역에 두고 국가적 강권에 의하여 국내산업 및 노동문제에 깊이 개입하여 국내산업을 외국의 저임금노동경쟁으로부터 보호하여 국내의 고용수준을 유지하고, 이와 동시에 수출을 증가시킴으로써 무역차액의 기회를 확고히 하였다. 이는 비단 공업에만 국한된 것이 아니고 농업에 있어서도 곡물가격을 일정하게 유지시키기 위하여 수입을 제한하고 수출을 장려하려는 방책을 취하였다.

1.2 자유주의 통상이념

(1) 중농주의와 자유주의

자유무역사상은 중농주의에 그 기초를 두고 있다. 중농주의(physiocracy)란 18세기 후반 프랑스의 케네(F. Quesnay)에 의하여 체계화된 농업중심의 사상과 그 정책을 의미한다. 케네에 의하면, 중상주의자가 일국의 부는 금은 그 자체만이라고 주장하는 것은 큰 오류이며, 국부의 증진은 금은의 증가에 있는 것이 아니라 재화의 총량을 증가시키는 데 있다고 한다. 이러한 관점에서 본다면, 토지야말로 모든 재화를 생산하는 유일한 근원이므로 토지에 의하여 생산에 참여하는 농업만이 진실로 생산업이다.

케네는 개인의 이익이 사회를 통합하는 가장 중요한 요소라고 강조하였다. 따라서 개인의 이익이 보장되면 그 사회의 유대관계도 강화된다고 주장했다. 개인의 이익향상과 사회의 진보를 위하여 자유경쟁이 성립되어야 하고, 국가는 다만 개인의 생명과 재산을 안전하게 보호하는 데 그쳐야 된다고 강조했다. 또한 그는 모든 사람은 원하는 상품을 자기가 원하는 상대방과 자기가 원하는 장소에서 자유로이 매매할 수 있어야 한다고 주장했다. 이와 같은 그의 자유방임사상(laissez faire)[2]은 무역자유화의 기초를 마련하여 그 후, 애덤 스미스에게 계승되어 영국의 자유무역주의를 발생하였던 것이다.

이러한 케네의 경제사상은 당시 재상인 콜베르(J. B. Colbert)에 의한 프랑스의 공업중심적 중상주의의 배경하에서 형성된 것이다. 콜베르정책에 의하여 프랑스는 한때 항해식민사업이 확대되고 국내산업이 육성되었다. 그 후에 정부의 재정파탄, 관리의 가렴주구, 산업의 위축, 왕궁의 사치 등으로 인하여 프랑스경제는 크게 후퇴되었다. 더욱 프랑스는 공업중심의 중상주의정책을 실시했기 때문에 농민은 과중한 세금과 부역에 시달려서 가난을 면치 못

2) 이러한 렛세 훼르(laissez faire)의 어원이 "나에게 간섭하지 말라"(laissez nous faire)라는 말을 처음으로 저서에 사용하여 그 학설을 발표하였던 사람은 프랑스의 '달장손'으로서 1751년의 일이었다.

했다. 동시에 곡가는 현저히 하락하고, 그 거래의 자유는 제한되었다. 그러므로 케네는 국가중심의 보호간섭주의를 비난하고 농업만이 부를 형성할 수 있다고 생각했다. 농업을 존중하고 곡물의 자유거래에 의하여 곡가를 인상시키지 않으면 안 된다고 주장했다.

그런데 중농주의도 프랑스를 제외하고는 오랜 세월 동안 수용될 수가 없었다. 그 이유는 중농주의자가 국부의 근원을 토지에 있다고 보고, 농업에 편중하였다는 점에서 중상주의자가 금은이 부라는 관점에서 상업에 편중하였던 것과 동일한 오류에 빠질 뿐만 아니라, 한편으로는 상업정책상의 자유방임을 주장하지만, 다른 한편으로는 곡물의 수입을 금지하거나 또는 곡물의 수입자에게 중과하여야 한다는 이른바 농업보호론을 주장하는 모순에 빠져 있었기 때문이다.

(2) 고전학파의 자유통상론

세계무역과 매뉴팩처가 발전함에 따라 중상주의사상 및 정책도 점차 변화하였으나 무역으로 하여금 화폐의 획득수단으로 보는 기본적인 사고방식은 여전히 유지되고 있었다. 이 중상주의에 대하여 애덤 스미스(A. Smith)는 비판을 가하고 자본주의확립 전후에 알맞는 무역이론을 내세웠다. 즉, 중상주의에 있어서는 한 나라의 부는 금은으로부터 시작되며, 이와 같은 귀금속은 한 나라가 수입을 많이 하는 것보다도 오히려 수출을 많이 함으로써 얻을 수 있다고 하는 2개의 명제를 바탕으로 하고 있다.[3] 그래서 대외무역에서의 관세, 장려금 등의 조치는 유해하다는 것이며, 특수한 사정을 제외하고는 자유무역이 필요하다는 것을 호소한 것이다.

고전학파의 자유무역이론은 국제분업의 원리에 대한 규명, 무역이익의 발생에 대한 근거파악, 교역당사국에 대한 무역이익의 배분원리, 국제균형기구에 대한 해명 등 네 가지 점을 중심으로 구성되어 있다. 여기서는 스미스가 주장한 세 가지 근거, 즉 국제분업론, 자유경쟁설, 소비자이익론에 관하여 살펴보고자 한다.

---

3) 애덤 스미스의 경제학의 체계는 자본주의의 확립기, 즉 산업혁명 전후의 것이고, 그 시대는 중상주의가 통상정책의 주체로 되고 있었다. 그러나 산업혁명의 결과 자본주의가 성립되고, 외국무역의 내용도 크게 변화되었다.

1) 국제분업론

스미스의 자유통상론의 논거는 국제분업(international division of labour)에 두고 있다. 이 이론은 국제분업의 이익을 기초로 하여 자유무역의 우위성을 주장하였던 이론으로서 자유주의이론 가운데서 가장 유력한 것이다. 무역의 가장 큰 이익의 하나는 그것이 국제분업을 촉진시킨다는 사실이다.

왜냐하면 국제간에 무역이 이루어지고 있음으로 인하여 자연적 · 인위적인 생산조건을 달리하고 있는 나라들이 자국에서 생산할 수 없는 물품이나 또는 그 생산이 곤란한 물품은 물론이고, 자국에서 생산하는 것보다 한층 더 양질의 저렴한 물품을 무역에 의하여 쉽게 획득하여 소비할 수 있기 때문이다. 따라서 국제간의 상거래를 국내상거래와 같이 자유원칙 아래에 둔다면 국제분업이 완전하게 이루어지고, 그 당연한 결과로서 각국으로 하여금 그 생산조건에 알맞는 생산을 분담하게 함으로써 그 자본과 노동을 오직 그 생산에만 집중시킬 수가 있다. 이러한 의미에서 무역은 세계경제면에서 뿐만 아니라 그 나라 자체의 국민경제에 대하여도 이익이 된다고 할 수 있다.

국제분업의 이익에 관하여는 이미 애덤 스미스가 국부론에서 설명한 바 있고, 또 리카아도도 국제분업의 이익을 비교생산비설의 유력한 논거로 삼았으나, 다시 이것에 의하여 자유무역을 가장 강하게 고취시킨 사람은 밀(J. S. Mill)이었다.

2) 자유경쟁론

이 이론은 자유경쟁의 이익을 자유통상론의 논거로 삼고 있는 프랑스의 세이(J. B. Say)가 주창한 학설로서, 자유경쟁이야말로 산업발달을 촉진시키는 가장 유력한 자극제이며, 또한 생산기술의 진보나 경영개선면에서도 빼놓을 수 없는 활력소가 된다는 것이다. 이와 같이 자유경쟁이 국가의 경제발전에 유익한 활력소가 된다고 한다면, 이는 비단 국내경제에만 국한할 것이 아니라 대외무역거래에서도 충분히 활용하여 국제적인 경제질서를 유지하는 것이 오히려 효과적인 것이라고 주장하고 있다. 그런데 보호무역은 보호관세에 의하여 국제간에 자유경쟁이 행해지는 범위를 한정하고 있으므로 여기에서는 생산기술과 경영방법의 진보를 기대할 수 없다는 주장이다. 따라서 자유경쟁적인 거래방식이 대외무역에 있어서 필수적인 정책이라고 하는 것이다.

그러나 이 주장은 당시 선진국인 영국의 입장에서만 본 견해고, 다른 단점을 고려하지 않았다는 점에서 비판을 받고 있다.

3) 소비자이익론

모든 생산은 소비될 것을 목적으로 하기 때문에 소비자이익이 우선해야 한다는 것을 주안점으로 삼았던 자유무역이론으로서, 애덤 스미스, 리카아도 등의 정통학파들이 주장하였다. 즉, 모든 소비행위는 모든 생산행위의 최종적인 목적이기 때문에 생산자의 이익은 소비자의 이익을 침해하지 않는 범위 내에서 이루어져야 한다는 것이다. 스미스는 말하기를 소비자는 다수이고 생산자는 소수이기 때문에 생산자의 이익을 위하여 소비자의 이익을 희생한다는 것은 결국 소수자를 위하여 다수자를 희생시키는 결과밖에 되지 않는다고 주장하였다. 따라서 소비자는 물품의 공급지에 하등 구애됨이 없이 언제나 자유로이 최저가격으로 이를 구입하여 이익을 얻을 수 있어야 한다.

그런데 이에 반하여 국가가 보호무역을 취하게 된다면 소수 생산자를 위하여 다수 소비자의 이익이 희생되는 결과가 초래된다는 것이다. 즉, 보호관세는 외국상품의 유입을 인위적으로 억제하게 되고, 품질과 가격면에서 뒤떨어진 국산품의 사용을 강요하는 결과가 되기 때문에 소비자의 이익을 무시하는 결과가 된다는 주장이다.

또한 생산자에 대한 수출장려금제도는 제품의 해외판로와 시장개척이란 의미에서는 장점을 갖고 있으나, 국내소비자의 입장에서는 국내물가의 등귀와 그로 인한 재원마련의 조세부담으로 이중부담을 당하게 되어 결국 소비자이익에 반한다는 것이다. 그럼에도 불구하고 중상주의에 있어서는 소비자의 이익은 거의 언제나 생산자의 이익을 위하여 희생되었고 모든 산업 및 상업의 궁극적 목적으로 생산이 주안점이었다고 비난하고 있다.

1.3 보호주의 통상이념

장기간에 걸친 중상주의적 보호조치를 통하여 근대적 산업국가로 가장 먼저 성공한 나라는 영국이었다. 영국은 중상주의적 보호하에서 근대적 산업자본주의를 발전시킨 다음에야 비로소 자유무역주의 국가로 전환되었다.

그러나 대체로 유사한 중상주의적 보호하에서 근대공업을 성공적으로 발전시키지 못한 나라의 경우에는 여전히 보호가 요청되었다. 영국이 선두에서자 이에 뒤쳐진 프랑스와 독일, 미국 등은 국내제조업의 육성과 촉진을 위해서 더 한층의 보호조치가 필요하게 되었다. 보호의 결과로 제조업이 진흥될 수 있다는 가능성뿐만 아니라, 어떠한 희생으로서도 제조업을 발전시켜야 한다는 의지가 존재하는 한 보호는 당시 어디에서나 정당하게 요구되었다. 왜냐하면 영국의 산업발전을 통하여 제조업이야말로 경제적 번영과 국력신장을 가져오는 기초로 인식되었기 때문이다.

따라서 보호 없이는 성장할 수 없거나 생존할 수 없는 산업을 보호하는 것은 일국의 경제적 이익에 기여한다는 보호논리와 정책이 활발하게 전개되었다.

후진국은 일반적으로 자본 및 기술의 부족 등 여러 가지 장애요인으로 공업이 발전되지 못하고, 또한 이미 존재하고 있는 공업도 유치한 상태에서 벗어나지 못하고 있다. 이러한 여건하에서 선진국의 발전된 공업과 자유무역을 통하여 경쟁한다면 후진국의 공업은 발전의 기회를 박탈당한다. 따라서 후진국의 유치산업을 보호하기 위하여 보호통상정책이 실시되었던 것이다.

후진국의 유치산업을 보호하기 위한 정책은 이미 오래 전에 해밀턴(A. Hamilton)과 리스트(F. List) 등에 의하여 주장되었고, 더욱 오늘날에도 후진국의 공업보호를 위한 통상정책의 이론적 근거로서 강력하게 주장되고 있다. 후진국에서는 유치산업을 보호하기 위하여 보호무역정책이 실시되고 있으며, 선진국에서는 사양산업, 정체산업 또는 농업을 보호하기 위하여 이 통상정책이 실시되고 있다.

그러나 보호무역정책은 최초에 국내산업을 보호하기 위하여 주장되었으나, 오늘날에 있어서 보호무역정책의 주장은 이러한 단순한 목적에 그치지 않고 다른 여러 가지 이론적 배경을 두고 있다.[4)]

(1) 보호주의의 이론적 배경

1) 국제수지개선론

국제수지를 개선하기 위하여 보호주의 통상정책을 실시해야 한다. 수입제한조치를 취하면 수입이 억제되기 때문에 국제수지는 단기적으로 개선된다. 보호무역론을 주장하는 중요한 이론적 근거인 국제수지개선론은 양차대

4) Dominick Salvatore, *International Economics*, New York: Macmillan Publishing Co., 1983, p. 222.

전 동안 광범위하게 논의되었다. 2차대전 직후 유럽제국은 달러부족을 해결하기 위하여 국제수지개선론을 주장한 바 있다. 최근 개발도상국은 평가조정이나 국내경제 억제에 대신해서 국제수지 조정수단으로 이의 정당성을 강조하고 있다.

2) 고용증대론

수입제한조치를 취하여 보호주의 통상정책을 채택하면 수입수요는 국내생산물에 대한 수요로 전환되기 때문에 국내산업이 확대된다. 이에 따라 고용기회가 창출됨으로써 고용수준이 향상된다. 특히 일국의 임금이나 생산비가 교역상대국에 비하여 높고, 더욱 경쟁적인 경우에 수입제한조치를 취하면 고용의 감소를 방지할 수 있을 뿐 아니라 이를 증대시킬 수 있다.

케인즈(J. M. Keynes)는 관세에 의한 보호에 의하여 고용수준이 자유무역의 경우보다 증대된다고 지적했다.

3) 소득배분론

자유무역은 생산요소의 가격을 국제적으로 균등화시키는 경향이 있으나 보호무역은 이를 저지시키는 경향이 있다. 노동희소국에서 노동집약재의 수입에 대하여 관세를 부과하면 그 나라에서 노동집약재의 가격은 인상되고 노동에 대한 수요가 증가되기 때문에 임금은 인상된다. 따라서 관세는 노동희소국의 노동자에 대하여 소득을 유리하게 배분한다. 한편 자본이 풍부한 나라에 있어서는 이와 반대의 현상이 나타난다.

스톨퍼(W. F. Stolper)와 사무엘슨(P. A. Samuelson)은 미국노동자의 실질임금수준의 저하를 방지하기 위하여 보호관세제도가 필요하다고 주장했다.

4) 교역조건개선론

교역조건을 개선하기 위한 보호주의 통상정책의 주요한 수단은 관세이다. 밀(J. S. Mill) · 마샬(A. Marshall) · 에지워스(F. Y. Edgeworth) · 타우식(F. W. Taussig) 등 여러 학자들은 수입품에 대하여 관세가 부과되면 교역상대국은 손실을 입지만 관세부과국은 상대국의 희생으로 무역이익을 얻을 수 있다는 점을 인식하였다. 이 중에서도 특히 마샬과 에지워스는 수입품에 대하여 정당한 관세가 부과되면 관세부과국은 자유무역의 경우보다 유리하다는 점을 인정했다.

5) 특정산업진흥과 자급자족론

어떤 경제 외적 이유에 의하여 특정산업을 건설하고 그 산업의 생산규모를 확대시키거나 이를 일정한 수준으로 유지하기 위하여 보호주의 통상정책을 실시해야 한다는 주장을 경제 외적 이유에 의한 산업보호론이라고 한다.

그 대표적인 예는 항공 및 원자력산업에 대한 보호조치이다. 한편 특정생산물의 국내생산량을 증가시켜 자급자족을 도모하기 위하여 보호주의 통상정책을 실시해야 한다는 주장을 자급자족론이라고 한다. 특정산업의 진흥과 자급자족론은 정치적 문제 및 국방과 밀접한 관련을 맺고 있다.

이 밖에 보호주의는 불요불급품목이나 사치성 품목의 수입을 억제하고 이 품목에 대한 소비를 억제하기 위하여 실시된다. 또한 관세수입을 증가시키고, 교역상대국의 관세 및 비관세장벽을 완화시키기 위해 실시되기도 한다.

(2) 해밀턴의 공업보호론

자유무역과 대립되는 보호무역을 맨 먼저 주장하였던 사람은 미국의 알렉산더 해밀턴(Alexander Hamilton)이다. 해밀턴의 공업보호론은, 해밀턴이 미국의 독립 직후 재무장관으로 있을 때인 1791년 그가 의회에 제출한 「제조공업보고서」에서 명백히 나타났다. 이 제조공업보고서에는 미국의 공업화를 주장한 원리적 부분, 공업보호의 방법, 그리고 피보호공업의 선정 및 실태 등이 포함되어 있다.[5]

해밀턴은 이 보고서에서 미국의 공업이 유럽제국에 비하여 유치한 상태에 놓여 있으므로 공업에 대한 보호조성책을 실시하지 않는다면 그 성장가능성이 희박하다고 지적했다. 그리고 미국의 공업을 보호육성하기 위하여 제조업에 대한 국가의 보호조치가 반드시 필요하다고 주장했다. 특히 해밀턴은 국제무역질서가 자유무역의 방향을 잃고 수입제한 등 일련의 보호조치가 취해진다든지, 또는 유럽의 공산품에 대한 미국의 수요가 증가되고 미국의 농산품에 대한 유럽의 수요가 감소될 경우에는 이에 대한 미국의 적절한 대응조치가 약하다고 주장하였다.

또한 그는 자유무역의 질서가 제대로 확립되지 않을 경우, 농업에 의존

---

5) 해밀턴이 밝힌 피보호공업의 선정기준은 ① 원료의 자급능력, ② 작업의 기계대체가능성, ③ 보호정책상의 편익, ④ 제품용도의 범위, ⑤ 그 외의 이익, 특히 국방에 대한 기여도이다.

하고 있는 미국은 경제적 부를 가지고 있는데도 불구하고 이것이 실현되지 않으면 오히려 빈곤의 상태에 빠질 뿐 아니라 교역조건도 악화된다고 경고했다. 이를 개선하기 위해서 공업을 보호육성해야 한다는 것이다.

해밀턴은 공업보호의 방법으로 관세, 수출입 금지, 보조금 및 장려금, 관세면제, 환급, 상품검사, 송금편익 등의 정책적 수단을 제시했다. 이 중에서 관세가 가장 효과적이라고 주장했다.

따라서 해밀턴은 미국의 공업을 보호육성하기 위하여 자유무역제도를 철폐하고, 유럽으로부터의 수입품에 대하여 관세를 부과해야 한다고 주장하였다. 그 결과 미국정부는 1792년에 182 종의 수입물품에 대하여 55 종에는 종량세, 102 종에는 종가세를 부과하고, 겨우 25 종만을 무세로 하였다.[6]

해밀턴의 공업보호론은 산업분화론으로도 불려진다. 산업분화론이란 국가의 독립을 확보하고 국민경제의 발전을 위해서는 농업에만 의존하는 것보다 공업화에 의하여 산업을 분화시키고, 이에 따라 산업간의 분업의 이익과 상호간의 수요 창출에 의하여 안정된 시장을 확보하는 것이 필요하다는 주장이다. 해밀턴의 주장은 리스트에게 상당한 영향을 미쳤고, 나중에 유치산업보호론의 이론적 근거가 되었다.

(3) 리스트의 유치산업보호론

해밀턴이 미국의 실정을 바탕으로 하여 공업보호론을 주창하였음에 대하여 당시 동일한 신흥국인 독일에서 그 국민경제발전의 실태에 따른 유치산업보호론을 주창하였던 사람은 리스트(Friedrich List)였다.

리스트가 보호론을 주창하였던 배후에는 국민경제에 관한 광범위한 이론적 체계에 입각하고 있었다. 즉, 그는 경제발전단계설을 주창하는 동시에 국민성을 중시하였던 실천적 이론체계를 구성하였다. 그리고 이것을 기초로 하여 자유무역의 이론과 정책의 보편타당성을 배척하고, 또 그 이론체계를 개개의 국민경제의 필요에 응한 유치산업보호론을 주장하는 논거로 삼었던 것이다.

유치산업보호론(infant industry argument for protection)이란 일국 내에 있어

---

6) 그 이후 19세기를 통하여 미국에 있어서의 보호정책의 중추를 이루었던 것은 해밀턴의 주장이 반영되었던 공업보호론이다. 또 그의 주장은 케리(H. C. Carey) 등의 열렬한 보호론자인 경제학자에 의하여 계승되어 오늘날에 이르기까지 미국 통상정책의 기조로 되어 있다.

서 장래 성장가능성이 있는 유치한 산업을 보호하고 그 산업의 성장을 촉진시키려는 주장이다. 리스트 자신의 유치산업보호론에는 다음 네 가지 내용이 포함되어 있다.

① 당시 영국산업이 지배한 세계시장의 독점에 대하여 대항력을 가져야 한다.

② 경제성장을 달성하기 위해서는 농업과 공업의 균형적 발전이 반드시 필요하다.

③ 농업생산에만 의존한다면 외국으로부터 상당한 영향을 받게 된다.

④ 국민소득은 국내산업의 보호에 의하여 일시적으로 감소되지만 그 산업이 성장되면 국민소득은 증가된다. 이 중에서 마지막 내용이 전형적인 유치산업보호론이다.

자유무역하에서 후진국의 난점은 장래 발전가능성이 있는 후진국의 산업이 선진국의 산업과 격심한 경쟁으로 그 가능성이 희박해진다는 것이다. 리카아도의 자유무역론에 의하면 일국의 산업이 자유로 방임될 경우 그 나라에서 가장 적합한 산업이 생성된다. 이것은 입장과 기회가 거의 같은 나라에서 가능하다. 그러나 현실적으로 각국의 경제수준이나 단계가 각각 다르므로 이러한 가능성은 거의 없다. 후진국에서는 장래 발전가능성이 있는 새로운 산업이 나타날 가능성이 있으나, 자본이 부족하고 기술수준이 낮기 때문에 새로운 산업의 생성은 상당히 어렵다. 후진국에서 이미 생성된 산업이라도 국가에서 이를 보호하지 않고 방치한다거나, 또는 국가가 자유무역에 치중한다면 그 산업의 발전은 거의 기대하기 어렵다. 따라서 유치산업을 보호육성하기 위해서는 이 산업과 경쟁관계가 있는 외국상품의 수입에 대하여 관세를 부과하지 않으면 안 된다. 수입품에 대하여 관세가 부과되면 수입가격이 인상되기 때문에 국내유치산업은 유리한 조건하에서 경쟁할 수 있다.

또한 관세에 의하여 수입이 억제되기 때문에 유치산업은 발전의 기회를 얻게 된다. 그러나 관세부과에 의하여 수입품의 국내가격이 일반적으로 등귀되기 때문에 국내소비자들은 그만큼 손실을 입는다. 국내소비자들이 이러한 손실을 어느 정도 참고 견디면 국내산업은 육성되고, 이에 따라 국내상품의 공급가격은 인하되는 경향이 있다. 그러므로 수입품에 대한 관세부과에 의하여 발생된 일시적 손실은 국내유치산업이 육성됨에 따라 발생된 이익에 의하여 보상되기 때문에 국민은 장래의 이익을 위하여 일시적인 희생을 감수해야 한다.

여기서 유치산업이란 당해국의 경제발전단계의 후진성으로 인하여 일시적으로 제약을 받는 산업, 즉 장차 성장가능성이 있는 산업을 말한다. 그러나 그 선정기준문제에 대해서는 앞으로 어떤 산업이 경쟁산업으로 성장해 나갈 것인가를 예측하기란 용이한 문제가 아니지만, 이 기준 또는 테스트(test) 중 가장 유명한 판정기준은 'Mill의 기준'[7]과 'Bastable의 기준'이 있는바, 후자가 한층 더 엄밀하다고 볼 수 있다.

바스테이블(C. F. Bastable)은 보호를 받는 산업이 일정한 기간이 경과한 후에 자립할 수 있고, 또한 자립 후에 이 산업에서 생기는 이익이 보호기간 중에 발생한 손실보다 큰 산업을 선정해야 한다고 주장하고 있다. 이런 점을 감안하여 볼 때 '리스트'의 유치산업보호론은 이른바 제한적 보호론에 불과하고, 사실은 전술한 자유무역론과는 타협될 수 있는 소지가 있고 이론적으로도 용납될 수 있는 성질을 지니고 있다. 자유무역론을 주장한 밀 등도 유치산업의 보호는 이론적 타당성을 지니고 있다고 인정하면서 이를 자유무역론의 예외로 취급하였다.

2. 새로운 통상이념

2.1 신보호주의 통상이념

경제이론상 자유무역의 우월성이 주창되고 있음에도 불구하고 근대국가의 성립 이래 후진국의 경우에는 재정수입의 확보, 유치산업의 보호, 국제수지상의 문제 등을 이유로, 선진국의 경우에는 외국수출산업에 대한 시장교란 방지 등을 이유로 무역제한조치가 지속되어 왔다.

신보호주의(Neo-Protectionism)란 국내산업, 대외무역 등에 대한 국가의 보호조치가 전통적 보호주의보다 한층 더 강력한 새로운 유형의 보호주의를 의미한다. 신보호주의는 전통적 보호주의에 비해 보호대상이 광범위하고, 보호

7) '밀의 기준'을 보면 어느 산업을 보호할 경우 그 산업은 일정한 기간이 경과된 후 성장되어, 더 이상 보호를 받을 필요가 없어야 된다는 점이 보장되어야 한다는 것이다. 그 동안 보호를 받은 산업의 성장수준은 전통 있는 나라의 수준에 달하면 만족할 것으로 보여진다. 대부분의 산업이 유치산업보호의 미명하에 영구적인 보호를 요구하고 있는 것을 보면 이 기준은 중요한 의의를 가지고 있다.

정책수단이 강력하며 보호조치의 차별성이 강하다.

전통적 보호무역주의, 즉 구보호무역주의의 보호대상은 주로 유치산업·사양산업·수입대체산업 등이었으나 신보호무역주의의 그 대상은 이러한 산업뿐만 아니라 첨단산업·기술집약산업 등 광범위하다.

전통적 보호무역주의의 정책수단은 관세·수입할당제·수입과징금 등이었으나 신보호무역주의 그 수단은 차별적 덤핑규제조치를 비롯하여 수출자율규제·시장질서협정 등 회색지대조치와 공정무역 및 상호주의 등이다. 전통적인 통상보복조치는 제한적이고 한시적이었다. 그러나 신보호무역주의하에서 교역당사국간의 통상보복이나 응징은 주로 시장개방·지적재산권 보호문제 때문에 발생되었고 그 보복조치는 강력한 것이었다. 대표적 응징수단이 미국 통상법 제301조이다.[8)]

신보호무역주의는 상품시장과 서비스시장에 대해 개방압력이 강화되었다. 전통적 보호무역주의하의 시장개방압력은 수입국의 대내외적 경제사정에 따라 신축적으로 가해졌다.

그러나 신보호무역주의하에서는 통상상대국의 경제사정이 거의 무시된 채 일방적으로 취해졌던 것이다. 구보호무역주의하에서는 시장개방압력의 대상이 주로 상품시장이었으나 신보호무역주의하의 그 대상은 상품시장뿐만 아니라 금융·증권·무역·유통·여행 등 서비스시장도 포함되었다.

(1) 신보호주의의 배경

1) 경제성장의 둔화와 실업증대

1970년대 각국의 긴축정책의 영향으로 노동생산성은 둔화되었고, 두 차례의 석유파동으로 주요 선진국의 경제여건이 전반적으로 악화되었다. 이와 같은 여건하에서 일국상품의 수출급증은 수입국의 관련 산업을 압박하여 생산축소, 실업증대를 가속화시켰다.

2) 세계통상구조의 변화

1970년대 선진국간에는 자본축적과 기술지식의 상호전파로 국가간에 동질적인 산업구조가 형성되었으며, 이에 따라 종래와 같이 부존자원과 독자적 기술에 따른 비교우위는 점차 약화되면서 선진국간 통상분쟁이 심화되었다.

---

8) 신현종, 「세계통상정책론」, 박영사, 1999, pp. 34~35.

뿐만 아니라 이 기간 동안에 개발도상국들에 있어서도 직접투자를 통한 자본과 기술의 이동이 활발해짐에 따라 생산과 국제통상이 급속히 신장되었다. 그 결과 출현한 신흥공업국가(NICs)[9]들이 경공업제품 중심으로 세계시장에 진출함으로써 미국을 포함한 선진국들을 위협하게 되었다. 최근에는 자본집약적인 중화학공업 분야에까지 진출하여 선진국과의 경쟁이 치열해졌다.

3) 무역불균형의 심화

선진국간의 무역마찰은 직접적으로 미국과 EC의 대일(對日) 무역수지적자폭이 점차 확대됨으로써 비롯되었다. 특히 1979년과 1980년 일본이 미국과 EU에 대하여 흑자를 기록함으로써 심한 불균형상태를 나타내었다. 그 결과 미국과 EU를 위주로 선진국들의 통상규제가 성행하였다.

(2) 신보호주의의 규제수단

1970년대에 들어와 세계 각국이 실시한 신보호주의정책은 비관세장벽을 이용한 통상규제가 그 특징이라 할 수 있다.

GATT규범에서 금지하고 있는 관세인상 및 수량제한에 의한 무역 규제정책은 원칙적으로 불가능이었기 때문에 각국들은 비관세정책으로 무역규제를 시작하게 되었다. 그 유형은 매우 다양하지만 주요한 몇 가지만 열거하면 다음과 같다.

1) 국산품 우선구매정책

국산품 우선구매정책은 정부구매에 있어서 외국공급자를 차별대우하는 것을 말한다.

각국 정부는 자급체제를 더욱 촉진시키거나, 특정생산자에 간접적인 보조금을 지원하는 정책을 실시해 왔으며 이러한 정책은 특히 군수물자 또는 고도기술상품의 경우에 있어서 더 뚜렷이 나타난다.

2) 수출자율규제협정(Voluntary Exports Restraints: VER)

수출자율규제협정을 맺으면 수출국은 특정상품의 수출을 자발적으로 제한해야 한다.

---

9) 1978년 8월 OECD 각료이사회는 최초로 한국 · 대만 · 싱가포르 · 홍콩 · 브라질 및 멕시코의 6개국을 소위 신흥공업국가군(Newly Industrializing Countries: NICs)이라고 명명하였다.

이것은 효과면에서는 본질적으로 수량제한과 같으나 무역제한에 따른 경제적 지대[10]를 수출국이 얻게 되는 점이 다르다. 따라서 수입국의 입장에서 보면 관세나 수량제한의 경우보다 수출 자율규제협정의 경우에 경제적인 순손실이 더 크다.

3) 품질규격제

각국 정부들은 국내에서 유통되는 상품이나 서비스에 대해 품질규격을 정해 놓고 여기에 부합되도록 요구한다. 이러한 품질규격에는 보건 · 안전기준 · 소비자보호요건 · 환경규제 등이 있으며 이의 대표적인 나라는 일본이다.

4) 보조금지원

일반적으로 각종 보조금지원은 통상제한정책으로 생각되지는 않지만 소득분배와 경제적 효율에 미치는 영향면에서는 관세나 쿼터와 다를 것이 없다. 이러한 국제무역에 영향을 미치는 보조금지원은 수입 대체상품의 생산, 수출상품의 생산에 대해 이루어진다.

회색지대조치

회색지대조치(Gray Area Measure)란 GATT의 자유 · 다각 · 무차별원칙에 위배되면서도 그 제재를 피해 나가면서 특정국의 특정상품을 겨냥하여 수입을 규제하는 강력한 보호무역주의의 정책수단을 뜻한다. 회색지대조치의 대표적인 것이 수출자율규제(Export Voluntary Restraints : VERs), 시장질서협정(Orderly Marketing Agreement : OMAs) 등이다.

수출자율규제 등 회색지대조치는 수입 증가에 따른 국내시장 교란 등을 방지하기 위해 특정국의 특정상품만을 골라 이를 겨냥하여 수출공급원을 근원적으로 봉쇄할 수 있기 때문에 이는 명백히 선별적 · 차별적 수입규제수단임에 틀림없다. 수출자율규제를 '조준정책'(rifle approach)이라고 부르는 것이 바로 그 이유이다.

수출자율규제 등 회색지대조치가 신보호무역주의의 정책적 수단으로 많이 이용되고 있는 것은 ① 수입억제효과의 극대화, ② 정책채택 편의, ③ 무역보복 회피, ④ 정책할당의 합리화, ⑤ 차별적 이용 등의 이점이 있기 때문이다.

10) 수출가격 상승에 따른 이익을 지대라 한다.

5) 반덤핑 및 상계관세

반덤핑관세와 상계관세는 보통의 관세와 마찬가지로 국내소비자의 희생으로 국내산업을 보호하기 위한 것이지만 일반관세와 다른 점은 외국기업의 수출이 덤핑 및 보조금 지원 등으로 국내산업에 피해가 있다고 판단되는 경우에만 부과된다.

(3) 신보호주의의 특징

1) 선진국의 보호무역

제2차 세계대전 후의 자유무역추세는 선진국에 의하여 주도되어 선진국 자체의 경제성장에 기여했음은 물론 수출주도형의 경제전략을 수행한 후진국에도 많은 도움을 주었다. 그러나 70년대 초 이후에 나타난 보호무역의 추세 역시 선진국 주도형이다. 1·2차에 걸친 석유파동과 스태그플레이션(stagflation), 높은 실업률과 국제수지적자에 대한 대응책으로 본격화하기 시작한 선진국의 보호무역조치는 1984년에 들어와 세계경제가 회복기에 들어감에도 불구하고 계속 그 강도를 심화하고 있다.

전후 7차에 걸친 관세인하협정에 힘입어 선진국의 관세장벽은 크게 완화되어 왔으나, 반면 비관세수입규제는 심화되고 있는 실정이다. 또한 1974~1980년 초반에 걸쳐 특기할 사실은 공산품에 대한 선진국의 무역장벽이 더욱 심화되었으며, 공산품 수출의 비중이 큰 선발개도국의 제조업부문 수출이 보다 많은 어려움을 받고 있다. 최근 미국은 반덤핑관세, 상계관세의 부과와 같은 수입규제조치를 남발하고 있으며, EU는 이제까지의 각국별 수입규제를 한 단계 더 강화시켜 회원국 공동의 수입규제방안을 마련하고 있다. 또한 수입규제나 수출국에 대한 시장개방압력의 목적으로 상호주의원칙이 강화되고 있으며, 이러한 상호주의원칙을 상품교역뿐만 아니라 금융, 보험 등 서비스 분야에까지 확대적용하는 움직임이 나타나고 있다.

이러한 선진국의 보호무역주의는 개발도상국의 보호무역주의와 차이가 있다. 개발도상국의 보호무역주의는 유치산업을 보호하여 산업구조를 보다 고도화하려는 구조변화의 성취에 두고 있으나, 선진국의 보호무역주의는 낙후된 산업의 보호를 위하여, 시장교란방지를 이유로 구조변화를 저지 내지 지연시키는 결과를 가져온다. 또한 개도국의 보호조치가 일반적으로 무차별적인 데 반해, 선진국의 보호조치는 선별적인 성격을 띠는 경우가 많으며,

개발도상국의 수입수준은 보호정책보다는 외환보유상태 또는 수출소득의 크기에 의해 결정되는 데 반해 선진국의 수입수준은 보호주의조치에 영향을 받는다.

2) 사양산업의 보호

선진국의 보호무역주의 심화는 주로 낙후된 산업의 보호에 기인한다는 점에 신보호무역주의의 특징이 있다. 후진국의 보호주의는 낙후된 산업이 아니라 비교우위의 잠재력을 가진 유치산업을 보호하여 그 산업이 경쟁력을 회복하게 되면 자유무역으로 전환하게 되며, 따라서 장기적인 보호가 아니라 일시적인 보호라 할 수 있다. 선진국의 낙후된 산업의 보호는 비교우위에 입각한 산업조정을 통한 수입국의 경제적 효율의 극대화를 저해할 뿐만 아니라 수출국에 조정지연의 비용을 전가하는 것이다.

버논의 제품수명주기설(product life cycle)에 의하면 신제품이 개발되었을 때 개발국은 기술부문에 있어서의 절대우위로 인하여, 그 제품에 대해 독점적 지위를 누리고 수출국이 될 수 있으나, 표준화단계에 도달하면 노동비용이 비교우위를 결정하게 되어 임금이 상대적으로 낮은 후발국에서 비교우위를 갖게 되며, 그 제품은 당초의 개발국으로 역수출되게 되고 사양산업이 발생하게 된다. 이와 같은 원리에 따라 선진국이 보호하는 많은 제품은 미국에서 서구일본 등으로 다시 선진국에서 선발개도국으로 전후 비교우위가 이전되어 왔으며, 섬유의류신발 등의 단순노동집약적 제품들의 비교우위는 후발개도국으로 이전되어 가고 있다.

비교우위에 입각한 산업조정은 시간과 자원이 필요하며 마찰적 실업의 희생을 감수해야 한다. 미국, 영국, 프랑스, 독일, 캐나다, 이탈리아 등의 선진국들은 최근에도 높은 실업률을 나타내고 있다. 이러한 높은 실업률은 경기침체, 기술적 실업 등이 주요인이 되며 수입에 따른 낙후된 산업에서의 마찰적 실업이 그 주요 원인은 아니다. 그럼에도 불구하고 선진국이 낙후된 산업을 보호하는 원인은 정치적 요인에서 찾아야 할 것 같다. 자유무역화의 이익은 일반적으로 소비대중에게 분산되는 데 반해 그 피해는 특정산업에 집중적으로 나타나므로 무역자유화의 반대가 특정지역이나 특정노동조합이라는 소수집단에 의하여 강력히 일어날 수 있으므로 낙후된 산업의 보호는 민주주의하에서 소수의 정치적 횡포라 할 수 있다.

3) 비관세장벽

과거의 보호무역주의의 주요 수단이 관세인 데 반해 신보호무역주의하에서는 비관세수단을 주로 동원하고 있다. 전후 GATT체제하에서 Kennedy Round 및 Tokyo Round에까지 7차에 걸친 관세인하협정을 가진 결과 관세율은 저수준을 유지하고 있으며, 보호무역의 압력이 대두할 때 국제협약을 파기하고 갑자기 관세수단을 동원하기 어렵게 되자, 선진국들은 다투어 비관세수단을 동원하고 있다.

비관세장벽은 비공개적이며 위장된 형태를 취하고 있기 때문에 그 현황을 파악하는 데는 많은 어려움이 있으나 GATT사무국이 조사한 바에 의하면 1982년중 공산품 및 농산품의 교역에 영향을 미치는 비관세장벽은 600여 종에 이르며 최근에 그 강도는 심화되고 있다. 그 형태도 복잡다기하여 구분하기 어려우나, 예를 들면 수입쿼터, 수입허가제, 수출자율규제, 시장질서협정, 최저수입가격제, 각종 과징금, 반덤핑세, 상계관세, 각종 보조금, 위생규제, 관세평가 및 분류, 안전 및 공업표준 등과 같은 다양한 형태를 취하고 있다. 선진국은 비관세장벽의 이용에 GATT 19조에 의한 긴급수입제한조치 등을 활용하기도 하나, 이러한 조치는 WTO의 무차별주의를 따라야 하며, 이에 수반되는 수출국들의 보복조치관계로 최근에는 이 조항의 발동을 피하고 합법적으로 인정되는 반덤핑관세 및 보조금에 대한 상계관세 등의 수입제한수단을 활용하거나 WTO 테두리 밖에서 수출자율규제 및 시장질서협정 등의 수입제한조치를 국가별상품별로 선별적으로 취하고 있다

4) 다자주의의 회피

최근 선진국은 보호조치 외 각종 쌍무적 자유무역지대를 설정하고 해당지역간 특혜협정을 체결하는 등, 부분적으로나마 다국간 무역체제를 기피하려는 경향을 보이고 있다. 이런 자유무역지대의 기본적인 이념은 차별적·쌍무적인 지역주의로서 무차별다각주의를 기초로 하는 GATT 및 WTO체제에 대한 장애물이 아닐 수 없다.

특히 미국은 이스라엘을 위시하여 캐나다, 중남미지역과 대만과의 자유무역권 설정을 구체화하고 있어, WTO성립 이전의 지역주의로 되돌아가려는 것이 아니냐는 의구심을 자아내고 있다.

그런데 선진국들이 이 같은 쌍무주의 혹은 지역주의를 선호하는 것은 자

다자주의

다자주의란 세계 여러 나라의 다변적인 협의·협조주의를 말한다. 즉 다자주의란 세계 여러 나라가 상호 다변적인 협의·협조정신하에서 국제경제기구를 설립하고 이 기구의 협정 에 따라 무역자유화, 무역 확대, 통화가치안정 등을 도모하는 경제적 사고를 뜻한다.

다자주의는 보호주의를 배척하고 자유주의를 신봉한다고 볼 수 있다. 그것은 다자주의가 관세인하, 무역제한조치 철폐 등을 통해 세계 무역자유화를 추구한 것을 보면 알 수 있다.

다자주의가 대두된 것은 무역자유화를 통해 무역을 확대시키고 또한 생산과 고용을 증가시킴으로써 국민경제의 성장을 달성하고 이와 더불어 세계 경제의 성장을 도모하기 위함이다.

다자주의는 1941년 8월 제2차 세계대전 중 미국과 영국의 수뇌가 채택한 대서양헌장(Atlantic Charter)에서 태동되어 GATT 협정에 잘 반영되어 있다.

GATT는 1948년에 설립된 국제무역기구이다. GATT는 자유·다각·무차별적인 국제통상 체제를 확립함으로써 세계경제의 건전한 발전을 추구하는 데 그 기본적 이념을 두었었다. 따라서 GATT의 기본원칙은 관세인하 및 무역제한 철폐를 통한 무역자유화와 가맹국간 최혜국대우 적용이다.

GATT는 다자주의하에서 그 설립목적을 달성하기 위해 8차에 걸쳐 관세인하 협상을 추진해 왔다. 제1차 일반관세협상은 1947년 4월부터 그해 10월까지 23개국이 참가한 가운데 스위스 제네바에서 개최되었다. 그리고 제8차협상, 즉 우루과이라운드 다자간무역협상은 1986년 9월부터 1993년 12월까지 7년 동안 110여 개국이 참여한 가운데 우루과이에서 열렸다.

국 내의 정치적 이유와 함께, 관련산업의 시장점유 및 카르텔화가 이로 인해 보다 용이해지기 때문이며, 전통 사양산업에서 첨단산업으로 산업구조를 조정할 수 있는 시간적 여유를 가질 수 있기 때문이다. 또한 특정선진국들은 세계무역환경이 급변하고 있는 점을 감안하여 현재의 WTO체제하의 다국간 무역협상만으로는 현존하는 모든 무역문제를 모든 체약국들이 만족하는 방향으로 해결할 수가 없으므로 이러한 다국간 무역협상이 취급하지 못하는 부문에 대해 관심이 있는 양국간·지역간 협상으로 보완해야 한다고 주장하고 있는데, 그 이면에는 강력한 협상교섭력을 이용한 자국이익증대 의도가 작용하고 있다. 다른 한편으로는 양국간·지역간 협상을 통해 양국간·지역간의 정치경제관계를 강화할 뿐만 아니라 제3의 경쟁무역상대국의 시장개방을 효과적으로 유도할 수가 있다는 점도 쌍무주의, 지역주의를 선호하는 주요인이 되고 있다.

그러나 개도국의 입장에서 보면, 이 같은 조치는 언제나 경제적 우위를 점한 선진국에 유리한 방향으로 타결되기 때문에 기피하지 않을 수 없으며, 그 대신 다국간 무역체제에 의한 해결을 기대하게 되는 것이다.

2.2 공정무역의 통상이념

(1) 공정무역의 의의

오늘날 국제경제사회는 한편으로는 상호의존성이 심화되면서 다른 한편으로는 국제경쟁력에서 우위를 점하려는 각국 정부의 교역에 대한 지원과 개입이 본격화되고 있어 주요 통상국간의 무역마찰이 심화되고 있다. 이에 따라 국제거래에서의 공정성을 어떻게 확보하느냐 하는 공정무역론이 새로운 관심사로 되고 있다. 자유무역론이 자유경쟁을 통하여 전체적인 부의 극대화를 추구하는 데 목표를 두고 있다면 공정무역론은 거래에 관여하는 모든 당사자들의 이익을 균형 있게 보장하는 데 관심을 두고 있다는 점에서 양자는 차이를 보이고 있다.[11)]

현재 국제거래에서 공정무역론은 다음과 같은 경우에 서로 다른 목적으로 사용되고 있다. 첫째로는, 공정무역은 쌍무적인 차원에서 균형적인 거래를 보장하는 것을 의미하는데 이러한 의미에서의 공정무역은 주로 미국과 일본간의 무역분쟁에서 가장 중심되는 테마이기도 하다.[12)] 둘째로는, 무역당사국간에 교역상품의 수량과 형태에 있어서 적절한 수출의 보장을 의미하는 경우가 있다. 이는 주로 개발도상국의 그들 제품에 대한 특혜관세를 정당화시키기 위하여 주장하는 논리인데, 이에 따르면 경쟁조건에서 동일하지 않은 국가들은 서로 다르게 취급될 때에만 공정무역이 실현된다는 것이다.[13)]

---

11) Nicholaides, "How Fair is Fair Trade?," *21 Journal of World Trade Law* 4, 1987, p. 147.

12) Czincota, "Us Trade Policy and Congress," *20 Columbia Journal of World Business*, 4, 1986, pp. 71~77.

13) Bhagwati, *The New International Order*, MIT Press, 1978 참고.

마지막으로, 외국의 불공정관행을 공격하기 위한 이론적인 무기로서 공정무역이 주장되며, 이는 주로 미국이 일본이나 우리나라와 같은 선진개발도상국에 대한 통상압력의 근거로 내세우는 논리이다. 즉, 미국은 외국기업이 자기 정부로부터 부여받는 것과 동일한 혜택을 미국기업에 부여하여야만 공정무역이 이루어질 수 있다는 것이다.[14]

(2) 공정무역의 규칙

국제경제사회에서 "공정성"의 핵심이 되는 것이 바로 평등의 가치관이다. "모든 사람에 대한 기회의 평등," "모든 사람이 평등한 규칙에 따르는 것," 또는 "규칙이나 조건이 평등한 것"이 공정성의 의미로 되어 있는 것이다. 국제통상문제에 있어서도, 이러한 기회의 평등을 보장하기 위하여 규칙이 존재하게 된다. 이것은 국제경제사회 구성원, 즉 각국의 국민 한사람 한사람의 권리를 보장하는 것이면서 동시에 그 규칙을 따르도록 의무를 요구하는 것이다.

1) 규칙의 투명과 공개성

규칙에는 반드시 투명성과 공개성이 전제되어야 한다. 일부의 참가자들만이 알고 있는 규칙으로는 평등한 기회가 주어질 수 없는 것이다.

2) 핸디캡의 인정

모든 규칙에 있어서 중요한 것은 핸디캡이 고려되어야 한다는 점이다. 조건을 다 갖추기가 불가능한 경우, 예컨대 누군가가 일방적으로 불리한 상황에 놓여 있는 경우에는 핸디캡이 인정되어야 한다는 것이다.

어떤 규칙하에 구성되어 있는 집단의 구성원이나 경쟁의 참가자에게는 규칙의 결정, 변경 및 규칙위반에 대한 적정한 대응을 요구할 권리가 보장되어 있다. 이러한 대응에 있어서도 규칙 그 자체와 마찬가지로 투명성과 공개성이 요구된다.

자유시장의 논리는 "결과의 공정"보다 "규칙의 공정"을 존중하는 것이다. 시장의 경쟁원리는 가장 유리한 가격, 거래조건을 제시하는 주체로부터

14) 심승진, 「국제경제관계론」, 법문사, 1996, p. 208.

구입하여 효율적인 자원배분을 실현시키려고 하는 것이므로, "결과의 공정"의 발상과는 그 원리가 다른 것이다.

(3) 공정무역에 대한 선진국과 개도국의 관점

국제사회에서 공정무역(fair trade)에 대한 관점이나 입장은 선진국과 개발도상국간에 서로 첨예하게 대립하고 있다.

1) 선진국의 관점

선진국이 생각하는 공정무역은 경쟁에 참여하는 모든 경쟁자들이 똑같은 조건과 규칙에 따라 경쟁하는 것을 의미한다. '공정경쟁(a fair competition)'은 각 경쟁자 모두에게 '공통의 규칙(a common rule)'을 동일하게 적용하는 것이고, 공정무역은 공정경쟁을 통해서만 가능하다는 게 선진국들의 입장이다. 선진국이 지향하는 공정무역 환경을 '동등한 경기장(level playing field)이라 한다.

2) 개도국의 관점

개발도상국들은 공정무역에 대한 전제에서부터 선진국들과 견해를 달리한다. 경기에 임하는 경쟁자 모두를 같은 선상에서 취급할 수는 없다는 것이다. 이제 막 걸음마를 시작한 아이와 혈기 왕성한 20대 청년을 똑같은 규칙과 동일한 조건으로 경쟁시키겠다는 것은 그 발상 자체가 불공정하다는 게 이들의 입장이다. 더욱이 오늘날 선진국들이 경제대국으로 성장할 수 있었던 것은 개발도상국을 착취한 제국주의에 힘입은 결과인 만큼, 선진국들은 도의적으로라도 개발도상국들의 경제수준이 일정 궤도에 오를 때까지 특별한 대우를 부여해야 한다는 주장이다.

(4) 공정무역론과 보호무역

공정무역과 보호무역론은 자유무역에 대한 일정한 제한을 가하는 점에서 공통된 요소를 가지고 있기 때문에 본격적인 논의에 앞서 양자의 차이를 살펴볼 필요가 있다. 공정무역론과 보호무역론의 차이는 다음과 같은 3가지로 나누어 설명하는 것이 보통이다. 첫째, 보호무역론자들은 보호장벽이 필요한 이유를 시장의 실패, 시장의 왜곡, 특혜 등 국내적인 요인에서 찾고 있으나,

---

15) Johnson, "An Economic Theory of Protectionism," *73 Journal of Political Economy*, 1965, pp. 253~283.

공정무역론에서는 국제경쟁체제의 역기능이나 수출보조금과 같은 대외적인 효과를 발생시키는 무역행위에 관심을 두고 있다.[15] 둘째, 국제교역의 역효과에 대한 보호론자의 대응은 다변적인 협력을 바탕으로 한 것이었으나 공정무역론은 일방적인 대응에 의존하는 차이를 보이고 있다. 공정무역을 이유로 하는 이러한 일방적 차별정책은 자유무역체제에 위협이 되고 있음은 두말할 것도 없다. 셋째, 전통적으로 보호무역주의는 개발도상국에 의하여 원용되어 왔으나 공정무역론은 선진국들이 일본이나 신흥개발도상국에 대하여 주장하는 경우가 많다는 점이다.

(5) 공정무역론과 자유무역

기회의 평등은 재화, 금융, 노동 등이 국가간 교류될 때 하나의 판단기준으로서 그 자체가 반드시 달성되어야 하는 가치임과 동시에 현실로 다른 가치들과의 비교에 따라 평가되는 것이다. 기회의 평등과 병행되어지는 2개의 가치로 효율성과 공평성, 즉 결과의 평등이 있다.

우선 효율성에 관해 보면, 국제적인 재화, 금융, 노동, 기업활동 등의 교류를 생각할 때, 하나의 판단기준으로 자유스런 무역, 자유스런 투자는 글로벌한 효율성을 증대시킨다. 그러나 여기서 상호주의란 형태로 취해지는 기회의 평등은 반드시 자유스런 교류와 직결되지는 않는다. 보다 자유스런 무역은 실질적인 상호주의를 달성한다고 하는 것과는 관계없이 일방적으로 시장을 개방하는 것에 의해서도 촉진될 수 있는 것이다.

(6) 공정무역과 상호주의

"동등한 가치의 교환"으로 정의되는 상호주의는 교환의 과정을 나타내는 것이며, 그러한 출발점으로서의 기회의 평등에 의미를 두게 된다. 이러한 상호주의란 일반적으로 ① 조건부 교환이며, ② 교환된 가치가 같다는 것으로 정의된다. 국제통상에서 상호주의라 할 때, 거기서 교환되는 가치는 일반적으로 상업상의(경쟁) 기회이며, 따라서 상호주의의 내용은 다름 아닌 기회의 평등인 것이다. 물론 상호주의라 할 때 결과의 평등을 포함하여 논의하는 경우도 있다.

국제무역에 있어서 상호주의는 '쌍무적인 무역양허'(mutual, reciprocal

16) 최병선, 「무역정치경제론」, 박영사, 1999, pp. 492~493

상호주의 개념의 유형

전통적인 의미의 상호주의는 무역협정에서(다자간 무역협정이든 양국간 무역협정이든) 각국이 쌍무적으로 제공하는 양허(reciprocal concessions)가 국가간에 전반적인 또는 전체적인 균형(a broad and/or overall balance)을 이루도록 하는 것을 뜻한다. 여기에서 문제의 핵심은 역시 '무역양허의 등가성'(equivalence of trade concessions), 즉 어느 정도의 균형을 피차가 수용할 만한 대등한 균형으로 볼 것인가다. 이런 점을 의식하여 Bhagwati는 상호주의를 ① '전면적' 상호주의('full' reciprocity)와, ② '일차적' 상호주의('first-difference' reciprocity)로 나누고 있다. 이 둘은 상호주의의 구성요소로서 국가간에 균형을 이루어야 할 구체적 대상을 무엇으로 볼 것인가에 대한 두 가지의 서로 다른 개념을 대변한다.

먼저 '전면적' 상호주의는 경제학적으로 말하면 소위 총량(stock) 개념에 해당하는 것으로서, 일정 시점에서 그리고 모든 산업(또는 상품) 부문에서 양국의 시장접근(market access), 즉 실질적인 시장개방의 수준(또는 잔존 무역제한의 수준)이 대등할 것을 요구한다. 이에 비해 '일차적' 상호주의는 경제학적으로 말하면 유량(flow) 개념 및 한계개념에 해당하는 개념으로서, 기왕에 존재해 온 협정 당사국간의 시장접근성 또는 시장개방도상의 차이를 일체 불문에 부친 채, 협상 개시 시점을 기준으로 당사국간에 교환되는 양허의 균형만을 문제로 삼는다. 요컨대 '일차적' 상호주의는 '변량면에서의'(at the margin) 양허의 균형을 지향한다고 말할 수 있다(최병선, 1999).

trade concessions)의 제공, 즉 협정국 쌍방이 상대방에 의무적으로 대등한 수준의 무역양허를 제공하는 것을 의미한다.[16] 여기서 문제는 어떤 양허의 교환을 대등한 것으로 보느냐에 관한 판단기준이다. 이와 관련하여 GATT 체제에서는 전통적으로 특정 협상시점에서 각국이 제공하는 양허의 폭과 심도가 엇비슷하면 상호주의가 달성된 것으로 간주하였다.

그러나 1980년대 중반 이후 미국은 새로운 상호주의 개념을 주창하였다. 1985년을 전후하여 미의회에 제안되었던 수십개의 '상호주의 법안'(Reciprocity Bills)이나 이를 통합한 「1988년 종합무역법」은 자유무역이 아니라 '공정무역'(fair trade)을 기치로 내걸어 상호주의 개념을 확대해석하고 일방적으로 적용하기 시작한 것이다. 간단히 말하면 새로운 상호주의는 반대급부의 제공 없이 상대국의 일방적 양허(unrequited concessions)를 요구하는 것으로서 전통적 의미의 쌍무적 상호주의와는 근본적으로 성격을 달리하고 있다. 이것은 특히 '교환의 등가성' 측면에서 전혀 다른 해석방법을 제시하고, 일방적인 보복위협을 대동하고 있다는 점 등에서 현저한 차이를 보이고 있으며, 이를 공격적 상호주의라 한다.

미국과 EU 국가들은 자국이 국내시장을 개방하고 있는 만큼 그 통상상대국도 시장을 개방할 것을 요구해 왔는데 이는 바로 상호주의를 말한다. 또한 상호주의는 수동적 상호주의(Passive Reciprocity)와 공격적 상호주의(Aggressive Reciprocity)로 구분된다.

수동적 상호주의란 최혜국대우와 그 뜻이 다를 바 없다. 즉 최혜국대우는 어느 가맹국이 다른 가맹국에 대해 부여하고 있는 관세상의 대우를 그외 모든 가맹국에 대해서도 동등하게 무차별적으로 적용토록 요구한 것이다. 그리고 GATT 최혜국대우에 관한 규정에 적용 되었던 상호주의는 최혜국대우의 예외규정으로서 기존 특혜관세제도를 허용했으며 관세동맹 등 지역적 경제통합체에 대해서도 최혜국대우의 예외조치를 허용했다. 더욱이 GATT의 개발도상국 조항을 통해 개발도상국에 대한 상호주의의 적용도 제외시켰다.

공격적 상호주의란 어느 나라가 그 통상상대국에 대해 상품시장 및 서비스시장 개방 등 유리한 통상정책적 조치를 실시할 경우 그 통상상대국도 동등한 통상상의 조치를 시행하도록 하는 것을 말한다. 이에 불응하게 되면 통상보복조치가 따르는 것이 공격적 상호주의이다. 1990년대 주로 요구해 왔던 미국과 EU의 상호주의는 이에 해당된다.

(7) 미국의 공정무역 논리

공정무역의 논리적 근거로서 1980년대부터 미국이 주장하는 상호주의는 전통적인 상호주의와는 판이하게 다르다. 원래 상호주의(Reciprocity)란 세계통상에 있어서 통상당사국간 동등한 대우부여, 동등한 정책적 조치 시행, 동등한 권리 및 의무 수행 등을 뜻한다. 즉 상호주의란 어느 나라가 그 통상상대국에 대해 관세율 인하, 수입규제조치 완화, 국내시장의 대외개방 등 통상정책을 시행할 경우 그 통상상대국도 이에 대한 대가로 동일하거나 유사한 정책적 조치를 실시해야 하는 것을 의미한다.

공정무역(fair trade)이란 덤핑행위를 하지 않고 또 생산보조금 · 수출장려금 등을 받지 않고 공정가격(fair price)으로 이루어지는 무역을 뜻한다. 미국은 그 동안 통상상대국에 대해 공정무역을 요구해 왔다. 공정무역은 불공정무역의 반대개념임이 틀림없다.

불공정무역(unfair trade)이란, 1988년 미국 종합무역법에 따르면, 보조금이나 덤핑 또는 이 이외의 생산에 필요한 원료 및 자재 등에 대한 보조금, 견제적 덤핑(diversionary dumping), 덤핑되거나 보조금을 받은 원자재 등에 대한 보조금, 수출목표관행(export target practice) 등과 관련된 무역을 말한다. 불공정무역은 불공정무역관행에서 초래된다. 불공정무역관행이란 미국 통상법 제301조(d)항에 따르면 다음과 같은 경우를 말한다.

① 미국 국제법상 권리에 위배되는 무역에 관한 법률 · 정책 · 관행의 실시, ② 수출장려정책의 실시, ③ 노동조합의 활동 규제 및 열악한 노동조건 유지, ④ 미국에 대한 내국민대우 · 최혜국대우 · 기업설립권 · 지적재산권 보호 등을 거부하는 법률, 정책, 관행의 시행.

미국경제의 무역의존도는 1980년대에 더욱 심화되었다. 무역의존도는 1973년에 6%에 지나지 않았으나 1980년에는 15% 전후에 달했으며, 특히 수입의존도는 10.6%에 이르게 되었다. 달러화의 약세와 세계경제의 악화, 소련의 아프가니스탄 침공에 대해서 행해진 곡물금수, 기타 세계적 곡물풍작에 의해 미국농산물 수출감소와 외국과 경쟁에 직면했다. 이렇게 수출증가보다도 수입증가 정도가 크게 되면 무역적자의 상승과 산업문제가 제기된다.

미국의 수입경쟁산업은 취약하고, 수입증가는 고용기회의 상실을 야기시켰다. 1979~82년 동안 고용은 자동차산업에서 39%, 철강산업에서 47%, 피혁산업에서 19% 저하했다.

이에 따라 미국은 보호주의를 심화시켰다. 수입경쟁으로부터 국내제품을 보호하기 위한 보호주의조치는 여러 가지 측면에서 대응이 있었다. 우선 법적 제도로서 수입급증에 의해 피해를 입은 산업을 원조하는 긴급수입제한, 반덤핑, 상계관세 그리고 불공정무역관행에 대항하는 법 등이다. 기타 조치로서 미국 국내산업에 피해를 주지 않는 범위 내에서 수입을 제한하도록 외국정부와 협상하는 것이다. 즉, 수출자율규제와 시장질서유지협정이 행하여졌다. 또한 조정협조로 불리는 일시적 연방원조와 기업에 대한 대부와 노동자에 대한 자금원조 및 재훈련 등이다. 결국 1980년대부터는 법적 규제를 강화하였다.

이렇게 법적 규제의 강화 배후에는 세계경제의 구조변화가 있었다. 미국

미국, "기회의 평등"이냐, "결과의 평등"이냐

결과의 평등에 관해 보면, 일정한 기회의 평등(또는 불평등)이 주어진 경우, 그 규칙하에서 국제간 통상(通商), 기업활동이 행해지고, 결과로써 무역수지, 경제성장 등에 관하여 격차가 나타나게 된다. 이런 사실을 배경으로, 결과로부터 "기회의 평등(불평등)"이 평가되게 된다.

즉 만일 결과가 어떤 국가에 아주 불리하게 된 경우(예를 들면 무역불균형), 그것을 시정하기 위하여 "기회의 불평등"을 수정하도록 그 국가는 요구를 하게 된다. 그 국가의 경제적인 영향력이 크면 클수록 시스템 전체에의 영향은 크게 된다. 역사적인 패권국이었던 영국, 미국이 그 상대적인 힘이 저하하여 무역수지가 대폭 악화된 때, 상호주의에의 드라이브가 강하게 걸린 것이 이를 반영하고 있다.

경제력의 쇠퇴, 유럽연합과 일본의 경제발전, 신흥공업국(NICs)의 대두, 제3세계의 채무가 누적되는 상황하에서 새로운 국제통상규제와 새로운 질서구축이 요구되었다. 이 경우의 가장 중요한 용어가 상호주의다.

이러한 신상호주의는 미국 패권이 국제통상면에서 유지하기 곤란하게 되고 책임과 비용의 공동부담을 요구한 것을 의미한다. 미국은 경제력이 상대적으로 저하하고, 달러화의 신뢰성이 떨어지고, 무역수지의 대폭적 적자에 고민하고 있다. 전후 국제통상체제는 미국의 비용부담하에서 성립되어 왔고, 그 체제는 점차 미국경제의 절대적 우위하에서는 비용을 상회하여 미국에 이익을 가져왔다. 패권을 유지하는 데는 경제적·정치적·군사적 비용을 부담해야 하고, 거대한 경제력을 기반으로 하여 성립하는 것이다. 정치군사비용은 경제력을 침식하는 것이다. 미국경제가 저하됨에 따라 체제를 유지하기 위한 비용부담을 견뎌내지 못하게 되었다. 이러한 비용의 공동부담과 체제유지의 책임부담이 상호주의로 되었다. 말하자면, 미국은 보호자적(patron) 무역거래에서 동반자적(partner) 무역거래관계로 이행을 찾고 있다. 그리고 이러한 관계가 공정한(fair) 것이라고 인식하고 있다. 말하자면 전후 세계경제의 구조변화가 일어나고 있고 이것에 대응하는 요구가 상호주의 공정화라는 개념이다.

(8) 공정무역의 정책적 의미

케네디라운드와 동경라운드에서 행해진 관세인하, 비관세장벽의 철폐교섭은 무역의 공정화를 추구한 것이고 자유무역을 실현하는 것이다. 공정성은 자유무역의 전제이고 공정성이 없다면 자유경쟁원리는 성립하지 않는다.

현재 행해지고 있는 무역의 공정화는 1974년 통상법(Trade Act of 1974) 201조와 301조와 1988년 신통상법에서 그 발동을 쉽게 하고 있다. 201조는 국내산업이 수입에 의해 피해를 입을 때의 구제조치이고, 301조는 외국의 불공정무역관행에 대한 보복조치로서 상대국에 대한 시장개방압력도 된다. 양조항 모두 공정한 경쟁을 하는 조건을 갖출 것을 목적으로 그 적용조건을 완화하고 있다. 이들 조항은 국내의 수입피해산업보호와 수출을 확대하려는 수출산업에도 받아들이기 쉽다. 즉, 공정무역론은 보호주의적 및 자유주의적 양자의 성격을 모두 갖고 있다.

시장개방에 관련된 301조에 국한해서 보더라도, 이것을 추진하는 집단은 미국이 경쟁력을 갖고 있다고 생각하여 수출확대를 겨냥하는 첨단기술산업과 농업, 서비스업 등이고 자유무역추진화라고 할 수 있다. 무역적자에 고민하고 있는 미국으로서는 수출확대가 제1목적이므로 상대국 시장의 개방은 수출산업집단뿐만 아니라 행정부에서도 적극적으로 추진하고 있다. 그리고 만약 시장이 개방되어 수출확대가 추진된다면 국내의 보호주의를 억제할 수도 있고, 무역정책을 수입문제에서 수출로 변경시켜 보호주의적 경향을 피하게 하는 행정부의 의도도 적용하고 있다.

그림 2-1 공정무역의 의미

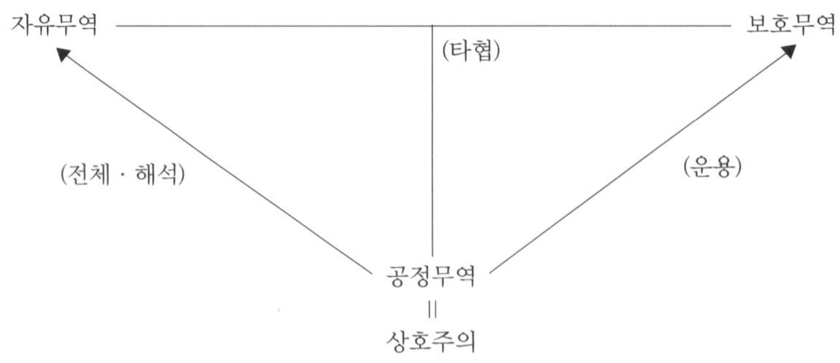

301조는 시장개방을 지향하는 한 무역을 확대하는 것이지만 시장참여 기회가 미국과 동등하게 개방되지 않는다면 이것에 보복하기 위해 수입규제를 행하는 보호주의적 상호주의가 되어, 지난날의 호혜적 성격이 아니라 무역이 축소되는 위험도 크다. 보복의 위협에 기초한 상호주의는 새로운 무역장해가 될 가능성이 크다.

이상에서 본 대로 공정무역론은 자유무역을 전제로 했다는 측면에서 자유무역적이라고 간주할 수 있지만, 그 운용은 보호주의적이다. 때문에 그 개념은 자유무역적 및 보호무역적 양면을 갖고, 양면의 집단 모두에게 받아들여지기 쉬운 개념이다. 그러나 그 운용과 대응에 따라 어느 쪽으로도 전환할 가능성은 있다.

제 2 절 국제통상의 규범화와 효율성

1. 국제통상규범의 의의

1.1 국제통상규범의 개념

국제통상규범은 국가간 또는 국가와 개인간에 다자간의 협정이나 쌍무적인 협정을 통한 명확한 행동지침을 부여하는 경제적 관계를 규율하는 규정을 의미한다. 따라서 국제통상규범은 다자간 협정, 지역간 협정, 복수국간 협정, 양자간 협정 등 법적 강제력 있는 국제적 협정(agreement) 또는 국제조약(treaty)을 모두 포함할 뿐만 아니라, 권고(recommendation), 지침(guideline), 규칙(code) 등 법적 강제력을 갖지는 않으나 회원국 또는 다른 국가들로부터 규범을 지키도록 압력(peer pressure)을 받는 그러한 형태의 규범을 모두 포함한다. 국제통상규범을 이와 같이 정의할 경우, 이는 국제통상법과 거의 같은 개념으로 이해될 수 있다.

국제통상법(국제경제법)은 국제경제에 관하여 국가간 또는 국가와 개인간의 다자간의 협정이나 쌍무적인 협정을 통한 명확한 행동지침을 부여하는 실질적인 규범이다.

전술한 바와 같이 국제통상의 기본이념은 자유무역주의와 보호무역주의가 시대와 국가에 따라 번갈아 실시되기도 하였고, 또 동시에 실시되기도 하였으며, 최근 들어서는 공정무역 논리가 국제통상에 관한 규범체계의 근간을 이루고 있으며, 이것은 또한 WTO와 미국 통상법의 바탕을 이루고 있다.

자유무역과 보호무역 그리고 공정무역에 관한 이념논쟁은 국제교역의 흐름을 시장원리에 맡겨 둘 것인가 아니면 공정성의 실현을 위하여 각국 정부가 이에 개입하도록 허용할 것인가, 또 허용한다면 어떠한 기준에 의할 것인가 하는 가치판단의 문제에 귀결된다. 그러나 이들 논의의 이론적인 타당성과는 상관 없이 이를 자국 통상정책의 합리화를 위한 논리로서 이용하고 있는 것이 국제사회의 현실이라고 하겠다. 즉 힘의 논리에 의해서 국제통상문제가 규제되고 있음은 부인할 수 없는 현실이라고 하겠다.

다만, UR의 타결로 국제통상문제가 힘의 지배에서 규범이 지배하는 사회로 전환되고 있음은 한국과 같이 협상력이 약한 나라에게는 보다 바람직한 국제교역질서가 전개되리라는 기대를 가지게 한다.[17]

1.2 국제통상규범의 유형

(1) 포괄적 규범과 개별적 규범

국가간 경제적 관계를 규정하는 규범은 그 범위에 따라 포괄적 규범과 개별적 규범으로 분류할 수 있다. 포괄적 통상규범은 국가간의 경제적 관계를 전반적으로 규정하는 것인 반면에, 개별적 통상규범은 개별적인 경제활동을 뒷받침하기 위한 것으로 이해할 수 있다.[18]

1) 포괄적 통상규범

포괄적 통상규범으로는 지역간 협정, GATT 규범 등이 대표적이라 할 수 있다. 지역간 협정은 지리적 · 역사적으로 밀접한 이해관계가 있는 국가들간

17) 박종수, 「국제무역관리」, 삼영사, 1994, pp. 97~98.
18) 강인수 외 7인, 전게서, pp. 47~49.

표 2-1 포괄적 통상규범과 개별적 통상규범

포괄적 규범	개별적 규범
• 지역간 협정 : EU, NAFTA, AFTA • 다자간 규범 : WTO(GATT) • 복수간 경제기구 : APEC, OECD	• 상품별 시장개방협정 : 분야별 양자협상, 다자간 섬유협정(MFA) 다자간 철강협정(MSA) • 주요 분야별 규율제정 : 반덤핑 정부조달 세이프가드

에 경제적 장벽을 제거함으로써 역내의 경제적 효율성과 규모의 경제를 실현하기 위한 것이다. 예를 들어, EU 같은 경우는 서유럽국가들이 유럽의 연방주의 실현이라는 궁극적인 목표를 달성하기 위한 수단으로서 관세동맹을 창설한 것이다. 관세동맹에서는 회원국들이 모든 제품에 대하여 관세를 철폐하는 한편 회원국간의 경제 교류에 관한 제반 규범을 설정하고 있다는 점에서 포괄적 통상규범으로 분류된다. 한편, 제2차 세계대전 이후 성립되어 온 다자간 무역체제도 대표적인 포괄적 규범으로 분류할 수 있다. GATT에 의하여 유지되어 오고 우루과이라운드를 통하여 WTO체제로 발전한 다자간 무역규범은 자유무역의 확대를 위해 지속적인 관세인하를 추진해 왔고, 비관세장벽의 완화 그리고 무역과 관련한 각종 규범을 설치 및 유지해 오고 있다는 점에서 포괄적 통상규범의 전형이라 할 수 있다.

2) 개별적 통상규범

개별적 통상규범이란 특정상품 또는 분야에 대하여 규범이 설정되는 경우를 말한다. 이는 특정상품에 대한 개방협상의 결과로 이루어지는 협정으로서 관세인하, 수량제한의 철폐, 그리고 기타 비관세장벽의 철폐를 주된 내용으로 한다.

뿐만 아니라, 반덤핑, 정부조달 등 특정한 형태의 무역활동 및 제도에 관한 개별적 규범이 작성되기도 한다. 그러나 이러한 개별규범들은 여러 가지 차원에서 이루어질 수 있음에 유의해야 한다. 예를 들어, 특정상품의 개방을 위하여 양자간에 협의될 수도 있으며, 일부 국가 또는 다자간 차원에서도 협의가 가능하다. 다만 지역간 협정의 경우를 제외하고는 양자간의 협상에 의한 것이라 할지라도 최혜국대우의 원칙에 따라 모든 국가에게 동일하게 적용되어야 하는 것은 사실이다.

그런데 개별적 규범들은 포괄적 규범의 구성요소로 위치하는 경우가 많다는 점에서 복합적인 성격을 띠고 있다. 개별규범은 포괄적 규범의 하부규범에 대한 별도의 협상에 의한 것이거나, 여러 차원에서 독립적으로 체결되는 협정을 모두 일컫는 것이다.

예를 들어, 한국과 미국간에 이루어지는 양자간 시장개방협상은 전형적인 개별규범이다. 양국간의 담배 교역에 관한 양해각서(memorandum of understanding)는 비록 그 결과가 전세계 모든 국가에 효력을 갖는 것이지만 담배라는 특정종목에 관한 것이라는 점에서 개별적 규범이라 할 수 있다. 반면에 WTO협정에 포함되어 있는 각 분야별 협정은 포괄협정의 구성요소로서의 개별협정으로 분류할 수 있다.

(2) 시장개방규범과 규율제정 관련 규범

국제통상 협상은 경제활동과 관련하여 각국이 지켜야 할 규칙(code of conduct)을 정하는 측면과 각국의 시장을 교환(exchange of markets)하는 성격을 동시에 갖고 있다. 협상의 결과로 탄생하는 통상규범도 그 성격에 따라 시장개방규범과 규율제정관련 규범으로 구분할 수 있다.[19]

1) 시장개방 관련 규범

특정 분야 또는 전반적인 시장개방을 위한 협상은 통상활동의 가장 기본적인 형태라고 볼 수 있다. 국제무역의 원리는 분업에 의한 특화, 그리고 상호 이익이 되는 교환에 있다. 그러나 현실적으로 국제적 분업의 확대는 국내 특정산업을 상당부분 포기해야 함을 의미하기 때문에, 정부는 소득분배정책 측면과 전략적 산업정책 목표의 달성을 위하여 일부 산업을 보호하려는 정치적 동기를 갖게 마련이다. 더구나 비경제적인 목적(예컨대, 역사적 또는 문화적으로 중요시되는 농업이나 문화산업)에 대한 사회구성원의 지지가 높을 경우 이에 대한 보호는 사회적인 합의가 쉽게 이루어진다. 따라서 특정산업에 대한

19) 전게서, pp. 50~52.
20) 전게서, pp. 50~52.

국가적 보호는 매우 일반적으로 발견할 수 있는 현상이며 이는 당연히 이해관계를 갖고 있는 외국과 갈등의 소지가 될 뿐 아니라 한걸음 더 나아가 이를 해소하기 위한 통상협상의 대상이 된다.[20)]

통상문제에 있어서 시장개방 이슈는 상품과 서비스의 종류, 국제적 분업구조의 복잡성만큼이나 다양하게 나타난다. 그러나 이러한 이슈도 경제발전의 차이에 따라 발생하는 통상이슈와 경제발전 수준을 막론하고 국가적 특성, 특히 자원부존의 특이성에 따른 통상이슈로 구분해 볼 수 있다.

경제발전 단계와는 무관하게 자원분포의 특성상 발생하는 시장개방이슈가 존재한다. 예컨대, 선진국이라고 할 수 있는 호주와 개도국이라고 할 수 있는 아르헨티나는 양모와 육류 시장의 개방에 있어서 이해관계를 같이한다. 또한 한국과 일본도 전자제품과 같은 선진국의 공산품시장에 대한 보호정책에 대하여 같은 입장을 나타내고 있다. 이처럼 시장개방이슈는 경제발전 단계가 다를지라도 비교우위를 결정하는 데 있어 중요한 배경이 되는 자원부존상의 특징 때문에 발생하는 것이다.

이와 반대로 시장을 규제하기 위한 복수간 협정이 맺어지기도 하는데 다자간 섬유협정(MFA), 다자간 철강협정(MSA)이 그 좋은 예이다. 한편 GATT 초반기의 관세인하 및 비관세장벽 철폐를 위한 여러 차례의 다자간 무역협상(Round)은 일반적인 시장개방을 위한 것이라고 할 수 있다.

2) 규율제정 관련 규범

규율제정 관련 규범은 모든 종류의 상품 및 경제활동에 수평적으로 적용되는 각종 무역 및 투자관련 조치에 대하여 가이드라인을 제시하고 규율하기 위한 것이다. 특정시장의 개방을 위한 협상은 필요에 따라 양자간에 수시로 일어나는 특징을 갖고 있는 반면에 규율제정 관련 규범은 새로운 형태의 무역규제가 발생하거나 기존의 무역규제에 대하여 국제규범이 효과적으로 통제하지 못할 경우에 발생한다.

우루과이라운드 협상은 농산물과 섬유 그리고 특정상품에 대한 관세인하 등 시장개방을 주목적으로 하는 분야가 포함되어 있지만 본질적으로 상품 및 서비스교역에 영향을 미치는 각종 무역조치의 보호주의적 경향을 통제하기 위한 규범의 제정이 목표라고 할 수 있었다. 즉 대부분의 분야가 규율제정 관련 규범인 것이다. 예를 들어, WTO 반덤핑 및 보조금 협정은 각국이 반덤핑 조치를 시행하거나 보조금정책을 수행하는 데 있어서 일정한 수준의 행동 준칙을 제시한다. 이 밖에도 특정상품을 대상으로 하는 일부 협정을 제외하고는 거의 모든 개별협정을 규율제정 규범으로 간주해야 할 것이다.

우루과이라운드 협상의 가장 큰 특징이라고 할 수 있는 서비스교역에 관한 일반협정(GATS)의 경우에도 비록 서비스시장을 대상으로 하고 있으며 부속서에는 분야별 서비스시장의 양허계획을 포함하고 있지만, 이는 규율제정 규범으로 보아야 할 것이다. 왜냐하면 GATS란 서비스교역과 관련한 여러 가지 제도에 적용되는 총괄적 규범의 성격이 더욱 강하기 때문이다.

WTO 내의 복수간 협정이라고 할 수 있는 정부조달협정도 이와 같은 범주에 속한다. 이는 정부의 조달물자시장 개방을 목적으로 하는 것이지만 특정상품의 개방이 아니라 정부의 조달활동과 관련한 일정한 규칙을 제시하는 것이다. OECD를 중심으로 추진된 바 있는 다자간 투자협정(Multilateral Agreements on Investments: MAI) 역시 GATS와 유사한 성격을 띤 규율제정 규범이라고 할 수 있다. 즉, 국제적 투자활동에 영향을 미치는 정부의 정책에 대한 수평적 규칙의 확립이 가장 본질적인 성격인 것이다.

국제경제활동의 범위가 확대됨에 따라 새로운 형태의 규율제정 규범이 늘어날 것으로 예상된다. MAI가 가장 대표적인 최근의 규율제정 규범의 예라고 한다면, WTO에서 이루어지고 있는 환경과 무역, 경쟁과 무역에 관한 논의는 향후 규율제정 규범의 방향을 보여 주는 것이라고 하겠다.

2. 국제통상규범의 효율성

2.1 법효력 측면

국제법 혹은 국제경제법을 막론하고, 이러한 국제관계법률들과 관련한 논의시 제기되는 중요한 문제의 하나는 이들이 과연 법으로서 '효율성'을 갖는가 하는 점이다.

특히, 일부 국제관계에 문외한인 사람들의 경우에 있어서는 국제법이 국내법보다는 비효율적이라는 인식이 팽배하고, 그것이 갖는 효력이 저평가되는 등, 국제법의 효율성 자체가 의심받아 왔던 사례도 종종 있어 왔다.

이러한 예는 아마 국제법이 미치는 효력과 국내법이 미치는 효력간에 실질적인 차이점이 존재한다는 오해와 함께, 국제법이 미치는 효력에 대한 이해의 부족에 기인하는 것이 아닌가 생각된다. 그리고 이러한 오해를 하는 대부분의 사람들은 국제법이 국내 법률체계가 갖는 많은 효율적인 속성들을 갖고 있지 않다고 믿고 있기도 하다.

이에 따라, 혹자는 국제법에는 '제재의 수단'이나 혹은 '이행력 확보수단' 등이 없다는 이유로 국제법을 진정한 법률로서 인정하지 않으려 하기도 하고, 혹자는 국제법이 효율적인 법운영체제를 갖지 못하고 있다는 이유로 "국내법보다는 훨씬 비효율적이다"라고 강도높은 비난을 하기도 한다.

그러나 그렇다고 해서 국내법이 국제법보다는 항상 효율적이라고 말할 수는 없을 것으로 보인다. 왜냐하면, 현실적으로 국제법은 일국의 정치경제 등 일련의 정책결정과정에 적지않은 영향을 미치고 있는 것이 사실이기 때문이다.

일례로, 전통적으로 국제법의 국내적용에 강한 반감을 갖고 있는 것으로 알려진 미국의회 내 일부 의원들을 중심으로 "GATT규정은 국제무역규범으로서 부적절하고 예측가능성이 떨어진다"라는 비판이 줄기차게 제기되고 있음에도 불구하고, 주요 위원회 및 자문위원회 등에서는 자국법의 GATT위배 가능성을 최소화하기 위해 법안제출 전 GATT규범과의 위배 여부를 검토하고 손질하는 사례가 종종 발견되고 있다.

물론 의회 내의 이러한 노력들이 모두 성공적인 결실로 나타나는 것은 아니지만, 미의회는 많은 경우에 있어서 GATT규범 위배사유를 들어 법안제출 자체를 규제하는 노력을 기울이고 있었다는 것만은 사실이다. 그리고 이러한 노력은 미행정부의 경우에 있어서도 동일하게 나타나고 있었다.

국제법이 국내의 정책결정에 미치는 영향과 관련한 또 다른 예는 외국으로부터의 수입에 대해 각국 정부가 일반적으로 취하는 대응조치에서도 잘 나타나고 있다. 즉, 일국 정부가 외국의 불공정수입에 대해 반덤핑관세나 상계관세를 부과한다고 가정한다면 이러한 조치의 원인은 기본적으로 WTO로부터 나오며, 이 경우 국제법의 성격을 갖는 WTO는 수출국이 행하는 덤핑이나 보조금지급 등과 같은 특정의 관행에 대해 수입국이 어떻게 대응할 것인가를 결정하는 중요한 지침으로서 역할을 한다고 할 수 있다.

이상에서 볼 때, 국제법은 그것이 갖는 기본적인 성격인 불특정성으로 인해 효율성면에서 논란이 제기되고 있는 것은 사실이지만, 제반 국내절차의 원용 및 집행과정에서 실질적인 효력을 미치고 있다는 점은 부인할 수 없을 것으로 보인다. 따라서, 이러한 효력을 정확하게 평가하는 일이야말로 국제법의 효율성을 보다 정확하게 평가하는 중요한 척도가 될 수 있을 것으로 보인다.

2.2 이행력 측면

국제법의 효력 혹은 효율성에 대한 평가와 관련하여 제기되는 또 다른 문제의 하나는 그것이 '이행력'을 보장하고 있는가 하는 문제로서, 이는 종종 다음과 같은 질문들을 수반한다.

① 국제법이 보다 효율적으로 작용할 수 있도록 개선될 수는 없는가.

② 규범을 새롭게 개선함으로써 이행력이 보장될 수 있을 것인가.

이러한 질문들은 얼핏 하찮게 들릴 수도 있다. 또한 많은 사람들이 이러한 질문에 대해 쉽게 "그렇게 할 수 있다"라고 긍정적인 답변을 할 수도 있을 것이다. 그러나 본질적으로 이러한 답변들은 사적인 입장에서의 답변이라고 할 수 있으며, 공적인 입장에서 이러한 답변을 행한 많은 사람들은 자신의 답변과는 사뭇 다르게 행동했을 것으로 판단된다.[21]

이를 역설적으로 말하면, 많은 경제주체들이 국제법규가 효율적으로 운용되는 것을 기본적으로 선호하지 않는다고도 할 수 있다.

그러면 국제규범의 이행력확보와 관련하여 이러한 양면적인 입장이 존재하는 이유는 무엇인가? 그 첫번째 답은 '국가주권'이라는 전통적인 가치개념에서 찾을 수 있으며, 그 비근한 예는, 유럽통합추진과 관련하여 유럽 내 한 저명인사가 피력한 다음과 같은 발언의 내용에서 잘 나타나고 있다.

> "유럽을 하나의 통합체로 묶는 것이 어려운 이유는 하나는 통합이 이루어지면 각국의 지도자들이 정상회담, 혹은 다양한 문제들을 둘러싼 각국 지도자들간의 논란 등과 관련하여 '언론에 자신의 얼굴이 장식될 수 있는 기회(photo opportunities)'를 상실할지도 모른다는 두려움이 앞서기 때문이다."

---

21) John H. Jackson, *International Economic Relation*, West Publishing Co., Minnesota, USA, 1986, pp. 27~28.

다시 말하면, 국가권력을 소유하는 것은 '즐거움'인 반면, 국제법은 한 국가의 지도자, 정부관리들의 힘을 상대적으로 약화시키기 때문에 국가지도자들에게 있어서는 일반적으로 국제법에 대한 선호경향이 약하게 나타난다는 것이다.

두 번째 요인으로는, 최근 들어 각국의 경제주체들의 요구가 복잡다양화되면서 이들의 욕구를 충족시켜 주기 위해 각국의 지도자들이 국제법을 어기거나 혹은 어길 것을 고려하는 사례가 증대되고 있다는 점을 들 수 있다. 이러한 경향은 당해 국제규범이 현재의 관행에 일치하지 않을 뿐 아니라 절차상 부적절한 점이 많다는 주장에 의해 합리화되곤 한다.

이같은 규범의 위반가능성과 관련하여 최근까지도 논란의 대상이 되고 있는 부문은 분명히 규범의 개선이 필요한 상황임에도 불구하고, 국제기구의 구조적 문제점으로 인해 이러한 개선 자체가 불가능한 경우가 있을 수 있다는 것이다. 1971년 미국 IMF의 금본위체제로부터 일탈할 때와 같은 경우이다. 그러나 특정규범으로부터의 일탈은 위기상황을 낳기 마련이다. 이는 규범 자체의 약화뿐 아니라, 그 이후 동 규범으로부터의 일탈 또한 보다 용이하게 만들어 규범력 약화를 초래할 수도 있기 때문이다.

그러므로 '규범'이라는 것이 인간사 모든 일을 규율하는 데 필요한 도구의 하나이고 그 이행력을 확보케 하는 중요한 수단의 하나라고 한다면, 이러한 규범체계의 약화는 궁극적으로 관련기구의 효율성을 저하시키는 중요 요인의 하나로 작용할 수도 있을 것이며, 이를 방지하기 위해서는 당해 규범에 대한 개별국가 혹은 정부의 신뢰도제고를 통한 이행력확보가 무엇보다 중요할 것으로 보인다.

2.3 외교적 방법론 측면

국제법의 효율성에 대한 검토를 위한 또 하나의 방법으로서 국가간의 협상 및 분쟁해결을 위한 현대외교의 2가지 기술을 상호 비교하는 방법이 있을 수 있다. 즉, 국제법의 테두리 속에서 국가간의 문제를 해결하는 방법이 힘지향적(power-oriented)인가 혹은 규범 지향적(rule-oriented)인가 하는 문제에 대한 검토이다.

물론, 외교의 기술을 이와 같이 2가지 그룹으로 대별 관련국가 기구 및 법적 시스템 측면에서는 중복되는 면이 없지는 않다 하는 것은 지나친 단순화인 것만은 사실이지만 이 방법은 국제법의 효율성 및 국제협상과 관련한 기술상의 차이점을 설명하는 데 있어서 상당한 중요성을 갖는 것만은 사실이다.

양자간의 차이점을 설명하기 위해, 일례로 A국으로부터 수입되는 제품에 대해 B국이 취하는 조치로 인해 양국간 무역분쟁이 발생했다고 가정하자. 이때 전자에 의한 해결방법은 A국과 B국 중 보다 강한 힘을 갖는 국가가 우선권을 갖는 방법으로 양자간 협상에 의해 해결되는 방법을 이르며, 이 경우 외국으로부터의 원조, 군사적 책략 혹은 주요 수입품에 대한 수입제한조치 등이 협상의 중요한 측면이 된다. 그리고 약소국은 자국의 무역에서 중요한 위치를 차지하고 있는 강대국이 취하는 조치에 대해 대응조치를 강구할지 여부에 대한 결정을 하는 데 있어서 적잖이 주저하게 될 것이다.

이에 비해 후자 규범에 의한 해결방법의 접근방법은 국제적으로 정해진 일련의 규칙에 의해 문제를 해결하는 방법을 이른다. 이 경우 협상참가자들은 규범원용을 둘러싸고 분쟁당사자간에 논쟁을 벌이게 될 것이며, 당사국들간에 해결하지 못하는 분쟁은 이미 국제적으로 합의된 국제규범을 통해 제3자에 의해 해결되어질 것이다.

그러나 이 경우에도 규범이 존재한다는 단순한 사실만으로는 충분치 못한 것으로 보인다. 즉, 어떠한 국제적인 문제가 규범의 원용 및 해석과 관련되어 있을 경우, 당사국들은 협상이 난관에 봉착했을 때 국제분쟁 해결규범이 공정하게 적용되고 해석될 수 있도록 고안되고 만들어졌다는 사실에 대한 믿음이 절대적으로 필요하다는 것이다.

즉, 규범의 '이행력보장'이 선결요건이라는 것이다. 왜냐하면, 국제규범에 대한 믿음과 상호 신뢰기반이 없다면, 국제간의 협상과 분쟁은 힘 지향적인 강대국의 논리에 의해 해결될 수밖에 없을 것이기 때문이다.

국가간 분쟁해결을 위한 협상에서는 상기와 같은 방법론들은 서로 다른 정도로 사용될 것이다. 만일 힘 지향적인 방법이 사용될 경우, 분쟁은 보다 큰 힘을 가진 당사자에 가까운 쪽으로 해결될 것이며, 반대로 규범 지향적인 방법이 사용될 경우에는 국제적 기구가 이미 존재하는 국제적 의무의 적용에 관하여 어떤 결론을 내릴 것인가를 미리 예상하여 협상을 통한 분쟁의 해결수단을 찾을 것이다.

현대의 모든 정치경제외교활동에는 대부분 이 같은 기술들이 혼합되어 나타나고 있으며, 크게 보아 인간문명의 역사는 힘 지향적 접근방법으로부터 규범 지향적 접근방법으로 점진적으로 이행되어 왔다고도 할 수 있다. 그리고 그 이면에는 많은 국가의 관심이 '힘 지향'을 선호하는 쪽으로 많이 기울여져 왔던 것도 사실이다. 하지만 많은 국가와 정부가 규범 지향적 접근방법을 꾸준히 추구해 왔고, 특히 국제관계 분야에 있어서는 규범 지향적 접근방법을 향한 지속적인 발전이 이루어져 왔다는 사실은 부인하기 힘들 것으로 보인다.

이러한 현상은 뚜렷한 힘의 독점이 없이 사법재판소의 설치 등을 통해 규범에 의한 법체제를 탄탄히 구축해 나가고 있는 EU의 경우와 미국 등 주요국의 사례에서 잘 나타나고 있으며, 또한 국제경제적인 관점에서 볼 때, WTO나 IMF 등을 통한 국제규범의 체계화 및 발전이라는 다양한 형태를 통해서 잘 나타나고 있다.

규범 지향적 접근방법을 통해 국제관계를 조명할 때에는 다음과 같은 이점들이 생겨날 수 있다. 즉, ① 힘에 의존하려는 성향의 대폭적 감소, ② 약소국에 대한 보다 공평한 대우 및 공평성에 대한 인식제고, ③ 필요한 타협을 도출하기 위한 합의된 절차의 개발, ④ 관련국제규범의 효율적 이행력확보 및 신뢰도 제고 등이 그것이다.

일반적으로 경제문제는 정치군사적인 문제들보다는 당해국 국민들에게 더 많은 영향을 미친다. 특히, 세계가 경제적으로 보다 의존적이 되어 감에 따라 일반국민들은 그들의 취업사업생활의 질에 대하여 외부로부터의 힘에 보다 많이 노출될 수밖에 없다. 이에 따라 일반인들은 자국정부가 행하는 국제협상에 의해 보다 많이 의존하게 되고 그 과정에서 개인의 의사가 정부의 정책에 반영되는 사례가 늘어나게 되며, 이러한 현상은 시간이 흐를수록 더욱 복잡한 양상을 띠게 된다.[22)]

그 결과, 의회 등을 통한 일반국민들의 의사표출이 많아지게 되고, 동 의사를 관철시키고자 하는 노력이 강해지면서 궁극적으로 힘에 의한 의사결정 혹은 결정이 배타적으로 흐르는 것을 제약하게 될 것이다.

따라서 이러한 흐름에 부응하는 유일하고도 적절한 길은 국제관계를 규범 지향적으로 나아가게 하는 것이며, 이를 위해서 관련국제규범에 의한 협

22) KOTRA, 「분쟁해결과 GATT」, 1993, pp. 9~11.

상 및 분쟁의 해결에 대한 정부와 일반의 인식제고와 함께, 그 결과에의 수긍을 통한 관련국제법의 신뢰도확보가 무엇보다 중요할 것으로 보인다.

2.4 규범 효율성을 위한 분쟁해결 메커니즘의 필요성

어떠한 규범이든 국제관계를 규정하는 모든 규범은 특정상황에서 특정사실에 대해 적용되는 것을 그 주목적으로 삼고 있다. 하지만 규범이 적용되는 상황 혹은 원용하는 국가에 따라서 해석상 상호 불일치하는 요소 또한 언제나 존재하기 마련이다. 이러한 불일치요소로는 규범의 적용범위, 이행수단 그리고 예외규정 등이 있을 수 있으며, 이와 같은 불일치요소를 구제하는 수단이 다름 아닌 '분쟁해결 절차규정'이라 할 수 있다.

분쟁해결절차는 상기에서 언급한 바와 같이 국제간의 관계가 규범 지향적으로 나아가고 있는 최근의 추세 속에서 국제법의 효율성을 확보케 하는 가장 중요한 수단으로 인식되고 있으며, 그 중요성 또한 점증하는 추세를 보이고 있다. 국제무역을 규율하는 주요 규범인 WTO에서도 다양한 분쟁해결절차 수단을 마련하고 있는 이유도 바로 여기에 있다 하겠다.

제 2 장 연습문제

논술형

1. 중상주의의 통상이념을 논하시오.
2. 자유주의의 통상이념과 고전학파의 자유통상론을 논하시오.
3. 보호주의의 통상이념과 그 이론적 배경을 논하시오.
4. 신보호주의의 통상이념과 그 특징을 논하시오.
5. 공정무역의 통상이념과 미국의 공정무역을 논하시오.
6. 국제통상규범의 의의와 그 효율성 문제를 논하시오.
7. 공정무역과 상호주의에 대해 논하시오.

약술형

1. 중농주의와 자유주의
2. 해밀턴의 공업보호론
3. 리스트의 유치산업보호론
4. 회색지대조치(gray area measure)
5. 다자주의
6. 공정무역과 보호무역
7. 공정무역과 상호주의
8. 포괄적 통상규범과 개별적 통상규범
9. 신보호주의의 특징
10. 공정무역에 대한 선진국과 개도국의 관점
11. 공정무역의 규칙

제 2 부

국제통상정책

제 3 장

통상정책 개설

제 1 절 통상정책의 개요

1. 통상정책의 기본개념

1.1 통상정책의 의의

통상정책(commercial policy or trade policy)이란 일국의 대외경제정책의 하나로 국제무역의 흐름과 대외통상관계에 영향을 미치는 정부의 정책이다. 이때 무역과 통상이라는 용어의 차이 때문에 무역정책과 통상정책을 구별하는 경우도 있으나 번역상의 차이 이상으로 큰 의미는 없으며 여기서도 동의어로 사용하고자 한다.

다만 무역정책이라고 할 때는 무역과 관련한 국내제도와 관행을 변경시키거나 수출과 수입을 장려 혹은 억제하는 정책적 조치를 의미하고 통상정책은 국가간 통상문제 및 대외협상과 관련 전략적 차원의 입장수립을 포함한

보다 넓은 의미로 사용되고 있다.[1)]

한 나라의 통상정책은 수출입을 포함한 대외통상에 관한 정책이라는 점에서 대외정책에 속하지만 국내 이해관계자들간의 이해조정을 수반한다는 점에서 대내정책이기도 하다. 오늘날 국제무역과 관련된 경제활동의 영역이 확대됨에 따라 통상의 개념과 통상정책의 범위가 넓어지고 있으며, 외교정책과 여타 경제정책과의 경계도 점차 모호해지고 있다.

어떤 국가이든 추구하는 경제목적을 갖고 있으며, 이를 달성하기 위한 정책수단을 보유하고 있다. 그 중 대외적으로 경제거래를 조절하기 위하여 동원되는 수단이 바로 통상정책이 된다.

따라서 통상정책이란 일국이 특정 경제목적을 추구하기 위하여 양국간 혹은 다국간 무역관계의 이해조정을 통해 자국의 무역이익을 극대화하기 위한 정책을 말한다.

즉 자국의 산업정책과 비교우위체제를 토대로 교역 상대국의 특수성 및 여건변화와 세계경제 여건 및 환경변화를 고려하여, 특정 경제목적을 달성하기 위해 양국간 또는 다국간 통상관계의 이해조정을 통해 자국의 이익을 극대화하기 위한 정책을 말한다.

세계화의 전전에 따라 개방이 가속화되면서 이에 대한 반작용으로 자국산업의 이익과 피해계층을 최우선적으로 고려한 통상정책들이 등장하게 되었다. 이처럼 상반된 두 흐름이 상호간에 작용과 반작용을 거듭하면서 각국의 통상정책이 결정되고 있다. 즉 보편성의 강화라는 큰 흐름 가운데 각 국가가 자국의 주체성을 지키기 위한 노력을 강화하고 있기 때문에 통상정책은 대내외적인 이해갈등을 조정하는 역할도 담당해야 하는 복잡한 성격을 가지게 되었다.

특히 통상정책은 경제발전목표와의 부합, 통상관련 제반 국내경제정책과의 긴밀한 연계, 자국경제의 세계적 위상변화에 따른 번영에도 기여함으로써 자국경제와 세계경제체제를 상호의존적인 관계로 연결시키게 된다.

WTO출범 이후 국제경제 환경이 급격히 변화하면서 세계시장이 확대되고 지구촌시장에서 전세계 기업들이 치열한 경쟁을 전개함에 따라 기업차원의 세계화전략이 확산되고 있다. 생산, 마케팅, 인사, 연구개발 등 기업활동과 관련된 모든 요소들을 전세계적 차원에서 최적화하려는 '글로벌 소싱' 경

1) 박종수, 전게서, pp. 167~169.

영전략이 구사됨에 따라 시장의 개념도 달라지고 있다. 즉 통상정책의 전개와 관련하여 과거의 개별 국가를 독립적인 시장으로 보던 것과는 달리 국가시장간의 유사성을 중시하고 국경을 초월하는 초국적 시장세분화(globalization)를 중시하게 되었다.

이와 같이 21세기의 세계경제는 국가간 경계나 장벽이 약화되는 반면에 국가간 상호의존과 거래, 교류는 심화되는 과정으로 정의되는 국제화 진전의 마지막 단계인 세계화 단계로 이미 들어섰다. 따라서 국가간 차이보다는 인류공통의 보편타당한 가치가 중시되고 세계가 단일의 공동체로 확산되어 가는 현상이 두드러지게 나타나고 있다.

1.2 통상정책의 특징과 범위

(1) 통상정책의 특징

국제통상에서 다루는 범위가 확대되어 감에 따라 통상정책의 범위도 더욱 포괄적으로 되어가고 있다. 과거의 통상정책이 주로 재화의 자유무역 확대를 위한 시장개방, 수입규제완화, 수출촉진 등과 관련된 무역정책 중심이었다면, 지금의 통상정책은 무역에 영향을 주는 산업정책을 비롯한 제반 국내경제정책뿐만 아니라 인류의 보편적인 공동의 관심사(예컨대, 환경보존 문제 등)를 해결하기 위한 정책까지도 포괄하게 되었다.[2]

1) 복합성(interface)

통상정책은 대외정책이면서 동시에 대내정책으로서의 성격을 지니고 있기 때문에, 타국과의 관계조정뿐만 아니라 국내 이해관계자들간의 이해조정도 수반된다. 따라서 산업정책과 같은 국내경제정책과 상호 보완적이면서 때로는 상호 갈등적인 면을 지닐 수도 있는 유기적 관계를 형성하고 있다.

2) 포괄성(comprehensiveness)

과거 통상정책이 주로 유형재의 교역과 관련된 무역정책을 의미했던 것과는 달리 최근의 통상정책은 서비스 교역, 자본이동과 노동기준, 기술 및 투자 관련 조치, 지적재산권 등 무형재를 포괄하는 국제교역과 관련된 정책

2) 강인수 외 7인, 전게서, pp. 59~60.

을 의미하는 것으로 범위가 확대되었다. 또한 경제정책으로서의 성격만을 지니는 것으로 국한되지 않고 국제협상과 관련된 외교정책으로서의 성격도 지닌 것으로 해석되고 있다.

3) 상호성(interactiveness)

각국의 통상정책은 기본적으로 독립적으로 결정되지만, 정책의 대상이 되는 통상이 상대국과의 관계에서 이루어지는 것이기 때문에 상대국과의 의사조정은 물론 상대방 국가의 경제적·정치적 상태를 고려해야 하는 상대성이 존재한다는 특성이 있다.

두 국가간 쌍무적인 통상관계의 경우 상대성이 더 크게 작용하는 것이 사실이긴 하지만, 많은 국가가 참여하는 다자간 통상관계의 경우에도 선진국과 후진국간, 또는 선진국과 선진국간 상대성이 집단적으로 혹은 개별적으로 작용한다는 사실을 간과해서는 안 된다.

4) 다중성(multiplicity)

WTO체제 출범 이후 경제활동의 범세계화가 확산되는 가운데서 한편으로는 경제블럭화가 진행되고 있는 것이 현재의 상황이기 때문에 한 국가가 참여하고 있는 국제기구나 협상이 여러 갈래로 동시에 진행되고 있다.

예컨대, 우리나라의 경우에도 WTO와 APEC에 주도적으로 참여해 왔음은 물론이고, OECD에까지 가입하게 됨으로써 통상정책의 내용이 한층 다층적이면서 동시에 다면적인 성격을 지니게 되었다. 즉, 동일한 국제통상규범의 경우에도 어떤 기구에서 협의되고 있는가, 또는 어떤 국가와 협의하고 있

그림 3-1 통상정책의 특징

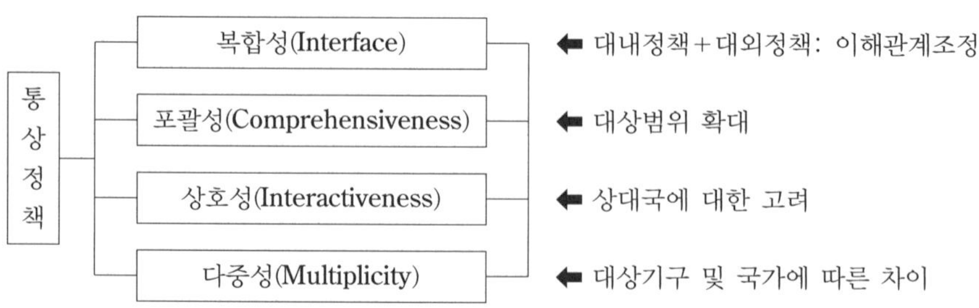

는가에 따라 규범의 강도가 달라지고 양허내용 자체가 차이가 날 수 있다는 특성이 있다. 이러한 차이가 경우에 따라서는 국제규범간 상호 충돌이 있는 것처럼 보일 수도 있지만, 기구별 참여국의 분포상태와 규범내용의 비교를 통해 다면적이기는 하지만 일관된 통상정책의 방향을 찾을 수 있다.

(2) 통상정책의 범위

통상정책은 양국간 혹은 다국간 무역관계에 영향을 주는 시장개방, 수입규제 완화를 위한 관세 및 비관세장벽 완화 등 제반 정책을 망라하고 있다. 종래는 주로 관세인하 및 시장개방이 주된 통상정책의 수단이었으나 지금은 환율, 내수확대 등 무역에 영향을 주는 국내경제정책까지 포함되고 있다.

이에 따라 통상정책의 의사결정요소에는 대내외적 여건변화, 사회·경제적 배경, 정책결정기구, 무역·산업정책과의 관계, 국민적 합의 등이 그 변수가 된다. 또한 경제·무역규모가 왜소한 상태에서는 대외적 여건변화에 대응하는 무역정책 위주의 통상정책결정이 중심이 되나 경제·무역규모가 확대될수록 대내외적 여건변화, 내생변수화, 사회·경제적 배경의 투영, 정책결정기구의 체계성, 민주성, 국민적 합의도출 등의 요인들이 중시된다.

그런데 정책의 효율성을 위해서는 통상정책은 경제발전목표와의 부합성, 즉 합목적성이 있어야 한다. 가령 종래 한국의 경제발전목표인 양적·불균형적 수출 중심의 고도성장전략하의 무역확대는 통상마찰을 야기하여 통상정책과 경제발전목표와의 연계성이 결여되는 현상을 초래하였다. 따라서 적정·균형적 성장전략하의 질적 무역확대와 개방협력의 중시는 상호의존적인 통상관계 정립의 기초를 제공하여 주게 된다.

한편 무역·산업정책과의 관계를 보면 양 정책은 통상정책의 대내적인 기반을 이루고 있다. 무역정책과는 무역의 대내외적 관계로서 밀접하며 산업정책의 목표인 산업의 국제경쟁력 강화, 산업구조의 고도화, 자립적 산업구조조정이 통상정책의 수단을 강화하고 시장개방 등 통상정책의 내부수용력을 높여 줌으로써 산업정책과도 상호 밀접한 관련성이 있다.

이들 정책간의 일방적·무원칙적·수동적 관계는 외부 압력과 내부 장력간의 불균형을 초래하게 된다. 즉 대내적으로는 무역정책과 산업정책의 왜곡을 초래하고 대외적으로는 통상마찰을 야기하게 되는 것이다.

2. 통상정책의 목적과 대상

2.1 통상정책의 과제와 목적

통상정책의 목적과 과제가 무엇인가 하는 문제는 가치판단이 개재되는 문제로서 일국이 처해 있는 시대나 경제발전단계 혹은 체제 등에 따라 달라질 수 있다. 일반적으로 정책이라든가 전략을 생각할 때는 어떠한 목적을 가지고 이를 실현하고 또한 실현한다면 어떠한 수단과 방법을 이용하여 이를 실천해 나갈 것인가를 명백히 해 둘 필요가 있는 것이다.

(1) 통상정책의 과제

통상정책은 제경제정책분야 중에서도 일국의 대내외 경제활동의 불균형을 조정할 수 있는 정책이므로 타경제정책과는 달리 통상정책의 과제는 대내적인 면과 대외적인 면으로 나누어 볼 수 있다.

대내적인 과제란 정부가 직·간접적으로 무역활동을 추진·조정 혹은 규제함으로써 국내적 안정(물가안정, 완전고용 등)과 국제균형(국제수지 균형)을 이루는 동시에 넓게는 산업간 균형이 달성되도록 하는 것이고, 대외적 과제란 자국 이외의 외적 환경요인의 변화에 따른 적절한 대응방안을 수립하는 것을 말한다. 즉 세계는 체제와 경제발전단계가 다른 국가들 사이의 유기적인 조직체로 구성되어 있기 때문에 한 국가의 정책변화는 다른 국가에 크든 작든 간에 영향을 미치게 된다. 따라서 이러한 영향이 자국 내 경제에 파급되는 정도를 극소화시키는 것이 통상정책의 대외적 과제라고 할 수 있다.

(2) 통상정책의 목적

통상정책은 비록 경제정책의 일부에 지나지 않는다고 하더라도 무역을 대상으로 하고 또 수출입거래에 대하여 직·간접적으로 영향을 미치므로 통상정책은 당연히 일국의 견지에서 뿐만 아니라 국제적 견지에서 음미되고 실현되어야 할 것인 바 그 주요 목적은 다음과 같다.

첫째, 국내산업의 보호이다. 각국은 국내산업을 보호하기 위하여 강력한 통상정책의 조치를 취하고 있다. 가령 외국상품이 저렴한 가격으로 국내시장에 들어온다면 당해 국내산업은 외국의 기업과 강력한 경쟁에 부딪쳐 심각한 타격을 받게 된다. 이에 따라 그 국내산업은 생산활동을 단축시키거나 또는 조업을 중단시키지 않을 수 없다. 또 국내산업의 위축으로 인하여 실업이 발생되며 국민의 소득수준은 전반적으로 감소된다. 그러므로 국내산업을 보호하기 위하여 모든 국가는 관세 및 비관세장벽을 설치하여 외국상품의 수입을 규제하고 있다.

둘째, 국제수지의 개선이다. 각국이 국제수지 개선에 중요한 정책목적을 설립하고 있는 것은 국제수지가 그 나라의 대외경제활동을 반영하기 때문이다. 상품의 국제 비교우위도가 확립되어 수출이 증가되고 수입이 감소되는 동시에 자본이 유입되면 국제수지는 개선되어 금 및 외환준비고는 증가되나 이와 반대의 경우는 국제수지가 악화되어 대외지급준비자산은 감소된다. 동시에 국제수지의 개선은 외환시세를 안정시키게 되므로 각국의 외환시세의 안정화를 통하여 국민경제의 균형적 성장을 꾀하려고 한다.

셋째, 자원의 효율적 배분이다. 자원의 효율적 배분에 정책목적을 설정한 것은 어느 나라에서도 자원을 무한하게 가지고 있지 않기 때문이다. 일반적으로 선진국에서는 자본이 풍부하지만 노동은 부족하고 개발도상국에서는 노동은 풍부하지만 자본이 부족하다. 개도국에서는 노동이 풍부하다고 하지만 그 노동은 현대의 산업기술하에서 그들의 국민경제를 능률적으로 운영하는 데 부적합한 경우도 있다. 그러므로 이러한 노동을 능률적으로 배분하기 위하여 각국은 무역상의 정책적 조치를 취하고 있다. 자본 및 토지 등의 생산요소에 대하여도 이와 마찬가지이다.

넷째, 물가안정이다. 물가의 등귀는 국민경제의 안정기조를 파괴할 뿐 아니라 경제성장을 저해하고 완전고용에 악영향을 미친다. 그리고 수출과 국민경제생활에 대하여도 심각한 충격을 가한다. 그러므로 물가안정은 통상정책의 중요한 목표이다. 국내물가의 등귀는 오직 국민경제의 내적 요인에 의해서만 발생되지 않고 외적 요인에 의하여 발생되는 경우가 많으므로 통상정책을 통하여 국내물가를 안정시키지 않으면 안 된다. 오늘날 각국의 국민경제는 개방체제하에 놓여 있기 때문에 국제경제의 변혁에 따르는 수입인플레가 만연되고 있다. 따라서 이러한 인플레를 극복하려고 한다면 국내경제정책만으로는 부족하므로 필연적으로 통상정책을 동원하지 않으면 안 된다.

다섯째, 경제성장의 달성이다. 각국은 경제성장을 추구하기 위하여 경제개발계획을 수립하고 있다. 이를 성공적으로 실현하기 위하여 국내경제의 여건을 정비하고 모든 정책적 수단을 동원하고 있다. 일국이 경제성장을 달성하려고 한다면 대내적인 재정금융정책 등 국내경제정책만으로는 절대부족하다. 그러므로 수출입정책, 국제수지정책 등 대외통상정책을 수행하지 않으면 안 된다.

여섯째, 사회적 필요의 충족이다. 통상정책의 목적에 사회적 필요의 충족이 설정되는 것은 국민의 경제적 후생을 향상시키기 위해서다. 경제정책의 궁극적 목적은 고도의 경제발전을 달성하고 복지사회를 건설하여 국민의 생활수준을 향상시키는 동시에 인류의 행복을 추구하는 데 있다. 그러므로 경제정책에 의하여 형성된 경제력을 타국을 지배하기 위한 타국민의 침략적 수단으로 사용해서는 안 된다. 자유무역정책이나 보호무역정책은 궁극적으로 국민의 사회적 필요를 충족시키고 경제발전에 의한 국민의 복지향상에 그 목적을 두어야 한다. 일반적으로 국민의 경제적 후생수준을 증가시키려고 한다면 자유무역정책이 보호무역정책보다 효과적일 것이다.

2.2 통상정책의 주체와 대상

(1) 통상정책의 주체

통상정책은 일국 경제의 대외거래에 대한 입장을 반영한다는 점에서 각국의 국내경제체제에 의하여 직접적으로 영향을 받는다. 경제체제는 크게 자본주의적 시장경제와 사회주의적 계획경제로 분류된다.[3)]

시장경제에 있어서는 원칙적으로 비교우위에 입각한 무역거래가 이루어지며 어디까지나 개별기업이 이윤동기에 의하여 수출입을 수행하는 주체가 된다. 이때의 통상정책은 정부가 경제목적을 실현하기 위하여 대외거래를 바람직한 방향으로 유도하는 간접적인 수단이라 할 수 있다.

이와는 대조적으로 사회주의제국에 있어서 무역은 사회 전체의 행위로서 경제계획의 일환으로 행해지며 이에 따라 국가의 독점 아래 있게 된다. 국가계획위원회가 경제계획을 실현하기 위한 방법으로 무역계획을 수립하고 대외무역성과 그 산하에 있는 부문별 무역공단으로 하여금 이를 집행케 한다. 즉

3) 김세원, 「무역정책」, 무역경영사, 1988, p.174.

당국에 의하여 수행되는 통상정책은 국가 전체의 무역규모나 구성을 직접 결정하며 해당 기업들은 구체적으로 이러한 통상정책을 실행하는 집행기관에 불과하다.

자유경제를 원칙으로 하였던 시대의 국가는 소극적인 태도를 취하여 개별경제적 활동에 간섭을 하지 않았다. 그러나 양차 대전간의 시기를 통하여 국가의 경제단위로서의 지위가 강화되어 개인의 경제활동은 표면상으로는 자유로웠으나, 이른바 경제법에 의하여 제약받게 되었다. 또, 이 경제법은 자국 중심으로 행사되며 다른 나라의 입장은 고려되지 않고 있다.[4] 일반적으로 관세율의 결정도 국가의 권한이므로 관세법의 제정 및 수정이 무역상대국을 무시한 채로 행하여지고 있다. 예컨대, 통상조약에 최혜국약관이 있다고 하더라도 그것은 관세인하 그 자체를 저지할 수 없고 또 통상조약이 관세협정을 포함하지 않는 한 관세의 인상을 저지하는 기능은 없다.

대외무역거래에 있어서 무역을 실제로 행하는 것은 개별기업이며 또 개별기업은 자본주의 사회에서는 자유로이 이윤을 추구하여 활동할 수가 있다. 그러나 표면상으로는 자신의 행동을 규제하는 것은 자본의 논리일 뿐이지 실제로는 국가가 경제의 주체로서 규제자로서의 기능을 수행하고 있다. 전술한 바와 같이 통상정책이란 일국 정부가 특정 경제목적을 추구하기 위하여 외국과의 경제거래에 개입하는 정책수단을 의미하므로 통상정책을 실시하고 수행하는 주체는 어디까지나 정부나 공공기관이라고 할 수 있다.

(2) 통상정책의 대상

통상정책이 일국의 경제적인 측면의 국경선인 관세선(customs line)[5]을 통과하는 거래에 대한 정부의 개입을 의미하므로 그 대상은 당연히 수입과 동시에 수출이 된다. 통상정책의 대상을 좁게 본다면 자주적 통상정책이 미치는 범위 안에 속하는 순상품무역에 관련된 제정책이라고 할 수 있다. 그러나 실제에 있어서는 그것은 통상정책의 목적과 수단에 의하여 규정되므로 상품무역에 관련되는 무역 외의 서비스, 국제적 무역결제의 문제, 무역관련 투자

---

4) 久保新一 · 中川信義, 「國際貿易論」, 有斐閣, 1981, p. 174.

5) 관세선은 실물적인 측면에서 내국물품과 외국물품의 자격을 구분하는 기준이 된다. 관세선은 대부분의 경우 국경선과 일치하지만 특정한 경우에는 반드시 일치하는 것은 아니다. 특정한 경제활동의 촉진을 목적으로 하는 각종의 보세구역은 영토적인 개념으로는 국내이지만 관세선의 측면에서 보면 외국경제의 국내연장이라고 볼 수 있음.

등에 미치게 될 것이다.[6]

일반적으로 무역에 관련된 규제에는 두 가지가 있다. 하나는 국가에 의한 국내법의 테두리 안에서의 규제로서 이것은 자주적으로 행해지는 것이며, 다른 하나는 국제적 규제로서 국가간의 협정 및 조약의 체결에 의하여 행해지는 것이다. 이 경우 만약 협정이 타결되면 양국간의 무역관계에 대하여 명확한 법적 기초가 설명될 수 있다. 이 법규가 다수국의 참가에 의하여 일반적 기초 위에서 성립되면 무역은 일반적으로 국제법의 규제하에 들어가게 되며 국가에 의한 통제는 국가적 규제의 테두리 안에 한정된다. 전자는 대외국민경제법의 형태를 취하며, 후자는 국제경제법으로 구성된다. 국제경제법은 다수국간의 협정·조약의 형태를 취하지 않는 한 정책주체로서의 국가의 의향이 표면에 나타난다. 국내법과 국제법은 2원성의 원리에 서 있으나 제2차 세계대전 후 국제조직 또는 국제법에서 볼 수 있는 바와 같이 국제경제의 질서유지에 필요하다면 가맹제국의 합의에 의하여 주권국가의 행동을 제한하게 되므로 주권국가의 행동이라고 하더라도 절대적인 것은 아니다.

국제무역의 성격에 비추어 볼 때에 통상정책은 자주적으로 해결될 수 있는 것은 아니다. 그것은 국가간의 협정을 필요로 하는 문제이기도 하다. 통상정책의 대부분은 상대국과 협정이나 조약을 체결함으로써 비로소 효력을 발생하게 된다. 대개 개인과 기업이 외국에서 향유하고 있는 생활 또는 상업상의 권리도 정부간에서 미리 교섭을 통하여 타결되었던 협정과 조약에 의하여 규정되어 있는 것이다.[7]

오늘날 각국의 통상정책은 상품거래를 주된 대상으로 삼고 있으나 실제로는 이것과 관련하여 널리 국제적 경제거래의 모든 분야에 미치고 있다.

---

6) GATT, *Trade Policy Review Machanism* : *USA,* Nov. 1989.
7) USTR, *1993 Trade Policy Agenda and Annual Report,* 1993. 3.

제2절 통상정책의 수단

1. 관 세

1.1 관세의 기본개념

(1) 관세의 의의

관세(customs, customs duties, tariffs)란 관세선(customs line) 또는 관세영역(customs territory)을 통과하는 물품에 대하여 부과하는 조세를 말한다. 따라서 관세를 부과할 수 있는 관세선 또는 영역을 어떻게 정의하느냐에 따라 관세의 종류나 성격이 달라진다. 즉 정치적으로 자기 나라 영역일지라도 관세제도상 외국과 동일한 개념을 취급되는 자유무역지역이나 자유항이 있는가 하면 정치적으로는 다른 나라의 영역일지라도 관세제도상 내국과 동일한 취급을 하는 관세동맹국가가 있다. 이와 같이 관세는 무역의 필요성에 의하여 만들어진 제도이므로 국가의 영역을 떠나서도 관세영역이 존재하기 때문에 경제상의 관세영역과 정치상의 국가영역과는 반드시 일치하는 것은 아니며 따라서 동일하게 취급할 수 없다.

예나 지금이나 무역제한의 가장 중요한 형태로 관세를 들 수 있다. 관세란 교역되는 재화가 일국의 관세영역을 통과할 때 부과되는 조세 내지는 징수금을 말한다. 그러나 관세는 연혁적으로 그 발전단계에 따라서 성격과 형태 및 기능이 다르다. 그러므로 총괄적으로 '관세란 무엇이다'라고 단적으로 정의를 내리기는 곤란하지만 현행 관세법규를 종합 검토하여 볼 때 "관세란 국가가 재정수입을 목적으로 관세영역을 통과하는 물품에 대하여 반대급부가 없이 법률이나 조약에 의하여 부과징수하는 조세이다"라고 할 수 있다.[8)]

8) 박종수, 「관세론」, 법문사, 1995. 3, pp.26~30.

(2) 관세의 성격

1) 조세적 성격

관세는 법률 또는 조약에 의해 반대급부 없이 국가에 의해 강제적으로 부과징수되는 조세적 성격을 갖고 있다.

① 관세는 법률 또는 조약에 의해 부과징수된다 일반적으로 조세법률주의하에서는 국민의 기본권의 하나인 재산권을 침해하려면 법률의 규정에 의하여서만 가능하다. 우리나라의 헌법에서도 "조세의 종목과 세율은 법률로써 정한다"라고 규정하고 있어 법률의 근거 없이는 어떠한 세금도 받을 수 없다. 다만 입법기술상 조세에 대한 모든 것을 법률에 규정한다는 것은 사실상 불가능하므로 법률로써 대통령령이나 부령 등의 영역에 위임하는 경우가 있다.

이와 같이 관세도 조세의 일종으로서 법률에 의하여서만이 부과징수가 가능하다. 그러나 대부분의 국가에서 관세에 대하여는 그 성질상 급격한 경제변화에 신속적절한 조치를 취할 필요가 있기 때문에 법률에서 일정한 범위를 정하여 행정권이 관세율을 높이거나 낮출 수 있는 탄력관세제도를 채택하고 있다.

한편 관세는 조약에 의하여서도 부과하거나 감면하는 경우가 있다. 이는 일반적으로 조약이 법률과 마찬가지로 국회의 승인절차를 거쳐야만 비로소 효력을 발생하기 때문에 국내법의 법률과 동일한 효력을 가지므로 조세법률주의와 모순되는 것은 아니다. 대체로 관세에 관한 국제협정에는 국내법에 의해서 부과되는 관세를 감면하거나 세율을 낮추도록 규정하는 경우가 많고 새로운 관세부담을 부과하는 경우는 거의 없다. 그리고 정부가 외국과의 행정협정에 의거 일정범위의 관세양허를 하는 관세협정을 체결할 수 있도록 하는 등 행정부가 국제관세협력을 위한 각종 조치를 할 수 있게 위임하는 경우도 그 위임범위 내에서만 협약체결이 가능하므로 조세법률주의에 위반된다고 볼 수 없다.

② 관세는 반대급부 없이 국가에 의해 강제징수된다 관세는 수수료·사용료 등과 달리 납부자에 대한 반대급부가 없는 조세이다. 즉 수수료 등은 증명·서비스 등의 반대급부가 있으나 관세는 이러한 직접적인 특별보상이나 반대급부 없이 각 개인에 대하여 국가로부터의 일반 보상원리에 의하여 징수

된다.

또한 관세는 재정권에 의하여 징수되고 그 재정권은 국가로부터 나오므로 과세권의 주체는 국가이다. 중세에는 봉건주의 권력으로 조세가 징수되었으나 근대국가의 형성과 더불어 과세권은 국가고유의 권리로 확립되었다. 특히 오늘날의 민주주의 국가에서는 재정권은 국가와 동시에 지방자치단체에도 있으나 관세의 과세권은 일반적으로 국가의 재정권에만 속해 있고 지방자치단체는 과세를 하지 못한다. 따라서 관세는 그 징수의 주체가 국가란 점에서 일종의 국세로서 지방자치단체가 징수하는 지방세와 구별된다.

한편 관세는 국가에 의하여 강제로 부과 · 징수되는바, 강제란 일방적인 의지로서 상대방의 의지여하를 불문하고 실행하는 것을 말한다. 따라서 관세 징수 대상품목이 수입되었을 경우 국가가 독자적으로 정한 방법과 금액을 수입자의 의지와는 상관없이 부과 · 징수한다.

2) 소비세적 성격

① 관세의 궁극적 대상은 소비이다 관세는 소비세로서 소비를 궁극의 대상으로 하여 부과되는 조세이다. 따라서 소비세의 기본성격인 소비를 많이 하면 세금도 많고 소비가 적으면 세금도 적다는 원칙이 적용된다. 다만, 관세의 경우에만 일반 소비세에 비하여 소비가 넓은 의미로 해석된다. 즉 생산을 위한 원재료, 기계 등의 사용, 영업을 위한 기구 등의 설치 등도 관세의 경우에는 소비의 개념에 포함된다.

② 일반적으로 관세의 부담은 전가된다 소비세는 소비의 사실에 과세되는 것이므로 유통의 마지막 단계에 있는 소비자를 포착하여 과세하는 것이 타당하나 과세기술상 곤란하므로 그 이전 단계에서 과세하는 일이 많다. 관세도 물품을 수입할 때 장래의 소비를 예상하여 과세하는 것으로 이것이 간접소비세라고 하는 이유이다. 바꾸어 말하면 간접소비세에 있어서는 소비 이전의 단계에서 부과된 소비부담이 전가되어 최종적으로 소비자의 부담이 될 것으로 기대한다. 관세의 경우에는 원칙적으로 수입신고자로부터 관세가 징수되지만 그 부담을 가격인상이나 기타의 방법으로 소비자에게 전가시키는 일은 있을 수 있다. 이것을 관세부담의 전전이라고 한다. 그리고 부과된 관세만큼 수입가격을 인하시키는 것과 같은 수단으로 해외의 거래상대방에 부담시키는 경우가 있으며 이것을 관세부담의 후전이라고 한다. 그러나 어떤

경우이든 관세부담이 전가되지 않고 수입자 자신이 부담하여야 하는 경우도 있다.

③ **일반적으로 관세는 사치품에 중과된다** 일반적으로 소비세는 생필품보다는 사치품에 중과된다. 이와 같이 생활필수품의 세율을 낮게 하고 사치품의 세율을 높이고자 하는 것은 국민생활의 안정을 도모하고 사치와 낭비 풍조를 억제하려는 경제 · 사회 · 정책적 목적에서 나온 것이다. 따라서 관세도 소비세라는 점에서 이러한 원칙이 고려된다.

3) 특수성격

관세에는 일반 내국세와는 달리 관세만이 갖는 독특한 성격이 있다. 관세가 독자적인 징수절차를 갖는 것은 바로 이러한 특성에 기인된 것이다.

① **관세는 수입물품에 대하여 부과된다** 관세의 특별한 성격은 모두 이 수입물품에 대한 과세라는 점에 유래하고 있으며 이 점이 관세개념의 중추를 이루고 있다고 할 수 있다. 물론 이론적으로는 이 밖에 수출품에 대한 수출세, 통과물품에 대한 통과세, 식민지와 본국간의 물품에 대한 이입세 등을 생각할 수 있으나 오늘날에 있어서는 대부분의 국가가 수입세 이외의 관세는 채용하지 않고 있다. 어떠한 물품이든 그것이 수입물품이라면 관세의 과세대상이 된다.

그러므로 일반세법과 같이 과세대상의 종류가 한정되는 일이 없다. 이것을 관세의무주의 또는 관세포괄주의라고 한다. 그러나 나라에 따라서는 유세품만을 관세율표에 게기하고 무세품은 처음부터 문제로 하지 않는 국가도 있으나 그 예는 매우 드물다. 수입물품은 다종다양하므로 세관당국의 판정이 있을 때까지는 무세인지, 혹은 어떤 세율이 적용되는지 일반인들은 분간하기 어렵다. 관세를 확보하기 위하여는 사실상 모든 물품을 과세대상으로 취급하지 않을 수 없기 때문이다. 또 후일 분쟁을 회피하기 위해서도 일단 모든 물품을 과세대상으로 하는 것이 실제로 적합하다.

② **관세는 관세영역을 전제로 한다** 어떤 물품이 관세의 대상이 되는 것은 그 관세가 적용되는 구역을 출입하기 때문이다. 따라서 관세의 경우에는 그것이 적용되는 구역과 그 이외의 구역과를 명확하게 구별하여 파악할 필요가 있다. 이와 같은 의미에서 국가가 동일한 관세를 적용하는 구역으로서 지정한 구역을 관세영역이라고 한다. 대체로 이것은 정치영역과 일치한다.

다만 내국관세의 예에서 볼 수 있듯이 한 나라 안에 있어서도 어떤 지역이 다른 지역과 별개의 관세영역을 형성하는 일이 있으며 관세동맹의 경우에는 둘 이상의 국가가 조약을 체결하여 모든 제3국에 대하여 통일적인 관세영역을 형성하는 일도 있다. 또 자유항과 같이 국내의 특정지역이 별개의 관세영역을 형성하지 않고 관세부과의 적용이 없이 관세면에서는 거의 외국과 동일한 취급을 받는 경우도 있다.

③ 관세는 재정수입뿐만 아니라 경제정책면에서도 중요시된다 관세는 조세로서 국가의 재정수입 확보를 목적으로 하는 것이기는 하지만 그 수입총액은 오늘날에는 그렇게 많은 금액이 아니며 따라서 재정수입에서 차지하는 비율도 적은 것이 일반적이다. 이에 대하여 경제정책의 수단으로서는 매우 효과적이어서 경제정책상 갖는 의의는 특히 중요하다. 자유무역하에서는 관세장벽은 철폐 내지 완화되어 국제간의 자유로운 통상을 촉진하는 것이 제일의적인 중요성을 가지며, 중상주의와 보호무역주의하에 있어서는 관세에 의한 국내산업의 보호가 재정수입의 목적보다도 우선적으로 고려된다.

④ 관세는 대물세이며 수시세이다 관세의 대상이 되는 것은 수시로 수입되는 물품이며 정기적으로 부과되는 세도 아니고 인간의 거주나 소득 등에 대한 인적 행위 그 자체에 부과되는 행위세도 아니다. 대물세란 물품의 소유, 취득, 제조, 판매, 수입 또는 물품에서 발생하는 수익 등에 과세하는 것으로 이를테면 주세, 물품세, 석유류세 등이며 관세도 여기에 속한다. 수시세란 조세의 납부시기가 정해져 있지 않은 것으로 이를테면 상속세, 통행세 등이 있으며 관세도 이에 속하다. 이와 같이 관세가 수시세이고 대물세이기 때문에 그 납부에 대한 책임자를 미리 명확하게 파악하기는 어렵다.

1.2 관세의 종류

관세는 여러 가지 기준에 의하여 분류할 수 있다. 첫째, 과세기회에 의한 내국세와 국경관세, 둘째, 과세방법에 의한 종가세, 종량세, 선택세 및 복합세, 셋째, 과세의 목적에 의한 재정관세와 보호관세, 넷째, 제도적 성격에 의한 일반관세와 특수관세로 각각 나눌 수 있다.

(1) 과세기회에 의한 분류

근대의 성립에 따라 국경관세제도가 확립되면서 내국관세제도가 소멸되었다는 것은 관세의 연혁을 통하여 알 수 있다. 따라서 그것에 관한 설명은 생략하기로 하며, 또한 현대 관세제도의 대종을 이루고 있는 수입세도 여기에서는 생략하기로 한다.

1) 수 출 세

수출세(export duty)는 내국물품이 외국에 수출될 때 부과하는 관세로서 국가의 재정수입을 확보하고 특정물품이 국내에서 유출되지 못하게 하며 특정물품의 대외유출로 인한 국내 시장물가의 등귀를 억제하기 위하여 부과된 예가 있었지만 이 제도는 결국 국내 생산자의 부담이 되고 자국상품의 수출가격을 인상시켜 대외경쟁력의 약화를 초래하여 판매 축소를 가져오기 때문에 오늘날에는 특별한 경우[9] 이외에는 거의 모든 국가가 인정하지 않고 있다.

2) 통 과 세

통과세(transit duty)란 화물이 단순히 자국을 통과하는 사실에 대하여 관세를 부과하는 초기단계의 관세의 지배적 유형이었다. 그러나 이 제도는 국제통상을 방해하는 결과를 가져오게 되어 통과무역의 이익을 상실하게 되므로 1921년 바르셀로나협정에 의하여 폐지됨으로써 통과 자유의 원칙이 확립되었다. GATT에서도 통과화물에 관하여 관세 및 통과세를 면제하여야 한다는 뜻을 규정하고 있었다.

(2) 과세방법에 의한 분류

1) 종 가 세

종가세(ad valorem duty)란 물품의 가격을 과세표준으로 하는 관세이다. 가격에 따라 부과하므로 가격이 비싸면 관세가 많이 부과되고 가격이 싸면 적

9) 여기서 특별한 경우란 ① 재정수입의 확보, ② 전략물자와 자국공업에 필요한 원료 등의 국내확보, ③ 국내가격 앙등의 방지를 위하여 수출세가 부과되는 세계적인 독점물품을 의미한다. 즉 브라질의 커피, 스페인의 cork, 이탈리아의 유황, 필리핀의 logs, 말레이지아의 고무, 파키스탄의 jute 등이 그 예이다.

게 부과된다. 세액을 계산할 때,

관 세 액＝실제거래가격×환율×관세율

이란 방식으로 한다. 종가세의 장점은 첫째, 관세의 부담이 상품가격에 균등하고 종량세에 비하여 공평성이 있는 세부담을 하게 할 수 있다는 점, 둘째, 시장가격의 등락에 관계 없이 과세부담의 균형을 유지할 수 있으므로 인플레시에는 세율의 변경 없이도 세수입을 올릴 수 있다는 점이고 단점은 과세가격을 산출하는데 즉 평가가 어렵고 복잡할 뿐만 아니라 비용이 드는 점이다. 우리나라의 관세율표는 대부분의 품목이 종가세로 되어 있다.

2) 종 량 세

종량세(specific duty)는 물품의 수량을 과세표준으로 하는 관세이다. 수입물품의 개수, 부피, 중량, 치수 등을 확인하면 쉽게 관세액을 산출할 수 있다. 세액의 계산은 다음과 같이,

단위수량당 세액(kg당 500원)×수량(10kg)＝관세액(5,000원)

이런 방식으로 한다. 종량세의 장점은 과세방법이 간단하여 행정상 편리하다는 점이고 그 단점은 첫째, 가격이 싼 물품이든 비싼 물품이든 일률적으로 관세를 부과하므로 불공평한 세부담을 초래한다. 따라서 일반적으로 정제품이 조제품보다 관세부담이 가볍게 되는 모순이 있다. 둘째, 물가가 앙등할 때에는 관세부담이 가볍고 물가가 하락할 때에는 그 부담이 무거워 재정수입 확보가 어렵다는 점이다. 우리나라의 관세율표에는 정제당, 영화용필름 등 극히 소수의 몇 가지 품목만이 종량세로 되어 있다.

3) 혼 합 세

① 선 택 세　선택세(alternative duty)는 한 품목에 대하여 종가세율과 종량세액을 동시에 정하여 놓고 그 중 높게 산출되는 세액 또는 낮게 산출되는 세액 중 하나를 선택하여 과세하는 제도이다. 양질의 물품이나 시가가 등귀할 때에는 종가세를 적용하고 염가품이나 시가가 하락할 때 또는 외국환이

저락한 국가로부터의 수입물품에는 종량세를 적용하는 것이 일반적이다(예시: 120%. 그러나 kg당 6,000원 이상).

② 복 합 세　복합세(double duty)란 한 품목에 종가세율과 종량세액을 동시에 정하여 놓고 두 가지 방법으로 산출된 세액을 합하여 부과하는 관세이다(예시: 50%+kg당 15원).

상기 선택세와 복합세는 현행 우리나라 관세율표에서는 채택하지 않고 있다.

(3) 과세목적에 의한 분류

관세는 과세의 목적에 따라서 재정관세와 보호관세로 구분된다. 원래 관세는 순재정수입을 목적으로 부과되었다. 다만 국가의 경제적 · 사회적 인식이 제고됨에 따라서 재정상의 수입증대보다는 오히려 관세가 국내의 생산과 소비에 미치는 영향에 대하여 관세율을 결정하게 되었다.

1) 재정관세

재정관세(revenue duty)는 세입관세 또는 수입관세라고도 하며 주로 국고수입을 목적으로 부과되는 것이다. 따라서 관세의 설정 및 세율의 결정에 대하여는 재정수입을 확보한다는 것이 주된 목적이며 이로 인해서 국내산업보호의 효과가 있다 하더라도 그것은 부수적인 목적일 뿐이다.

일반적으로 국내생산이 거의 불가능하며 부득이 수입에 의존할 수밖에 없는 경우, 수입을 억제할 필요는 없으나 권장할 가치가 없는 물품, 이미 국내산업이 확립되어 더 이상 보호할 필요가 없을 때 부과된다.

재정관세는 대개 선진국의 경우 커피, 차, 연초, 향료 등 기호품에 부과되고 저개발국의 경우 국산 가능성이 희박한 중요 산업용 기계, 생활필수품 등에 부과된다.

2) 보호관세

보호관세(protective duty)란 국내산업 보호를 목적으로 한 관세이다. 관세는 당초에 재정수입이 주된 목적이었으나 근래에 이르러서는 후진국에서는 유치산업을 보호하기 위하여 선진국에서는 사양산업, 정체산업 등 국내의 유치산업 보호와 기존산업의 유지를 위한 유력한 수단으로 등장하게 되었다.

대체로 공업화를 먼저 이룩한 선진국에서는 보호관세품목은 적은 반면,

후진국이나 개발도상국은 보호관세에 중점을 두고 있다. 19세기 영국이 공업화를 먼저 이룩하여 자유무역을 제창할 때 당시 후진국이었던 미국이나 독일은 보호관세정책으로 국내유치산업을 보호 육성하려 하였고 오늘날에도 개발도상국들은 높은 관세장벽에 의해서 국내산업을 보호하려 하고 있다.

그런데 관세에 의거 산업을 보호하는 경우 지나친 보호는 보호를 받는 산업의 체질이 약화되어 국제경쟁력을 상실함으로써 오히려 역효과가 나타날 수도 있다.

보호관세는 국제분업과 세계무역의 확대를 저해한다는 점에서 국제간에 보호관세에 대한 반론이 많았고 제2차 세계대전 이후에는 GATT에 의해 관세의 수입규제 기능이 약화됨에 따라 선진국들은 국내산업을 보호하기 위하여 비관세장벽을 강화하는 방법을 채택하고 있다.

(4) 제도적 성격에 의한 분류

관세의 제도적 성격에 따라서 일반관세나 특수관세 및 탄력관세로 분류되고 일반관세는 다시 국정관세와 협정관세로 나누어지며 특수관세는 특혜관세, 차별관세, 탄력관세는 덤핑방지관세, 보복관세, 긴급관세, 상계관세, 할당관세 등으로 나눈다.

1) 일반관세

① **국정관세** 일국이 국내법에 의하여 정하여진 관세율을 국정세율(national tariff)이라고 하고 국정세율에 의해서 부과되는 관세를 국정관세(national duty)라고 한다. 이를 달리 자주관세(autonomous duty) 또는 일반관세(general duty)라고도 한다.

관세를 일국이 자주적으로 정하는 것은 국가주권상 당연하며 이를 관세자주권(tariff autonomy)이라고 한다. 즉 한 나라의 주권에 의하여 정하여진 관세가 곧 국정관세인 것이다. 우리나라에는 국정관세로서 기본관세율과 잠정관세율 및 탄력관세율 등이 있다.

② **협정관세** 타국과의 통상조약 또는 관세조약에 의하여 특정물품에 대하여 관세율을 협정하고 그 조약의 유효기간 중에는 그 세율을 변경하지 아니할 의무를 지는 것을 협정관세(conventional duty) 또는 협정세율이라 한다. 협정관세는 당초에 상호주의원칙에 의하여 설정되었기 때문에 그 개폐에

있어서도 상호주의원칙이 적용되며 일방만이 단독으로 개폐할 수 없는 것이 원칙이다. 협정관세는 2개국간의 협정에 의하여 설정되는 경우도 있으며 다수국간의 협정에 의하여 체결되는 경우도 있는바, 다수국에 의해 체결된 협정관세는 일반적으로 협정에 가입한 모든 국가는 동등한 이익의 대우를 받도록 하는 최혜국약관(most favoured nations clause: MFN)을 두고 있다.

우리나라는 협정관세로서 WTO 양허세율, ESCAP(Economic and Social Commission for Asia and Pacific) 개발도상국간의 양허세율, WTO 개발도상국간의 양허세율 등이 있다. 그런데 협정세율은 국정세율보다 낮은 것이 일반적이며 또 협정세율이 국정세율보다 우선하여 적용된다.

2) 특수관세

① **특혜관세** 특혜관세(preferential duty)란 특별한 관계가 있는 상대국에 대하여 특히 저율의 관세를 부과하는 일종의 할인관세를 뜻한다. 특혜관세제도에는 기존특혜[10)]와 일반특혜[11)]의 두 가지 다른 목적과 성격을 가진 것이 있다. 기존특혜 또는 지역특혜라는 것은 구식민지와 종주국 간에 거래되는 물품에 대하여 타국으로부터의 수입품보다 저율의 특혜관세를 적용하는 제도로서 1932년 오타와협정(Ottawa Agreement)에 의한 영연방특혜가 그 전형적인 예가 된다. 이러한 차별식 관세제도는 세계경제의 블럭화를 초래하고 자유무역을 저해할 우려가 있어 WTO에서는 특혜관세제도의 신설 또는 확대를 금지하고 있다.

그런데 개발도상국의 수출의 확대, 공업화의 촉진 등 후진국 경제개발을 위한 수단으로서 특혜관세제도를 이용할 필요가 있음을 인식하고 1963년경부터 중요한 국제문제로 제개되어 UNCTAD, GATT, OECD 등에서 오랜 논의를 거쳐 1970년 10월 UNCTAD 특혜특별위원회에서 특혜공여안에 합의를 보고 1971년 7월부터 각 선진국은 일반특혜관세제도를 실시하게 되었다. 일반특혜관세란 선진국이 개발도상국으로부터 수입하는 농수산품 및 공산품에 대하여 대상을 받지 않고 일방적으로 무관세 또는 저율의 관세를 적용하는 관

---

10) 기존특혜로는 ① GATT 성립시에 인정된 특혜로서 영연방특혜, 프랑스연합특혜, 베네룩스 속령과의 특혜, 미국과 필리핀 간의 특혜, ② GATT 성립 후의 특혜관세로는 파푸아뉴기니에 대한 특혜, 영국의 해외영토산물에 대한 특혜, 호주의 대개도국 특혜, EEC 아프리카 연합특혜(야운데협정), EEC 나이지리아특혜 등이 있다.

11) 일반특혜는 UNCTAD에서 남북문제해결의 일환으로서 1971년부터 실시하고 있는 개발도상국에 대한 일반적 특혜관세, 즉 GSP를 의미한다.

세상의 특별대우를 말한다.

② **차별관세** 관세는 어느 나라의 상품에 대해서도 공평하게 부과되는 것이 원칙이나 특정한 경우에 있어서는 특정국의 화물 또는 특정의 품목에 대하여 다른 상품보다 낮은 세율을 적용하거나(할인세율: discount tariff) 또는 높은 세율을 적용하는(할증세율: additional tariff) 경우가 있는데 이를 차별관세(differential duty)라 한다. 차별관세는 보호관세주의 위에 기초를 두는 것이고 따라서 지난날의 중상주의시대 및 제2차 세계대전 전의 관세전쟁에 자주 발동되곤 하였으나 오늘날에는 최혜국약관의 보급 등 WTO 원칙에 의하여 그 적용 예는 적어져 가고 있다.

차별관세의 예로는 자국의 수출품이나 선박 등에 대하여 불이익한 차별대우를 하는 나라로부터 수입하는 물품에 대하여 보복적으로 높은 관세를 부과하는 보복관세, 자국 국기를 달지 않고 외국 국기를 단 선박에 의거 수입되는 물품에 대하여 높은 관세를 부과하는 국기할증관세, 해운을 장려하기 위하여 육로에 의한 수입보다 해로에 의한 수입의 경우 낮은 관세를 부과하는 해운장려관세, 원산국 이외의 나라로부터 간접적으로 수입되는 모든 물품에 대하여 높은 관세를 부과하는 간접할증관세 등이 있다.

3) 탄력관세

탄력관세(flexible tariff)란 법률에 의하여 일정한 범위 안에서 관세율의 변경권을 행정권에 위임하여 세율을 탄력적으로 변경함으로써 관세율 조정의 기동성을 발휘할 수 있는 것이다. 그 목적은 국내외적 경제여건의 급격한 변화에 대응하여 신축성 있게 관세정책을 수립하려는 데 있다. 조세법률주의의 원칙하에서 관세율의 책정과 조정권은 국회만이 가질 수 있는 것이 원칙이나 그 권한의 일부를 법률에 의하여 제한된 범위 내에서 행정부에 위임하게 된다. 이 탄력관세율제도는 언뜻보면 근대 법치국가의 조세법률주의 원칙과는 모순되는 제도라고 할 수 있다.

그러나 탄력관세란 기본세율을 변경하는 것이 아니라 기본세율을 그대로 두고 수시로 정책목적에 따라 정하여진 세율을 임시적으로 적용하는 것이므로 조세법률주의에 저촉된다고 단정할 수는 없다. 따라서 이러한 탄력관세율제도는 오늘날 미국, 일본, 영국, 프랑스 등 여러 나라에서 채택되고 있으며 우리나라도 1967년 11월 제15차 관세법 개정을 계기로 하여 이를 적극적으로 활용하고 있다. 현행 관세법상 탄력관세의 종류로는 덤핑방지관세, 보복관세, 긴급관세, 조정관세, 상계관세, 편익관세, 물가평형관세, 할당관세 등이 있다.

① **덤핑방지관세** 덤핑이라 함은 시장독립을 위하여 부당하게 싼 값으로 물품을 판매하는 행위를 말하며, 덤핑방지관세(antidumping)란 덤핑을 방지하기 위한 수단으로 부과되는 관세를 말한다. 일반적으로 덤핑의 기준을 보면 다음의 세 가지가 있다.

첫째, 생산원가보다 싸게 판매하는 경우, 둘째, 국제시장가격보다 싸게 판매하는 경우, 셋째, 수출국의 국내시장가격보다 싸게 판매하는 경우 등이다.

이상의 세 가지 중 어느 하나에 해당하면 덤핑이라고 하지만 그 중 첫번째 것이 가장 중요한 기준이 되고 있다. 덤핑된 물품이 수입되었다는 사실 자체만을 놓고 보면 이를 규제할 필요성이 없다. 적은 외화를 지불하고 많은 물품을 수입할 수 있다면 이익이 되기 때문이다. 그러나 이를 장기적으로 보면 덤핑의 효과는 시장독점으로 나타나게 되고 국내산업의 피해, 고용기회의 상실 등 경제혼란을 야기시키게 된다. 이 제도는 1904년 캐나다에서 처음 실시한 이래 오늘날 세계각국이 국내산업보호의 수단으로 채택하고 있다.

② **보복관세** 타국이 자국의 수출품, 선박 또는 항공기에 대하여 불리한 대우를 하는 경우에 그 나라로부터 수입되는 물품에 대하여 보복적으로 관세를 할증부과하는 제도를 보복관세(retaliatory duty)라 한다.

보복관세는 외국의 불이익한 대우에 대한 일종의 제재조치인 것이나 이는 또다시 상대방으로부터의 더욱 불이익한 보복을 당할 우려가 있으며 이러한 식으로 보복이 거듭되다보면 급기야는 관세전쟁마저 유발할 우려가 있는 것이다. 그러므로 보복관세는 상대방의 반성을 촉구하는 정도에 그쳐야 하는 것이다.

③ **긴급관세** 긴급관세(emergency duty)란 국내산업의 보호를 위하여 긴급한 조치가 필요하거나 긴급히 어떤 물품의 수입을 억제하려 할 때 특정수입품의 관세율을 높여서 부과하는 관세이다. 수입억제 방법으로는 수량통제 등과 같은 직접적 억제방식이 있으나 관세율의 조정을 통한 간접적인 규제방식이 바람직하다. WTO에서도 이와 같은 긴급대응조치는 인정하고 있다. 즉 GATT 19조에는 '특정물품의 수입에 대한 긴급조치'를 규정하여 WTO상의 의무를 면제해 주고 있다.

④ **조정관세** 조정관세란 무역자유화정책 실시에 따른 그 부작용을 관세정책면에서 보완 · 조정하기 위해 마련된 제도이다. 정부는 국내산업의 국제경쟁력 강화와 국내소비자를 보호하기 위하여 수입자유화율을 대폭 늘리는 한편 수입물품에 대한 관세율을 크게 낮추었다. 그러나 이러한 정책전환은 충분한 여건조성이 미진한 경우 일부 자유화된 품목의 수입이 급증하여 국내산업을 해치거나 국민소비생활을 어지럽힐 가능성이 많기 때문에 대외무역법상으로는 자유화시켰지만 수용태세가 충분히 갖추어질 때까지 일정기간 동안 관세율을 상향 조정하여 수입을 억제하려는 것이 이 제도의 목적이다.

⑤ **상계관세** 상계관세(countervailing duty)란 수출국에서 직접 · 간접으로 생산이나 수출에 관하여 장려금이나 보조금 등의 프리미엄(premium)을 교부받은 물품에 대하여 그 수입국에 있어서 경쟁력을 상계하기 위하여 부과하는 할증관세이다. 장려금이나 보조금을 받은 수출품은 그만큼 국제경쟁력이 강화되어 타국 시장진출이 용이하고 수입국에서는 그에 따라서 국내산업이 저해될 가능성이 발생한다. 그리하여 수입국은 이에 대한 대응조치로서 보조금이나 장려금액만큼 관세액을 높이게 되는데 이것을 상계관세 또는 상살관세라 한다. 상계관세의 성격은 덤핑방지관세와 비슷하며 그 조사와 과세방법도 같은 방법으로 실시된다.

⑥ **편익관세** 편익관세(beneficial or convenience duty)란 조약에 의한 관세상의 혜택을 받지 않는 나라의 생산물이 수입될 때 기존 타국과의 조약에 의하여 부여하고 있는 관세상의 혜택의 범위 내에서 관세에 대한 편익을 부여하는 것을 말한다.

조세법률주의하에서 관세를 부과하려면 관세법 등의 국내법에 근거를 두거나 아니면 조약 등 국제협약에 근거를 두어야 하는 것이다. 그러나 이러한 국제협약의 근거 없이 정치적 · 경제적 유대관계에 의하여 관세상의 특전을 부여하는 경우가 바로 편익관세제도이다. 이것은 최혜국대우와 내용이 비슷한 것이나 최혜국대우는 타국과의 조약에 의하여 편익을 부여하는 데 반해 편익관세는 자국이 일방적으로 최혜국대우의 범위 내에서 편익을 주는 것이고 상대국은 편익을 달라고 요청할 권리가 없는 것이다.

⑦ **물가평형관세** 물가평형관세(price stabilization duty)란 국내물가의 안정을 위하여 특정물품의 공급을 원활화하고 특정수입물품의 가격등귀를 억제하기 위해 일정한 기준가격을 정해 놓고 당해 물품이 수입되는 가격을 그 기

준가격에 평형시킴으로써 국내산업을 보호육성하고 소비자를 보호하려는 목적으로 관세율을 인상 또는 인하하는 제도를 말한다. 이러한 관세제도에는 차액관세, 활척관세, 계절관세가 있다.

ⓘ 차액관세 일정한 가격의 유지를 요하는 특정물품의 수급조절상 긴급히 수입하는 물품에 대하여 기준가격에서 그 물품의 과세가격을 뺀 금액 이하의 금액, 즉 차액을 부과한다는 뜻에서 이를 차액관세라고 하며 이로써 국내산업을 직접적으로 보호할 수 있도록 한 것이다.

ⓘⓘ 활척관세 활척관세란 특정물품의 국제가격이 급격히 등귀함으로써 이와 관련되는 물품의 국내가격의 안정이 저해될 우려가 있을 때 과세가격에 따라 기본관세율 이하의 세율에 의한 관세를 부과하거나 기본관세율에 의한 관세액 이하의 금액을 부과할 수 있도록 한 제도이다. 국제시세가 많이 오르면 세율을 많이 낮추고 적게 오르면 적게 낮춘다는 의미에서 활척관세(sliding tariff)라 한다.

ⓘⓘⓘ 계절관세 농산물과 자연산품 등은 계절에 따라 가격이 많이 변하는데 그러한 가격변동이 심한 물품의 수입으로 인하여 국내가격에 영향을 미치는 것을 관세율의 조정에 의거 제거하려는 것이 계절관세제도이다.

⑧ **할당관세** 관세율의 조작에 의하여 수입수량을 규제하고자 마련된 제도가 관세할당제도(Tariff Quota System)로서 수입수량 통제와 함께 자유무역의 확대를 위하여는 반드시 바람직한 것은 아니나 국내산업보호를 위해서는 필요하다는 의미에서 선진국은 물론 WTO에서도 수량 또는 금액의 쿼터(할당량)를 설정하여 놓고 그 수량 또는 금액만큼 수입되는 분에 대하여 무세 내지 저세율을 적용하고(관세율의 인하) 그 이상 수입되는 분에 대하여만 기본세율 또는 고세율을 적용하는(관세율의 인상) 일종의 이중관세율제도이다.

이 제도는 특정물품에 대하여 그 수입을 억제하려는 국내생산자측의 요청과 이 물품을 싼 값으로 입수하려는 수요자측의 상반되는 요청이 공존하고 더욱이 그 물품의 국내총생산량이 총수요에 따르지 못할 경우〔즉, 총수요량－국산공급가능량＝부족량(할당량)〕에 이중관세율에 의거 양자의 요청을 동시에 충족시키려는 취지에서 마련되는 것이다.

1.3 관세의 경제적 효과

(1) 부분균형분석

부분균형분석이란 다른 재화의 가격이나 수급에 영향을 주는 여러 가지 조건은 모두 일정하다고 가정하고 어느 한 재화만의 수요와 공급을 규정하고 있는 조건의 변화가 그 재화의 가격에 어떠한 영향을 미치는가를 분석하는 기법이다.

[그림 3-2]은 부분균형을 이용하여 국내산업과 소비에 대한 관세의 경제적 효과를 분석한 것인데 한 국가의 관세가 그 국가의 수출에는 전혀 영향을 미치지 않고 단지 수입부분에만 영향을 미친다는 가정하에서 분석한 것이다.

여기서 X에 대한 국내수요곡선을 D, 국내공급곡선을 S라 하면 생산, 소비 및 가격은 D와 S의 교차점에서 결정된다. 만일 관세가 부과되지 않은 자유무역조건하의 가격 OP_1에서 교역을 하게 되면 OQ_2만큼은 수입하게 된다. 만약 가격 P_1이 t만큼의 관세가 부과되면 다음의 효과가 나타나게 된다.

① **가격효과** 관세부과에 따라 가격이 P_1에서 P_2로(t만큼) 상승하게 된다.

② **보호효과** 수입가격이 상승함에 따라 수입은 Q_3Q_4로 감소되고 국내생산은 OQ_1에서 OQ_4로(Q_1Q_3만큼) 증가한다.

그림 3-2 부분균형하의 관세효과

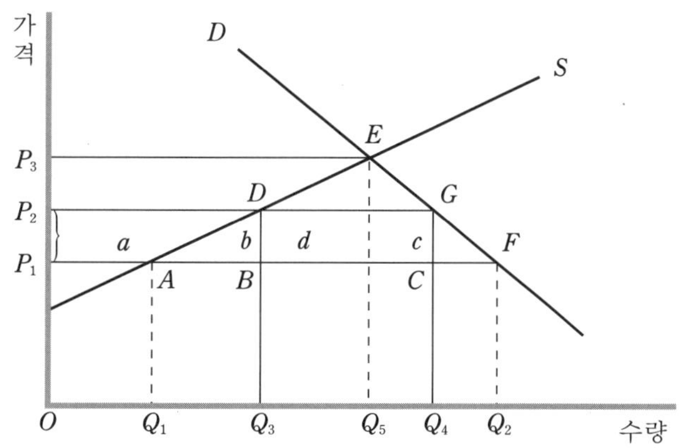

③ **소비효과** 관세부과로 수입가격상승, 국내물가상승으로 소비는 OQ_2에서 OQ_4로(Q_2Q_4만큼) 감소한다.

④ **수입효과** 정부는 수입량(Q_3Q_4)×관세(t)만큼 관세수입을 올려 재정수입이 증가한다.

⑤ **재분배효과** a만큼의 실질소득이 소비자로부터 생산자에게로 재분배된다.

⑥ **국제수지효과** X재 수입을 위한 지출은 AQ_1Q_2F에서 BQ_3Q_4C로 축소되어 이 나라의 국제수지는 개선된다.

보호비용 또는 사중적 손실(死重的 損失； dead weight loss)

관세는 가격의 상승으로 손해보는 국내소비자로부터 가격상승으로 이익을 얻는 국내생산자에게로 소득을 재분배시키고, 수출재를 생산하는 풍부한 생산요소로부터 수입재를 생산하는 희소한 생산요소로 소득을 재분배시키게 된다. 이에 의하여 관세의 보호비용 혹은 사중적 손실이라는 비효율성을 야기시키게 된다.

(2) 일반균형분석

일반균형분석이란 한 국가의 관세가 그 국가의 무역 및 경제 전반에 미치는 효과뿐만 아니라 교역상대국의 수요와 공급의 변화까지를 포함하여 분석하는 것인데 여기서는 무역오퍼곡선을 이용하여 무역규모, 대외무역조건 및 대내교역조건의 변동에 대하여 분석한다.

[그림 3-3]에서 OA는 A국의 오퍼곡선, OB는 B국의 오퍼곡선이다. 이 두 오퍼곡선은 P점에서 교차하여 이 P점은 두 상품(X재, Y재)의 가격비율을 나타낸다.

만약 A국이 B국으로부터 수입하는 Y재에 대하여 관세를 부과하면 A국의 오퍼곡선은 부과된 수입관세만큼의 수입재를 나타내는 축으로 이동하게 되어 왜곡된 오퍼곡선 OA'로 이동되면 교역조건은 OP에서 OP'로 변화되므로 A국의 교역조건은 개선된다.

이때 X재로 표시한 관세는 $P'f$가 된다. 즉, Y재에 대하여 관세부과 전에는 $y'f$의 X재를 공급하고 있었으나 관세부과 후에는 $y'P'$를 공급하게 되어

그림 3-3 교역조건효과(일반균형)

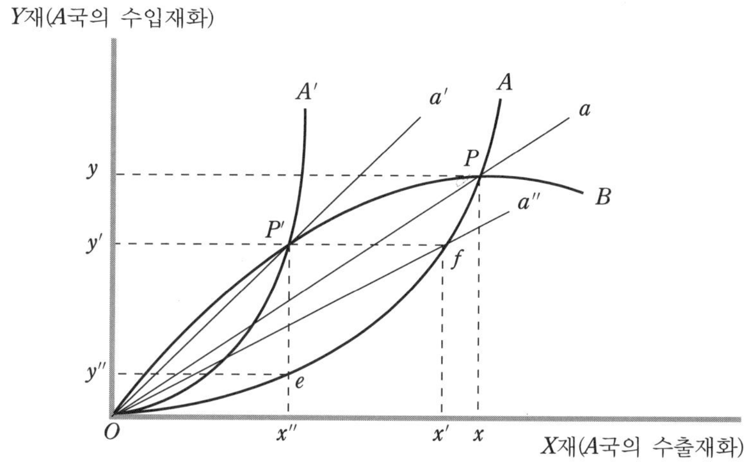

$P'f$가 관세로서 징수된다.

또한 Y재로 표시한 관세는 $P'e$가 된다. 즉, OX의 X재에 대하여 관세부과 전에는 $X''e$의 Y재를 요구하였으나 관세부과 후에는 $X''P'$를 요구하게 되어 $P'e$가 관세로서 징수된다.

한편 A국의 관세부과로 A국의 대외교역조건은 개선되나 대내교역조건은 악화된다. 왜냐하면 관세부과 전에 비하여 수입재의 국내가격은 상대적으로 상승하게 되어서 수출재(X재)에 대한 수입재(Y재)의 가격비율을 높여주기 때문이다.

또한 A국의 관세부과는 양국의 수출 및 수입 규모를 모두 축소시킨다. 즉 관세의 부과는 교역조건의 개선을 통하여 후생수준이 향상되나 교역량의 감소로 후생수준을 저하시키게 된다.

따라서 이 두 요인의 순효과에 따라 후생수준이 향상되었는가 저하되었는가를 판단할 수 있다. 만약 A국의 교역조건 개선에 따르는 후생상의 正(+)의 효과가 교역량의 감소에 따른 負(−)의 효과보다 크면, A국의 후생은 더욱 확대될 것이다. 결국 A국의 교역조건의 개선은 B국의 희생 위에서 달성되는 것이다.

1.4 관세정책

관세정책은 국내산업보호, 재정수입확보, 물가안정, 고용증대, 수출증대, 수입관리 등 국가 경제목표를 달성하기 위한 관세상의 제반 정책을 말한다. 관세정책은 광의와 협의의 정책으로 나눌 수 있다.

협의의 관세정책은 관세율의 조작(인상, 인하)에 의하여 국내산업보호 등의 효과를 도모하는 정책이다. 한편, 광의의 관세정책은 관세율정책뿐만 아니라 제도적 의미에 있어서의 관세정책(관세감면, 분할납부제도, 관세환급, 보세제도 등)을 포괄한다.

(1) 관세율정책

관세율정책은 국내산업보호, 재정수입확보, 소비의 억제, 고용의 증대, 소득의 재분배, 국제수지의 개선, 교역조건의 개선 등의 목적을 달성하기 위해 적정한 관세율을 책정하고 또한 책정된 관세율을 인상하거나 인하하는 정책을 말한다.

이러한 관세율정책은 관세정책의 가장 근간이 되는 정책으로서 일국의 관세율을 결정함에 있어서는 그 나라의 산업의 보호육성, 물가의 안정, 고용의 증대 등의 경제여건과 제정상태, 외국과의 경제적 · 정치적 관계 등이 고려 · 조정되어야 한다.

1) 차등관세제도와 균등관세제도

① 차등관세제도(Tariff Escalation System)　원료품의 관세율은 무세 또는 저세율로 하고 가공도가 높을수록 고세율로 하여 최종제품의 관세율을 더욱 높게 하는 관세의 경사구조를 차등관세제도라고 한다. 이는 원재료의 저가격 수입을 도모하는 동시에 제품의 수입을 규제하여 국내가공 · 제조업을 육성하고 고용증대 · 국제수지의 개선효과를 도모하는 데 그 목적이 있다.

예 가공단계에 따른 차등세율 적용원칙

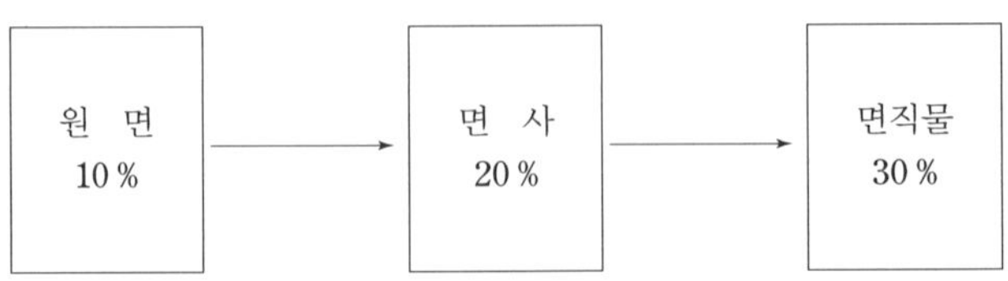

② **균등관세제도**(Uniform Tariff System) 장기적으로 무세를 지향하면서 부가가치에 대한 동일 세율을 적용하는 것으로서 가공단계에 관계없이 동일 세율을 적용하는 관세 구조를 균등관세제도라고 한다.

이는 수입물품에 대한 관세상 차별을 두지 않기 때문에 관세에 대산업중립성을 보장하여 주고 관세로 자원 배분의 왜곡현상을 일으키지 않도록 함으로써 자원을 배분되게 하여 비교우위산업의 자연적 특화가 이루어질 수 있도록 하는 것을 목적으로 한다.

예 가공단계에 관계 없이 동일세율 적용원칙

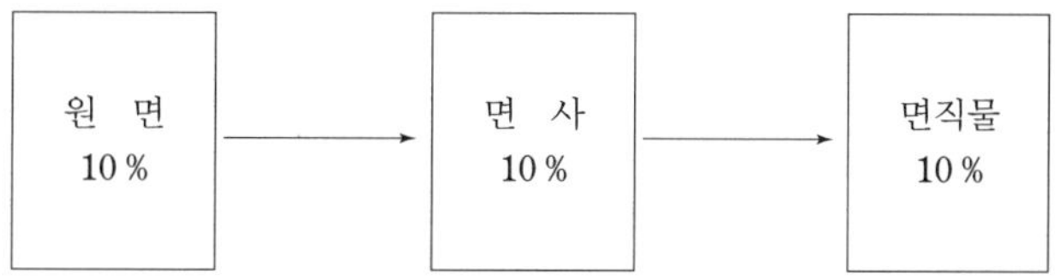

2) 실효보호관세율제도

① **실효보호율의 개념** 실효보호관세율은 수입물품에 대하여 관세를 부과하였을 때 관세가 국내산업에 미치는 영향을 측정하기 위한 개념으로서 특정산업이 관세에 의하여 보호받고 있을 때 보호의 정도가 실질적으로 어느 정도인가를 나타내는 비율을 말한다. 구체적으로는 실효보호관세율은 보호관세에 의하여 발생하는 국내생산의 부가가치의 변화율을 말한다.

즉, 실효보호율은 완제품에 부과되는 관세만을 고려한 명목보호율과 대비되는 개념으로 관세의 보호정책에 의해 창출되는 실질적인 국내부가가치의 증가를 말한다. 관세율과 국내부가가치 상승률과의 관계로서 관세에 의한 국내산업보호의 실질적 효과를 실효보호율이라 한다.

② **실효보호율의 산식** 실효보호관세율은 다음과 같은 산식으로 구할 수 있는데 산식에서 볼 수 있는 바와 같이 관세의 부과로 보호받고 있는 산업이 실질적으로 어느 정도의 보호를 받고 있는가를 나타내는 것이다.

③ **실효보호관세율을 높이는 관세율 정책** 최종재에 대한 관세부과는 국내산업을 보호하는 효과를 갖지만, 중간재에 대한 관세부과는 국내산업의 경쟁력을 하락시키는 효과를 가져오므로 중간재에 대해서는 무세 내지 저세율로 최종재에 대해서는 고세율을 부과하는 관세율정책을 채택해야 된다.

$$실효보호관세율 = \frac{관세부과\ 후의\ 부가가치 - 관세부과\ 전의\ 부과가치}{관세부과\ 전의\ 부가가치}$$

$$E = \frac{t_a A - t_b B}{A - B}$$

A : 완제품의 가격 B : 투입재의 가격

t_a : 완제품에 부과되는 관세율 t_b : 투입재에 부과되는 관세율

이렇게 가공도가 높아짐에 따라 관세율이 높아지는 관세율체계를 경사관세(Tariff Escalation)라고 한다.

3) 최적관세율(Optimum Tariff)

관세부과는 교역조건을 개선하는 반면에 수입량 감소로 인한 경제적 후생을 감소시키는 효과가 있다. 최적관세율은 교역조건 개선의 이익이 경제적 후생 감소의 불이익을 상쇄한 후 관세부과국의 후생을 최대로 하는 관세율인데, 실제에 있어서는 정확한 측정이 불가능하다.

4) 최대수입관세율

최대수입관세율은 관세수입을 최대로 하는 관세율로서 경제적 후생 및 국내산업 보호 등의 효과를 무시하고 오로지 재정수입효과만을 고려한 개념이다. 최대수입관세율은 수입수요의 탄력성에 따라 그 크기가 달라진다.

5) 관세율 결정과 부과원칙

관세율이란 관세액을 결정하는 데 있어서 과세표준에 대하여 적용하는 세율을 말하고, 관세율표는 수입물품에 대하여 개별적으로 부과할 관세율을 규정한 표를 말한다.

일국의 관세율을 결정함에 있어서는 국제협정, 경제여건, 재정상태, 국

- 생활필수품은 수요탄력성이 낮으므로 관세율이 상승함에 따라 관세수입도 증가하는 것이 일반적이다. 따라서 최대수입관세율은 높은 수준에서 결정된다.
- 사치품은 수요탄력성이 높으므로 관세율이 상승함에 따라 관세수입이 감소하는 것이 일반적이다. 따라서 최대수입관세율은 낮은 수준에서 결정된다.

민경제상의 긴요성 등을 종합적으로 고려하여 결정 또는 조정하여야 하는바, 관세는 일반적으로 다음과 같은 부과원칙이 있다.

ⓘ 생필품 경과(輕課), 사치품 중과(重課)의 원칙 　생필품 경과 · 사치품 중과의 원칙이란 생활필수품의 세율은 낮게 하고 사치품의 세율은 높게 하여 국민생활의 안정을 도모하고 사치와 낭비풍조를 억제하기 위한 경제정책적 · 사회정책적 목적에서 나온 원칙이다.

ⓘⓘ 원료품 경과, 완제품 중과 원칙 　원료품 경과 · 완제품 중과의 원칙이란 관세율표에 모든 물품을 종류마다 가공단계별로 순차적으로 게기하여 놓고 저가공의 물품은 저세율로, 가공도가 높아질수록 점차 고세율화함으로써 고가공제품의 수입을 억제하여 국내가공 · 제조업을 육성하고 고용증대, 국제수지 개선 등의 효과를 올리려는 데 목적이 있는 원칙이다.

① **재정관세율의 결정** 　관세가 오직 재정수입만을 위하여 부과한다고 가정하고 재정수입의 극대화를 위하여 어떠한 수준에서 관세율을 결정하여야 할 것인가를 살펴보기로 하자.

관세율이 지나치게 높으면 수입량이 줄게 되어 재정수입도 감소될 것이며 관세율이 과도히 낮으면 수입량은 증대될지 모르나 재정수입은 오히려 축소될 것이다.

[그림 3-4]에서 보는 바와 같이 관세율이 P로 결정되면 수입량은 Q가 되

그림 3-4 　재정관세율의 결정

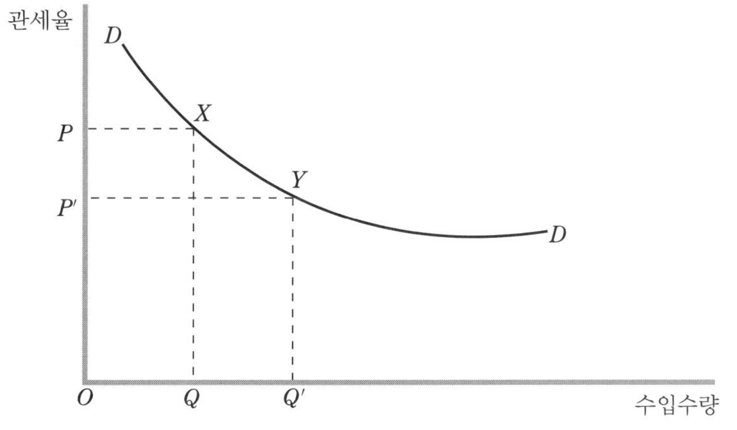

어 재정수입은 $OPXQ$가 되고 관세율이 P'로 결정되면 수입량은 Q'가 되어 재정수입은 $OP'YQ$가 될 것이다. 여기서 $OPXQ$와 $OP'YQ'$를 비교하면 $OP'YQ'$가 더 크다. 그러므로 재정수입을 극대로 하기 위한 관세율은 OP보다는 OP'에서 결정되어야 한다. 그러나 실제에 있어서 관세율이 재정수입의 극대만을 위하여 결정되는 경우는 거의 없고 산업구조 · 경제개발 · 재정수요 등을 고려하여 결정되며 재정관세율은 일국의 총재정수요의 크기게 따라 정책적으로 결정된다.

② **보호관세율의 결정** 　국내산업을 보호 · 육성하기 위하여는 외국에서 수입되는 물품에 대해 적절한 관세를 부과하여 가격을 인상시켜 줌으로써 국산품에 대하여 경쟁력을 제고시켜 주어야 한다.

이처럼 국산품에 대한 국제경쟁력을 제고시켜 주기 위한 관세율을 책정하기 위하여 제품의 국내가격과 국제가격(수입가격)과의 차이를 분석한 국내외 가격차율이 고려되어야 한다. 예컨대, 국산 냉장고 가격이 400,000원이고 외국산 냉장고 가격은 200,000원이라 하면 여기서 냉장고에 대하여 관세 이외의 다른 조세가 부과되지 않는다고 가정하고 외국산 냉장고가격을 400,000원으로 인상시켜 국산품을 경쟁하도록 하기 위해서는 200,000원만큼의 관세를 부과하여야 하므로 이 때의 관세율은 100%로 결정되어야 할 것이다. 따라서 다음과 같은 산식이 도출된다.

$$관세율 = \frac{가격 - 외국물품가격}{외국물품가격} \times 100 = 내외가격차율$$

(2) 관세감면 및 분할납부제도

1) 관세감면제도

① **의 　 의** 　일정한 물품에 대한 관세의 납부의무를 무조건 감면하거나, 일정 용도에 사용할 것을 조건으로 감면하는 제도이다. 납부세액의 일부면제를 감세라 하고, 전부면제를 면세라고 한다.

② **관세감면의 목적** 　관세의 감면은 일반적으로 수입시에 징수하게 되어 있는 관세를 외교관례, 기간산업의 육성, 자원개발의 촉진, 특정산업의 보호, 학술연구의 촉진, 사회정책의 수행, 가공무역의 증진, 교역의 증대, 소비

자 보호, 물가의 안정 등 다양한 정책을 수행하기 위하여 감면하고 있다.

③ **종 류** 감면승인시에 이행조건에 따라 무조건 감면세와 조건부 감면세가 있다. 수입신고시부터 수입신고 수리 전까지 감면신청을 하여야 한다.

④ 관세 감면제도의 문제점

- 정부의 관세수입을 감소시켜 관세의 재정 기여도를 저하시킨다.
- 기간산업에 대하여 정부가 지원함으로써 정부에 대한 의존적 체질을 조장함으로써 그 산업의 국제경쟁력이 약화된다.
- 공평과세원칙에 위배되어 관세상의 특혜를 조장시킬 우려가 있다.
- 자원배분의 효율성을 저해하여 산업구조를 왜곡시킬 우려가 있다.

- **무조건 감면세**: 일정물품의 수입사실에 의거 감면이 완결되고, 수입신고 수리 후에 예정된 용도가 아닌 타용도에 사용하더라도 원칙적으로 감면한 관세의 추징을 하지 아니하고, 사후관리의 대상이 아니다. 구체적으로 외교관 면세 · 준외교관 면세 · 정부용품 등 면세 · 손상감세 · 재수입면세가 있다.
- **조건부 감면세** : 수입시 일정한 용도에 사용할 것을 조건으로 관세를 감면하고 사후관리기간 내에 지정용도 외 사용할 때 감면된 관세를 징수하는 제도이다. 따라서, 사후관리기간 경과 후에는 용도 외에 사용하여도 감면된 관세를 추징하지 아니한다. 구체적으로 학술연구용품 등 감면세 · 특정물품 감면세 · 환경오염방지물품 등의 감면세 · 항공기제조용 원료품 감면세 · 재수출면세 · 재수출감면세 · 수출용 원재료 등의 감면이 있다.

2) 관세분할납부제도

시설기계류, 기초설비품 또는 그 구조물과 공사용 장비에 대하여 부과된 관세를 납부기한(수입신고 수리 후 15일) 이내에 전액 납부하지 않고 일정기간을 정하여 분할하여 납부하는 제도이다.

이는 관세의 부담을 일정기간으로 분산함으로써 산업시설 및 설비투자를 촉진하고, 정부, 학교, 직업훈련원, 비영리법인 등 공익사업 및 사회복지사업을 지원하는 데 그 취지가 있다.

(3) 관세환급제도

세관에서 일단 징수한 관세 등을 특정한 요건에 해당하는 경우에 그 전부 또는 일부를 되돌려 주는 것을 말한다.

관세환급은 그 발생원인에 따라 과오납금의 환급, 위약물품의 환급, 관세 등 환급특례법에 의한 수출용 원재료에 대한 환급으로 구분된다.

- **과오납환급** : 납세자가 초과하여 납부하거나 이중으로 납부한 세액의 환급을 말한다. 이는 납세의무의 형평과 징수행정의 공평을 기하기 위한 것이다.
- **위약물품의 환급** : 수입신고가 수리된 물품이 계약내용과 상이하여 수출자에게 반환하거나 세관장의 승인을 얻어 멸각 또는 폐기하는 경우에 이미 납부한 관세를 환급하는 것을 말한다. 관세도 소비세의 일종인바, 수입자의 귀책 사유 없이 반환되거나 멸각 · 폐기하는 경우에는 소비되는 것이 아니기 때문에 환급하는 것이다.
- **수출용원재료에 대한 관세환급** : 수출용원재료를 수입하는 때에 납부하였거나 납부할 관세 등을 수출자 또는 수출물품의 생산자에게 되돌려 주는 것을 말한다. 이는 다음과 같은 효과가 있다.
  - 국산원자재의 사용 및 개발촉진 : 수입물품에 대하여 관세를 부과함으로써 국내시장에서의 관세액만큼의 물품가격을 인상시켜 동종의 국내산업을 보호하게 된다. 또한 수출업자에게는 수입시로부터 수출 후 환급을 받을 때까지 동액의 이자부담을 주게 되어 불필요한 외국원재료의 수입을 억제하는 효과가 있으며, 국산원자재의 부족으로 해외수입에 의존한다 하더라도 현행 관세율 구조가 물품의 가공단계가 높을수록 고율의 관세를 부과하기 때문에 관세율이 낮은 저가공의 기초원재료를 수입하여 제조하는 것이 고가공 원재료를 수입하여 제조하는 것보다 유리하기 때문에 국내에서 보다 많은 부가가치를 창출하는 데에 기여하게 된다.
  - 사후관리절차의 간소화 : 관세환급제도의 실시로 모든 물품에 대하여 수입시에 과세하기 때문에 양수도 승인이나 대응수출에 관한 사후관리를 할 필요가 없어 절차가 대폭 간소화되었다. 다만, 환급금의 결정 및 지급절차 등의 추가적인 절차가 있다.

(4) 보세제도

1) 의　　의

보세란 외국물품이 수입신고가 수리되지 아니한 상태 또는 관세채권이 확정되지 아니한 관세유보상태를 말하는바, 수입신고수리미필설이 통설이다. 따라서 무세물품도 수입신고수리 전까지는 보세물품이다.

보세제도는 관세징수권을 확보하기 위하여 보세물품의 장치 · 제조 또는 가공 · 건설 · 전시 · 판매 및 운송에 대해서 세관의 지시 또는 감독을 받는 제도를 말한다. 이 제도는 관세징수원 확보 이외에도 통관의 적성, 세관업무의 효율화 및 수출지원 등의 부차적 목적이 있다.

2) 보세제도의 종류

보세제도는 보세구역제도와 보세운송제도로 구분된다.

보세구역은 보세물품을 장치 · 제조 또는 가공 · 건설 · 전시 · 판매하는 구역으로 세관장이 지정하거나 특허한 구역인바, 설치형식에 따라 지정보세구역과 특허보세구역 및 종합보세구역으로 설치목적에 따라 소극적 보세구역과 적극적보세구역으로 나누어진다. 보세운송은 보세물품을 운송하는 것을 말한다.

① 보세구역제도　　보세구역은 보세물품을 장치 · 제조 또는 가공 · 건

보세구역의 기능

- 관세채권의 확보 : 보세물품을 세관장이 엄격하게 통제하는 보세구역에 장치하도록 하여 부당한 유출을 방지하고, 보세물품이 장치기간을 경과한 경우에는 세관장이 당해물품을 매각하여 관세 등에 충당함으로써 관세채권을 확보한다.
- 통관질서의 확립 : 보세구역을 경유하여 통관하도록 함으로써 수출입과 관련하여 제반법규정을 충족하였는지의 여부를 확인한다.
- 세관업무의 효율화 : 세관에 인접한 제한된 장소에 보세구역을 설치함으로써 보세물품에 대한 세관의 감시와 관리를 효율적으로 할 수 있다.
- 수출지원 등 : 보세창고 · 보세공장 · 보세전시장을 통해서 수출을 지원하고, 보세건설장을 통해서 산업시설 건설을 지원하고, 보세판매장을 통해서 외화획득을 촉진한다.

설 · 전시 · 판매하거나, 수출통관 또는 내국운송을 하고자 하는 내국물품을 장치할 수 있는 구역으로서 세관장이 지정하거나 특허한 구역을 말한다.

－종　　류 : 보세구역은 지정보세구역과 특허보세구역 및 종합보세구역으로 구분하고 지정보세구역은 지정장치장 및 세관검사장으로, 특허보세구역은 보세장치장 · 보세창고 · 보세공장 · 보세전시장 · 보세건설장 및 보세판매장으로 구분한다.

② **보세운송제도**　외국물품을 보세구역간에 한하여 외국물품 그대로 운송하는 것을 말하며, 그 필요성은 다음과 같다.

경 비 절 감	보세운송제도가 없으면 개항의 보세구역에서 통관하여 운송하여야 하는바, 개항의 장치장 반출입비용, 창고료, 원거리 출장비용 등이 소요된다. 반면에 보세운송제도를 이용하면 사업자의 공장에 가까운 보세구역에 운송하여 통관함으로써 이러한 비용을 절감할 수 있음은 물론 운송기간 동안의 관세의 자금부담을 절감한다.
신 속 통 관	사업자의 공장에 가까운 보세구역에 운송하여 통관함으로써 서류송달 등의 절차가 간소화된다.
세관업무편리	공항 또는 항만지역의 장치장소에서의 화물적체현상을 해소하고, 통관업무를 분산시킬 수 있는 등 세관업무가 편리해진다.

(5) 자유무역지역제도

자유무역지역이란 한 나라가 국제무역과 상업을 촉진시키기 위하여 일정한 조건하에 외국화물에 대하여 각종 규제에서 면제특권이 부여된 지역을 말한다. 따라서 관세 및 제세공과금이 면제되며, 지역 내에서 제조 · 물류 · 유통 및 무역활동 등이 자유로운 지역으로 된다.

1) 의　　의

자유무역지역이란 중앙행정기관의 장이나 특별시장, 광역시장 또는 도지사의 요청에 의하여 지역설정, 지정필요성 및 지정요건을 검토한 후 자유무역지역위원회의 심의를 거쳐 산업자원부장관이 지정한 지역을 말한다. 따라서 그 지역 내에서는 대외무역법이나 관세법 등 관계법률에 대한 특례와 지원을 통하여 자유로운 제조 · 물류 · 유통 및 무역활동 등의 보장으로 외국인의 투자(자본)를 유치하고, 생산을 통해 수출을 증대시키며, 이에 따라 외화가득의 효과, 자본과 기술이전, 고용증대, 국제무역의 진흥 및 지역개발 등을 촉진하여 국민경제에 이바지하기 위해 마련된 제도이다. 본 제도는 종전의 관세자유무역제도와 자유무역지역제도를 2004년 3월 22일 자유지역법에 의거 통합한 제도이다.

2) 목 적

관세자유지역과 자유무역지역을 통합한 주요 이유는 종전의 관세자유지역에는 하역 · 보관 · 단순가공 업종만 입주할 수 있었으나 제조업종까지 입주허용을 확대하여, 자유무역지역 내에서는 외국물품 등을 수입신고 및 관세 등의 납부없이 사용 · 소비할 수 있게 되었다. 이에 따라 자유로운 제조 및 무역활동 등의 보장으로 외국인의 투자와 역내업체에 대한 각종 혜택의 부여를 통해 생산활동을 지원하기 때문에 ① 외국인 투자유치, ② 수출 증대, ③ 외화가득 제고, ④ 외국투자기업의 자본과 기술이전, ⑤ 생산 및 관련산업의 고용증대 등으로 국민경제의 발전에 이바지하게 된다.

오늘날 세계 각국은 자국에 진출한 외국기업이 외국으로 나간 자국기업보다 생산자본의 확충, 선진기술의 도입, 고용의 창출, 조세수입의 증대 등 자국에 대한 경제기여가 훨씬 많음을 인식하고 외국기업을 자국에 유치하기 위해서 치열한 경쟁을 벌이고 있다. 특히 자본과 기술이 부족한 후진국일수록 상환의 부담을 지는 차관의 도입보다는 상환의 부담이 없이 자본과 기술을 동시에 도입할 수 있는 외국인 투자를 적극 추진하고 있다.

3) 종 류

① **자유항시(free trade port)** 무역항시 전체를 관세영역 밖에 두고 이 지역에 출입하는 외국물품은 관세부과의 대상으로 하지 않고 그 물품의 선적, 하선, 장치, 개장, 구분, 가공, 제조 등을 자유로이 할 수 있고 개인의 거주도 인정하는 가장 광범위한 자유항 제도이다.

② **자유항구(free port quarter)** 무역항시 전체를 자유항으로 하는 것이 아니고 항구 근처 지역의 전부 또는 일부를 구획하여 관세영역 밖에 두고 이 지역에 출입하는 외국물품은 관세 부과의 대상으로 하지 않고 그 물품의 선적, 하선, 장치, 개장, 구분, 가공, 제조 등을 자유로이 할 수 있고 개인은 거주할 수 없는 곳이다.

③ **자유지구(free district)** 자유지구는 자유항구와 동일하나, 여기에서

는 외국물품의 제조 및 가공을 할 수 없다는 점에서 다르다.

④ **자유무역지대(foreign trade zone)** 중계무역 및 가공무역 진흥을 목적으로 그 지대 내의 물품에 대하여 관세징수가 유보된 상태에서 화물의 선적, 하선, 장치, 개장, 구분, 가공, 제조 등을 자유로이 할 수 있는 장소를 말한다. 설치목적 및 기능은 자유항구와 동일하나 내륙지대에 설치된다는 점에서 자유항구와 차이가 있다.

⑤ **수출자유지역(free export zone)** 선진외국의 자본과 기술을 유치하여 자국의 수출진흥을 도모함과 동시에 기술의 도입 및 고용의 증대를 기할 목적으로, 국가가 일정한 지역을 확정하여 지정한 지역으로서 관세법령 등의 적용이 전부 또는 일부가 배제되거나 완화된 보세구역의 성격을 띤 지역을 말한다. 관세부담 없이 외국물품의 출입이 가능하다. 수출만을 목적으로 설치된다는 점에서 수출과 수입을 제한없이 할 수 있는 자유무역지대와 차이가 있다. 대만의 고웅, 우리나라의 마산과 익산에 설치되어 있다.

(6) 관세자유지역

관세자유지역은 국가의 관세선 외측에 위치하여 관세법이 적용되지 않는 제한된 구역으로 통관절차, 관세 및 제세공과금 등의 면제특권을 부여하여 화물의 반·출입 및 중계 등을 자유롭게 수행할 수 있는 법적 · 지리적 경제특구를 의미한다.

우리나라는 1999년 12월, 「국제물류기지육성을 위한 관세자유지역의 지정 및 운영에 관한 법률」이 국회에서 통과됨에 따라 현재 전 세계적으로 국제운송 및 물류, 무역, 금융, 비즈니스의 중심지로 활용되고 있는 자유무역지역(free trade zone)을 도입할 수 있는 제도적 기반을 마련하였다(동 제도는 2004년 3월 22일부터 자유무역지역제도에 통합되었음).

자유무역지역과 관세자유지역의 차이점

종전의 자유무역지역과 관세자유지역은 둘다 항만, 공항 인근지역을 관세가 부과되지 않는 자유지역으로 만든다는 점에서 그 성격이나 지원내용 등의 측면에서 큰 차이가 없으나 운용면 등에서는 몇 가지 차이점이 있다.

구 분	관세자유지역	자유무역지역
근거법률	관세자유지역법	자유무역지역법
지정권자	재정경제부장관	산업자원부장관
지정대상지역	공항만 및 배후지 유통단지 · 화물터미널	공항 · 항만 주변지역 산업단지, 기타
주요 지원업종 (입주가능업종)	물류업 (물류 · 선박수리업 등)	제조업 (제조 · 물류 · 무역업 등)
관세법상 성격	관세영역 밖(관세법 적용 배제)	관세자유지역과 동일
관세면제 범위	모든 물품(소비재 등 제외)	관세자유지역과 동일
내국물품 반입시 수출인정 여부	모든 내국물품	수출용원재료로 반입된 내국 물품
지역 내 물품공급 등에 대한 간접세	비과세	과세
조세제한특례법에 의한 직접세 등의 감면대상	투자금액이 미화 3,000만달러 이상인 외국인투자기업	관세자유지역과 동일
내외국기업의 입주제한 여부	내외국기업의 입주제한 없음	외국인투자기업만 입주허용
내국물품의 반입신고	불필요	관세자유지역과 동일

2. 비관세장벽

2.1 비관세장벽의 개념

비관세장벽(NonTariff Barrier: NTB)이란 수입상품에 대하여 비용증가나 수량제한, 외국수출업자나 국내수입업자에게 고도의 위험을 부담시키거나 혹은 수출업자에게 보조금이나 특혜금융 등을 실시함으로써 수출을 촉진하고 수입을 억제하는 관세 이외의 모든 무역장벽이라 정의된다.

따라서 NTB는 무역당사국들에게 모든 재화나 용역이 가장 효율적으로 이용될 수 있는 길을 제한하거나 봉쇄함으로써 세계 전체의 후생수준 또는 실질수준을 저하시킴으로써 국제무역에 부정적인 영향을 끼친다.

비관세장벽은 제2차 세계대전 후 IMF와 GATT의 성립과 더불어 특히 선진국을 중심으로 무역정책수단으로 이용되어 오고 있다.

2.2 비관세장벽의 특성

신보호무역의 수단으로 채택되고 있는 비관세장벽의 특성은 다음과 같다.

① **규제대상이 차별적·선별적이다** 일반적으로 관세가 수입국의 국경을 넘는 모든 수입물품에 대해 부과됨으로써 수입품의 가격상승과 국내생산량의 증대를 통해 수입량을 규제하는 데 반해 비관세장벽은 규제하고자 하는 대상국가, 대상품목, 수량, 가격 등 각종 수입요소에 대해 차별적·선별적으로 그 효과를 발휘할 수가 있다는 것이다.

비관세장벽은 명목상으로는 무차별적인 것같이 보이지만 실질적으로는 개도국에 크게 불리하게 나타나고 있다. 기본적으로 여러 가지 비관세장벽이 개도국에 미치는 효과가 선진국에 비해 불균등한 정도로 심각하며 또한 동일한 비관세장벽이라도 그것이 선진국보다는 개도국 특히 NICs의 수출관심품목에 보다 빈번하게 사용되는 경향이 많다는 것이다.

② **NTB는 적용 및 운용이 비교적 용이하며 복잡하다** 일반적으로 관세의 설정·변경은 조세법률주의에 따라 국회의 의결을 거쳐 법률의 형식으로 특별한 절차를 필요로 하는 데 비해 NTB는 수입에 의한 행정부의 조사활

동과 수입업계의 적절한 협조에 의해 비교적 쉽게 탄력적으로 국내의 행정적 적용이 가능하다. 한편 선진국은 NTB의 적용·운용이 아주 복잡하다.

NTB란 관세 이외의 모든 무역제한조치를 나타내는 용어이므로 그 내용이 이질적이고 복합적이다.

③ NTB는 **자의성과 재량성이 많다** 관세의 경우는 명시적·직접적으로 관세율을 통해 쉽게 알 수 있도록 되어 있으나 NTB는 행정적 신축성을 갖고 있어서 품목, 수량, 가격 등 각종 절차를 통해 통관당국의 자의와 재량에 의하는 경우가 많다.

④ NTB는 **조사파악이 곤란하고 불확실하다** NTB는 그 범위를 한정할 수 없을 만큼 다양한 형태로 우회적·파생적 방법으로 실시되고 있어 수출국들은 수입국의 NTB와 그 운용의 메커니즘을 명확하게 조사하기가 곤란하다. 또한 정보부족 및 제도의 변칙적 운영 등에 기인한 불확실성을 들 수 있다.

관련정보가 불충분한 상태에서 수출업자가 수입국의 여러 가지 NTB가 자국의 수출에 어떻게, 어느 정도 제한적인가를 확실히 판단하기가 극히 곤란하다.

동시에 수입국정책은 어느 시점에서나 아무런 통고 없이 변경될 가능성을 내포하고 있기 때문에 항상 수출업자에게 불안한 요소가 될 수 있다.

⑤ NTB는 **관세장벽과는 달리 그 완화 및 철폐를 위한 협상이 매우 어렵다** 그 이유는 NTB의 복잡성, 불확실성 및 계측불능성 등의 특성 때문에 상호간의 양허 정도를 비교하여 이를 균일화할 지표의 설정이 불가능하다는 것과 대부분의 비관세장벽은 일정한 기준이 없어서 설사 정부간의 협상이 이루어졌다 하더라도 그 협상이 NTB의 철폐를 보장해 줄 수 없기 때문이다.

2.3 비관세장벽의 유형

비관세장벽은 경제적 효과 측면에서 수량제한과 관련된 NTB, 가격에 영향을 미치는 NTB, 관세형 NTB, 기타 행정·기술 및 규제적 기준으로 분류할 수 있다.

(1) 수량제한과 관련된 비관세조치

각국 정부는 수출입 수량을 제한하기 위해 쿼터, 수입허가제, 수출자율규제, 국산품 사용의무 등 광범위한 조치들을 시행하고 있다. 수량제한의 다양한 유형 중에서 오늘날 비관세조치로 널리 사용되고 있는 수단들을 중심으로 살펴보기로 한다.

1) 쿼터제

쿼터란 특정상품에 대해 일정기간 동안 수입할 수 있는 양에 대하여 직접적인 한도(수량, 금액)를 설정함으로써 수입품의 가격과는 무관하게 수입량을 제한하는 조치이다.

수입자율확대와 수출자율규제

수출자율규제(VER)는 국내시장에 대한 수출물량을 물리적으로 규제하는 것이고, 수입자율확대(voluntary import expansion: VIE)는 자국 상품의 타국에 대한 수입물량을 물리적으로 확보한다는 것이므로, 자국 산업의 순수출에 미치는 영향면에서는 같은 효과를 가져온다. 하나는 수입을 줄이는 효과를 갖고, 다른 하나는 수출을 늘리는 효과를 갖기 때문이다. 결과적으로 자국산업에 대한 보호효과는 같다. 그렇다면, 자국산업을 보호한다는 차원에서는 어느 것이 더 효과적일까? 미국 브라운대학(Brown University)의 프라빈 크리시나(Pravin Krishna) 교수에 따르면, 이러한 수단을 사용하는 국가는 두 경우 모두 해당 시장에서 일종의 독점력을 갖게 되는 것이므로, 생산의 감소와 가격의 인상을 초래한다.

전 세계의 관점에서는 이 두 가지 수단이 각각 규모면에서 더 작은 시장에 대하여 적용되는 것이 바람직하다. 다시 말하자면, 만약 자국 시장이 상대국 시장보다 작은 경우라면, 자국 상대국에 대하여 VER을 실시하는 것이 상대국 시장에 대하여 VIE를 실시하는 것보다 비효율성을 줄일 수 있다. 반면에, 만약 자국 시장보다 상대국 시장이 더 작다면, 상대국 시장에 대하여 VIE를 실시하는 것이 자국 시장에 대한 VER을 실시하는 것보다 바람직하다. 물론, 그 이유는 시장의 규모가 작을수록 독점에 따른 폐해가 작기 때문이다.

정부로부터 보호를 받는 당사자의 입장에서는 항상 VIE가 VER보다는 유리한데, 그 이유는 수출자율규제가 자칫 수출국에 유리한 결과를 가져오기 때문이다. 또한 VER의 경우는 수입쿼터와 마찬가지로 부득이 자국 소비자의 소비를 감소시켜 소비자잉여(消費者剩餘)를 줄이게 되지만, VIE의 경우는 자국 소비자에게 피해를 주지 않는다.

이러한 쿼터에는 크게 총량쿼터와 국별쿼터로 대별된다. 즉, 전자는 세계 모든 국가들로부터 수입누계량이 사전에 설정된 수입할당총량에 도달할 때까지만 수입을 허가해 주는 방법이다. 이에 반해 후자는 수출입국가간에 사전협의를 통해 국가별로 수입할당량을 배분하는 방법이다.

2) 수출자율규제(Voluntary Export Restraint : VER)

수출자율규제란 수입국과 수출국이 일정기간 동안 수출량의 상한선에 대해 합의를 하고 이를 수출국이 자율적으로 이행함으로써 수출량을 제한하는 조치이다. 다만, 수출자율규제는 일반적으로 수입국측의 정부나 업계의 강력한 요구에 의해 수출 상한선에 관한 협상 또는 합의가 이루어지므로 수출국이 자율적으로 수출을 규제한다고 볼 수 없다.

3) 수입허가제

수입허가제는 상품을 수입할 경우 사전에 수입국 정부로부터 허가를 받아야 하는 제도이다. 일반적으로 수입국 정부는 일정기간의 수입계획을 수립하고 이를 토대로 수입을 허가해 주는데, 수입허가서 발급기준이 모호하고 복잡할 경우 궁극적으로 수입량을 제한하는 효과를 초래하게 된다.

4) 국영무역

국영무역이란 국영기업이나 국가에 의해 배타적 권리를 부여받은 사기업에게 재화나 용역의 독점적 수입권을 인정하는 것을 의미한다. 이러한 국영무역은 국내시장 상황에 따라 수입량을 임의로 조정하는 등 수입제한조치로 널리 사용되고 있다.

5) 정부조달정책

정부조달정책은 정부 및 공공기관 또는 정부의 통제 및 영향력하에 있는 기업체가 국내 상품의 우선구매를 장려하는 조치이다. 이와 같은 정부조달정책은 외국 상품을 차별적으로 대우함에 따라 국제부역을 제한시키게 된다.

(2) 가격에 영향을 미치는 비관세 조치

1) 수입과징금

수입과징금은 국내상품의 경쟁에서 수입품의 경쟁우위를 감소 또는 배제시키기 위해 관세를 대신하거나 또는 관세에 부가하여 과세하는 과징금을 의미한다. 이러한 수입과징금은 수출국의 수출가격 인상을 초래하게 되므로 무역을 왜곡시키게 된다.

2) 수입예치금

수입예치금은 수입업자가 수입허가 신청시 일정 비율의 요금을 세관이나 기타 정부기관에 예치하도록 하는 제도이다. 이러한 수입예치금은 수입업자의 자금부담을 가중시켜 궁극적으로 수입비용 인상을 초래하게 되므로 무역을 제한시키게 된다.

3) 이중환율제도

이중환율제도는 주요 외환과 자국 통화와의 교환율을 모든 거래에 일률적으로 적용하지 않고 수출과 수입에 각기 다른 환율을 적용시키는 제도를 말한다. 이러한 이중환율제도는 궁극적으로 수출입 가격에 영향을 미쳐 수출은 진흥시키고, 수입은 제한하는 조치로 널리 활용될 수 있다.

(3) 관세형 조치

1) 국경조정세

국경조정세는 수입물품에 대해 수입관세뿐만 아니라 국내산품에 부과하는 부가가치세, 일반소비세, 판매세 등과 같은 세금을 추가로 징수하는 제도이다. 이러한 국경조정세는 준관세성격을 띠므로 수입을 저해하게 된다.

2) 관세할당제도

관세할당제도란 수량 또는 금액으로 일정한 수입량을 설정해 놓고 동 수입량 이하로 수입되는 상품에 대해서는 무세 또는 저율의 관세를 부과하고, 동 수입량을 초과하는 상품수입에 대해서는 기본세율 또는 고율의 관세를 적용하는 일종의 이중관세율제도를 말한다.

3) 계절적 관세

계절적 관세란 동일한 상품에 대해 1년 중의 각 시기에 따라 다른 관세율을 적용하는 조치로써 보통 농산물의 무역에 많이 적용된다.

4) 관세평가

관세평가란 거래단계, 거래수량, 수입시점 등에 따른 수입상품의 다양한 가격 중에서 유리한 과세가격을 결정하는 일련의 절차를 의미한다. 따라서 어떠한 수입가격을 과세표준으로 선정하느냐에 따라 부과과세액의 차이가 나므로 관세평가는 수출입에 영향을 미치게 된다.

(4) 행정, 기술 및 규제적 기준

수많은 기술적 규제와 행정적 규제 및 기타의 규제(technical, administrative and other regulations)가 역시 국제무역을 저해하고 있다. 이 중에는 자동차와 전기설비에 대한 안전규제(safety regulation), 위생품 및 수입된 식료품의 포장에 대한 보건규제(health regulation), 그리고 원산지와 내용을 표시하도록 하는 표시규제(labeling regulation) 등이 포함된다. 이러한 규제 중 많은 것들이 합당한 목적을 수행하고 있지만 이 중 일부는 수입을 규제하기 위한 수단에 불과하다.

정부로 하여금 국내공급자로부터 구매하도록 하는 법률(이른바 정부조달정책) 때문에 기타의 무역규제가 생기기도 한다.

1) 행정 및 기술의 기준

각국의 정부는 전통적으로 다양한 형태로서 자국 내의 경제활동을 규제하는 정부의 역할을 중시한다. 규제의 내용으로는 건강, 안전 및 상표내용과 특정 직종에 대한 허가와 언론매체에 대한 규제 등을 들 수 있다. 정부의 규제조항들은 국내적 목적으로 적용되지만, 결과적으로는 무역장벽으로서 작용하는 경우가 있다. 정부는 수입식품의 기준검사를 하고, 장난감 등은 안전검사를 실시하며, 상품의 상표는 소비자들에게 적절한 정보를 제공하도록 하기 위하여 그와 관련된 법률을 위반하지 않도록 규제한다.

이러한 정부의 규제들은 경우에 따라서 보호무역적인 효과를 갖게 될 수 있다. 어떤 경우에는 보호무역적인 효과가 대단히 커서 정부의 이러한 조항들이 보호무역을 위한 위장이라는 주장이 제기되기도 한다. 유럽연합은 유럽에서 만들어진 프로그램들에 대하여 특정 TV방송시간을 할당해야 한다는 쿼터제도를 운영하고 있다.

일본은 외국인에 대하여(특히, 재일한국인) 법률가가 되는 것을 금지해 왔다. 미국은 알래스카를 제외하고 멕시코산 아보카도(avocados: 야채의 일종) 판매를 금지한다. 일본의 도로세(道路稅, road taxes)는 배기량이 큰 엔진을 장착한 승용차에게 불리하도록 되어 있다(최근에 일본의 대형승용차 생산이 증가하자 일본은 이 세율을 낮추었다). 미국 정부는 에너지 효율기준을 충족시키지 못하는 자동차에 대해서는 재정적 벌금을 물리고 있다(미국의 자동차는 가장 에너지 효율이 높은 것으로 알려져 있다). 이 벌금의 피해를 가장 많이 입는 회사는 고급 대형 승용차를 주로 생산하는 메세데스(Mercedes), BMW 그리고 롤스로이스(Rolls-Royce) 같은 유럽의 회사들이다.[12)]

프랑스는 라디오방송의 황금시간대의 40%를 샹송(shanson)에 할애하도록 하고 있다. 또한 독일은 471년 동안 독일을 'beer purity law'를 공포해 왔는데, 이 법에 따르면 독일에서 판매되는 맥주에는 물, 호프(hops), 이스트(yeast) 그리고 귀리(barley)만이 들어가야 한다고 규정하고 있다. 이 조항은 효과적으로 외국산 맥주의 독일 내 판매를 규제하였다. 외국산 맥주는 대부분 화학첨가물(chemical additives), 쌀(rice), 옥수수(corn), 콩(soy) 또는 수수(millet)를 재료로 하기 때문이다. 자국의 맥주산업을 보호하는 국가는 독일이 유일한 것은 아니다. 1992년 GATT는 미국의 연방 직접세(excise tax) 제도 및 일반 세제(稅制) 그리고 유통규정 등이 외국산 맥주회사들에게 불리하다는 캐나다의 주장을 받아들인 바 있다.

1999년 논란이 되었던 '한미투자협정'과 관련하여 미국정부가 한국정부에 요구한 국산영화 의무상영일수를 규정하는 '스크린쿼터'(screen quota) 제도는 행정기준과 관련된 분야의 한 예이다. 미국 등 선진국에 비해 자금과 시장이 열세에 있는 한국영화산업이 선진국 영화산업과 경쟁하기 위해서는 최소한의 보호장치가 필요할 것이다. 그러나 이러한 보호장치는 국가간 불공정무역관행으로 폐지 또는 축소를 요구받게 됐다. WTO의 설립을 앞두고 한국 내에서 불법복제 장신구 등을 생산하는 영세기업들이 난생 처음 벌금부과 등의 고초를 겪은 것도 글로벌경제화 과정에서 행정기준의 변화로 겪게 된 경험들 중의 하나이다.

2) 환경기준의 강화

무역과 환경문제의 연계는 1980년대 이후 두드러지게 나타나기 시작한 현상이다. 환경보호주의자(environmentalists)들은 무역자유화가 환경에 대한 무절제한 '덤핑'(dumping)을 가져올 것을 우려하고 있다. 다시 말하자면, 환

12) 백 훈, 상게서, pp. 245~248.

경규제가 약한 국가들이 국제무역에서 생산비용상 유리한 위치를 갖는다면 다른 국가들도 이러한 약한 약한 환경규제를 따라갈 수 있다는 것이다. 따라서 환경에 바람직하지 못한 방식에 의해 생산되거나 얻어진 재화에 대하여 수입을 제한하여야 한다는 주장이 제기되고 있다. 그 하나의 대표적 예가 미국과 멕시코 사이에서 일어났던 '참치'(tuna) 논쟁이라고 할 수 있다.

환경과 관련된 국내법이 국제무역에서 문제가 된 또 하나의 사례는 1996 WTO 안에서 태국, 파키스탄, 말레이지아 그리고 인도에 의해서 제기된 대미(對美) '새우와 거북이'(the shrimp and turtle case)의 경우이다. 이 네 국가는 미국의 국내법인 「미국 멸종위기에 처한 종(種)에 관한 법(the U.S. Endangered Species Act)」의 제 609조(바다거북을 보호하는 조항)가 무역을 부당하게 규제한다고 주장하였다. 이들 국가들이 바다거북의 탈출장치를 갖지 않는 그물을 이용하여 새우를 잡음으로써 바다거북의 생존을 위협하고 있다는 것이 미국측의 주장이었다. 이와 관련된 몇 차례에 걸친 WTO의 분쟁해결 패널에서는 미국의 주장이 받아들여지지 않은 바 있다.

3) 표준제도의 적용

국제교역이 빠르게 늘어나면서, 수출에 관련되는 기업들은 새로운 도전에 직면하고 있다. 이들 기업들은 국제적인 표준에 맞는 제품들만을 글로벌 시장에 내놓을 수 있기 때문이다. 세계의 주요국가들은 외국으로부터 자국내로 들어오는 재화에 대하여 제품의 구조, 안전, 표준성 등에 대한 국내기준을 적용하는 사례가 늘고 있다.

① ISO 시리즈 ISO 시리즈란 국제표준화기구(International Standard Organization)에서 논의되기 시작한 국제환경경영규격인 종합적인 환경마크의 일정으로서 생산의 전주기에 걸쳐 환경친과적인 경영체계를 구축한 사업체에게 부여되는 인증제도이다. 이 규격은 환경경영, 환경검사, 환경라벨링, 환경성과평가, 수명주기분석, 용어 및 정의, 환경측면에서의 제품규격 등 7개 분야로 나뉘어져 있다.

ISO 인증은 국제표준화기구(ISO)가 품질과 환경규격이 일정수준 이상임을 공식적으로 인정하는 것이다. ISO 규격은 현재 ISO9000시리즈(품질보증시스템)와 ISO14000시리즈(환경경영시스템) 두 종류가 있다.

ISO9000은 제품과 서비스에 관한 품질시스템 규격으로 규격화의 정도와 대상 부문에 따라 9001~9004까지 4종류로 나뉘진다. ISO9001은 제품설계에서부터 개발, 설치, 서비스에 이르는 생산의 모든 과정에 걸친 품질보증체제이다. ISO 9002는 제조와 설치 부문에만 한정된 품질보증체제이다. ISO9003은 최종 검사 및 시험에 관한 체제이며, ISO9004는 품질보증시스템에 관한 자문을 대상으로 한다.

ISO14000은 세계 각 나라에서 다르게 운영돼 온 환경관리 방법과 체제를 통일시키기 위해 제정한 국제규격이다.

ISO14000시리즈 인증의 경우는 수입국에서 수출기업에 규격인증의 획득을 요구할 가능성이 크며 그 대상은 제조업뿐만 아니라 건설, 유통, 해운, 서비스업 등 전산업이기 때문에 광범위한 영향이 있을 것으로 예상된다.

② CE마크　CE(Communautes Europeennes=European Community)마크는 우리나라에서 판매되고 있는 수입제품에서 흔히 볼 수 있는 표시이다. 장난감, 의복, 의약품 등은 CE마크를 부착하고 있는 제품의 예이다. CE마크는 유럽연합의 표준제도에 따라 제품에 부착되는 마크이다. CE마크가 적용되는 분야는 기계, 장난감, 전기·전자제품, 안전장비 및 의료장치 등이며 이들 분야에서 안전과 성능 등에 관한 기준을 충족시키는 제품에 한해서 CE마크를 부착할 수 있다. 유럽연합국가들에 제품을 판매하고자 하는 외국의 기업들은 CE마크를 부여하는 대행기관들(예로, APAVE Group)에서 각 제품의 안전 및 성능 시험을 거친 후 자신들의 제품에 CE마크를 부착하여 판매할 수 있다. 엄격한 표준제도는 외국 기업들의 국내시장의 접근에 대한 장벽으로 작용하고 있다.

CE마크는 기업들이 선택적으로 부착하는 것이 아니라 유럽연합 내에서 판매되는 외국 상품 모두에 부착하도록 의무화되어 있다. 만약 이 상표를 부착하지 않으면 외국 기업의 제품은 세관에서 통과되지 않으며, 불법적으로 유통되는 경우에는 대단히 무거운 벌칙금을 부과받게 된다.

이러한 표준제도들은 원래 무역장벽의 수단으로서 고안된 것은 아니지만, 글로벌시장에서 제품을 판매하고자 하는 기업들은 이러한 표준을 맞추어야만 한다. 따라서 이러한 표준의 엄격한 적용은 그 기준을 충족시키지 못하는 외국 기업들에게는 실질적인 무역 장벽으로서 작용한다. 최근 한국기업들의 유럽진출이 늘어나면서 유럽시장의 표준에 대한 관심이 매우 높아지고 있다. 이러한 글로벌시장의 표준에 대한 이해와 그것을 충족시키는 제품의 개발은 표준제도가 갖는 장벽으로서의 효과를 피해갈 수 있게 해 준다.

4) 정부조달정책

정부조달이란 정부가 정부 고유의 업무수행을 위해 소비 및 투자 등 경제행위를 하는 과정에서 물품과 서비스를 구입하는 구매행위를 일컫는다.[13] 국가경제에서 정부는 가계와 기업, 외국과 더불어 기본 경제주체 중 하나이고, 정부조달을 포함한 정부의 지출은 소비, 투자, 수입과 함께 국가경제 수요의 한 요소이다. 그러나 정부는 여타 경제주체와 다음과 같은 차이점이 있다.

① 정부는 하나 또는 소수의 주체로 구성

여타 경제주체는 여러 작은 주체의 결합체인 반면, 정부는 하나 또는 극히 소수(중앙정부와 지방정부 등)의 주체로 구성된다는 점이다. 그리고 정부의 규모는 개별기업이나 일반 소비자와 비교하여 절대적으로 큰 점이 특징이다. 또한 일부 품목에 대해서는 수요독점(monopoly)을 운영하고 있으므로 정부의 시장영향력은 여타 경제주체들보다 훨씬 강력하다고 할 수 있다.

② 정부는 시장경제의 제한과 규율의 예외

여타 경제주체는 법이나 규제 등 주어진 환경과 상황 내에서 경제활동을 수행해야 한다. 그러나 정부는 법이나 규제, 즉 자기가 활동할 수 있는 환경을 비교적 쉽게 변경할 수 있다. 따라서 일반 기업과는 달리 시장경제의 제한이나 규율을 별로 받지 않을 수 있다.

③ 정부조달의 비효율적 운영 가능성

여타 경제주체는 자신들의 노력에 따라 지출이 결정된다. 즉, 기업이나 소비자는 자신의 수익이나 신용에 따라 지출의 수준이 결정된다. 그러나 정부는 이러한 제약을 받지 않을 수 있다. 또한, 원칙적으로 정부조달과 이에 따른 이득은 정부가 아닌 일반 국민들에게 돌아가야 하므로 지출 담당자와 혜택을 받는 자가 다르다. 따라서 정부조달에는 도덕적 해이가 발생할 가능성이 높다. 이러한 문제를 방지하기 위해서는 높은 수준의 투명성과 지출에 대한 강력한 책임의무가 요구된다. 투명성이나 책임의무가 미비한 경우, 정부조달은 비효율

---

13) 정부조달에 대한 정의는 명확하지 않다. 처음에는 중앙 정부만을 조달주체로 간주하였으나 현재 WTO GPA 적용대상에는 일부 공기업을 포함하고 있어 정부만이 조달주체라고 보기도 어려운 측면이 있다. 또한, 정부가 상업적 재판매를 목적으로 조달하거나, 또는 판매를 목적으로 물품을 생산하기 위해 조달하는 물품과 서비스는 정부조달로 간주하지 않는 것이 보통이다.

정부조달의 규모

정부조달의 규모는 나라마다 조달체제의 차이로 약간씩 다르지만 대략 자국 GDP의 10~25%의 규모로 추정되고 있다. 세계은행은 매년 선진국과 개도국 정부의 최종소비지출을 추정하고 있는데, 2000년 기준으로 정부의 최종소비지출은 선진국의 경우 평균 GDP의 16%, 개도국의 경우 평균 GDP의 14%라고 분석하였다. 또한 OECD는 1999년도 기준으로 순지출(총지출에서 임금과 국방을 제외한 지출) 규모를 총 2조 830억달러로 추정하였다. 2조 830억달러는 세계 GDP의 7.1%이며 세계 상품 및 서비스 수출의 30.1%에 해당되는 큰 금액이다.

적으로 운영될 가능성이 크다.

④ 정부조달은 정부정책의 일환으로 사용

일반적으로 정부조달은 지역개발이나 중소기업의 발전 등 국내 소득격차의 해소나, 일부 산업을 개발하기 위한 산업정책의 일환, 또는 경제침체를 막기 위한 거시경제정책의 일환으로 사용되고 있다. 따라서 정부조달은 정치적으로 상당히 민감한 분야이기도 하다. 이러한 정부조달의 특징으로 각 국가는 자신들의 경제 및 정치 환경에 알맞은 독특한 조달형태를 가지기 쉽고 국가마다 서로 형태가 다른 것이 일반적이다.

이처럼 정부조달은 세계경제에서 차지하는 비중이 크고 중요한 경제활동임에도 불구하고 정부조달의 각종 특징 때문에 그동안 다자무역체제 질서에서는 예외로 인정되어 왔다. 물품교역을 규제하는 GATT 협정이나 서비스교역을 규제하는 GATT 협정에서는 정부조달이 협정적용의 대상으로부터 제외된다고 밝히고 있다. 따라서 정부조달은 아직까지도 비교적 개방이 미미한 분야로 남아 있었다.

참조 국제기구에서의 논의 동향

국제적으로 정부조달의 중요성이 점점 인정됨에 따라 정부조달은 다자협상이나 국제협상 또는 양자협상 과정에서 중요한 이슈로 부상되고 있으며, 최근 다자체제 내 또는 지역무역협정에서 정부조달에 관한 논의는 과거보다 훨씬 활발하게 진행되고 있다. 현재 WTO에서는 현재 서비스 정부조달에 관련되는 GATS 규범을 개선하고 있으며, 정부조달 투명성 협정에 대한 연구와 논의가 진행되고 있다. 한편, 일부 WTO 회원국들은 정부조달협정(Government Procurement Agreement: GPA)에 가입하여 정부조달 시장개방과 투명성 향상을 추구하고 있다. 또한, OECD는 정부조달 시장개방에 대해서 각 회원국들이 논의할 수 있는 장소를 마련해 주고 정부조달에 대한 연구작업도 진행함으로써 정부조달 시장개방에 기여를 하고 있다. 한편 APEC에서는 정부조달 체제를 더욱 효율적이고 개방적으로 운영하기 위한 비구속적 정부조달 원칙을 발표한 바가 있다. 이 밖에도 NAFTA, FTAA, 호주-뉴질랜드 CER 등 각종 자유무역협정에서도 정부조달 개방에 대한 합의가 협정에 포함되고 있다.

제 3 장 연습문제

논술형

1. 통상정책의 의의 및 특징을 논하시오.
2. 관세의 의의와 성격을 논하시오.
3. 관세율의 결정과 부과원칙을 논하시오.
4. 비관세장벽의 의의와 특성을 논하시오.
5. 행정, 기술 및 국제적 비관세장벽을 논하시오.
6. 비관세장벽의 의의와 유형을 논하시오.

약술형

1. 통상정책의 목적
2. 종가세
3. 탄력관세
4. 차등관세제도
5. 실효보호관세율
6. 관세감면제도
7. 자유무역지역제도
8. ISO 시리즈
9. CE 마크
10. 정부조달정책

제 4 장

통상정책의 형태와 주요 정책

제 1 절 통상정책의 유형과 행정조직

1. 통상정책의 유형

1.1 의회중심형(미국식)

최근 들어 미국의 통상정책은 전통적인 자유무역주의에서 벗어나 상호주의에 입각한 공정무역의 추구와 산업경쟁력 강화전략으로 전환되고 있는바, 그 주요 특징은 다음과 같다.

첫째, 의회와 행정부가 통상정책의 결정과 집행에 두 개의 작은 정부역할을 수행하고 있다.

둘째, 자유무역주의와 다자간주의 표방하에 보호무역주의와 쌍무주의를 선호하고 있다.

셋째, 정치적 색체를 강하게 띤 통상외교정책의 비중이 지대해지고 있다.

넷째, 여론을 바탕으로 한 통상정책을 시행하고 있다.

이러한 점에서 미국의 통상정책을 다음과 같이 평가할 수 있다.

첫째, 여론의 힘을 바탕으로 한 강력하고 효율적인 통상정책의 시행으로 단기적인 국내경제현안(가령 실업 등)에는 긍정적으로 기여하였으나, 장기적으로 산업구조조정을 지연시키는 부정적 효과를 야기시켰다.

둘째, 국제무역환경을 악화시키고 주요 무역 상대국과의 빈번한 무역분쟁을 야기시켜 장기적으로 미국경제에도 부정적 영향을 초래시키게 된다.

1.2 전문관료중심형(일본식)

일본식 통상정책은 다음과 같은 특징을 갖고 있다.

첫째, 정책결정과 집행에 있어서 행정부, 특히 전문관료가 절대적으로 영향력을 갖고 있다.

둘째, 자국의 시장개방에 대해 보호주의적 색채가 강하나 상호주의적 조치는 피하고 다국간주의를 표방하고 있다.

셋째, 정·경분리 원칙하에서 산업정책에 우위를 둔 통상정책을 추진하고 있다.

이러한 관점에서 일본 통상정책을 다음과 같이 평가할 수 있다.

첫째, 관료중심적 정책결정 메커니즘 및 긴밀한 관료협조체제로 통상정책은 국내산업정책과의 연계하에 비교적 효율적으로 추진된다.

둘째, 공업부문은 우수한 경쟁력을 바탕으로 대외적으로는 자유무역체제를 표방하면서도 자국 시장개방에 있어서는 외부의 통상압력에 맞추어 소극적·형식적으로 추진된다.

셋째, 최근 대외불균형을 시정하는 일본정부의 노력은 자국 산업보호적 정책기조와 일본사회 특유의 구조적인 무역장벽요소가 보완적으로 유착됨으로써 큰 실효를 거두지 못하고 국제사회에서의 일본의 신뢰도 저하 및 통상마찰의 원인이 되고 있다.

1.3 절충형(구주식)

EU는 대체로 자유무역주의를 표방해 왔으나 70년대에 들어와 역내산업을 보호하고 실업을 억제하기 위하여 적극적인 수입규제정책을 실시하고 있다. 또한 최근 미일에 뒤떨어지고 있는 첨단기술산업 등 특정산업의 보호주의를 강화하고 있으며 강력한 집단적 지위로 공동체의 이익을 확보하는 데 기여하고 있다.

한편 EU의 집단적인 보호주의의 확산은 국제무역환경에 악영향과 지역주의를 조장시키고 있는데, 그 주요 특징은 다음과 같다.

첫째, 역외무역장벽 강화와 단일시장 형성을 위한 역내장벽 완화를 동시에 추구한다. 둘째, 각 경제그룹별로 차별주의적인 통상관계를 유지하며 쌍무적 · 부문별 협상을 선호한다.

셋째, EU회원국들은 공동통상정책을 추구하고는 있지만 실제로 상당한 자율성을 확보하고 있다.

표 4-1 주요국 통상정책의 유형과 시사점

구 분	일 본	E U	미 국
(1) 통상정책의 유형	○ 전문관료 중심형 ○ 전문관료중심의 정책결정 구조	○ 절충형	○ 의회 중심형
(2) 통상정책의 결정과정	○ 관련부처 및 성청의 합의를 중시하며 일본식 품의방식에 의해 단계적 수정 ○ 의회는 관료기구의 결정에 정당성 부여 ○ 각종 심의회, 압력단체의 역할도 관료기구 결정에 보완적	○ EU 전체와 회원국간의 합의에 의해 결정 • 프랑스와 독일의 입김이 강함 ○ EU 집행위원회와 각료이사회의 상호작용을 통하여 정책결정 • EU의회 및 경제사회위원회는 각 국민과 이익집단의 이해를 반영	○ 의회, 행정부, 민간부문간의 이해조정과 합의를 중시 • 상대적으로 의회의 비중이 큼. ○ 정책결정에 있어서 능률보다 권한 분산을 선호. • 민간의견이 상당부문 반영 ○ 견제와 균형의 원리가 적용 • 상하원간, 행정부내, 의회와 행정부, 정부와 민간
(3) 통상정책의 주요 기조	○ 외형적으로는 자유무역주의를 표방하나 시장개방에는 폐쇄적 ○ 구미와 같은 상호주	○ EU확산에 따른 대외적 블록화 • 단일시장형성을 위한 역내장벽완화	○ 자유무역주의에서 공정무역으로 전환 ○ 국내경제여건을 배경으로 한 보호주의 강화

	의적 조치를 피하고 다자간주의 지향 ○ NICs와 합의형 분업을 통한 무역확대 강조	• 역외보호장치의 강화(첨단산업, 농산물) ○ 차별주의 경향 상존 • 대개도국 : 로메협정국(PAC제국) 특혜 제공 • 국제무역질서 : 선별 작용주장(safeguard) • 쌍무적부문별 협상 선호	○ 국제무역질서에 대한 상대적 관심저하로 쌍무주의 경향 ○ 아시아태평양에 대한 역할 중시 ○ 서비스교역에 대한 입장강화
(4) 여타 정책과 유형	○ 외교정책에 대해서는 자주성 유지 • 외무성의 경우 정책결정에의 영향력이 약함 ○ 산업정책에 기반을 둔 통상정책 • 정책수립의 주요권한이 국내산업 보호적인 통산성에 집중	○ 외교정책과 밀접한 관련 • 구식민지국가로 구성된 ACP제국에 특혜 부여 ○ 산업정책은 EU회원국별로 관장 • EU공동통상정책은 회원국의 산업정책을 고려	○ 외교정책과 밀접한 관련 • 통상정책을 외교정책의 수단으로 사용 ○ 과거에 비해 산업정책과의 관계증대 • 사양산업의 보호 • 첨단산업, 농업에 대한 지원
(5) 통상정책관련 사회·경제적 배경	○ 사회적 배경: 관료체제에 대한 뿌리깊은 신뢰, 일본인 특유의 집단주의적 사고방식과 행동양식, 의회, 정당에서 점하는 관료출신의 높은 비중 ○ 경제적 배경 • 산업조정의 조기실시 • 완전고용에 가까운 실업률(2~3) • 경상수지흑자의 지속적 누증(858억 달러: 1986) • 세계 최대의 채권국	○ 사회적 배경: '유럽은 하나'라는 의식, 역사적문화적 동질감 ○ 경제적 배경 • 산업구조조정 지연 • 높은 실업률(11.5%: 1986) • 경영수지적자(518억 달러: 1986) • 높은 무역의존도(50% 이상)	○ 사회적 배경: '동의'에 의한 정치전통, 사회의 분화, 연방제도 ○ 경제적 배경 • 경제구조의 서비스화(서비스산업비중 73%: 취업자, 1986) • 높은 실업률(6.6%, 1986, 12) • 경상수지적자(1,400억 달러: 1986)와 재정적자(2,207억 달러) • 세계 제일의 외채국(2,636억 달러: 1986)

자료: 「전환기의 통상정책방향」, 산업연구원.

2. 통상행정조직

통상행정의 기능들이 어느 정부부처에 집중되었느냐를 기준으로 하여 통상행정의 여러 기능이 한 부서에 몰려 있는 경우를 집중형으로, 상대적으로 여러 부서에 나뉘어져 있는 경우를 분산형으로 명명하기로 한다. 집권화와 집중화는 다음과 같은 차이를 가지고 있다. 하나의 통상행정기능이 통상에 관련되는 다른 부서보다 어느 특정한 부서에 몰려 있으면 통상행정기능의 전문화가 이루어져 그 기능이 특정부서에 집권화되며 여러 통상행정기능이 특정부서에 몰려 있으면 통상행정기능들의 집중화로 볼 수가 있다.

통상행정의 주요 기능인 통상정책 수립기능, 통상정책 조정기능, 통상협상 및 교섭기능 그리고 국내집행 및 사후관리기능들에는 큰 비중을 두고 통상행정의 부수적 기능인 경제정책 협조기능, 정보기능, 민간부문 지원기능, 전문인력 양성기능 그리고 홍보 및 친선기능에는 작은 비중을 두어서 한 부처에 기능들이 집중되어 있으면 집중형으로 분류하였으며 여러 부처에 기능들이 분산되어 있으면 분산형으로 분류하였다.

집중형과 분산형의 분류는 상대적인 것이어서 집중형이라고 해서 모든 통상행정의 기능이 한 군데 집중된 것이 아니고 분산형이라고 해서 모든 통상행정의 기능이 여러 부서에 고르게 분산되어 있는 것은 아니라 집중형과 분산형은 단지 상대적인 개념임을 강조하는 바이다.

2.1 통상조직의 유형별 분류

통상행정의 기능이 집중되어 있는 집중형에는 미국의 통상대표부나 중국의 대외무역부와 같이 통상만을 전담하는 독립부서가 존재하는 통상전담형과 호주나 캐나다에서와 같이 외교와 통상을 한 부서에서 담당하는 외교통상형으로 분류할 수가 있다. 통상행정의 기능들이 상대적으로 분산되어 있는 분산형에는 산업통상형과 별도조정형으로 분류할 수 있다. 산업통상형은 일본이나 영국 등에서 채택되고 있으며 별도조정형은 우리나라에서 채택되고 있다. 우리나라에서는 통상행정기능 중 통상정책 조정기능을 재정경제원에서 별도로 담당하고 있으므로 기능은 분산되어 있고 위의 세 가지 유형(통상전담

표 4-2 통상행정의 유형별 분류표[1)]

집중형	통상전담형: 미국통상대표부(USTR), 중국대외무역부
	외교통상형: 호주, 캐나다, 뉴질랜드, 북구 3국의 외교통상부
분산형	산업통상형: 일본, 영국, 프랑스, 독일, 대만
	별도조정형: 한국

형, 외교통상형, 산업통상형)에는 속하지 않으므로 우리나라의 통상행정체제는 별도조정형으로 분류할 수 있다.

2.2 통상조직의 유형별 장단점

(1) 집중형 통상행정조직의 장단점

1) 장 점

통상교섭의 창구가 일원화되어 있어 각 부처의 개별적인 이해보다는 국가적 차원의 관점에서 대외교섭 및 협상에 임할 수 있다. 한 부서에서 통상관련 업무를 집중적으로 처리하므로 일관성 있는 통상정책을 수립할 수 있고 국내외의 통상관련 정보를 체계적이고 효율적으로 수집, 조사, 관리, 전달할 수 있다.

2) 단 점

통상현안의 주요 대상인 국내의 개별산업에 대한 전문성과 이해가 부족하여 협상내용보다는 협상기술에 치우치게 되기 쉽다. 현대산업사회에서는 경제부문간의 연계성을 강화하여 국가경제발전 방향에 따라야 하는데 집중형의 경우는 경제 및 산업부문을 통상에 연계시키는 기능이 약하다. 집중형을 성공적으로 운영하려면 통상관련 전문인력도 확보되어야 한다.

1) 김현구, 「국제경쟁력 강화를 위한 정부조직개편」, "한국행정 어떻게 할 것인가?" 한국행정학회 춘계학술대회(1993).

(2) 분산형 통상행정조직의 장단점

1) 장 점

각 산업담당부처가 소관 통상업무를 주관하므로 통상현안에 대한 전문지식을 갖고 있어서 통상교섭 및 협상시 산업계의 이익을 충분히 대변할 수 있으며 민간부문과 밀접한 관계를 유지하고 있으므로 효과적인 지원이 가능하다.

또한 각 소관부처는 국내산업 현황 및 동향을 정확하고 신속하게 파악하고 있으므로 국가간 통상협상 결과를 국내산업계에 효율적으로 집행 및 사후관리할 수 있다.

2) 단 점

통상업무가 각 부처별로 분산되어 있는 관계로 국가경제차원에서의 정책추진에 어려움이 있고, 책임의 소재가 불분명하여 업무의 중복처리에 따른 인력 및 예산의 낭비가 초래될 가능성이 있다. 통상관련 전문인력의 부족에 따른 통상교섭 및 협상기술 부족으로 인하여 국가적인 불이익을 초래할 수도 있다.

표 4-3 통상행정체제의 유형 및 그 장단점

	장 점	단 점
통상전담형	• 일관성있는 정책추진 • 통상협상의 전문화 • 국가적 차원의 통상정책수립 • 통상전문인력의 양성 용이	• 외국 통상압력의 표적화 • 부서신설로 정부조직 확대 • 산업 및 자원정책의 연계미흡
외교통상형	• 창구일원화로 정책추진일관성 • 외교, 통상정책의 종합적 수립과 집행 • 다양한 외교채널과 축적된 정보활용 • 외교망 이용의 홍보, 친선강화	• 산업과 경제의 연계부족 • 경제부문에서의 전문성 결여 • 외무부의 부처간 조정역할한계
산업통상형	• 무역, 산업, 자원 정책의 연계 • 부처간 통상기능강화 및 결과의 집행 용이 • 민간부문 상호교류의 협조, 지원 용이 • 사안의 전문 및 기술적 대응이 가능	• 국가차원의 통상업무추진미흡 • 제조업외 통상문제해결 어려움 • 부처간 업무중복과 마찰, 책임 회피
별도조정형 (경제통상형)	• 국내 및 대외정책의 조정용이 • 조직개편시 혼란최소화 가능 • 부처간 의견수렴과 합의 용이	• 기획재정부외 통상관련 기능약화 • 통상환경에 신속한 대처부족 • 업무의 비전담화로 협조미흡

2.3 통상행정의 기능 및 문제점

한국은 1960년대 본격적인 경제개발 초기부터 무역증진을 경제성장의 핵심전략으로 삼았다. 이는 한국경제의 적극적인 세계경제 편입을 목적으로 한 것이며, 시장개방의 다른 표현이기도 하다. 물론 한국은 성장과정에서 다양한 산업정책과 전략적 무역정책을 활용하였으며 그 중 일부는 중상주의적 통상정책으로 규정되기도 한다. 그러나 이러한 정책의 궁극적인 목표는 수출의 확대를 통한 외화의 획득 그리고 이를 활용한 투자재원의 확보 및 소비수준의 증대에 있었다. 보호주의적 정책이 사용되었다 하더라도 그 결과는 궁극적으로 무역확대를 통하여 한국경제를 세계경제에 편입시키는 방향으로 작용한 것이다. 즉 한국의 통상정책뿐만 아니라 경제정책 전반이 시기적으로 다양한 성격을 갖고 있음에도 불구하고 큰 틀에서는 한국경제의 개방과 성장을 이끌어 왔다고 평가된다.

1980년대에는 공산품분야에 시장개방이 통상현안의 주종을 이루었으나 1990년대에 들어서는 농수산물, 지적소유권, 투자, 서비스분야(금융, 유통업, 통신 등), 지역주의, 경쟁정책 환경 등 정책적 차원으로 확대되고 이와 관련된 시장개방문제와 국내 법적·제도적 개선문제가 통상문제의 핵심으로 등장하고 있다. 이렇게 급변하는 국제통상환경과 우리의 통상환경을 살펴볼 때 우리나라의 현 통상행정체제가 이에 적극적으로 대응하지 못하고 있음은 또한 주지의 사실이다.[2)]

(1) 통상행정의 기능 및 역할

1) 통상행정의 기능

통상행정의 기능은 크게 통상의 주요 기능과 부수적인 기능으로 나누어 볼 수가 있는데 통상의 주요 기능으로는 통상정책 수립기능, 통상정책 조정기능, 통상협상 및 교섭기능, 국내집행 및 사후관리기능 등이고 통상의 부수적 기능으로는 경제정책 협조기능, 정보기능, 민간부문 지원기능, 전문인력 양성기능, 홍보 및 친선기능 등으로 나누어 볼 수 있다.

---

2) 정진영, 「세계화시대의 국가발전전략」, 세종연구소, 1995, pp. 350~353.

2) 통상행정의 역할

오늘날 한국 통상정책의 기조는 '개방'이다. 이는 한국경제의 규모가 커지고 국제경제환경이 변화함에 따라 과거와 같은 중상주의적 정책을 적극적으로 활용하기 어려워진 현실에 일부 기인한다. 그러나 보다 중요한 것은 한국경제는 선진경제로 진입하기 위하여 필수적인 요건인 경제구조의 질적 전환을 위하여 개방을 보다 적극적인 정책수단으로 활용해야 한다는 사실이며 이를 위한 통상정책의 역할이 새로이 인식될 필요가 있다는 것이다. 무엇보다도 한국의 통상정책은 다자간체제에 적극 참여하는 동시에 '동시다발적 FTA'를 추구하고 있다는 점에서 한국경제의 개방화에 새로운 전기를 제공하고 있다. 따라서 새로운 패러다임하에 있는 한국경제가 장기적 목표를 효과적으로 달성하고 통상정책을 효과적으로 추진하기 위해서는 그로부터 초래될 제도적 환경변화를 한국사회가 수용할 수 있는 준비를 갖추어야 할 것이다. 예를 들어, 외국인직접투자 유치를 위한 정부의 다양한 구상과 제도의 개선에도 불구하고 행정실무관행이 과거의 틀에서 크게 벗어나지 못하고 있다면 실질적인 효과를 거두지 못하게 된다. 즉 통상정책이 국내 제도 및 관행의 혁파 등과 같은 제도개혁과 동시에 수행되어야 기대한 효과를 발산할 수 있는 것이다. 또한 FTA 정책의 추진과정에서도 이를 제도적으로 뒷받침하기 위한 국내 여건의 조성작업이 매우 중요하다. 한국의 경우 대외협상에 치중하는 현상이 나타나고 있는데, 이러한 현상은 대외협상 중심의 행정조직과도 관련이 있는 것으로 보인다. UR 협상이나 한 · 칠레 FTA 협상의 경험에 비추어 볼 때 대외협상과 동시에 국내 환경의 정비가 이루어지지 않을 경우 불필요한 사회 · 경제적 비용을 유발하는 한편 통상정책의 목표를 충분히 달성하지 못할 수 있다. 따라서 무역자유화 또는 개방정책의 추진에 있어서 이에 따른 제도적 정비의 필요성과 함께 한국사회가 이를 수용할 수 있는 준비가 되어 있는지에 대한 철저한 검토와 판단이 요구된다.

(2) 통상행정체제의 문제점

현 우리나라 통상행정체제의 문제점은 첫째, 부처간 직제기능 중복에 따르는 비효율성, 둘째, 통상정책조정상의 비효율성, 셋째, 통상현안에 대한 인식부족으로 크게 나눌 수 있다.

1) 부처간 직제기능 중복에 따르는 비효율성

주요 통상관련 부처의 직제상 발생되는 문제점은 주로 기능의 중복이라고 볼 수 있는데 예를 들면 외교통상부와 기획재정부의 경우 대외협상은 외무부가 대외조정은 재정경제부가 담당한다는 업무분장 원칙에 따라 기능을 분담하고 있으나 사실상 한쪽이 주도하게 될 경우 타부서의 협조가 부족한 실정이다.

또한 지식경제부의 경우 수출업계 애로건의, 수입과다시 규제방안 마련 등 주로 업계의 이해관계를 반영하는 업무에 치중하고 있으며 실질적인 통상협상에 있어서는 철강, 조선 등 일부 분야를 제외하고는 그 기능이 극히 취약하게 협상에서 큰 권한을 행사하는 데 어려움이 있다.

정부조직법 및 직제상에는 대외경제정책의 조정기능만을 가진 기획재정부가 실질적으로는 통상조정기능 외에 통상정책수립 및 통상교섭에도 관여하고 있어 통상관련 부처의 실질적인 권한행사가 어렵다.

2) 통상정책 조정상의 비효율성

통상정책 조정상의 비효율성으로 인해 대외경제정책을 수립함에 있어 국민경제의 발전과 연관된 장기적거시적인 안목이 결여되어 있어서 국제정세변화에 신축성 있게 대응할 수 있는 대외국가전략을 마련하는 데 어려움을 겪고 있다. 따라서 통상현안에 대한 임기응변식 대응과 통상문제 재발방지를 위한 지속성 있는 대응이 미흡한 실정이다.

또한 다양한 통상현안에 대한 범정부차원의 종합조정기능이 미흡한 형편이므로 전체적인 시각에서 주고받기식 협상(give and take)을 통하여 국익을 극대화시키는 전략이 부족한 실정이다.

이러한 현상의 원인으로 각 부처간 조정된 입장을 협상에 반영하는 기능이 취약하여 각 부처간 통상현안에 관하여 상이한 태도를 취하는 경우가 발생하는데 이러한 문제의 원인은 조정권자와 교섭권자, 훈령제정권자의 분리로 조정결과의 체계적인 반영이 용이하지 않기 때문이다.

3) 통상에 관한 인식부족

국제통상환경의 변화로 인하여 이제 통상은 대외적이고 경제적인 차원을 넘어서 국내의 경제부문은 물론 정치, 사회 그리고 문화부문에 이르기까지 모든 분야에 걸쳐 국가적인 차원에서 막대한 영향을 끼치고 있으며 그 정도는 앞으로 더욱 가속화되고 확대될 것으로 예상된다.

이러한 상황에서 가장 큰 문제점은 일반국민, 공무원 심지어 변화에 대처해 나가는 데 있어서 중요한 역할을 해야 하는 정부의 각 부처 통상관련 공무원조차도 세계화나 개방화에 대한 인식이 부족한 실정이다. 이러한 인식 부족에서 오는 형태적인 측면은 개별부처의 보호주의적 관행과 합의사항의 준수노력 부족과 통상전문가의 양성여건 및 전문가의 효율적인 활용에 적극적이지 못한 점 등을 들 수 있다.

(3) 통상정책 결정구조의 문제

현재 통상정책 결정과정에 국회와 이익집단이 일부 개입하기는 하지만 거의 대부분 사항이 행정부 주도로 이루어지고 있다. 국회의 역할이 미약한 이유는 국회의 전문성 부족에도 원이 있지만, 해정부와 국회간의 협의 및 통제관계를 규정한 법률이 없는 것도 중요 요인이라고 할 수 있다. 대외경제장관회의의 경우 차관급 이상의 경우 정무직공무원으로 구성되어 있는데, 부처간 이해조정을 할 수 있는 최고 결정기구임에도 불구하고 정치적으로 민감한 사안에 대한 책임분산 수단으로 되는 경우가 빈번한 것으로 보인다. 부처간 통상정책 조정이 필요한 경우 외교통상부 주재 부처간 실무급 대책회의에서 1차적 업무조정을 하지만 실무급 회의에 대한 권한과 책임이 명문화되어 있지 않아 실질적인 정책조정이 원활하게 이루어지지 못하고 있는 현실이다.

과거 경제기획원의 대외경제조정실이 있던 시기와 비교하면 현재는 각 부처의 이견을 조정할 수 있는 힘(예산권 등)을 가진 부처가 없기 때문에 현실적으로 민감한 사안에 대한 합의도출을 기대하기 어렵다. 통상협상의 권한과 책임이 명확히 하는 정부시스템의 개편이 요구된다.

통상정책 수립을 위한 합리적인 합의절차도 조속히 마련되어야 한다. 미국의 무역 촉진권한(TPA)[3)]과 유사한 형태의 「통상절차법」이 현재 상정되어 있긴 하지만, 연방제를 근간으로 하는 미국의 제도를 한국에 그대로 적용하는 것은 국내 실정에 부합하지 못하는 측면이 많다. 법률에 의해 행정부에 통상정책의 결정 및 집행을 위임하는 대신 국회의 감독, 이해관계자의 의견수렴, 취약산업에 대한 사전 협의 및 특별 검토, 사전 및 사후 영향평가에 기초한

3) Trade Promotion Authority의 약자로 미국 행정부가 의회로부터 위임 받은 무역촉진권한을 말한다.

대책마련 등을 명문화하여 통상정책 추진과정의 투명성을 높이고 절차적 정당성을 확보해야 한다. 현재 상정된 통상절차법의 경우 국회의 감독기능 강화를 주내용으로 하고 있고, 그에 따르는 국회의 '의무'는 거의 없기 때문에 오히려 협상진행에 장애요인을 추가하는 부작용만 초래할 가능성이 있다.

현 제도하에서 큰 틀을 바꾸지 않고 차선책으로 고려할 수 있는 방안은 부처간 조정기능 강화와 무역위원회의 기능 강화라고 할 수 있다.

한국의 경우 1987년 7월 대외무역법 규정에 의거해 '무역위원회'가 설치되어 운영되고 있으나, 무역위원회의 역할과 기능은 주로 무역구제조치를 위한 사후적 피해판정 업무에 초점을 맞추고 있다. 뿐만 아니라 무역위원회의 조직 전문인력, 독립성 등 여러 측면에서 주요 선진국의 무역위원회에 비해 그 기능이 매우 취약한 실정이다. 미국의 무역위원회(ITC)가 자국의 산업피해 조사, 영향분석, 판정, 무역관련 구제조치 건의, 무역관련 조사와 연구, 행정부나 의회의 통상정책 결정자들에 대한 전문지식과 정보제공 등을 위해 중립적이고 독립적인 기구를 운영되고 있는 점은 벤치마킹할 필요가 있다. 특히 산업경쟁력 분석 등 관련 산업에 관한 종합적 연구기능이 보완되어야 한다.

제 2 절 주요국의 통상정책

1. 미국의 통상정책

1.1 통상정책의 기조 및 목표

(1) 미국통상정책의 기조

미국의 통상정책방향을 예측하기 위해서 반드시 과거의 역사를 되돌아볼 필요는 없다. 그러나 역사적 고찰은 현재의 통상정책을 올바로 이해하고 통상정책이 어떻게 형성되는가를 분석하는 데 있어서 매우 필수적인 요소의 하나이다.

제2차 세계대전 이전까지의 미국 외교노선은 「먼로 독트린」의 이념 즉, 「고립주의」의 외교노선이었다. 유럽 선진국들이 미국에 대한 간섭을 반대하는 미국인들의 고립주의정책은 경제적 측면에서 보호주의적인 형태로 강하게 나타났다. 19세기 중반 이후 영국을 중심으로 유럽에서는 무역 자유화 현상이 확산되고 있었으나 미국에서는 오히려 보호주의적인 성격을 강화하여 높은 보호관세를 설치하므로 외부로부터의 정치 · 경제적인 미국진입을 차단하였다. 이러한 미국의 보호주의적인 행동이유는 유치산업보호라는 경제적인 명분보다는 선진국인 유럽의 권력과 영향력에 대한 차단막으로 실행된 정치적인 이유가 더 강하다고 볼 수 있었다.

제2차 세계대전 이후 미국은 정치 · 경제 · 군사적으로 세계적인 강대국이 되었고, 특히 경제적인 분야에서는 세계 최대의 무역국가로 세계경제질서를 주도하였다. 이 시기 미국외교의 기본노선도 「고립주의」에서 탈피해 「국제주의」를 표명하므로 대외적인 개입을 표면화하였다. 경제적인 측면에서 고립주의가 보호주의적인 요소를 갖는다면 국제주의는 자유무역주의를 추구하며, 정치적 측면에서 고립주의가 대외개입을 반대하는 입장이었다면 국제주의는 대외개입을 지지하는 입장이었다. 이러한 미국의 외교노선 변화에 따라 미국의 통상정책도 보호주의에서 자유무역주의로 전환하게 되었고, 또한 GATT의 창설로 인해 세계무역질서는 점차 관세인하를 통한 자유무역주의를 확대해 나갔고 미국이 그 선봉에서 역할을 하고 있었다.

그러나 1970년대 이후 미국경제의 쇠퇴와 일본과 독일경제의 부상, 그리고 신흥공업국가들의 국제무대 등장, 지역 블럭화현상 등으로 인해 자유무역주의의 기치를 내건 GATT체제는 그 기능과 역할을 제대로 하지 못하고 세계경제질서는 또다시 보호주의적인 추세로 회귀되는 상황이 나타나게 되었다. 이 시기에 미국은 「공정무역주의」라는 논리로 보호주의 정책을 실시하게 되었고, 기타 국가들은 차별화된 보호주의 즉, 「신보호주의」의 논리로 자국의 산업을 보호하는 정책을 실시하게 되었다. 따라서 1970년대 이후 국제경제질서는 자유무역주의가 제대로 실천되기도 전에 또다시 보호주의체제로 전환되는 상황을 맞이하게 되었고, WTO 이후의 현 국제경제체제는 세계주의(globalism)와 지역주의(regionalism), 자유무역주의와 보호주의의 이원적

체제가 공존하는 양상으로 발전하게 되었다.

(2) 통상정책의 특징

미국의 통상정책은 기본적으로 다자간 무역자유화에 우선 순위를 두고 있으나 다자간 무역규범이 적용되지 않는 분야에 대해서는 보완적인 수단으로 지역주의와 쌍무주의·일방주의적 접근방식을 병행하고 있다. 그동안 자유무역체제의 수호자로 자처해 왔던 미국은 시간이 갈수록 성과가 확실하지 않은 다자간 협상보다는 2국간 협정이나 일방적 조치를 선호하는 경향을 보이고 있다.

미국 통상정책의 특징은 고립주의와 국제주의라는 미국 외교노선의 기본적인 틀 속에서 찾아볼 수 있다. 즉 미국은 자국 이익의 극대화 추구의 방편으로 국가적인 상황이나 국제적인 위치에 따라 고립주의와 국제주의를 적절하게 배합하여 사용하여 왔다. 경우에 따라서는 고립주의가 국제주의가 되기도 하고 또한 국제주의가 고립주의가 되기도 하였다. 먼로독트린 이후에 나타난 미국의 고립주의를 일부 시각에서는 「미국적인 팽창주의」로 보는 견해도 있다. 즉 미국이 주장한 고립주의는 강대국인 유럽이라는 특별한 지역에 대한 고립주의이지 그 외의 다른 지역에 대해서는 팽창의 의미로 받아들여지고 있다는 것이다. 실제로 미국은 유럽에 대해서는 유럽의 미국침략 또는 미국간섭을 억제하기 위해 「상호 불간섭주의」인 고립주의로 방패막이를 설치해 두고 아시아 태평양지역에 대해서는 미국의 세력권을 확장해 나갔다. 따라서 대외통상 측면에서 본다면 보호주의로 평가되던 미국의 고립주의는 「선택적 보호주의와 선택적 자유주의」로 평가될 수 있다.

제2차 세계대전 이후 표면화된 미국 외교노선으로서의 국제주의는 선별적 팽창주의가 일반적 팽창주의로 전환된 의미로 받아들여지고 있다. 우드로 윌슨, 플랭클린 루즈벨트로부터 본격화된 미국의 국제주의는 민족자결주의, 국제연맹, 국제연합 등과 같이 민주주의, 다자주의 형태의 국제적 접근의 시도로 국제질서의 선봉에 서서 미국은 미국의 세력권을 형성해 나갔다. 이는 과거 유럽열강들이 세력권 확대를 목표로 지향한 권력정치적 형태의 국제질서에 대한 접근과는 다른 면을 보여준 미국의 새로운 모습이다. 이러한 미국의 국제주의는 미국 자본주의의 발전배경에서 비롯된 미국경제의 대외적 팽창을 뒷받침해 주는 미국외교의 이데올로기로서 강조된다. 즉 미국 국제주의의 핵심은 미국의 대외적 경제진출을 목표로 하는 「문호개방정책」이라는 점이다.[4] 이러한 미국의 국제주의가 대외통상정책에서는 자유주의와 다자주의로 나타났고 따라서 미국경제는 다른 어떤 국가보다도 자유주의적인 개방체제를 갖춘 세계 최대의 무역국가로서 세계무역질서를 주도해 나갔다.

그러나 1970년대 이후 미국의 통상정책은 무역수지적자, 재정적자의 국내적 상황으로 다시 보호주의적인 추세로 강화되었고, 이러한 보호주의는 과거의 유치산업보호와 구별하기 위해 「신보호주의」(주로 사양산업에 대한 보호)로 불리어 나타났고, 1980년대 이후에는 공격적 통상정책으로 불리는 공정무역주의(fair trade)가 미국의 주요 통상정책으로 자리잡기 시작했다.

전통적으로 미국의 통상정책은 미국의 국내적 상황변화에 따라 반복적이고 복합적인 형태로 나타나고 있으며, 이러한 미국의 국내정치는 각종 이익집단에 의해 많은 영향을 받고 있다. 따라서 시간이 흐르면서 미국의 통상정책은 일관성을 잃게 되고 차별적 특혜 또는 선별적 차별 등이 지역 또는 국가에 따라 나타나고 있다.

1.2 통상정책 관련기구

(1) 의 회

미국 의회는 헌법에 의해 외국과의 통상을 규제하고 관세를 부과할 수 있는 권한을 부여받음에 따라 국제통상부문에 적극적으로 참여하고 있다. 따라서 미국의 대외통상권한은 의회에 속해 있으므로 행정부는 단지 의회가 부여한 권한의 범위 내에서 교역상대국과 협상을 전개하고 관련법규에 의거하여 통상을 규율하고 있다.

(2) 행 정 부

1) 부처간 통상정책협의체

통상정책은 경제활동에 광범위한 영향을 미치므로 일관성 있고 균형잡힌 통상정책의 수립과 시행이 매우 중요하다. 따라서 통상과 관련된 다양한 정부기관들은 통상정책에 대한 상충된 견해나 이익을 조정하기 위해 각 부처간

4) 이삼성, 「현대 미국외교와 국제정치」, pp. 24~25.

협의체를 구성운영하고 있다. 이에 따라 부처간 통상협정위원회(interagency trade agreement committee), 통상확대법 자문위원회(trade expansion art advisory committee), 통상정책위원회(trade policy committee), 통상협상위원회(trade negotiation committee) 등 다양한 협의체가 구성되어 운영되고 있다.

2) 미국 통상대표부(U.S. Trade Representative: USTR)

미 통상대표부는 원래 1962년 통상확대법에 따라 통상협상을 위한 특별대표부로 설립되었으나 1979년 재조직계획에 따라 미 통상대표부로 확대 개편되었다. 미 통상대표부는 미국 통상정책의 결정에 주도적인 역할을 수행하는 대통령 직속기관이다.

미 통상대표부는 다음과 같은 업무를 수행하고 있다.

① 미국의 수출증대를 위한 정책의 개발조정

② 국제무역정책에 대하여 대통령에게 자문

③ WTO, UNCTAD, OECD에서의 미국대표 선정

④ 수출증대, 국제무역, 상품 및 서비스, 직접투자문제에 관한 정책개발

한편 미 통상대표부는 이와 같은 업무수행을 위해 부처간 무역정책위원회 및 하부위원회의 자문을 구하고 있다.

3) 농 무 성

농무성은 농업소득의 유지 및 증대 그리고 미국 농산물의 해외시장 개척 등을 주요 업무로 하고 있다. 특히 농무성은 미국 농민의 이익을 대변하는 통상정책의 수립에 적극적으로 개입하고 있다. 농무성은 1978년의 농업통상법에 따라 각종 농산물에 대한 통상담당부서 특히 해외농업국을 설치하여 수출업자, 무역단체, 정부수출관계자들의 통상증대 노력을 도와 주고 있다. 또한 농무성은 1979년 통상협정법에 따라 농산물교역에 적용하는 기준문제에 대하여 외국정부와 조정협의하며 동 분야에 대하여 감독할 책임이 있다.

4) 상 무 성

상무성은 미국의 국내상업을 증진시키는 것이 주임무였으나 국가경제 및 기술의 발달로 오늘날에는 다양한 업무를 수행하고 있다. 특히 상무성 산하의 국제통상국은 상무성의 비농업무문에 대한 국제무역상의 책임과 활동을 담당하고 있다. 이외에도 국제통상국은 다음과 같은 업무를 수행하고 있다.

① 수출증진
② 외국과의 상업문제에 있어서의 미국대표
③ 반덤핑 및 상계관세의 관리
④ 기업 및 지역에 대한 무역조정지도
⑤ 미국이 참여한 국제통상협정의 준수 등

5) 노 동 성

노동성은 미국 임금소득자의 전반적인 복지를 증진시키는 것이 주요 업무이다. 특히 노동성 산하의 국제노동국은 미국 노동자에 영향을 미치는 국제경제정책 및 무역정책의 수립에 참여하고 있다. 또한 노동성은 무역과 관련된 고용에 대한 조사를 실시하며 국제노동기구(ILO)와 같은 국제기구에 미국의 대표로 참석한다.

6) 국 무 성

국무성은 미국의 외교정책의 수립과 시행에 관해 대통령에게 자문하는 기관으로 무역정책 수립에 있어서 부처간 협의기구에서 외교정책적인 측면의 의견을 개진한다. 특히 국무성 산하의 경제문제 담당부서는 대외경제정책의 수립과 시행을 담당하고 있으며 경제경영국은 해외투자를 비롯하여 천연자원 식량국제무역국제금융 등 제반 국제경제문제를 담당하고 있다.

7) 재무성 및 관세청

재무성은 경제, 금융, 세제 및 재정정책의 수립, 시행, 통화의 제조 및 발권 등을 주요 업무로 하고 있다. 특히 재무성의 국제담당부서는 선진국 및 개발도상국의 경제금융정책을 분석하고 국제금융기관에 대한 미국의 정책을 조정하고 있다. 또한 재무성은 무역 또는 국내외 투자 등에 관련된 금융정책을 조정하고 관세정책을 수행하는 등 통상정책의 수립에도 적극 참여하고 있다.

한편 미 관세청은 수입관세부과를 비롯하여 국제무역과 관련된 각종 통상법을 시행하고 있다. 즉 관세청은 수입품에 관련된 관세, 물품세, 수수료, 벌금 등 각종 과징금에 대한 평가, 적정수준의 부과금징수, 불법적 상품의 밀수방지, 수입상품의 저작권, 특허, 상표의 관리, 감시 등의 업무를 수행하고 있다.

(3) 국제무역위원회(International trade Committee: ITC)

국제무역위원회는 처음에는 1916년 의회법에 의해 미 관세위원회로 발족되었으나 1974년 통상법에 의해 국제무역위원회로 개칭되었다. 국제무역위원회는 국제통상문제에 관하여 연구보고조사업무를 수행하여 대통령 및 의회에 필요한 조치를 권고하는 독립적인 준사법적 기구이다.

국제무역위원회는 다음과 같은 업무를 담당하고 있다.

① 통상협정이 국내에 미칠 영향에 관해 대통령에게 자문
② 일반특혜관세 시행이 국내경제에 미칠 영향에 대해 대통령에 자문
③ 수입증대에 따른 국내산업피해조사 및 대통령에게 대응조치 자문
④ 공산권구가와의 무역흐름에 대한 감시
⑤ 덤핑방지 및 상계관세 제소에 대한 피해판정
⑥ 불공정 무역관행에 대한 조사
⑦ 관세율표 발행

(4) 민간부문 자문위원회

민간부문 자문위원회는 1974년 통상법에 의해 통상정책에 대한 민간부문의 의견을 공식적으로 수렴하기 위해 설립되었다. 민간부문 자문위원회는 무역협상에 관한 자문위원회, 정책자문위원회, 부문별 자문위원회의 3단계로 구성되어 있다.

무역협상에 관한 자문위원회는 대통령이 임명하는 위원들로 구성되며, 제반 통상문제에 대하여 전반적인 지침을 제공한다. 그리고 정책자문위원회와 부문별 자문위원회는 미 통상대표부 및 관련기관장이 임명하는 위원들로 구성되며, 전자는 통상조치들이 해당 부문에 미치는 영향에 대해 정부의 자문에 임하며, 후자는 해당 통상분야에 대한 기술적이고 구체적인 정보를 제공하는 등 정부의 필요한 자문에 응한다.

2. EU의 통상정책

2.1 통상정책의 기조 및 특징

(1) EU의 기본통상정책

EU는 대외통상관계에 있어서 EEU설립 근거법인 로마조약 제111조 및 113조에[5] 의거하여 1969년 말까지 공동통상정책을 수립하고 이러한 정책을 통해 각 회원국 통상제도의 점진적 통일을 도모하고 있다. 그러나 아직 EU의 대외공동통상정책이 완전한 형태를 갖추지는 못하고 있으며, 수입규제수단도 회원국간의 이해가 상충하여 부분적으로만 통일되어 있는 실정이다. 이 중 대외공동관세만이 비교적 광범위하게 통일되어 있으며, 그 기본방침은 다음과 같다.

① WTO가맹국에 대해서는 협정관세 적용
② 공산권 국가에 대해서는 자율관세 적용
③ EFTA회원국에 대해서는 자유무역협정에 의해 공산품관세 철폐
④ 개도국에 대해서는 GSP특혜관세 적용
⑤ ACP제국과는 로마협정에 의거 무관세 적용

한편 EU는 자유무역 추구를 대외통상정책의 기조로 하여 세계교역의 점진적 자유화가 EU의 이익과 직결된다는 인식하에 우루과이라운드 협상의 성공적인 타결을 위해서 주도적인 역할을 수행하였다.

(2) EU통상정책의 특징

EU의 통상정책은 한 국가의 개별적인 통상정책이 아니라 국가군의 대외적인 공동방어 또는 공동진출의 정책이라는 측면에서 다른 국가의 통상정책과는 다른 특징을 가지고 있다. 따라서 EU가 취하고 있는 통상정책의 주요 특징을 보면 다음과 같다.

---

5) 제111조에서는 과도기간까지 통상정책통일안 마련, 대외관세협정 조정, 일국의 수입규제조치 변동시 집행위원회에 사전통보의무와 이에 따른 여타 회원국의 동일 조치시행의무를 규정하고 있다. 또한 제113조에서는 과도기간 후 통상분야에서 EU의 권한사항으로 관세율 수정, 관세협정 및 통상협정 체결, 자유화조치의 통일, 수출정책, 반덤핑관세와 상계관세 등의 무역상 방어조치를 규정하고 있다.

첫째, 다양한 특혜무역협정의 유지이다. EU는 일부국가와 WTO보다 더욱 특혜적인 조치를 부여한 협정을 맺고 있으므로 WTO의 원칙을 손상하고 있다. 예를 들면 EFTA 국가인 아이슬랜드, 노르웨이와 유럽경제지역협정(EEA)을 통해 무관세 교역을 실시하고 있고, 기타 동구권 6개 국가와 ACP 70개 국가들과도 거의 무관세 협정으로 교역을 실시하고 있다. 그러나 EU의 최대 교역상대국인 미국이나 일본 그리고 기타 국가와는 WTO원칙에 입각한 교역을 유지하므로 차별적인 통상정책을 실시하고 있다.

둘째, 통상정책의 투명성 및 개방성이다. 이는 일개 국가차원의 통상정책이 아닌 다수 회원국간의 협의에 의한 통상정책이 이루어지다 보니 나타나는 현상이다. EU의 통상정책은 EU집행위원회에 의해서 입안, 제안되고 각료이사회에서 결정되기도 하지만, 회원국간의 실질적인 토의에 의해서 협상전략을 수립하기도 하므로 각 회원국은 관련내용을 보다 정확하게 파악할 수 있다. 반면에 각 사회단체의 이해집단에 의해 다양한 압력을 받는 경우도 있어 협상의 추진에 어려움이 발생되기도 한다.

셋째, 개방주의와 보호주의 정책의 병행이다. EU의 통상정책은 시대별 국제적 상황과 역내·외의 경제사정 또는 교역상대국가에 따라 개방적인 자세와 보호주의적인 통상정책을 반복 또는 동시병행 실시해 오고 있다.

2.2 통상정책 관련기구

(1) EU기구의 성격상 분류

EU 각 기구는 그 구성이나 권한상의 성격에 따라 다음과 같이 4가지로 구분하여 이해하는 것이 편리하다.

1) 주요기구

'로마조약' 및 '통합조약'에서 규정하고 있는 EU의 최고기관으로서 각료이사회, 집행위원회, 유럽의회, 사법재판소 등 4개의 기구가 있다.

2) 산하기구

최고기구의 업무를 보완하거나 특별분야의 전문적인 임무를 수행하기 위한 상설 혹은 일시적인 기구들이 필요에 따라 조약 또는 각료이사회의 결정에 따라 설립되고 있는데 중요한 것은 다음과 같다.

- 특별협의기구: 조약에 규정된 자문기관으로 EUSC협의위원회, 경제사회위원회 등이 있다.
- 보조기관: 각료이사회나 집행위원회에 종속된 자문기관으로 주요한 것은 자문위원회, 상주대표회의, 113조 위원회 등이 있다.
- 전문기관: 특수전문분야에 대한 업무의 수행 및 자문기관으로서 3개의 특별기금, 농업지도보증기금, 구주투자은행 등이 있다.

3) 해외기구

EU는 해외에 8개의 대표부와 15개의 공보관을 설치하고 있다.

4) 유럽이사회

유럽이사회(European Council)는 1974년 12월 파리정상회의에서 채택되어 제도화된 EU정상회담으로서 조약상의 기구가 아니며 따라서 그 결정사항의 구속력은 없지만 설립 이래 최고의 정치적 조정기구로서의 역할을 수행하고 있다.

(2) 국제통상 관련기구

경제통합체로서 EU는 공동시장, 관세동맹 그리고 경제통화동맹 등 여러 경제통합체의 속성이 복합되어 있을 뿐만 아니라 EU가 전 회원국을 대표하여 국제회의에 참석하고 역외국가 및 단체와 조약을 체결하며 또한 EU의 결정을 회원국들이 반드시 준수해야 하는 등 강력한 경제통합국가적인 특성도 지니고 있다. 이와 같이 중복적 · 다기능적인 성격을 띠고 있는 EU의 기구는 기존의 국제기구나 특정한 국가의 경우처럼 분명하고 명확하게 파악되기가 곤란하다.

EU의 기구는 구성이나 권한상의 성격에 따라 크게 로마조약, 파리조약, 통합조약 등 EU 기본조약에서 규정하고 있는 각료이사회, 집행위원회, 유럽의회, 사법재판소 등의 주요 기구와 주요 기구의 업무를 보완하거나 특별분야의 전문적 임무수행을 위해 조약 또는 각료이사회 결정에 따라 설립되는 산하기구로 대별될 수 있다.

특히 산하기구에는 특별협의기구(조약에 규정된 자문기관인 ECS자문위원회, 경제사회위원회)와 보조기관(각료이사회와 집행위원회에 종속된 자문기관인 자문위원회, 상주대표회의, 113조위원회, 농업문제 특별위원회), 그리고 전문기관(특수전문분야에 대한 업무수행 및 자문기관인 유럽사회기금, 지역개발기금, 농업지도보증기금, 원자력공동연구소, 유럽투자은행) 등으로 대별될 수 있다.

1) 집행위원회

집행위원회는 EU의 집행기구로서 조약의 시행 임무를 부여받고 있으며 각료이사회의 결정을 집행하고 각료이사회에 대한 각종 법안을 제출하는 권한을 행사하고 있다.[6] 집행위원회는 14명의 위원으로 구성되는데 프랑스, 독일, 영국, 이탈리아의 4개 대국에서는 2인씩, 나머지 국가에서는 1인씩 위원을 선출하며 집행위원회의 결정은 단순다수결로 한다.

집행위원회는 약 10,000명에 달하는 직원이 스태프로 일하고 있다. 이들은 Directorate-General(DGs)로 불리는 20개의 부서로 구성되어 있는데 이 중에서 대외통상규제조치는 "자율적이고 전통적 통상정책수단, 덤핑, 상계관세, 긴급수입제한조치 그리고 일반적인 문제"를 취급하고 있는 Direcutorates의 Division I에서 담당하고 있다. 대외통상사건을 직접 관장하는 Division I는 10여 명에 달하는 법률, 경제전문가와 12명의 회계전문가들로 구성되어 있다.[7] 집행위원회는 대외통상법의 집행에 있어서 주도적인 역할을 담당하고 있다. 즉 대외통상문제에 관하여는 집행위원회는 광범위한 재량권을 행사하고 있는데 조사절차의 개시와 중단이나 잠정 반던핑, 상계관세의 부과, 가격인상약속의 수락 권한을 행사한다. 그리고 각료이사회에 의하여 취하여질 통상규제조치들을 제안하게 되는데, 각료이사회는 집행위원회가 제안한 내용을 수정 없이 그대로 승인하는 것이 보통이다.

2) 각료이사회

각료이사회는 각 회원국 대표들로 구성되며 사안에 따라서 그 구성원을 달리하는데 각 회원국은 6개월마다 순번으로 회장을 맡고 있다. 각료이사회는 집행위원회의 제안을 제한다수결방식(qualified majority vote)에 의하여 결정한다. 따라서 각료이사회는 EU의 입법기관임과 동시에 정책결정기관으로서의 역할을 하고 있다고 할 수 있다.

---

6) 실제로 각료이사회를 집행위원회의 제안이 있는 경우에 그에 따라서는 수동적으로 행동하는 것이 보통이다.

7) Vermulst, "European Community Anti-Dumping Law As Applied to Korea: 1980~1992," 통상산업부 무역위원회창립 5 주년기념세미나, 1992. 7. 2, p. 2.

각료이사회는 반덤핑상계관세문제에 관하여 최종 보복조치의 결정권을 가지고 있으며 긴급수입제한조치에 관하여는 집행위원회의 결정에 대한 재심권을 가지고 있고 신통상정책수단에 의한 보복조치 역시 각료이사회의 권한사항이다.

3) 유럽의회

EU 회원국별로 직접선거에 의해 선출되는 유럽의회는 집행위원회가 각료이사회에 법규의 초안을 제출할 경우 초안을 검토하여 이에 대한 의견을 채택하며 집행위원회나 각료이사회가 제시하는 업무와 예산안을 심의하고 확정된 예산안을 시행감독하는 역할을 담당하고 있다. 따라서 유럽의회는 원칙적으로 다른 기관에 대한 자문감독기관의 기능을 수행하고 있다.

특히 유럽의회는 EU의 공동통상정책을 수립하는 과정에서 집행위원회나 각료이사회에 구두 및 서면질의를 통해 의견을 개진하는 등 통상정책에 간접적으로 영향을 미치고 있다. 즉, 통상규제수단의 채택이나 강화 등에 관한 유럽의회의 의견은 집행위원회가 각료이사회에 제출하는 법안의 작성과정 및 법규의 시행과정에서 적극적으로 반영되고 있다.

4) 사법재판소

룩셈부르크에 위치한 사법재판소는 EU 공동체의 창설조약과 이를 토대로 제정된 각종 법규들에 대한 최종 유권해석을 내리고 EU의 기관들이 실행하는 조치의 적법성 여부에 대하여 판정하고 있다. 또한 사법재판소는 공동체창설 조약과 법규의 시행과 관련하여 EU역내의 개인, 법인, 기관 위원회간에 발생되는 법적 분쟁을 조정하는 임무를 수행하고 있다. 따라서 EU사법재판소는 EU조약의 해석 및 적용에 관하여 최종적 판단의 기능을 수행하고 있다.

특히 사법재판소는 EU 공동통상정책의 수립 및 시행과정에 직접적으로 관여하지는 않으나 이에 관련된 소송이 제기될 경우 법적 판단을 통하여 영향력을 행사할 수 있다. 이는 사법재판소 판결에 따라 EU 당국의 통상규제조치가 취소될 수도 있으며 집행위원회의 통상규제관행도 변경될 수 있기 때문이다.

5) 경제사회위원회

로마조약에 의해 설립된 경제사회위원회는 이사회와 집행위원회에 대하여 권고 및 조언을 하는 자문기관이다. 즉 이사회 및 집행위원회는 공동체 생활에 영향을 미치는 제반 문제에 대하여 경제사회위원회의 자문을 구하고 있다. 경제사회위원회는 경영자단체, 노동자단체 그리고 기타의 이익단체들의 대표들로 구성되어 있으며 경제 및 사회관련 제 이익단체들을 공동시장의 형성에 참여하게 하고 제반 문제에 대한 그들의 견해를 이사회나 집행위원회에 전달하고 있다.

6) 상주대표위원회

회원국의 EU주재 대사로 구성된 상주대표위원회는 집행위원회가 작성한 법규초안을 전문적으로 검토하고 이에 대한 회원국들의 상반된 견해를 조정하여 각료이사회의 의결이 신속히 진행되도록 지원하고 있다. 그리고 상주대표위원회는 각료이사회의 작업을 준비하고 이사회가 위촉한 임무를 수행하고 있다.

3. 일본의 통상정책

3.1 통상정책의 기조와 목표

(1) 통상정책의 기조

일본의 통상정책은 그 시발점부터 산업정책과 깊은 관련을 가지고 있었다. 17세기의 중상주의자들로서는 목표를 강력한 수출경쟁력을 가진 국내산업의 육성에 있었다. 산업정책의 이론적인 기초를 처음으로 정립했던 것으로 믿어지는 19세기 독일의 역사학파인 리스트는 후발공업국은 국제경쟁이 가능해질 때까지 국내산업을 보호육성할 수 있는 이론적 근거가 있다고 주장했다. 물론 통상정책은 산업정책을 위한 단순한 수단이라고 딱 잘라 말할 수만은 없다. 원활한 통상관계는 외교면에서도 필수조건이다. 자유무역원칙이 선진국 수뇌회담 때마다 거듭해서 확인되곤 하는 것도 이것이 경제합리성에 부합된다는 한 가지 이유에서만이 아니라 자유세계의 유대를 강화시켜 주는 교량으로서의 의의가 있기 때문이다.

산업정책과 통상정책의 관련은 갈수록 더욱 강화되고 있다. 전후 자유무역원칙하에서 세계무역은 세계경제의 신장을 상회하는 속도로 확대되어 나갔다. 그리하여 각국 경제에 차지하는 수출입의 비율도 점차 높아졌고 경제정책, 이 가운데서도 특히 산업정책을 전개해 나가는 데 있어서 통상정책의 의의와 중요성은 필연적으로 높아졌다.

시장의 메커니즘에 비해 가장 적합한 자원배분이 결정된다는 인식을 기본으로 하고 산업정책은 이의 보완을 위해 시행되는 것이라는 점과 국제무역에 있어서도 역시 자유무역이 기본이 되야 한다. 그러니까 일본의 통상정책도 이를 보완한다는 점에서 전개되어 왔다고 볼 수 있다.

(2) 통상정책의 특징

산업정책이 '발전을 선도하는 것, 신장돼 나가는 것'과 '조정되고 쇠퇴해 가는 것'에 대해 각각 전개되듯이 산업정책의 수단으로서의 통상정책도 다음 두 가지 타입으로 나누어 생각할 수 있다. 첫째는 장기적인 관점에서 볼 때 도저히 외국으로부터의 수입경쟁에 대항하지 못하고 노동이나 자본이 철퇴이전하는 과도기의 조정과정을 용이하게 하는 정책이다. 둘째는 장래의 성장산업을 향해 국내자원을 적극 동원하여 경쟁력을 높일 때까지 수입품과의 경쟁에서 국내산업을 보호하는 경우이다. 자원배분의 최적화라는 관점에서 본다면 첫번째의 경우는 수입제한과 같은 보호를 정당화할 수 있는 근거가 희박하므로 국제적인 이해는 얻을 수 없을 것이다. 반대로 산업의 경쟁력 회복을 위한 지원조치 및 노동자의 신규 직종에 대한 훈련 등과 같은 국내에서의 원조는 적극 촉진시켜 왔다고 생각한다.

두 번째의 경우는 유치산업보호론으로서의 이론적으로도 설득력이 있는 것이지만 이 경우 역시 보호조치는 통상국내면을 불문하고 시한적이어야 하며 또한 회사 전체의 장래이익이 현재의 코스트보다 커야 하고 또 사기업의 노력만으로서는 절대로 자립이 불가능하는 등이 전제가 된다.

1) 민·관협력체제의 통상정책

일본 통상정책의 특징 중의 하나는 민간분야의 자문과 협조를 통해 정부의 집행이 이루어지고 있다는 점이다. 이러한 특징은 소비자와 생산자, 그리고 판매자의 이익을 충분히 대변한다는 이점도 있지만 반면 해외상품의 일본시장 진출을 어렵게 만든다는 점에서는 불리한 요소로 작용하기도 한다. 어쨌든 전통적인 일본 통상정책의 결정은 민간분야의 자문을 통해 정부와 의회의 긴밀한 협조로 입안되고 실행되고 있다.

2) 문화적 통상장벽 형성

일본의 전반적인 기업문화는 합리적이고 논리적이며 업무중심적인 거래관행보다는 인간적인 유대와 신뢰를 바탕으로 인간적인 거래관계를 중시하기 때문에 외국기업이 일본에 진출하려 할 때는 상당한 어려움을 겪고 있다. 또한 외국인에 대한 배타적인 자세와 형식적인 의사결정 및 의사결정의 불투명 등은 일본에 진출하려하는 외국기업에 대한 사회적 차별대우로 받아들여지고 있다. 이러한 일본의 문화적 관행이 직·간접적으로 일본의 통상정책 수립에 영향을 미치기도 하고, 일본우월주의와 외국배타주의를 만들어내기도 한다. 불확실한 태도 불투명한 제도 내용보다는 형식중시 등은 일본뿐만 아니라 불교와 유교에 영향을 받은 아시아의 대부분의 국가들이 처한 입장이라고 볼 수 있다.

3) 국가전략산업의 적극적 보호 및 육성

어느 국가나 마찬가지겠지만 일본도 장래의 성장 가능한 산업을 집중 보호 및 육성하므로 국가경쟁력을 강화시켜 나간다는 통상정책의 목표를 설정해 두고 있다. 따라서 어떤 분야의 산업이 국제경쟁에서 우위를 확보할 때까지 일본은 국내자원을 적극 동원하여 지원·육성해 나가는 체제를 갖추고 있다.

3.2 통상정책 관련기구

(1) 의 회

중의원과 참의원으로 구성된 일본 의회는 헌법상 국가권력의 최고기관으로 국제조약 체결의 승인권과 법률제정권을 통해 국제통상정책의 수정과 집행에 영향을 미치고 있다. 즉, 국제통상정책에 관한 집행권한은 헌법에 의해 행정부서에 부여되어 있으나 행정부서는 단지 의회의 사전 또는 사후의 승인하에 국제통상 관련조약을 체결할 수 있으며 의회에서 제정된 법률의 범위 내에서만 국제통상정책을 시행할 수 있다.

그러나 일본 의회는 업무분담을 통한 행정부서의 감독보다는 단지 행정부의 독자적인 정책결정과 집행에 대하여 정당성을 부여하는 기구로써의 기능을 수행하고 있다. 따라서 일본의 경우 미국이나 EU와는 달리 행정부서 특히 전문관료집단이 국제통상정책의 수립과 집행에 중심적인 역할을 수행하고 있다.

(2) 행 정 부

1) 대 장 성

대장성은 은행 등 주요 금융기관에 대한 통제세입 및 세출에 대한 결정 그리고 경제계획의 수립과 집행 등을 주요 업무로 하고 있다. 특히 대장성은 산하의 관세국을 통하여 관세행정에 관한 제도 및 정책의 조사, 입안, 수출입, 화물관리, 지정보세지역(창고)관리, 통관업의 허가 및 감독, 관세협정에 관한 조사, 입안 그리고 관세의 부과 및 징수의 업무를 수행하는 등 국제통상활동에 적극적으로 개입하고 있다.

또한 대장성은 수입급증으로 인한 국내산업의 피해를 방지하기 위해 상계관세, 반덤핑관세 그리고 긴급관세 등의 부과업무를 수행하고 있다.

2) 통상산업성

통상산업성은 국내산업정책은 물론 통상정책, 에너지정책 등 광범위한 산업육성정책을 관장하고 있다. 특히 통상산업성은 통상행정을 담당하는 최고중앙기관으로 통상정책의 기본방향과 구체적인 운용지침을 작성시행하고 있다. 즉, 통상산업성은 산하의 통상정책국과 무역국을 통하여 통상정책의 수립 및 시행, 통상협정 체결, 국제통상 협력추진, 통상의 진흥 및 조정, 수출입업무 총괄, 통상관련 외환관리의 업무를 수행하는 등 국제통상활동에서 주도적인 역할을 수행하고 있다.

3) 외 무 성

외무성은 대외경제정책의 수립 및 입안에 중요한 역할을 담당하고 있으며 특히 통상관련 국제협상과 국제기구에 일본 대표로서 참석하는 등 국제통상활동에 적극적으로 참여하고 있다.

외무성은 산하의 경제국과 경제협력국을 통해 무역진흥단체에 관한 업무, 국제무역과 관련된 대외단체의 조정, 특정산업분야에 관한 국제협력, 대외경제 및 기술협력과 관련된 국제기구, 협정에 관한 업무를 수행하는 등 국제통상활동을 하고 있다.

4) 각료회의

일본 정부는 중요한 경제통상관련 현안문제들에 대한 관련부처간의 상충된 견해나 이익을 조정하기 위해서 각 부처간 협의체인 각료회의를 구성, 운영하고 있다.

즉, 각료회의는 내각이 국제통상활동에 대한 중요한 정책을 수행하기 전에 관련부처간의 이해를 조정하는 역할을 수행하고 있다. 이에 따라 총리부의 대외사무고문관실, 무역협의회, 경제대책 각료회의 등 다양한 협의체가 구성되어 운영되고 있다.

(3) 각종 심의기구

일본 행정부서들은 국제통상 현안문제에 대해 민간부문과 긴밀히 협의하기 위해 관련분야의 관료, 업계 및 학계의 전문가로 구성된 각종 심의회를 설치운영하고 있다. 이와 같은 심의회는 독립된 민간기구로서 행정부의 의사결정을 심의하는 것이 아니라 행정부에 부속된 기구로서 관료집단의 의사결정에 정당성을 부여하거나 사실상의 효력을 보완하는 역할을 수행하고 있다.

그러나 각종 심의회는 행정부의 국제통상 관련정책을 심의하고 이에 대한 의견을 제출하므로 국제통상정책의 수립 및 집행에 지대한 영향력을 행사하고 있다. 국제통상과 관련된 심의회에는 경제기획청 산하의 경제심의회, 대장성 산하의 관세율심의회, 외자심의회 그리고 통상산업성 산하의 산업구조심의회, 수출입거래심의회, 수출검사 및 디자인장려심의회 등이 있다.

(4) 기타 통상관련기관

이외에도 통상과 관련된 기관에는 수출검사법에 설립근거를 둔 수출검사기관, 표준 및 관련문제에 대한 외국수출업자 및 일본기업의 청원절차를 신속정확하게 처리하기 위해 정부기관으로 설립된 시장개방문제 불만사업본부, 관료기구와 의회 및 정당에 영향력을 행사하는 사업자, 농민, 노동조합 등 각종 민간압력단체 등이 있다. 그리고 해외의 경제무역동향에 관한 정보수집 및 제공, 수출촉진 등을 주요 목적으로 하는 일본무역진흥회(Japan External Trade Organization: JETRP)도 국제통상업무를 수행하고 있다.

제 4 장 연습문제

논술형

1. 주요국 통상정책의 유형과 시사점을 논하시오.
2. 우리나라 통상행정조직의 기능 및 문제점을 논하시오.
3. 미국 통상정책의 의의와 그 특징을 논하시오.
4. EU 통상정책의 의의와 그 특징을 논하시오.
5. 일본 통상정책의 의의와 그 특징을 논하시오.

약술형

1. 통상행정조직의 유형
2. 집중형 통상행정조직의 장단점
3. 분산형 통상행정조직의 장단점
4. 미국 통상정책의 기조
5. USTR
6. ITC
7. EU의 통상관련 주요기구
8. EU 통상정책의 특징
9. 일본 통상정책의 특징

제 3 부

국제통상법

제 5 장

국제통상법 개설

제 1 절 국제통상법의 기본 개념

1. 국제통상법의 개념

오늘날 국제통상에 관한 모든 사항을 규제하는 단일법으로서의 국제통상법은 존재하지 않으며, 흔히 불리는 국제통상법(international trade law, law of international trade and commerce)이라고 하는 것은 대외통상에 관련되는 일련의 법들을 총칭하는 것이라고 볼 수 있다. 즉, 나라와 나라 사이에서 정부간 또는 정부와 개인간이나 또는 개인 상호간에 이루어지는 상품과 서비스의 교역, 자본과 노동, 기술투자 및 기타 지적재산권의 이전 등에 관련하여 규율하는 모든 국제공법까지를 국제통상법이라고 정의할 수 있다.

이처럼 국제통상법은 기본적으로 국제무역의 질서유지와 국제규범을 정하여 효율적인 통상무역거래가 이루어지도록 하고 또 이를 둘러싼 각종 분쟁의 해결 내지는 경감을 목적으로 존재하는 법률이다. 따라서 국제통상법이라 함은 국제통상의 경제법적인 이념뿐만 아니라 통상무역거래의 전반적인 진행과정에 걸쳐 규범화되어 있는 모든 국제법규를 지칭하는 것이다.

한편 1966년 유엔에 설립된 국제무역법위원회(United Nations Commission on International Trade Law : UNCITRAL)는 그 설립보고서를 통하여 국제통상(무역)법이란 "서로 다른 국가들이 관련하는 사법성의 상사관계를 규율하는 법체계"(the body of rules governing commercial relationships of a private law nature involving different countries)라고 규정하고 있다. 또한 Hans Van Houtte 교수(로이벤大)는 그의 저서 *The Law of International Trade*에서 "국제통상법이란 국가간의 통상무역거래 및 이에 수반되는 금융관계 등에 관한 법적 규범을 의미한다"라고 정의하고 있다.[1)]

2. 국제통상법의 규율대상

국제통상법의 규율대상은 국제통상을 수행해 나가는 주체일 수도 있고 이러한 통상거래의 대상물인 객체일 수도 있다. 그러나 이 법의 규율대상이면서 동시에 연구대상이기도 한 국제통상관계의 다양성과 복잡성은 무엇보다 이루 헤아리기 어려울 정도로 많은 주체와 대상에 잘 나타나 있다.

(1) 주체에 의한 구분

1) 국제기구

통상문제와 관련하여 국제기구는 세계은행과 같은 정부간 국제기구 이외에 국제상업회의소와 같은 비정부간 기구 등도 매우 중요한 역할을 담당하고 있다. 예컨대 오늘날 세계의 대다수 국가가 참가하고 있는 WTO는 국제통상에 관한 규범을 주도해 나가는 중요한 국제기구이며, 또 IMF(국제통화기금)는 그동안 국제수지의 균형과 통화안정을 추구해 온 국제기구이고, 최근 새로운 국면으로 발전하고 있는 지역경제적 국제기구로는 EU(유럽연합), NAFTA(북미자유무역협정), ASEAN(동남아국가연합) 등이 있으며, OECD(경제협력개발기구)와 같은 선진국 중심의 국제협력기구 등도 모두 국제통상법의 규율대상이 되는 주체이다.

1) 서정두, 「국제통상법」, 삼영사, 1996, pp. 66~70.

2) 국가 또는 정부

국제통상법은 국제기구뿐만 아니라 어느 국가에 의하여 강행법규로 제정한 통상관련 국내법도 그 대상으로 하고 있으며, 또 어느 국가나 정부가 상업적 행위를 할 때 이는 국제통상법의 주체로서 규제의 대상이 된다. 즉, 국가가 공법의 주체로서 행하는 주권적 행위는 국제통상법의 대상이 되지 않지만, 만약 특정국가의 정부가 사경제의 주체로서 상업적 행위를 할 경우 이는 국제통상법의 영역에서 다루어져야 할 문제라는 것이다. 예컨대 WTO협정에서도 국영무역, 즉 국가단위로 무역을 수행하거나, 또는 국가를 대행하는 기관이나 조직을 통하여 무역을 수행하는 경우에는 국가도 국제통상법의 적용을 받도록 하고 있다.

3) 기업 또는 개인

영리를 목적으로 하는 기업이나 개인은 국제통상법의 주체로서 이러한 법률의 대상이 된다. 기업이나 개인은 통상문제와 관련하여 상품과 서비스의 교역, 자본의 투자 또는 지적재산권의 이전 등 국제통상무역업무를 수행하는 주체이다. 따라서 기업이나 개인의 상행위는 국제통상법의 기본적인 규제대상이 된다. 다만, 국제통상무역에 참여하는 기업이나 개인은 공법적인 주체가 아니라 어디까지나 사법적인 주체일 뿐이다.

(2) 객체에 의한 구분

1) 유형의 상품

국제통상의 가장 기본이 되는 대상은 유형재인 일반상품의 수출입을 들 수 있다. 따라서 국제통상법이 추구하는 주요 규제대상도 상품에 대한 국제교역에 있다고 해도 과언은 아니다. 예컨대 WTO는 기본적으로 국가와 국가 사이의 상품 수출입에 대한 규칙과 질서를 부여해 주는 국제협정이다. 즉, 수출입과정에 대한 명료한 원칙과 규칙을 제정함으로써 나라 사이의 무역이 보다 더 원활하게 이루어지도록 하려는 것이다. 상품을 수입하기 위한 수입허가절차로부터, 농수산물 등의 검역과정, 상품의 국제적 표준, 나아가 관세부과절차와 수준에 대한 일정한 기준을 정해 놓고 있는 것이다.

2) 서비스, 기술이전 및 지적재산권

서비스와 지적재산권은 1980년대부터 국제통상에서 차지하는 비중이 높아지기 시작하여, 1990년대에 들어서면서부터는 컴퓨터 및 정보산업과 같은 첨단기술이 급속히 발전하고 새로운 기업의 운영방식이 개발됨에 따라 그 비중이 급격히 높아지고 있다. 이에 따라 선진국이 주축이 되어 국제통상법의 규제대상으로 부각된 분야가 소위 서비스, 기술 및 지적재산권의 이전에 따른 보호문제이다. 그동안 운송, 보험, 금융, 통신, 의료, 법무 등 서비스분야의 국제교역은 꾸준히 증가되어 왔으나, 이의 거래질서를 규율하는 국제규범이 정립되어 있지 않아 국가에 따라서는 상당한 제약을 받아 왔다. 이에 WTO에서도 서비스협정이 체결됨으로써 이 분야에 대한 새로운 국제규범이 마련된 셈이다. 또한 WTO에서는 무역관련 지적재산권의 보호와 자유화조치 등에 관한 국제규범도 마련되어 있다. 오늘날 국제교역의 대상은 기존의 상품교역에서부터 서비스, 지적재산권의 이전에 관한 문제로까지 확대되고 있어 이 분야는 국제통상법의 중요한 대상이 되고 있다.

3) 해외투자, 자본 및 국제금융

국제통상법이 규율하는 대상을 법률관계의 성질에 따라 나누어 보면, 대체로 자본 및 국제금융, 해외투자, 자원의 개발, 수입 등으로 요약할 수 있다. 국제통상과 관련하여 자본이 국제적으로 이동되는 가장 중요한 형태에는 수출입거래에 의한 대금결제과정에서 이루어지는 자본의 국제적 이동과 해외에 자본을 투자하는 해외직접투자에 의한 자본의 국제적 이동 등이 있다.

우루과이라운드에서도 무역과 관련된 부분의 해외직접투자에 관한 한 각국 정부에서는 진출기업에 대하여 그동안 부과시켜 왔던 여러 가지 형태의 각종 규제들을 철폐하도록 한다는 데 합의하였으며, 위반시에는 WTO의 규제를 받도록 하였다. 해외투자에 있어서는 관련기업의 진출형식과 전략에서부터 이에 따르는 위험에 대한 대응방안에 이르기까지 법률문제와 관계되지 아니한 것이 없다.

특히 우리의 경우 해외자원의 개발수입을 위한 투자는 당사자와 기간과 내용상의 특색뿐만 아니라, 그 준거법 조항에 있어서도 국제법과 국내법안에 공통되는 원칙이나 법의 일반원칙을 규정하고 있는 예가 많아서, 이 두 법을 모두 법원으로 포괄하고 있는 국제통상법(국제경제법)의 주요한 규율대상이 된다.

국제금융에 있어서는 각기 법적 지위와 성격이 다른 경제주체들이 대주와 차주로 등장할 뿐만 아니라, 그 방법에 있어서도 다양한 금융기법이 동원된다. 공공차관은 물론이고, 상업차관과 뱅크 론의 도입과 외자의 조달을 위한 국제금융시장에의 진출에는 항상 법률문제가 따르기 마련이고, 이것 또한 국제통상법의 주요한 규율대상이 아닐 수 없다.

제 2 절 국제통상법의 법원과 구성체계

1. 국제통상법의 법원

법원은 법의 존재형식으로 국제통상법은 그 연구대상이 광범위한 것처럼, 그 법원도 여러 부문을 망라하고 있다. 주요 법원인 국제법 외에도 각국의 통상관련 입법을 포괄하며, 여기에는 공법과 사법이 모두 포함된다.[2] 오늘날 국제경제관계의 중심축의 이동으로 이제 국제통상문제가 국제경제법에 있어서 핵심적인 주요한 연구대상이 되었다. 이에 따라 WTO협정은 다자간 통상법규를 포괄적으로 규정하고 있는 UR 이후의 국제통상법의 가장 중요한 법원이다.

국제통상활동은 대부분 상이한 법 영역에 걸쳐서 이루어지므로, 국가간의 마찰을 최소화시키기 위하여 국제통상활동에 관련된 법규의 선택이 매우 중요하다고 할 수 있다. 국제통상활동은 국제조약, 국제관습법, 많은 국가들이 승인하고 있는 법률의 일반원칙, 그리고 재판상의 판례 등의 적용을 받고 있다. 따라서 국제조약과 국제관습법이 국제통상활동에 적용될 수 있는 대표적인 법의 형태(법원)라 할 수 있으며, 그 구체적인 예가 바로 WTO협정이다.

(1) 국제조약

국제조약이란 국가 또는 그 밖의 능동적 국제법 주체들간의 문서에 의한

2) 장효상, 「국제경제법」, 박영사, 1986, p. 6.

합의를 의미한다. 즉, 국제조약은 통상법의 주체인 국가와 국가간에 특정통상활동에 대하여 일정한 국제법의 적용을 위해 단일 문서나 둘 또는 그 이상의 문서를 교환하는 국가간의 명시적인 합의결정을 나타낸다.

국제조약[3]은 발효와 동시에 조약체결당사국과 조약체결의 거래당사자들에게는 즉시 적용되나, 조약에 가입하지 않은 국가의 경우에는 당사국(자)간의 합의에 의해 국제조약의 적용이 가능하다. 국제통상과 관련된 국제조약은 주로 국제연합이나 산하기구, IMF, WTO 등 국제적 기구들에 의해 제정되고 있다. 국제조약은 그 적용대상에 따라 기업의 국제적 통상거래를 규율하는 조약과 국제경제관계에서 회원국들의 권리와 의무를 규율하는 조약으로 대별될 수 있다. 즉, 주로 국제무역거래와 관련된 국제조약들이 전자에 속하며, IMF를 중심으로 한 국제통화제도, IBRD를 중심으로 한 국제개발제도, 그리고 WTO를 중심으로 한 국제통상제도 등이 후자에 속한다.[4]

(2) 국제관습법

국제관습법은 국제통상활동을 규율하고 있는 국가간의 묵시적 합의에 의해 법률이나 규칙으로 수용되는 일반적 관행을 의미한다. 즉, 국제관습은 동일한 행위의 반복된 관행과 동 관행의 준수가 법적 의무화라는 개념에서 대두되었다.

국제관습은 일반적으로 국제조약과는 달리 국제통상활동에 있어서 각 국가에서 공식적으로 채택하거나 강제적으로 적용되는 강행법규가 아니다.

이는 묵시적으로 승인한 국가나 통상거래조건에 국제관습의 적용을 명시적으로 규정한 당사자들에게만 적용되고 있다. 따라서 국제관습법은 통상거래 당사자들간의 국가가 국제관습에 대한 법적 효력을 인정하지 않을 경우와 거래당사자들이 국제관습을 구속력 있는 통상규범으로 상호 수용하지 않을 경우 국제통상에서 적용될 수 없게 된다.

그러나 국제관습은 국제통상 및 관련국제조약의 해석에 대한 기본적 지침, 국제조약에 가입하지 않은 국가들에 대한 법적인 규율근거, 그리고 법규

3) 국제조약은 국가 또는 그 밖의 능동적 국제법 주체들간의 문서에 의한 합의를 의미한다. 조약(treaty)과 유사한 의미로는 협약(convention), 협정(agreement), 규약(covenant, statute), 의정서(protocol), 합의각서(memorandum), 결정서(settlements), 헌장(charter) 등이 있다.

4) 김선광 외 3인, 전게서, pp. 267~268.

로 인정되고 있는 일반관행의 증거로서 그 중요성을 갖고 있다. 특히 국제통상과 관련된 국제관습법은 개별기업간의 국제거래 즉, 상거래에 종사하고 있는 사람들이 일상 반복하여 행하는 거래행위나 관련행위 중에서 국제거래관행인 국제관습법을 그 주요 내용으로 하고 있다.

2. 국제통상법의 구성체계

국제통상법은 국제통상의 경제법적인 이념에서부터 무역거래의 전반적인 진행과정에 걸쳐 규범화되어 있는 모든 국제법규를 지칭한다. 여기에는 국가 또는 개인의 합의에 따라 그 내용을 바꾸거나 적용을 배제할 수도 있는 임의법규도 있고 이를 임의로 바꿀 수 없는 강행법규도 있으며, 또 통상문제에 관련된 여러 규범의 충돌을 통하여 국제통일법으로 형성되어 가는 것도 있다.

현재 국제규범으로 마련되어 있지만 실질적인 기능을 발휘하지 못하는 경우도 많다. 아래에서는 국제통상법의 법체계상의 지위와 타법과의 관계 및 그 구성체계에 관하여 살펴보고자 한다.[5)]

(1) 법체계상의 지위

국제통상법이 하나의 독립된 법체계로서 그리고 학문적인 독자성이 있느냐 하는 문제는 그 실질적인 대상이 자주성이나 주체성, 합리성을 갖고 있느냐에 따라 결정될 수 있는 것이다.국제통상법의 일관된 대상으로는 국제통상의 주체인 국제기구 국가 또는 정부, 기업 또는 개인 그리고 국제통상의 객체인 상품, 서비스, 기술투자, 지적재산권 등이 현실적으로 존재하고 있다. 또 이러한 분야는 학문적으로도 국제통상이라는 주체성과 합리적인 목적을 바탕으로 성립되며 새로이 발전하는 환경이론기술제도 등을 과학적으로 분석 연구할 수 있는 법역을 갖고 있다. 그렇다면 국제통상법은 일반적인 법체계상 어떠한 지위에 있는지를 살펴보기로 한다.첫째, 법은 그것이 자연적으로 존재하는 것인지, 아니면 인간이 만든 것인지에 따라 자연법(natural law)과 실정법(positive law)으로 나눌 수 있는데, 국제통상법은 국제무역을 영위하기 위해 인간이 만든 실정법에 속한다.

5) 서정두, 전게서, 1995, pp. 73~75.

둘째, 법은 다시 국제사회에 필요한 것인지, 아니면 국내사회에 필요한 것인지에 따라 국제법(International law)과 국내법(domestic law)으로 나눌 수 있는데, 국제통상법은 국제사회에 필요한 것이므로 국제법에 속한다.

셋째, 법은 무차별적으로 그 적용대상을 정한 것인지, 아니면 특정의 사람, 물건, 행위 등에만 적용하기 위한 것인지에 따라 일반법(general law)과 특별법(special law)으로 나눌 수 있는데 국제통상법은 국내 내지 국제사회의 기본법을 상위에 둔 특별법에 속한다.

넷째, 법은 그 법률관계의 규율대상이 수직관계에 있느냐, 아니면 수평관계에 있느냐에 따라 공법(public law)과 사법(private law)으로 나눌 수 있는데 국제통상법은 국가 또는 정부단위의 조약이나 협정에 따라 정부나 공공기관의 활동을 수직적으로 규율하는 국제공법에 속하는 것도 있으며 또 타국에 있어서의 기업이나 개인의 활동을 수평적으로 규율하는 국제사법에 속하는 것도 있다. 즉 국제통상법에는 공법성과 사법성이 혼합되어 있기 때문에 이를 구별하는 것은 아무런 의미가 없다.

(2) 타법과의 관계

우선 국제통상법은 유엔헌장과 같은 국제기본법과 구별되어야 한다. 국제통상법은 국제사회에 필요한 법이라는 점에서 국제기본법과 맥락을 같이 하지만 오늘날 교통과 통신의 발달로 국제관계가 폭발적으로 증가하고 세분화됨으로써 국제기본법 이외에 수많은 국제특별법이 성립발전되어 왔다. 따라서 국제통상법은 국제법을 일반법으로 하는 국제특별법의 위치에 있다는 점에서 차이가 있다.

또 국제통상법은 국제사법과 구별되어야 한다. 국제사법은 국제경제에 관한 측면이나 또는 국가간 법률관계의 저촉과 협력이라는 측면에서 기업, 개인, 기타 사적인 단체의 활동이 일국의 국경을 넘을 때 그 활동을 대상으로 하는 법인 데 반하여 국제통상법은 국제사회에서의 경제적인 실질통상관계를 규율하기 위한 국제공법과 국제사법이 혼합되어 있다는 점에서 서로 차이가 있다.

끝으로 국제통상법은 민법이나 상법과 같은 국내사법과도 구별되어야 한다. 국내사법은 사인의 신분이나 재산에 관한 국내법인 데 반하여 국제통상법은 국제사회에서의 통상문제에 관한 국제법이다. 따라서 국제통상법의 해석은 국제법을 배제하고 국내법의 기초 위에서만 이루어져서는 아니 될 것이다.

(3) 국제통상법의 체계

국제통상의 흐름은 각국이 경제학적으로 무역이익을 분석하고 통상정책에 따라 외국과 통상협상을 진행하면서 거래당사자인 기업이나 개인은 각기 수출입전략을 수립하고 이에 따라 수출입계약을 체결하고 그 계약을 이행해 나가는 계통 속에서 이루어지는 것이다. 국제통상법은 바로 이러한 국제통상의 전 단계에 걸쳐 질서유지와 교역증진 내지 규제를 위하여 존재하는 법률이다. 따라서 국제통상법은 먼저 거시적인 국제경제관계를 규율하는 국제경제법의 영역과 다른 한편으로는 거래당사자간의 사적인 무역관련 계약과 상사분재해결 등을 규율하는 국제상사법의 영역으로 나누어 볼 수 있다.

첫째, 국제경제법의 영역을 대체로 WTO나 OECD를 비롯한 국제경제기구 지역공동체 또는 국가단위와 같은 국제경제주체에 관한 규범, 그리고 국제경제활동의 객체에 따른 상품무역규범, 서비스무역규범, 자본거래규범, 국제지적재산권규범 등에 의하여 구성되어진다. 단지 이 책에서는 국제통상의 직접대상이 되는 상품, 서비스, 지적재산권 등의 분야를 중심으로 살펴보기

그림 5-1 국제통상법의 체계

로 한다. 국제경제법의 체계는 국제경제질서의 변화와 각국의 정책방향이나 논자들의 시각에 따라 여러 각도에서 설정할 수도 있을 것이다.

둘째, 국제상사법의 영역은 일반적으로 거래당사자간에 무역관련 계약이 체결되어 상거래가 종료되기까지의 진행과정에 따라 분류할 수 있는데 그 대표적인 구성요소로는 국제무역계약법규, 국제무역결제법규, 국제화물운송법규, 국제해상보험법규, 국제상사중재법규 등이 있다. 다음으로는 국제통상법을 구성하는 국제경제법과 국제상사법의 구체적인 개념과 성질 등에 대하여 알아보기로 한다. 물론 국제통상문제를 국제경제관계의 한 분야라고 본다면, 국제통상법도 국제경제법의 하위개념으로 둘 수 있겠으나, 전술한 바와 같이 국제통상이란, 경제학적인 이론분석뿐만 아니라 그 실천적인 무역상무의 분야도 중요한 위치를 차지하고 있기 때문에 국제통상법을 국제경제법과 동일시하거나 또는 그 하위개념으로 두는 것은 합리적이라고 볼 수 없다.

제 5 장 연 습 문 제

논술형

1. 국제통상법의 의의와 규율대상을 논하시오.
2. 국제통상법의 법원과 구성체계를 논하시오.

약술형

1. 국제조약
2. 국제관습법
3. 국제통상법의 의의
4. 법체계상 국제통상법의 지위
5. 국제통상법과 타법과의 관계
6. 국제통상법의 체계

제 6 장

국제통상법의 주요 내용

제 1 절 다자간 통상법규

1. 세계무역기구(WTO)

1.1 WTO의 의의와 기본원칙

(1) WTO의 의의

세계무역기구(World Trade Organization : WTO)는 모든 교역분야에서 자유무역질서를 확대 · 강화하고 제도화하기 위한 목적에서 출범한 기구로서, 경제분야의 UN이라고 할 수 있다. WTO의 출발은 과거 1960년대의 자유무역체제가 1980년대에 접어들면서 관리무역체제로 변화된 국제무역질서를 다시 자유무역체제로 전환시켜 세계경제의 활성화 계기를 마련하였다는 데 그 의의가 있다.[1)]

WTO는 자유무역질서를 보다 확고히 정착시키고 이에 위배되는 행위를

1) 박종수, 「국제통상관계론」, 도서출판 두남, 1995.

WTO 회원국(2000년 5월 기준)

Angola
Antigua and barbuda
Argentina
Australia
Austria
Bahrain
Bangladesh
Barbados
Belgium
Belize
Benin
Bolivia
Botswana
Brazil
Brunei Darussalam
Bulgaria
Burkina faso
Burundi
Cameroon
Canada
Central African republic
Chad
Chile
China
Colombia
Congo
Costa Rica
Co te d' loire
Cuba
Cyprus
Czech Republic
Democratic Republic of the Congo
Denmark
Dijibouti
Dominica
Dominican republic
Ecuador
Egypt
El Salvador
European Communities
Fiji
Finland
France
Gabon
Gambia
Germany
Ghana
Greece
Grenada
Guatemala
Guinea Bissau
Guinea
Guyana
Haiti
Honduras
Hong Kong, China
Hungary
Iceland
India
Indonesia
Ireland
Israel
Italy
Jamaica
Japan
Kenya
Korea
Kuwait
The Kyrgyz Republic
Latvia
Lesotho
Liechtenstein
Luxembourg
Macau
Madagascar
Malawi
Malaysia
Maldives
Mali
Malta
Mauritania
Mautitius
Mexico
Mongolia
Morococo
Mozambique
Myanmar
Namibia
Netherlands-For the Kingdom in Europe and for the Netherlands Antilles
New Zealand
Nicaraqua
Niger
Pakistan
Nigeria
Panama
Papua New Guinea
Peru
Philippines
Poland
Portugal
Qatar
Romania
Rwanda
Saint Kitts and Nevis
Saint Lucia
Saint Vincent & the Grenadines
Senegal
Sierra Leone
Singapore
Slovak Republic
Slovenia
Solomon Islands
South Africa
Spain
Sri Lanka
Suriname
Swazilan
Sweden
Switzerland
Tanzania
Thailand
Togo
trinidad and Tobago
Tunisia
Turkey
Uganda
United Arab Emirates
United Kingdom
United States
Uruguay
Venezuela
Zambia
Zimbabwe

〈옵저버국가(Observer goverments)〉: Albania, Algeria, Andorra, Armenia, Azerbaijan, Belarus, Bhutan, Bosnia and Herzegovina, Cambodia, Cpae Verde, People's Republic of China*, Croatia, Estonia, Ethiopia, Former Yugoslav Republic of Macedonia, Georgia, Holy See (Vatican), Jordan, Kazakstan, Lao People's Democratic Republic, Lebanon, Lithuania, Molodova, Nepal, Oman, Sultanate of Russian, Federation, Samoa, Saudi Arabia, Seychelles, Sudan, Chinese Taipei, Tonga, Ukraine, Uzbekistan, Vanuatu, Viethnam, Yemen, Note: All observer countries have applied to join the WTO except the Holy See (Vatican)and, for the time being, Ethiopia, Cape Verde, Bhutan and Yemen.

효과적으로 감시할 수 있도록 현행 계약적 성격이 짙은 GATT체제를 확대개편한 다자간 무역기구이다. 동 기구는 현행 GATT와는 달리 법적 구속력이 강한 권한을 행사할 수 있고 별도의 국제기구 형태로 설치되게 되었다.

GATT 설립 이후 세계경제구조의 커다란 변화를 수용하고 협정 그 자체상의 문제점을 해결하기 위해 1986년 우루과이라운드(Uruguay Round: UR)의 협상이 시작되었다. UR협상은 협상개시 후 7년 3개월만인 1993년 12월 15일에 타결되어 세계경제를 규율할 새로운 다자간 무역규범으로 대두되었으며, 이어 1994년 4월 15일 모로코의 마라케쉬협정(Marrakesh Agreement)을 통해 1995년 1월 1일에 세계무역기구(World Trade Organization : WTO)가 설립되었다.

(2) WTO의 기본원칙

WTO는 규칙지향적(rule-oriented)인 다자간협력체(multilateral cooperation)이다. 이러한 접근방식은 결과지향적(results-oriented) 접근방식과 대비된다. 결과지향적 접근방식의 예로는 시장점유율 협상이나 국제가격 협상을 들 수 있다.

제2차 세계대전 이후 규칙지향적인 접근방식과 결과지향적인 접근방식간에 갈등관계가 계속되었다. 개별국가들이 채택한 쿼터와 같은 무역정책수단은 결과지향적인 접근방식이다. 이러한 개별국가들의 결과지향적인 방식은 '경기의 규칙' (rules of the game)을 설정하는 규칙지향적 방식인 GATT 체제와 마찰을 빚어 왔다. 규칙지향적인 접근방식은 결과보다는 무역장벽의 수준에 관한 합의와 수출시장에서 외국의 생산자들이 대하게 되는 경쟁의 조건 등을 설정하는 데 초점을 맞추었다.

1) 최혜국대우 원칙

최혜국대우(most favored nations : MFN)는 한 호원국이 생산한 상품은 다른 국가에서 다른 어떤 국가에 의해 생산된 상품보다 불리하게 대우받아서는 안된다는 조항이다. 그러므로, 만약 한 교역 상대국에 대하여 특정상품에 5%의 낮은 수입관세율이 적용되고 있다면, 이 관세율은 반드시 즉각적이고 무조건적으로 WTO의 모든 회원국들에게 적용되어야 한다는 것이다.

최혜국대우는 비회원국들에게도 적용될 수 있다. WTO는 GATT로부터 온 것이고, 원래 GATT는 23개국이라는 적은 수의 국가들로 출발하였기 때문에 MFN의 기준이 되는 관세율의 적용은 WTO의 회원국이 아닌 국가들에도 적용되었다. 다시 말하자면, WTO의 한 회원국이 비회원국가에 대해서 낮은 관세율을 제공한다면, 이 경우에도 그 관세율은 WTO의 모든 회원국에게 적용되어야만 한다.

최혜국대우 원칙은 특정국가에 대하여 다른 국가보다 불리한 교역조건을 부여해서는 안 된다는 원칙으로, 세계무역기구체제의 모든 분야에서 요구되는 핵심원칙이라 할 수 있다. 서비스교역에 관한 일반협정은 각국에 이 원칙에 대한 예외를 최혜국대우 일탈목록에 기재하도록 함으로써 예외를 인정하고 있다.

2) 내국민대우원칙

내국민대우(national treatment)원칙이란 외국산 상품이 일단 정해진 관세 등을 지불한 이후에는 국내에 들어와 세금이나 그 밖의 조치에서 '국산품에 비해 불리한 대우를 받지 않아야 한다(no less favorable treatment)'는 조항을 말한다. 즉, 외국을 원산지(origin)로 하는 상품이 국내에서 유통될 때, 국산품(goods of domestic origin)과 동등한 수준의 세금, 부과금(charges) 그리고 규제(regulations)를 적용받아야 한다는 것이다.

따라서 내국민대우원칙은 상품의 국가간 거래에서 국내에 들어와서도 불공정한 대우를 받지 못하도록 함으로써 최혜국 대우를 강화하고 있다(한국에서 소주와 유럽산 위스키에 대해 같은 세율을 적용해야 한다는 주장도 내국산대우원칙을 적용한 것이다).

그러나 여기서 '불리한 대우를 받지 않는다(no less favorable)'는 표현의 의미를 이해하는 것이 중요하다. 이 말은 정부가 외국상품에 대하여 국내 상품보다 더 유리한 대우를 하는 것은 문제가 안 된다는 것을 뜻한다. 즉, 경우에 따라서 정부가 MFN 원칙을 준수하기 위하여 외국상품에 대하여 국내상품보다 더 유리한 대우를 해준다 해도 아무런 문제가 되지는 않는다. 여기서 중요한 것은 외국상품에 대하여 차별하지 않는다는 의미의 동등성(equivalence)의 개념이다.

내국민대우원칙은 외국인과 내국인을 똑같이 대우해야 한다는 원칙으로, TRIPS에서는 이 원칙의 무조건 적용이 요구되나 GATS에서는 내국민대우원칙 적용에 대한 구체적인 약속을 국별양허표에 기재하도록 하고 있다.

3) 시장접근보장의 원칙

WTO의 목표 중에서 가장 중요한 것 중의 하나가 개방된 무역시스템을 촉진하는 것이다. 이를 위하여 중요하게 다루어지는 것이 시장접근(market access)원칙이다. 시장접근이란 관세양허를 통해 수입량을 늘려가는 것을 말한다.

시장접근보장의 원칙은 관세나 조세를 제외한 재화용역의 공급에 대한 일체의 제한을 철폐해야 한다는 원칙으로 내국민대우원칙과 함께 시장개방의 양대 요소를 이루고 있다. GATS 등에서는 국별양허표에 분야별로 구체적인 시장접근범위를 정하도록 하고 있다.

4) 투명성의 원칙

각국의 행정 · 사법기관의 의사결정이나 법령적용, 제도운용이 합리적이며 예측가능하여야 하고 결정에 관한 이유가 고지되어야 하며, 그러한 결정의 기초가 되는 모든 법령 및 자료가 공개되어야 한다는 원칙으로 개방의 실질적인 요소라 할 수 있다. 투명성의 원칙은 세계무역기구체제의 일관된 원칙이나 국가안전보장에 관계되는 내용, 법집행에 위해가 되는 사항, 영업상의 비밀 등 특정한 경우에는 예외를 인정하고 있다.

(3) 예외규정

GATT 1947체제와 마찬가지로 WTO 협정도 기본원칙에 대한 중요한 예외규정을 두고 있다. 그 이유로는 첫째, 규율에 근거하여 운영되는 다자적 무역체제를 유지하기 위해 소정의 요건을 충족할 경우에는 일정한 합리적인 예외조치를 허용하여야 한다는 것이다. 그리고 두 번째로는, 각국의 상이한 경제발전단계를 감안하여야 한다는 것이다. 그에 따라 WTO 협정은 종래의 GATT 체제 아래서와 같이 관세에 의한 국내산업보호를 허용할 뿐 아니라 개도국에 대해서 다양한 예외조치를 부여하고 있다. 이러한 예외조치는 국제경제의 현실을 외면하고 원칙만을 기계적으로 적용하기는 곤란하다는 인식에 근거하고 있다. 그런데 이러한 예외조치가 남용될 소지가 많기 때문에 WTO 협정은 종래 GATT 체제하에서 남용의 온상이 되었던 각 조항에 대해서 요건의 명확화 등 개선을 기도하였으나 아직도 불명확한 조항이 남아 있다. 예외규정은 다음과 같다.

1) MFN원칙의 예외

① 관세동맹, 자유무역지역(제4조)

② 개도국에 관한 예외(GSP, 개도국간의 지역협정)

③ 특정가입국간의 협정 부적용(제34조)

2) 내국민대우원칙에 대한 예외

① 정부조달, 보조금(제3조 8항)(WTO협정하의 정부조달협정, 보조금협정의 규정)

② 개도국에 대한 예외(제18조)

3) 수량제한의 일반적 금지원칙 및 관세부과조치원칙에 대한 예외

① 긴급수입제한조치(제19조), 反덤핑(제6조)

② '웨이버'에 의한 수입제한(제25조)

③ 국제수지의 옹호를 위한 제한(제12조)

④ 식료품 등의 부족방지를 위한 수출제한(제11조)

⑤ 개도국에 관한 예외(제18조)

⑥ 분쟁해결기구가 승인한 대항조치(제23조)

4) 포괄적인 예외규정

① **일반적 예외규정**(제20조) 차별적 대우의 수단으로 혹은 위장된 무역제한조치로 사용되지 않는 한, 공중도덕의 보호, 인간·동물·식물의 생명 또는 건강의 보호, 국보의 보호 등에 대한 조치

② **안전보장상의 예외**(제21조)

시장접근 보장 조치

무차별원칙은 당사국들이 모두에게 동등하게 시장접근 이행을 약속하고, 그 약속을 준수하도록 하기 위함이며, 호혜성 원칙은 시장접근을 강화하기 위한 수단으로 볼 수 있다. 그 밖에 다른 조항들도 시장의 경쟁성(contestability)의 확보를 통하여 시장접근 이행을 강화하고자 하는 목적을 갖는다. 이와 같은 목적을 갖는 GATT의 조항으로는 제2조의 '양허 시간표'(Schedules of Concessions)와 제4조의 '수량제한철폐'(Elimination of Quantitative Restrictions)이다.

WTO에 의해 관세양허(tariff concessions)가 합의되면, 그 내용은 소위 양허

시간표에 게재가 된다. 그 양허는 반드시 이행되어야(bound)한다. 즉, 당사국은 협상국과의 협의 없이 관세를 약속된 수준 이상으로 올릴 수 없다. MFN 원칙은 그러한 혜택이 모든 WTO회원국들에게 돌아가도록 한다. 일반 시장접근을 위한 관세인하의 합의가 이루어지면, 그 효과를 약화시키거나 상쇄시킬 수 있는 다른 조치들을 취해서는 안 된다. 예를 들어, 관세를 인하한 후 다시 쿼터를 실시하여 관세 인하효과를 상쇄해서는 안 된다.

시장접근은 회원국들에 의해서 유지되는 투명성(transparency) 규칙들에 의해서 더욱 강화되고 있다. WTO 안에는 여러 가지 투명성 확보를 위한 장치들이 존재하고 있다. 이러한 조항을 TPRM(Trade Policy Review Mechanism, 즉 貿易政策實査機構)이라고 부른다. 예를 들어 모든 회원국들은 자국의 무역규제들을 공표해야 한다. 또한 행정부의 정책 중 무역에 영향을 미치는 결정을 감독하는 기관을 운영해야 한다. 그리고 다른 회원국들이 이러한 사항들에 관한 정보를 요구할 경우 이를 제공해야 한다.

WTO회원국들은 보조금의 실시도 WTO에 보고해야 한다. 이와 같이 WTO는 회원국으로 하여금 자국의 무역정책의 변화 내용을 모든 회원국들에게 보고할 의무를 규정하고 있다. TPRM은 아직 나름의 무역정책 수단을 필요로 하는 개발도상국들에게는 힘겨운 의무로 작용하고 있다.

1.2 WTO의 기능 및 조직

(1) WTO의 위상과 관할범위

WTO는 다자간 무역체제에 대해 책임을 지는 주된 국제기구로서 세계은행이나 IMF와 같은 국제기구들과 동일한 지위와 위상을 갖고 있다. 또한 법인격(legal personality)을 가진 독립된 조직체로서 본연의 기능수행과 관련해서는 UN의 특별기구들과 마찬가지로 각종의 특권과 면책특권이 부여되어 있다(WTO 설립협정 제8조).

WTO의 관할범위(scope)는 'WTO설립행정'의 부속서(Annexes)에 들어 있는 모든 행정 및 법적 문서에 미치며, WTO는 회원국간의 다양한 무역관계를 처리해 나가는 데 필요한 공통의 제도적 틀(Common institutional framework)로 기능하도록 되어 있다(WTO 설립협정 제2조). 즉, 'WTO설립협정'의 본문은 주로 WTO의 제도적 운영, 회원국의 권리와 의무, 의사결정절차에 관한 사항을 담고 있다. 실체적 협정(Substantive agreements)은 모두 본 협정의 부속서일 뿐이다(부속서는 모두 4개이다).

(2) WTO의 기능

WTO는 크게 다음 5가지 기능을 수행하고 있다(WTO설립협정 제3조). 첫째, WTO는 WTO설립협정과 그 밖의 모든 다자간협정을 집행·관리·운영하고 이 협정들의 목표를 전향적으로 추구해 나감과 동시에, 복수국간 협정을 집행·관리·운영해 나가기 위한 틀을 제공한다. 둘째, WTO는 위의 모든 협정과 관련된 기존의 이슈뿐만이 아니라 새로운 이슈(new issues)의 후속협상을 위한 협상의 장(forum)을 제공한다. 셋째, WTO는 분쟁해결절차를 관장한다. 넷째, 이와 동시에 WTO는 무역정책검토제도(TPRM)을 운영한다. 끝으로 WTO는 세계경제에 영향을 미치는 경제정책결정의 일관성 제고를 위해 IMF, 세계은행, 그리고 그 산하기관과 적절히 협력하여야 한다(최병선, 1999).

(3) 조직 및 의사결정

WTO의 운영조직은 여러 면에서 GATT 1947과 유사하지만 몇몇 분야에서는 본질적인 차이가 있다. [그림 6-1]에서 볼 수 있듯이 기구의 최상부에는 적어도 매 2년마다 1회 개최되는 각료회담이 있다.

각료회담은 그 산하에 무역·환경위원회, 무역·개발위원회, 국제수지위원회 및 예산·재정·행정위원회를 설치하고 있으며 또한 각료회담 아래 이를 뒷받침해 주는 4개의 이사회(Council)가 있다. 그 중의 하나가 전체적 업무의 감독권한을 가진 일반이사회(General Council)인데, 각료회담의 비회기 중 각료회담 기능의 대부분을 수행하며 수시로 회의를 개최한다(GATT 1947의 이사회 개최횟수와 비슷하다).

일반이사회의 감독 아래에 '부속서 1'의 협정 각각에 상응하는 상품교역이사회(Council for Trade in Goods), 서비스교역이사회(Council for Trade in Services) 및 무역관련 지적재산권 이사회(Council for Trade-Related Aspects of Intellectual Property Rights)가 설치되어 있다. 또한 각 이사회 산하에 분야별 위원회가 있다.

'부속서 2'의 분쟁해결규정을 집행하고 감독하기 위해 일반이사회와 수평으로 분쟁해결기구(DSB)가 설립되어 있으나, 일반이사회도 DSB 기능을 수

그림 6-1 WTO의 조직

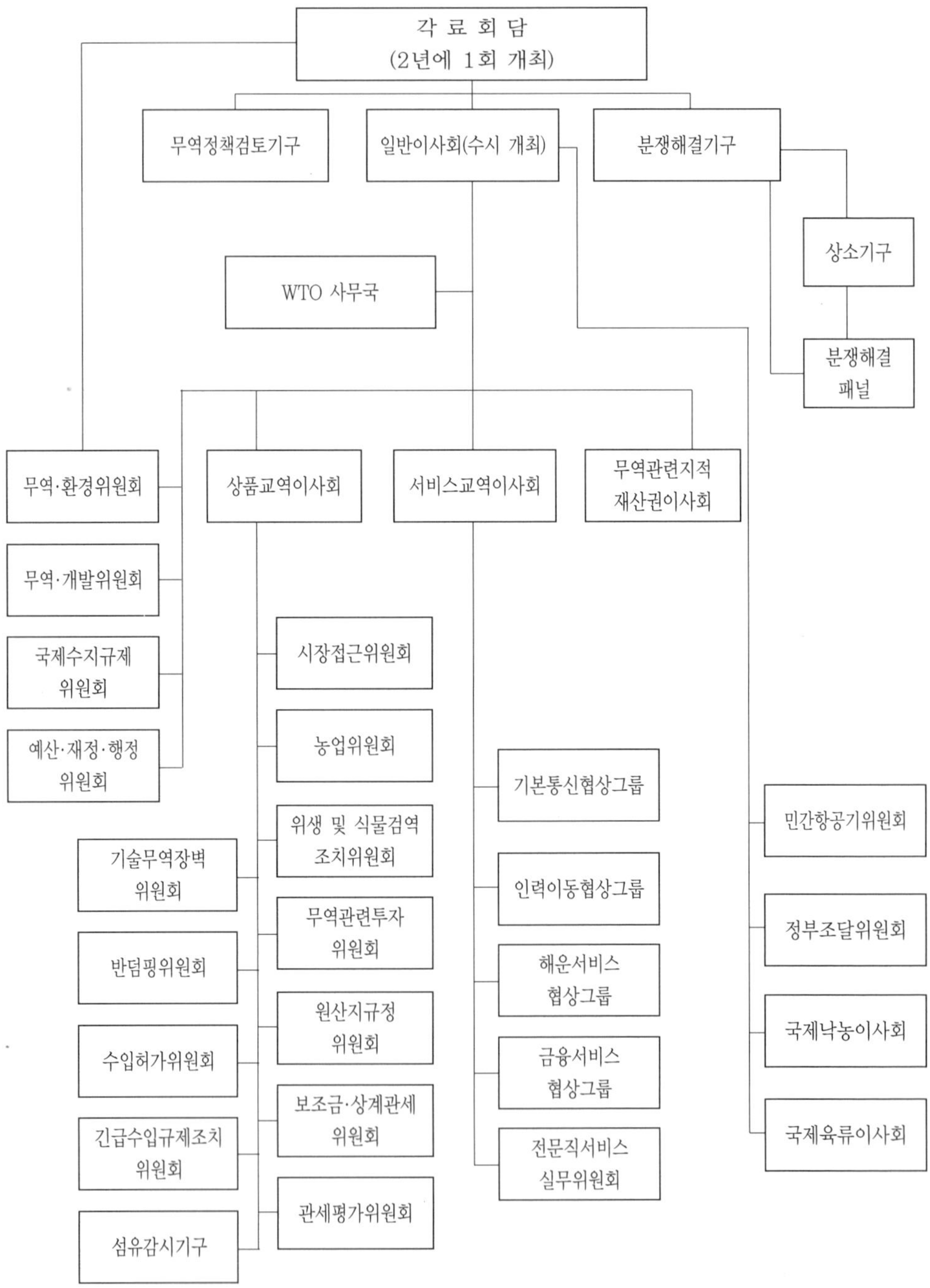
각 료 회 담
(2년에 1회 개최)
무역정책검토기구
일반이사회(수시 개최)
분쟁해결기구
상소기구
분쟁해결
패널
WTO 사무국
무역·환경위원회
상품교역이사회
서비스교역이사회
무역관련지적
재산권이사회
무역·개발위원회
국제수지규제
위원회
예산·재정·행정
위원회
시장접근위원회
농업위원회
위생 및 식물검역
조치위원회
무역관련투자
위원회
원산지규정
위원회
보조금·상계관세
위원회
관세평가위원회
기술무역장벽
위원회
반덤핑위원회
수입허가위원회
긴급수입규제조치
위원회
섬유감시기구
기본통신협상그룹
인력이동협상그룹
해운서비스
협상그룹
금융서비스
협상그룹
전문직서비스
실무위원회
민간항공기위원회
정부조달위원회
국제낙농이사회
국제육류이사회

행할 수 있는 권한을 부여받고 있다.

마찬가지로 일반이사회와 수평으로 무역정책검토제도(TPRM)을 위해 무역정책검토기구(TPRB)가 있다. 그 이외에 WTO에는 복수국간에 체결된 협정에 의하여 설립된 4개의 민간항공기무역위원회, 정부조달위원회, 국제낙농이사회 및 국제우육이사회가 설치되었다.

제네바에 소재한 WTO 사무국은 각종의 협상 그리고 다자간 및 복수국간의 협정이행에 관련된 지원, 개도국 및 최빈개도국에 대한 기술적 지원, 회원국의 무역정책에 대한 분석, 분쟁해결을 위한 사무적 지원, WTO 미가입국의 가입신청 등에 관한 업무를 담당한다.

WTO 협정문은 국가주권에 대한 중요한 침해라는 주장이 있다. 점차 국가간 관계가 상호 의존적으로 되어가는 세계에서 어떻게 주권(sovereignty)이라는 개념을 이해할 것이냐의 문제를 떠나서, WTO는 개별국가의 주권행사를 구속할 수 있는 인련의 정교한 의사결정절차의 체계를 가지고 있다. 기본적으로 WTO 내에는 의사결정 또는 무역정책의 새로운 규정설정 혹은 규정의 개정을 위해 협정문의 개정, 일반사안에 대한 의사결정, 해석, 회원국의 무면제 그리고 신규협정의 협상이라는 다섯 가지의 상이한 방안이 있다.

반면에 WTO 협정은 상이한 여건하에서의 의사결정문제에 관한 여러 가지 규정을 두고 있으며, 어떤 사안에 대하여는 회원국의 3/4 다수결에 따르도록 하는 투표권행사를 요구하고 있다(의무면제와 협정문 해석의 경우). 또한 협정문의 개정이 회원국의 권리나 의무를 변경시킬 경우 회원국은 회원국의 수락반대를 묵과한 개정안에 구속되지 않는다는 조항이 있다.

마찬가지로 의무면제요청의 경우도 회원국의 3/4 찬성 요구 등 제약조건이 많아 권한을 남용하기 어렵게 되어 있다. 더욱이 협정문의 해석에 대한 결정은 개정조항을 침해할 수 없게 되어 있다. 그러므로 조직의 월권행위를 견제하는 데는 GATT 1947체제 아래서보다 WTO에 법적 제한조치가 훨씬 많다고 할 수 있으며, 의사결정과 관련하여 WTO 협정문의 규범 속에 장치된 국가주권의 보호 측면은 실질적으로 강화되었다.

1.3 WTO의 특징

WTO체제는 모든 교역분야에서 자유무역의 질서를 확대 강화하고 제도화하기 위한 목적으로 출발한 기구로서 국제법인격이 부여된 국제기구로 GATT체제와는 다른 특징을 갖고 있다.

UR협상타결로 설립된 WTO는 기존의 GATT와는 달리 농산물, 서비스, 지적재산권, 무역관련 투자 등 새로운 교역분야를 관장하고 있을 뿐만 아니라 상품교역에 있어서도 GATT체제의 한계점을 극복할 수 있는 새로운 다자간 규정을 제정하였다.

즉 WTO는 UR협정을 수행하기 위한 무역기구이므로 UR협정의 주요 결과인 공산품의 관세인하와 시장개방의 확대, 섬유류 및 농산물교역에 대한

표 6-1 GATT와 WTO의 비교

	GATT 체제	WTO 체제
○ 국제기구의 성격	○ 국제협정 성격 –기존 GATT 분쟁해결은 분야별로 산재	○ 법인격을 갖는 WTO설립 –분쟁해결을 전담할 상설기구 설치
○ 관세 및 비관세장벽 완화	○ 관세인하에만 주력 ○ 비관세장벽은 선언적인 규정정립 수준	○ 관세인하는 물론 특정분야에 대한 일률적인 관세철폐 및 하향평준화 달성 ○ 비관세장벽 철폐 강화 –모든 회색조치의 4년 내 철폐
○ 국제무역규율 범위	○ 상품(주로 공산품)	○ 공산품 외에 농산물에 대한 규율강화 –섬유류도 GATT체제로 흡수(10년 내 자유화)
○ 새로운 규범 설정	○ 서비스, 지적재산권, 투자조치에 대한 규범이 없음	○ 서비스, 지적재산권, 투자조치도 규율대상에 포함 ○ 서비스협정 체결 –서비스규율원칙, 양허계획 작성 ○ 지적재산권관련 국제규범 제정 –특허권, 저작권, 상표권 등의 보호기준 및 보호절차 규정
○ 무역규범의 강화	○ 보조금 협정 –보조금 정의 등 불명료 ○ 반덤핑협정 –반덤핑조치의 남용 등 자의적 운용 ○ 여타 다자간 무역규범 미비	○ 보조금의 정의설정 및 규율강화 –금지, 상계가능, 허용보조금 ○ 반덤핑조치의 발동기준 및 부과절차의 명료화 ○ 세이프가드협정, 원산지규정, 선적전검사협정 등 제정

다자간 협정체결, GATT기능 강화, 규범의 명료화 그리고 무역거래의 공정성 제고, 서비스교역에 대한 다자간 협정체결, 지적재산권 보호를 무역체제로 편입시키는 등의 내용을 다루고 있다.[2] 기존의 GATT체제와 비교할 경우 WTO체제의 주요 특징은 다음과 같다.

(1) 협정분야의 다양성

기존 GATT체제하에서는 논의가 배제되었던 서비스교역, 지적재산권, 무역관련 투자 등의 분야에 관한 명확한 규정이 없었으나, WTO체제는 이들 분야를 명문화하여 규정함에 따라 협정의 범위가 대폭 확대되었다. 또한 WTO는 상품교역분야에서도 GATT규정의 효력이 미치지 못한 농업 및 섬유분야를 WTO체제로 편입시킴에 따라 교역과 관련된 모든 분야를 관장하게 되었다.

(2) 신속한 의사결정

WTO의 의사결정방식은 기본적으로 기존 GATT체제와 같은 만장일치제에 의한 합의제를 원칙으로 하고 있다.

의사결정방법에 있어서 과거의 GATT는 합의제를 채택하고 있어서 어느 한 국가라도 명시적으로 반대하면 합의에 도달하지 못해 의사결정이 어려웠으나, WTO체제는 기본적으로 만장일치제(Consensus)에 따른 합의제를 채택하고 있지만 합의가 이루어지지 않을 경우 다수결 표결방식을 활용하고 있다. 특히 WTO의 협정에 의하면 신속한 의사결정을 위해 90일의 시한을 정해 두고 이 기간 내에 합의가 도출되지 않을 경우 회원국의 3/4 다수결로 의사결정을 내릴 수 있도록 하고 있다.

(3) 분쟁해결 및 조정능력 제고

무역당사국간의 분쟁이 발생할 경우 과거 GATT체제에서는 협정을 위반했다 해도 이를 시정할 수 있는 법적인 해결장치가 없었지만, WTO에서는 분쟁해결을 위한 분쟁해결기구(DSB)를 설치하여 회원국이 협정을 위반했을 경우 DSB를 통해 분쟁을 해결하도록 하여 회원국을 규제하고 있다. 그리고 해결 단계별 절차와 완료시한도 명기함으로써 분쟁당사국의 고의적인 방해를 예방하고 있고, 패소국을 위한 상소제도를 갖추고 있다.

---
2) 한국무역협회, 「무역연감」, 1995, pp. 43~44.

표 6-2 GATT 다자간 통상협상의 주요 성과

협상명칭	기간 및 체약국수	주제 및 접근방식	주요성과
제네바라운드 (Geneva round)	1947 23개국	관세: 품목별 협상 (Tariffs: item-by-item negotiations)	45,000 관세율에 대한 양허 (concessions on 45,000 tariff lines)
에네시라운드 (Annecy -)	1949 29개국	관세: 품목별 협상	점진적 관세 인하 (modest tariff reductions)
토르케이라운드 (Torquay -)	1950~51 32개국	관세: 품목별 협상	8,700 관세율 양허
제네바라운드 (Geneva -)	1956 33개국	관세: 품목별 협상	점진적 관세 인하
딜런라운드 (Dillon round, Geneva)	1960-1961 39개국	관세: 품목별 협상 제조업 제품에 대한 EEC의 관세율 20% 일괄 인하 제안이 거부됨.	EEC 창설에 따른 관세율 조정 (1957): 4,400 관세 양허.
케네디라운드 (Kennedy round, Geneva)	1964-67 74개국	관세: 일괄적용방식(formula approach)과 품목별 협상 병용. 비관세무역장벽: 반덤핑, 관세적용원칙(anti-dumping, customs valuation)에 대한 원칙	선진국 평균 30% 관세 인하: 30,000 관세율 인하약정: 반덤핑과 관세적용원칙 합의
도쿄라운드 (Tokyo round)	1973-79 99개국	관세: 일괄적용방식; 비관세 무역장벽: 반덤핑, 보조금, 관세적용원칙, 정부구매(government procurement), 수입면허(import licensing), 제품기준, 세이프가드(safeguard).	선진국 평균 관세 1/3 감소 (제조업 제품 평균 6% 관세율): 비관세 무역장벽에 대한 일부 국가의 행동원칙(code of conduct) 합의
우루과이라운드 (Uruguay round, Geneva)	1986-94 103개국으로 출발; 117개국(1993) 128개국(1995)	관세: 품목별 협상과 일괄협상: 비관세 무역장벽: 도쿄라운드 이슈+선적전 검사(preshipment in spection), 무역관련 투자(trade-related investment), 원산지 규정(rules of origin): 새로운 이슈: 서비스 교역(trade in services), 지적소유권(intellectual property rights), 분쟁해결절차(dispute settlement procedures), 투명성(transparency), 무역정책감시(surveillance of trade policy).	선진국 관세 1/3 감소. 농산물 및 섬유제품 포함. WTO 출범, 서비스협정, (GATS)타결, 도쿄라운드 내용 강화 및 모든 회원국 자동적용.
시애틀라운드 (Seattle round, 뉴라운드)	2000- 135개국	농산물, 서비스시장 추가 개방 전자상거래, 환경 및 경쟁정책	

(4) 무역정책의 주기적 검토

WTO는 무역정책검토기구(TPRB)를 설립하여 각 회원국의 무역정책과 관련제도 및 관행을 정기적으로 평가하기 위해 무역정책검토제도(Trade Policy Review Mechanism: TPRM)를 실시하고 있다. 이 제도는 각 회원국들의 통상관련법, 제도 및 정책을 다른 회원국에게 투명하고 명료하게 보여 주기 위한 UR협상의 결과이다.

2. WTO협정

WTO협정(WTO Agreement)은 다자간 통상법규를 포괄적으로 규정하고 있는 국제통상법의 가장 주요한 법원(法源)으로 세계경제헌법이라고 할 수 있다.[3)]

WTO무역협정은 크게 다자간 무역협정과 다수국간 무역협정으로 구성되

표 6-3 WTO 설립협정 부속협정

	부속협정별 명칭	
부속서 1 A (Annex)	다자간무역협정(MTA) : 13개	
	① GATT 1994	② 농산물협정
	③ 섬유 및 의류협정	
	④ 무역에 관한 기술장벽협정	⑤ 반덤핑협정
	⑥ 관세평가협정	⑦ 수입허가절차협정
	⑧ 보조금 및 상계관세협정	
	⑨ 위생 및 식물위생조치의 적용에 관한 협정	
	⑩ 무역관련투자조치협정	⑪ 선적전검사협정
	⑫ 원산지규정협정	⑬ 세이프가드협정
부속서 1 B	서비스무역협정(GATS)	
부속서 1 C	지적재산권협정(TRIPs)	
부속서 2	분쟁해결규칙 및 절차에 관한 양해(DSU)	
부속서 3	무역정책검토제도(TPRM)	
부속서 4	복수국가간무역협정(PTA) : 4개	
	−정부조달협정, 민간항공기협정, 국제낙농협정, 국제우육협정	

3) 박종수, 전게서, p. 356.

그림 6-2 WTO 협정문의 구성

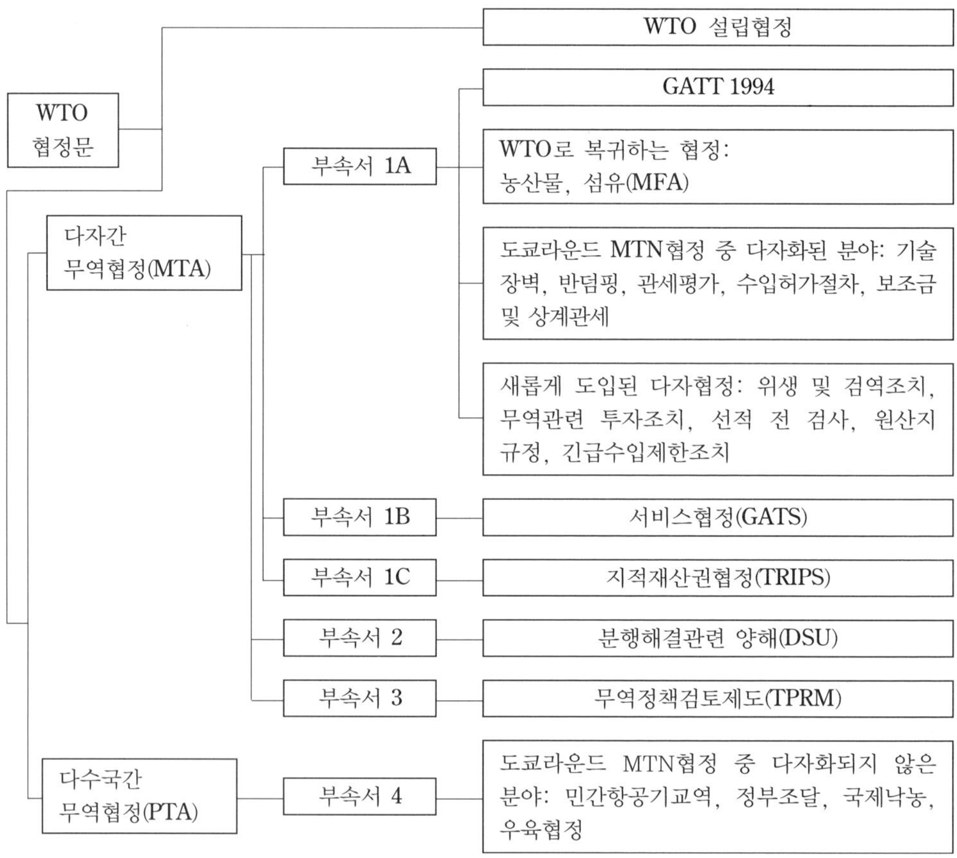

어 있다. 다자간 무역협정은 교역에 관한 다자간 협정(Multilateral Agreement on Trade, 부속서 1), 분쟁해결규칙 및 절차에 관한 양해(Understanding on Rules and Procedures Governing the Settlement of Disputes, 부속서 2), 그리고 무역정책 검토제도(Trade Policy Review Mechanism 부속서 3) 등 3개의 부속서로 구성되어 있다. 그리고 교역에 관한 다자간 협정(부속서 1)은 다시 상품교역에 관한 다자간 협정(Multilateral Agreement on Goods, 부속서 1A), 서비스교역에 관한 다자간 협정(General Agreement on Trade in Service, 부속서 1B), 무역관련 지적재산권에 관한 협정(Agreement on Trade-Related Aspects of Intellectual Property Rights, 부속서 1C)으로 세분되어 있다([그림 6-2] 참조).

한편 다수국간 무역협정은 부속서 4에서 규정하고 있는데, 민간항공기무역에 관한 협정(Agreement on Trade in Civil Aircraft), 정부조달에 관한 협정(Agreement on Goverment Procurement), 국제낙농협정(International Dairy Agreement), 국제우육협정(International Bovine Meat Agreement) 등 네 가지 협정으로 구성되어 있다.

이러한 다수국간 협정은 WTO협정의 일부이기는 하나 실질적으로 WTO협정과는 별도로 독립적으로 운영되고 있으며, 단지 관리의 편의상 WTO가 관장하고 있는 상태이다. 또한 다수국간 협정은 다자간 협정과 달리 동 협정에 개별적으로 가입한 회원국들에게만 그 효력이 미치고 있다.

이들 협정의 주요 내용을 소개하면 다음과 같다.

2.1 상품교역에 관한 다자간 협정

상품교역에 관한 다자간 협정은 성격에 따라 크게 시장접근분야에 관한 협정과 규범분야에 관한 협정으로 구분될 수 있다.

그림 6-3 상품교역에 관한 다자간 협정 구성

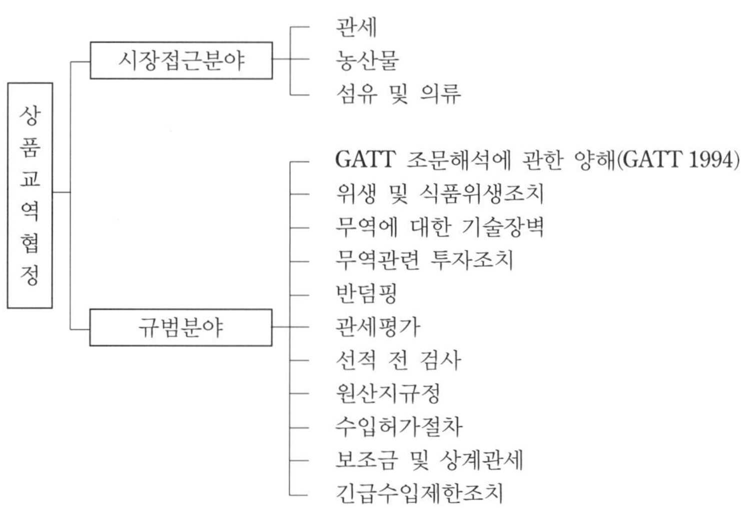

(1) 시장접근분야

1) 관세인하

관세는 1948년 GATT가 확립된 이래 7차례에 걸친 다자간 무역협상을 통해 지속적으로 인하됨에 따라 세계무역자유화 환경조성에 크게 기여하였다.

그러나 관세는 여전히 각국간의 자유로운 무역을 저해하는 가장 확실하고 효과가 큰 수입규제수단으로 사용되고 있어 관세인하가 UR협상의 주요과제로 다루어졌다. WTO협정문의 일부인 GATT 1994에 부속되는 양허표에 수록된 UR관세협정의 결과는 ① 관세율 인하, ② 관세의 철폐(무세화) ③ 기존의 관세율이 높을수록 큰 폭의 인하율을 적용하는 관세의 평준화(조화)로 나타나고 있다.

2) 농산물에 관한 협정

WTO협정 이전에는 세계 농업생산의 30% 이상이 쿼터나 수입제한을 받고 있었기 때문에 세계농산물 교역구조가 왜곡되거나 아예 시장접근 기회가 불가능하였다. 그 주된 이유는 농업과 농산물은 국제교역에서 차지하는 비중이 높음에도 불구하고 국가의 식량안보라는 특수성으로 인해 수입제한조치 및 보조금지급이 광범위하게 허용되는 등 GATT체제의 규율 밖에서 장려하는 농업정책을 실시하였기 때문이다. 이러한 농업에 있어서의 문제해결을 위해 1986년 UR출범과 동시에 농산물 교역자유화뿐만 아니라 모든 회원국의 농업정책도 개편하여 세계농산물 교역질서를 공정하고 시장지향적인 체제로 개선하기 위한 노력을 경주하였다. UR의 농업에 관한 협정의 주요 내용은 크게 ① 시장접근분야,[4] ② 국내보조금분야, ③ 수출보조금분야 등으로 요약될 수 있다.

그런데 UR은 농산물 분야에 있어서 예외 없는 관세화와 관세의 인하 및 최소시장 접근 등을 원칙으로, 시장개방 분야에서 합의를 이루었다.

① 예외 없는 관세화 및 관세인하 UR은 긴급수입제한조치 등을 제외하고는 '예외 없는 관세화'로 농산물의 자유로운 교역을 제한하는 분야에 있

4) 지금까지 농산물 수입을 제한하여 온 일체의 비관세장벽을 완전히 제거하여 농산물 수입을 자유화하기 위한 조치, 즉 시장접근과 관련된 것인데, 이는 크게 예외 없는 관세화(tariffication), 국내외 농산물 가격차이를 관세로 전환한 관세상당치(tariffequvalent)의 단계적 축소, 그리고 최소시장접근 등의 내용으로 구성되어 있다.

어서는 비관세조치를 유지하지 못하도록 하고, 비관세장벽을 관세화하여 농산물 분야에서의 시장접근의 기회를 공식적으로 부여하고 있다. 반면에 관세는 '95년부터 선진국은 6년간 평균 36%(품목별 최저감축률 15%), 개도국은 10년간 평균 24%(품목별 최저감축률 10%)를 삭감하며, 모든 비관세 장벽을 완전히 없애는 대신에 국내외 가격차를 관세로 전환하여 관세조치에 의해서만 국내농업을 적정수준으로 보호하도록 하고 있다.

② **최소시장 접근(minimum market access)** 이는 각 국가의 국내소비량의 일정량을 최소 수입량으로 정하여 타 국가의 농산물에 대한 시장접근의 기회

한국의 쌀시장 접근

우루과이라운드 협상결과 농산물 분야에서 수입제한조치를 유지해 왔던 나라들은 두 가지 기본적인 의무를 동시에 부담하게 되었는데, 그것이 바로 '예외없는 관세화'와 '최소(또는 현행) 시장접근(minimum or current market access)'이다.

관세화(tariffication)란 이제까지 수입을 제한해 오던 품목에 대하여 각종 수입제한조치의 결과로 나타난 국내가격과 외국가격의 차이를 모두 관세로 전환시켜 일단 가격장벽으로 보호해 주는 대신, 일체의 수입제한조치는 불허하는 것이며, 처음 책정된 관세화 수준을 점진적으로 낮추어가도록 의무를 부과하고 있다.

시장접근의무는 이제까지 수입제한 조치를 적용하던 품목에 대하여 관세화와 동시에 매년 적어도 일정량은 낮은 현행관세 수준으로 수입하여야 한다는 의무를 부과하는 것이다. 최소시장접근이란 어떤 품목의 수입량이 국내 소비량의 3% 미만인 경우 이행기간 최초연도 국내 소비량의 3%에서 최종연도 5%로 수입을 확대하는 것을 의무화하고 있다. 현행시장접근이란 수입량이 3% 이상인 경우 현재의 점유수준만큼인 3%의 수입을 의무화하는 것이다. 최소시장접근과 현행시장접근 물량에 대해서는 낮은 현행관세율로 수입을 허용하도록 하고 있다.

한국은 쌀에 대하여 관세화유예기간을 부여받아 관세화가 10년 동안 유예되고, 최소시장접근 물량은 이행 초년도인 1995년에 1%에서 시작해 최초 5년간은 0.25%씩 늘려 1999년 2%로 하고, 2000년에서 2004년까지 5년간은 0.5%씩 수입량을 늘려 마지막 연도에는 4%를 수입하였다. 참고로 일본은 미국과 협상에서 현재 관세화를 6년 간 유예하면서 최소시장접근 물량을 당초 3% 내지 5%였으나 4%내지 89%로 확대되었다. 관세화 유예기안이 끝나면 재협상을 통해서 유예기간 연장 여부를 결정짓게 된다.

표 6-4 WTO 농산물 관세 감축안(단위:%)

선진국			개도국		
관세율	감축률		관세율	감축률	
	평균	최소		평균	최소
90% 초과	60	45	120% 초과	40	30
15~90%	50	35	20~120%	33	23
15% 이하	40	25	20% 이하	27	17
			전략품목	10	5
UR 방식	30	15		24	10

주: 이행 기간은 선진국은 5년, 개도국은 10년간, UR방식의 경우 선진국은 6년, 개도국은 10년간 감축.
전략품목은 개도국의 식량안보나 농촌개발 등을 위해 필요한 일부 품목을 지정.

표 6-5 WTO 감축보조안(DDA협상)

선진국		구 분	개도국	
감축률	이행기간		감축률	이행기간
60%	5년	초 안	40%	10년
20%	6년	UR방식	13.3%	10년

를 보장하는 것이다. 1986~88년 기준 국내소비량의 3% 이상(최초년도), 5%까지(최종년도)를 1995년부터 최소시장접근으로 보장하여 타국 농산물의 국내수입을 허용하는 것이다. 그리고 이러한 시장접근의 허용에 대해서는 현행 관세율을 적용토록 하고 있다. 농산물에 대한 보조금 지급 부분에 있어서도 식량안보 목적, 생산감축과 소득안정 목적, 낙후지역 및 환경보전 목적을 제외하고는 '95년부터 선진국은 6년 동안 반드시 20%를 감축해야 하고, 개도국은 10년간 13.3%를 감축하여야 한다.

한국의 경우, 쌀에 대해 예외 없는 관세화의 원칙에 대한 특별 대우를 얻어 1995년에는 국내소비량의 1%인 35만석의 쌀이 수입되었고, 2004년에는 국내소비량의 4%인 142만석이 수입되었다. 그리고 보조금감축에 관한 제반 의무에 있어서도 한국은 면제되었다.

국내가격을 지지하거나 또는 다른 방법으로 생산보조금을 주는 정책에 관한 가장 주된 불만은 동 정책들이 과잉생산을 장려한다는 것이다. 이러한 정책은 수입품을 특정국시장에서 축출하거나 또는 수출보조금과 세계시장에서의 덤핑을 초래하게 된다. WTO농업에 관한 협정은 국내보조금 정책을 직접 생산을 장려하는 정책과 간접적으로 영향을 주는 정책으로 구분하고 있다. 동 협정에서는 1995년부터 시작하여 6년간 선진국은 지원의 20%를 감소시켜야 하고, 개도국은 10년 동안 13%를 줄여야 함을 규정하고 있다.

③ 수출보조금　WTO 농업에 관한 협정은 회원국의 양허표에 보조금이 명기되어 있는 경우를 제외하고는 농수산물에 관한 수출보조금 지급을 금지하고 있다. 동 협정에서 보조금이 양허표에 명기되어 있는 경우 WTO 회원국들에게 자국이 수출보조금에 사용한 총액과 보조금을 받는 수출량을 감소시키도록 요구하고 있다. 1986~1990년까지의 평균치를 기준으로 선진국은 1995년부터 6년 내에 가치기준으로 36%의 수출보조금을 감소시키며, 개도국은 10년간 24%를 감소시키는 데 합의하였다. 또한 선진국들은 수출보조금을 받는 수출품의 양을 향후 6년간 21% 감소시키며 개도국은 10년간 14%를 감소시켜야 한다. 하지만 최빈개도국들은 이를 감소시킬 필요가 없다.

6년의 이행기간 동안에, 개도국은 취급, 등급향상과 다른 가공비용 및 국제운송비용을 포함한 농산물수출에 대한 유통비용 절감을 목적으로 한 보조금과 국내 수송물량에 비해서 보다 유리한 조건으로 정부가 제공하거나 의무화한 수출 물량에 대한 국내운송비의 감소를 위한 보조금의 사용은 이 수출보조금이 감축 약속을 우회하는 방법으로 적용되지 않는 한 허용된다.

3) 섬유 및 의류에 관한 협정

농산물과 마찬가지로 섬유도 과거 GATT체제에서 그랬던 것처럼 WTO체제에서의 최대 논쟁분야 중의 하나였다. 섬유류도 이제 UR협정에 합의된 10년 계획표에 따라서 본질적으로 변화를 보이고 있다.

UR협상타결 이전까지 세계 섬유류교역은 GATT체제에서 수출입국간의 협상에 의해 교역량을 제한하는 다자간 섬유협정(Multi Fiber Agreement : MFA)에 의해 규율되고 있었다. 이에 따라 섬유류수출을 주도하던 개발도상국들은 기존의 MFA 하에서 시행되던 차별적인 내용과 국제조치들을 철폐하고 궁극적으로 섬유류교역의 자유화를 도모하기 위해 UR섬유류협정을 주장하였고 마침내 타결되었다. UR섬유류협정은 지금까지 MFA에 의해 규율되던 섬유류

표 6-6 섬유와 의류제품 자유화계획

단 계	WTO로 복귀되는 생산품 비율(쿼터의 제거를 포함)	1994년의 연간확장률이 6%라면, 남은 쿼터의 자유화비율
단계 1 : 1995. 1. 1~ 1997. 12. 31	16%(최소, 1990년 수입을 기초로)	연 6.96%
단계 2 : 1998. 1. 1~ 2001. 12. 31	17%	연 8.7%
단계 3 : 2002. 1. 1~ 2004. 12. 31	18%	연 11.05%
단계 4 : 2005. 1. 1, WTO내로의 완전한 통합과 쿼터량의 최종적인 제거. 섬유 및 의류에 관한 협정 종료.	49%(최대)	잔류 쿼터 없음

교역을 WTO체제로 편입시켜 자유로운 교역을 달성하고자 하는 것이다. 다만 지난 30여 년간 비자유무역적 성격으로 이루어졌던 섬유류교역을 자유무역체제로 급격히 복귀시킬 경우 다소의 혼란이 예상되므로 점진적으로 복귀를 실현할 수 있는 방안을 강구하였다.

(2) 규범분야

1) GATT 1994

GATT는 이제 국제기구로서 더 이상 존재하지 않지만 GATT협정은 계속 존재한다. 이전의 GATT는 "GATT 1947"로 불리어지고, 새로 개정된 GATT는 "GATT 1994"로 불리어진다.

일반적으로 국제협약의 운용과 관련되어 대두되는 다양한 문제점 중에서 회원국의 다양한 이해관계로 인해 일반적으로 용인될 수 있는 국제협약의 해석기준을 설정하는 것이 가장 어려운 일이다.

이러한 맥락에서 GATT도 1948년 1월에 발효된 이래 몇 차례에 걸친 조문의 수정 · 해석 · 주석의 추가 · 규정의 신설 등으로 협정해석과 관련된 문제점 등을 지속적으로 보완하였다.

그러나 1980년대의 신보호무역주의의 대두로 GATT회원국들은 협정의 내용을 자국에 유리한 방향으로 자의적으로 해석함에 따라 회원국간의 분쟁이 심화되었다. 이에 따라 회원국들은 GATT규정 자체의 모호성으로 인한 규정운영상의 문제해결을 위해 UR의 GATT 조문협상그룹에서 조문에 대한 보다 명확한 규정과 해설 그리고 보충설명을 중점적으로 다루게 되었다.

2) 위생 및 식물위생조치의 적용에 관한 협정

종래 관련된 국제기구에 의하면 다루어졌던 위생 및 검역조치가 WTO체제로 흡수됨에 따라 위생 및 검역문제를 환경오염 방지측면에서 뿐만 아니라 국제무역 측면에서도 고려하게 되었다.

사실 UR협상타결 이전까지 인간 및 동식물의 생명 또는 건강보호를 위한 각국의 조치들은 GATT 규범의 예외도 인정되어 왔다. 그러나 각국의 위생 및 검역조치가 자의적으로 운영됨에 따라 동 제도를 일반무역, 특히 농산물의 자유로운 교역을 저해하는 규제수단으로 널리 활용하였다.

따라서 WTO협정에서는 각국의 농산물에 대한 위생 및 검역조치가 농산물 무역에 미치는 부정적인 영향을 최소화하도록 합리적 기준을 마련하여 동 조치가 수입제한적으로 오용 또는 남용되는 것을 방지하려는 데 위생 및 식물위생조치 적용에 관한 협정(Agreement on the Application of Sanitary and Phytosanitary Measures)의 목적이 있다.

3) 무역에 대한 기술장벽에 관한 협정

각국은 상품의 대량생산과 유통의 원활화를 위하여 상품을 규격화, 표준화하고 있다. 또한 소비자의 안전과 건강을 보호하기 위하여 상품의 성능, 소재, 규격, 형태 등이 일정한 기술적 요건을 갖추도록 요구하고 있으며 그 적합성 여부를 판정하여 상품에 표시하도록 하고 있다.

이와 같은 표준화의 기술적 요건과 이의 적합성 여부를 판정하는 기준과 절차 등이 각국마다 상이하여 국제무역에 장애가 되는 경우가 발생되는데 이를 무역에 대한 기술장벽(technical barriers to trade: TBT)이라고 부른다. 이와 같은 각국의 표준화제도의 차이는 일반적으로 산업화과정 및 발전속도의 차이로 인해 야기되며 특히 국별로 상이한 표준화제도는 국제무역에 부정적인 영향을 끼치게 된다.[5]

---

5) 일례로 국별 표준화제도가 상이할 경우 상품수출업자는 외국의 표준제도에 적합하도록 상품을 변경하거나 외국의 표준제도에 맞는 새로운 생산설비를 구입해야 하므로 추가적인 비용이 소요된다. 이러한 추가적 비용으로 수출업자는 수출경쟁력이 저하되므로, 수입국의 경우 표준화 차이로 인해 수입을 억제하는 효과를 달성할 수 있다.

이에 따라 각국은 표준화에 대한 국제적 조화의 필요성을 느껴 GATT의 도쿄라운드에서 무역의 기술장벽에 관한 다자간 협정(1980. 1. 6. 발효)을 제정하였다. 그러나 기존의 기술장벽협정은 비준국가에만 적용될 뿐만 아니라 적용범위가 모호하여 회원국간 분쟁이 빈번히 발생됨에 따라 UR협정시 기존협정을 개정하게 되었다.

4) 무역관련 투자조치에 관한 협정

무역관련 투자조치(Trade-related Investment Measures: TRIMs)에 관한 협정은 상품거래에 영향을 미치는 조치에 한에서만 적용된다. 동 협정은 어떤 조치가 무역을 왜곡시키거나 또는 왜곡시킬 수 있음을 인정하였고, 외국인과 외국상품에 대한 차별을 하는 특정조치의 적용국가(이는 GATT 내국민대우원칙위반)는 없어져야 함을 규정하고 있다. 또한 수량제한을 유도하는 투자조치가 금지되어야 함을 규정하고 있다. GATT조항과 일치하지 않지만 회원국들에 의해 동의된 무역관련 투자조치의 예시목록(Illustrative List)이 WTO협정에는 있다. 이 목록은 우선 GATT의 내국민대우에 위배되는 기업에 의한 특정수준의 국내조달을 요구하는 조치("국내부품 요구조건")를 제거해야 함을 언급하고 있다. 또한 예시목록은 수량제한의 일반적인 철폐의무에 위배되는 기업의 수입이나 또는 수출에 대한 목표제한조치가 철폐되어야 함도 규정하고 있다.

5) 1994 GATT 제 6 조의 이행에 관한 협정(반덤핑협정)

덤핑이란 수출국의 생산자 혹은 수출업자가 자국(수출국) 내에서 통상적으로 거래되는 가격(정상가격)보다 낮은 가격으로 동종 상품을 수출하는 것을 의미하며 그 과정에서 발생하는 차액을 덤핑마진(정상가격－수출가격)이라 한다. 다만 수출국 내에서 정상적 거래에 의한 동종 물품의 판매가 이루어지지 않거나 특수시장여건 혹은 소량판매로 인해 정상가격과 수출가격의 적절한 비교가 곤란할 경우 덤핑마진은 수출가격을 ① 동종 상품을 적절한 제 3 국으로 수출할 때의 비교 가능한 대표적인 가격, ② 수출국 내의 제조원가에 합리적인 금액의 관리비 · 판매비 · 일반비용과 이윤을 합산한 가격(구성가격)과 비교하여 결정한다.

현재의 WTO 반덤핑협정은 반덤핑조치에 관한 동경라운드(1973~1979) 협정을 개정한 것으로 우르과이라운드(1986~1994)에서 합의되었다. 동경라운드의 반덤핑협정은 모든 GATT 회원국에 의하여 수락되지는 않았으나, 우르과이라운드의 반덤핑협정은 WTO협정의 일부분으로 모든 WTO 회원국에게 적용되었다.

WTO의 반덤핑협약에는 반덤핑조사가 어떻게 시작되고 수행되었는지, 그리고 모든 이해 당사자에게 증거를 제출할 기회가 주어졌는가에 관한 상세한 절차가 규정되어 있다. 반덤핌조치는 조치의 종결이 수입국의 국내 산업에 대한 피해를 초래할 것이라는 것을 입증하지 못하는 한 반덤핑 조치가 부과된 날로부터 5년 후에 종결된다.

반덤핑협정은 회원국이 모든 예비 또는 최종 반덤핑조치들에 관해 지체없이, 그리고 상세하게 반덤핑관행위원회(Committee on Anti-dumping Practices)에 통보해야 함을 규정하고 있다. 또한, 회원국들은 모든 반덤핑조사에 관하여 일년에 두 번씩 반덤핑관행위원회에 보고하여야 한다. 반덤핑조치에 관하여 분쟁이 발생한 경우에는, 회원국들은 당사국들간에 협의에 의하여 문제를 해결하도록 해야 한다. 이러한 경우에 회원국들은 WTO의 분쟁해결절차를 이용할 수도 있다.

6) 1994 GATT 제7조의 이행에 관한 협정(관세평가협정)

관세평가(customs valuation)란 특정한 수입가격을 관세의 과세가격으로 결정하는 일련의 절차를 말한다. 관세는 일반적으로 산업보호와 재정수입의 두 가지 목적에서 부과된다. 국제무역 초기에는 재정수입 목적으로 관세가 부과되었으나 최근에 이르러서는 반대로 산업보호의 목적이 큰 비중을 차지하고 있다. 이러한 두 가지 목적의 실현을 위한 관세의 부과는 관세율의 고저로서 조정되는데 관세율이 아무리 적정하다고 하더라고 과세가격이 적정치 못하면 관세부과의 적정성은 실현될 수 없다. 수입가격의 조작, 즉 과세가격의 저평가 또는 고평가를 통하여 관세부과의 다과를 조작할 수 있기 때문이다.

WTO 관세평가협정은 이 협정의 영문명칭에서 볼 수 있는 것처럼 GATT 1994 제7조의 원활한 이행을 위하여 제정되었다. GATT 1994 제7조는 관세평가에 관한 최초의 국제규정으로 관세평가원칙을 규정하고 있다.

즉 과세가격을 ① 정상적인 무역경로를 통하여, ② 수량규제가 없고, ③ 완전한 경쟁조건하에서 수입된 실제가격(actual price)으로 한다고 규정하고 있다. 실제가격이 없을 경우에는 확인가능한 실제가격에 가장 가까운 유사가격을 이용하도록 되어 있다. 다른 회원국의 요청이 있으면 자국의 평가방법의 운용에 대하여 검토하고, 각국의 평가방법에 관한 허용가능범위를 설정하며, 환율은 IMF 규정에 의거하고, 자국의 평가방법과 기준을 공표해야 한다고 되어 있다.

수입물품에 대한 관세평가법은 관세액 산정에 중요한 영향을 미치므로 평가방법에 따라 자의적인 관세인상과 동일한 결과를 초래하여 무역왜곡효과를 유발시킬 수 있다. 이러한 맥락에서 수입물품에 대한 관세의 과세액 산출방법을 통일화시키기 위해 도쿄라운드에서 관세평가에 대한 다자간 협정(1981년 1월 1일부터 발효)을 체결하였다. 금번 UR 관세평가협정은 도쿄라운드의 관세행정의 내용을 거의 대부분 수용하고 있으며 단지 일부 회원국에게만 적용되던 기존의 협정을 WTO회원국 전체에 확대적용할 경우에 대비하여 일부 조항을 수정하였다.

7) 선적 전 검사에 관한 협정

선적 전 검사제도는 수입국 정부기관 또는 중앙은행이 지정한 선적 전 검사기관이 수입농산물 및 공산품의 품질, 수량, 가격 등의 적정성 여부 등을 선적 전에 수출현지국에서 검사하고,[6] 수입국에 도착한 후 검사결과에 따라 통관처분 및 일정한 관세를 부과하는 제도이다.

이와 같은 선적 전 검사제도는 일부 개발도상 수입국들에 의해 시행되는 것으로 다국적기업 및 선진국 수출기업들의 거래가격조작 등을 통한 외화도피 및 관세포탈 등 불합리한 거래관행을 방지하기 위한 것이다.

그러나 수입국이 선적 전 검사제도를 자의적으로 운용할 경우 심각한 무역왜곡현상이 초래되므로 선진수출국은 선적 전 검사제도의 남용을 막고 다자간 틀에서 규율하기 위한 다자간 규범의 제정을 주장하였다. UR의 선적 전 검사에 관한 협정의 주요 내용은 선적 전 검사제도 운영국인 수입국과 수출국에게 동시에 그 의무를 부과시키고 있다.

8) 원산지규정에 관한 협정

원산지규정이란 국제무역에서 거래되는 물품의 생산지 및 제조국, 즉 원

---

6) 선적 전 검사제도에는 ① 수입국정부가 자국의 공무원을 수출국 현지에 파견하여 검사하거나, ② 수입국이 국제적으로 용인된 물품검사보증기관에 위탁하여 검사하거나, ③, ①과 ②의 방법을 병행하는 방법이 있다.

산지를 판정하기 위한 제반 법률규정 그리고 관련행정적 절차 등을 의미한다. 이러한 원산지규정은 국제교역에 직접적인 영향을 미치는 무역조치는 아니나 각종 특혜제도의 시행·반덤핑 및 상계관세의 부과 그리고 수량제한의 적용 등 제반 조치의 시행에 원산지의 식별이 요구되므로 동 규정은 무역거래에 간접적으로 중요한 영향을 미치고 있다. 그러나 각국이 원산지규정을 불명확하고 자의적으로 운용할 경우 동 규정이 수입을 제한하는 무역장벽효과를 발생시키게 되므로 각 국가들은 통일된 원산지규정의 제정을 위한 협상을 진행하였다.

9) 수입허가절차에 관한 협정

국제무역이 자유롭게 수행되기 위해서는 세계 각국이 수입자유화를 확대하여야 하고 각국 행정부의 수입관리가 무역역행적으로 실시되지 않아야 한다. 수입자유화가 추진되면 수입품 중 아무런 제약없이 수입을 승인해 주는 자동승인품목의 수가 늘어난다. 그러나 자동승인품목의 수가 늘어난다고 하더라고 수입승인에 과징금이 부과되거나 그 절차가 복잡하여지고 불투명하게 되면 수입은 자유롭게 영위될 수 없다.

수입허가절차가 비관세장벽화되는 것을 방지하기 위해서 GATT 1994 제8조에서는 수출입에 관한 수수료 및 절차에 관하여 규정하고 있다. 그러나 그동안 각국은 수입에 많은 과징금을 부과하여 왔고 복잡한 절차를 설정하여 비관세장벽으로 이용하여 왔다. Tokyo Round협상결과 이와 같이 수입허가절차가 비관세장벽으로 이용되는 것을 방지하기 위하여 1979년에 수입허가절차협정(일명 라이센스협정)을 체결하였다.

그러나 이에는 미·일 등 29개국만이 가입하였고 우리나라 등 30개국이 옵저버로 참여하였을 뿐이다. UR협상결과 협정의 내용이 명료화되었고 규율이 강화되었으며 포괄적 수용원칙에 따라 그동안 협정에 가입하지 않고 있던 개도국들도 모두 준수하게 되었다.

10) 보조금 및 상계조치에 관한 협정

보조금 및 상계조치에 관한 협정(Agreement on Subsidies and Counter Vailing Measures)은 보조금의 사용과 보조금의 효과를 상쇄시키기 위하여 회원국들이 취할 수 있는 조치에 관하여 규정하고 있다. 동 협정은 회원국이 보조금의 철회 또는 보조금의 부정적 효과(adverse effects)를 위하여 WTO 분쟁해결절차를 이용할 수 있음을 규정하고 있다. 또한 회원국은 자국의 조사절차에 의하여 국내 생산자에게 피해를 초래한다고 판명된 보조된 수입품에 대해 "상관관세"(Countervailing duty)로 알려진 추가 관세를 부과할 수 있다.[7]

보조금 및 상계조치에 관한 협정은 동경라운드의 보조금협정을 기초로 하고 있다. 이전의 협정과는 달리 현재의 보조금 및 상계조치에 관한 협정은 보조금에 관한 정의를 포함하고 있으며,[8] 또한 보조금에 있어서 "특정성"(Specificity)의 개념을 도입하고 있다. 특정 보조금이란 이러한 보조금을 지급하는 국가 내의 특정 기업, 산업, 기업군, 산업군에만 보조금이 지급되는 것을 의미한다. 동 협정에 규정된 규정들은 특정 보조금에만 적용되는데, 이는 국내보조금 또는 수출보조금일 수도 있다. 그리고 금지보조금은 모두 특정적인 것으로 간주된다.

보조금 및 상계조치에 관한 협정은 보조금을 금지보조금(Prohibited Subsidies), 조치가능보조금(Actionable Subsidies), 허용보조금(Non-actionable Subsidies)의 세 범주로 나누어 규율하고 있다. 동 협정은 농업협정에 따른 보조금인 경우를 제외하고는 공산품과 농산품에 모두 적용된다.

11) 긴급수입제한조치협정

WTO의 회원국은 수입의 급격한 증가로 인하여 자국의 국내산업이 심각한 피해를 입게 되거나 또는 피해의 우려가 있는 경우에는, 그 제품의 수입을 일시적으로 제한하는 긴급수입제한조치를 발동할 수 있다. 긴급수입제한조치는 GATT 제19조에 따라 언제든지 발동 가능하지만, 자주 이용되는 편은 아니며, 몇몇 회원국 정부는 "회색지대조치"(Grey area measures)를 통하여 자국의 국내산업을 보호하는 것을 선호한다. 회색지대조치란 GATT 범주 밖에서 양자 협상을 이용하여 수입국들이 수출국의 수출을 자율적으로 제한할 수 있도록 수출국들을 설득하거나 또는 수출시장을 공유할 수 있도록 하는 다른 조치에 동의하도록 설득하는 것을 의미한다. 이러한 종류의 협정은 자동차, 철강, 반도체 등에 이르기까지의 다양한 상품들에 대해 시도되고 있고 또한

7) 보조금 및 상계관세에 관한 협정 제19조

8) 보조금 및 상계조치에 관한 협정 제1조. 정부 또는 공공기관의 재정적인 기여가 있는 경우와 소득 또는 가격지지가 어떤 형태로든 준재하면 보조금이 존재하는 것으로 간주한다. 정부의 재정적인 기여는 정부의 관행이 자금이나 채무의 직접이전을 수반하거나, 정부 세입을 포기하거나, 정부가 일반적인 사회간접자본 이외의 상품 또는 서비스를 제공하거나 구입하는 것을 의미한다.

현재 시행되고 있다.

이와 같은 긴급수입제한조치는 단순히 수입규제를 통한 국내산업의 보호보다는 수입을 일시 제한하여 피해를 입은 국내산업에 적절한 구조조정기회를 부여함으로써 당해 산업의 경쟁력제고뿐만 아니라 자원의 효율적 이동을 촉진하여 궁극적으로 세계무역을 확대하고자 하는 것이다. 이러한 맥락에서 기존의 GATT도 각 회원국의 긴급수입제한조치 발동을 통한 수입제한조치를 인정하고 있었으나, 동 조치의 선별적 적용과 최혜국대우 문제, 그리고 회색지대조치 등에 대하여 선진국과 개발도상국 간의 입장이 첨예하게 대립되었다.

이에 따라 긴급수입제한조치 문제가 UR협상의제 중의 하나로 선정되었고, 마침내 포괄적인 다자간 협정으로 제정되게 되었다. UR 긴급수입제한조치협정은 ① 조치의 무차별적 적용, ② 회색지대조치의 금지, ③ 조치의 엄격한 발동 등을 주요 내용으로 하고 있다.

2.2 서비스무역에 관한 일반협정(GATS)

서비스무역에 관한 일반협정(General Agreement Trade in Service : GATS)은 다자간 협정에서조차도 최초로 합의된 것으로 서비스의 국제무역에 관한 최초의 합법적인 강행규정으로 우루과이라운드에서 합의되었다.

(1) 협정의 적용범위 및 정의

1) 협정의 적용범위

서비스무역협정은 서비스무역이 영향을 미치는 중앙정부, 지방정부, 중앙정부 및 지방정부의 위임을 받은 비정부기관의 제반조치에 영향을 미친다. 그러나 정부권한의 수행상 공급되는 비상업적 서비스는 적용대상에서 제외된다.

2) 서비스의 정의

서비스는 생산과 동시에 소멸되어 버리고 각국의 문화적 유산을 나타내는 경우가 많다는 두 가지 특성을 지니고 있다. GATS에서는 서비스무역에 대한 정의를 나타내지는 않고 그 유형을 다음과 같이 네 가지로 구분하고 있다.

① 서비스 자체의 국경간 이동(Cross border supply)

② 서비스 소비자의 국경간 이동(Consumption abroad)

③ 서비스 공급을 위한 서비스 공급자의 타국에서의 상업적 주재 (Commercial presence)

④ 자연인의 주재(Presence of natural persons)

(2) GATS의 구조

GATS는 크게 네 부분으로 구성되어 있다. ① 서비스무역에 영향을 미치는 모든 조치에 적용되는 일반적 의무와 규율, ② 회원국의 이행계획서(schedule)에 기대된 특정 서비스부문(및 그 하위부문)의 시장개방 약속, 내국민대우 등에 관한 구체적 이행계획서(schedules of specific, commitments), ③ 서비스무역의 점진적 자유화 추진을 위한 정기적 협상개최에 대한 양해(합의), ④ GATS의 집행에 관한 8개의 각료결정(Ministerial Decisions)과 주요 서비스부문별 특수성을 감안한 일련의 부가문건 및 부록(attachments and annexes)이 그것이다.

(3) 특정 서비스부문의 시장개방 약속

원칙적으로 GATS는 모든 상업적 서비스에 적용되며, 중앙정부와 지방정부가 서비스산업과 관련해 취한 조치(measures)에 영향을 미치게 되어 있다. GATS가 서비스무역을 4가지로 유형화하고 있음은 위에서 고찰한 바와 같다. 여기서도 알 수 있듯이 서비스무역의 범위는 상품무역보다 넓게 정의되어 있다. 다만 실제로 GATS의 기본적 의무와 규율이 적용되는 구체적인 영역은 각 회원국이 제공한 특별약속 이행계획서에 따라 결정되도록 되어 있다. 이 이행계획서에는 ① 시장접근의 조건과 제한에 관한 사항, ② 내국민대우의 조건과 예외규정에 관한 사항, ③ 시장개방약속의 이행일정, ④ 이행계획서의 발효시점을 명시하도록 하고 있다(20조). GATS는 이처럼 서비스시장의 개방을 요구하면서도 시장을 개방하겠다고 약속한 회원국이 많은 제한사항이나 예외를 부가할 수 있도록 함에 따라 회원국별 이행계획서는 각각 상이하다.

2.3 무역관련 지적재산권협정(TRIPs)

(1) TRIPs의 구조와 특징

WTO 무역관련 「지적재산권 협정」(Agreement on Trade-Related Aspects of Intellectual Property Rights: TRIPs)은 WTO협정의 주요한 한 부분으로서 매우 복잡하고 방대한 체계를 가진 협정이다. 이 협정은 크게 7부로 나뉘어 있고, 조문이 무려 73개에 달한다. 동 협정은 IPR을 ① 저작권과 인접 재산권, ② 등록상표, ③ 지리적 표지(geographical indications), ④ 산업디자인, ⑤ 특허, ⑥ 반도체회로배치 디자인의 6가지 주요 유형으로 나누어 접근하고 있는 외에, ⑦ 비공개 정보의 보호, ⑧ 계약 베이스 라이센스(contractual licences)와 관련한 반경쟁적 관행의 규제에 관한 실체적 규정을 두고 있다.

또한 TRIPs는 지적재산권(intellectual property rights: IPR)의 보호에 관한 기존의 4개 국제협정의 규정을 그대로 수용하고 있다. 즉 현재 WIPO[9]가 시행하고 있는 산업재산권 보호에 관한 파리협약, 문학 및 예술작업 보호에 관한 베른협약,[10] 로마협약,[11] 반도체회로와 관련 지적재산권조약(IPIC Treaty)[12]을 모두 인용하고 있다. 즉 국제협약+α의 형식으로 협정이 구성되어 있다.

TRIPs협정의 가장 큰 특징은 역시 WTO의 모든 회원국이 지적재산의 보호에 관한 최저기준(minimum standards)을 수립하고, 이로써 지적재산권에 대한 회원국간의 기준의 조화(harmonization)를 모색하고 있다는 점이다. 그러나 전술한 바와 같이 TRIPs협정에서는 기존의 관련 국제협약을 그대로 보호기준으로 삼고 침해되는 경우 여기에 기존의 국제협약에서 보다 강화된 구제수단과 절차를 규정하고 있다.

(2) TRIPs의 기본원칙

GATT와 GATS에서 다루었던 것처럼, 무역관련 지적재산권(TRIPs)에 관

9) 세계지적재산권기구(World Intellectual Property Organization:WIPO)로 1883년에 제정되어 1967년에 Stockholm Act로 크게 수정되었으며 가입국은 129개국임.

10) 1886년에 처음 제정되어 1971년 Paris Act로 수정되었으며 가입국은 111개국임.

11) 연주자, 음반제작자, 방송사 보호에 관한 협약으로 1961년에 제정되었으며 가입국은 47개국임.

12) 1989년에 제정되었으며 가입국은 8개국임.

한 협정에서도 몇 개의 중요한 기본원칙을 찾아 볼 수 있다. 다른 두 협정에서와 마찬가지로, TRIPs에 관한 협정에서도 내국민대우와 최혜국대우 같은 무차별주의 원칙이 두드러지게 나타나고 있다. 또한 내국민대우 원칙은 WTO체제 밖의 다른 지적재산권협정들에서도 핵심적인 원칙으로 나타나고 있다.

2.4 분쟁해결규정 및 절차에 관한 양해

(1) 특징 및 구조

분쟁해결규칙 및 절차에 관한 양해(Understanding on Rules and Procedures governing the Settlement of Disputes)는 전문 없이 본문(27조)만으로 구성되어 있고 부속서도 없다. 그러나 말미에 4개항에 걸친 부록이 첨부되어 있다. WTO의 분쟁해결 규칙과 절차에 관한 양해각서는 WTO 설립협정을 비롯하여, ② 상품무역(GATT-1994), ③ 서비스무역(GATS), ④ 지적재산권(TRIPs) 협정에 관련된 모든 분쟁, 그리고 ⑤ 4개의 복수국간 협정에 일반적으로 적용된다. 다만 동 양해각서의 첨부서 2(Appendix 2)에는 WTO의 일반적 분쟁해결절차의 적용이 배제되는 8개 협정과 1개의 각료결정(Decision)이 열거되어 있다. WTO의 모든 다자간 및 복수국간 협정과 관련하여 제기되는 분쟁은 관련협정이 예외적인 규정을 두고 있는 경우를 제외하고는 WTO의 분쟁해결기구(Dispute Settlement Body: DSB)가 처리한다. DSB는 패널의 설치, 패널(및 항소기구)보고서의 채택, 패널의 권고나 재정(裁定)사항의 이행에 대한 감시, 보조조치의 승인 등 폭넓은 권한을 부여받고 있으며, DSB의 의사결정은 일반적으로 합의(consensus)에 의한다.

(2) 목적과 일반원칙

WTO의 분쟁해결규칙 및 절차에 관한 양해에서는 분쟁의 신속한 해결이 WTO의 효과적인 기능수행과 회원국의 권리와 의무 간의 적절한 균형의 유지에 필수적이며, 분쟁해결 제도의 목표는 분쟁에 대한 긍정적인 해결책을 확보하는 것이라고 규정하고 있다.

분쟁을 해결하는 수단 없이는 법규들은 강제될 수 없기 때문에, 법규에 기초한 시스템 또한 아무 소용이 없어질 것이다. 모든 WTO 절차는 법규를 강조하며 WTO의 분쟁해결제도는 이러한 법규를 중요시하기 때문에, 동 제도는 다자간 무역체제를 보다 안전하고 예측가능하게 만드는 것이다. 통상분쟁 발생시, WTO체제의 분쟁해결제도는 사건이 종결될 때까지의 모든 일정을 일정표로 명백하게 정의하고 있는 법에 기초하고 있다(여택동·전정기, 1998).

양해각서 제3조는 WTO 분쟁해결절차가 따라야 할 일반적인 원칙들을 보면 분쟁해결절차는 우선적으로 분쟁당사국이 양국간협의(bilateral consultation)를 통해 상호 수용할 만하고 관련협정에 부합되는 문제해결방안을 모색할 것을 요구하고 있다. 만일 분쟁당사국 쌍방이 협의를 통해 문제를 해결하지 못하는 때에는 관련협정에 위배되는 조치의 철회(withdrawal)를 최우선 목표로 추구한다. 보상(compensation)의 제공은 문제가 된 조치의 즉각적 철회가 현실적으로 불가능한 경우 그것의 철회를 전제로 요구할 수 있는 같은 이치로 보복조치는 어디까지나 다른 문제해결책이 없을 때 고려할 수 있는 최후수단으로서 반드시 DSB의 승인을 얻어야 한다.

이런 일반원칙들은 WTO가 분쟁당사국간의 협의를 통한 원만한 문제해결을 추구해 온 GATT의 관행을 여전히 중시하고 있음을 보여주는 것으로서, 이런 측면에서 WTO는 GATT체제하에서 형성된 '합의의 관행'(practice of consensus)을 좀더 잘 정의했을 뿐만 아니라, 중요한 의사결정에서 반드시 존중되어야 할 법절차(legal procedure)로 그 지위를 격상시켰다고 말할 수 있다(Jackson, 1966). 당사국간 협의를 통해 문제해결을 촉진하기 위해 WTO 분쟁해결절차를 WTO 사무총장으로 하여금 알선(good offices), 화해(conciliation), 중개(mediation) 노력을 기울이도록 하는 내용의 규정을 추가하였다. 특히 분쟁에 극빈개도국(least-developed countries)이 관련되어 있을 때에는 사무총장이 원만한 문제해결을 적극 주선해야 한다는 특별한 의무를 지우고 있다(양해각서 제24조). WTO 사무총장의 알선, 화해, 중재 노력은 협의가 원만히 성립되지 못해 패널이 설치되고 절차가 진행되고 있는 동안에도 계속해 나갈 수 있다(최병선, 1999).

2.5 무역정책검토제도

(1) 의의 및 목적

무역정책검토제도(Trade Policy Review Mechanism: TPRM)는 1970년대 이후 GATT 1947에 위배되는 여러 가지 무역정책이 성행하여 국제무역의 발전에 커다란 장애요인으로 작용하여 왔던 점을 거울삼아 국제무역을 왜곡시키는 무역정책의 실시를 사전에 예방하기 위한 목적으로 제정되었다. 또한 각국의 무역정책이 투명성을 결여함으로써 비관세장벽으로 작용함에 따라 WTO 부속협정별로는 이를 예방하기 위하여 투명성의 재고를 의무화하는 조항을 두고 있지만 이를 최종적으로 검토하도록 제도화하기 위한 목적을 갖고 있다.

1970년대 이후 무역왜곡적 정책의 만연과 각국 무역정책의 불투명성 등으로 볼 때 이 제도의 창설은 때늦은 감이 있지만 매우 적절하다고 평가하지 않을 수 없다. UR협상의 15개 의제 중 가장 먼저 합의되어 1989년부터 시행되어 왔음은 이를 반영하고 있다. WTO 회원국의 무역정책에 대한 정기적으로 집단적인 평가와 검토를 통해 다자간 무역체제의 기능을 강화하는 데 크게 기여하고 있다.

(2) 주요 내용

무역정책검토제도는 이 제도의 시행을 위해 설치된 무역정책검토기구(Trade Policy Review Body: TPRB)에 의해 운영된다. 회원국별 무역정책검토는 로테이션 방식으로 이루어진다. 주요 내용은 다음과 같다.

① 회원국의 무역정책검토를 수행하기 위해 '무역정책검토기구'(Trade Policy Review Body: TPRB)를 설립한다.

② 모든 회원국들은 자국의 무역정책검토를 세계교역에서 차지하는 비중에 따라, 즉 세계 4대교역국은 매 2년마다 5위에서 20위까지 16개 교역국은 매 4년마다, 그리고 여타 교역국은 매 6년마다 주기적으로 시행한다.

③ 모든 회원국들은 모든 무역정책 및 관행들을 기술한 보고서를 정기적으로 무역정책검토기구에 제출한다.

3. WTO 도하개발아젠다 협상

3.1 DDA협상의 경위 및 의의

(1) DDA협상의 출범 배경

도하개발아젠다 협상은 2001년 11월 카타르의 수도인 도하(Doha)에서 개최된 제4차 WTO 각료회의에서 출범하였으며, GATT협정체결 이후 9번째의 다자간 무역협상으로서 광범위하고 포괄적인 협상의제를 설정하고 있다.

WTO 회원국들은 1993년 우루과이 협상을 타결하면서 농산물과 서비스 분야의 시장개방 수준이 미흡하다고 평가하여 이러한 두 가지 분야에 대한 추가적인 시장개방 협상을 2000년부터 시작하기로 미리 약속하였다. 또한 농업, 서비스 등 기설정 의제 외에도 공산품 분야에 대한 무역자유화를 추가로 추진할 필요성과 무역환경의 변화를 반영하기 위해 새로운 분야에 대한 무역규범을 제정할 필요성이 대두되었다.

이에 따라 1999년 미국의 시애틀에서 개최된 제3차 WTO 각료회의에서는 보다 포괄적인 협상의제에 대한 뉴라운드의 출범이 시도되었으나 합의에

다자간 무역협상과 DDA

지금까지 GATT체제하에서 8차례 걸친 다자간 협상이 이루어져 국제무역의 자유화와 세계경제 발전에 상당한 기여를 해 왔다.

그러나 이에 대한 개도국들의 반발도 상당하여 특히 이번 새로운 협상과 관련, 다수의 개도국들이 "라운드"라는 명칭 사용에 강한 거부감을 표시하였고 이러한 개도국들의 주장을 받아들여 결국 동 협상의 공식 명칭을 DDA(Doha Development Agenda)로 표기하기로 하였다.

※ "라운드"라는 명칭은 협상이 원탁에서 이루어진 데서 유래했다는 주장과 보통 다자간 협상이 여러 차례의 협상과정을 거친다는 데서 비롯된 것이라는 주장이 있으나 개도국들 중에는 이에 대한 피해의식들을 갖고 있는 경우가 있고 또 일부 세계화에 반대하는 움직임들도 만만치 않은 것이 현실이라고 하겠다.

실패하였다. 2001년 11월 카타르의 수도인 도하에서 개최된 제4차 WTO 각료회의에서는 WTO체제의 출범 이후 최초의 다자간 무역협상이며 동시에 우루과이 라운드에 버금가는 대규모 협상인 도하개발아젠다(DDA) 협상을 출범시켰다.

(2) DDA협상의 의의

WTO 출범 이후 첫 번째 다자간 무역협상은 협상의제 및 분야별 협상의 목표에 개도국들의 입장을 과거 어느 때보다 큰 비중으로 반영하여 "도하개발아젠다"(Doha Development Agenda)로 명명되었다. 이는 다자무역체제에서 개도국들의 입장이 집단적으로 표출되는 등 발언권이 강화된 것과 함께, 특히 우루과이 라운드 이후 세계화와 개방화의 빠른 진전과정에서 개도국들의 다자무역체제에 대한 통합이 순조롭게 이루어지고 있지 않다는 것을 시사한다.

DDA협상의 출범에 따라 세계무역의 중심축을 자임하는 WTO로서는 통상마찰의 심화와 지역주의의 확산이라고 하는 새로운 도전을 맞이하여 자유무역체제가 세계경제의 유일한 대안임을 재확인한 셈이다. 특히 UR협상 이후 중국, 대만 등 25개국이 새롭게 가입함에 따라 DDA협상에는 148개국이 참여하고 있으며, 이에 따라 WTO는 명실상부한 세계무역체제의 중심축으로 자리잡게 되었다.

1) 포괄적이고 광범위한 의제채택

특정분야만을 다룬다면 각국간 이익과 손실의 균형을 맞추기 어렵기 때문에 회원국들이 관심을 가지고 있는 모든 분야를 망라했기 때문이다.

또한 DDA협상은 UR협상과 마찬가지로 모든 의제에 대한 논의를 동시에 진행, 동시에 종결하고 모든 참가국이 각 의제에 대한 협상결과를 모두 수용하는 일괄타결방식(Single Undertaking: Package deal)을 채택하고 있다.

2) 개도국의 지원과 세계경제의 지속 성장

DDA협상에서는 무역차원에서 개도국의 경제개발을 지원하는 방법도 중요한 주제로 논의했다. 개도국들은 과거의 GATT나 지금의 WTO로 대표되는 다자무역체제가 선진국에게만 유리하게 되어 있어 개도국의 경제발전을 가로막고 있다고 주장하면서 DDA협상에서는 이를 시정해야 한다고 주장하고 있다.

또한 DDA는 세계경제의 정치 · 경제적 불확실성을 제거하고 교역확대를 통한 지속적 경제성장을 가능케 할 계기를 제공하게 될 것으로 전망된다.

(3) DDA협상의 특징

DDA협상은 UR협상과 마찬가지로 세계무역의 자유화 및 확대를 통해 세계경제의 활성화에 기여한다는 동일한 협상목적을 가지고 있다. 또한 모든 국가가 이익을 누릴 수 있도록 투명한 협상 진행방식을 채택한다는 협상원칙을 가지고 있으며, 협상조직으로 무역협상위원회를 신설하고 있다는 점에서 UR협상과 유사하다.

또한 협상의 주요 내용으로서 농산물 및 서비스시장의 추가개방, 공산품과 임수산품의 시장개방, 반덤핑, 보조금, 지적재산권 등 기존 무역규범의 개정뿐만 아니라, 무역과 환경, 싱가포르 이슈[13] 등의 새로운 무역규범의 제정을 지향한다는 측면에서 유사하다고 할 수 있다. 아울러 단기간에 협상을 완료하기 위해 협상시한을 설정하고 있으며, 협상이행에 있어서는 일괄타결방식을 채택하고 있다.

이러한 유사점과 아울러 DDA협상은 UR협상과 다음과 같은 점에서 특징을 가지고 있다.[14]

표 6-7 DDA협상과 UR협상의 유사점

	주요 내용
협상 목적	세계무역의 자유화 및 확대를 통해 세계경제의 활성화에 기여
협상 원칙	모든 국가가 이익을 누릴 수 있도록 투명한 협상진행방식을 채택
협상 분야	무역협상의 세 가지 중요 요소를 포함 (시장개방, 규범 개정 및 제정, 분쟁해결절차 강화)
협상 조직	일반이사회 산하에 무역협상위원회 운영
협상 시한	협상기한 설정(UR: 4년, DDA: 3년)
협상 이행	SINGLE UNDERTAKING(일괄타결방식)

자료: KIEP.

13) 싱가포르 이슈는 농업과 더불어 칸쿤 각료회의의 최대의 쟁점 이슈로 선진국들은 투자, 경쟁, 정부조달 투명성, 무역원활화 등 4개의 이슈를 말한다.

14) 최낙균 외 10명, DDA 중간점검, 대외경제정책연구소, 2003, pp. 37~40.

첫째, 개도국에 대한 특별대우를 해야 한다는 주장이 모든 협상분야에 있어 주요 고려사항이 되고 있으며, 중국의 WTO 가입에 따라 DDA협상의 논의과정에 다소간의 변화가 나타나고 있다.

둘째, FTA가 확산됨에 따라 회원국들간에 WTO협상에 대한 기본자세의 변화조짐이 나타나고 있다. 그동안 주요국들은 GATT/WTO협상이 아니면 세계시장을 개척할 수 없는 상황이었으나, FTA 확산에 따라 각국의 기본 입장에 변화가 나타나고 있다.

셋째, 협상의제면에서 DDA협상은 UR협상보다 좀더 폭넓고 과감한 논의를 하고 있다. DDA협상에서는 농업과 서비스 등의 기설의제(built-in agenda)에 대해 지난 2000년부터 논의를 시작함에 따라 시장개방협상을 조기에 착수하였다. UR협상에서는 농업과 서비스협상이 최대의 난제로 부각되었기 때문에 이러한 협상의제에 대한 논의를 조기에 착수한 것은 DDA협상을 신속히 진행시키는 데 기여하고 있다.

이처럼 DDA협상은 UR협상에 비교해 볼 때 협상목표와 원칙 등은 유사하지만 새로운 세계경제환경의 변화에 따라 여러 차이점도 가지고 있다. 특히 DDA협상은 개도국 이슈의 논의 등으로 인해 좀더 복잡해졌으며, 그동안

표 6-8 DDA협상과 UR협상의 차이점

	UR	DDA
시장개방	농업, 서비스의 최초 개방	농업, 서비스의 본격 개방
무역규범	TRIPs 반덤핑, 보조금 협정은 새롭게 제정	기존 협정의 기본틀을 유지하는 가운데 일부조정 개정
신통상 이슈	논의가 없었음.	무역과 환경을 공식의제로 논의하고, 투자, 경쟁, 정부조달, 무역원활화 논의 개시
개도국 이슈	개도국에 대한 특별대우가 별로 없음.	개발을 협상의 명칭으로 사용하고 있으며, 세부협상에서 적극 논의
다자체제와 FTA의 관계	FTA는 일부지역에 국한	DDA의 대안으로 WTO 밖에서 FTA 확산 예상
의사결정 방식	green room 회의를 통해 선진국 주도	중국의 가입 등으로 개도국의 발언권 강화

자료: KIEP.

진행된 무역자유화로 인해 추가적 시장개방에 대한 각국의 거부감이 강해졌기 때문에 많은 논의가 전개되었다.

3.2 DDA협상의 논의동향과 체계

(1) 협상의제

도하 각료선언문은 서문에서 DDA협상의 혜택을 개도국과 최빈국이 공유할 수 있도록 노력하며, 무역자유화에 있어 지역무역협정보다는 세계무역규범 형성 및 자유화를 위한 유일한 포럼으로서 WTO의 중요성을 확인하였다. 또한 무역자유화와 환경보호 및 지속가능한 개발 증진이 상호 보완적이며, 건강, 안전, 환경보호 관련 조치를 보호주의적 목적으로 사용하지 않기로 합의하였다. 아울러 DDA협상의 폭넓고 균형적인(broad and balanced) 작업계획을 포괄하도록 하였다.

협상의제는 크게 시장개방 협상의제와 규범관련 협상의제로 구분할 수 있다. 협상의 성격과 시한에 따라 ① 일괄타결(single undertaking) 대상의제, ② 조기협상 종결대상 의제, ③ 협상방식 합의를 통해 협상을 진행하도록 되어 있는 의제, ④ 개발관련 의제 등으로 구분할 수 있다.

1) 일괄타결 의제

여기에는 농업, 서비스, 공산품, 규범, 환경 등을 들 수 있으며, 시장개방을 위한 협상의제는 모두 일괄타결 대상이 되고 있다.

2) 조기협상 종결대상 의제

본 의제는 시장개방과는 직접적인 관계가 적은 이슈들로서 분쟁해결 절차(DSU) 개정, 지적재산권 협정(TRIPs)관련 의제 등이 해당된다.

3) 협상방식 합의를 통한 협상진행 의제

이것은 도하 각료회의시 협상출범 여부에 대해 완전한 합의가 이루어지지 않은 이슈들이며, 투자, 경쟁, 무역원활화, 정부조달투명성 등 4개의 소위 싱가포르 이슈가 해당된다. 이러한 의제들에 대해서는 협상방식에 대한 회원국들의 명시적인 합의를 통해 협상을 진행하도록 했다.

4) 개발관련 의제

이것은 주로 개발도상국들이 제기한 이슈로서 우루과이라운드 협상 결과의 이행, 개도국 우대관련 조항 검토, 공중보건과 관련하여 저렴한 가격의 의약품을 제공하는 문제 등이 포함되어 있다.

(2) 협상방식

도하개발아젠다 협상은 2005년 1월 1일까지 협상을 종료하는 것을 목표로 하였으며, 협상의 결과는 소위 일괄수락(일괄타결)의 원칙에 의해 전체 협상의 결과를 하나의 패키지(package)로 간주하여 분야별 양보와 타협을 가능하도록 하여 협상의 타결을 촉진할 수 있도록 하였다.

(3) 협상의 추진체계

1) WTO 각료회의

WTO에서 가장 중요한 기구는 각료회의와 일반이사회이다. 각료회의는 최고의 의사결정기구로서 회원국 대표들이 주기적(원칙적으로 2년)으로 모여 주요 사안들을 결정한다. 각료회의가 WTO의 최고 의사결정기구이기 때문에 제4차 도하각료회의에서 DDA협상의 출범을 공식결정했으며, 제5차 칸쿤각료회의는 DDA협상의 진전상황을 점검한 바 있다.

2) 일반이사회

상설기구인 일반이사회(주로 각국의 WTO대사가 대표로 참석)는 각료회의의 결정을 집행하며 평소에 각료회의의 임무를 대행한다. 또한 WTO 전체의 작

그림 6-4 DDA협상의 추진체계

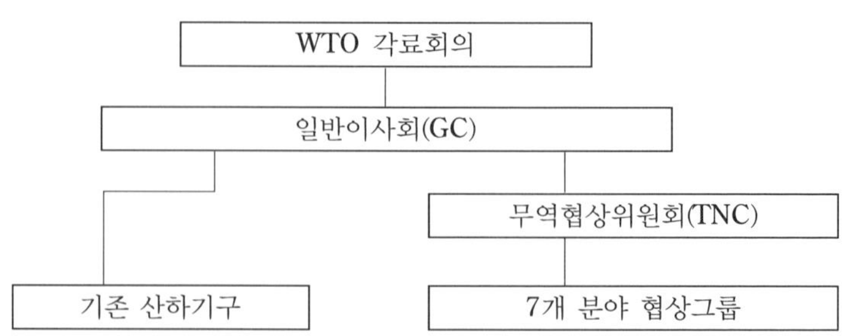

표 6-9 DDA협상의 분야별 기구

<table>
<tr><th colspan="2">협상의제</th><th>담당기구</th></tr>
<tr><td colspan="2">농 업</td><td>농업위원회 특별회의</td></tr>
<tr><td colspan="2">서 비 스</td><td>서비스이사회 특별회의</td></tr>
<tr><td colspan="2">비농산물 시장접근</td><td>시장접근 협상그룹(신설)</td></tr>
<tr><td colspan="2">WTO규범(반덤핑, 보조금 등)</td><td>규범협상그룹(신설)</td></tr>
<tr><td rowspan="2">지적재산권</td><td>포도주 및 증류주 지리적 표시 다자등록시스템 설치 협상</td><td>TRIPs 이사회 틀별회의</td></tr>
<tr><td>CBD와 TRIPs 관계, 전통지식 등 검토의제</td><td>TRIPs 이사회</td></tr>
<tr><td colspan="2">무역과 환경</td><td>무역환경위원회(CTE) 특별회의</td></tr>
<tr><td colspan="2">분쟁해결 양해</td><td>분쟁해결기구 특별회의</td></tr>
</table>

자료: KIEP.

업계획을 책임지도록 되어 있다.

3) 무역협상위원회

WTO는 DDA협상의 원활한 진행 및 감독을 위해 무역협상위원회(Trade Negotiation Committee: TNC)를 2002년 2월에 일반이사회 산하에 설치하였다. TNC는 일반이사회의 정례회의마다 협상진행 상황을 보고하도록 되어 있다. 특히 TNC는 필요한 협상기구를 설치하고 협상전반을 감독하는 역할을 맡고 있는데, WTO 사무총장은 DDA협상의 종결 예정일인 2005년 1월 1일까지 동 위원회의 의장을 맡게 된다.

4) 분야별 협상기구

이 밖에 TNC는 2002년 2월에 농업, 서비스, 비농산물 시장접근, 규범, 환경, 지적재산권, 분쟁해결 등 7개의 분야별 협상그룹을 설치하고 해당 협상그룹이 세부협상을 진행토록 하였다.

3.3 WTO/DDA협상 주요 분야

(1) 농업분야

농업부문은 기확정의제(Built-In Agenda)로서 2000년 3월부터 제네바에서 후속협상이 진행되어 왔다. 농업협상의 목표는 시장접근(Market Access)의 실질적 개선과 모든 형태의 수출보조금(Export Subsidies)의 단계적 폐지를 목표로 한 보조금감축 그리고 무역 왜곡적인 국내보조(Domestic Support)의 실질적인 감축이다. 금번 협상은 이러한 협상목표에 대해 2003년 3월까지 협상 세부원칙(Modalities)에 대한 합의를 이루도록 하였다. 그러나 농업협상은 협상진행과정에서 수축국과 수입국 간, 선진국과 개도국 간 뚜렷한 입장차이로 합의전망이 불투명했고, 이에 따라 농업협상의 의장인 하빈슨(Harbinson)은 2003년 2월 12일 핵심이슈에 대한 의장 절충안(1차)을 내놓았다. 전체적인 방식은 우리나라 등 수입국의 요구대로 UR방식을 따르고 있으나, UR보다 훨씬 높은 감축수준 및 고율 관세에 대한 더 높은 감축이 이루어지는 관세조화(Harmonization)의 개념을 도입하는 등 세부적인 면은 수출국들의 주장을 상당부분 반영하기도 하였다. 특히, 이번 DDA협상의 개발이념을 감안 동 의장중재안은 개도국에 대해 선진국보다 훨씬 낮은 수준의 관세감축 및 보조금감축수준 부여, 그리고 2배에 이르는(10년) 관세감축 이행기간 등 협상전반에 대해 상당한 특혜를 부여하였다.

그러나 이러한 절충안에도 불구하고 회원국간 세부원칙(Modalities)합의에는 실패하였고 9월 칸쿤 각료회의에서는 논의조차 하지 못하고 합의도출에 실패하였다. 칸쿤 각료회의 이후 교착상태에 빠진 DDA 농업협상은 2004년 5월 다른 나라의 동등한 조치(parallism)를 전제로 자국 농업의 수출보조금 제도에 대하여 전면적으로 논의할 수 있다는 EU의 통상담당 집행위원 Lamy의 획기적인 제안에 따라 새로운 전기를 맞게 된다.

(2) 서비스 분야

서비스 부문 역시 기확정의제(Built-In Agenda)로서 추가 자유화를 위한 후속협상이 2000년 2월부터 제네바에서 시작되었다. 서비스협상은 개별 분야별 서비스에 대한 시장개방에 관한 협상과 서비스분야 전반에 걸친 수평적 이슈

(horizontal issue)로 구분하여 진행된다. 제4차 각료선언에서는 개별 서비스분야(사업, 통신, 건설, 유통, 교육, 환경, 금융, 의료, 관광, 문화, 교통, 에너지 등)의 시장개방과 관련하여 협상참여 회원국들에게 2002년 6월 30일까지 1차 양허요청안(initial requests for specific commitments)을 제출하고, 2003년 3월 31일까지 이에 대한 1차 양허안(initial offers)을 제출하도록 규정하였다.[15] 그러한 양허안을 기초로 2003년 4월 이후부터 2005년 1월 1일 이전까지 다자간 내지 양자간 협상을 통해 각 회원국의 서비스 분야에서의 추가 자유화에 관한 양허약속을 확정하게 된다. 우리나라는 2003년 12월 현재 미국 · EC · 일본 · 캐나다 등 32개국과 60차례의 양자협상을 마친 상태이다.

도하개발아젠다 서비스협상은 지난 UR 서비스협상 이후 모든 서비스 분야를 대상으로 하는 첫 번째 포괄적 협상으로서, 지난 UR 서비스협상에서의 개방범위와 수준을 출발점으로 하여 협상이 진행되므로 전체적으로 UR에서

자발적 자유화 이슈와 MFN 면제 철폐문제

첫째, 자발적 자유화 이슈는 UR 이후 각국이 양허한 수준보다 자발적으로 개방화 · 자유화 수준을 높여 나간 경우, 이번 DDA협상에서 이러한 각국의 자발적 자유화 조치를 어느 정도 인정하고 이를 양자간 협의과정에서 어떻게 반영해 나가느냐에 관련된 사항이라 하겠다. 이와 관련 여러 차례 협상과정을 통하여 구체적인 guideline을 마련하여 놓고는 있으나 자발적 자유화 내용에 따라 협상 쌍방 간의 인지 정도, 가치평가 등의 격차가 심할 것으로 예상되므로 이를 양자협상 과정에 어떻게 반영시켜 나갈 것인가가 관심사항이 될 것이다.

둘째, 면제에 대한 점진적 철폐문제는 WTO의 근본적인 정신의 하나인 MFN에 대하여 WTO 서비스 분야의 경우 오히려 일반적인 원칙이라기보다 예외적인 경우가 될 정도로 MFN에 대한 예외 조치가 광범위하게 인정되고 있는 것에 대한 반성에서 출발하였다고 하겠다. MFN이 전반적으로 허용되지 않았던 UR출범 초기의 서비스교역 수준과는 비교가 안 될 정도로 국제적인 서비스교역 비중이 높아짐에 따라, MFN에 따른 서비스교역 원칙의 확보가 이를 지지하는 국가와 그렇지 않은 국가 간에 첨예하게 대립되어 있는 상황이다.

15) 2003년 12월까지 27개국이 양허안을 제출하였고, 우리나라는 36개국에 대해 양허요구안을 제출한 바 있다.

의 개방약속보다 높은 수준의 시장개방 약속이 있을 것으로 예상된다. 서비스 분야 전반에 걸친 수평적 이슈(horizontal issue)에 관한 논의 주제로는 ① 서비스 규범제정에 관한 논의를 비롯하여 ② 서비스 국내규제에 대한 명확화·투명성 제고작업 ③ MFN면제에 대한 개선 논의 ④ 자발적 자유화 조치에 대한 대우문제 등이 논의되고 있다. 우선 서비스 규범분야에 대해서는 서비스시장의 개방에 따른 국내 서비스산업의 피해를 잠정적으로 구제해 주기 위한 서비스 세이프가드 제도(emergency section)의 도입에 대한 논의를 중심으로 보조금·정부조달 분야에 대한 규범제정을 합의하고 있으나, 서비스 분야의 세이프가드 정의에 대한 논란이 지속되는 등 본격적인 논의가 진행되지 못하고 있다. 서비스 국내규제에 대한 투명성 제고는 서비스에 대한 국내 규제가 다양하고 복잡하므로 이러한 규제적 장치라 할 수 있는 자격요건, 표준 및 면허 등의 요건에 대해서 이에 대한 필요성 및 투명성을 강화하는 방향으로 서비스교역 규범을 마련해 보자는 취지에서 추진되고 있으나, 각국 간의 이해관계가 달라 느린 협상진전 속도를 보이고 있다.

(3) 비농산물 시장접근

비농산물 시장접근(market access for non-agricultural products) 협상은 공산품 및 임산물, 수산물에 대한 관세 및 비관세장벽의 제거문제를 다루는 협상이다. 동 협상에서는 도하 각료선언에 의거, 첨두관세·고관세·경사관세의 제거 및 개도국 수출 관심품목에 대한 고려 등 개도국에 대한 특별대우(S&D : Special & Differential Treatment) 부여문제까지 다루고 있다.

5월 말까지로 예정된 협상방식 합의에는 실패하여 별 진전이 없는 상태에서 9월 칸쿤 각료회의가 개최되었다. 동 각료회의에서 회원국은 기존의 입장을 되풀이하였으며, 싱가포르 이슈 타결 실패를 이유로 비농산물 시장접근에 대해서는 절충안에 대한 논의도 없이 각료회의 전체가 실패로 선언되었다. 2004년 5월 현재 비농산물 시장접근은 농업 분야의 진전과 연계되어야 한다는 것이 대부분 나라의 입장으로, 2004년 7월 일반이사회에서는 선진국과 개도국의 입장이 첨예하게 대립되는 이슈에 대해서는 포괄적인 문안이나 양측의 입장을 모두 봉합하는 최소한의 수정안이 마련될 것으로 예상된다.

협상일정은 2002년 12월까지 각국이 관세인하방식에 관한 제안서를 제출, 이를 바탕으로 2003년 5월까지 관세 및 비관세장벽의 제거방식(Modalities)에 대한 합의를 이루도록 되어 있었다. 구체적 관세인하방식에 대한 제안서를 제출한 국가들은 우리나라를 비롯, 미국, EU, 일본, 중국, 인도의 6개국이었는데, 이 6개국의 제안서 및 여타 회원국의 제안서를 바탕으로 의장은 2003년 5월 절충적 성격의 지라르(Girard) 의장 초안을 제시하였다. 의장초안은 관세가 높을수록 관세감축률이 높아지는 스위스 공식을 기초로 하되, S&D로서 관세감축폭을 결정짓는 계수(B×Ta)에 각국의 관세평균(Ta)을 삽입하였다. 이는 관세평균(Ta)이 높을수록 관세감출률이 낮아짐으로써 관세가 높은 개도국이 유리하게 작용하는 면이 있으므로, 선진국의 개도국 관세감축폭 확대노력이 향후 의장안 수정작업과정에서 적극적으로 제시될 것으로 전망된다. 또한 지라르 의장안에 따르면, 분야별 무세화를 제안하였는바, 개도국 수출관심품목 고려차원에서 자동차부품, 전기·전자, 가죽, 섬유·의류, 신발, 광물·보석·귀금속, 수산물의 7개 분야에 대해 무세화할 것을 제시하였다.

(4) 규범분야

WTO 규범(Rules)분야 협상은 회원국에 의한 WTO 규범의 적용 및 운영에 비추어 개선의 필요가 있는 규정의 개정을 위한 협상을 의미한다. 이와 관련, 제4차 각료선언에서는 협상 대상규범으로 ① 반덤핑협정 ② 수산보조금에 관한 규정을 포함하여 보조금 및 상계조치 협정 그리고 ③ 지역무역협정을 규정하고 있다. 제4차 각료선언에서는 반덤핑협정의 기본개념, 원칙 및 유효성과 동 협정상 수단 및 목적을 유지하면서 협상의 초기단계에서는 무역 왜곡적인 관행에 대한 규율을 포함하여 규범의 명확화 및 개선의 필요성이 있는 규정을 제시하고, 후속단계에서는 그러한 명료화 및 개선작업을 모색하도록 하고 있다.

1) 덤 핑

반덤핑 분야의 경우, DDA 반덤핑 협상은 규범협상그룹(Negotiating Group on Rules)에서 이루어지고 있으며, 2003년 12월 현재 10여 차례의 회의가 개최되었다. 반덤핑협정에 대한 각 국가의 입장은 크게 3개의 그룹으로 구분되는 데 (i) 우리나라 및 일본을 비롯하여 반덤핑협정의 개정을 주장하는 반덤핑 프렌즈 그룹 (ii) 반덤핑협정의 개정에 상대적으로 소극적인 미국 · EU 및 호주 그리고 (iii) 개도국에 대한 특별한 고려가 이번 협상의 주요 이슈임을 강조하는 인도를 중심으로 한 개도국이 있다. UR 이후 반덤핑 제도를 운용하는 국가가 과거 미국 · EU · 캐나다 · 호주 등 선진국 위주에서 인도 · 브라질 · 아르헨티나 등 개도국으로 확산됨에 따라, 반덤핑 규정의 자의적 해석 여지를 줄이고 규범의 투명성과 객관성을 제고하는 것이 새로운 국제무역환경의 중요한 도전이 되었다.

2) 보 조 금

보조금 분야에 대해서는 일반 보조금과 수산보조금이 쟁점이 되어 논의되고 있는바, 보조금 상계조치와 관련하여 정부의 보조금 지급에 대한 국제적인 규범을 제정립하는 문제와 현행 보조금 상계제도를 보다 명확화하고 개선시키는 작업을 함께 추진하고 있다. 한편, 과거 보조금 상계제도의 포괄범위가 비농산물로 되어 있으므로 수산물 분야도 당연히 기존 보조금 상계조사 및 구제절차에 따라 운용되어야 하나, 수산물 분야도 당연히 기존 보조금 및 상계조치 제도가 필요하다는 논의가 수산보조금 가축 및 철폐에 적극적인 Fishery Group(아르헨티나, 호주 등 8개국 등)으로부터 제기되었다. 이와 더불어 보조금 분야에서 개도국 입장을 반영하였다고 볼 수 있는 허용보조금(연구개발, 지역개발, 환경보전)과 선진국 입장이 가미된 심각한 손상보조금(5% 이상 보조금, 영업손실 보상, 정부채무 상환)에 대하여 현행 보조금 협정상 기한만료(1999년 12월 31일)에 따라 사실상 소멸된 조항을 어떻게 기존 협정 내에 새롭게 반영하느냐가 협상 쟁점으로 대두되기 때문에 기존 협정의 개선 차원과는 별도로 보조금 협상상의 주요 이슈가 되고 있다.

3) 지역협정

지역협정에 대하여 FTA, 관세동맹 등 지역협정 확산과 WTO 다자규범의 관계에 대하여 이를 WTO 다자규범 내에서 어떻게 해석하고 규율하느냐가 협상의 주요 이슈로 부각되고 있다. 특히, 최근 FTA가 전 미주지역으로 그 협상범위를 포괄하고 있고, EU지역이 EU회원국의 동구확대 및 EFTA와의 연계 등으로 지역 Bloc화되어 있는 점을 감안할 때, 이러한 지역협정에 적극적인 국가와 소극적인 국가간에 WTO 규율 강화에 대한 입장 차이가 두 반덤핑이나 세이프가드 등 일반적으로 국제규범의 수준이 상당히 높은 분야에 있어서도 지역협정에 따라 반덤핑 및 세이프가드 조사 과정에서 역내 회원국가에 대해서만 혜택을 주거나 반덤핑 · 세이프가드 조치 적용대상에서 상호 배제하는 문제가 제기될 수 있다. 이 경우, WTO 다자체제하에서 허용하는 관세동맹 · FTA 등 지역 협정 결과에 따라 비회원국에 대해서는 사실상의 (de facto) 차별조치가 이루어지는 결과를 초래하게 됨에 따라 다자체제의 근간인 MFN의 적용여지가 그만큼 줄어드는 문제가 파생될 수 있다. 현재 지역협정분야에서는 통보절차 등 주로 절차적 요건의 명확화에 논의가 집중되고 있으며 향후 계속 논의될 전망이다.

드러지게 나타나고 있다. 우리나라와 호주 등 대륙적 차원에서의 지역적인 협정(Preferential trade agreements)에 적극적으로 참여하지 않고 있는 국가이거나, 지역적인 특혜협정을 통해 얻을 "득"과 비교하여 지역 Bloc화에 의해 교역 · 투자환경이 악화되는 등 그 "실"이 많은 경우에는 WTO 다자간 체제를 보다 강화해 나가는 것이 무엇보다도 중요하다 하겠다.

3.4 WTO/DDA 협상 지연과 대책

(1) DDA 협상 지연 대책

1) 다자통상정책과 지역통상정책의 조화

DDA 협상 지연에 따라 제기된 WTO를 중심으로 한 다자통상체제에 대한 의문과 불신은 결국 WTO의 기능과 역할에 대한 개선으로 이어져, 향후 WTO는 어떠한 방식으로든 어느 정도 변화가 불가피할 것으로 예상된다. 그리고 이러한 WTO의 변화 가능성은 경제의 대외의존도가 70% 이상에 달하는 우리나라에도 시사하는 바가 크다.

무엇보다도 먼저 WTO 중심의 다자통상정책과 FTA 또는 RTA를 통한 지역통상정책의 조화가 요구된다. 특히 DDA 협상 지연에 따라 최종 타결이 2010년으로 미루어진다면, 실제 협상결과의 이행은 2011년이 될 것이다. 이에 따라 우리나라도 WTO 중심의 다자통상정책과 양자 또는 지역무역협정에 대한 기초한 지역통상정책을 상호 비교하며 서로 모순되지 않아야 한다.

우리나라는 지난 2002년 한 · 칠레 FTA를 타결한 이후 한 · 싱가포르

FTA, 한 · EFTA FTA, 한 · 아세란 FTA를 타결하였고, 2007년에는 거대 경제권인 미국과의 FTA 협상을 타결한 바 있으며, 2009년에는 EU와도 타결하였다. 또한 현재 멕시코 및 캐나다, 인도와는 CEPA[16]를 체결하였다. 이외에도 중국 및 일본, 중동의 GCC 및 남미 공동시장인 MERCOSUR와의 FTA를 구상 중에 있어, DDA가 실제 이행되는 2010년경에는 상당한 정도의 FTA가 타결 내지는 발효될 것으로 전망된다. 이에 따라 자연스럽게 WTO 중심의 다자통상주의에 기초한 무역자유화와 지역무역협정에 기초한 무역자유화가 상호 모순 없이 조화를 이루는 것이 중요한다.

2) DDA 협상 대책

앞에서 살펴본 바와 같이 DDA 협상은 여전히 우리에게 중요한 의미를 가지고 있다. 따라서 이에 대한 협상 대책도 철저히 마련될 필요가 있다. 이미 타결된, 그리고 향후 조만간 타결될 FTA의 결과와 서로 조화를 이루어야

표 6-10 한국의 지역무역협정 추진 현황

구 분	추진현황
기타결된 FTA	한 · 칠레 FTA(04.4.1 발효) 한 · 상가포르 FTA(06.3.2 발효) 한 · EFTA FTA(06.9.1 발효) 한 · ASEAN FTA(09.9.1 발효) 한 · 미 FTA(07.4.2 협상타결) 한 · EU FTA(07.5 협상개시, 09.9 협상타결) 한 · 인도 CEPA체결(06. 협상개시 09. 협상타결)
추진 중인 FTA	한 · 캐나다 FTA(05.7 협상개시, 08.3 말 제13차 협상 개최) 한 · 멕시코 SECA(06.2 협상개시, 06.6 협상 장점중단, 07.12 재개) 한 · GCC FTA(07.3 양자간 FTA 추진 합의) 한 · 호주 FTA(09.5 협상개시, 09.8 제2차협상)
기타 여건조성 중인 FTA	한 · 중 FTA(산관학 공동연구 진행 중) 한 · MERCOSUR FTA(06.10 공동연구 완료) 한 · GCC FTA(07.3 양자간 FTA 추진 합의)

자료: 외교통상부 홈페이지.

16) Comprehensive Economic Partnership Agreement(포괄적 경제동반자협정)이란 어느 특정한 분야만이 아니라 상품무역과 원산지 규정, 무역 원활화 및 관세협력, 서비스무역, 통신시장 개방, 인력이동, 투자, 지적재산권, 무역분쟁 해결 등 거의 모든 경제협력 분야에 걸쳐 포괄적으로 경제협력을 심화시키고자 상호 협력한 협정을 말한다.

함은 물론이다.

가) 농업협상

농업분야는 국경에서의 시장개방 폭을 줄이는 것이 중요하다. 그러나 관세감축률은 이미 상당 부분 정해져 있기 때문에, 이의 예외를 인정하고 있는 민감품목과 특별품목에 확보가 우리에게 중요하다. 특히 한국의 농업생산은 쌀 등 일부 품목에 집중되어 있기 때문에, 다수의 품목을 예외로 하는 것 보다는 일부 핵심품목의 시장개방 폭을 줄이는 것이 효과적이다. 따라서 우리나라는 특별품목과 개도국 특별 세이프가드의 확보에 협상력을 집중시킬 필요가 있다. 특히 쌀의 중도 관세화 전환과 관련하여 특별품목의 획기적인 대우확보가 농업협상에서 우리나라가 추구해야 할 핵심 과제이다.

나) NAMA

한국은 한 · 미 FTA와 한 · EU FTA를 통하여 DDA보다 더 좋은 조건의 선진국의 시장접근을 확보한 상태이다. 이에 따라 DDA협상 NAMA[17)]분야에서 선진국의 시장개방 폭이 확대되면 될수록 FTA를 통하여 우리가 확보한 유리한 조건은 상대적으로 줄어들게 된다. 그러므로 NAMA에서 우리나라는 선진국보다는 개도국의 시장개방 확대에 협상력을 집중시켜야 할 것이다. 구체적으로 미국 및 EU 등 선진국과 연대하여 개도국의 관세감축공식 계수를 최대한 낮추어 협상이 타결되도록 노력해야 한다. 아울러 분야별 자유화에서도 한국이 경쟁력을 가지고 있는 전기 · 전자 등의 분야에 더 많은 개도국들이 참여할 수 있도록 해야 할 것이다.

다) 서 비 스

서비스와 다른 협상분야에 대해서도 이와 같은 협상의 기본 방향은 그대로 적용된다. 특히 한 · 미 FTA와 한 · EU FTA를 통해 개방된 한국의 서비스 시장을 최대한 활용하는 협상전략이 필요하다. 이를 구체적으로 보면, 법률서비스는 한 · 미 FTA를 통해 이미 우리나라가 상당한 수준의 시장개방을 약속했기 때문에, 법률서비스에 대한 다자적 · 양자적 협상에서 보다 과감한 입장을 정립하는 것이 필요하다. 통신서비스는 해운에 이어 한국의 2대 수출분야로, 포화상태에 이른 국내통신 시장에서 벗어나 해외시장을 적극 개발 · 확보하는 것이 지속적인 성장잠재력 확충에 중요한 만큼, 중국 · 유럽 등으로의 진출 확대를 추구하는 것이 바람직하다.

17) Non Agriculture Market Access(비농산물시장접근).

라) 무역규범

규범분야는 특히 반덤핑에서 제로잉(Zeroing)[18]에 대해서는 WTO 규정 위반 사실을 들어 이의 삭제를 적극 주장해야 한다. 보조금 분야는 향후 그 활용 가능성을 감안하여 신축성 있는 입장정립이 필요하다. 특히 수산보조금은 우리나라와 뜻을 같이하는 일본·대만 등과의 긴밀히 공조해서 수산부문 구조개혁과 정책수행에 필수적인 보조금은 금지대상에서 제외하도록 하는 것이 중요하다.

마) 무역원활화

한국은 무역원활화 협상에서 TA(Technical Assistance; 기술지원)/CB(Capacity Building; 능력배양) 제공국이 될 가능성이 높다. 현재 TA/CB 논의는 진행중이므로 우리나라가 먼저 TA/CB를 지원하겠다고 밝힐 필요는 없다. 그러나 장기적으로 무역원활화를 위해 TA/CB와 관련된 재원을 사전에 확보해 두는 것이 필요하다. 특히 우리나라는 ODA의 규모를 점차적으로 확대할 계획을 가지고 있으므로, ODA 증가분의 일부를 무역원활화 관련 TA/CB 제공에 활용하는 것을 적극 고려할 필요가 있다.

바) 무역과 환경

한국 환경산업의 주력 수출시장은 개도국이다. 따라서 개도국이 환경협상 시장개방에서 배제되는 결과는 바람직하지 않다. 그러므로 환경협상의 결과가 다자 차원에서 이루어져 개도국의 환경상품시장이 개방되도록 하는 것이 중요하다.

한편 환경관련 국내산업과 관련업체는 환경 프렌즈그룹이 작성, 제출한 환경상품의 관세가 철폐되는 경우에 대비하여 대책을 마련해야 한다. 아울러 연료전지 및 풍력발전세트 등 일부 신재생에너지를 환경상품 목록에서 제외시키려는 노력은 환경상품의 정의를 고려할 때 명분이 없고, 한·미 및 한·EU FTA를 감안할 때 별다른 실익을 기대하기도 어렵다. 그러므로 신생에너지의 첨단 기술을 보유하고 있는 미국 및 EU와는 기술전수 측면에서 합작 혹은 제휴를 하는 방향에서 협상전략을 마련해야 한다.

사) 무역과 개발

우리나라는 개도국의 세분화가 주요 쟁점인 '공통이슈'에 지속적인 관심

18) 제로잉이란 마이너스 덤핑마진을 인정하지 않는다는 의미이다. 마이너스 덤핑을 인정하지 않는 제로잉이 되면 덤핑마진은 무가 된다.

을 두어야 한다. 아울러 개도국 분류와 졸업문제는 향후 어떠한 방식으로든 입장을 정립해야 하기 때문에, 협상과 관계없이 중장기적 관점에서 개도국 분류와 졸업에 대비하는 사전대책 마련이 중요하다.

(2) WTO 변화 가능성에 대한 대책

앞에서 살펴본 바와 같이 DDA협상 지연은 회원국들로 하여금 WTO 중심의 다자통상체제를 다시 되돌아보는 계기를 제공했으며, 이는 WTO의 기능과 역할에 대해 지금까지 제기된 다양한 문제를 어떻게 해결할 것인지의 문제로 귀결된 것이다. 이 경우 WTO 기능과 역할 개선의 핵심은 의사결정 방식의 개선에 모아질 것으로 예상된다.

향후 예상되는 WTO의 의사결정방식 변화는 지난 60년 동안 유지되어 온 기존의 합의에 기초한 의사결정방식을 전면 수정하기보다는 부분적 보완을 통해 문제점을 개선하는 방향이 될 가능성이 높다. 이 경우 다양한 개선방안이 제시될 수 있겠지만, WTO가 근본적으로 변화하지 않는 한 현재의 그린룸 회의가 확대되어 공식화될 가능성이 클 것으로 보인다. 만일 그린룸 회의가 확대, 개편된다면 논의의 핵심은 어떠한 기분으로 그린룸 회의를 확대할 것인지가 될 것이다. 특히 그린룸 회의 참가국은 전체 회원국들을 대표하는 동시에 회원국간에 존재하는 경제적 역학관계를 반영할 수 있어야 한다.

이에 관해서는 WTO가 세계무역의 흐름을 관장한다는 기본 원칙에 입각하여 다음과 같은 두 가지 기준을 생각해 볼 수 있다. 먼저 WTO의 현재 재정부담 기준인 내외무역의 절대액(상품과 서비스의 수출입 포함)을 기준으로 하는 경우이다. 2005년 현재 무역액을 기준으로 할 때, 무역액이 큰 최상위 국가 25개국은 EU[19]를 포함하여 미국, 중국, 일본, 캐나다 순이다([표 6-11] 참조). 미국, EU, 인도, 브라질은 DDA 협상에서 G4로서 이미 모든 비공식 협의를 주도하고 있다. G4에 일본과 호주가 추가되면 G6가 되고, G6 역시 대부분의 중요한 의사결정에 참가하고 있다. 아프리카를 대표하는 남아공도 최상위 25개국에 포함된다. G33의 주도국인 인도네시아, G10의 대표인 스위스, 과거 Quad(4강구도) 속했던 캐나다도 포함된다.

그러나 지역안배 차원에서 보면, 사하라 사막 이남의 아프리카 지역, 안

19) EU 역내 무역은 제외된 수치이다.

표 6-11 세계 무역액 순위 (2006년)

순 위	국 가	무역액(십억 달러)	비중(%)	누적(%)
·	전체	19,373	100.0	
1	EU(extra-EU)	3,694	19.1	19.1
2	미국	3,272	16.9	36.0
3	중국	1,585	8.2	44.1
4	일본	1,350	7.0	51.1
5	캐나다	796	4.1	55.2
6	홍콩	687	3.5	58.8
7	한국	647	3.3	62.1
8	싱가포르	519	2.7	64.6
9	멕시코	482	2.5	67.3
10	대만	437	2.3	69.5
11	러시아	432	2.2	71.8
12	인도	338	1.7	73.5
13	스위스	327	1.7	75.2
14	말레이시아	296	1.5	76.7
15	호주	288	1.5	78.2
16	태국	276	1.4	79.6
17	사우디아라비아	261	1.3	81.0
18	브라질	233	1.2	82.2
19	터키	226	1.2	83.3
20	노르웨이	215	1.1	84.5
21	아랍연맹*	212	1.1	85.5
22	인도네시아	186	1.0	86.5
23	남아공	136	0.7	87.2
24	이스라엘	120	0.6	87.8
25	이란*	106	0.5	88.4

주: *는 현재 WTO 회원국이 아님.
자료: WTO, World Trade Statistics 2006.

데스 공동시장(Andean Community), 멕시코를 제외한 중미 국가, 일부 아시아 국가가 빠져 있으며, 이것이 바로 둘째 기준이 추가적으로 필요한 이유이다. 둘째 기준은 지리적 안배(현재 존재하는 모든 주요한 지역그룹에서 최소한 2개 회원국의 참여 보장)를 기준으로 위의 첫째 기준을 보완한 것이다. 지역별 안배 측면에서 아프리카 및 중남미의 회원국이 추가될 필요가 있으며, 현존하는 주요 지역협정을 대표하는 남미공동시장(Mercosur)과 아세아에서도 해당 그룹을 대표할 수 있는 국가를 추가할 수 있다.

한국의 경우 무역액을 기준으로 하면 세계 7위이기 때문에, 무역액을 기준으로 하여 그린룸 회의를 확대할 경우 회원국으로 참여하는 데는 문제가 없을 것이다. 그러나 지역적 안배를 고려한 기존 그린룸 회의를 구성하면 한국이 제외될 가능성도 배제할 수 없다. 그린룸 회의가 20개국 이상으로 구성될 경우, 대체로 한국도 초청을 받아 그린룸 회의에 참가해 왔다. 그러나 그린룸 회의가 12개국 내외로 축소되면 지금까지 다자협상에서 한국이 그린룸 회의에 초정되는 예는 없었다.[20)]

따라서 한국은 그린룸 회의가 공식화되고 확대될 경우에 대비하여 무엇보다도 먼저 확대될 그린룸 회의의 참가 회원국 수가 최소한 20개국 이상이 되도록 노력해야 한다. 동시에 한국이 다른 WTO 회원국을 대표하여 그린룸 회의에 참가하는 것이 당연하다는 인식을 심어주는 활동도 중요하다. 한국은 그동안 GATT와 그 후 신인 WTO의 다자 무역자유화의 최대 수혜국 중 하나로 인식되고 있다. 따라서 이제는 우리의 이익만을 추구하는 입장에서 탈피하여, 보다 거시적인 안목에서 WTO 회원국 전체를 일정 부분 대표할 수 있는 역할을 자임하는 것이 필요하다. 이를 통해 한국이 그린룸 회의에 참가하는 것이 당연하다는 인식을 선진국은 물로 여타의 개도국에도 심어주는 노력이 병행되어야 할 것이다.

한편 WTO의 투명성 제고 노력의 일환으로 향후 많은 비정부기구나 시민단체의 WTO 접근성이 높아질 것으로 예상된다. 한국의 관련 단체들도 이에 참여할 수 있도록 자체 노력을 배가해야 하며, 이를 위해 정부의 정책적

20) 그린룸 회의 참여국 수가 12개국 내외인 경우 미국과 EU 이외 브라질과 인도는 G20 대표로 참여하고 있으며, 여기에 일본과 호주가 들어가 G6를 구성해 그린룸 회의에 참가한다. 그리고 수입국그룹으로 볼 수 있는 G10의 대표로서 스위스가 참여하고 있으며, G33의 대표로서 인도네시아가 그린룸 회의에 초청받고 있다. 여기에 남미를 대표하여 아르헨티나가, 아프리카를 대표하여 남아공 외에 1~2개 국가가 초청되고 있다.

지원도 수반되어야 한다. 세계화의 지전에 따라 점차 격화되는 국제경쟁체제에서 정부 차원의 대책마련도 중요하지만, 비정부기구나 시민단체의 참여도 국익증진에 도움이 될 수 있기 때문이다.

4. 국제통상의 새로운 의제

WTO의 탄생으로 전통적으로 국제통상의 협상대상이었던 관세나 수입제한과 같은 국경에서의 조치에 관한 협상은 대체로 마무리되었다. 그러나 세계경제가 통합화 되어가는 상황에서는 이러한 국경에서의 조치보다는 국경내에서의 조치가 더 중요한 무역장벽으로 인식됨에 따라 국경내에서의 조치에 해당되는 경쟁정책, 환경, 노동, 투자 등의 문제가 새로운 통상의제(Built-in Agenda : BIA)로서 제기되고 있다.

지난 1995년 WTO(세계무역기구)가 출범하면서, WTO의 회원국들은 추가적인 무역자유화를 위해 2000년부터 새로운 무역협정체결 협상을 시작하기로 합의하였다. 뉴라운드의 본격적인 논의는 1996년 호주가 전반적인 공산품 관세 인하 협상을 제안하면서 시작됐다.

WTO 출범 이후 첫 번째 다자간 무역협상인 이번 라운드는 '뉴라운드', '밀레니엄 라운드'(The Millenium Round), 또는 협상을 위한 최초의 각료회담(1999년 11월 30일)이 개최된 지명을 따서 '시애틀라운드'(The Seattle Round)이라고 불리운다. 21세기 세계 무역질서의 규범을 제시할 것이라고 예기되는 뉴라운드에는 135개국에 달하는 협상대표들이 참가하여, 농산물서비스 시장의 추가 개방과 같은 기존의제와 함께, 무역과 관련된 경쟁정책(competition round: CR), 외국인 투자, 환경, 정부조달정책(政府調達政策, government procurement)의 투명성, 전자상거래, 노동, 환경 등 새로운 의제가 다루어지도록 되어 있다.[21)]

그러나 새로운 세계 무역의 규범을 이끌어내야 한다는 중요성을 지니고 있음에도 불구하고, 회원국간 이해가 첨예하게 엇갈려 농산물, 전자상거래 분야 등 대부분의 의제에서 출발부터 난항을 겪었다. WTO 규범체제는 기본적으로는 무역의 자유화를 추구한다. 그러나 세계화의 진전에 따라 무역 이

21) 백 훈, 「글로벌경제」, 연암프레스, 2000, p. 84.

싱가포르 이슈 4개 분야

1. 투 자

국경간 장기투자, 특히 무역 확대에 기여할 외국인집접투자에 대한 투명하고 안정적이며 예측 가능한 다자간 프레임워크를 마련하는 데 목적이 있다.

• 주요 논의 사항
- 투자협정의 포괄 범위(FPI 포함 여부) 문제
- 투자 설립 전 내국민대우 및 최혜국대우 적용 문제
- 이행의무(Performance Requirement) 금지 여부 등

2. 정부조달 투명성

각국 정부조달과 관련된 제반 법령의 공개 및 절차의 투명성 제고를 위한 다자간 협정 체결 논의이다.

• 주요 논의 사항
- 협정의 적용 범위 및 정의, 규정 공고, 정보 제공
- 자격 심사 및 낙찰 결정의 투명성 확보
- 국내 심의절차 및 분쟁 해결 등

3. 무역원활화

상품의 국경간 이동을 촉진하기 위한 국제무역절차의 간소화 · 조화의 필요성에 따라 관련 규정을 검토, 명확화, 개선하는 작업이다.

• 주요 논의 사항
- 정보 · 서류요건의 간소화
- 통관절차 간소화
- 전자무역 도입 등

4. 경쟁정책

시장장벽이 철폐되면서 발생할 수 있는 반경쟁적인 시장 형태(독점, 담합 등)를 방지하기 위한 경쟁정책들이 WTO 원칙들과 부합될 수 있는 방향으로 운용되도록 다자간 프레임워크를 형성하려는 논의이다.

• 주요 논의 사항
- 핵심원칙(투명성, 비차별성, 공정성 등)과 경쟁정책의 부활
- 독점력 행사를 유일한 목적으로 하는 경성카르텔의 규제 문제
- 개도국의 제도적 능력 배양을 위한 기술협력 등

외 분야의 정책이나 제도가 무역에 미치는 영향이 커지고 있으며, 세계화의 진전에 수반되는 문제점을 무역 측면에서 검토할 필요도 높아지고 있다. 이런 차원에서 지난 2001년 11월 카타르 도하에서 개최된 제4차 WTO 각료회의는 특별한 의미가 있다. 여기서 출범한 DDA협상은 단순히 상품과 서비스 무역의 자유화뿐 아니라, 환경이나 투자, 경쟁정책에 대한 의제도 논의의 대상으로 하고 있다. 이하에서는 싱가포르 이슈[22]를 중심으로 다자무역 체제에서의 주요 이슈들에 관하여 설명한다.

(1) 환경라운드(GR)

1) 환경라운드의 배경

환경라운드는 환경보호와 국제통상을 연계시키는 새로운 다자간 국제무역협상을 의미하며, 이는 지구환경의 보전을 범세계적인 차원에서 지켜나가면서 천연자원을 개발하고 세계경제를 발전시킨다는 두 마리의 토끼를 동시에 잡아보자는 배경에서부터 출발했다. 선진국과 개도국 할 것 없이 세계의 모든 국가는 경제개발이라는 미명으로 지구환경을 심각하게 훼손해 왔고, 지금도 그 과정은 계속되고 있다. 그 결과 경제발전은 이루어졌고 세계시민들의 생활수준은 향상되었지만 인간의 주거공간과 생활환경은 엄청나게 파괴되므로 우리의 숨쉴 공간은 점차 좁혀져가고 있다.

따라서 환경라운드는 지구환경의 보전을 명분으로 국가마다 상이한 환경기준에서 오는 경쟁력의 차이를 상쇄하기 위해, 환경을 무역과 연계시켜 오염자원 부담원칙의 준수를 도모하는 데 그 목적을 두고 있다.

2) WTO/DDA에서의 논의

1972년 UN의 '인간환경선언' 채택과 '로마클럽'의 「성장의 한계」 발표로 인해 지구환경에 대해 공식적으로 범세계차원에서 문제가 제기된 이후 GATT 및 WTO, UN, OECD 등을 중심으로 환경관련 무역규제 논의가 활발히 진행되고 있다. 먼저 GATT 차원에서의 환경관련 무역규제는 GATT의 예외규정(제20조 b, g항)과 '도쿄라운드'에서 채택된 TBT협약에 의거하여 1980년대 초부터 발생하기 시작하였다.

---

22) 1996년 12월 WTO의 제1차 싱가포르 각료회의에서 무역과의 관계에서 새로운 다자규범 제정이 필요한 대상으로 투자, 정부조달, 무역원활화, 경쟁정책 등 4개 분야가 제시되었다.

무역과 환경 이슈는 현재 WTO 무역환경위원회(Committee on Trade Environ-ment: CTE)에서 논의 중에 있는 협상의제로서, 이번 각료선언에서는 (i) 현행 WTO 규범과 다자환경협약(Multilateral Environmental Agreement: MEA)상 특정무역의무(Specific Trade Obligation: STO)와의 관계 (ii) MEA사무국과 WTO관련 위원회 간의 정보교환절차 및 옵저버 자격절차 (iii) 환경상품 및 서비스에 대한 관세 및 비관세장벽의 감축 내지 철폐 등을 규정하고 있다.

이 중 특히 쟁점이 되고 있는 협상이슈는 WTO 규범과 MEA상 특정무역의무와의 관계와 환경상품, 서비스에 대한 관세, 비관세장벽의 철폐를 통한 무역자유화라 하겠다. 현재까지의 협상 동향을 살펴보면, WTO 규정과 MEA 상의 특정의무규정과의 관계는 협상을 위한 개념정의(대상 MEA 및 특정무역의무의 정의 등) 작업이 진행되어 왔고 MEA의 특정무역의무를 확대하려는 EU · 스위스 · 일본과 축소하려는 미국 · 호주 · 개도국 간의 입장이 대립되고 있는

검토의제

(i) 환경조치의 시장접근에 대한 효과, 무역규제 및 왜곡을 철폐 또는 감축하여 무역 · 환경 · 개발에 도움이 되는 상황 (ii) TRIPs(지적재산권)협정의 관련 규정 (iii) 환경목적의 라벨링 요건 등을 규정하고 있다. 특히 환경목적 라벨링에 대해서는 EC와 스위스에서 무역환경위원회(CTE)에서 확대 논의를 주장하고 있으나, 미국과 개도국에서는 TBT위원회에서 일반 라벨링과 함께 논의하기를 주장하고 있다.

표 6-12 DDA의 환경부문 협상 및 검토의제

구 분	내 용
협상의제	(i) WTO 기존 규범과 MEA 특정무역의무(STO) 간의 관계 (ii) MEA사무국과 WTO위원회가 정기적 정보교환 및 옵저버 자격 절차 (iii) 환경관련 상품, 서비스에 대한 관세, 비관세장벽의 감축 또는 철폐, 수산보조금이 WTO 보조금에서 정한 협상의 일부임에 유의
검토의제	(i) 환경조치의 시장접근에 대한 효과 (ii) TRIPs협정의 관련 규정 (iii) 환경목적의 환경마크 요건

바, 칸쿤 각료회의 이후 특정무역의무와 WTO 기존 규범과의 관계를 규명하는 작업이 계속 진행되고 있다.

또한 환경상품 및 서비스의 시장개방을 위한 논의는 관련 세부협상그룹, 즉 비농산물 시장 접근협상과 서비스협상에서 논의를 진행하고 있으며 특히 환경상품의 무역자유화 이전 논의로 환경상품의 정의와 범위설정 문제가 무역환경위원회(CTE)에서 논의 중인바, 환경상품의 정의를 확대하려는 선진국과 축소하려는 개도국간의 입장차이 속에서 각국은 자국의 환경상품 리스트를 제출할 예정이다.

아울러 무역-환경협상은 국제무역규범상에 적절한 규율을 설정함으로써 환경보전을 위해 시행되는 무역조치 및 환경조치를 수용하되 이들 조치가 합당한 목적을 넘어서 보호주의적으로 남용되는 것을 억제할 수 있는 방안을 모색하는 작업이라 할 수 있다. 결국 무역-환경논의는 환경보호를 위한 무역제한일 수밖에 없다.[23)]

3) 공정 및 생산방식의 적용문제

앞으로 WTO에서의 무역-환경협상에서는 '공정 및 생산방식'(Process and Production Methods : PPMs)의 차이에 따른 제품차별화 문제가 핵심적 논점으로서 대두될 것으로 보인다. 이는 동일한 제품이라도 정해진 환경친화도에 미치지 못하는 생산방식을 통해 생산된 제품의 수입을 규제하는 것이 국제규범에 용인될 수 있는가에 대한 문제이다.

환경문제를 접근함에 있어 제품자체의 환경위해적 성격을 억제하는 것만으로는 불충분하며 제품의 생산단계에서부터 환경문제를 통제해야 한다는 인식과 함께 국지적인 성격을 넘어서 월경성 혹은 지구적 환경문제의 심각성이 지적됨에 따라 생산단계에 적용되는 환경조치가 증가하고 있다. 공정 및 생산방식에 대한 환경요건은 국내 환경문제를 접근함에 있어서는 효과적일 수 있지만 그러한 요건이 제품의 국가간 교역에 적용되어 수입제품에 대해 무역조치가 추해질 경우 관련 환경문제를 해소한다는 목적을 벗어나 보호주의적 수단으로 오용·남용될 가능성이 크다. 또한 이러한 성격의 무역조치는 타국의 환경관련 정책 및 조치를 변화시킬 목적으로 시행될 수도 있는데, 이는 이들 무역조치의 보호주의적 오용·남용 가능성과 더불어 일국의 정책 주권

23) 김완순·한복연,「국제경제기구론」, 박영사, 1998, pp. 240~241.

에 대한 침해의 소지가 크다는 문제점을 내포하고 있다. 따라서 이들 조치와 국제무역법규 간에 어떠한 관계가 설정되는가는 무역과 환경의 연계문제를 논의함에 있어 가장 핵심적인 문제이다. 현무역규범은 제품무관련 PPMs(제품의 특성에는 영향을 미치지 않는 공정 및 생산방식)에 근거한 무역규제조치를 허용하지 않고 있다. 따라서 제품무관련 PPMs의 포괄문제는 역외성(extra-jurisdictionality) 문제와 함께 무역규범의 근간이 되는 기본틀 자체를 변화시킬 수도 있는 중대한 문제이다.

환경관련 무역조치의 관할권문제, 즉 역외성은 한 국가가 자국의 법관할권 밖에서 발생하는 환경문제(수입국의 경우 해당 제품의 생산단계에서 발생하는 저해적인 환경외부효과)를 해소한다는 이유로 국내법을 적용하여 무역조치를 시행하는 경우에 발생하게 된다. 역외환경문제를 대상으로 하는 무역조치는 일국의 주권행사(sovereignty)에 영향을 미칠 소지를 내포하고 있으므로 국가간 분쟁을 유발할 가능성이 크다. 이러한 무역조치의 예로서는 미국이 국내법인 해양포유동물보호법에 따라 참치잡이 방식에 대한 규제를 근거로 하여 시행한 참치 및 참치제품 수입금지조치가 있다.

4) 향후 전개방향

앞으로 WTO 무역 · 환경위원회에서는 환경관련 각종 규제를 강화하려는 선진국 그룹과 무역자유화를 통하여 선진국시장으로의 진출을 확대하려는 개도국간에 무역규범을 재해석, 보완 혹은 수정하는 문제를 둘러싸고 열띤 논쟁이 전개될 것이다. 새롭게 형성되는 환경관련 무역규범은 국제환경협약 등에 의하 환경규범과 함께 우리에게 큰 영향을 미칠 것으로 예상된다. 환경목적의 무역조치가 확산될 경우 직접적인 무역제한 효과뿐만 아니라 원자재의 확보가 어려워질 수도 있으며 증가하는 환경비용으로 인해 제품의 원가가 상승할 가능성도 크다. 또한 환경조치의 무역장벽화가 심화될 경우 우리 제품의 선진국시장에 대한 접근이 어려워질 수도 있는 것이다.

(2) 경쟁라운드(CR)

1) 경쟁라운드의 배경

경쟁라운드는 1992년 EU의 부집행위원장과 1994년 미국의 클린턴 대통령에 의해서 제기된 것으로, 이는 공정한 경쟁을 하기 위해서 각국의 기업관

표 6-13 경쟁정책: 주요 이슈와 쟁점

구 분		이 슈	주요 쟁점
핵심원칙	WTO원칙 적용	○ 투명성 : 법규, 주요 판례, 가이드라인 등의 공포 ○ 비차별성 : 국적에 대한 명시적 차별금지 ○ 절차적 공정성 : 경쟁정책에 대한 접근, 이의신청 또는 항소 등의 법적 절차 등을 통한 민간인, 기업의 권리확보	○ 경쟁정책 분야에 대한 적용의 어려움, 동일한 사건이 없고, 사안별로 합리의 원칙에 의해 처리, 따라서 사전 설정된 일괄적인 규칙이 획일적으로 적용되기 어려움. ○ WTO원칙 적용을 위해서는 특별한 고려가 필요함.
	경성카르텔 규제	○ 모든 회원국이 경성카르텔을 규제할 수 있는 조치를 도입하고 이를 규율할 수 있는 집행당국을 도입 ○ 경성카르텔 규제형태 및 집행방식은 각 회원국이 자국 환경에 맞추어 자율적으로 결정	○ 규율대상 경성카르텔의 범위(국제 vs 국내) 및 면제기준의 설정이 주요 쟁점
국제협력		○ 일반적 협력 : 정보교환 및 경험공유(각국법 및 관행과 최근 동향에 대한 정보교환, 국제무역에 영향을 미치는 경쟁정책 관련 이슈들에 대해 논의, 공동분석 수행) ○ 개별사건에 대한 협력 : 정보교환, 상호협의, 의견교환 등	○ 개도국, 협력에서의 불균형 등을 우려, 협력의 의무화를 주장 ○ 반면 선진국은 협력요청 쇄도를 우려, 자발적 협력을 선호 ○ 비밀정보는 고환대상에서 제외, 비밀정보 보호에 대한 제도적 장치의 문제
개도국 지원		○ 개도국의 제도적 능력 배양을 위한 기술협력 및 최빈개도국을 위한 유연성 등의 고려	○ 개도국, 개도국의 필요에 따른 실질적인 기술지원을 요구
이행확보		○ 이행확보 방식의 도입	○ 상호심의, 경쟁정책에 특화된 TPRM의 도입, 분쟁해결 절차 도입 여부 등

자료: WTO 사무국 2003, "Report(2003) of the Working Group on the Interaction Between Trade and Competition Policy to the General Council," 〈WT/WGTCP/7〉.

행을 제도화하자는 것이다. 각 국가에는 각기 다른 독특한 시장구조, 기업관행, 물류시스템 등이 있는데 이러한 요소들이 공정한 경쟁을 제한하고 있다고 보고 이러한 요소들을 평준화 또는 규범화하자는 것이다.

정부조달협정 등을 통하여 정부차원의 무역장벽이 해소되면서 민간차원의 무역장벽 해소문제가 대두되었고 이는 자연히 경쟁정책의 문제로 연결되었다. 각국의 경쟁정책은 보통 가격담합, 카르텔 형성, 독과점적 지위의 남용, 경쟁제한적 합병, 수직적 결합 등의 문제를 다루고 있다.

2) WTO/DDA에서의 논의

WTO체제가 출범하면서 관세 및 수량제한과 같은 전통적인 국경장벽이 낮아지고 외국기업 및 제품에 대한 무차별대우 의무가 강화되었으나, 민간부문의 반경쟁적 행위 및 독점구조 등이 시장접근에 대한 무역장벽으로 작용할 가능성은 증가하고 있는 현실이다. 이에 WTO에서는 1996년 12월 제1차 각료회의에서 "무역과 경쟁정책 작업반"을 설치한 이래 무역과 경쟁정책 간의 상호관계 및 다자간 규범의 형태에 대하여 논의해 왔고, 투명성, 비차별 원칙, 공정한 절차, 경성카르텔 규제, 개도국의 제도적 능력배양을 위한 기술협력 방안 등 경쟁정책의 WTO 원칙과 국제무역 증진에 부합되도록 하는 다자규범의 요소에 대해서도 논의하고 있다.

3) 경쟁정책과 무역정책

경쟁정책의 목표는 공정거래법 또는 독점금지법의 운용 등을 통하여 이루어지나, 무역 및 산업정책 등 다른 정책과의 상호작용 속에서 검토되어야 한다. 경쟁정책과 무역정책은 모두 시장을 바탕으로 자원의 효율적인 배분과 생활수준의 향상을 도모한다는 유사한 기본목표를 가지고 있지만, 목표달성을 위한 정책수단이 서로 다르기 때문에 두 정책 간에 불협화음이 생길 수 있다. 예컨대, 무역자유화는 국내시장에 경쟁을 도입시킴으로써 경쟁정책의 목표달성에 직접적으로 기여할 수 있는가 하면, 경쟁정책은 국내기업의 RBP를 공정거래 차원에서 규제함으로써 국내외의 잠재적 경쟁자들의 국내시장진입이 용이하도록 도울 수 있다. 그러나 특정산업의 경쟁력을 제고시키기 위해 비경쟁적 기업합병이 허용된다면 경쟁정책이 자유무역의 실익을 잠식할 수 있으며, 반면에 反덤핑규제는 공정거래당국의 관점에서 볼 때는 경쟁적 시장구조를 유지하기 위한 것이라기보다는 기존 이익집단을 보호하기 위한 것으로 인식될 수 있다.

4) 향후 전개방향

국제적 경쟁규정에 대한 논의가 진행될 경우 경쟁규범의 내용으로는 ① 독점, '카르텔', 수직·수평협정 등을 포함하는 시장구조에 관한 문제, ②

약탈가격 등의 기업행위에 관한 문제, ③ 경쟁법의 적용 제외에 관한 문제, ④ 앞에서 이미 논의한 反덤핑 등 경쟁에 저해적 영향을 미치는 무역조치, ⑤ 지적재산권과 정부보조금 등의 기타 문제들이 포함될 것으로 예상된다.

그러나 국제反독점법의 제정이 경쟁정책의 국제적 조화의 최종적 단계로 본다면, 수출카르텔의 형성을 허용하는 법규를 폐지하는 정도의 한정된 분야에서의 합의를 넘어서 각국이 다자간협상을 통하여 구속력 있고 정확한 反독점기준을 도출한다는 것은 쉽지 않을 것이다. 경제행위를 둘러싼 문화적, 역사적, 사회적인 요소들까지도 고려한 반경쟁적 사안을 포괄적으로 다룬다는 데서 바로 문제의 어려움이 있기 때문이다. 예상한 바와 같이 제1차 WTO 각료회담에서는 선진국간 및 선진국·개도국간 많은 논란이 있어 결국 경쟁정책과 WTO 규범간의 관계에 대한 포괄적인 분석작업을 진행하기 위한 작업반을 설치하는 데 합의하였을 뿐이었다. 하지만 왕성한 시장경쟁으로부터의 혜택을 감안할 때, 개별국가에 대해서 필요시 예외조항을 인정하고 독립국가의 주권행사를 존중하면서 경쟁을 제약하는 요인을 현실적으로 제거할 수 있는 분야부터 순차적으로 국제적 규범화를 시도할 수 있을 것이다.

(3) 노동라운드(BR)

1) 노동라운드의 배경

노동라운드는 노동조건과 국제무역을 연계시키는 다자간 무역협상을 말한다. 즉, 저임금, 아동근로, 죄수 등 국제사회가 규제하는 노동조건을 위반하고 생산하는 상품에 대해서는 그 국가에 무역제재조치를 취할 수 있도록 하자는 다자간 무역협상이다.

이는 선진국이 개도국의 근로환경과 노동조건을 문제시 삼아 근로자의 권리보호라는 인도적인 명분으로 근로조건에 대해 국제적인 기준을 만들자고 주장하는 것이다. 근로자의 권리를 국제기준에 맞춰 보장하지 않고 낮은 임금 및 열악한 환경 속에서 값싼 제품을 만들어내는 국가에 대해서는 무역제재를 가해야 한다는 것으로, 미국이 수감자, 미성년자의 노동을 이유로 한 중국, 루마니아 등에 대한 무역규제를 가한 것이 그것이다.

선진국들이 이러한 BR을 주장하는 배경은 지속적인 자국의 실업률이 개도국의 값싼 상품에 기인한다는 인식 때문으로, 선진국의 수준으로 개도국의 노동조건을 맞추자는 논리이다. 그러나 선진국들이 주장하는 BR이 개도국의 전반적인 경제사정과 경제수준을 감안한다면 설득력이 부족한 점이 있어 협상의 추진에는 상당한 난항이 예상되고 있다. 왜냐하면 노동조건의 개선은 그 국가의 사회정책과도 맞물려 있기 때문이고, 사회정책은 경제적인 능력이 우선적으로 해결되지 않으면 불가능한 것이기 때문이다. 어쨌든 BR이 본격화될 경우 노동집약적인 산업구조의 국가는 수출에 막대한 타격을 받을 수밖에 없다.

2) 무역과 노동기준의 연계방향

동아시아 개도국 경제의 급속한 수출 주도형 성장은 저렴한 노동력의 공급에 크게 기인하여 왔다. 그러므로 개도국들은 선진국들이 그들 노동자의 근로조건을 개선시키기 위해 일방적이고 절대적인 노동기준의 채택을 강요하여 인위적으로 임금을 올리도록 압력을 가하는 것은 저임금경제가 가진 무역상의 비교우위를 앗아간다고 주장한다. 다시 말해서 임금의 점진적 상향 균등화를 조건으로 하는 무역자유화 추진은 노골적인 보호무역주의라는 것이다. 반면에 미국, 프랑스 등을 포함한 선진제국은 노동기준과 무역을 연계시키는 이유가 개도국으로부터 수입을 금지하기 위한 것이 아니며, 개도국의 저렴한 노임에 근거한 비교우위원칙을 받아들이되 노동력의 착취 또는 불공정한 노동조건을 이용한 개도국의 '사회적 덤핑'(social dumping) 행위는 좌시할 수 없기 때문이라고 주장한다. 이와 같은 선진·개도국간 상반된 견해의 차이 때문에 '무역-노동기준 연계'에 대한 열띤 논쟁이 전개되는 것이다.

'무역-노동기준 연계'란 국제적으로 인정된 노동기준을 정하여 동 기준보다 낮은 노동기준하에서 생산된 제품의 수출 또는 동 제품을 수출하는 국가에 대하여 무역제재조치를 취할 수 있는 근거를 다자간 무역규범 내에 마련하는 일련의 움직임을 의미한다. 이 문제는 마라케쉬 각료회담을 전후하여 미국, 프랑스 등 일부 선진국들이 UR 이후의 새로운 무역협상 의제로 채택할 것을 주장하면서 급속히 부상하였다.

3) WTO/DDA에서의 논의와 전망

노동문제가 다자간 공정무역 확보 측면에서 본격적으로 부각되기 시작한 것은 1994년 UR협상을 마무리하고 WTO를 설립하는 마라케쉬 각료회의에서 노동문제를 논의할 것을 주장하면서부터라고 할 수 있다.

UR협상 이후 이슈화되기 시작한 무역과 노동문제에 대해 WTO 차원의 논의가 강화된 것은 1996년 12월 제1차 WTO 싱가포르 각료회의 전후이다. 이 회의에서 미국을 중심으로 한 선진국들은 무역과 노동기준에 대한 분석을 위한 작업반을 WTO에 설치하고 핵심 노동기준과 무역 간의 관계에 대한 연구를 진행하여 뉴라운드 의제로 노동 문제를 검토하자는 의견을 제안하였다. 그러나 개도국들의 강력한 반발에 부딪쳐 노동관련 조항을 각료선언문에 포함시키는 수준에서 만족해야만 했다. 이후 노동기준 문제는 1999년 11월 시애틀에서 개최된 제3차 WTO 각료회의에서도 논의되었으나, 농업 문제와 함께 선진국과 개도국 간 의견이 다시 첨예하게 대립되어 별다른 논의의 진전을 이루지 못하였다.

현재 무역과 노동기준의 연계 문제는 선진국－개도국 정부 간의 첨예한 의견대립과 함께 선·후진국 노동계 간, 노동계－사용자 그룹 간의 인도주의적, 보호무역주의적, 정치적 이해 관계가 얽혀 더욱 복잡한 양상을 띠고 있다.

무역과 노동 연계에 대한 지금까지 논의내용이 원론적 대립 수준에서 앞으로 나아가지 못하고 있는 점을 감안할 때 사실상 무역과 노동 이슈가 가까운 장래에 WTO 차원에서 다시 논의되기는 어려울 것으로 보이며, 이에 대한 다자적 논의는 ILO 차원에서 계속 진행될 전망이다. 그러나 장기적으로는 미국, EU 등 선진국 정부와 국제노동계의 강한 의지를 고려할 때 자유무역협정(FTA)이나 무역정책 등에 노동기준을 포함하려는 노력은 계속될 것으로 전망된다.

(4) 기술라운드(TR)

1) 기술라운드의 배경

기술라운드는 정부의 연구개발 보조금의 지원과 국제통상을 연계시키는 다자간 국제무역협상을 의미한다. 민간산업부문 등에 대한 정부의 연구개발 보조금의 적극적인 지원은 그렇지 못한 국가에 비해 경쟁력이 향상되기 때문에 공정무역을 저해할 수 있다는 선진국들의 논리에 의해서 다자간 국제무역협상으로 등장하게 되었다.

기술 및 연구개발은 어느 세대를 막론하고 국가경제발전의 중요한 요소로 작용하고 국제경쟁력의 초석이 된다. 특히 1980년대 이후 국제화 · 세계화 · 정보화에 의해 기업의 활동은 세계를 무대로 확대되어 갔고 정보통신의 기술도 급속도로 발전되어 갔으며, 이에 따라 한 국가의 기술개발은 국제경쟁력 확보의 중요한 수단이 되었다. 따라서 개도국들은 자체 자본력이 부족한 민간산업부문에 연구개발에 대한 보조금의 지원을 정책적으로 펼쳐 나가므로 경쟁력의 확보에 주력하였다. 따라서 선진국들은 연구개발도 하나의 경제활동이라는 인식으로, 그리고 기술개발이 세계경제에 미치는 영향을 감안할 때 기술개발에 대한 정부의 보조금 지원은 공정무역의 논리에 맞지 않는다고 주장하고, 이에 대한 논의를 증대시켜 가는 것이 기술라운드이다.

2) WTO/DDA에서의 논의

칸쿤 각료회의 직전 지적재산권 분야에서의 가장 큰 성과는 공중보건 의제와 관련, 의약품 생산시설이 없는 개도국이 저렴한 가격으로 특허된 약품을 수입할 수 있도록 하는 방안에 대한 결정문을 채택한 것이다. 칸쿤 각료회의에서는 2003년 9월 채택된 이 공중보건 결정문을 지지하고, 아직 회원국간 입장이 좁혀지지 않은 지리적 표시 다자등록처 설립협상을 마무리지을 것을 명시하고 있다.

유일한 협상의제인 지리적 표시의 다자등록처 설치와 관련해서는 자율보호안(미국 및 이주민국가 등)과 의무보호안(EC 및 동유럽 국가 등) 간의 대립상황이 지속되고 있다. 주요 쟁점이 되고 있는 이슈는 등록처에 대한 참여 형태(다자 vs 복수)와 성격(자발적 vs 의무적), 그리고 법적 효과에 대한 것이다. 지리적 표시 특별보호품목 확대 논의는 성명문에 전혀 업급되어 있지 않은 것으로 미루어보아 지리적 표시 의제에 의한 권한강화를 강력히 주장하는 EC 등의 입지가 다소 약화된 것으로 결론지을 수 있다. 한국의 경우 지리적 표시 협상에서 가지는 이해는 크지 않으나 만약 협상결과에 따라 다자등록처가 설치될 가능성에 대비하여 국내제도 정비에 노력을 기울여야 할 것이다.

한편, 생명공학 관련 의제와 비위반제소 적용범위 및 방식에 대해서는 별다른 논의의 진전이 없었던바, 검토를 지속할 것이 결정되었다. 전자의 경우 다음 일반이사회에 논의현황을 보고토록 되어 있으며 후자의 경우에는 2003년 8월 이후 처음 개최되는 각료회의에 권고안을 제시토록 하는 보다 구체적인 일정이 잡혀졌다. 이 밖에 칸쿤 각료회의 성명문은 개도국에 대한 특별우대 사항으로 선진국의 기술이전 의무를 강조하고, 독점판매권(exclusive marketion rights)에 대해 각 회원국이 정의 및 허가의 자율권이 있음을 확인하고 있다.

3) 향후 대응방향

기술수준이 발달한 OECD를 중심으로 논의되기 시작한 기술라운드는 각 국가마다 상이한 정부의 기술개발 지원정책을 국제적으로 표준화시킬 필요가 있고, 과학기술에 관련한 제도의 투명성도 유지될 필요가 있다는 데 근거하고 있다.

그러나 TR의 실제 의도는 선진국 중심의 세계경제질서 확립과 선진국들의 세계기술시장점령에 있으며, 개도국의 기술개발정책을 차단하려는 데 그 목적이 있다. 즉, 선진국의 발전된 기술을 개도국들이 대가를 치르지 않고 무임승차하려는 것을 막고 선진국과 개도국 간의 기술격차를 어느 정도 유지함으로 시장확보를 해 나가려는 의도이다. 만약 TR이 추진되면 선진국과의 기술격차가 큰 한국의 입장에서는 선진국에 대한 기술의존의 심화를 가져오는 동시에, 기술사용에 대한 로열티 지급이 증가됨으로 경제적인 종속관계마저 가져올 수 있다. 이러한 사태를 미연에 방지하기 위해서는 각 기업들은 연구개발인력의 육성과 지원, 그리고 연구개발기금의 확보에 투자비중을 증대시키는 자구노력을 갖추어가야 하고, 정부는 각종 제도적인 지원책을 마련하여 안정적인 연구개발에 대한 보장을 강구해야 한다.

(5) 투자라운드

1) 투자라운드의 배경

국제투자와 기업활동이 급속히 범세계화(globalization)하는 상황에서 무역과 투자의 보완관계가 부각되었고 더이상 투자문제를 무역과 분리하여 다룰 수 없다는 인식이 제고되었다. 또한 경제의 효율성 향상이라는 측면에서 서비스분야에 대한 인식이 높아졌고 시장접근의 주요 수단으로서 투자의 역할에 대한 인식 또한 제고되었다. 정책적 차원에서는 외국인투자가 국민경제에 미치는 긍정적 효과에 대한 인식의 제고를 바탕으로 각국, 특히 개도국들이 자발적으로 투자자율화를 추진하는 분위기가 조성되었다. 따라서 투자왜곡조치를 제거하고 국제투자의 원활한 흐름을 통해 자원의 효율적 활용을 도모하기 위한 투자관련 주체들의 협조체제 구축의 필요성이 대두되었고, 이것이 다자차원에서의 투자규범 제정을 위한 추진배경이 된 것이다.[24]

24) 대외경제정책연구원, "다자간 투자규범의 추진동향 및 우리의 대응," 「오늘의 세계경제」, 1996.

2) WTO/DDA에서의 논의

WTO에서 투자분야 논의는 1996년 WTO 제1차 각료회의 선언문에서 무역과 투자의 관계를 검토하는 무역투자작업반(Working Group on Trade and Investment)의 설치에서 시작한다. 이 작업반의 논의과정에서 WTO 투자규범 제정에 관한 논의가 이루어지기 시작했다. 1998년 12월에 OECD의 다자간 투자협정(MAI)협상이 공식 결렬되면서 WTO가 다자간 투자협정의 논의의 장으로 부각되었다.

1999년 시애틀에서 개최된 제3차 각료회의, 2001년 도하 각료회의 그리고 2003년 칸쿤 각료회의에서 WTO 투자협정의 제정을 위한 협상개시가 합의되지 못했다. 또한 향후 WTO 투자협정의 제정논의가 어떻게 전개될 것인지 불투명한 상황이다. 이러한 어려운 상황에서도 불구하고 다자간 투자협정의 필요성은 여전히 존재한다고 하겠다. 이는 궁극적으로 다자간 투자규범이 장기적으로 투자 친화적인 환경을 안정적으로 조성하는 데 기여할 수 있기 때문이다. 특히 해외직접투자의 경우 장기적인 안정성과 예측 가능성이라는 여건이 반드시 요구된다는 점에서 다자간 투자규범의 필요성은 분명히 존재하는 것이다. 투자협정을 추진하는 방안의 하나로 복수국가협정을 모색해 볼 수 있다. 현실적인 이유로 우선 복수국가협정 형태로 출범하지만 중장기적으로 상황변화에 따라 동 협정을 다자화하는 것이다. 복수국가협정을 추진할 경우 주요 개도국이 참여할 수 있도록 적극적인 설득을 전개할 필요가 있다.

TRIMs는 무역의 흐름을 왜곡시키는 투자유치국의 규제나 조치를 금지하는 매우 제한적인 규범이며, GATS의 경우 그 대상이 부분적인 서비스투자에 국한되어 있다는 점에서 역시 제한적이다. DSU는 정부 대 정부차원의 제소만을 허용하고 있으므로, 피해기업이 해당 정부를 직접 제소했을 때의 투자분쟁을 해결할 수 있는 구속력이 없다. TRIMs, GATS, DSU 등 투자와 직·간접적으로 관련된 규범들을 종합·정리하여 WTO의 투자규범이라 부를 수 있을 것이나, 투자의 정의, 투자보호, 투자 자체를 대상으로 한 자유화 규범 등이 미비된 비포괄적 규범이다. OECD 회원국에만 국한되어 있는 현재의 OECD 투자규범(양대 자유화 규약 및 내국민대우 규범 등)은 총체적으로 볼 때 투자자유화와 더불어 투자보호 및 다국적기업에 관한 지침까지 포함하는 비교적 포괄적인 규범이나 다자간규범으로는 보기 어렵고 또한 명확한 분쟁해결 규정이 없다는 문제점이 있다.

국제투자규범이 갖추어야 할 성격이 참여국의 범위, 내용의 포괄성 및 규범의 구속력이라고 본다면 세계경제의 가장 시급한 당면과제의 하나는 투명하고 자유로운 세계투자환경의 조성을 위해서 다자간, 포괄적, 구속적 성격을 갖춘 투자규범의 제정이라 할 수 있을 것이다. 이러한 투자규범의 제정을 위한 WTO차원에서의 논의 필요성은 1994년 4월 UR 협상의 종결을 알리는 마라케쉬 각료회담의 폐회사에서 투자문제가 앞으로의 주요 협상의제의 하나로 언급됨으로써 그 길이 트이게 되었다.

3) 향후 전개방향

80년대 이후 국제적으로 외국인투자(Foreign Direct Investment: FDI)가 급증하고 투자 형태가 다양해지면서 투자의 개념이 확대됨에 따라, 이러한 시장현황에 맞는 강력한 다자간 투자규범의 필요성이 높아지고 있다. 이러한 가운데, 다자간 투자규범은 그동안 OECD 다자간 투자협정(Multilateral Agreement on

OECD의 다자간투자협정

OECD 회원국들은 직접투자를 규율하는 규범으로서 현재보다 포괄적인 다자간 투자규범의 제정을 1995년 9월부터 검토하기 시작하였다. 1997년 5월말 현재 OECD 각료이사회에 제출된 다자간 투자협정(Multilateral Agreement on Investment: MAI)은 아직도 회원국간의 이견으로 합의에 도달하지 못했으나, MAI는 앞으로 국제투자규범의 전형이 될 것임은 분명하므로 OECD 다자간 투자협정의 의의를 살펴보기로 한다. MAI의 원칙을 세 가지로 요약한다면 첫째, 이 협정은 최고수준의 투자규범으로서 이 협정이 지향하는 투자자유화는 외국기업의 직접투자에 대한 정부의 간섭을 최소화, 그리고 궁극적으로는 철폐하는 데 있다. 둘째, 이 협정은 투자자유화, 보호, 분쟁해결, 조세 등 국제투자와 관련된 모든 분야를 망라한 포괄적인 규범의 제정을 지향하고 있다. 셋째, 이 협정은 OECD 차원에서 진행되고 있지만 후에는 OECD로부터 독립된 별개의 국제조약으로 만든다는 것이다.

OECD 다자간 투자협정은 국제투자의 현 추세를 반영하는 규범제정을 지향하고 있으나 개도국들은 협정이 너무 높은 수준의 규범을 제정하려 한다는 점에서 그 다자성에 회의를 보이고 있다. 따라서 비회원국의 참여 문제는 이 협정의 성패를 결정할 수 있는 가장 중요한 요소의 하나라 할 수 있다.

Investment: MAI)과 WTO 투자 논의가 병행되어 왔으나, MAI협상이 각국 간의 이해 관계, 동아시아의 금융위기 등으로 실패한 이후 WTO에서의 다자간 투자규범 제정으로 관심이 집중되고 있다.

WTO/DDA 투자 논의는, 무역과 투자 작업반(Working group on the Relationship between Trade and Investment)에서 제5차 각료회의 전까지 투자의 정의와 범위, 투명성, 무차별원칙, 협의 및 분쟁해결 등에 대한 명확한 작업에 초점을 맞추어 진행되었다. 투자분야 협상개시 여부는 개도국이 완강하게 반대하고 있어 협상개시 여부는 매우 불투명하다.

OECD가 투자규범 설정을 위한 적절한 '포럼'임을 강조하고 있으나, WTO는 진정한 다자간협상은 WTO 차원에서 이루어져야 한다는 점에서 OECD 차원에서의 논의 중단과 이의 WTO로의 이전을 주장해 왔다. 따라서 향후 다자간 투자규범이 어떤 체제 내에서 어떤 형식으로 전개될지는 아직 분명치 않다.

MAI는 현재 우리나라 외국인투자제도와 비교해 볼 때 우리에게 어느 정도 부담이 될 수준의 최고규범이다. 우리나라의 투자환경은 지난 몇 년간 상당히 개선되었고, 최근에는 OECD 가입을 계기로 투자자유화가 빠르게 진척되었다. 그러나 MAI는 현 OECD 투자규범보다 한 단계 더 높은 수준의 규범이다. 이 협정의 대상이 되는 투자의 범위에는 포트폴리오(portfolio) 투자 그리고 모든 형태의 기업의 인수 · 합병(Mergers and Acquisitions : M&A) 등이 포함되어 있다.

제 2 절 주요국의 통상법규

1. 미국 통상관련법

미국의 통상법은 단일화된 통상법은 존재하지 않기 때문에 매우 방대하고 복잡한 양상을 띠고 있다. 미국의 통상관련 입법행위는 국제통상과 관련된 정책기조가 통상법에 곧바로 반영되는 구조를 가지고 있다. 미국은 성문법체계는 아니지만 국제통상분야에서 대외통상에 관하여는 위임입법의 필요에 의해서 여러 방면에 걸쳐 수많은 성문법을 제정하여 왔다. 이러한 통상관련법은 각기 다른 별개의 내용을 규정하고 있는 것이 아니라, 다른 통상법의 내용을 수정·보완함으로써 상호 연관된 법체제를 형성하고 있다.

이는 보호무역주의의 대표적인 법률이었던 1930년의 '관세법'(Smooth-Hawley Tariff Act)을 비롯하여 1934년의 '호혜통상협정법'(Reciprocal Trade Agreement Act), 1962년의 '통상확대법'(Trade Agreement Act), 1974년의 '통상협정법'(Trade Agreement Act), 1984년의 '통상관세법'(Trade and Tariff Act) 그리고 가장 최근에 개정된 1988년의 '종합통상 및 경쟁력법'(Omnibus trade and Competitiveness Act) 등 많은 법률이 제정 또는 개정되었을 뿐만 아니라([표 6-12] 참조) 법집행기관도 입법·사법·행정부 등 여러 기관에 분산되어 있기 때문이다. 다만 미국의 법 종류에는 우리나라의 대외무역법과 같은 통상에 관한 총괄적 단일 통상법이 없기 때문에 대외통상과 직·간접적으로 관련된 일련의 법들을 총칭하여 통상법이라 한다.

미국의 통상법은 규율하고 있는 내용에 따라 크게 ① 관세 및 통관에 관한 법, ② 무역규제에 관한 법, ③ 기타 수입규제법, ④ 수출규제에 관한 법, ⑤ 통상정책기구에 관한 법 등으로 대별될 수 있다. 그런데 미국의 국제통상활동에서는 무역규제와 관련된 법이 다른 통상관련법에 비해 매우 중요한 위치에 있다. 이는 오늘날 미국이 가장 빈번히 사용하고 있는 각종 통상규제조

표 6-14 미국 통상관계법의 변천과정

통상법	주요 내용 및 특징
1789년 관세법	• 최초의 통상법 • 보호무역주의 성격을 띤 법률로서 고관세를 부과
1916년 관세법	• 관세위원회를 설립
1930년 Smoot-Hawley 관세법	• 사상최고의 관세율을 규정 • 가장 보호무역주의 색채가 강한 법률
1934년 호혜통상 협정법	• 최혜국조항을 도입 • 대통령에게 관세인하에 대한 대외협상권을 위임
1962년 관세법 통상확대법	• 대통령에게 케네디라운드 협상권을 위임 • 특별무역협상부(미통상대표부의 전신)가 신설 • 긴급수입규제조항 적용여건을 강화 • 조정지원조항을 도입
1974년 통상법	• 대외무역을 포괄적으로 다룬 유일한 법률 • 대통령에게 도쿄라운드 협상권을 위임 • 일반특혜관세(GSP) 실시 • 긴급수입규제조항 및 조정지원조항을 완화 • 대통령의 대외협상권을 비관세분야까지 확대: 반덤핑 및 상계관세부과권한 부여 • 외국의 불공정하고 비합리적인 수입 및 관세규제에 대한 보복조치 허용
1979년 통상협정법	• 도쿄라운드 비관세 코드를 국내법화 • 1930년 관세법의 반덤핑 및 상계관세 관련조항 개정
1984년 통상관세법	• 상호주의 및 보복조치조항 강화(행정부에 301조에 의한 보복조치권한을 부여) • 개발도상국에 대한 특혜부여 • 미국과 이스라엘 자유무역협정 체결 • 반덤핑, 상계관세제도, 긴급수입제한조치 규정 개정
1988년 종합통상 및 경쟁력법	• 불공정 무역관행에 관한 보복조치 강화 • 긴급수입제한조치 강화 • 반덤핑, 상계관세조항 강화 • 지적소유권보호 강화 • 환율협상 의무화 • 자동차생산국의 자동차수입장벽 조사 • 통신기기 관련조항
1994년 WTO이행법	• WTO 규정의 국내법화의 조항 • WTO 규정과 국내법 충돌시 국내법 우선 적용

치들이 무역규제관련법에 토대를 두고 있기 때문이다. 특히 무역규제법은 반덤핑 및 상계관세, 지적소유권 침해, 외국의 불공정관행 등에 대한 불공정한 무역에 관한 법과 긴급수입제한조치, 공산권 국가로부터의 수입규제, 무역조정지원 등 공정한 무역을 위한 법으로 대별될 수 있다.

1.1 불공정무역에 관한 법

미국의 불공정 무역에 관한 통상법규는 주로 응징적인 보복조치의 형태로 반덤핑관세법, 상계관세법, 불공정거래에 대한 규제, 불공정무역관행에 대한 규제 등이다.

(1) 반덤핑관세법

미국의 반덤핑법에 의하면 미국에서 수입품에 공정한 가격 이하로 판매되어 미국의 산업이 실질적으로 피해를 받았거나(materially injured), 또는 실질적으로 피해를 받을 위협이 있거나, 미국 내 산업의 설립이 지연되는 경우, 반덤핑 관세를 부과할 수 있다. 이때 부과되는 반덤핑관세의 크기는 정상가격과 수출가격 또는 추정된(constructed) 수출가격의 차액과 동일해야 한다. 반덤핑 조사를 청원할 수 있는 주체로는 국내생산업체, 국내산업노조, 국내산업협회 또는 이들의 협력체이며, 조사를 담당하는 상무부가 자체적으로 조사를 시작할 수도 있다.

반덤핑관세가 부과되려면 덤핑 사실이 입증되어야 하고, 덤핑으로 인해 국내산업이 피해를 입었다는 점이 입증되어야 한다. 덤핑조사는 기관별 상호견제가 가능하고, 중립성을 유지할 수 있도록 덤핑유무 및 덤핑마진 계산은 상무부가 담당하고, 국내산업의 피해유무에 대해서는 ITC가 담당하도록 규정하고 있다.

미국의 반덤핑규정은 '1916년의 반덤핑법' (Antidumping Act of 1916)이 그 효시이지만 1979년 통상협정법에 의해 수용된 GATT의 반덤핑협약이 주요한 근거규정이 되고 있다. 이후 미국의 반덤핑규정은 1984년의 통상관세법과 1988년의 종합무역법안에 의해 반덤핑관세 부과절차 · 우회덤핑방지조치 등의 변경이 이루어졌다.

(2) 상계관세법

상관관세에 관한 미국법도 반덤핑법과 마찬가지로 GATT에 제6조 그 부속헌장[25]에 기초를 두고 있으며 1984년 및 1988년 법에 의하면 일부 수정되었다.

상계관세 부과명령이 발동되려면 보조금지급 사실과 그 범위에 대한 상무부의 판정이 있어야 함은 덤핑의 경우와 마찬가지이지만 그로 인하여 관련 미국산업이 실질적 피해를 입어야 하는가는 상대국 여하에 따라서 달라진다.

만일 문제가 된 상품의 수출국이 GATT 보조금 헌장의 수용국이거나, 그와 같은 동일한 내용의 쌍무협정을 미국과 체결하였거나 또는 GATT 회원국으로 미국의 일반특혜관세 혜택을 받는 국가인 경우에는 보조금지급 외에 피해 여부도 판정되어야 상계관세가 부과되지만 그 이외에 국가에 대하여는 보조금지급 사실만 확인되면 그로 인하여 미국산업이 피해를 입었느냐에 관계없이 상계관세가 부과된다.

미국의 상계관세 부과절차는 WTO 상계관세 부과절차 및 대부분 국가들의 부과절차와 다소 상이하다. 즉 미국을 제외한 대부분의 국가 및 WTO는 외국정부의 보조금 지급으로 국내산업이 실질적인 피해를 입을 경우 상계관세를 부과한다. 이에 반해 미국은 WTO의 보조금협약에 미가입한 국가나 미국에 대한 WTO 보상금의 의무를 위반한 국가에 대해서는 보조금 지급사실만 확인되면 국제무역위원회의 피해조사 없이도 상계관세를 부과할 수 있다.

미국의 상계관세규정은 1897년 '상계관세법'이 효시를 이루나 수정된 1930년의 관세법 제701조와 제303조는 1979년 통상협정에 의하여 수용된 WTO의 상계관세규정을 주요한 근거규정으로 하고 있다. 이후 상계관세규정은 1984년의 통상관세법과 1988년의 종합무역법안에 의해 법률조항의 명확화 및 절차상의 변경이 이루어졌다.

(3) 불공정거래의 규제

1930년 통상관세법 제337조는 불공정한 거래에 대하여 다음과 같은 내용을 규정하고 있다.

25) The Agreement on Interpretation and Application of Article VI. XVI and XXIII of the GATT. H. R. Doc. No. 96~153, Part 1 96th Cong. 1st Sess. 257(1979).

"외국제품이 미국으로 수입 · 판매되는 과정에서 불공정한 경쟁방법 및 불공정한 행위를 함으로써 효율적이고 경제적으로 운영되고 있는 미국 내의 기존산업이 도산되거나 실질적인 피해를 입는 경우, 그리고 산업의 설립이 저해되거나 또는 미국의 무역과 상업이 제한 · 독점되는 효과 및 경향을 띠게 될 경우, 이를 불법적인 것으로 인정하여 국제무역위원회가 수입배제명령 또는 중지명령을 내릴 수 있다"라고 규정하고 있다.

이러한 불공정거래에 관한 규정에는 미국의 특허권, 상표권, 저작권 등의 침해와 위조품의 판매, 상품외양의 모방, 거래비밀의 부당사용, 기만적 허위광고 등도 포함되어 있다.

뿐만 아니라 불공정한 행위에는 독점금지법에서 규정하고 있는 유형의 행위나 약탈적 가격차별 행위도 포함되어 있다. 이와 같이 제337조의 규정은 모든 공정관행에 대해 적용될 수 있으나 실제적으로 동 조항은 지적소유권침해에 대해 발동되고 있다.

한편 불공정거래규제에 관한 1930년의 통상관세법 제337조는 1988년 종합무역법안에 의해 피해판정요건 및 효율적 · 경제적 운영요건의 삭제 · 구제조치 등의 변경이 이루어졌다.

(4) 불공정무역관행에 대한 보복조치

1974년 통상법 제301조는 불공정한 무역관행에 대하여 다음과 같은 내용을 규정하고 있다.

미국 무역대표부는 "무역협정의 규정과 불일치하거나 무역협정에 따른 미국의 혜택을 거부하거나 또는 미국의 통상에 부당하고 불합리하거나 차별적이며 또는 미국의 통상에 부담을 주거나 이를 제한하는 외국의 모든 법 · 정책 또는 관행을 제거하기 위해 모든 적절하고 가능한 조치를 취해야 한다"라고 규정하고 있다.

즉 외국정부가 미국(인)에 대해 내국민대우 및 최혜국대우를 위반하거나 기업설립권리 및 지적소유권보호를 등한시하여 미국의 상품 및 서비스교역 그리고 해외직접투자 · 활동이 제약을 받을 경우 무역대표부는 무역협정상 양허의 중지, 철회 또는 관세부과 및 기타 수입규제 등의 보복조치를 취할 수 있도록 되어 있다.

1974년 통상법 제301조의 불공정무역관행에 관한 규정은 1988년 종합무역법안에 의해 보복조치 권한의 이전, 그리고 보복조치의 의무화 등의 변경이 이루어졌다(통상법 제301조에 관한 자세한 내용은 제7장 제4절 III. 참조).

1.2 공정한 무역을 위한 법

국제통상환경에서 국내시장을 보호하기 위한 도구는 반덤핑제도가 아니라 세이프가드제도라고 할 수 있다. 반덤핑제도는 시장경쟁을 보장하기 위한 조치이나, 세이프가드는 처음부터 시장을 보호하기 위한 산업구제 조치이다.

그런데 미국의 경우 세이프가드 조치보다는 반덤핑제도를 훨씬 더 많이 사용해 왔다. 세이프가드는 통상법 제201조에 의해 규정되어 있는데, 구체적인 조치로는 관세부과, 또는 관세와 쿼터의 혼용방식을 취할 수 있도록 되어 있다.

1974년 통상법 제201조~203조는 공정한 무역으로 인한 국내산업 피해에 대하여 다음과 같은 내용을 규정하고 있다.

어떠한 외국상품의 수입이 급격히 증가하여 동종 또는 직접적인 경쟁관계에 있는 제품을 생산하는 미국 내 관련 국내산업에 심각한 피해를 주거나 줄 우려가 있을 경우에 동 상품수입에 대해 국제무역위원회의 조사 및 결정에 따라 대통령이 일시적인 수입규제조치를 취할 수 있다. 이때 대통령은 국제무역위원회의 요청에 의하여 미국산업이 경쟁력을 회복할 수 있는 가장 최적의 관세부과 · 관세쿼터 · 물량제한 · 시장질서유지협정 · 산업구조조정조치 · 국제협상 등의 다양한 조치들을 실시할 수 있다.

한편 수입증대로 인한 피해의 구제에 관한 1974년 통상법 제201조~203조는 1984년의 통상관세법, 1988년 종합무역법안에 의해 피해판정요건의 완화, 구제조치의 범위, 기간확대 등의 변경이 이루어졌다.

통상법 제201조

미국 통상법 제201조는 1974년 제정된 법률조항으로서 종전의 GATT 세이프가드(Safeguard: 긴급수입제한조치)조항에 입각하여 적용되어 왔다.

미국 통상법 제201조는 긴급수입제한조치로서 종전의 GATT 관세양허(Tariff Concession)를 받고 있는 특정 상품의 수입이 급격히 증대되어 미국의 국내산업이 심각한 피해(serious injury)를 받거나 혹은 받을 우려성이 있는 경우에 ITC가 그 여부를 판정하여 미국 대통령에게 당해 상품 수입제한요구를 건의하면 대통령은 이를 심사하여 수입제한조치를 취할 수 있는 조항이다. 이를 면책조항이라고 하기도 한다. 대통령은 당해 품목에 대하여 최장 5년 내에서 일시적인 수입제한 조치를 취할 수 있다.

그동안 여타 선진국과 마찬가지로 미국은 긴급수입제한조치에 대한 감시나 중재를 받지 않고 세이프가드를 자율적으로 발동해 왔을 뿐 아니라, 정치·경제적 우위와 외교적 패권을 이용하여 종전의 GATT 규정을 위반하면서 교역상대국에 대하여 특정품목에 대한 수출자율규제나 시장질서협정의 체결을 통하여 쌍무쿼터(Bilateral Quota: BQ) 등 수입제한조치를 취해 왔다.

미국 통상법 제201조가 적용되는 경우에 고려되어야 하는 경제적 요인은 다음과 같다.

① 심각한 피해는 ⓐ 생산시설의 중대한 유휴, ⓑ 다수기업의 적정이윤 수준에서의 가동불능, ⓒ 산업에의 심각한 실업 또는 불완전고용 등을 포함하지만 반드시 이에 국한되지 않는다.

② 심각한 피해의 우려(Threat of Serious Injury)는 ⓐ 생산물의 판매량의 감소, ⓑ 국내의 생산업자·수입업자·도매업자·소매업자의 재고품의 누적, ⓒ 생산·이윤·임금·고용의 하락 등을 포함하지만 반드시 이에 국한되지 않는다.

③ 실질적인 원인(Substantial Cause)은 ⓐ 실제적 또는 동 제품의 국내생산에 비하여 수입증가, ⓑ 국내생산업자의 국내시장점유율의 하락을 말한다.

④ 생산시설의 중대한 유휴는 시설의 폐쇄 또는 생산시설의 불완전가동을 말한다.

2. EU 통상관련법

2.1 통상관련법 체계

EU(European Union, 유럽연합) 통상법은 크게 EU회원국간 교역을 규율하는 역내통상법과 비회원국(역외국)과의 교역에 적용되는 대외통상법으로 대별된다. 역내통상법은 주로 역내교역에 대한 회원국들이 각종 통상장벽 철폐 등 역내교역의 자율화 원칙과 원산지 규정 등에 대해 규정하고 있다.

반면에 대외통상법은 EU 회원국의 역외국에 대한 통상규제조치를 규정하고 있으며, 이는 EU통상당국의 공동규제조치와 EU개별회원국의 독자적인 통상규제조치를 모두 포함하고 있다. 즉, 역외국의 EU 회원국과 교역을 할 경우, EU통상당국의 공동통상법뿐만 아니라 EU 개별회원국의 통상법도 적용받을 수 있다.

유럽연합의 통상법은 크게 역내 회원국간의 교역을 규율하는 역내통상법과 역외국가에 적용되는 대외통상법으로 구별된다. 역내통상법은 주로 역내교역에 대한 회원국들의 역내 통상장벽철폐 등 역내교역의 완전 자유화에 그 목적을 두고 있다. 반면 대외통상법은 역외국에 대한 통상규제조치를 규정하고 있으며, 이는 EU통상당국의 공동규제조치와 EU 개별회원국의 독자적인 통상규제조치를 모두 포함하고 있다. 이는 역외국이 EU 회원국과 교역을 할 경우, EU의 공동통상법뿐만 아니라 EU 개별회원국의 통상법도 적용받을 수 있음을 말한다.

또 부분적으로 통일되어 실시되고 있는 EU의 대외통상법 관련 내용에는 불공정 무역을 위한 법으로서 반덤핑관세법과 상계관세법, 그리고 공정무역을 위한 법으로 긴급수입제한조치법 등이 있다.

2.2 국제통상관련법

EU의 대외통상법은 현실적으로 EU 공동체에 전권이 위임된 공동통상법과 개별회원국가들의 독자적인 통상법으로 대별될 수 있다. 특히 EU의 공동통상법은 규율하는 내용에 따라 반덤핑 및 상계관세, 외국의 불공정관행 등에 대한 불공정무역을 규제하는 법과 긴급수입제한조치, 대외공동관세 등 거래의 공정성 여부와 관계 없이 발동되는 법으로 구분될 수 있다.

(1) 불공정한 무역을 위한 법

EU의 불공정무역관행규정은 미국의 통상법 제301조처럼 외국의 불공정무역관행으로부터 EU의 통상이익을 보호하기 위하여 1984년에 제정되었다. 그 내용으로는 EU 집행위원회가 국제법 또는 일반적으로 용인되고 있는 규칙에 어긋나는 역외국의 무역관행이 있을 경우, 이러한 관행으로 EU 산업이 실질적인 피해를 입거나 입을 우려가 있는 경우, 국제거래상의 EU 권리의 확보가 필요하다고 인정되는 경우 등에는 EU 집행위원회의 제안에 따라 EU 이사회는 여타 제재조치를 취할 수 있다.

이러한 조치들은 상대국과의 합의도출이 되지 않을 경우 보복적인 조치로 이어지고, 그 대표적인 것이 무역협정인 양허의 철회나 연기, 수입관세의 인상이나 수입과징금제도의 도입, 수출입조건의 변경이나 수량제한조치 등이고 반덤핑관세가 상계관세도 이 중에 포함된다.

1) 반덤핑관세법

반덤핑관세법은 외국기업의 반덤핑행위에 대하여 다음과 같은 내용을 규정하고 있다.

EU 집행위원회가 EU 역외로부터 수입되는 상품의 수출가격이 유사제품의 정상가격보다 낮다고 판정(덤핑판정)하고 EU 집행위원회가 동 상품의 수입으로 관련 EU산업이 실질적인 피해를 받거나 받을 우려가 있거나 또는 EU 산업의 확립이 실질적으로 지연되고 있다고 판정(피해판정)하고 EU 공동체의 이익을 위해 보호조치를 시행할 필요가 있다고 판단되는 경우(공동체 이익판정)[26] EU 이사회는 EU 집행위원회의 제의에 의해 동 상품에 대하여 통상적인 관세에 부가하여 정상가격과 수출가격과의 차액(덤핑마진)을 초과하지 않는 범위 내에서 반덤핑관세를 부과할 수 있다.

다만, EU의 반덤핑소송은 확정덤핑관세부과로 종결될 수 있을 뿐만 아니라 조사가 진행되는 동안에 수출기업이 덤핑차액과 덤핑으로 인한 피해를 제거하기 위해 수출가격을 인상하거나 수출을 중단하겠다고 약속할 경우에도 조사가 종결될 수 있다. 즉 EU의 반덤핑관세절차에는 덤핑관세의 부과와 약속의 수락 등 두 가지 규제조치가 포함되어 있다.

EU 반덤핑규정은 1968년의 'EEC 회원국이 아닌 국가의 덤핑 및 보조금 또는 지원금 제공행위로부터의 보호에 관한 규칙'(이사회규칙 459/68)이 효시를 이루나 1979년 도쿄라운드의 반덤핑협약이 주요한 근거규정이 되고 있다. 이후 EU의 반덤핑규정은 몇 차례의 개정을 통해 수입규제를 더욱 강화하고 있다. 특히 최근에 개정된 1987년과 1988년(이사회규칙 1967/87, 2431/88)의 규정은 반덤핑규제절차를 보다 명료화하였을 뿐만 아니라 외국기업이 EU 역내에

26) 공동체이익은 광범위한 요소들을 포함하나, 가장 중요한 것은 수입품의 소비자 및 사용자의 이익과 공동체시장 내의 경쟁환경을 고려하고 있다.

현지공장을 설립하여 생산한 제품이라도 EU산 부품이 부가가치기준으로 50% 이상 사용되지 않았을 경우 동 제품을 EU 역외산으로 간주하여 반덤핑관세를 부과할 수 있는 근거를 마련하였다.

2) 상계관세법

EU의 상계관세법은 외국정부의 보조금 지급에 대하여 EU 집행위원회가 EU역내로 수입되는 상품의 제조, 생산, 수출 또는 운송에 외국정부가 직접 또는 간접적으로 보조금을 지급하고 있다고 판정(보조금 판정)하고, EU 집행위원회가 동 상품의 수입으로 관련 EU산업이 실질적인 피해를 받거나 받을 우려가 있거나 또는 EU산업의 확립이 실질적으로 지연되고 있다고 판정하고, EU공동체의 이익상 보호조치를 시행할 필요가 있다고 판단되는 경우, EU 이사회는 EU 집행위원회의 제의에 의해 동 상품에 대해 통상적인 관세에 부가하여 보조금의 범위 내에서 상계관세를 부과할 수 있도록 하고 있다.

상계관세소송은 반덤핑소송과 동일하게 상계관세의 부과와 원산지 국가 또는 수출국 정부의 보조금 폐지 및 제한약속(정부약속)과 수출기업의 보조금으로 인한 피해 제거를 위한 수출가격 조정 또는 수출중단약속(수출기업약속)을 통해 조사가 종결될 수 있다. 다만 상계관세의 부과절차는 반덤핑관세와는 달리 수출기업이 약속한 경우라 하더라도 원산지국 또 수출국 정부의 동의가 요구된다.

조사 및 판정에서 우선, 집행위원회는 직접 정보를 수집하거나 회원국에 대한 정보수집 요청을 하고, 이해관계자의 요청에 따른 청문회 개최를 통하여 산업피해구제를 위한 보호조치 여부를 판정하여야 한다.

한편 판정기준은 수입으로 인하여 EU산업에 실질적인 피해를 주거나 또는 줄 우려가 있을 때와 EU산업의 설립을 지연시키는 때로 정하여 WTO규정에 일치시키고 있다. 조사과정에서 약속이 제의되고 집행위가 자문위원회와 협의한 후 이를 수락한 경우에는 잠정 또는 확정반덤핑관세의 부과 없이 조사절차가 종결된다.

(2) 공정한 무역을 위한 법

공정무역거래에 따른 특정상품의 수입급등이나 전반적 경제여건이나 국내경쟁산업에 피해를 주거나 또는 피해를 줄 외국제품에 대하여는 다음과 같은 긴급수입제한조치를 적용할 수 있도록 규정하고 있다.

EU 집행위원회는 EU 역내로 수입되는 특정상품의 수입급증 현상이나 전반적인 경제여건이 EU의 산업에 심각한 피해를 입히거나 입힐 우려가 있다고 판정되는 경우, 또는 EU 공동체의 이익상 보호조치의 시행이 필요하다고 판단되는 경우에 각료이사회에 일련의 보호 또는 규제조치를 제안할 수 있고, 각료이사회는 이에 대한 결정을 내릴 수 있다. 이 경우 취해지는 조치들은 주로 수입규제의 변경, 수입서류의 유효기간 제한, 수입수량제한, 관세인상 및 신설, 긴급수입제한조치 등이다.

EU의 긴급수입제한제도(safeguards)는 수입감시제도 및 긴급수입제한조치의 최종 시행권한을 EU 이사회가 아닌 EU 집행위원회가 갖는다는 점에서 EU반덤핑법 및 상계관세법과 다르다. 다만 위원회가 취한 모든 조치는 이사회와 관련 회원국들에게 통보되어야 하고, 모든 회원국은 통보 후 1개월 이내에 판정사항을 이사회에 회부한다. EU는 공동체의 이익을 위해 심각한 피해를 유발하거나, 그러한 위협을 줄 정도의 대량 및 조건으로 특정물품이 공동체로 수입되는 것을 방지하기 위하여 집행위원회의 제안에 따라 적절한 조치를 취할 수 있다. 긴급수입제한조치의 시행기간은 잠정조치의 기간을 포함하여 4년을 초과하여서는 안 된다.

3. 일본 통상관련법

3.1 국제통상법

일본의 통상정책은 1950년대의 수출촉진 및 수입억제정책에서 1960년대의 수출고도화정책, 1970년대의 무역마찰회피정책, 그리고 1980년대 이후에는 자유무역주의에 입각한 국제분업의 추진정책 등으로 시대적인 상황에 대응되는 대외통상정책을 실천해 왔다.

이러한 정책의 추진과정에서 일본은 대외통상법으로 외환 및 대외무역관리법, 수출입거래법, 행정지도 등을 적용해 왔다.

'외환 및 대외무역관리법'의 경우, 1949년 12월 1일에 제정된 후 1980년에는 대외거래에 한하여 필요한 최소한의 조정과 통제만을 할 수 있도록 하고 자유화의 방향으로 전면적인 개정을 하였다. 다만, 국제평화와 안전유지, 그리고 국가경제의 건전한 발전을 도모하기 위해 필요한 경우, 특정제품의 특정지역으로의 수출에 대해서는 사전에 통상산업성 장관의 허가를 받도록 하고 있고, 수입에 대해서도 필요한 경우 수입허가를 받도록 하고 있을 뿐이다.

'수출입거래법'은, 외국과의 불공정한 수출입거래를 방지하고 국내수입에 대한 시장질서를 유지하기 위한 목적으로 1952년 8월에 만들어졌다. 즉, 민간기업이 당사자들 간에 상품의 가격, 수량, 또는 기타의 거래조건을 정한 수출입협정을 체결하고 이를 통상산업성 장관에게 통고하거나 승인을 받도록 하고 있다.

일본에서의 관세는 국제적으로 체결된 조약이나 협정에 따르도록 하고 있고, WTO협정에 의거한 양허관세율 이상을 부과할 수 없도록 하고 있다. 이 밖에 '행정지도'란, 국제무역이 정하는 범위 내에서 정부의 정책을 수립하고 집행하기 위하여 사용되는 행정적인 지도 방법을 말한다. 물론 행정지도는 법적인 구속력이 있는 것은 아니지만, 정부가 통상관련 정책과 무역관리를 하는 데 있어서 효과적인 수단으로 사용되고 있다(공배완, 1999).

3.2 외국환 및 대외무역관리법

외국환 및 대외무역관리법은 우리나라의 대외무역법 및 외국환거래법과 유사한 성격을 띠고 있는 법으로 대외거래를 종합적으로 규율하고 있는 통상에 관한 기본법이다. 즉 외국환 및 외국무역관리법은 외국환 · 외국무역 등 대외거래의 자유화를 기초로 대외거래에 필요한 최소한의 관리 · 조정을 통해 대외거래의 정상적인 발전과 국제수지의 균형 및 통화의 안정을 도모함과 동시에 국가경제의 건전한 발전에 기여하기 위해 1949년에 제정되었다.[27)]

외국환 및 대외무역관리법은 목적 및 적용범위 등의 총칙과 대외거래지급방법 및 통화의 지정 · 자본거래 · 용역거래 · 대내직접투자 그리고 외국무역 등의 내용으로 구성되어 있다.

27) 외국환 및 대외무역관리법은 1949년 제정될 당시에는 외환과 대외무역 및 기타 거래의 경우 원칙적으로 금지되고, 예외적으로 인정되는 기본정책하에서 제정되었다. 이후 대외거래의 기본정책이 자유화추세로 전환됨에 따라 동법은 1980년에 대폭 수정되었다.

한편 외국환 및 대외무역관리법은 국제평화와 안전유지 그리고 국가경제의 건전한 발전을 도모하기 위해 필요한 경우 특정제품의 특정지역으로의 수출에 대하여 통상산업성 장관의 허가를 요구하는 등 수출을 통제하고 있다(수출무역관리령).

또한 외국환 및 대외무역관리법은 수입거래질서유지 · 국제의무수행 · 경쟁력이 취약한 국내산업보호, 그리고 국제수지관리 등을 위해 수입업자에게 통상산업성장관의 수입허가를 요구하는 등 외국으로부터의 수입에 대해서도 통제를 하고 있다. 특히 일본의 수입관리 및 통제는 외국환 및 대외무역관리법을 모범으로 물품수입을 관리하는 '수입무역관리령'[28]과 대금결제를 규정한 '외국환관리령'[29]을 통해 이루어지고 있다.

3.3 통관절차 및 관세에 관한 법

일본의 통관절차 및 관세에 관한 법에는 크게 '관세법', '관세정률법' 그리고 '관세잠정조치법' 등이 있다.

(1) 관 세 법

일본에 있어서 수출입관세는 세관법, 관세법 및 잠정관세조치법에 의거하여 부과되고 있다. 관세에 관하여는 국제적으로 체결된 조약이나 협정상에 특별히 규정하고 있는 경우에는 이를 따르도록 하고 있으므로, 사실상 WTO 협정에 의거하여 양허된 관세율 이상을 부과할 수 없다. 또 최혜국대우의 관세율을 적용하는 잠정관세율의 경우에도 대장성이 매년 다른 부처와 협의를 거쳐 관세율을 심의 · 조정하고 관세위원회의 자문을 얻어 이 법률을 집행하고 있다.

---

28) 수입무역관리령에 따르면 외국으로부터의 수입은 수입공표와 타법령에 의한 수입관리에 의해 관리 · 통제되고 있다. 전자는 수입할당을 받아야 하는 품목, 수입승인을 받아야 하는 품목, 그리고 사전수입확인 및 통관세관 확인품목 등에 대한 수입요령을 기재한 것이다.

29) 수입화물의 대금결제는 1980년 12월 1월 이후 원칙적으로 자유화되었으나 수입신고 전 2년을 초과하는 선지급, 통관 후 2년을 초과하는 후지급, 엔화표시의 수표나 약속어음으로 지급하는 경우 등 특수결제방법에 의한 화물수입은 통산성 장관의 승인을 받아야 한다.

(2) 관세정률법

관세정률법은 관세율 · 과세표준 · 관세감면 그리고 기타 관세제도 등을 규정하기 위하여 제정되었다. 즉, 관세정률법은 과세표준 및 세율과세가격의 결정, 특수관세제도(편익관세 · 복관세 · 보복관세 · 상계관세 · 반덤핑관세 · 긴급관세 · 관세할당제도), 감세, 면세, 환급제도, 그리고 수입금지품목 등에 대하여 규정하고 있다.

관세정률법에 따르면 관세품목분류는 1998년 1월 1일부터 조화제도(HS)가 이용되고 있으며, 과세가격의 경우 현실적으로 지급했거나 지급해야 하는 해당 수입화물의 거래가격으로 산정되고 있다. 또한 관세정률법에서는 마취제, 위조통화, 공공질서를 저해하는 서적 · 특허 및 상표권을 침해하는 상품 등의 수입을 금지하고 있다.

한편 관세정률법은 외국으로부터의 물품수입이 급격히 증가되어 국내산업에 피해를 줄 경우 국내산업보호를 위한 관세정책수단으로 상계관세 · 반덤핑관세(부당염매방지관세) 그리고 긴급관세 등을 규정하고 있다. 즉, 불공정한 행위로 인한 수입급증의 경우에는 다음과 같은 관세정률법 제9조(제8조)의 반덤핑관세(상계관세)규정에 따른다.

이에 반해 공정한 행위로 인한 수입급증의 경우 관세정률법 제9조의 긴급관세규정에 따라 국내산업보호를 위해 대장성장관은 할증관세를 부과하거나 양허세율의 철회 또는 수정 등의 조치를 실시할 수 있다. 그러나 일본은 미국, EU 등 주요 교역당사자들과는 달리 이와 같은 조치들은 적극적으로 활용하고 있지 않는 실정이다.

(3) 관세잠정조치법

관세잠정조치법은 관세법 및 관세정률법에 대한 잠정적 특혜를 규정하기 위해 제정되었다. 그리고 관세잠정조치법에서는 잠정세율 · 특정물품에 대해 잠정적 면세 · 감세 · 환급 및 관세보복조치 그리고 특혜관세 등에 대해 규정하고 있다. 특히 특혜관세의 경우 특혜수혜국(지역)은 동법시행령에 규정되어 있는데 이는 개발도상국가이며 국제연합 무역개발회의의 가맹국(관세 및 무역에 관한 고유의 제도를 구비하고 있는 지역)으로 일본의 특혜관세의 공여를 희망하는 국가(지역) 중에서 선정되고 있다.

3.4 수출입거래법

일본의 "수출입거래법"은 1952년 8월 5일에 제정된 것으로서, 특허권의 침해, 원산지 규정의 위반과 같은 불공정한 수출입거래를 방지하고 수출입거래의 공정한 질서를 확립하는 것을 목적으로 하고 있다. 수출입거래의 질서 유지를 위하여 민간기업은 당사자간에 상품의 가격, 수량 또는 기타의 거래 조건을 정한 수출입협정을 체결하고 이를 통상산업성 장관에게 통고하거나 승인을 받도록 하고 있다. 이렇게 승인된 수출입협정은 독점금지법의 적용을 받지 아니한다.

제 6 장 연 습 문 제

논술형

1. WTO의 의의와 기본원칙을 논하시오.
2. WTO의 의의와 GATT와의 차이점을 논하시오.
3. 환경라운드의 의의와 향후 발전방향을 논하시오.
4. 노동라운드의 의의와 무역과 노동기준의 연계방향에 대해 논하시오.
5. 투자라운드의 의의와 향후 전개방향에 대해 논하시오.
6. WTO의 기본원칙과 이에 대한 예외규정을 논하시오.
7. WTO/DDA협상의 배경과 의의에 대해 논하시오.
8. WTO/DDA협상의 의의와 특징에 대해 논하시오.

약술형

1. MFN
2. GATS
3. TRIPs
4. 경쟁라운드
5. 통상법 제201조
6. 내국민대우원칙
7. WTO의 특징
8. DDA협상과 UR협상의 차이점
9. 싱가포르 이슈
10. WTO와 분쟁해결

제 7 장

주요 국제통상법제

제 1 절 반덤핑관세법

1. 반덤핑관세의 기본개념

1.1 반덤핑관세의 의의

덤핑은 그 자체적으로는 수출국 기업의 이윤극대화원리에 입각하여 그 정당성이 인정될 수 있겠으나 수입국 내의 효율적인 자원배분을 저해하고 시장질서를 문란하게 한다는 점에서 국제무역에서는 불공정무역으로 간주되고 있다. 따라서 수입국의 정부는 외국(수출국)의 생산자가 덤핑을 하였다는 증거와 함께 국내의 동종산업이 덤핑수입으로 인하여 실질적 피해를 입었거나 또는 입을 우려가 있을 경우에 그러한 덤핑행위를 시정함으로써 공정한 경쟁관계를 확립하고 국내산업을 보호하기 위한 목적으로 덤핑차액 이하에 상당하는 관세, 즉 반덤핑관세를 부과할 수 있도록 WTO에 의해 허용되고 있다.

반덤핑관세는 수입자가 부담한다는 면에서는 일반관세와 동일하다고 할 수 있으나 그 발생원인이 수출자의 불공정한 덤핑행위이므로 그 책임이 수출

덤 핑

① **경제학적 의미의 덤핑** 덤핑의 경제이론적 근거로 가격차별화를 원용하는 것이 일반적이다. 가격차별이란 동일제품을 다른 시장에서 각기 다른 가격으로 판매하는 것을 말한다. 국내의 경우를 생각해 보자. 국내에서 어떤 기업이 특정시장에 대해 상대적으로 높은 가격을 책정할 경우 가격차별이 발생한다.

물론 완전경쟁시장에서와 같이 시장간 이동에 따른 제한이나 추가발생 비용이 전혀 없는 경우 시장 간 차별가격은 형성되지 않는다. 그러나 현실적으로 보다 저렴한 다른 시장으로 이동하여 제품을 판매하거나 구매하는 경우 추가비용이 발생하게 된다. 이와 같은 가격차별이 국제적으로 발생하여 수출국이 수입국에서 국내가격보다 낮은 가격으로 판매할 경우 덤핑이 발생하게 된다.

② **국제무역에서의 덤핑** 국제무역에서 덤핑이라 함은 경제학적 의미의 덤핑 개념과는 차이가 있다. 동 규정에 따르면 덤핑은 수출가격이 동종상품의 국내정상가격보다 낮은 경우를 지칭한다. 수출가격은 한 나라의 수출업자가 다른 나라의 수입업자에 수출한 가격이며, 정상가격은 수출국의 국내가격이다.

그러나 이는 일반적인 원칙에 불과하며 수출가격과 정상가격의 결정은 수출국과 원산국 및 수입국 내의 특별한 상황에 따라 달라진다. 따라서 국제무역에서의 덤핑은 훨씬 복잡하고 광범위한 의미를 내포하고 있다.

③ **정당한 이윤 하에서 수출한 경우도 덤핑** 흔히 덤핑이라 하면 원가 이하로 싸게 파는 것을 연상하게 되고 이에 따라 정당한 이윤을 내면서 수출한다면 덤핑과 무관한 것으로 오해하기 쉽다. 그러나 무역을 함에 있어 수출가격이 국내판매가격보다 낮으면 정당한 이윤을 내고 수출해도 덤핑이 된다.

물론 반덤핑관세를 부과하는 것은 덤핑이 이루어지고, 이로 인해 수입국의 산업이 실질적으로 피해를 입어야 하는 등의 요건을 충족시켜야 하므로 덤핑이 존재한다 해서 반드시 반덤핑관세가 부과되는 것은 아니다.

결론적으로 부과요건이 충족되기만 하면 덤핑방지관세가 부과되며, 당해 수출기업이 효율적인 경영을 통해 정당한 이윤을 창출하였다 해도 덤핑방지관세 부과의 가능성은 여전히 존재한다.

국에 전가되어 특정수출국, 혹은 특정수출자의 물품에 대하여 선별적으로 부과된다는 점에서 모든 수출국이나 수출자에게 무차별적으로 동일한 관세를 부과하는 일반관세와는 그 성격이 매우 다르다고 할 수 있다. 특히 세이프가드인 긴급수입제한조치와는 수입으로부터 발생하는 국내산업의 피해를 구제하기 위해 수입을 제한하는 측면에서는 같은 의의를 갖고 있으나 그 기본적인 성격이 명확히 구분된다는 점에 유의해야 한다.

즉 긴급수입제한조치는 수출국이 국제규범을 위배하지 않고 공정하게 수출을 하였음에도 불구하고 수입국 내에 수입이 증가하여 산업피해가 발생했을 때에 한시적으로 수입을 규제하는 제도임에 반하여 반덤핑조치는 수출국이 WTO에 의해 금지되어 있는 덤핑행위, 즉 불공정무역행위를 함으로써 수입국 내에 산업피해를 야기했을 경우에 한시적으로 관세를 부과하는 이른바 불공정무역에 대한 수입제한조치이므로 다분히 응징적인 성격을 띠고 있다고 할 수 있다. 따라서 반덤핑관세는 긴급수입제한조치보다는 그 발동이 비교적 용이하다고 할 수 있는바 이는 WTO 규정에도 잘 반영되어 있다.

1.2 반덤핑관세의 성격

(1) 일반관세에 의해 차별적 · 제한적 수단

① 일반관세는 무차별적임. 즉, 수출국 수출자에 관계 없이 동일하게 부과

② 덤핑방지관세는 특정수출국, 특정수출자의 상품에 대하여 부과

③ 따라서 그 덤핑방지관세는 특정한 경우에만 사용할 수 있는 선별적 수단이므로 그 적용이 비교적 용이하다.

(2) 발생의 책임을 수출국에서 부담

① 덤핑방지관세도 일반관세와 같이 수입자가 부담하나 그 발생원인이 수출자의 불공정한 덤핑행위이므로 그 책임이 수출국에 전가된다.

② 따라서 일반관세는 수출국으로부터 많은 비난의 대상이 되나, 덤핑방지관세는 수출국 귀책사유에 의하므로 비난의 대상이 되지 않는다.

(3) 발동의 상대적 용이성

① 관세, 쿼터(quota)제도 등 여타 수입규제는 상대국 및 대외적 여론을 고려해야 하고 지나친 경우 상대국 보복의 우려가 크다.

② 덤핑방지관세는 통상 국내산업 이해관계자의 요청에 의하여 조사하므로 발동이 비교적 용이하며 상대국 여론의 고려 정도가 비교적 적다.

(4) 수입제한 효과가 매우 큼

① 일반관세의 경우 수출입자 모두가 그 관세의 존재 및 세율을 사전에 알고 있어서 대처 가능하다.

② 덤핑방지관세제도는 사전예측이 어려우며 수출입 계약성립 후에 새로운 부담으로 작용해 수출입자는 큰 타격을 받음에 따라 수입규제의 효과가 극대화된다.

1.3 반덤핑관세 부과요건

반덤핑관세는 덤핑수출을 방지하기 위해 정상가격을 하회하는 수출가격의 차액 즉 덤핑마진을 상쇄시키기 위해 부과하는 관세라 할 수 있다. 그러나 덤핑수출 그 자체가 금지된 것은 아니며 수출국 정부가 이를 금지할 특별한 이유도 없다. 따라서 반덤핑관세는 특정한 환경 하에서 수입국이 덤핑수출을 규제하는 제도이다. WTO반덤핑협정은 반덤핑관세 부과요건으로 다음 세 가지를 명문화하고 있다.

첫째, 덤핑수출의 존재가 입증되어야 한다. 이미 언급한 바와 같이 덤핑이란 수출가격이 정상가격을 하회하는 것을 의미한다. 정상가격이라 함은 일반적으로 수출국 국내에서 판매되는 가격을 말한다. 정상가격이 존재하지 않거나 신뢰할 수 없을 경우 구성가격을 수출가격과 비교하게 된다. 구성가격이란 실제로 존재하지 않는 가격으로 생산원가에 일반관리비, 이윤 등을 합산하여 적당히 재구성한 가격을 말한다.

둘째, 덤핑으로 인해 수입국 국내산업이 피해를 입어야 한다. 수입국 국내산업이란 덤핑수출된 상품과 동종상품을 생산하는 생산자 집단으로 해당산업을 대표할 수 있어야 한다. 피해라 함은 국내생산이 감소했거나, 가격이 하락했거나 또는 이윤이 감소하는 등 실질적인 피해(material injury)가 있거나 실질적 피해의 위협(threat of material injury)이 있음을 의미한다. 또한 동종의 국내산업이 아직 확립되지 않은 경우 이러한 산업의 확립을 실질적으로 지연(meterial retardation)하는 경우도 피해로 간주한다.

셋째, 위에서 말한 피해가 있더라도 이러한 피해가 덤핑수출품의 수입에 기인한다는 인과관계가 증명되어야 한다. 즉 덤핑수출로 인한 피해와 기타

반덤핑관세 부과의 정당성

자유무역을 기치로 모든 관세 및 비관세장벽 철폐를 추진하고 있는 WTO 체제하에서도 반덤핑관세 부과가 예외적으로 인정되고 있다.

이러한 예외의 근거는 한마디로 「공정무역의 실현」이다. 즉 WTO는 덤핑을 경쟁기업에 피해를 주기 위한 기업의 전략적 행동으로, 일종의 불공정 무역 또는 약탈적 행위로 간주하는 것이다. 즉 수출국의 자국시장 보호나 자국 수출기업에 대한 특혜제공 등과 같은 인위적인 수단을 사용할 경우 덤핑이 발생한다고 보는 것이다.

경제의 효율성 확보라는 측면에서 국제무역은 「비교우위」에 따라 이루어져야 한다. 따라서 덤핑수출과 같은 인위적인 조치가 국가간 무역을 왜곡시킬 경우, 이는 마땅히 규제를 받아야 한다. 이 경우 반덤핑관세의 부과는 정당하다. 그러나 수입국의 조사당국이 실제로 덤핑방지관세를 부과함에 있어 자의적 판단이 개입될 수 있다. 반덤핑관세의 부과가 보호무역 조치로 이용될 수 있는 것은 바로 이 때문이다.

다른 요인으로 인한 피해는 구별된다. 따라서 경기둔화나 소비자의 수요패턴 변화 등으로 국내산업의 감소, 가격하락 등의 피해가 발생할 경우 반덤핑관세는 부과되지 않는다. 그러나 수입국 국내산업의 이러한 피해는 여러 가지 요인들이 복합적으로 작용하여 발생하므로 인과관계의 입증은 대단히 어렵고 오해의 소지가 있어 수입국의 자의적인 판단이 개재될 가능성이 높다.

한편 이외에 절차적 요건도 충족되어야 한다. WTO 반덤핑협정은 덤핑 및 피해판정에 있어 절차의 투명성을 강조하고 있다. 그러나 동 협정은 제소에서 조사, 판정, 반덤핑관세부과 및 사법적 구제 등에 관한 기본절차를 규정하고 있을 뿐이다. 이를 기본으로 각국은 보다 상세한 절차적 규정을 마련하고 있으나, 이러한 규정이 각국마다 다르고 WTO 반덤핑협정 조항의 해석도 자의적으로 이루어지는 경우가 많다.

2. WTO의 반덤핑관세협정

WTO반덤핑규범은 불공정무역관행인 덤핑문제에 대해 1994년 UR 최종의 정서를 수락한 회원국들을 규율하기 위한 규정으로서 1994년 GATT(GATT 1994) 제6조와 제6조의 이행협정을 의미한다. WTO반덤핑법제는 그 형식면에서 GATT체제하의 1979년 반덤핑규정의 체제를 거의 수용하고 있지만 내용면에서는 많은 개정이 이루어졌다.

여기서는 WTO반덤핑협정의 내용을 ① 덤핑의 결정, ② 국내산업에 대한 실질적 피해 등의 결정, ③ 반덤핑절차 일반, ④ 반덤핑조치, ⑤ 기타 분쟁해결절차 등으로 구분하여 설명하려고 한다.

WTO반덤핑협정에 있어서도 반덤핑조치의 발동을 위해서는 ① 덤핑사실이 존재할 것과 ② 이러한 덤핑으로 인해 국내산업이 실질적인 피해를 입었을 경우 등의 두 가지 요건이 구비되어야 한다.

2.1 덤핑의 결정

WTO 반덤핑협정에 의하면 어떤 나라에서 다른 나라로 수출된 물품의 수출 가격이 수출국에서 소비되는 동종 물품에 대한 정상적인 거래에 있어서의 비교 가능한 가격보다 낮을 경우 당해 물품이 덤핑된 것으로 인정한다고 규정한다.[1] 여기서 반덤핑조치의 발동 요건 중의 하나인 덤핑의 존재(existence of dumping)는 먼저 이러한 반덤핑협정상 덤핑의 정의에 따라 수출가격이 정상가격보다 낮은 경우, 즉 덤핑차액(dumping margin)이 정(正)의 값을 가지는 경우에 인정된다. 요컨대 덤핑 존재의 결정은 결국 반덤핑조치의 부과에 있어서 기초가 되는 덤핑차액과 이의 산정문제로 귀결된다.

한편 덤핑차액을 선정하기 위해서는 수출가격과 정상가격의 산정 및 양자간의 비교 가능성이 전제되어야만 하는데 여기에는 다음과 같은 어려움이 따른다. 먼저 수출가격과 정상가격 간에 공정한 비교를 하기 위해서는 양 가격을 공장도 가격으로 환원하는 복잡한 가격조정절차를 거쳐야 할 뿐만 아니라[2]

1) WTO 반덤핑협정 제2.1조.
2) WTO 반덤핑협정 제2.4조.

전자와 관련하여서는 수출된 물품이 수출국의 국내 시장에서 전혀 판매되지 아니하거나 극히 소량만이 판매되는 경우 수출국내의 비교 가능한 가격이 존재하지 않게 된다.

이 경우에는 구성가격(constructive value) 등이 대신 이용되는데 WTO 반덤핑 협정에 따라 이러한 구성가격을 산정함에 있어서는 많은 복잡한 문제가 수반된다.

(1) 정상가격의 인정기준

1) 정상가격(normal value)의 조건

① 덤핑의 정의에서 언급된 것과 같이 동종상품(like product)의 가격이어야 하고 정상적인 거래단계(ordinary course of trade)에서 비교 가능한(comparable) 가격이라고 규정하고 있다. 이러한 가격이 존재하지 않을 경우 또는 국내판매량이 관련수입국에 수출되는 양의 5% 이하인 경우에는,

ⓘ 제3국에 대한 수출가격 중 대표가격이나,

ⓘⓘ 원산국에서 생산비용에 합리적인 금액의 일반관리비, 판매비 및 이윤을 합산한 구성가격으로 한다(제2조 제2항). 그러나 제3국에 대한 수출가격이 구성가격보다 낮은 경우에는 그러한 가격에서 거래가 상당기간 동안 상당량으로 이루어지고 합리적 기간 내에 총비용을 회수하지 못하는 경우에 한하여 정상적인 거래에 속하지 아니하는 것으로 취급하여 고려 대상에서 제외할 수 있다(제2조 제2항 1).

② 구성가격의 산출은 일반적으로 인정되고 있고 회계원칙에 입각한 정상적인 거래단계에서의 수출자의 실제자료에 기초해야 하며 다음과 같은 비용의 조정이 허용된다.

(a) 생산비

ⓘ 부동산 담보차입금의 분할상환

ⓘⓘ 적정 연도로 분할된 감가상각

ⓘⓘⓘ 개발비용 및 기타자본비용

ⓘⓥ 생산에 영향을 미치는 일회성 비용

ⓥ 생산개시가동비용 등의 조정 등

(b) 일반관리비 중 판매비 및 이윤의 조정(실제자료가 없는 경우)

ⓘ 동일한 부류 상품의 생산과 판매에서 얻어지는 실제자료

ⓘ 조사대상과 다른 수출자에 의해서 실현된 금액의 가중평균

ⓘⓘ 기타 합리적인 방법에 의한 조정, 단, 동일부류의 상품의 판매에서 얻어진 정상이윤을 초과하지 않아야 한다.

2) 수출가격(export sale price, ESP)

수출가격이 존재하지 않거나 수출입업자간의 제휴 및 보상계약 등으로 인하여 믿을 수 없는 경우 수출가격은 수입품이 독립구매자에게 최초로 재판매되는 가격을 기초로 구성할 수 있다. 재판매되지 않을 경우 당국이 결정할 수 있는 합리적인 기초에 의하여 구성할 수 있다(제2조 제3항).

수출가격 · 정상가격 · 구성가격

반덤핑조치의 발동요건 중의 하나인 덤핑의 존재를 결정하기 위해서는 먼저 이러한 반덤핑협정상 덤핑의 정의에 따라 수출된 물품의 수출가격과 수출국 내의 동종물품에 대한 정상적 거래에서의 비교가능한 가격(정상가격)과의 비교가 선행되어야 한다. 그 결과 수출가격이 정상가격보다 낮은 경우, 즉 정상가격에서 수출가격을 뺀 차액인 덤핑마진(dumping margin)이 발생한 경우에 덤핑의 존재가 인정되는 것이다.

여기서 수출가격(export price)이라 함은 GATT 1961년 보고서에 의하면 당해 물품이 수입국에 반입되는 시점에서의 가격이 아니라 당해 물품이 수출국을 떠나는 시점에서의 가격이라고 정의하고 있다. WTO반덤핑협정에서는 수출가격이 존재하지 않거나 수출업자와 수입업자 간에 또는 제3자 간의 제휴나 보상협정으로 인해 관계당국이 수출가격을 신뢰할 수 없다고 판단하는 경우에 수출가격은 수입된 물품이 독립된 구매자에게 최초로 재판매되는 가격을 기초로 하여 구성될 수 있다고 규정하고 있다. 이러한 경우에 관계당국은 수입과 재판매시에 부담한 관세 및 조세를 포함한 제반비용뿐만 아니라 이 시기에 발생한 이윤을 공제하도록 하고 있다.

그리고 정상가격(normal value)이라 함은 수출국에서의 통상적인 상거래에 따른 국내시장의 판매가격을 의미하며, 덤핑마진의 산출을 위하여 수출가격과 비교되는 가격이다.

WTO반덤핑협정에는 정상적인 국내가격이 존재하지 않을 경우 수출가격을 구성가격, 즉 생산비에 합리적인 판매비용과 이윤을 가산한 가격과 비교하여 덤핑 여부를 결정하도록 규정하고 있다.

구성가격 산정시 이윤산정기준

① 판매관리비 및 기타 비용과 이윤 등은 조사대상 수출자 혹은 생산자가 정상거래과정에서 실현한 실제자료를 기초로 산정한다.

② 동 자료에 근거한 산정이 어려울 때 다음과 같은 사항을 근거로 한다.

- 수출국 내의 동일부류(the same general category) 물품을 생산판매하는 조사대상 수출자나 생산자가 당해국 시장에서 실현한 실제 규모의 이윤
- 수출국 내 동종물품(the like product)을 생산판매하는 여타 수출자나 생산자가 당해국 시장에서 실현한 가중평균이윤
- 수출국 내의 동일부류의 물품을 생산판매하는 여타 수출자나 생산자가 정상적으로 실현한 이윤을 초과하지 않는 범위 내에서 기타 합리적인 방법으로 산정된 이윤

3) 수출가격과 정상가격의 비교

덤핑의 결정에 있어서 가장 중요한 문제는 수출가격과 정상가격의 비교방식이라고 할 수 있다. 두 가격이 가장 공정하고 합리적으로 비교되기 위해서는 동일한 물품이 동일한 환경 및 동일 수준의 거래단계에서 비교되어야 하는바, 사실상 대부분의 경우에 있어서 서로 상이한 시장에서 판매되는 물품은 그 물리적 특성이나 판매환경이 다를 수밖에 없으며, 동일한 거래단계에서의 가격비교도 용이하지 않다. 따라서, 두 가격을 비교하기 전에 가격조정이 이루어져야 하는데, 통상적으로는 포장비, 운송비, 판매량, 판매조건, 물품의 물리적 특성, 간접세나 부과금 등에 있어서의 제반 차이 등이 고려된다.

이에 대해 WTO반덤핑협정에서는 "두 가격은 동일거래단계, 통상 공장도수준으로 비교되어야 하며, 가능한 한 동일시기에 대해서 비교되어야 한다. 각각의 경우에 있어서 판매조건 및 기간, 조세, 거래단계, 판매량, 물리적 특성 등에 있어서의 차이를 포함하여 가격비교에 영향을 미치는 제반차이에 대해 적절한 조정이 이루어져야 한다"고 규정하고 있다.

① 덤핑마진은 정상가격과 비교가능한 수출가격을 각각 가중평균하거나 혹은 거래별로 비교하여 산정하는 것을 원칙으로 하되 수출가격이 구매자·지역 또는 기간별로 상당한 차이가 있을 경우에는 가중평균 정상가격을 거래별 수출가격과 비교하여 산정할 수 있다.

② 일시적인 환율변동은 고려대상에서 제외되며 조사기간중 지속적인 환율변동을 반영하기 위해 수출자는 최소한 60일간의 조정기간을 부여받는다.

2.2 피해의 결정

WTO반덤핑협정에서는 반덤핑관세를 부과하기 위해서는 덤핑의 존재사실은 물론이고 그러한 덤핑으로 인하여 국내산업에 실질적 피해나 피해위협이 존재해야 한다고 규정하고 있다. 즉, 수입국은 덤핑사실이 존재하더라도 그로 인하여 국내의 동종산업에 실질적 피해위협이 존재하지 않을 경우에는 반덤핑관세를 부과할 수 없는 것이다. 덤핑의 결정이 객관적인 사실과 자료에 근거하는 데에 비해, 피해의 결정은 상대적으로 주관적인 판단을 많이 요구하는 사항이라고 할 수 있다.

피해라 함은 수입국의 국내산업에 실질적인 피해(material injury) 또는 중대한 피해의 위협(threat)이 있거나 국내산업의 확립에 있어 실질적인 지연이 있어야 하는 것으로 규정하고 있다. 이와 관련하여 WTO반덤핑협정에서는 다음과 같은 판정원칙을 규정하고 있다. 즉 국내산업에 대한 피해 여부의 판정을 위해서는 명확한 증거(positive evidence)를 바탕으로 하여야 하며, 이를 위해서는 덤핑으로 수입된 상품이 동종상품의 국내가격에 미치는 영향 및 국내산업에 미친 결과에 대한 객관적인 검증(objective examination)절차를 거치도록 하고 있다.

그리고 국내산업의 피해에 있어서 실질적인 피해에 대해서는 협정문에서 어떠한 기준도 제시하고 있지 않아 불명확한 개념으로 남아 각국이 반덤핑관련 국내법에서 적용하는 피해의 기준 역시 달라질 수밖에 없어 이로 인해 국가간의 마찰의 소지가 없지 않다.

(1) 피해판정시 고려요소

① 피해의 결정은 덤핑수입량(절대적 혹은 상대적 증가 여부) 및 덤핑이 국내의 동종물품의 가격 및 생산자에게 미치는 영향에 대한 긍정적(positive) 증거와 명료한(objective) 조사에 근거해야 한다.

② 덤핑수입이 가격에 미치는 영향으로는 덤핑수입으로 인하여 수입국 내의 동종물품의 가격이 현저하게 하락 또는 억제되었거나 혹은 예상되었던

가격상승이 현저하게 방해를 받았는지의 여부가 고려된다.

③ 덤핑수입이 당해산업의 판매액, 이윤, 생산량, 시장점유율, 생산성, 투자수익률 또는 설비가동률 등 국내가격에 영향을 미치는 제반요소와 덤핑마진의 크기, 자금순환, 재고, 고용 및 임금, 성장 등 제반관련 경제적 요소 및 지표에 대한 평가로서 이루어진다.

(2) 피해의 누적평가

다수국가(2개국 이상)로부터의 수입이 동시에 반덤핑조사 대상이 되었을 경우 조사당국은 다음과 같은 경우에 그와 같은 수입으로부터의 피해를 누적적으로(cumulatively) 평가할 수 있다.

① 개별국의 덤핑마진이 최소기준(de minimis) 이상이고 덤핑수입량이 무시할 만한 수준이 아닌 경우

② 수입제품이 상호간 경쟁하고, 또한 국내 동종물품과 경쟁하는 경우

(3) 실질적 피해위협의 결정시 고려사항

덤핑수입으로 인하여 실질적인 피해를 줄 우려가 있다고 판정할 경우에는 다음과 같은 사실적 기준에 의하여야 한다.

① 덤핑수입의 현저한 증가율

② 수입국으로 수출을 증가시킬 수 있는 수출자의 생산능력의 임박한 증가

③ 수입국이 국내가격을 현저히 하락시켰거나 상승을 억제시켰는지의 여부 및 앞으로 수입수요가 더욱 늘어날 것인지의 여부

④ 조사대상상품의 재고현황 등

2.3 덤핑수입과 산업피해 간의 인과관계

피해판정에 있어서 반드시 논의되어야 할 또 하나의 중요한 요건은 덤핑수입과 실질적 피해 간의 인과관계의 증명이라고 할 수 있다. 덤핑사실이 증명되고 동종산업에 실질적 피해가 존재한다는 사실이 밝혀지더라도 그러한 피해가 덤핑수입에 의해 발생했다는 사실이 증명되지 않을 경우에는 반덤핑관세의 부과대상이 되지 않는 것이다. 덤핑수입과 산업피해 간의 인과관계를 조사하는 데에 있어서는 우선 피해원인에 대한 분류기준 및 방법을 구체화시

키는 것이 가장 중요한 일이라고 하겠다.

① 덤핑수입과 피해 간의 인과관계 입증은 조사당국에 제공된 모든 관련 증거에 근거하여야 한다.

② 조사당국은 국내산업의 피해를 야기시키고 있는 덤핑수입 이외의 여타 요소들을 고려하여야 하며, 동 요소들에 의한 산업피해가 덤핑수입으로 전가되어서는 안 된다.

③ 생산공정별, 생산자별로 판매 및 이윤을 구분할 수 있는 자료가 구비되는 경우에는 덤핑수입의 영향은 동종상품의 국내생산과 관련하여 평가된다. 그러한 자료가 없는 경우에는 덤핑수입의 영향은 필요한 자료가 제공될 수 있는 가장 좁은 상품군의 검사를 통하여 평가된다.

실질적 피해

피해의 결정과 관련하여 우선적으로 논의되어야 할 사항은 과연 '실질적 피해'(material injury)가 의미하는 바가 무엇이며, 구체적으로 어느 정도의 피해를 의미하느냐 하는 문제이다. 과거 GATT규정들은 이와 같은 WTO반덤핑협정에는 피해의 결정이 '덤핑수입량의 절대적 증가 혹은 해당물품의 국내총생산량이나 소비량에 대한 상대적 증가 여부'와 '덤핑이 국내 동종물품의 가격 및 생산자에게 미치는 영향에 대한 긍정적 증거와 명료한 조사'에 근거하도록 하고, 특히 덤핑수입이 가격에 미치는 영향으로서는 '덤핑수입으로 인하여 수입국 내의 동종물품의 가격이 현저하게 하락 또는 억제되었거나 혹은 예상되었던 가격상승이 현저하게 방해를 받았는지의 여부'를 고려하도록 하고 있다.

또한 동 협정에서는 덤핑수입이 국내산업에 미치는 영향을 조사하는 데에는 판매액, 이윤, 생산고, 시장점유율, 생산성, 투자수익, 조업도 등에 있어서 실제적이거나 잠재적인 저하, 국내가격에 영향을 주는 요인, 덤핑마진의 크기, 자금순환, 재고, 고용, 임금, 성장, 자본조달 또는 투자능력에 대한 실제적이거나 잠재적인 부정적 영향 등 당해 산업의 상태와 관계있는 모든 적절한 경제적 요인과 지표에 대한 평가를 포함하도록 하고 있다. 그러나, 이는 국내산업에 관계되는 모든 경제지표를 총망라함으로써 평가대상을 지나치게 광범위하게 규정하고 있을 뿐, 국내가격이나 생산자가 어느 정도의 영향 혹은 피해를 입었을 경우 실질적 피해에 해당하는지에 대한 구체적인 기준이 결여되어 있어 수출입국간에 논란의 여지를 남기고 있다.

실질적 피해위협

WTO규정에는 피해의 판정에 있어서 '실질적 피해위협'의 개념까지 포함하여 고려할 수 있도록 함으로써, 그의 판정기준을 더욱 모호하게 하고 있다. 즉, 수입국의 조사당국은 덤핑으로 인하여 향후에 발생할 수 있는 피해를 전망하고 피해정도를 예측하여 실질적 피해위협의 존재여부를 결정하여야 하는바, 불확실한 미래에 근거한 피해판정이 가능하여 수입국의 자의적인 피해판정 가능성이 한층 높다고 할 수 있다. 이에 대해 협정문에서는 "실질적 피해위협의 결정은 사실에 근거하여야 하며, 단순히 주장이나 추측 혹은 막연한 가능성에 근거해서는 안 된다"고 명시하고, 동조항은 "덤핑이 피해를 야기할 수 있는 상황을 발생시킬 여건의 변화는 명백히 예측되고 급박해야 한다"라고 규정하고 있다.

그 외에도 반덤핑협정에는 수입국이 반덤핑조치를 취하지 않을 경우 덤핑수출이 급격히 증가하여 수입국 내의 산업에 실질적 피해를 미칠 우려가 있을 만한 요소들을 구체적으로 나열하고 있다.

2.4 조사개시 및 조사

WTO반덤핑협정에 의하면 덤핑의 존재 여부, 그 정보 및 영향을 결정하기 위한 조사는, ① 국내산업에 의하거나 또는 당해 국내산업을 대신하여 서면신청에 의해 개시되거나 또는 ② 특별한 상황에 있어 관계당국의 조사개시 결정에 따라 개시될 수 있다.

반덤핑절차는 덤핑의 존재 여부와 덤핑수입으로 국내산업이 실질적인 피해를 입었는지 여부의 두 가지 조사로 이루어진다. 덤핑 여부와 피해에 관한 증거는 반덤핑조사의 개시 여부의 결정뿐만 아니라 반덤핑관세의 잠정적 적용 및 확정 반덤핑관세의 부과시에 이르기까지 반덤핑 조사절차의 전 과정에서 고려되어야 한다.

또한 반덤핑관세는 덤핑수입에 의해 국내산업이 실질적인 피해를 입었는지의 여부에 따라 부과되기 때문에 덤핑조사와 함께 이에 대한 조사가 진행된다. 반덤핑조사는 특별한 경우를 제외하고는 조사의 개시후 1년 이내에 종결되어야 하며, 어떠한 경우에도 1년 6개월을 초과할 수 없다.

(1) 조사개시

① 덤핑관련 조사는 동종물품을 생산하는 국내생산자 전체 또는 생산량의 합계가 당해 물품 국내총생산량의 상당부분(major proportion)을 점하는 국내생산자에 의한 혹은 대신한 서면신청으로 개시된다.

② 조사는 국내 동종물품 생산자의 명시적인 의사표시에 따른 지지 또는 반대의 정도를 조사한 근거 하에서만 실시해야 한다(다만 국내생산자가 예외적으로 많은 경우를 포함하고 국내산업이 산재되어 있는 경우에는 통계적으로 유효한 표본조사를 통하여 지지 또는 반대 정도를 결정할 수 있다).

• 제소는 국내 동종물품 생산량의 50% 이상을 생산하는 국내생산자의 지지가 있을 경우에 가능하다. 어느 경우에라도 25% 이상이 되어야만 조사가 개시될 수 있다.

• 회원국들은 국내 동종물품의 생산자에 의한 피고용인(employees)이나 그 대표자 역시 제소 및 그에 대한 지지의사의 표시를 할 수 있음을 인정한다.

(2) 제소시 증거제출 및 조사개시를 위한 당국의 의무

① 조사당국은 조사개시가 정당화될 수 있는 충분한 증거의 존재 여부를 결정하기 위해 제소시 제출된 증거의 정확성 및 적합성(accuracy and adequacy) 등을 검토해야 한다.

② 조사는 국내산업에 의한, 혹은 대리에 의한 제소가 없으면 개시될 수가 없다.

③ 조사개시의 결정이 없는 한 조사개시 요청은 공개되어서는 안 되며, 자격요건을 갖춘 서면신청접수 후에도 조사개시 이전에 관련수출국에 통보해야 한다.

국내산업의 정의

WTO반덤핑협정에는 국내산업을 '동종물품의 국내생산자 전체 또는 당해물품의 국내총생산량의 상당부분을 점하는 국내생산자 집단'을 의미하는 것으로 규정하고 있으며, 국내생산자가 수출자 혹은 수입자와 특수 관계가 있거나 또는 직접적으로 당해 물품의 일부를 수입하는 경우에는 국내산업에서 제외되도록 하고 있다.

이와 같은 반덤핑협정상의 국내산업의 정의를 보다 구체화하기 위해서는 두 가지의 개념정립이 선행되어야 하는바, 즉 '동종물품'(like product)의 개념과 '상당부분'(major proportion)에 대한 개념의 정립이라 할 수 있다.

동 협정에 의하면, 동종물품이란 '고려대상인 물품과 모든 면에서 유사하거나, 혹은 그러한 물품이 존재하지 않을 경우에는 비록 모든 면에서 유사하지는 않더라도 매우 유사한 특성을 지닌 물품'을 의미하는 것으로 규정하여, 물리적 동일성에 기초를 두되, 표현에 있어서 다소 신축성을 부여하고 있다.

① 국내산업이란 동종상품을 생산하는 국내생산자 전체 또는 이들 중 생산량의 합계가 당해상품의 국내총생산량의 상당부분을 점하는 국내생산자를 지칭하다. 그러나 다음의 두 경우에는 예외로 한다. ⓘ 생산자가 덤핑혐의가 있다고 주장되는 상품의 수출자 또는 수입자와 관계가 있는 경우, 또는 생산자 자신이 그 물품의 수입자인 경우 국내산업은 나머지 생산자만을 지칭한다. ⓘⓘ 당해생산에 관하여 회원국의 영토가 둘 또는 그 이상의 경쟁적인 시장으로 분리되어 각 시장의 생산자들이 별개의 사업으로 간주될 수 있는 경우로서, (a) 각 시장 내의 생산자가 생산한 당해상품의 전부 또는 거의 전부를 그 시장에 판매하며, (b) 또한 당해시장의 수요가 동 영토 내의 당해시장 이외의 장소에 소재하는 당해상품의 생산자에 의하여 상당한 정도로 공급되지 아니하는 경우에 한한다. 이러한 상황에서 전체 국내산업의 상당부분에 피해가 발생하지 아니하여도 이러한 고립된 시장에 덤핑수입품이 집중되고 덤핑수입품이 당해 고립된 시장 내에 당해상품의 전부 또는 거의 전부를 생산하는 생산자에 대하여 피해를 초래하는 경우 피해의 존재가 인정될 수 있다.

② 국내산업의 특정지역, 즉 상기 예외 (b)의 경우의 생산자를 지칭하는 것으로 해석되는 경우 반덤핑관세는 동 지역에서의 최종적인 소비를 위해 수입된 상품에 대해서만 부과된다.

③ 지역경제통합이 이루어진 경우 전체 통합지역의 산업이 상기 (a)에서 언급된 국내산업으로 간주된다.

(3) 최소개념의 인정

덤핑마진이 경미하거나 덤핑수입량 혹은 그로 인한 재해가 실제적(actual)이든 잠재적이든 무시할 만한(negligible) 수준일 경우에 조사는 즉시 종결되어야 한다. 즉 덤핑마진율이 2% 미만이거나(정상가격에 대한 비율) 개별국가로부터의 덤핑수입량이 수입국 내 시장에서 3% 미만의 점유율을 차지하되, 그러한 개별국가들로부터의 총덤핑수입량이 7% 이하의 시장점유율을 차지할 때에는 조사가 즉시 종결된다.

2.5 증 거

(1) 증거의 서면제출

덤핑혐의로 제소된 수출자는 당해조사에 관련된 모든 증거를 서면으로 제출하여야 한다. 반덤핑조사에 관련된 질의에 대하여 보통 30일간의 응답기간이 수출자에게 주어지며 동기간은 적절한 사유가 있을 경우에 연장될 수 있다(제6조 제1항).

그림 7-1 덤핑마진 산정구조

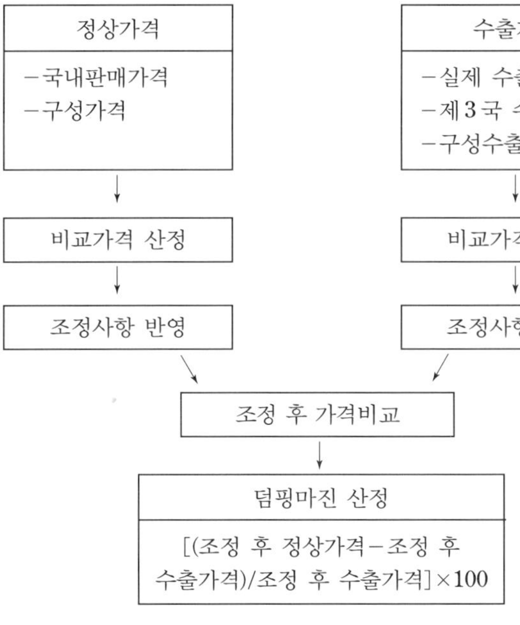

(2) 비밀정보의 보호

성격상 비밀인 정보 또는 조사당사자가 비밀로서 제공하는 정보는 정당한 사유가 제시되는 경우 당국에 의해 비밀로서 취급된다.

(3) 추가조사의 실시 및 결과의 공개

당국은 제공된 정보를 검증하기 위해서 또는 세부사항을 추가로 입수하기 위해서 다른 회원국의 영토 내에서 조사를 실시할 수 있다. 이 경우 조사는 '부속서 1'에 준비된 현장조사절차에 따라 진행되어야 한다. 당국은 비밀정보 보호요건을 조건으로 이러한 조사결과를 공개하여야 한다.

(4) 정보제공거부의 경우

입수가능한 사실에 기초하여 예비 및 최종판정을 내릴 수 있다. 이를 위해서는 '부속서 2'의 「제6조 제8항에 따른 입수가능한 최선의 정보」에 따라야 한다.

(5) 표본조사(sampling)의 허용

당국은 조사대상 상품의 관련 수출자 또는 생산자 각각에 대하여 개별적인 덤핑마진을 결정한다. 관련된 수출자, 생산자, 수입자 또는 관련 상품의 수가 너무 많아 이러한 결정이 불가능할 경우 이용가능한 정보를 기초로 통계적으로 유효한 표본을 사용하여 검사를 이해당사자 또는 상품의 합리적인 수로 제한할 수 있다.

2.6 반덤핑조치

수출상품의 덤핑사실이 확인되고, 수입국산업에 피해가 발생되고, 양자간에 인과관계의 성립을 수입국이 입증할 경우에는 반덤핑조치를 할 수 있게 되는데 이에는, ① 잠정조치, ② 가격인상약속, ③ 반덤핑관세의 부과 등 세 가지 절차로 구분된다(제17조).

(1) 잠정조치(provisional measures)

① 잠정조치는 다음 세 가지 조건이 충족되는 경우에 적용될 수 있다.

ⓘ 조사가 개시되어 동 사실이 공표되고 이해 당사자에게 정보의 제출 및 의견제시를 위한 충분한 기회가 주어지며

ⓘⓘ 국내산업의 피해에 대한 긍정적 예비판정이 내려지고

ⓘⓘⓘ 관계당국이 조사기간 중 초래되는 피해를 예방하기 위하여 이러한 조치가 필요하다고 판단되는 경우(제7조 제1항).

② 잠정조치의 방법은 잠정적으로 산정된 덤핑마진을 초과하지 않는 범위 내에서 잠정관세를 부과하거나 동액의 현금 및 유가증권을 예치하는 형태를 취한다.

③ 잠정조치기간은 조사개시일로부터 60일 경과 이후에 허용되며 4개월을 초과할 수 없다. 상당한 비중을 차지하는 수출자의 요청에 따라 관계당국이 결정한 경우에도 6개월을 초과할 수 없다.

(2) 가격인상약속(price undertakings)

수출자로부터 가격을 인상하거나 덤핑가격수준에서 수출을 중단하겠다고 약속하는 경우에는 조사당국은 잠정조치나 반덤핑관세의 부과없이 반덤핑 조사를 중단할 수 있다(제8조 제1항).

그리고 약속된 가격인상폭은 덤핑마진을 초과할 수 없다. 수입국은 가격인상약속 수락의 현실성이 없다고 예상되는 경우 제시된 가격약속을 수락하지 아니할 수 있다. 이 경우에 수입국 당국은 수출자에게 그 이유를 제시하고 가능한 범위 내에서 의견제시의 기회를 부여해야 한다(제8조 제3항).

수입국은 가격약속을 수락한 경우 모든 수출자에게 이러한 약속의 이행과 관련하여 정기적인 검증의 허용을 요구할 수 있다.

약속을 위반한 경우에는 잠정조치 이전 90일 이내에 소비용으로 반입된 수입품에 대하여 확정관세를 즉각적으로 소급하여 부과할 수 있다. 다만 이러한 소급산정은 가격위반약속 이전에 반입된 수입품에 대해서는 적용되지 아니한다(제8조 제6항).

(3) 반덤핑관세의 부과 및 징수(제 9 조)

① 반덤핑관세액의 결정은 덤핑마진 이내에서 수입국이 결정한다.

② 가격인상약속이 수락된 경우를 제외하고는 덤핑수입으로 피해를 야기한다고 판정되는 모든 수입원으로부터의 당해상품의 수입에 대하여 각 수입원별로 적정한 금액의 반덤핑관세를 무차별원칙에 따라 징수한다.

③ 반덤핑관세의 결정시한: 반덤핑관세 결정기간의 장기화를 막기 위하여 두 가지 경우로 나누어 규정하고 있다.

ⓘ 소급산정되는 경우(retrospective basis)에는 반덤핑관세 지불의무액의 최종결정은 동 요청이 있은 후 12개월 이내에, 어떠한 경우에도 18개월 이내에 이루어져야 한다. 따라서 최종결정일로부터 상기기간 범위 내에서만 소급적용이 가능하다. 그리고 차액은 90일 이내에 환불되어야 한다.

ⓘⓘ 예상산정되는 경우(prospective basis)에는 덤핑마진을 초과하여 기납부된 관세의 환불결정은 환불요청이 있는 날로부터 12개월 이내에, 어떠한 경우에도 18개월 이내에 이루어져야 한다. 그리고 실제의 환급은 이 결정일로부터 90일 이내에 이루어져야 한다.

④ 신규수출자(new comer)에 대한 특별취급: 신규수출자로서 조사대상에서 제외된 경우에는 다음 두 가지로 구분하여 처리하도록 규정하고 있다.

ⓘ 별도의 조사요청이 없는 경우에는 기선정된 수출자에 대한 덤핑마진의 가중평균에 의하거나 또는 기선정된 수출자의 가중평균 정상가격과 개별적으로 조사되지 않은 수출자의 수출가격과의 차이를 덤핑마진으로 한다.

이 경우 영(0)의 마진 또는 최소허용마진은 제외되며 조사대상에서 제외되었으나 조사과정에서 필요한 정보를 제공한 수출자로부터의 자료를 적용해야 한다.

ⓘⓘ 그러나 조사기간 중 수출하지 않은 수출자가 별도의 조사를 요청할 경우에는 별도의 덤핑마진을 결정하기 위한 검토를 해야 한다. 이러한 검토가 진행중인 기간중에 반덤핑관세는 부과되지 아니한다.

이 경우 당국은 덤핑관세의 소급적용을 위한 평가의 보류를 요청할 수 있다. 평가의 보류는 제 7 조 제 2 항에 의하여 유효한 잠정조치의 하나가 된다.

⑤ 반덤핑관세의 소급적용(제10조)

ⓘ 잠정조치와 반덤핑관세부과의 결정이 효력을 발생한 이후 소비용으로

수입된 상품에 대해서만 적용된다.

ⓘ 산업피해의 최종판정이 내려진 경우 반덤핑관세는 잠정조치가 취하여진 시점까지 소급하여 부과할 수 있다. 산업피해의 우려가 있다는 최종 판결이 내려졌으나 잠정조치가 취하여지지 않은 경우에는 잠정조치가 있었더라면 적용되었을 기간까지 반덤핑관세를 소급하여 부과할 수가 있다.

ⓘⓘ 확정 반덤핑관세가 잠정조치의 결과보다 높을 경우 그 차액은 징수되지 아니하며 그 반대인 경우에 환급된다.

ⓘⓥ 피해의 우려 또는 산업설립을 실질적으로 지연시킬 우려가 있다는 판정이 내려진 경우에는 그 확정판결이 내려진 이후에 반덤핑관세의 부과가 가능하며 잠정조치기간 중 예치된 모든 현금은 신속하게 환불되고 담보는 해제된다.

ⓥ 확정반덤핑관세는,

• 수입자가 수출자의 피해를 야기시킨 덤핑수입의 경험이 있다는 사실을 알고 있고 또 현재 덤핑행위를 하고 있으며 이로 인하여 산업피해가 초래될 것을 인식하고 있어야 하며,

• 상대적으로 단기간에 걸친 대규모 수입으로 인하여 반덤핑관세의 효과를 현저하게 저해한 경우에 잠정조치 전 90일 이내에 소비용으로 수입된 상품에 대하여 부과하도록 되어 있다.

⑥ 반덤핑조치의 존속기간(제11조)

ⓘ 반덤핑조치는 피해를 초래하는 덤핑을 상쇄하는 데 필요한 기간 및 정도 내에서만 그 효력이 인정되며 이해당사자의 요청이 있을 경우 그 지속적 부과의 필요성을 재검토해야 한다.

ⓘⓘ 모든 반덤핑관세는 부과일로부터 5년 이내에 종결되는 것을 원칙으로 한다. 즉 소멸시효를 인정하고 있는데 이를 'sunset clause' 라고도 한다.

다만 당국이 재검사를 실시하여 반덤핑관세의 종료가 덤핑 및 산업피해의 지속 또는 재발을 초래할 것이라고 판정하는 경우에는 예외로 한다.

2.7 협의 및 분쟁해결

① 일반회원국은 타회원국에 의해 본 협정하에서의 직·간접적으로 취할 수 있는 이익이 무효화 혹은 침해되었거나, 협정목표의 달성이 저해되었다고

판단되는 경우에 상호 만족할 만한 해결책을 도출하기 위해 서면으로 협의를 요청할 수 있으며, 당사국은 즉시 협의를 개최해야 한다.

② 협의결과 상호 만족할 만한 해결책 도출에 실패하고 수입국 행정당국이 반덤핑관세의 부과나 가격인상약속 등 최종조치를 취할 경우 수출국은 당해 사안은 분쟁해결기구(Dispute Settlement Body : DSB)에 회부할 수 있다.

또한 잠정조치의 경우에도 수출국은 당해 조치가 본 협정상의 규정에 위배된다고 판단하는 경우에는 당해 사안을 DSB에 회부할 수 있다.

③ DSB는 분쟁당사국의 요청이 있을 경우 패널을 설치하여 다음과 같은 사항에 기초하여 당해 사안을 검토해야 한다.

• 본 협정하에서 취할 수 있는 이익이 무효화 또는 침해되었거나 협정목표의 달성이 저해되었음을 명시한 제소국의 서면요청서

• 적절한 국내절차에 따라 수입국 조사당국에 제공된 사실(facts)

④ 패널은 당해 사안을 조사함에 있어서 다음과 같은 검토기준을 따라야 한다. 수입국 조사당국의 사실설정이 적절한지, 그리고 그와 같은 사실에 대한 평가가 공정하여 객관적인지 여부를 판정한다.

하나의 협정관련 규정에 대해 다수의 해석이 가능할 경우에 수입국 조사당국의 조치가 그 중 하나의 해석에 근거하여 취해졌으면 당해 조치는 협정에 일치하는 것으로 판정한다.

2.8 기타 사항

(1) 개발도상국에 대한 특별대우

반덤핑조치의 적용을 고려할 경우 '개발도상국회원국의 특별한 상황에 대하여 선진회원국은 특별히 고려해야 한다'고 구체적 내용을 명기하지는 않고 선언적으로만 규정하고 있다(제5조).

(2) 반덤핑관행위원회(Committee on Anti-dumping Practices)

각 회원국의 대표자로 구성되는 반덤핑관행위원회를 설치한다. 동 위원회는 1년에 2회 이상 회합하여 이 협정의 운영 또는 목적의 증진과 관련되는 모든 사항을 관장한다.

3. 미국의 반덤핑법

3.1 반덤핑법의 근거 및 관련기관

미국의 반덤핑 관련법들은 1930년의 관세법(Tariffic Act) 제7편에 근거를 두고 있는데 이 법은 1979년 무역법(The Trade Agreement), 1984년 통상법(The Trade Tariff Act of 1984), 1988년 종합무역법(The Ommnibus Trade and Competitiveness Act of 1988) 그리고 이번 WTO이행 법안에 의해 수차례에 걸쳐 개정되면서 그 적용범위도 점차 확대되었다.

종전의 관세법 또는 관행상 WTO반덤핑협정과 많은 부분에서 차이를 보이고 있던 미국은 WTO 협상을 주도한 국가라는 입장에 걸맞게 거의 전면 개정이라고 할 정도로 WTO 이행법안을 새로 제정하여 기존의 관세법을 개정하였다.미국의 경우 반덤핑관세의 부과를 결정하는 데 있어서 두 개의 독립된 기관, 즉 상무성(Department of Commerce)과 국제무역위원회(International Trade Commission : ITC)가 관여한다. 상무성은 국제무역관리국을 통하여 덤핑 여부를 조사하고 덤핑행위가 판정되면 덤핑차액을 결정한다.

한편 ITC는 대통령직속의 준사법적 독립기관으로서 법규정에 따라 덤핑수입에 의한 산업피해 유무 또는 자국 내의 해당 산업의 확정이 실질적으로 지연되었는지의 여부를 결정한다.

전술한 바와 같이 미국에 있어서의 반덤핑제도와 관련하여 특기할 사항으로는 이를 결정하는 데 두 개의 독립된 정부기관이 관여하고 있다는 점이다. 그 중 하나가 상무성이며, 다른 하나는 국제무역위원회이다.

미국의 반덤핑제소는 국내산업이 상무성에 제소신청서를 제출하는 데서 출발한다. 신청자는 상무성에 신청서를 제출하는 것과 동시에 무역위원회에 그 사본을 제출하게 된다. 상무성은 이러한 신청에 대해 덤핑이 있었는지의 여부를 판정하고 덤핑률을 조사·결정하는 기능을 담당하게 된다.

3.2 반덤핑관세의 주요 내용

(1) 조사절차

반덤핑조사는 대부분의 경우에 제소접수, 즉 이해관계자가 ITC와 상무성에 동시에 관련사항을 기재한 청원서를 제출함으로써 시작된다. 이해관계자의 범주에는 ① 미국 내 동종물품의 제조업자나 생산업자 또는 도매업자 ② 영향을 받는 산업을 대표할 수 있다고 공인되거나 인정된 노조 또는 노동자집단 ③ 회원의 과반수 이상이 동종물품을 생산하는 업자단체 및 협회 ④ 독립된 지위를 갖고 있는 기업, 노조 또는 업자단체의 연합 등이 포함된다. 특히 중소기업이 반덤핑법상의 소송을 준비하거나 제소하는 경우에는 제소가 가능하도록 상무성이 기술적 지원을 제공한다.

상무성이 20일 이내에 법적 요건의 충족 여부를 검토하여 청원사유가 적합하다고 결정하게 되면 상무성과 ITC는 예비조사에 착수하게 된다.[3)]

ITC는 예비조사를 실시하여 제소일로부터 45일 이내에 ITC가 활용할 수 있는 최선의 정보에 근거하여 실질적 피해의 합리적 징후(reasonable indication)가 있었는지의 여부를 판정해야 한다. 조사과정에서 ITC는 질문서와 공청회를 통하여 이해관계자로부터 예비판정에 필요한 정보를 수집한다.

조사결과 ITC의 예비판정이 부정적일 경우에는 상무성의 덤핑 여부 조사가 종결되나 긍정적일 경우에는 상무성의 조사는 계속된다.[4)]

한편 상무성은 제소일로부터 160일 이내에 예비판정을 하도록 되어 있으나 특별히 복잡한 사안의 경우에는 210일까지 연장이 가능하다. 조사과정에서 상무성은 덤핑마진의 산정을 위한 질문서를 이해관계자에게 송부하고 그에 대한 답변서를 검토하여 필요한 경우에는 보충자료를 요청하기도 하며, 제공된 정보 및 자료의 신뢰성 및 정확성을 검증하기 위해 현지조사를 실시한다.

상무성의 예비판정이 긍정적일 경우에 상무성은 예비판정이 공표된 날로부터 당해 수입물품의 통관에 대하여 관세청산을 정지(suspension of liquidation)

---

3) 사실상 ITC는 청원서의 사본을 접수한 후 수일 내에 예비조사를 실시하며, 20일 한도의 상무성 결정이 내려지기 훨씬 이전에 이해관계자에게 절차상의 요건을 부과하고 있다.

4) 피해부정판정의 경우에는 연방관보공고일로부터 30일 이내에 미국제무역법원(U.S. Court of International Trade)에의 제소가 가능하다.

시키고 동 물품의 통관시마다 예비판정사항에 포함된 덤핑마진 추정액에 상응하는 현금이나 채권 또는 기타의 적정한 유가증권의 예치를 명령한다.

상무성의 예비판정이 부정적인 경우에도 최종판정까지는 상무성의 조사절차는 계속적으로 진행된다.

ITC에 의한 본 조사의 개시시기는 상무성의 예비 및 최종판정의 결과에 달려 있는바 복잡한 이원적 행정절차로 말미암아 그 시기도 복잡하다. 상무성이 예비판정에서 덤핑에 관한 긍정적 판정을 내리면 ITC는 즉시 조사를 개시하며, 부정적 판정을 내리면 조사를 종결한다. 상무성이 예비판정에 이어 최종판정에서도 덤핑 여부에 관하여 긍정적인 판정을 내리면 ITC는 조사를 계속하되 ITC의 예비판정 후 120일 이내 혹은 상무성의 최종판정 후 45일 이내 중 늦게 도래하는 기일 이내에 조사를 종결하여야 한다.

한편 상무성이 예비판정에서 덤핑 여부에 관하여 부정적 판정을 내리면 ITC는 조사진행의 근거를 상실하므로 조사를 개시하지 않으나 상무성의 최종판정에서 예비판정의 결과를 번복하여 덤핑사실을 인정할 경우에는 ITC는 즉시 조사를 개시하고 예비판정 후 75일 이내에 피해판정을 하되 관계자의 요청이 있으면 60일의 연장이 가능하다. 한편 상무성과 ITC의 반덤핑조사는 제소자의 제소철회 또는 그 조사가 자체 결정으로 시작된 경우에는 상무성의 결정에 의해 종료될 수 있으며 또한 조사대상 물품의 미국 내 수입의 거의 전부를 점유하고 있는 수출자와 ① 6개월간의 조사중지기간 내에 대미수출을 중지한다는 협정, ② 공정가격 이하의 판매가 발생하지 않도록 가격을 조정한다는 협정, 혹은 ③ 당해 물품의 수출이 국내산업에 미치는 피해를 완전히 제거할 수 있도록 가격을 조정한다는 협정 등을 맺을 경우에도 반덤핑조사를 중지시킬 수 있다. 그러나 조사는 어떠한 경우에라도 상무성의 예비판정 이전에는 중지시킬 수 없다. 긍정적인 예비판정으로 청산중지명령이 취해졌을 경우에도 조사중지가 결정되면 동 명령은 효력을 상실하고 덤핑관세추정액에 해당하는 공탁금은 환불되고 채권은 반환된다.

조사중지는 반드시 이해관계자에게 통고되고 공시되어야 하며 만약 상무성이 조사중지의 공시일로부터 20일 이내에 미국 내 이해관계자 또는 당해 물품의 미국 내 수입 중 상당부분을 차지하는 수출자로부터 조사재개요청을 받아 이를 수락하는 경우에는 상무성과 ITC의 조사는 재개된다.

(2) 덤핑의 결정

덤핑 여부는 조사대상기간 동안 수입된 당해 물품의 미국가격과 외국시장가격을 비교하여 결정하는바 미국가격으로는 당해 물품의 구매가격이나 수출자 판매가격(exporter's sale price) 중 상황에 적합한 가격을 적용하여 외국시장가격은 수출국 시장가격(home market price), 제3국 시장가격(third country), 혹은 구성가격(constructed value) 중 상황에 따라 순차적으로 적용하도록 되어

그림 7-2 미국의 반덤핑조사절차

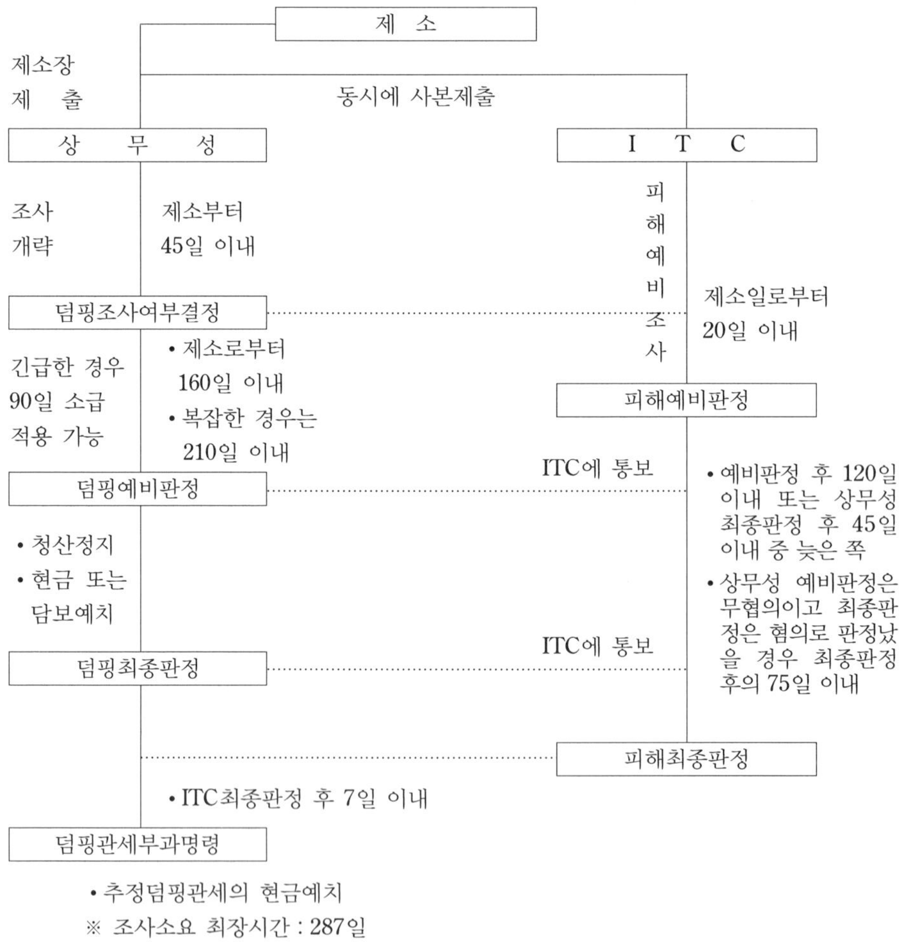

있다.[5] 즉 당해 물품이 수출국 내에서도 소비목적으로 판매되는 경우에는 수출국 내 시장가격이 외국시장가격이 되고 동 물품이 수출국 내에서 판매되지 않거나 혹은 극히 소량이 판매되어 적절한 가격비교가 어려운 경우에는 구성가격을 외국시장가격을 사용하여 이들은 미달러화로 표시된다. 구성가격은 생산원가에 최소 10%의 일반비용과 최소 8%의 이윤을 가산하여 산정된다.

(3) 피해의 결정

ITC는 피해 여부를 결정하는 데에 있어서 공정가격 이하(less than fair value)의 수입으로 인하여 국내산업이 실질적인 피해나 실질적 피해의 위협을 받거나 또는 국내산업의 설립이 실질적으로 지연되고 있는지의 여부를 조사한다. 1930년 관세법 제771조 7편에서는 실질적 피해를 "대수롭지 않거나 실질적이지 않거나 또는 중요하지 않다고 볼 수 없는 손해(harm which is not inconsequential, immaterial, or unimportant)"라고 정의하고 실질적 피해에 관한 조사에 있어서는 조사대상 물품의 수입물량, 당해 물품의 수입이 미국내 동종물품의 가격 및 국내 동종물품 생산자에 미치는 영향 등을 고려하도록 규정하고 있다. 특히 당해산업에 영향을 미치는 모든 관련 요소들을 평가하는 데에 있어서는 ① 생산량 · 판매량 · 시장점유률 · 이윤 · 생산성 · 투자수익률 · 설비가동률 등의 실제적 저하 및 저하가능성 ② 국내가격에 영향을 미치는 요인 ③ 자금의 흐름 · 재고 · 고용 · 임금성장률 · 자본조달능력 및 투자 등에 미치는 실제적이고 잠재적인 부정적 영향 등을 평가하도록 하고 있다. 또한 특정 물품의 수입에 의해 국내산업이 실질적 피해의 위협을 받고 있는지의 여부를 판정함에 있어서는 그 실질적 피해의 위협이 현실적이고 사실상의 피해가 급박하다는 증거에 근거하여야 하며 동 판정이 단순한 추측이나 가정에 근거할 수 없도록 규정하고 있다.[6]

ITC는 동종물품이 2개국 이상으로부터 수입되어 미국시장에서 상호 경쟁하고 또 국내산업의 동종물품과 경쟁할 경우 당해 수입의 물량과 영향을 누

---

5) 구매가격이란 당해 물품이 미국으로 반입되는 시점 이전에 구매되었거나 구매하기로 계약된 가격을 의미하며, 수출자 판매가격이란 당해 물품이 수출자의 계정으로 또는 자신의 이익을 위하여 반입시점 이전 또는 이후에 미국 내에서 판매되거나 판매되기로 계약된 가격을 의미한다.

6) 실질적 피해위협의 존재 여부를 판정하기 위하여 고려해야 할 경제적 요인은 1930년 관세법 제771조 7편 F항 참조.

적적으로 평가해야 하나, 조사대상 물품의 수입이 무시할 정도이고 당해 국내산업에 식별할 만한 아무런 부정적 영향을 미치지 않는다고 판단될 경우에는 동 물품을 누적평가에서 제외시킬 수 있다.

이와 같은 실질적 피해 혹은 피해위협의 존재 여부를 판정하는 데에는 동종물품과 국내산업에 대한 명확한 정의가 필수적이라 할 수 있는바, 관세법상에는 동종물품을 '조사대상 물품과 동종이거나 동종인 물품이 없을 경우에는 특징과 용도에 있어서 가장 유사한 물품'으로 정의하고 있으며 국내산업은 '동종물품의 국내생산자 전체 또는 동종물품의 합계생산량이 동물품 국내 총생산량의 상당부분을 차지하는 생산자집단'을 의미한다고 규정하고 있다. 그러나 특정물품의 시장을 2개 또는 그 이상으로 구분하여 피해판정을 할 수 있는바 그 분리기준은 ① 당해 시장 내의 생산자들이 그들의 동종물품 생산량의 전부 또는 거의 전부를 동 시장에서 판매하고, ② 동 시장 내의 수요가 미국 내의 다른 곳에 위치한 당해 동종물품 생산자에 의해 상당 정도까지 공급되지 않는 경우에 한하며 그러한 기준이 충족될 경우에는 비록 당해 국내산업 전체가 피해를 입지는 않았더라도 분리된 특정지역 내에 실질적 피해가 발생하면 긍정적 피해판정이 가능하다.

마지막으로 ITC의 피해판정이 긍정적이기 위해서는 공정가격 이하의 판매로 인한 산업피해, 즉 덤핑과 산업피해간의 인과관계가 입증되어야 하는데 이를 위해서는 덤핑이 산업피해에 어떠한 형태로든지 기여했다는 사실만 밝혀지면 된다. 즉 덤핑이 여러 가지의 가능한 원인들 중에서 상대적인 중요성에는 관계 없이 하나의 원인이 되기만 하면 되므로 인과관계의 입증은 그리 중요하게 고려되지는 않는다고 할 수 있다.

ITC의 최종피해판정은 ITC위원들의 투표에 의해서 이루어지며 6인의 위원 중 3인 이상이 찬성하면 긍정판정이 된다. 즉, 투표결과 가부동수일 경우에는 긍정판정으로 간주된다.

(4) 반덤핑관세의 부과

상무성은 ITC로부터 최종적 긍정판정을 통보받은 날로부터 7일 이내에 반덤핑관세명령(antidumping duty order)을 공고하여야 한다. 동 명령은 적용대상이 되는 당해 등급·종류의 물품에 관하여 행정당국이 필요하다고 간주되는 정도의 상세한 기술을 하여야 하고, 관세청으로 하여금 당해 물품의 외국

시장가격이 미국시장가격을 초과하는 차액만큼의 반덤핑관세를 사정하도록 지시할 뿐만 아니라, 당해 물품의 통관에 대한 관세청산이 있을 때까지 당해 물품에 대해 정상관세추정액과 함께 반덤핑관세추정액을 동시에 예치하도록 요구하는 내용을 담고 있어야 한다. 관세청의 반덤핑관세에 대한 사정은 관세사정의 근거로 삼기에 만족할 만한 정보를 접수한 날로부터 6개월 이내에, 그러나 늦어도 당해 물품이 수입 또는 판매되는 일자가 속하는 당해 제조업자 혹은 수출자의 회계연도의 종료일로부터 12개월 이내에 이루어져야 한다.

이와 같이 반덤핑관세 명령에 의해 사정·평가된 확정 반덤핑관세가 상무성의 예비판정에 근거한 반덤핑관세 추정액보다 적을 때에는 ITC의 최종긍정판정이 공고되기 전에 소비용으로 반입 또는 보세창고로부터 출고된 물품의 통관분에 대한 당해 차액을 이자 없이 환불해야 하며 초과시에는 그 차액이 무시된다. 그러나 동 확정 반덤핑관세가 상무성의 최종판정에 근거한 반덤핑관세 추정액보다 적을 때에는 ITC의 최종긍정판정이 공고된 후 소비용으로 반입 또는 보세창고로부터 출고된 물품의 통관분에 대한 당해 차액은 그 기간 동안의 이자와 함께 환불됨은 물론 초과시에도 동차액만큼 이자와 함께 추징 징수된다.

(5) 재 심 사

관세법 제751조는 이해관계자의 요청에 따라 반덤핑관세 명령이나 조사중지공고의 공표일로부터 매 12개월마다 반덤핑관세 부과나 조사중지에 대한 연례재심을 허용하고 있다. 동 재심에서 상무성은 반덤핑관세액을 재심사하여 판정하게 되는데 이를 위해 반덤핑관세 명령대상이고 당해 판정에 포함된 물품의 각 통관에 대해 외국시장가격과 미국시장가격뿐만 아니라 두 가격의 차액을 결정한다. 또한 조사가 중지된 건에 대한 연례재심에서는 조사를 중지하게 된 사유가 되었던 협정의 현재 상황 및 이의 준수 여부를 재심하고 동 협정에 포함되어 있는 공정가격 이하로 판매된 차액을 재심한다. 이와 같은 재심 및 판정결과는 비밀정보를 공개하지 않는 조건하에서 연방관보(Federal Register)에 공고하며, 동 판정결과는 판정에 포함된 물품의 통과에 대해 반덤핑관세의 사정 및 추정 관세예치의 근거가 된다.

연례재심 외에도 상무성 또는 ITC는 재심을 정당화할 만큼 충분한 상황변동을 보여 주는 정보 또는 재심요청을 받았을 경우에는 그 시기에 관계 없이 연방관보에 재심을 공고하고 이를 행해야 한다.[7] 이 때에 반덤핑명령을 취소시키고자 하는 이해관계자는 ITC의 조사기간 동안에 반덤핑명령을 취소할 만큼 충분히 상황이 변경되었다는 것을 입증해야 하는 부담을 져야 한다.

상무성은 재심 이후 ① 반덤핑관세부과대상 물품이 더 이상 공정가격 이하로 판매되지 않고 있다고 결정하거나, ② 공정가격 이하의 판매가 재개될 가능성이 없다고 결정할 경우에 반덤핑관세 명령의 전부 또는 일부를 철회하거나 중지된 조사를 종결시킬 수 있다. 동 철회 및 종결은 상무성의 판정일 이후에 소비용으로 반입되거나 납세창고로부터 출고된 미청산 통관물품에 대해 적용된다.

그러나 이러한 재심제도의 운영에도 불구하고 한번 부과된 반덤핑관세는 최소한 3년 이상 지속되는바, 이는 재심사가 최종판정 이후 1년이 경과하여야만 실시가능하고 또한 3년 이상 무혐의판정, 즉 0.5% 이하의 덤핑마진이 나와야만 종결될 수 있기 때문이다.

한편 이해관계자는 1930년 관세법 제516A조의 규정에 의하여 반덤핑관세 부과결정과 그 결정에 관련된 관계기관의 조치에 대해 미 국제무역법원에 사법적 재심을 청구할 수 있으며 재심과정에는 반덤핑조사과정에 참여하였던 어떠한 이해관계자도 법원에 출석하여 진술할 권리를 갖는다. 사법적 재심의 대상이 되는 판정은 기본적으로 ① 부분적인 판정을 포함한 상무성과 ITC의 최종긍정판정, ② 특정업체 또는 물품을 배제하는 부분적인 최종긍정판정을 포함한 상무성과 ITC의 최종부정판정, ③ 행정적 재심중인 최종판정, ④ 중지 합의시 덤핑마진의 크기나 그의 산정기준을 변화시키는 지속적인 조사에 의한 최종판정을 포함한 반덤핑조사를 중지하는 상무성의 결정, ⑤ 조사중지에 대한 재심하의 ITC에 의한 산업피해판정 등이 된다. 이들 판정에 대한 항소는 연방관보에의 게재일로부터 30일 이내에 법원에 소환장(summons)을 제출함으로써 시작되며 소환장제출 후 30일 이내에 고소장이 제출되어야 한다.

(6) 우회방지조치

관세법 제781조는 반덤핑조치의 대상이 되는 물품과 동종인 물품이 당해 물품의 수출국에서 생산되는 부품에 의해 미국 내에서 조립 또는 완성되거나

---

7) 그러나 상무성이나 ITC는 상당한 이유가 존재하지 않는 한, 판정 또는 조사중지의 공표일 후 24개월 이내에는 재심을 개시하지 않는다.

혹은 제3국에서 조립 또는 완성되어 미국으로 수입되고 그 과정에서 부가가치가 적은 경우에 당해 부품에 대해서도 기존의 확정 반덤핑관세를 부과할 수 있도록 규정하고 있다.

이와 같은 우회덤핑 여부를 판단함에 있어서 상무성은 교역의 흐름(pattern of trade), 당해 부품이나 물품의 외국생산자와 미국 내의 완성 혹은 조립업자와의 관계, 그리고 당해 부품의 미국 내 혹은 제3국으로의 수입이 기존의 확정, 반덤핑조치 이후 증가했는지의 여부 등을 고려한다. 여기에서 의미하는 동종물품이란 반드시 동일한 관세분류에 속할 필요는 없으며 외견상의 형태에 있어서 사소하게 변형된 물품까지 모두 포함된다. 또한 반덤핑조사가 개시된 후에 개발된 물품에 대해서도 동 물품이 물리적 특성, 궁극적 용도, 판매경로 및 광고방식 등에 있어서 조사대상 물품과 동일하거나 유사할 경우에는 반덤핑조치의 대상에 포함시킬 수 있다.

상무성이 우회방지조치를 취하기 위해서는 ITC가 피해긍정판정을 내린 바 있는 반덤핑조치대상 물품의 범주에 당해 물품을 포함시키자는 제의를 ITC에 사전통보해야 하며 ITC는 통보를 접수한 후 물품의 포함 여부에 관한 적정성, 즉 그러한 포함이 기존의 ITC의 긍정판정에 위배되는지 여부를 심의하기 위해 상무성에 협의를 요청할 수 있다. ITC의 요청이 있을시 상무성은 ITC와 협의하여야 하며 동 협의는 요청일로부터 15일 이내에 완료되어야 한다.

4. EU의 반덤핑법

4.1 법적 근거 및 관련기관

EU의 반덤핑관세법은 이사회규정 2423/88(Council Regulation No. 2423/88)에 법적 근거를 두고 있으며 집행위원회(commission)가 EU의 반덤핑규칙 집행에 절대적인 역할을 담당하고 있다. 집행위원회는 반덤핑절차의 개시여부를 결정하고, 덤핑 및 산업피해조사를 수행할 뿐만 아니라 반덤핑조치를 취하지 않고도 조사를 종결할 수 있으며, 특정여건하에서 잠정관세를 부과하거나 약속수락을 할 수 있다.

집행위는 이러한 업무를 수행함에 있어서 회원국 정부 또는 단체로부터의 어떠한 지시도 받지 아니하며 EU공동체의 일반이익을 위해 업무를 수행하는 초국가적 기구로서 EU공동의 모든 수입규제조치를 포함한 정책을 입안하고 법률을 제안하며 제3국과의 통상협상에 있어서도 이사회의 기본방침에 따라 협상의 구체적인 진행과 타격을 책임지고 있다.[8)]

이외에도 EU의 반덤핑절차에는 유럽이사회(EC Council)와 자문위원회(Advisory Committee)가 직·간접적으로 관여하는데 유럽이사회는 EU의 입법기관으로서 집행위의 요청에 따라 확정 반덤핑관세의 부과는 물론 반덤핑관세의 징수를 명하고 흔히 반덤핑위원회라고 일컫는 자문위원회는 반덤핑절차의 운용시 집행위에게 자문을 하는 역할을 한다.

그런데 EU의 경우 금번 WTO협정의 타결에 따라 1988년 7월 11일 채택된 이사회규정(Council regulation) 2423/88을 크게 개정하였다. 즉 종전의 규정은 반덤핑관세는 물론 상계관세 관련사항을 동시에 규정하고 있었으나 금번에는 이를 상호분리하여 독자적인 반덤핑규정을 만들었다.

독자적인 반덤핑규정을 만듬과 동시에 그 내용을 WTO 반덤핑협정과 가능하면 일치시키려고 하였다. 왜냐하면 금번 WTO 반덤핑협정은 EU의 그 안의 관행과 입법례가 상당히 많이 반영되었기 때문이다.

개략적으로 설명하면 EU의 신규정은 WTO 반덤핑협정을 충실히 함과 동시에 EU만의 독특한 절차나 의사결정에 대한 기존규정을 통합함과 동시에 반덤핑협정에는 나타나 있지 않은 우회수출 공동체이익(Community interest)과 같은 특별한 내용을 수정하고 있다.

4.2 반덤핑관세의 주요 내용

(1) 덤핑의 판정

EU로 수출되는 물품의 가격이 정상가격 이하인 경우 덤핑으로 간주한다. EU반덤핑법 제2조(덤핑의 판정)에는 정상가격(section A), 수출가격(section B), 수출가격과 정상가격의 비교(section C), 덤핑률(section D)을 규정하고 있다.

1) 정상가격

정상가격이란 "수출국에서 특수관계가 없는 자 간에 실제로 지불되었거나

8) 윤영각, 「WTO시대의 반덤핑제도」, 한송, 1995, pp. 119~120.

지불될 가격"에 근거하도록 하되 관계가 있는 것처럼 보이더라도 그 관계가 가격에 영향을 미치지 않았다고 판단되면 그 가격은 정상가격으로 인정될 수 있다.

정상가격 결정시 기준이 되는 EU내 판매량은 그 판매량이 5% 또는 2% 이상을 접할 경우 정상가격 결정에 보통 사용된다. 원가 이하의 판매를 정상가격 산정시 무조건 불인정하는 것이 아니다. 상당기간(보통 1년, 최소 6개월 이상) 동안 상당량(총거래물량의 20% 이상)이 거래되고 합리적인 기간내(within a reasonable period of time)에 총비용을 회복하지 못할 경우에만 인정하지 않는다.

그런데 정상가격 없이 구성가격을 사용하게 되는 경우에는 조사대상기업이 그 국가의 일반적으로 인정된 회계원칙에 따라 기장되고 있는 한 조사대상기업의 장부를 기초로 하여 산정된다.

구성가격 산정시 이윤 및 일반관리비(Selling General and Administrative cost : SGA)는 조사대상인 생산자 또는 수출자가 정상무역거래에서 생산과 판매에 관한 실제적인 자료에 따라 결정된다. 다만 실제적인 자료가 없거나 결정될 수 없는 경우는 다음과 같은 조건이 따른다.

첫째, 수출국 국내시장에서 조사대상인 다른 생산자 또는 수출자에 대해서 결정된 실제금액을 가중평균한다.

둘째, 수출국의 국내시장에서 조사대상 수출자 또는 생산자의 제품과 동류의 제품의 통상거래시의 생산 및 판매에 적용될 실제금액으로 한다.

셋째, 기타 합리적인 방법으로 결정된 금액(다만 이 경우의 이윤은 수출국 내의 시장에서 다른 수출자 또는 생산자가 동류의 물품판매시 실현한 이윤을 초과하여서는 안 된다)

이 밖에 비시장경제국가로부터의 수입의 경우에는 정상가격은 제3국 시장 경제국가에서 산정된 가격이나 제3국에서 타국으로 수출된 가격(EU 포함), 혹은 그것도 불가능한 경우 합리적인 기준에 따라 정한다(이 경우에는 EU 내의 가격이 가능).

제3국 선정시 수출자 의견제시일은 10일이다.

2) 수출가격

수출가격을 수출국으로부터 EU로 판매된 물품에 대해서 실제로 지불하였거나 지불해야 할 가격이다.

이러한 가격이 없거나 믿을 수 없는 경우에는 수입물품이 수입후 독립적인 구매자에게 처음으로 재판매되는 가격을 기초로 하여 산정하되 이 경우 관세 · 조세 등의 조정 · 재판매와 수입거래의 단계조정, 이윤 등의 조정이 이루어져야 한다.

그런데 여기서 수출국은 보통 원산지국(country of origin)을 지칭하나 중간국가도 될 수 있다. 다만 당해 상품이 동 중간국가를 단순히 통과(transshipped)하거나 동 중간국가에서 생산되지 않거나, 동 국가 내의 비교가격이 존재하지 않을 경우에는 수출국가로 간주되지 않는다.

3) 수출가격과 정상가격의 비교

수출가격과 정상가격간의 공정한 비교(fair comparison)가 이루어져야 한다. 조정요소는 물리적 특성(physical characteristics), 수입과징금 및 간접세(charges and indirect taxes), 할인 리베이트 수량(discounts, rebates and quantities), 거래수준(level of trade), 운송비, 보험료 등(transport, insurance, handling, loading and discharging costs), 포장비(packing), 신용(credit, 단 수출결정시 반영되어야 함), 사후관리비(after-sales costs: 예를 들어 보증기술지원비 등인 바 이는 판매계약에 나타나 있는 경우에 한함), 수수료, 환율변동 등이다.

4) 덤 핑 률

WTO 반덤핑협정에 따라 덤핑률 산정시 비교되는 정상가격과 수출가격은 같은 조건이어야 한다. 즉 수출가격이 가격평균이면 정상가격도 가격평균으로 수출가격이 개별거래가격이면 정상가격도 개별거래가격으로 비교한다. 다만 수출가격이 구입자, 지역 또는 시기에 따라 상당히 차이가 있고 상기 방법으로는 정확한 덤핑률을 산정할 수 없다고 인정되는 경우에는 가중평균 정상가격과 개별거래건별 수출가격의 비교가 가능하다.

(2) 산업피해의 판정과 산업의 정의

1) 산업피해의 판정

EU의 국내산업 피해 판정시 다음과 같은 준칙이 고려된다.

① 피해의 누적평가　1개국 이상으로부터 수입된 물품이 동시에 반덤핑 대상이 되는 경우에는 첫째, 각국으로부터 수입된 물품에 대해서 조사된 덤핑률이 최소수준(2%) 이상이며 수입물량도 무시할 만한 수준 이상이거나,

둘째, 수입물품간의 경쟁조건 및 EU 내 동종물품간의 경쟁조건을 감안하여 타당하다고 결정되는 경우에만 피해의 누적평가가 가능하다.

② **실질적 피해우려** 존재에 관한 결정시의 고려요소로는 첫째, EU 내로의 덤핑수입물품의 증가율, 둘째 덤핑수출의 증가가능성을 보여 주는 수출자의 생산능력의 실질적인 증대, 셋째 상당수준가격을 억제하거나 가격인상을 억제하는 수준의 가격으로 수입되어 추가수입수요를 야기하는지 여부, 넷째 조사대상 물품의 재고 등이 있다.

2) EU 내 산업의 정의

EU 내 산업은 동종상품을 생산하는 EU 내 생산자 전체 또는 이들 중 생산량의 합계가 당해 상품의 국내총생산량의 상당부분(major proportion)을 점하는 EU 내 생산자들을 지칭한다. EU 내 산업의 두 가지 예외(생산자 및 수입자와의 특수관계 및 분리된 경쟁적 시장)는 WTO 협정의 내용을 그대로 반영하고 있다.

또한 생산자 및 수입자 외의 특수관계를 좀더 구체적으로 명시하였는바 첫째, 어떤 한 사람이 직·간접적으로 다른 한 사람을 관리(control)하거나, 둘째 이 두 사람이 직·간접적으로 어떤 제3자로부터 관리를 받거나 아니면 셋째, 이 두 사람이 함께 어떤 제3자를 관리할 경우를 말한다.

3.3 조사절차

(1) 조사절차의 개시

수출국의 EU 시장점유율이 3% 미만이면 최소수입물량으로 간주되며 동 수출국에 대하여는 제소개시가 이루어지지 않으나 만약 개별적으로 3% 미만이라 하더라도 이러한 국가들이 총체적으로 EU로 수입되는 총물량의 7%를 초과하면 당해 수출국가를 상대로 제소개시가 결정된다.

제소신청서는 집행위(commission)에 제출한다. 개별국가에 제출가능하나 이는 집행위로 보내진다.

제소신청서 기재사항 세부규정은 WTO반덤핑협정 제5조 제2항의 세부규정을 반영하였다. 즉 첫째는 신청자의 신원 및 신청자의 동종상품 국내 생산량 및 가치에 대한 기술,

그림 7-3 EU의 반덤핑조사절차

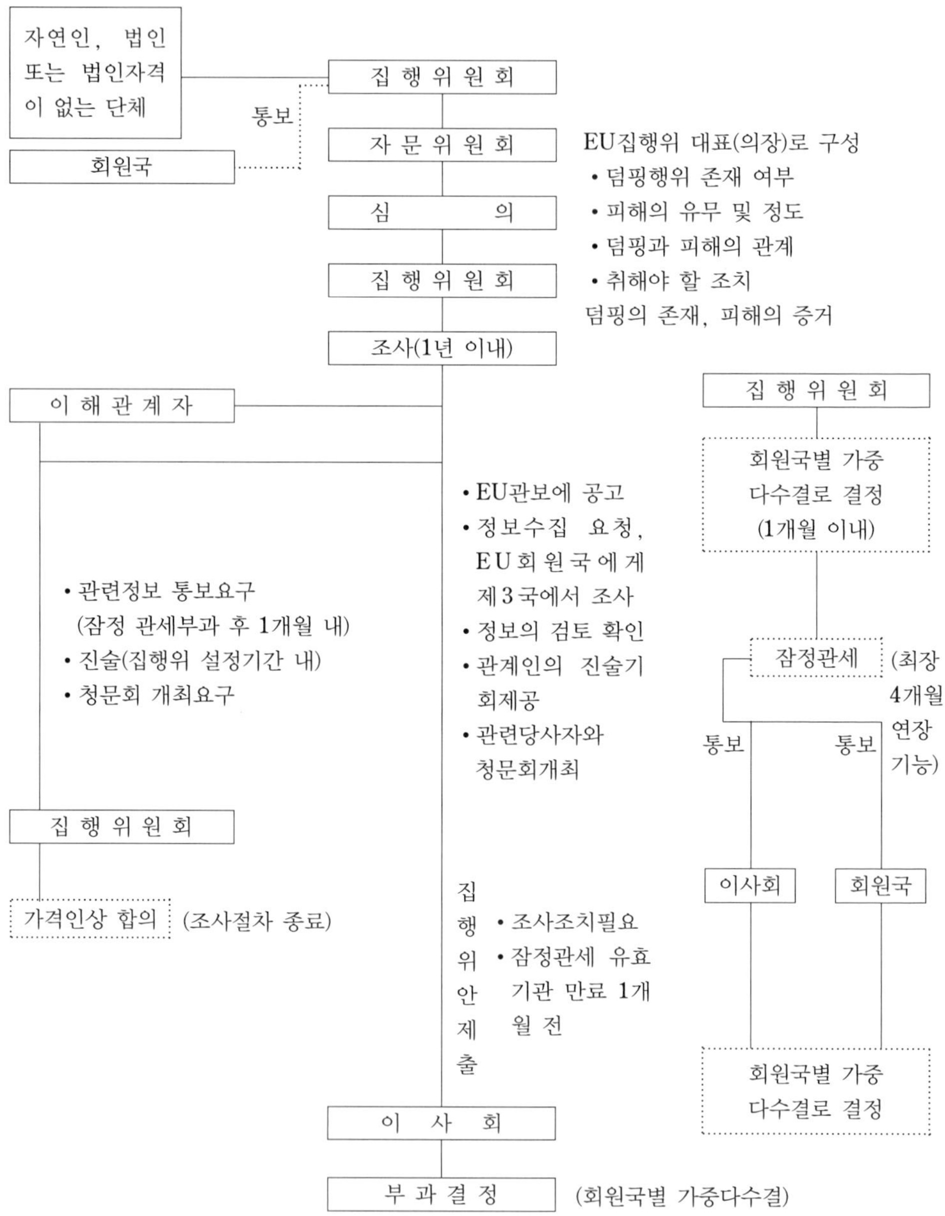

* 조사소요 최장기간: 1년

둘째는 덤핑혐의가 있는 상품의 설명과 당해 원산지국 또는 수출국 내의 판매가격과 수출가격,

셋째로는 국내산업의 상태에 영향을 미치는 관련요소와 지표에 의해서 증명되는 수입품물량의 추이에 관한 정보 등 수입이 국내시장의 동종상품에 미치는 영향 등이다.

집행위는 제시된 증거의 정확성과 적절성을 검토하여 조사개시를 정당화할 충분한 증거가 있는지를 결정하고 집행위는 조사개시 결정 후 수출자, 수입자, 수출국 대표자와 신청자에게 즉시 조사개시결정을 통보해야 한다

(2) 덤핑과 피해 조사

조사개시결정 이후 집행위는 조사신청국가와 협조하여 EU 수준에서 개시한다. 동 조사는 덤핑과 피해를 동시에 실시한다.

EU의 덤핑조사는 비록 집행위의 자체 발의 또는 회원국의 요청에 의해 개시될 수 있으나 대부분의 경우 EU산업이 집행위에 제소함으로써 시작되는 바, 덤핑수입으로 인하여 피해 또는 피해위협을 받았다고 주장하는 EU산업을 대표하는 자연인, 법인 또는 단체 등이 제소를 할 수 있다.

따라서 집행위는 각 회원국에 정보제공요청을 할 수 있으며 회원국은 동 요청을 시행하기 위하여 필요한 조치를 취해야 한다.

이밖에 이해관계자가 서면으로 청문회를 요청해 올 경우 집행위는 그들의 의견을 들어야 하며 수입자 · 수출자 · 수출국 대표 및 제소자에게도 반대의견을 제시할 수 있는 기회를 부여해야 한다.

3.4 잠정조치 및 약속

(1) 잠정조치

통상 잠정조치는 조사개시일로부터 60일 이내에는 적용할 수 없도록 되어 있다. 잠정조치는 첫째로 조사가 개시되고 동 사실이 공표되면 이행당사자에게 정보의 제출 및 의견제시를 위한 적절한 조치가 주어졌고, 둘째로 덤핑 및 EU 산업피해에 대한 긍정적 예비판정이 있었고, 셋째로 공동체의 이익을 위해서 조사기간중 초래되는 피해를 예방하기 이하여 이러한 조치가 필요하다고 판단하는 경우의 세 가지 요건이 충족되어야 취해질 수 있다.

잠정반덤핑관세는 예비덤핑마진율을 초과하지 못하며 만약 동 덤핑마진율 이하의 잠정덤핑관세가 EU산업의 피해를 적절히 보상할 수 있을 경우엔 동 관세가 적용되어야 한다.

(2) 수출가격의 인상약속

수출자로부터 자발적으로 덤핑을 하지 않겠다는 약속(undertaking)을 받았을 경우 반덤핑관세를 부과하지 않고 조사를 중단할 수 있다.

약속은 집행위가 덤핑으로 인한 긍정적 예비판정을 내린 후에야 제시될 수 있다. 집행위는 만약 조사대상업체가 제시한 약속이 실제로 현실성이 없다고 인지되는 경우엔 동 약속을 수락할 필요가 없다.

집행위는 제15조에 의한 EU자문위원회의 협의에서 아무런 반대가 없이 약속을 수락하였을 경우엔 조사를 중지시켜야 한다. 만약 그렇지 않은 경우(즉 약속을 수락하였으나 이에 대한 반대의견이 자문위원회에서 표출되었을 경우)에는 동 협의결과와 조사중단 제안을 EU이사회에 제출이야 한다. 만약 동 이사회가 적정과반수 이상으로 1 개월 이내에 조사중단에 반대하지 않을 경우 집행위의 조사중단 결정이 유효하다.

한편 EU의 반덤핑관세규정 제 8 조는 다음과 같이 UR반덤핑협약 제 8 조의 규정을 반영하고 있다.

① 가격인상약속을 위반한 혐의가 있거나 또는 가격인상약속이 관련 반덤핑조사가 종결되지 않는 단계에서 철회되는 경우에는 EU 집행위원회는 입수가능한 정보를 토대로 잠정반덤핑관세를 부과할 수 있다.

② 가격인상약속의 위반사실이 밝혀지거나 또는 철회되는 경우에는 당초의 반덤핑조사를 통해 밝혀진 결론을 토대로 하여 확정 반덤핑관세를 부과할 수 있다.

3.5 조사절차 종료(확정관세부과)

조치 없는 조사는 중지되거나 확정관세가 부과되는데 그 주요 내용은 다음과 같다.

첫째, 제소가 철회된 경우에는 EU 공동체이익에 반하지 않는 한 조사가 종결된다.

둘째, EU 자문위원회의 협의를 거쳐 산업보호조치가 불필요하다는 결정이 나왔을 때도 조사가 종결된다. 조사대상 수출자의 EU 시장점유율이 3% 미만이며 이러한 최소수입물량이 총체적으로 EU로 수입되는 총물량의 7%를 초과점유하지 않으면 조사가 종결된다.

셋째, 덤핑마진이 2% 미만일 경우에는 조사는 즉각적으로 종결된다.

넷째, 약속이 수락된 경우를 제외하고 집행위는 적절한 반덤핑관세를 피해를 초래한 모든 수입품에 무차별적으로 부과한다.

다섯째, 표본조사에 선정되지 못한 수출자 또는 생산자로부터의 수입국에 대한 반덤핑관세는 선정된 장에 대해서 결정된 덤핑률의 가중평균을 초과하지 못하며 이 경우 영(0)의 덤핑률, 최소의 덤핑률(de minimis) 또는 이용가능한 정보로 만들어진 덤핑률은 고려하여서는 안 된다.

3.6 소급 및 재조사

(1) 소 급

잠정조치와 확정 반덤핑관세(definitive anti-dumping duties)는 기본적으로 잠정조치와 확정조치 결정이 각각 효력이 발생한 후에 수입된 상품에 대해서만 적용된다.

피해의 최종판정(피해의 우려 또는 산업의 확립에 실질적인 지연의 판정은 해당되지 아니함)이 내려진 경우, 또는 피해 우려의 최종판정의 경우에 잠정조치가 취하여지지 아니하였더라면 덤핑수입품의 효과가 피해판정으로 귀결되었을 경우, 잠정조치가 있는 경우에 동 조치가 적용된 기간에 대하여 반덤핑관세가 소급하여 부과될 수 있다.

조사대상 수입품이 과거에 덤핑되어 실질적 피해를 입힌 사실이 있었고 수입자가 덤핑사실과 그로 인한 실질적인 피해 등의 사실을 알았거나 알 수 있었을 경우에는 잠정조치를 적용한 날부터 90일 전 이후에 수입된 물품에 대해서도 소급과세할 수 있다.

(2) 존속기간 · 심사 및 환급

확정 덤핑관세는 부과일로부터 5년 이내에 종결된다. 다만 집행위가 반덤핑관세부과의 동결이 덤핑 및 피해의 지속 또는 재발을 초래한다고 결정하는 경우에는 그렇지 않다.

집행위는 자체적으로 또는 EU회원국의 요청에 따라 확정 반덤핑관세의 부과 이후 합리적인 기간이 경과하고 검토가 필요하다는 명확한 정보를 제시하는 수출자, 수입자 및 EU 내의 생산자의 요청에 따라 반덤핑관세의 지속적인 부과의 필요성에 대해 검토한다.

또한 조사기간중 조사대상물품의 수출이 없었고 반덤핑관세 부과대상인 수출자와 특수관계가 없는 신규수출자를 위하여 신속한 심사를 한 후 개별적인 덤핑률을 검토 개시일까지 소급하여 적용한다.

반덤핑관세의 환급과 관련하여 EU에서는 수입자가 재조사를 통하여 실제덤핑률을 초과한 징수분을 환급받을 수 있도록 되어 있다. 그런데 이러한 환급요청은 관세부과시점으로부터 6개월 이내에 신청할 수 있도록 되어 있다(종전에는 3개월 이내 신청 가능).

환급은 신청일로부터 원칙적으로 12개월 이내에, 그리고 어떠한 경우에도 18개월 이내에 환급이 이루어져야 한다는 기한규정을 두고 있다.

(3) 재 조 사

원칙적으로 재조사는 조사신청 후 6개월 내에 종결된다.

EU산업이 충분한 정보를 제시하여 EU 내의 재판매가격(resale price)에 아무 변동이 없었다는 주장을 할 경우 집행위는 조사를 재개할 수 있다.

만약 취해진 조치가 동 재판매가격에 어떠한 변화를 가져왔어야 한다는 결론이 재조사에서 나타나면 재조정하고 덤핑관세율을 다시 조정한다.

제 2 절 상계관세법

1. 상계관세의 기본개념

1.1 상계관세의 정의

상계관세란 원산국 또는 수출국에서 상품의 제조·생산·수출에 대해 직접·간접으로 부여받은 장려금 또는 보조금을 상쇄할 목적으로 통상의 관세 이외에 부과되는 특별관세를 말한다.[9)]

어느 특정국가가 생산보조금이나 수출보조금을 지급한다면 보조금을 지급받은 상품은 그만큼 싼 가격으로 유리하게 수출되게 되고 그 결과 수출국 간에 공평한 경쟁기회를 저해할 가능성이 있으며 수입국의 산업에도 피해를 입힐 우려가 있다. 상계관세란 이러한 폐단을 방지하기 위하여 수출국 정부의 보조액 만큼을 일반관세에 추가하여 징수함으로써 보조효과를 상쇄하는 것을 말한다.

따라서 상계관세는 반덤핑관세와 함께 수입국이 수출국의 불공정한 무역행위를 규제할 수 있는 중요한 수단이며 자유무역질서의 유지를 위한 필수불가결한 조치로 평가되고 있다. 이처럼 상계관세는 정당한 목적을 가지고 있어 근본적으로는 보호무역주의 수단이 아니라고 할 수 있다.

WTO에서도 수입국의 당연한 권리로서 상계관세부과를 허용하고 있으며 이를 위한 절차와 기준을 정해 두고 있다.

그러나 한편으로는 상계관세제도가 그 근본목적에서 벗어나 수입규제 수단으로 이용되고 있는 경향이 있다. 즉, 각국은 국내법의 입법과정에서 또는 그 운용과정에서 WTO 기준을 이탈하거나 절차를 완화함으로써 상계관세 제

9) Butler, E. Bruce, “Countervailing Duties and Export Subsidization: A Reemerging Issue in International Trade,” *Virginia journal of international Law*, 1979, pp. 9~11.

소 및 부과를 용이하게 하고 있고 특히 상계관세 부과와는 관계 없이 제소 자체만으로써도 충분한 규제효과가 있으므로 각국의 업계가 이를 남용하는 경향이 있다.

1.2 상계관세의 성격

상계관세의 기본이념을 일국정부가 국내생산 및 수출에 대해서 보조금 및 장려금을 지급함으로써 국제통상의 자연적인 흐름이 저해되고 자원의 적정배합이 방해된다는 것에 대항하는 원인이 있다. 그러한 의미에서 상계관세는 본래 수입제한의 수단이라기보다는 오히려 자유무역체제를 옹호하는 것을 목적으로 한다고 말할 수 있을 것이다.

WTO와 유럽공동체 국가들(EU)은 보통 수출국 정부의 보조행위 등을 다루는 상계관세제도와 사적인 시장교환행위인 반덤핑법을 구분하지 않고 일괄하여 취급하는데 비해 미국은 이 양자를 엄격히 분리하여 취급하고 있다.

더욱이 다국간 무역협상결과를 반영한 1989년 통상법도 미국이 동 협상 상계관세협정 서명국임에도 불구하고 이를 종래와 같이 분리하여 취급하고 있다. 보통 상계관세는 수출국 정부의 보조행위를 다룬다는 의미에서 공적인 덤핑행위를 규제하는 법이고 반덤핑법은 사적인 덤핑행위 규제법이라고 편의상 나누어 부르고 있다.

1.3 상계관세의 부과요건

상계관세는 수출국 또는 원산국의 보조금을 지급받은 상품의 수입으로 수입국의 산업이 실제적인 피해를 입거나 입을 우려가 있을 때 부과할 수 있다. 즉 상계관세를 부과하기 위해서는 다음 3가지 요건이 필요하다.[10)]

첫째, 원산국 또는 수출국에서 당해 상품의 제조 · 생산 · 수출에 직접 또는 간접으로 장려금 또는 보조금(통상 양자를 합쳐 보조금이라 함)을 교부한 사실이 있을 것.

둘째, 보조금을 받는 상품의 수입으로 수입국의 기존 국내산업이 실제적

10) Evans, John W. Fail, "Subsidies and Countervailing Duties in the GATT: Present Law and Future Prospects," *3 International Trade Law Journal 211~45*, 1980, p. 47.

인 피해를 입었거나 입을 우려가 있을 것. 또는 신규산업의 확립을 실질적으로 지연시킬 것.

셋째, 수입국의 국내산업이 입은 피해가 보조금지급의 영향에 의한 것일 것, 즉 보조금지급과 피해간에 인과관계가 있을 것. 이를 세분하여 살펴보면 다음과 같다.

(1) 보 조 금

보조금이란 정부 또는 공공기관이 상품 및 용역의 생산 · 제조 · 과정 · 분배 등에 대해 금전의 지급 또는 세제 · 금융상의 조치 등을 통해 기업 등에 직접 · 간접으로 부여하는 장려금(bounty) 혹은 증여금(grant)을 뜻한다.

이러한 보조금은 본래부터 인위적으로 수출촉진을 목적으로 하는 수출보조금과 수출제휴 이외의 사회 · 경제적 목적을 제일로 하는 국내보조금으로 구분되고 있다. GATT 및 MTN보조금 상계관세코드에 의하면 보조금은 수출보조금과 국내보조금으로 구분하고 수출보조금을 다시 1차산품에 대한 수출보조금과 2차산품에 대한 수출보조금으로 구분하고 있다. UR협정에서는 보조금 유형을 금지, 허용 및 상계가능 보조금 등으로 나누어 국제적으로 허용될 수 있는 보조금의 범위와 기준을 분명히 정하였다.

이처럼 보조금을 구분하고 있는 사유는 보조금의 종류에 따라 상대국에 미치는 피해의 정도가 다르며 보조금 지급의 정책적 필요성에도 차이가 있기 때문이다. 그리고 이의 당연한 귀결로서 보조금 종류에 따라 제한의 정도를 달리하고 있다.

그런데 2차산품에 대한 수출보조금은 지급 자체가 금지되어 있다. 따라서 당연히 상계관세의 대상이 된다. 그러나 1차산품에 대한 수출보조금은 교부 자체가 금지되어 있지는 않다. 다만 국제농산물 수출시장에서 점하는 자국의 쉐어를 부당하게 확대하거나 특정시장에 대한 수출에 있어서 타국의 가격보다 대폭 싼 가격으로 수출하게 하는 방법으로 교부해서는 안 되게 되어 있다. 1차산품에 대한 수출보조금은 당연히 상계관세의 대상이 된다.

또한 국내보조금은 지급이 허용되고 있다. 각국은 국내보조금이 각국의 사회 · 경제정책상의 목적을 달성하기 위한 중요한 수단으로서 광범위하게 교부되고 있는 사실을 인정하고, 이러한 목적을 위해 국내보조금을 교부할 권리를 인정하고 있다. 그러나 국내보조금 교부로 타국에 피해를 주지 않도록 노력할 필요를 인정하고 있으며 이러한 관점에서 국내보조금도 일정한 조건 하에서 상계관세의 대상이 된다.

한편 UR 협정에서는 보조금에 대한 정의를 보다 명확히 하기 위해 금지하는 '적색보조금'(수출보조금에 더하여 자국산품의 사용을 조건으로 하는 보조금) 및 무역관계의 왜곡을 초래하는 경우 상계조치의 대상이 '황색보조금'(다른 국가의 산업에 손실을 끼치고 이익을 무효화시키는 등 심각한 피해를 가져올 것으로 추정되는 보조금), 상계대상이 아닌 '녹색보조금'(연구개발 등의 분야에 대한 보조금) 등 세 분야로 분류하고 있다.

(2) 피 해

수입국이 상계관세를 부과하는 목적은 국내산업에 대한 피해를 구제하자는 것이다. 즉, 자국산업에 아무런 피해를 입히지 않는다면 교역상대국의 보조금 지급에 반대할 필요가 없기 때문이다.

그리고 이러한 피해는 실질적이고 중대한 피해여야 한다. 즉 구체적이 아니고 막연한 피해나 사소한 피해까지 상계관세를 부과할 수 있다면 각국이 수입을 억제하고자 할 경우 거의 언제든지 상계관세를 부과할 수 있는 결과를 초래할 위험이 있기 때문이다. 따라서 WTO 등의 상계관세 관련법률에는 국내산업에 대한 피해를 판정하는 기준에 대해 상당히 자세하게 규정해 두고 있다.

한편 미국에서는 1974년 통상법하에서만 해도 상계관세부과에 피해요건이 필요치 않았다. 도쿄라운드 등을 통한 각국의 끈질긴 압력에 따라 1979년 통상법에 처음 이를 도입했으나 아직도 피해의 범위를 확대하려는 경향이 있는 것 같다.

(3) 인과관계

국내산업에 대한 피해는 수출 또는 원산국의 보조금지급과 인과관계가 있어야 한다. MTN 보조금, 상계관세 코드에 의하면,

① 보조금의 교부를 받은 산품의 수입이 보조금의 영향에 의해 이 협정에서 정의하는 피해를 입히고 있다는 것을 입증하지 않으면 안 된다.

② 국내산업에 대해 다른 요인이 동시에 피해를 입힌 경우에는 그 다른 요인에 의한 피해를 보조금교부를 받은 산품의 수입에 의한 피해에 귀속시켜

서는 안 된다.

즉 "보조금을 받는 산품의 수입에 의한 피해와 경기변동, 수요의 변화, 기술촉진, 타상품과의 경합 등에 의한 피해를 구분해야 한다"라고 규정해 둠으로써 보조금지급과 수입국산업의 피해간에 명백한 인과관계가 있어야 함을 강조하고 있는 것이다.

2. WTO의 보조금 및 상계관세협정

2.1 보조금 협정

(1) 보조금의 정의 및 특정성

1) 보조금의 정의

본 협정으로 인한 가장 큰 변화 중의 하나는 이제까지 합의되지 않고 있었던 보조금의 정의에 관한 규정이 새로이 마련되었다는 것이다. 즉, 보조금 협정 제1조에 의하면 ① 직접적 자금이전(무상지원 · 대출 · 지분참여 등) 잠재적 자금이전 또는 채무부담(대출보증), ② 정부세입의 포기(세액공제와 같은 조세혜택 등), ③ 정부에 의한 일반 사회간접자본 이외의 재화와 용역의 제공 및 재화의 구매, ④ 정부의 자금공여기관에 대한 자금지원 또는 민간기관에 대하여 ①~③의 역할을 수행하도록 하는 위임이나 명령 등과 같이 정부나 공공기관에 의한 재정지원(financial contribution)이 행해지거나 혹은 GATT 1994 제16조에 의한 모든 형태의 소득 또는 가격지원이 있고 위와 같은 재정지원이나 소득 · 가격지원에 의하여 혜택이 주어지는 경우에는 보조금이 존재하는 것으로 간주된다고 규정하고 있는 것이다.

이와 같이 보조금의 개념을 명시적으로 정의한 것은 두 가지 의미를 갖는다. 첫째로 해석상의 갈등을 회피하거나 적어도 감소시킬 수 있게 되었다는 것이고, 둘째는 조치가능한 보조금에 관하여 과도하게 광범위한 개념을 채택하고 이러한 개념을 자의적(imaginative)으로 해석하여 온 국가들(특히 미국)의 행동범위는 감소시킴으로써 보조금에 관한 국제적 규율의 신뢰를 회복

표 7-1 WTO 보조금 · 상계관세 협정 개요

보 조 금	제1조(보조금의 정의) 정부나 공공기관에 의한 재정지원(financial contribution)이 행해지는 경우(직접적 자금이전, 정부세입의 포기, 재화 및 용역의 제공이나 구매) 제2조(특정성) 보조금의 성격상 특정성(specificity)이 있다고 판단되는 경우, 금지보조금이나 조치가능보조금 및 상계관세에 대한 규정이 적용됨. 특정성의 준거로는 일부기업에 대하여 보조금지급을 명확히 제한하거나, 소수특정기업에 대하여 국한된 보조금지급, 또는 특정기업에 대한 거액의 보조금지급, 보조금지급에 있어서 공여기관이 재량권을 행사하는 경우 등이 해당 제3조(금지보조금) 수출 또는 국내생산품 사용을 촉진할 목적의 보조금은 금지 제5조(상계가능 보조금) 타국의 국내산업에 피해를 주거나, 타국 이익을 심각하게 침해하는 경우 상계조치 발동가능 제6조(심각한 침해) 보조금이 상품가의 5%를 초과하는 경우, 영업손실을 보전하기 위한 보조금(해결에 장기간의 시간이 필요하고 심각한 사회적 문제를 초래하는 경우 비반복적인 일회적 보조금 지급은 예외), 직접적 채무감면 제8조(허용보조금) 특정성이 없거나 있더라도 연구개발이나 지역개발지원의 경우에는 상계조치 불가. 연구개발의 경우에 기초산업기술연구의 경우에는 소요비용의 50%, 응용연구의 경우에는 25%까지 지원 가능
상계조치	제17조(상계관세부과) 상계관세액은 보조금액을 초과할 수 없으며, 보조금지급으로 피해를 초래한다고 판정된 모든 국가에게 차별 없이 부과되어야 함 ※ 당사국과의 협의(30일) → 분쟁해결기구에 패널구성요청, 검토(90일) → 패널의 판정에 대한 상고(30일) →보복조치
개 도 국 우대조치	제28조 극빈개도국이나 소득수준 1,000달러 이하의 최빈국에 대해서는 수출보조금의 금지를 적용하지 않음. 여타 개도국은 UR협상 종결 후 8년 이내에 수출보조금을 철폐하여야 함. 상계가능보조금에 있어서 개도국의 경우에는 심각한 침해를 초래하는 것으로 간주되는 보조금지급에 대하여 예외를 인정

할 수 있게 되었다는 것이다.[11)]

2) 사적 보조금

'보조금'을 정의함에 있어서 그리고 보조금이 '조치가능'(actionable)한지의 여부를 결정함에 있어서 제기된 중요한 이유 중의 하나는 재정지원 혹은 다른 수단을 통한 정부의 개입(governmental involvement)이 어느 정도나 요구되는가 하는 것이었다. 즉, 정부의 재정지원이 보조금에 대한 조치가능 여부를 판정하기 위한 전제조건(prerequisite)인지 여부가 문제가 된 것이다.

EU · 캐나다 · 스위스 · 일본 등을 포함한 상당수의 협상참여국들은 정부

11) Bourgeois, Jacques H. J., *Subsidies and International Trade*, Kluwer Law and Taxation Publishers, 1991, p. 69.

가 부담하는 비용(a cost to government), 즉 직접적으로 자국의 이전, 간접적으로는 세입의 포기(foregoing revenue)가 조치가능한 보조금의 존재를 결정함에 있어서 요구조건이 되어야 한다고 주장하였다.

다른 한편 미국과 호주는 단지 직접적 혹은 간접적인 정부의 재정지원뿐만 아니라 수취인에게 혜택을 주는 정부의 조치(any government action)도 조치가능하여야 한다고 주장하였다. 미국과 호주가 주장한 소위 사적 보조금이라는 개념에 따르며 정부의 지시(direction) 혹은 위임(mandate)에 의하여 사적인 자금원(private sources)으로부터 수취인에게 부여되는 조치가능한 범주에 포함되게 된다.

또한 협정은 보조금개념의 정의 속에서 '정부의 자금공여기관(funding mechanism)에 대한 자금지원' 및 '민간기관'(private body)에게 통상은 정부에 부여된 기능을 수행하도록 하는 정부의 지시 혹은 위임에 대하여 언급함으로써 이러한 형태의 '사적 보조금'을 분명히 포괄하고 있다. 하지만 협정의 규정으로부터 유추하여 볼 때 순수하게 사적인(purely private) 보조금, 즉 어떠한 형태의 정부의 개입도 존재하지 않는 보조금에 대하여는 본 협정에 기한 어떠한 조치도 취할 수 없다 할 것이다.

3) 보조금의 특정성

그러나 위와 같은 보조금의 정의에 해당된다고 하여 모두 규율대상이 되는 것이 아니고 보조금의 성격상 특정성(specificity)이 있다고 판단되는 경우에만 금지보조금이나 조치가능보조금 및 상계관세에 관한 규정이 적용된다(제1조 제2항, 제2조).

우리나라 · 일본 · EU · 캐나다 등의 협상참가국들은 "특정성, 즉 보조금이 일반적으로 이용 가능하지 않고 특정한 기업 또는 경제부문에 대하여만 주어진다는 것"이 보조금을 상계가능한 것으로 판정하는 필요기준이 되어야 한다'고 제안하였다.

그러나 미국은 특정성이 상계가능성에 대한 조건이 되어서는 안 된다고 주장하면서 보조금을 "수혜기업에 혜택을 부여하는 정부의 조치"라고 일반적으로 정의하였다. 원래 미국의 상계관세법(19 U.S.C. 제1677조 (5) (B))은 "관할당국은 장려금 혹은 보조금이 법률상 혹은 사실상 특정한 기업 혹은 산업에 제공되었는지의 여부를 결정하여야 한다"고 규정하고 있다. 이는 '일반적 이용

가능성' (general availability)의 기준이라고도 하는데 캐보트 사건(Cabot Crop. v. United States)의 판결을 법으로 수용한 것이다.

위의 규정상 미국법상으로 국내보조금에 대하여 조치가 가능하기 (actionable) 위하여는 '특정성'이 요구된다고 해석되지만 막상 UR 협상이 진행되는 도중에 미국은 '특정성'이라는 개념을 재고하고 있으며 그러한 개념은 경제적 정당성(economic justification)을 가지지 않는다는 내용의 보고서를 제출하였다. 그러나 둔컬 초안에서는 보조금이 조치가능한 것이라고 판정함에 있어서 특정성을 전제조건으로 규정하였고, 최종협정에서도 이를 수용하여 특정성 기준을 채택하고 있다.

보조금의 특정성은 공여기관 또는 관련법률이 보조금지급을 일부 기업으로 명확히 제한하는 경우에 인정되는 것이다. 따라서 공여기관 또는 관련법률이 보조금의 수혜기준 및 금액에 대하여 객관적 기준과 조건을 명확히 설정하고 당해 기준 및 조건에 따라 자동적으로 수혜자격이 부여되며 이러한 기준과 조건이 엄격히 준수될 경우에는 특정성이 인정되지 않는다. 단, 이들 기준 및 조건은 법령 · 규정 또는 기타 공식문서에 명시되어 입증가능하여야 한다. 여기서 객관적 기준 및 조건이라 함은 종업원의 숫자 또는 기업의 규모 등과 같이 중립적이고 특정기업을 다른 기업보다 우대하지 않으며 경제적인 것으로서 공평하게 적용되는 것을 말한다.

한편 위와 같은 기준을 적용하여 특정성이 인정되지 않는다고 하더라도 다음과 같은 기타요건들을 고려하여 해당 보조금지급이 사실상 특정적이라고 인정할 수도 있다. 그러한 요인들로서는 소수 특정기업에 국한된 보조금사용, 특정기업에 의한 보조금의 주된 사용, 특정기업에 대한 비례적이지 않은 액수의 보조금지급과 보조금지급에 있어서 공여기관이 재량권을 행사하는 방식 등을 들고 있다. 단, 이 규정의 적용시 해당국의 경제활동의 다양성 및 보조금제도 운용기간 등을 참작하여야 한다.

또한 특정지역 내에 위치하는 일정한 기업에게만 제한적으로 지급되는 보조금은 특정적인 것이다. 한편 제3조상의 금지보조금은 그 실질적인 내용에 관계 없이 모두 특정적인 것으로 간주된다. 그리고 이와 같은 특정성의 판정은 실질적 증거로 명백히 입증되어져야 한다.

구체적으로 특정성 유무의 판정기준은 다음과 같다(제2조).

① 보조금에 대한 접근을 특정기업으로 명백하게 한정하는 경우

② 보조금의 수혜요건 및 금액결정기준이 설정되지 않고 설정되어 있어도 엄격하게 준수되지 않는 경우

③ 상기 두 기준에 의해서는 외견상 특정성이 없는 것으로 보이지만 제한된 숫자의 특정기업에 의한 보조금의 사용정도, 특정기업에 대한 불균형으로 많은 보조금의 지급 및 보조금 지급결정에 있어서 공여기관의 재량권의 행사정도들의 기준으로 볼 때는 특정성이 있는 경우

④ 보조금 지급을 공여기관의 사법적 권한이 적용되는 지역 내에 위치하는 기업으로 한정하는 경우

⑤ 금지보조금의 경우

(2) 금지보조금

1) 정 의

금지보조금이란 수출 및 수입대체의 성과에 따라 공여되는 보조금으로서 〈부속서 1〉에 구체적으로 예시되고 있다. 그러나 농업에 대한 수출보조금의 지급은 농업협정 제13조에 의거 이러한 금지보조금에서 한시적으로 제외된다(제3조).

보조금협정은 특정한 유형의 프로그램을 금지보조금이라고 부르고 있다. 본 협정의 당사자들은 이러한 유형의 보조금을 공여하거나 유지하여서는 안된다는 것을 서약하며 이러한 의무를 지키지 않을 때는 다른 국가의 보복조치에 직면하게 되는 것이다. 이러한 금지보조금은 교통신호식 접근방법(traffic light framework)에서 빨간불(red light)에 해당하는 것으로 회원국은 이러한 보조금을 사용하는 것을 중단할 의무가 있다.

2) 분쟁해결절차

금지보조금이 공여되는 경우 수입국은 수출국과 그 철폐에 관하여 협의를 요청할 수 있고 요청후 30일 이내에 합의에 이르지 못할 경우 문제의 해결을 분쟁해결기구(Dispute Settlement Body : DSB)에 요청할 수 있다(제4조). 분쟁해결기구는 분쟁해결규칙 및 절차에 관한 양해(DSU)에 의거 이 문제를 처리하게 되는데 금지보조금의 경우 처리기간이 동 양해에 의하여 허용된 일반적인 처리기간의 절반으로 감축되어 있다.

표 7-2 금지보조금과 조치가능보조금의 분쟁처리절차

처리단계	금지보조금	조치가능보조금
① 수출입국간의 협의기간	30일 이내	60일 이내
② 패널설치기간 ※ 분쟁처리절차에 관한 협정에는 두 번째 회합이전이라고 되어 있음	언급 없음	언급 없음
③ 위임사항의 결정	언급 없음	패널설치후 15일 이내
④ DSB의 최종보고서 제출기간	위임사항확정일로부터 90일 이내	위임사항 확정일로부터 120일 이내
⑤ DSB의 패널보고서 채택기간	보고서 배포후 30일 이내	좌동
⑥ 상소기구의 처리기간	분쟁당사자의 상소의사표시일로부터 30일 이내(어떠한 경우에도 60일 초과 불가)	분쟁당사자의 상소의사표시일로부터 60일 이내(어떠한 경우에도 90일초과 불가)
⑦ 상소보고서의 채택	보고서가 배포된 날로부터 20일 이내	좌동
⑧ 결정사항의 이행기간	DSB가 별도로 정함	6개월 이내

(3) 조치가능보조금(actionable subsidies)

1) 정 의

조치가능보조금은 직접적으로 정의하는 규정을 두고 있지 않기 때문에 금지보조금과 허용보조금 이외의 여타 보조금이 이에 속하며 어의상으로는 수입국의 상계조치의 대상이 될 수 있는 보조금이라고 할 수 있다. 조치가능보조금이 상계조치의 대상이 되기 위해서는 자국산업에 대한 피해의 발생을 입증해야 한다. 이에 관하여 제5조(부정적 효과), 제6조(심각한 손상)에서는 다음과 같이 규정하고 있다.

2) 부정적 효과(adverse effects)

보조금지급에 의하여 ① 다른 회원국의 산업에 피해를 주거나, ② 관세양허의 혜택을 무효화 또는 침해하거나[12], ③ 다른 회원국의 이익에 대하여 심각한 손상을 미치는 경우라고 정의되고 있다. 다만 농산물에 지급되는 보조금에는 적용되지 않으며 농업협정 제13조에 별도로 규정하고 있다.

12) 무효화 또는 침해라는 용어는 GATT 1994 제23조에 있어서와 같은 의미이다.

3) 심각한 손상(serious prejudice)

심각한 손상을 준다고 간주되는 기준은 ① 보조금이 상품의 종가기준(total ad valorem)으로 5%를 초과하는 경우 ② 특정산업의 영업손실을 보전하기 위한 보조금 ③ 특정기업이 입은 영업손실을 보전하기 위한 보조금(다만 심각한 사회적 문제를 피하기 위한 일회적인 조치는 제외됨) ④ 직접적인 채무감면의 경우 등이다(제6조 제1항).

그러나 상기와 같은 기준이 충족되었더라도 아래와 같은 효과가 나타나지 않았음을 수출국이 입증한 경우에는 심각한 손상은 발생치 않은 것으로 판정된다(제6조 제2항 및 제3항).

① 보조금 지급으로 인하여 다른 회원국으로부터의 수입을 배제 또는 방해하는 효과가 발생하는 경우

② 보조금 지급으로 인하여 다른 회원국의 제3국에 대한 수출을 배제 또는 방해하는 효과가 발생하는 경우

③ 보조금 지급으로 인하여 보조금을 지급 받은 상품의 가격이 동일시장 내에서 다른 회원국의 동종상품가격에 비해 현저하게 인하되거나 가격인상이 억제되거나 판매감소를 초래하는 효과가 발생하는 경우

④ 보조금지급으로 인하여 특정 1차상품의 점유율이 이전 3년간의 평균 점유율보다 일관성 있는 추세로 증가하는 경우 등이다.

그러나 상기의 심각한 손상에 대한 배제는 다음 경우에는 적용되지 아니한다(제6조 제7항).

① 제소회원국으로부터 동종상품의 수출금지 또는 제한이나 제3국으로의 수입금지 또는 제한이 있는 경우

② 수입국정부가 비상업적 이유로 제소회원국으로부터 다른 국가로 수입선을 전환하기로 결정하는 경우

③ 수출하기 위해 제소국으로부터 입수하려는 상품의 품질과 가격, 수량, 생산 등에 영향을 미치는 자연재해, 파업, 운송마비 또는 그밖의 불가항력사태가 있는 경우

④ 제소회원국이 수출을 제한하거나

⑤ 제소회원국이 관련상품의 수출을 위한 수량을 자발적으로 축소하는 경우

⑥ 수입국의 표준 및 다른 규제의 기준을 충족시키지 못할 경우

이상의 6가지의 상황이 존재하지 아니하는 경우 심각한 손상의 존재여부는 〈부속서 5〉의 규정에 따라 패널에 제출된 정보나 패널이 입수한 정보에 기초하여 판정되어야 한다.

4) 구제절차

금지보조금의 경우와 동일하나 다음 사항이 다르다.

① 협의요청서에 협의요청회원국의 국내산업에 대한 피해, 이익의 무효화 또는 침해, 심각한 손상 등에 관한 증거를 제출하여야 하며

② 수출국과의 협의기간 및 DSB의 단계별 처리기간 등이 금지보조금의 경우보다 30일씩 연장되어 있다.

(4) 허용보조금(non-actionable subsidies)

1) 허용보조금의 정의(제8조)

특정성이 없는 보조금과 특정성이 있지만 연구개발을 지원하기 위한 보조금, 지역개발을 위한 보조금, 그리고 환경오염방지를 위한 보조금은 그 지급이 허용된다.

그러나 이에는 다음과 같은 엄격한 조건이 붙어있다.

① 연구개발보조금 : 산업적 연구비용의 75%, 경쟁전 개발활동비용[13](cost of precompetitive development activity)의 50%를 초과하지 않으며 그 지원이 다음과 같이 한정되는 경우

ⓘ 인력비용(연구원, 기술자 및 연구활동만을 위해서 고용된 다른 지원 직원)

ⓘⓘ 전적으로 영구적으로 연구활동을 위해 사용되는 장치, 설비, 토지 및 건물들의 비용

ⓘⓘⓘ 연구활동만을 위해서 이용되는 자문 및 이에 상응한 서비스의 비용

ⓘⓥ 연구활동의 결과로서 직접적으로 발생되는 추가경상비용 및 다른 운영비용(재료 및 공급품 등)

② 지역개발보조금 : 지역개발계획에 따라 회원국 영토 내의 낙후지역에 제공되는 지원으로 수혜대상 내에서는 특정성이 없는 아래 조건을 충족하는 지원이어야 한다.

---

13) 경쟁전 개발활동이란 상업적 사용이 불가능한 최초의 원형의 제조를 포함하여 판매 또는 사용목적 여부에 관계 없이 상품, 공정 또는 서비스를 새롭게 하거나 또는 수정하거나 개선하기 위해서 산업적 연구결과를 계획, 설계 또는 도안으로 전환시키는 활동을 말한다.

ⓘ 각 낙후지역은 경계를 한정할 수 있도록 명백하게 지정되어 있어야 하며 경제적, 행정적 관리기구가 설치되어 있어야 한다.

ⓘⓘ 그 지역의 낙후성이 다음과 같은 기준의 하나에 의해서 설명될 수 있어야 한다. 즉 3년간의 평균치를 기준으로 당해지역 1인당 소득 또는 1가구당 소득이 전국평균의 85%를 초과하지 않거나 당해지역의 실업률이 전국평균의 110%를 초과하여야 한다.

③ 환경오염방지를 위한 보조금 : 기업에 대하여 제약과 행정적 부담을 주는 법 또는 규정에 의해서 부과된 새로운 환경에 적응하기 위한 시설의 설치를 지원하기 위한 지원으로서 다음 요건을 충족해야 한다.

ⓘ 일회적 비반복적이어야 하며

ⓘⓘ 적응비용(adaptation cost)의 20% 이내이어야 하고

ⓘⓘⓘ 기업이 전담해야 하는 지원대상 투자의 대체 또는 운영비용을 보전하지 않아야 하며

ⓘⓥ 기업의 공해 및 오염의 감축계획에 직접적으로 연계되고 그에 비례하며 제조비용을 보전하지 않아야 하며

ⓥ 공해방지를 위해 새로운 설비 및 생산공정을 채택하려고 하는 모든 기업의 이용이 가능해야 한다.

2) 통보 및 검토

허용보조금은 그 지급계획이 보조금위원회에 통보되어야 하며 보조금 위원회는 동 보조금 지급계획이 규정된 조건 및 기준에 적합한지의 여부를 검토한다. 보조금 지급내용이 갱신될 경우 동 갱신내용이 매년 위원회에 통보되어야 한다(제8조 제3항 및 제4항).

3) 구제 절차

다른 회원국의 허용보조금 지급으로 회복되기 어려운 손상을 야기한다고 예상하는 회원국은 상계관세를 부과하거나 DSB에 제소할 수는 없고 당해 보조금지급회원국에게 협의를 요청할 수는 있다. 협의를 요청받은 회원국은 가능한 조속한 시일 내에 협의에 응하여야 한다. 협의 요청일로부터 60일 이내에 합의에 이르지 못할 경우 보조금위원회에 회부된다. 동위원회는 보조금의 지급으로 야기되는 심각한 부정적 효과를 제거할 수 있는 방법으로 보조금지급계획을 수정하도록 권고할 수 있다.

이러한 권고는 위원회에 접수된 날로부터 120일 이내에 이루어져야 하며 위원회의 권고가 6개월 이내에 이행되지 아니할 경우 위원회는 심각한 부정적 효과에 상응하는 대응조치를 취하도록 승인해야 한다(제9조).

2.2 상계조치

금지보조금에 관한 규정 또는 조치가능보조금에 관한 규정은 상계조치에 관한 규정과 동시에 원용될 수 있지만 수입국의 국내시장에서의 특정보조금의 효과에 대해서는 오직 한 가지 형태의 구제(상계조치의 요건이 충족되면 상계관세 제4조 또는 제7조에 의한 대응조치 중의 하나)만이 가능하며 조치가능보조금 및 상계조치에 관한 규정들을 허용보조금에 대하여는 원용할 수 없다. 하지만 제8조 제2항의 허용보조금이라도 동조 제3항에 의하여 사전에 위원회에 통지되지 아니한 경우에는 조치가능보조금 또는 상계조치에 대한 규정이 원용될 수 있다. 상계관세는 본 협정 혹은 농산물협정에 의하여 개시되고 수행된 조사에 따라서만 부과될 수 있는데 GATT 1994 제6조 및 본 협정의 규정은 준수하여야 한다.

(1) 조사의 개시

조사는 일반적으로 피해를 입은 산업측으로부터의 서면요청에 의하여 개시되는데(제11조 제1항) 이러한 요청에는 ① 보조금의 존재 및 규모, ② 국내산업의 피해, ③ 보조금지급 물품의 수입과 발생된 피해 사이의 인과관계 등에 대한 충분한 증거를 포함하여야 한다. 위의 요청서는 또한 ① 신청인의 신분 및 신청인에 의하여 생산되는 동종물품의 수량 및 금액, ② 보조금지급 관련상품 명세, ③ 보조금의 존재 · 규모 · 성격에 대한 증거, ④ 국내산업의 피해발생에 대한 증거(예: 수입량의 변화, 동종물품가격의 변화, 국내산업에의 영향) 등에 대하여 충분한 정보를 포함하여야 한다(제11조 제2항).

조사개시에 앞서 관계당국은 국내산업이 동 요청을 지지하고 있다는 명백한 증거를 포착하여야 하는데 일반적으로 이를 지지하는 국내생산자들의 생산량이 국내산업에 의한 동종물품 총생산량의 50% 이상을 차지하는 경우 국내산업을 대표한다고 간주하고 이를 지지하는 국내생산자의 생산량이 국내산업에 의한 동종물품 총생산량의 25% 이하일 때에는 조사를 개시하지 못한다(제

11조 제4항).

본조의 규정에 의한 조사의 진행은 통관절차를 방해해서는 안 되며 조사는 원칙적으로 1년 이내 종결되어야 한다(제11조 제10항 및 제11항).

(2) 소액기준

많은 협상참가국들은 소액(de minimis)기준을 상계가능성의 조건으로서 제안하였는데 이에 따르면 보조금이 수입품의 단위당 가액의 일정비율 이하인 경우 혹은 보조금지급 수입수량이 무시해도 좋을 정도의 시장점유율(negligible market share)만을 차지하는 경우에는 당해 보조금은 규율의 대상이 되지 않는다는 것이었다. 즉, 보조금의 실제액수 혹은 수입품의 시장점유율이 각각 보조금액 혹은 수량의 'X' 최소기준('X' minimum threshold)을 충족시키지 못하면 조사가 개시되지 않거나 이미 진행중인 조사라도 종결해야 된다는 것이다. 문제는 이러한 최소기준을 수량적으로 설정하느냐, 그리고 설정한다면 얼마로 할 것인가였다.

미국은 최소시장점유율을 설정함으로써 각각의 사안에 따른 특수한 사실들을 제대로 평가할 수 없게 될 것이라는 것이었다. 최종협정은 둔켈안에 따라 보조금규모가 소액(de minimis)이거나 보조금지급 물품의 수입수량 또는 그로 인한 피해의 정도가 무시할 수준이면 조사는 즉각 종결되어야 하는데 여기서 보조금액이 가격대비 1% 미만이면 무시할 수 있는 수준으로 간주한다(제11조 제9항)고 규정하고 있다.

한편 협정은 개발도상국에 대하여는 별도의 기분을 규정하고 있다. 즉, 제27조 제9항에 따르면 당해 물품에 대하여는 공여된 전반적인 보조금수준이 단위당 가치에 대하여 2%를 초과하지 않거나 보조금지급 수입량이 수입회원국의 동종의 물품 총수입의 4% 이하인 경우(단, 각 개별시장점유율이 4% 이하인 개발도상회원국으로부터의 수입총액이 당해 수입국의 동종물품 총수입이 9%를 초과하지 않아야 한다)에는 당해 개발도상국을 원산지로 하는 물품에 대한 상계관세조사는 종결하게 된다.

(3) 증　　거

상계관세조사와 관련된 이해당사회원국과 모든 관련당사자들은 관할당국이 요구한 정보에 대한 통지를 받을 수 있으며, 당해 조사와 관련하여 그들이 적정하다고 고려하는 모든 증거를 서면으로 제출할 수 있는 충분한 기회를 부여받는다(제12조 제1항). 본 협정의 목적상 '관련당사자'라 함은 ① 조사대상 물품의 수출자, 외국생산자 또는 수입자나 이들이 구성원의 다수를 차지하는 무역협회 또는 사업자 단체, ② 수입국의 동종물품 생산자 또는 이들이 구성원의 다수를 차지하는 무역협회 또는 사업자단체를 포함한다.

하지만 이 규정은 회원국이 위에서 언급한 자 이외의 국내 또는 외국당사자들을 관련당사자에 포함시키는 것을 방해하지 않는다(제12조 제9항). 조사당국은 성격상 비밀이거나 관련당사자가 정당한 이유를 제시하고 비밀유지를 요청하면서 제공한 정보의 비밀을 유지하여야 하지만, 조사당국이 당해 비밀유지 요청이 타당하지 않다고 보거나 정보제공자가 이의 공개를 원하지 않는 경우 또는 일반화되거나 요약된 형태로 이를 공개하는 것을 허락하지 않는 경우에는 당국은 당해 정보의 정확함이 적절한 경로를 통하여 입증되지 않는 경우에는 그 정보를 무시할 수 있다(제12조 제4항).

또한 관련당사자 또는 회원국이 합리적인 기간 내에 필요한 정보에의 접근 또는 제공을 거부하거나 조사를 현저하게 방해하는 경우에는 당국은 이용가능한 사실에 근거하여 잠정 및 최종결정을 내릴 수 있다(제12조 제7항).

조사개시 요구가 접수되면 가능한 한 조속히 그리고 조사개시 이전에 정확한 상황파악과 쌍방간 합의에 의한 해결책 모색을 위하여 이해당사국간 협의가 이루어져야 하는데 조사기간중에도 협의를 계속할 수 있는 합리적 기회가 부여되어야 한다(제13조).

(4) 보조금액의 계산

보조금협상에 있어서 또 하나의 중요한 이유는 보조금액수의 계산방법에 관한 것이었다. 기존의 GATT 1947의 규정이나 보조금 코드에는 이 점에 관한 무의미한 규정이 포함되어 있지 않았다.

이는 두 단계로 이루어진 과정인데 "상계관세는 보조금을 지급받아 수출된 물품의 단위당 보조(subsidization per unit)에 근거하여 계산하여야 하고 존재한다고 결정된 보조금액을 초과하여 부과될 수 없다"고 하는 제19조 제4항의 전제조건에 따라야 하는 것이다.

첫번째 단계는 보조금의 가액평가인데 이는 보조금의 액수를 측정가능한 수치로 수량화(quantify)하는 것이고, 두번째 단계인 순보조금의 계산(net calculation of the subsidy)은 보조금의 실질적 가액을 감소시키는 요인들을 총보조금(gross subsidy)으로부터 공제하고 이를 적절한 단위의 수에 따라서 나눔으로써 수량화된 보조금의 액수를 단위당 순가액(net unit amount)으로 전환시키는 것이다.

보조금의 정의를 둘러싼 당사국들의 논쟁 특히 '정부에 대한 비용' (cost to government)이냐 '수취인에 대한 혜택' (benefit to recipient)이냐에 대한 다툼은 보조금의 식별기준에 영향을 미칠 뿐만 아니라 보조금액의 계산과정에도 영향을 미치는 것이었다.

즉, 서로 다른 기준을 적용함으로써 어떤 국가는 상계가능한 보조금을 인정하기도 하고 인정하지 않기도 하며 또한 각국에 따라 계산된 보조금의 금액이 서로 다를 수가 있는 것이다. 바로 이 점이 협상 참가국들로 하여금 보조금의 계산방법론에 대한 합의에 도달하지 못하게 한 근본적 문제였다.

다수의 국가들이 보조금은 제공자(bestower)에 대한 비용 즉 보조금을 제공하는 정부에 의하여 지급되거나 면제된 자금의 액수(amount of funds)에 의하여 측정되어야 한다고 주장하였고, 이에 반하여 미국은 보조금의 액수는 수취인에 대한 혜택의 가액에 의하여 측정되어야 한다고 주장하였다.

이 점에 대하여 협상의 과정중에 보조금의 액수를 계산하는 방법에 대한 상세한 기준을 제시하고 있는 '토론보고서 No 6' (discussion paper No. 6)이 제출되었으나 본질적으로 카틀랜드 제 3 안 및 제 4 안의 규정에 약간의 변경만을 가하여 수용하고 있는 둔켈안은 위의 내용보다 대폭 간소화된 기준만을 규정하고 있으며 이는 세부적 기준이라기보다는 일반적 원칙들을 규정하고 있었다. 최종협정은 위의 둔켈안에 따른 것이다.

즉, 보조금협정은 수취인에 대한 혜택의 관점에서의 보조금규모의 계산방식(제14조)을 채택하고 있고 본 협정상의 대등조치의 목적을 위하여 보조금의 혜택을 계산하는 방법은 당해 회원국의 국내 법률이나 규칙에 규정하도록 위임하고 있다.

동 조항은 또한 보조금액수를 계산함에 있어서 지켜야 할 지침(guidelines)을 다음과 같이 규정하고 있다.

첫째, 정부의 지분참여는 민간투자자의 통상적인 투자관행에 비추어 볼 때 부적절하다고 판단되지 않고서는 혜택으로 볼 수 없다.

둘째, 정부로부터의 대출의 경우 수혜기관이 그 대출의 대가로 정부에 지불한 금액과 시장에서 조달할 수 있는 비교가능한 상업적 차입을 위하여 지불하는 금액 사이에 차이가 없는 한 혜택을 부여하는 것으로 보지 않는다. 이 경우 두 금액 사이의 차이만큼을 혜택으로 본다.

셋째, 정부에 의한 대출보증 역시 시장에서의 상업적 차입조건과 비교하여 유리하지 않은 이상 혜택으로 볼 수 없다. 넷째, 정부구매나 정부조달은 적절한 보상조건으로 이루어지는 한 혜택으로 간주되지 않는다. 보상의 적절성은 시장여건에 따라 결정된다.

(5) 피해의 결정

피해의 판정은 명백한 증거에 기초하여야 하며 보조금지급 물품의 수입규모 및 동종 수입물품의 가격에 미친 영향, 그리고 당해 수입이 관련 국내산업에 미친 영향에 대한 객관적 검토가 이루어져야 한다(제15조 제1항).

보조금지급 물품의 국내산업에 대한 영향의 검토는 생산 · 판매 · 시장점유율 · 이윤 · 생산성 · 투자수익 · 설비가동률 등의 실제적 또는 잠재적인 감소, 국내가격에 영향을 미치는 요인, 현금의 흐름 · 재고 · 고용 · 임금 · 성장 · 자본조달 및 투자 등에 대한 실제적 및 잠재적인 유해한 효과 그리고 농업의 경우에는 정부지원 계획상 부담의 증가가 있는지의 여부에 대한 검토를 포함한다(제15조 제4항).

제15조 제3항은 누적성(cumulation)에 관하여 규정하고 있다. 즉, 두 개 이상의 국가로부터 수입되는 물품이 동시에 상계관세의 조사대상이 된 때에는 ① 각국으로부터의 수입과 관련된 보조금액이 제11조 제9항에 규정된 소액보조금(de minimis) 이상이고, 각국으로부터의 수입량이 무시할 수 있는(neglible) 수준이 아니고, ② 수입물품 사이의 경쟁조건 및 수입물품과 동종의 국내물품 사이의 경쟁조건을 감안할 때 누적적인 수입효과와 평가가 적절하다고 조사당국이 판단하는 경우에는 조사당국은 이들 수입의 효과를 누적적으로 평가할 수 있다고 규정하고 있다.

(6) 국내산업의 정의

국내산업(domestic industry)은 동종상품의 국내생산자 전체 또는 이들 생산량의 합계가 당해 물품의 전체 국내생산의 주요한 부분(major proportion)을 차지하는 생산자집단을 지칭하는데, 다만 국내생산업자가 보조금지급 물품, 혹은 동종의 물품의 수출업자, 혹은 수입업자와 관련이 있거나 혹은 그 자신이 당해 보조금지급 물품, 혹은 동종의 물품의 수입자인 경우에는 이들을 제외한 나머지 생산업자들을 국내산업으로 해석한다. 협상 도중에 이러한 '주요한 부분'이라는 용어가 명료성을 결하기 때문에 이를 동종상품의 총생산가액의 특정비율(×%) 이상을 의미하는 것으로 해석하려는 시도가 있었으나 이러한 시도는 그 후의 협상과정에서 삭제되었다(제16조 제1항). 본 항의 목적상 생산자는 다음의 경우에만 수출자 또는 수입자와 관련된 것으로 간주된다. 즉 ① 그들 중 일방이 직접 혹은 간접으로 상대방을 통제하는 경우, ② 그들이 직접 혹은 간접으로 제3자에 의하여 통제되는 경우, ③ 그들이 공동으로 직접 혹은 간접으로 제3자를 통제하는 경우가 그러하다. 단, 수출업자 또는 수입업자와 관련이 없는 생산자와 상이하게 행동한다고 인정되는 근거가 있어야 하고 일방이 타방에 대하여 법적 또는 사실상 제약을 가하거나 지시할 수 있는 위치에 있을 때에는 통제하는 것으로 간주된다.

한편 전체 국내산업의 주요한 부분이 피해를 입지 않은 경우에도 예외적으로 일정한 조건이 충족되면 피해가 인정될 수도 있는데 이는 보조금지급 수입품의 유해한 효과가 단기간 내에 특정부분에 국한하여 집중적으로 초래되는 것과 같은 경우를 규율하기 위한 것이다. 위와 같이 전체 국내산업의 특정부분에 대한 피해가 인정되기 위해서는 회원국의 영역이 당해 상품의 생산과 관련하여 두 개 또는 그 이상의 경쟁적 시장(competitive markets)으로 분리될 수 있고 이에 따라 그 시장 내 생산자들이 생산된 당해 물품의 전부 또는 거의 전부를 그 시장에서 판매하고, 당해 시장에서의 수요의 상당부분(substantial degree)이 그 회원국 내 다른 지역에 위치한 당해 물품생산자들에 의해 공급되지 않아야 한다. 위와 같은 요건이 충족되면 각 시장 내의 생산자들은 모두 별도의 산업으로 간주되게 된다.

(7) 잠정조치 및 상계관세의 부과와 징수

정식조사가 개시되어서 이해당사국들이 필요한 정보나 의견을 제시할 만한 충분한 기회가 주어진 후 보조금지급으로 인하여 국내산업에 실질적 피해나 피해의 위험이 존재한다는 예비적 긍정결정(preliminary affirmative determination)이 내려지고 조사당국이 조사기간중 발생하는 피해를 방지하기 위하여 잠정조치가 필요하다고 판단한 경우에는 잠정조치가 부과될 수 있다

(제17조 제1항). 잠정조치는 조사개시일로부터 60일 이전에 취할 수 없으며, 잠정조치의 실시는 4개월을 넘길 수 없다(제17조 제4항).

한편 수출국 정부가 보조금의 철폐 또는 규제, 혹은 동일한 효과를 초래하는 조치를 취하기로 약속한 경우에는 조사절차가 정지되거나 종결되는데 이와 같은 약속이 이루어지더라도 수출회원국이 요망하거나 수입회원국이 결정하는 경우에도 피해조사가 종결되지 않는다(제18조).

위와 같은 상계관세 부과의 모든 요건이 충족되었을 경우 상계관세를 부과할 것인지의 여부에 대한 결정 및 부과될 상계관세액이 보조금 전액 또는 그 이하의 금액인지에 대한 결정은 수입국 당국에 의하여 이루어지는데 피해제거에 충분하다면 보조금 규모 범위 내에서 부과되며 상계관세액은 보조금액을 초과할 수 없다. 또한 상계관세는 보조금지급으로 피해가 초래했다고 판정된 모든 국가로부터의 수입에 차별 없이 부과되어야 한다(제19조 제2항 제3항).

잠정조치와 상계관세는 각각의 결정이 효력을 발생한 이후에 소비용으로 반입되는 물품에 대하여만 적용되는 것이 원칙이지만 예외적으로 최종적인 피해의 결정(피해의 위험 혹은 산업확립의 실질적인 지연결정은 제외한다)이 내려지거나 최종적으로 피해의 위험결정이 내려졌으나 잠정조치가 없었더라면 보조금지급수입의 효과에 대하여 피해결정을 내리게 되었을 경우에는 상계관세는 잠정조치가 적용된 기간에 소급적으로 부과될 수 있다(제20조 제1항 및 제2항).

상계관세는 피해를 발생시키는 보조금이 존속하는 한 지속가능한데 이해당사국간의 충분한 의견교환 후 동 조치의 지속을 위한 정당한 이유가 있다고 판단되는 경우를 제외하고는 상계조치는 최대한 5년을 초과할 수 없다(제21조).

각 회원국은 본 협정상의 조사개시와 최종결정 및 결정의 검토에 관한 행정적 조치를 즉각적으로 검토할 수 있는 사법적·중재적·행정적 재판제도 및 절차를 구비하여야 하며 동 재판 또는 절차는 문제의 결정 또는 검토책임을 지는 당국으로부터 독립적으로 수행되어야 한다(제23조).

(8) 보조금 상계조치위원회(제24조)

① 각 회원국 대표로 구성되는 보조금 및 상계조치위원회를 구성하고 동 위원회는 협정의 운영 및 목적증진에 관련된 사항을 협의한다. WTO사무국

이 동 위원회의 사무국 역할을 행한다.

② 동 위원회는 상설전문가단을 보조기관으로 설치한다. 동 전문가단은 보조금과 무역에 관한 고도의 자격을 가진 5인으로 구성되며 제4조 제5항의 규정에 따라 패널을 지원하도록 요청받을 수 있다.

2.3 통보와 감시

(1) 통 보(제25조)

회원국은 매년 6월 30일 이전에 자국의 모든 보조금에 관한 통보서를 제출하고 다음 사항의 규정을 준수할 것에 합의해야 한다.

① 자국의 특정성 있는 모든 보조금의 통보

② 통보의 내용은 다른 회원국이 무역왜곡효과를 평가하고 보조금계획의 운영을 이해할 수 있도록 충분히 구체적이어야 한다. 그리고 다음사항을 포함해야 한다.

ⓘ 보조금의 형태

ⓘⓘ 단위당 보조금(불가능할 경우 예산총액)

ⓘⓘⓘ 정책목표 및 보조금의 목적

ⓘⓥ 보조금의 존속기간

ⓥ 보조금의 무역효과를 산정하게 하는 통계자료

③ 모든 회원국은 다른 회원국에 대하여 다른 회원국이 부여하고 있는 보조금의 성격과 범위에 관한 정보를 서면으로 요청할 수 있다. 요청을 받은 회원국은 가능한 한 신속히 그리고 포괄적으로(요청을 받을 경우에는 추가정보를) 제공하여야 한다.

④ 보조금의 효과를 갖는 다른 회원국의 조치가 통보되지 않았다고 간주하는 모든 회원국은 이에 대하여 1차적으로는 다른 회원국에, 2차적으로는 위원회에 주의를 환기시킬 수 있다.

⑤ 상계관세와 관련하여 취하여진 모든 예비 또는 최종조치는 매 반기별로 합의된 양식에 따라 위원회에 보고해야 한다. 이러한 보고서는 다른 회원국의 조사를 위해서 사무국에서 입수 가능토록 한다.

(2) 감 시(제26조)

위원회는 매 3년마다 개최되는 특별회의에서 GATT 1994 제16조 제1항 및 이 협정 제25조 제1항에 따라 제출된 통보서를 검토한다. 그 사이의 연도에 제출된 통보서는 위원회의 정기회의에서 검토한다.

2.4 개발도상회원국에 대한 특별대우

(1) 개발도상국의 범위

이 협정에서 개발도상국은 최빈개발도상국만을 의미한다. 이에는 UN에 의하여 최빈개발도상국(least developed countries : LDC)으로 지정된 경우와 1인당 GNP가 1,000 달러 이하인 WTO에 가입한 이집트 등 20개국으로 지정되어 있다(부속서 7).

(2) 개발도상국에 대한 특혜(제27조)

① 수출보조금 지급금지의 예외 최빈개도국은 제한없이 그리고 최빈개도국이 아닌, 선진국에 가입하지 아니한 모든 개발도상국에게는 제27조 제4항의 규정을 준수하는 조건으로 세계무역기구 발효일로부터 8년동안 수출보조금 지급금지의무를 유예하고 있다.

② 수입대체보조금 지급금지의 예외

- 최빈 개도국 : 8년간
- 기타 개도국 : WTO 협정 발효일로부터 5년간

③ 제27조 제4항의 조건 개발도상회원국은 8년간에 걸쳐 수출보조금을 단계적으로 폐지해야 한다. 수출보조금 지급이 자국산업의 발전에 비추어 적합하지 않을 경우 조기 폐지해야 한다. 그러나 8년을 초과하여 지급할 필요가 있다고 판단되는 경우 동기간 만료 1년 전에 보조금위원회와 협의하고 보조금위원회는 제반 사정을 조사한 후 이를 결정한다.

④ 개도국의 수출경쟁력과 보조금의 폐지 개발도상회원국의 특정상품에 대한 세계 속의 수출비중이 2년 연속 3.25%를 초과할 경우 수출경쟁력을 갖춘 것으로 평가한다.

이 경우 개발도상국은 이러한 상품에 대한 수출보조금을 2년에 걸쳐 단계적으로 폐지한다. 그러나 〈부속서 7〉에 열거된 극빈개도국의 경우는 이를 8년간에 걸쳐 폐지할 수 있다(동 제6항).

⑤ **개발도상국의 보조금지급과 심각한 손상**

ⓘ 개발도상국이 지급하는 보조금은 제6조 제1항에 정의된 바와 같은 심각한 손상을 초래한다고 추정되지 아니한다. 이러한 심각한 손상은 제6조 제3항부터 제8항까지와 같은 명확한 증거에 의하여 입증되어야 한다(동 제8항).

ⓘⓘ 제6조 제1항에 언급된 조치가능보조금 이외의 개발도상국이 지급하는 조치가능보조금이 GATT 1994에 의한 관세양허 또는 다른 의무의 무효화 또는 침해가 보조금을 지급하는 개발도상국의 시장에서 다른 회원국의 동종상품의 수입을 배제 또는 저해하는 방법으로 존재하는 것으로 판정되거나 수입회원국의 시장에서 국내산업에 대한 피해가 발생하지 아니하는 한 제7조에 의한 구제조치를 취할 수가 없다(동 제9항).

⑥ **개도국의 보조금 지급에 대한 수입국의 구제조치** 개발도상국이 조치가능보조금을 지급하는 경우에는 물론 금지보조금을 지급하는 경우에도 수입국은 금지보조금지급을 이유로 하는 구제조치를 취할 수 없고 조치가능보조금지급을 이유로 하는 구제조치절차를 밟아야 한다(동 제7항).

⑦ **개발도상국에 대한 상계관세조사** 개발도상국에 대한 상계관세조사는 아래와 같이 결정하는 즉시 종료된다.

ⓘ 당해상품에 대한 보조금 지급이 종가기준으로 2%를 초과하지 아니하는 경우

ⓘⓘ 보조금을 지급받은 수입품의 물량이 수입회원국의 동종상품수입의 4% 미만인 경우, 단 개별적으로 총 수입량 중 점유율이 4% 미만인 개도국으로부터의 수입량의 합계가 동 수입국의 총수입의 9%를 초과하는 경우는 예외로 한다.

ⓘⓘⓘ WTO 협정 발효후 8년 이내에 수출보조금을 폐지한 개발도상국과 최빈개도국에 대하여는 상기 ⓘ항의 2%가 3%로 상향 조정된다. 그러나 이는 WTO 협정발효 8년 후 만료된다.

⑧ **민영화 계획에 따른 보조금 지급** 개발도상국이 민영화계획을 추진하고 보조금이 동계획에 직접적으로 관련되어 지급되는 경우 조치가능보조금 규정은 적용되지 아니한다. 단 이러한 계획 및 관련보조금은 제한된 기간 내에 지급되고 위원회에 통보되며 이러한 계획이 관련기업의 궁극적인 민영화

표 7-3 개도국 우대조치내용 요약

일 반 규 정	개도국 우대 규정
• 금지보조금 철폐 - 수출보조금 철폐 : 3년 - 수입대체보조금 철폐 : 3년	• 금지보조금 철폐기간 우대(제27조 제2~3항) - 수출보조금 철폐 : 8년 - 수입대체보조금 철폐 : 5년
• 조치가능보조금 관련, 심각한 손상 조항 - 다음의 경우 심각한 손상이 있는 것으로 간주(제6조 제1항) · 총 보조비율이 5% 초과 · 산업(기업)의 영업손실보전 · 직접적인 채무 감면 - 보조금 지급으로 상대국(제3국)에서 수입대체(수출감소), 보조품목의 가격하락, 시장점유율변화 등의 현상 발생시(제6조 제3항) ※ 심각한 손상의 경우 별도의 피해입증불요	• 심각한 손상조항의 일부적용제한 - 6조 1항의 적용배제(제27조 제8항) - 6조 3항의 경우에도 별도의 피해입증(무효화, 침해, 국내산업피해 발생 등)이 있는 경우에만 상계관세 부과 기능(제27조 제9항)
• 상계관세조사 종결 - 단위당 보조금지급 1% 이하 - 수입물량 또는 피해가 무시될만한 수준	• 상계관세조사 종결기준(제27조 제10항) - 단위당 보조금 수준 2% 이하(8년내 수출보조금을 폐지하는 경우 잔여기간 동안 및 최빈개도국의 경우는 3% 이하) - 총수입량 중 비중 4%(총계 9%)미만
• 금지보조금에 대한 구제절차 - 수출보조금, 수입대체보조금에 대해서도 금지보조금에 대해 적용되는 협정상의 분쟁해결상의 구체절차와 상계관세부과를 위한 구제절차가 모두 적용됨	• 금지보조금 중 수출보조금에 대해서는 상계관세부과를 위한 구제절차만 적용(제27조) - 금지보조금에 대한 분쟁해결상의 구제 절차 적용배제 • 민영화계획 추진관련 채무감면조치에 대해서는 상계가능보조금의 구제절차도 적용배제(제27조 제13항)

로 귀결되어야 한다.

이상과 같은 개도국 우대조치내용을 요약하면 [표 7-3]과 같다.

2.5 경과 조치

(1) 기존계획

모든 회원국은 WTO 협정에 서명하는 일자 이전에 수립된 보조금지급 계획을 WTO 협정 발효 후 90일 이내에 위원회에 통보해야 한다. 그리고 WTO

협정 발효 후 3년 이내에 이 협정의 규정에 합치되도록 개정해야 하며 그때까지는 제2부의 금지보조금 지급에 관한 규정이 적용되지 아니한다(제28조).

(2) 시장경제체제로의 전환국에 대한 조치

① 금지보조금의 철폐기간 WTO 협정 발효 후 7년 이내

② 조치가능 보조금 중,

ⓘ 정부에 의한 직접적인 채무감면, 정부보유채무의 면제 및 채무상환을 위한 교부금에 대하여는 제7조에 의한 구제조치를 취할 수 없다.

ⓘⓘ 여타 조치가능보조금 지급에 대해서는 제27조 제9항이 적용되어 개발도상국의 조치가능보조금과 동일하게 심각한 손상을 초래한다고 추정되지 아니한다.

③ 그리고 시장경제체제로 전환과정에 있는 회원국은 예외적으로 필요하다고 인정될 경우 위원회에 의하여 보조금지급과 관련하여 통보된 계획과 조치 및 그 시한으로부터 일탈이 허용된다.

2.6 기타사항

(1) 분쟁해결

GATT 1994 제22조 및 제23조가 적용된다. 즉 WTO의 「분쟁해결절차에 관한 양해」에 의하여 분쟁을 처리해야 한다(제30조).

(2) 잠정적용

제6조 제1항(심각한 손상의 조건), 제8조(허용보조금의 범위), 제9조(허용보조금 지급으로 인한 산업피해와 구제)의 규정은 WTO 협정 발효 후 5년 동안 적용된다. 이러한 기간의 만료이전 180일 전까지 위원회는 이 규정의 운영방향의 검토를 마쳐야 한다.

(3) 사법적 검토(제23조)

회원국은 최종판정 및 제21조 의미에의 결정에 관한 행정조치의 검토를 목적으로 사법, 중재 또는 행정절차 등을 관장하는 기구를 설치 유지해야 한다.

3. 미국의 상계관세법

3.1 상계관세의 개요

미국은 전통적으로 산업발전을 촉진시키는 데 있어서 정부개입보다는 시장원리를 선호하고 있다. 미국은 산업 전체에 적용되는 적극적이고 일관된 산업지원정책을 실시하지 않고 있으며 그때그때의 상황에 비추어 필요한 정책을 수립·실시해 오고 있다. 미국의 산업지원은 일반적으로 비선택적인 방식으로 이루어지고 있으며 특정산업에 대한 지원이라기보다는 중소기업육성, 농가소득안정, 연구개발촉진, 실업해소 등 일반적인 정책목표를 달성하기 위해 실시되고 있다.

그러나 1980년에 들어와서 경제성장의 둔화, 선진국간 무역마찰의 심화, 외국의 적극적인 산업지원정책의 실시 등으로 미국산업의 국제경쟁력이 크게 위협을 받음에 따라 미국은 산업지원정책을 전면 재검토하게 되었다. 즉, 산업발전과 육성을 완전히 시장원리에 맡기기보다는 정부의 개입을 통해 달성하고자 하는 움직임이 대두되었으며, 또한 외국과의 경쟁에 효과적으로 대처하기 위해서는 산업별 대책이 강구될 필요성이 있다고 인식되었다. 일부 중요 산업, 특히 첨단기술산업을 육성하기 위해 실시되는 각종 자원책은 이러한 맥락에서 이해되어야 한다.

미국의 산업지원정책은 근본적으로 특정산업의 경쟁력을 육성하는 데 목표를 두고 있지는 않다. 오히려 미국은 산업지원을 위한 각종의 보조금을 모든 국가가 철폐함으로써 공정무역이 이루어지는 것이 바람직하다고 여기는데 다만 외국의 보조금지급에 따른 미국산업의 경쟁력저하에 대처하기 위해서 부득이 보조금을 지급하지 않을 수 없다는 입장을 취하고 있다. 그리고 이러한 경우에도 보조금의 제공은 특정산업에 대한 직접적인 지원의 형식을 취하기보다는 보다 일반적인 정책목표의 달성과 관련되어 실시되어야 한다는 입장을 견지하고 있다.

현재 미국의 상계관세법은 상계관세의 부과에 대해서는 두 개의 별개 관세법규정이 적용되고 있다. 1979년 통상협정법에 의해 추가되고 1984년 통상관세법과 1988년 종합무역법에 의해 수정된 1930년 관세법 제Ⅶ편 제A항은 통상적으로 보조금코드라고 불리는 GATT 보조금 및 상계조치에 관한 협정의 체약국들로부터의 수입에 대해서 또는 동 코드에서 밝히고 있는 것과 실질적으로 동등한 의무를 준수하고 있다고 고려되는 국가들로부터의 수입에 대해서 적용된다. 이들 국가로부터의 수입에 대해서는 상계관세의 부과 이전에 피해조사가 요구된다. 보조금코드에 서명하지 않았거나 실질적으로 비슷한 의무를 지지 않는다고 고려되는 국가로부터의 수입은 1979년 통상협정법에 의해 수정된 1930년 관세법 제303조에 따라야 하며 일반적으로 상계관세 사례와는 달리 피해조사는 행해지지 않는다.

3.2 상계관세의 부과절차

(1) 조사의 개시

상계관세의 조사는 상무성의 직권에 의해 스스로 개시될 수도 있고 이해관계자에 의해 제출된 제소의 결과에 의해서도 개시될 수 있다. 보조금을 지급받고서 수입되는 상품에 의해 영향을 받는 산업의 이익보호를 위해 어떤 이해관계자[14]에 의해서도 제소가 가능하다.특히 상무성은 중소기업들이 CVD(Counter- vailing Duties: 상계관세)법하에서의 제소준비 및 제소접수를 용이하게 할 수 있도록 기술적인 지원을 제공하고 있다.

제소는 상무성과 ITC에 동시에 접수되어져야 한다. 제소를 접수한 지 20일 이내에 상무성은 당해 제소가 조사개시를 위해 법적으로 충분한 요건을 갖추고 있는가를 결정해야 하며 그것이 갖춰졌다고 판정되면 특정국가로부터의 특정상품의 수입에 대해서 조사가 개시되어진다.

(2) ITC 예비피해 판정

제소 또는 ITC의 자체 조사결정일로부터 45일 이내에 ITC는 그 때까지의 이용가능한 최선의 정보에 바탕을 둔 실제적인 피해의 합리적인 징후(reasonable indication)가 있는가 여부를 판정해야 한다. 제소자는 동건에 대해서 거증책임을 지게 된다. 만약 ITC의 예비판정이 부정적이면 조사는 종료되

14) 여기에 해당되는 이해관계자란 ① 미국 내 동종상품의 제조업자, 생산자 또는 도매업자, ② 영향을 받는 산업을 대표할 수 있다고 공인되거나 인정되는 노조 또는 노동자집단, ③ 회원의 과반수 이상이 동종상품을 생산하는 업자단체 및 협회, ④ 독립된 지위를 갖고 있는 기업, 노동조합 또는 업자단체의 연합 등이다.

나 긍정적이면 조사는 계속 진행되게 된다.

(3) 상무성의 보조금지급 예비판정

제소 또는 자체 조사가 개시된지 85일 이내에 상무성은 보조금이 지급되고 있다고 믿거나, 의심할 수 있는 합리적인 근거가 있는가 여부를 결정해야 한다. 상향성 보조금을 포함한 사례에 있어서의 기간은 250일까지도 확대될 수 있다. 이 예비판정은 그 때까지 이용할 수 있는 최선의 정보에 바탕을 두어야 한다.

긍정적인 판단이 내려졌을 경우의 예비판정은 순보조금의 추정액을 나타내어야 한다. 만약 주어진 정보가 충분하고 당사자들이 검증의 포기(waver of verification)를 내용으로 하는 서면과 신속한 예비판정의 합의서를 제출한다면 예비판정은 조사개시 후 최초의 50일 동안 얻어진 정보에 의거하여 신속하게 내려져야 한다.

다른 한편으로 제소자의 요구가 있을 경우 또는 상무성이 극히 복잡하다고 결정한 사례의 경우에는 제소접수 또는 자체 조사개시 이후 150일까지 예비판정이 연기될 수 있다.

긍정적인 예비판정의 효과는 다음과 같이 두 가지로 집약할 수 있다.

첫째, 상무성은 예비판정 공시일부터 판정대상 외국상품의 어떠한 통관에 대해서도 청산중지(suspension of liquidation) 명령을 내려야 한다. 또한 상무성은 매번 계속적인 진입시마다 순보조금의 추정액에 상당하는 만큼의 현금, 채권 또는 기타 적정한 유가증권의 예치를 명령해야만 한다.

둘째, ITC는 최종피해조사를 개시해야 하고 상무성은 피해판정에 관련이 있는 모든 정보를 ITC가 이용할 수 있도록 조치해야 한다. 만약 예비판정이 부정적이면 청산중지는 행해지지 않으나 상무성 조사는 그대로 계속된다. 만약 상무성이 중대한 상황이 존재하고 있다고 결정하게 되면 이미 명령된 모든 청산중지는 청산중지명령이 내리기 90일 이전에 진입된 상품의 이 청산통관분에도 소급하여 적용이 된다.

(4) 상무성의 보조금지급 최종판정

특별한 기한연장이 적용되는 상향성보조금의 경우가 아니라면 상무성은 예비판정이 있은 지 75일 이내에 최종보조금 지급판정을 내려야 한다. 만약 동일한 상품의 수입에 반덤핑법 및 상계관세법에 의한 조사가 동시에 이루어진다면 최종보조금 지급판정은 제소자의 요구에 따라서 반덤핑조사의 최종판정일까지 연기될 수 있다.

만약 최종보조금 지급판정이 부정적이라면 발효중인 모든 청산중지를 포함하여 조사는 종료되게 되며 모든 상계관세추정 현금공탁액은 환불되고 증권 및 기타 적정유가증권들도 반환된다. 만약 최종판정이 긍정적이면 상무성은 청산중지 및 현금 또는 증권 및 기타 유가증권의 예탁이 예비판정의 결과로서 아직 행해지지 않고 있을 경우에는 이를 명령하게 되며 ITC의 피해최종판정의 공표를 기다리게 된다.

(5) ITC의 피해최종판정

상무성의 예비판정이 긍정적일 경우 그러한 예비판정이 있은 지 120일 이내 또는 상무성의 긍정적인 최종판정이 있은 지 45일 이내의 두 기한 중 보다 늦게 도래하는 기일 이내에 ITC는 실제적인 피해의 최종판정을 내려야 한다. 상무성의 예비판정은 부정적이나 상무성 최종판정이 긍정적일 경우 ITC는 긍정적인 최종판정을 내린 지 75일 이내에 피해판정을 내리기로 되어 있다.

(6) 상계관세조사의 종료 · 중지

상무성이나 ITC는 제소자에 의한 제소의 철회에 의해 또는 조사가 상무성 자체결정으로 개시되었을 경우에는 상무성의 철회에 의해 조사를 종료시킬 수 있다. 그러나 상무성은 수량제한협정에 근거를 둔 조사종료와 공공의 이익과 합치되지 않으면 조사대상 상품의 미국 수입물량을 제한하는 그러한 협정에 기인하여 조사를 종료할 수는 없다.

상무성은 모든 조사대상 수입상품에 대해 실질적으로 책임을 지고 있는 외국정부 또는 수출업자와 협의하여 다음의 세 가지 형태의 협정 중의 하나에 근거를 두고 CVD조사를 중지할 수 있다. 세 가지 형태의 협정이란, ① 조사중지 이후 6개월 이내에 완전히 보조금을 제거하거나 완전히 순보조금을 상쇄시킨다는 협정, ② 조사중지 이후 6개월 이내에 보조금을 지급받고 미국시장에 들어오는 상품의 수출을 않겠다는 협정, ③ 보조금을 지급받은 상품의 미국에 미치는 위해한 효과를 완전히 제거하겠다는 협정을 말한다. 그러나 상무성은 조사중지가 공공의 이익과 합치하지 않고 이 협정들의 효과적인 감시(monitering)가 가능하지 않다고 생각할 경우에는 이 협정들을 받아들이지 않을 수도 있다.

상무성은 조사의 중지조치를 취하기 이전에 그러한 의도를 모든 피해관계자에게 통고하여 그들의 의견을 개진할 수 있는 기회를 주어야 한다. 상무성이 조사중지를 결정했을 때는 이를 공시해야 하며 또 (만약 이전에 행해지지 않았다면) 긍정적인 예비판정을 내려야 한다. ITC도 또한 조사를 중지할 수 있다. 이 경우 긍정적인 예비판정의 결과로 인한 청산중지 명령은 종료되며 추정상계관세액의 모든 공탁금 또는 예탁된 질권은 환불되거나 반환된다. 만약 중지가 공시된 후 20일 이내에 상무성이 국내 이해관계자 또는 외국정부로부터 조사의 계속 요구를 받게 되면 상무성과 ITC 공히 각자의 조사를 계속하여야 한다.

(7) 상계관세의 사정

제Ⅶ편(title Ⅶ)에 의하면 상계관세 부과명령을 내리기 위해서는 상무성과 ITC 공히 긍정적인 최종판정을 내려야 한다. ITC의 긍정적인 최종판정이 공시된 지 7일 이내에 상무성은, ① 관세청(customs service)에 순보조금액과 동일한 만큼의 상계관세를 상정토록 하고, ② CVD가 적용되는 상품을 기술하고, ③ 당해 상품의 미청산통관시 통상의 관세추정액과 함께 추정상계관세를 예치할 것을 요구하는 내용의 명령을 내려야 한다. 관세청은 상무성이 사정의 근거에 대한 만족할 만한 정보자료를 받은 지 6개월 이내에 상계관세는 사정해야 하나 당해 상품이 미국으로 수입되거나 판매되는 매년 회계기간의 최종일로부터 12개월 이내에 이루어져야 한다. 상무성은 CVD 사정 및 장래의 통관시의 추정CVD공탁의 근거가 되는 순보조자금에 대한 자체의 결정을 공시해야 한다.

만약 긍정적인 예비판정에 따른 추정상계관세 만큼의 현금, 채권 및 기타 직접유가증권의 예탁액이 CVD부과명령에 따라서 사정된 CVD금액보다 크다면 최종피해판정의 공표 이전의 통관분에 대한 차액만큼 환불되어질 것이다.

만약 현금공탁액이 CVD부과명령하의 CVD추정액보다 적다면 그 차액은 무시된다. 양자 중 어느 경우에도 이자는 발생하지 않는다.

또한 미청산수입분에 대해 예탁된 추정상계관세가 CVD부과명령에 의해 결정된 확정CVD금액보다 크다면 그 차액은 초과분에 대한 이자와 함께 환불되고, 만약 CVD추정액이 CVD확정액보다 적다면 그 차액은 이자와 함께 징수될 것이다.

(8) 행정적 재심

상무성은 요청에 의해서 효력발생중인 CVD부과명령 및 중지협정에 대해 연례재심을 행해야 한다. 재심의 대상이 되는 모든 상품의 통관에 대해서 상무성은 순보조금액을 검토하고 판정해야 한다. 그러나 판정은 동 재심의 대상이 되는 모든 통관상품에 대한 CVD의 사정 및 재심기간 이후 계속되어지는 통관상품에 대한 추정관세공탁액의 근거를 제공하게 된다. 상무성의 연례재심의 결과는 사정되어진 모든 CVD금액, 예치될 관세추정액 또는 재개된 조사내용의 공시와 함께 공표되어야 한다. 그러나 상무성은 상쇄의 근거가 되는 CVD부과명령을 취소할 수 없고 또한 중지된 조사(suspended investigation)를 종료시킬 수 없다.

최종판정 또는 중지협정의 재심은 상무성이나 ITC가 그러한 재심을 정당화시키기에 충분한 환경의 변화를 제시한 정보 또는 요구가 있을 때마다 양기관에 의해 수행되어진다. 그러나 충분한 이유가 나타나지 않으면 어떠한 최종판정 또는 중지협정도 그것이 공시된지 24개월 이내에 재심될 수는 없다.

(9) 사법적 심사

상계관세법에 의거한 최종판정에 불만족한 이해관계자는 사법부의 재심을 청구하기 위해 미 국제무역법원(US Court of International Trade)에 소송을 제기할 수 있다. 행정부의 조치에 대한 사법부의 재심청구를 위해서 최종판정이 공시된지 30일 이내에 소환장과 고소장이 동시에 접수되어야 한다. 법원이 이용하게 되는 재심의 기준이란 판정이 문서상의 실질적인 증거에 의해 뒷받침되고 있는가, 그렇지 않으면 법과 일치하지 않고 있는가를 말한다.

이전에 허용되었던 중간결정에 대한 항고적 사법심사는 1984년 통상관세법 제623조에 의해 폐지되었다. 미 국제무역법원의 결정에 대해서는 미 연방순회 항소법원에 의해 항고할 수 있다.

4. EU의 상계관세법

4.1 상계관세의 개요

(1) 상계관세에 관한 공동법

1968년 EU 이사회규정 No. 459/68이 채택된 이후 EU당국은 보조금이 지급된 물품이 역내에서 자유롭게 유통됨으로써 피해를 야기할 경우 동 물품에 대하여 상계관세를 부가할 수 있게 되었다. '유럽석탄 · 철강협정'(European Coal and Steel Community : ECSS)의 적용을 받는 물품을 제외한 일반상품에 대한 상계관세조사는 현재 EU이사회규정 No. 2176/84의 적용을 받는다. 보조금지급에 대한 확인과 산정에 관한 특별조항을 제외하고는 상계관세 조사절차는 기본적으로 반덤핑조사절차와 동일하다.

EEC의 상계관세규칙 시행기관은 기본적으로 EU집행위와 EU이사회 및 회원국가로 나누어져 있다. EU집행위의 기능은 사실조사 및 조사를 개시하는 데 충분한 증거가 있는지 여부를 결정하는 것이다. 또한 시행안은 상황에 따라 잠정 상계관세를 부과할 수 있다. 반면 EU이사회는 시행안의 제안을 접수한 후 잠정 관세의 징수 및 최종상계관세의 부과명령을 할 수 있는 권한을 갖는다. 회원국가 역시 상계관세 조사절차에서 중요한 역할을 담당한다. 회원국가들은 각 회원국 대표로 구성되고 EU집행위에서 파견된 대표가 주재하는 자문위원회를 통하여 EEC의 상계관세 조사절차에 관여하는데 동 자문위원회는 조사 각 단계에서 EU집행위원회의 자문을 받는다. 이밖에 회원국들은 자국세관을 통하여 부과된 상계관세를 징수한다.

(2) 상계관세의 부과요건

1) 보 조 금

상계관세는 공동체 내에 자유유통시킬 목적으로 물품이 반입됨으로써 피해가 야기될 어떤 물품의 제조 · 생산 · 수출 또는 수송에 대하여 원산국이나 수출국이 직접 혹은 간접으로 지급하는 보조금을 상쇄시키기 위하여 부과될 수 있는 것이다.

규정 3조 (1)은 특별히 수출보조금에 대해서는 상계관세를 부과할 수 있다고 명시하고 있으며 도쿄라운드에서 협의된 GATT 보조금 협약에서 취한 수출보조금 예시 리스트를 동 부속서로 첨부하고 있다. 한편 동 규정 3조 (2)는 "수출상품에 지급된 보조금은 부속서에 열거된 관행을 포함하나 이에 한정되지 않는다"고 명시하고 있으며 13조 (4) (b)는 수출보조금에 관해서만 소급적인 상계관세가 부과될 수 있다고 밝히고 있다.

2) 피 해

보조금이 지급된 물품이 EU 내에서 자유롭게 유통되는 결과 피해가 야기될 경우에만 보조금조항에 따른 조치가 취해진다. 상계관세 조사절차에서 피해존재 여부는 반덤핑 조사절차에서와 동일한 역할을 한다.

피해판정 관련규칙은 EU반덤핑규정 제4조에 상술되어 있으며 동 판정은 다음과 같은 네 가지 기본단계를 포함하고 있다.

첫째, 조사대상 상품과 국내생산업자의 물품이 동종물품인지에 대한 판정

둘째, 동종물품의 국내생산업자들이 EU덤핑규정 제4조 (5) 항에 기술된 내용의 의미에서 하나의 공동체 산업을 형성하고 있는지의 여부 판정

셋째, EU업계가 EU반덤핑규정 제4조에 규정되어 있는 바의 의미에서 피해를 겪고 있는지의 여부 판정, 즉 여기에서의 피해의 엄격한 의미는 '실질적 피해', '실질적 피해의 가능성' 및 '실질적 산업형성 지연'을 포함하는 것이다.

넷째, 덤핑수입과 피해 사이에 상호 인과관계가 있는지의 여부판정

4.2 상계관세의 부과절차

(1) 제 소

덤핑 또는 보조된 수입물품에 의하여 스스로 피해를 입었거나 위협을 받았다고 생각하는 공동체산업을 대리하여 자연인이나 법인 또는 법인격을 갖지 않는 어떤 단체도 서면으로 제소할 수 있다.

제소장에는 덤핑이나 보조금의 존재 및 그로 인하여 발생하는 피해에 관한 충분한 근거가 포함되어야 하며 이것은 집행위원회 또는 회원국에 제출될 수 있으며 회원국이 접수한 때에는 추후에 이를 집행위원회로 회부하여야 한다.

신청은 없더라도 회원국이 덤핑이나 보조된 수입물품으로 인하여 공동산

업체에 야기되는 피해에 관한 충분한 증거를 가지고 있을 때에는 즉시 당해 증거를 집행위원회에 전달해야 한다.

(2) 조사개시 및 후속절차

집행위 조사절차를 개시하기에 정당한 증거가 있는 것이 명백한 경우 집행위원회는 다음 사항을 행해야 한다.

① EU관보에 조사절차의 개시를 공고해야 한다. 공고에는 관련물품과 국가를 명시하고 접수한 자료를 요약하여 공고하고, 모든 관련자료가 위원회에 통보될 것을 규정해야 한다.

② 수출국의 대표와 제소자에게는 물론 위원회가 알고 있는 관련수출업자와 수입업자에게도 상기 사실을 통보해야 한다.

③ 회원국과 협력하여 공동체차원에서 조사를 개시해야 한다. 해당 조사는 덤핑이나 보조금 및 그로 인한 피해를 포괄하여야 하며 제2항 내지 제8항에 따라서 진행되어야 한다. 덤핑이나 상계관세 보조기간은 통상 조사절차 개시 직전 6개월 이상을 대상으로 한다.

집행위원회는 필요하다고 생각하는 모든 자료를 수집해야 하며 적절하다고 생각하는 경우 수입업자 · 수출업자 · 대리점 · 생산자 · 무역조합 및 단체의 기록을 검증해야 한다. 또한 필요한 경우 집행위원회는 관련회사가 동의를 하고 해당국 정부가 공식적으로 통보를 받고 아무런 이의도 제기하지 않는 때에 제3국에서의 조사를 수행한다.

집행위원회는 이해관계인으로부터 의견을 청취할 수 있다. 더구나 집행위원회는 요청이 있을 경우 직접 관련당사자에게 회합을 할 수 있는 기회를 제공하여 반대의견을 제시하고 반박 주장을 할 수 있도록 해야 한다.

조사절차는 조사종료에 의거하거나 또는 확정적인 결정에 의하여 결정된다. 조사종결은 정상적으로 절차의 개시일로부터 1년 이내에 이루어져야 한다.

(3) 약　　속

조사절차의 진행중에 집행위원회가 협의 후 수락할 수 있는 것으로 간주되는 약속(undertakings)이 제출된 경우 덤핑정지 또는 보조금에 대한 조사절차는 잠정적이거나 확정적인 관세의 부과 없이 종결될 수 있다.

상계관세절차 중 undertaking 관련규칙은 반덤핑관세의 undertaking 관련규칙과 동일하나 보조금의 경우 원산국 또는 수출국의 동의가 필요하다는 점만이 다르다. 제10조 (2)에 의하면 상계관세절차에서 undertaking은 다음 두 가지 형식을 취할 수 있다.

① 원산국 또는 수출국정부가 보조금을 철폐 또는 제한하거나 보조금의 부정적 영향을 시정하는 조치를 취한다는 undertaking.

② EU집행위가 보조금지급과 이에 따른 부정적 영향이 제기된다고 만족할 수준으로 가격을 조정하거나 수출을 수정한다는 undertaking, 보조금지급의 경우 원산국 또는 수출국의 동의가 필요하다.

그런데 지금까지 관련 제3국이 제의한 undertaking을 EU집행위가 수락함으로써 상계관세절차가 종료된 케이스는 한 건이 있다. 브라질산 상품을 대상으로 한 상계관세 조사과정에서 브라질 정부는 EU집행위에 대하여 문제가 된 상품수출에 조세를 부과하여 보조금 지급효과를 완전히 상쇄하여 동조치 효과를 감소시킬 재정금융정책을 취하지 않겠다고 약속하였다. EU집행위는 이 약속을 받아들여 상계관세 조사절차를 종결하였다.

이상 상계관세절차에 관한 규칙은 사법재심절차까지도 동일하여 다음 사항에만 유의하면 된다.

① 거의 모든 상계관세 케이스에서 EU집행위는 관련 제3국 당국에게 자료제출을 요청한다.

② 상계관세는 부과가 결정됨과 동시에 징수가 연기되는 사례가 있다. 그러나 규정은 관세부과 연기에 관하여 특별히 명시하지 않고 있다.

③ 반덤핑조치와 마찬가지로 상계관세부과로 행정재심의 대상이 될 수 있다.

제3절 세이프가드 법제

1. 세이프가드의 기본개념

1.1 세이프가드의 의의

세이프가드(safeguards)는 넓게 해석하면 국제수지를 방어하고 국내산업의 피해를 방지하기 위하여 사용되는 모든 무역제도적 장치를 의미한다. 즉, 관세 및 비관세조치를 포함한 모든 무역장벽의 장치뿐만 아니라 산업조정 및 지원 등 산업정책을 통한 경쟁력강화를 추진하기 위하여 실시되는 제반 무역정책을 지칭한다.

그러나 일반적으로 사용되는 좁은 의미의 세이프가드는 공정무역거래에 따른 특정상품의 수입급증이나 수입국의 전반적인 경제여건이나 국내 경쟁산업에 피해를 주거나 또는 피해를 줄 우려가 있을 때 그 수입을 일시적으로 제한할 수 있는 조치를 말한다.

따라서 WTO 자유무역원칙에는 위배되는 것이지만 수입국이 경쟁력이 취약한 현재의 산업을 경쟁력이 있을 것으로 예상되는 다른 산업으로 원활하게 조정할 수 있는 시간적 여유를 수입국에게 제공하기 위한 목적에서 GATT 1994 제19조에 도입된 제도라고 할 수 있다.

즉 산업구조조정에 필요한 기간에 한하여 예외적으로 WTO 의무로부터 벗어날 수 있도록 하고 있는데 이러한 의미에서 GATT 1994 제19조를 도피조항(escape clause) 또는 세이프가드조치(safeguard measures)라고도 한다.

긴급수입제한조치는 수출국의 불공정무역관행이 없는 공정한 무역에 대하여 발동하는 수입규제조치이므로 GATT 1994 제19조에서는 그 발동요건과 절차를 까다롭게 규정하고 있기는 하다. 그러나 GATT 1994 제19조에는 긴급수입제한제도의 골격만을 정하고 있을 뿐 그 구체적 절차 등에 관해서는 규정하고 있지 않기 때문에 현실적 운용과정에서는 다음과 같은 여러가지 문제점이 노정되어 왔다.

① 심각한 피해에 대한 구체적 기준이 설정되어 있지 않아 수출입국간의 합의가 어렵게 되어 있고,

② 각국의 산업구조조정이 부진함에 따라 긴급수입제한제도의 조치기간이 장기화되어 왔고,

③ 긴급수입제한조치를 이용하기보다는 이와 유사하게 변형된 회색조치(grey measures)가 남용되고 있다는 점 등이다.

이들 중 가장 큰 문제로 부각된 것은 회색조치의 남용문제라고 할 수 있다.

회색조치란 GATT 1994 제19조에 의하여 수입을 제한하려고 할 경우에는 한시적으로만 이용해야 하고 수출국과 협의해야 하며 수출국의 손해를 보상해야 하는 등 여러가지 까다로운 조건을 이행해야 하고 협의절차를 밟아야 하기 때문에 GATT 규정에 허용되고 있지 않는 방법을 통해 수입을 제한하는 조치를 말한다.

수출자율규정협정(voluntary exports restrictions : VERs), 시장질서유지협정(orderly marketing agreement : OMA), 쌍무협정(bilateral agreement) 등이 그 대표적 예인데 이러한 협정을 체결할 경우 외관상으로는 수출국이 자발적으로 수출수량을 조정하고 수입국은 수량규제 등 수입규제조치를 취하지 않는 것으로 보인다.

그러나 내용면에서는 수입국의 수입규제조치에 불과하다. 이러한 형태는 1974년에 체결된 다자간섬유협정(MFA)이 GATT에 위반된다고 지적된 이후부터 나타나기 시작하였는데 주로 자동차, 철강, 의류, 신발 등에 두루 이용됨으로써 긴급수입제한제도의 실효성이 크게 저하되었다.

Tokyo Round에서는 이와같은 긴급수입제한제도의 실효성을 제고하고 회색조치의 근절을 위한 방법이 논의되었으나 협정제정에는 실패하였고 Uruguay Round에 와서야 GATT 1994 제19조의 원활한 이행을 위하여 「세이프가드협정」이 체결되었다.

1.2 세이프가드의 성격

무역자유화에 의한 수입개방은 국민경제의 모든 부문에 경제적 효과를 유발한다. 가장 중요한 국민경제적 파급효과는 소비자잉여(consumers surplus)의 증대와 생산자잉여(producers surplus)의 감소를 지적할 수 있다.

소비자잉여는 어떤 재화를 구입하였을 때 구입한 재화의 가치(주관적 가치)가 그 재화를 구입하기 위하여 지불한 화폐의 가치(객관적 가치)보다 클 때 그 차이를 말하며, 생산자잉여는 생산자가 어떤 재화를 판매하는 데에 기대하는 최소한의 금액과 실제로 받는 금액의 차이를 말한다. 소비자잉여의 증대는 소비자가 낮은 가격으로 좋은 품질의 제품을 구입함으로써 발생하는 한편 생산자잉여의 감소는 수입개방으로 인하여 수입재화와 대체 또는 경쟁관계에 있는 국내생산재의 국내수요 및 생산량이 감소함으로써 발생한다.

수입의 증가는 기업들의 경쟁력제고를 통하여 생산의 효율성을 향상시키고 소비자들에게 비교적 저렴한 가격에 많은 선택의 여지를 부여한다는 점에서 국가경제에 이익이 될 수 있는 반면에 국내의 경쟁산업이 충분한 경쟁력을 갖추지 못한 경우에는 기업의 도산과 함께 대량실업을 유발하고 그 산업에 경제력을 크게 의존하는 지역사회의 구매력 및 조세기반을 잠식함으로써 지역사회의 경제에 악영향을 끼칠 수 있다.

무역자유화는 일반적으로 전체 국가경제에는 이롭지만 그 경제 내의 특정개인과 단체에게는 단기적으로 불이익을 제공한다. 즉 자유무역을 지향하는 시장개방화는 국가 전체로 보아 생산자잉여의 감소로 발생하는 손해보다는 소비자잉여의 증대로 발생하는 이익이 크다고 볼 수 있다.

이와 관련하여 세이프가드는 수입을 일시적으로 제한하여 피해를 입은 국내경쟁산업에게 적절한 조정기회를 부여함으로써 해당 산업의 경쟁력을 향상시키고 자원의 효율적 이동을 촉진시키는 데에 그 의의가 있다고 할 수 있다. 즉, 국제무역 장벽이 낮아짐에 따라 상이한 체제간에 무역으로 발생할 수 있는 급격한 개혁을 방지하는 규제수단으로 사용함으로써 특정산업과 노동자들을 불가피하고 심각한 피해로부터 보호하고 자유무역경쟁에 적응할 수 있는 적절한 시간을 부여하고자 하는 것이다.

그러나 세이프가드의 이러한 성격은 몇 가지 중요한 문제점을 내포하고

세이프가드와 회색지대조치

세이프가드(safeguard, 즉, 긴급수입제한조치)는 1994년 WTO의 출범과 함께 WTO 규정에 포함된 제19조(Article XIX, The agreement on Safeguards(SG Agreement)의 적용에 관한 협정이다. 세이프가드는 특정 재화의 수입이 빠르게 늘어나 수입국에 심각한 '위기(emergency)'를 초래했거나 초래할 수 있는 경우에 수입국 정부가 해당 상품의 수입을 제한할 수 있는 조치를 말한다. 이러한 조치는 관세양허나 의무를 유보하는 것을 허용하며, 물리적으로 수입을 제한하거나 또는 약속된 관세율 이상의 관세를 부과하는 방식을 택하게 된다. 세이프가드는 WTO 회원국들이 사용할 수 있는 세 가지 종류의 '조건부(contingnet)' 보호장치들 중의 하나이다. 나머지들은 반덤핑(anti-dumping)과 상계조치(countervailing measures)이다.

세이프가드는 반드시 일시적(temporary)으로 적용되어야 하며, 수입이 자국 산업에 심각한 피해(injury)를 입힐 것으로 판단되는 경우에만 사용될 수 있다. 이 조치는 무차별적으로 적용되어야 하지, 어떤 특정 국가에 대해서만 선별적으로 사용될 수는 없다(즉, 최혜국대우의 원칙이 적용되어야 한다). 세이프가드가 시행된 후 이 조치는 반드시 점진적으로 완화되어야 하고, 또한 이 조치를 시행한 국가는 이 조치에 의해서 피해를 입은 회원국에 대하여 보상을 하도록 하고 있다. 즉, 반덤핑이나 상계조치와는 달리 이 조치를 취하기 위해서 반드시 사전에 '불공정한(unfair)' 거래가 있었다는 사실을 입증할 필요는 없다.

세이프가드에 관한 협정은 1993년 12월 타결된 우루과이라운드에 의해서 도입되었는데, 이 조치가 필요하게 된 이유는 각국이 관행적으로 사용해 온 소위 '회색지대조치(grey area measures)' 때문이었다. 회색지대조치란 '수출자율규제' 나 시장합의(market agreements)' 와 같은 조치들을 통하여 특정상품의 수입을 제한하는 관행을 말한다. GATT 안에서 회색지대 조치들의 합법성 여부가 분명하지 않았기 때문에 제19조에서 이러한 조치들을 금지하고, 각 회원국들이 비상시 세이프가드를 통해서 수입을 제한할 수 있도록 하였다.

있다. 세이프가드가 WTO의 이념에 부합되는 공정무역 관행에 대한 제재조치이므로 이는 바람직한 국제무역정책에 호응하는 효율적인 생산자들에게 피해를 입히는 결과를 초래한다.[15]

15) 채욱, 「우리나라 세이프가드 제도의 개선과 활용방안」, 대외경제정책연구원, 1991. 8, pp. 12~13.

또한 세이프가드는 수입급증에 따른 산업조정내용의 부담을 줄이는 방법으로서는 그 대가가 너무 크며 장기적으로는 경쟁력이 약한 산업이 수입제한에 따른 보호의 힘으로 생산을 계속하도록 장려함으로써 국가경제에 유해한 결과를 초래할 수 있다. 기업들은 끊임없이 변화하는 정치·경제·사회 환경 속에서 그들의 기업전략을 개발·조정해 나가야 할 의무가 있는바 수입급증도 단지 그러한 변화 속에서 발생할 수 있는 한 가지 형태에 불과하며 기업은 이를 스스로 극복해 나아가야 할 의무가 있다는 것이다.

이러한 문제점에도 불구하고 세이프가드는 한편으로 정치적 당위성을 지니고 있다. 정부의 정책변화로 야기되는 산업피해에 대해서는 정부가 관심을 기울이고 적절한 조치를 취함은 당연하다는 것이다. 정책변화로 발생되는 수입에 의한 피해는 환경변화에 의해 발생하는 형태의 피해와는 그 성격이 근본적으로 다르며 정책결정에 영향력을 행사할 수 있는 국내의 유권자들이 직접적으로 영향력을 행사할 수 없는 외국인에게 조정의 부담을 지우려는 것은 자연스럽게 발생하는 정치적 경향이라는 것이다.

2. WTO의 세이프가드 협정

2.1 세이프가드 조치의 발동요건

(1) 의 의

협정 및 1994년 GATT 제19조에 의하면 회원국이 어느 수입물품에 대해 세이프가드 조치를 적용할 수 있기 위해서는, ① 당해 물품이 국내생산에 비해 절대적 또는 상대적으로 증가된 수량으로 수입되었을 것과, ② 이러한 수입의 증가가 예견하지 못한 사태발전 및 관세양허를 포함하여 WTO 하에서 체약당사자가 부담하는 의무의 효과에 기인한 것일 것, ③ 이로 인해 동종물품이나 직접적인 경쟁물품을 생산하는 국내산업에 심각한 피해를 야기하거나 야기할 위험이 있을 것의 세 가지 요건이 충족되어야 한다. 아래에서는 상기한 세 가지 요건의 구체적인 의미에 대해 차례로 살펴보고자 한다.

(2) 수입의 증가

이 요건은 통상 수입통계가 작성되고 있기 때문에 비교적 쉽게 평가할 수 있다. 다만, 1947년 GATT 제19조에서는 단지 '증가된 수량의 수입'으로만 표현하였던 것을 금번 협정에서는 '절대적 또는 상대적으로'란 표현을 추가한 것이 주목할 만한바, 여기서 전자와 같이 수입이 '절대적'(absolute)으로 증가했을 경우에 본 요건이 충족되는 것은 명백하지만 후자와 같이 '상대적'(relative)으로 증가한 경우의 의미에 대해서는 약간의 설명이 필요하다. 즉, 어떤 상품의 연간수입량이 1,000개이고 국내소비가 10,000개라면 국내생산량은 9,000개가 된다. 그런데 국내소비가 5,000개로 줄었음에도 불구하고 수입량이 불변이거나 600개로 줄어들었을 경우 절대적인 증가는 없었지만 국내소비에 대한 수입비중은 최초 10%에서 각각 20% 또는 12%로 높아져 이러한 경우 상대적인 증가가 인정되고 따라서 세이프가드 조치를 적용할 수 있기 위한 첫번째 요건이 성립되는 것이다.

그러나 도피조항이 시장재조정에 따른 부담의 분배라는 정책에 기초하는 점에 비추어 볼 때 이러한 '상대적 증가'의 개념이 부당한 것이라는 지적이 있다. 즉, 실제로 수입이 전혀 증가하지 않았음에도 외국물품에 이러한 책임을 부과하는 것을 정당화하기가 쉽지 않을 뿐만 아니라 이는 특히 전반적인 세계경제 여건이 악화되는 경우에 보호주의적 수단으로 악용될 가능성이 크다는 우려가 제기되었다.

(3) 국내산업에 대한 심각한 피해 또는 피해의 위협

1) '동종물품 또는 직접적인 경쟁물품'을 생산하는 '국내산업'의 의미

협정에 의하면 동종물품이나 직접적인 경쟁물품을 생산하는 국내산업에 심각한 피해를 야기하거나 야기할 위협이 있을 것을 요구한다. 여기서 먼저 '동종물품 또는 직접적인 경쟁물품'의 의미와 관련하여 협정 및 1994년 GATT에서는 달리 규정하고 있지 아니한 바, 1947년 GATT초안 작성과정에서의 논의를 살펴보면 전자의 '동종물품'이란 표현에 대해 정확한 정의를 내리지 아니하였을 뿐만 아니라 이는 하나의 고유한 의미만을 갖는 것이 아니라 각 조항에 규정된 이들 표현은 각각 다른 의미를 가짐을 강조하였다. 따라서 동종물품이란 표현의 해석문제는 당해 조항의 입법목적이 해석의 기준으로 고려되게 된다. 이 점에서 세이프가드 조치의 적용상 '동종물품 또는 직접적인 경쟁물품' (like or directly competitive products)이라 할 때 이는 수입이 국내산업에 피해를 주는 원인이 되는 경우 GATT의무의 정지를 허용하는 것일 뿐만 아니라 이는 GATT 제23조상의 무효화 또는 침해와 관련하여 보상조치를 규정하고 있는 만큼 논리적으로 '동종물품' 보다 넓은 의미로 해석된다.

다음으로 협정에서는 피해 또는 피해의 위협을 결정함에 있어서 '국내산업' (domestic industry)을 회원국의 영토 내에서 활동하는 동종 또는 직접적인 경쟁물품의 생산자 전체(the producers as a whole) 또는 자신들의 동종 또는 직접적인 경쟁물품의 출고량 합계가 당해 물품의 국내총생산의 주요한 몫(a major protion)을 차지하는 생산자들을 의미한다고 규정한다. 여기서 후자의 '주요한 몫을 차지하는' 의 의미가 명확하지 아니하기 때문에 이의 해석을 둘러싸고 국가간의 견해 차이가 발생할 소지가 있다.

2) '심각한 피해' 또는 '피해의 위협' 의 의미

다음으로 심각한 피해(serious injury)나 피해의 위협(threat of serious injury)의 의미에 대해 살펴보고자 한다.

① 심각한 피해는 국내산업에 중대하고 전반적인 손실을, 심각한 피해의 우려는 임박한 피해를 의미하는 것으로 양해된다. 그리고 국내산업은 회원국 영토 내에 활동하는 동종 또는 직접적인 경쟁상품의 생산자 전체 또는 그 생산량이 국내총생산량의 상당비율을 구성하는 생산자를 의미한다(제4조 제1항).

② 동산업의 상황에 영향을 미치는 객관적인 계량가능한 모든 관련 요인을 평가한다. 즉 당해수입상품의 절대적 또는 상대적인 증가량과 증가율, 국내시장점유율, 판매, 생산, 생산성, 가동률, 이윤 및 손실, 고용 등의 변화를 평가한다.

③ 이상과 같은 요인들의 분석에 의하여 수입증가와 산업피해간의 인과관계가 입증되어야 한다. 증가된 수입품 이외의 영향이 수입품의 영향으로 평가되어서는 아니된다.

④ 이상과 같은 검토 내용은 상세히 그리고 신속하게 공표되어야 한다.

2.2 세이프가드 조치의 적용대상 및 제한

(1) 세이프가드 조치의 적용대상

1) 의 의

UR 세이프가드 협상에 있어서는 포괄적인 UR 긴급수입제한조치협정을 모든 부류의 물품에 적용하여야 하는가 아니면 예컨데 섬유나 농산물과 같은 일부 품목에 대해서는 이의 적용을 면제하여야 할 것인가가 주요한 쟁점중 하나이었다.

그런데 협상이 진전됨에 따라 섬유와 농산물과 같은 특별한 부문에 있어서 교역을 규율한 세이프가드 제도는 별도로 규정하는 것이 적절하다는 방향으로 의견이 모아졌고 이에 따라 세이프가드에 관한 Dunkel 초안 역시 별도로 제정된 세이프가드 규칙의 적용을 받는 일정한 물품을 제외한 모든 물품을 그 적용대상으로 하였다.[16)]

한편 UR 긴급수입제한조치협정에서는 세이프가드 조치가 그 원산지에 관계 없이 수입되는 물품에 대해 적용된다고 규정한다. 다만 농산물의 경우 농산물협정 제5조에 상세히 규정된 특별 세이프가드 규정이 적용되는 관계로 본 긴급수입제한조치 협정의 적용이 없게 되었고 섬유와 의류는 일정한 경우에 긴급수입제한조치협정 및 1944년 GATT 제19조의 적용을 받게 되는 점에서 양자간에 차이가 있다.

2) '선별적용'의 문제

① 긴급수입제한조치는 심각한 피해를 방지하거나 치유하고 구조조정을 용이하게 하는 데 필요한 정도로만 발동해야 한다(제5조 제1항).

② 긴급수입제한조치는 원칙적으로 MFN 원칙에 따라 모든 수출국에게 동등하게 적용해야 한다. 긴급수입제한조치는 수량제한의 형태로 실시되는 것이 일반적인데 수량제한을 실시할 경우 과거 대표적 기간(최근 3년간)의 평균 수입량 이하로는 제한할 수 없고 수출국과의 합의나 상기 기간 중의 수입실적에 근거하여 쿼터의 선별적용(selectivity), 즉 선별적인 수입수량의 제한이 가능하도록 허용하고 있다(제5조 제2항(나)).

---

16) *Draft Final Act Embodying the Results of the Uruguay Round of Multilateral Trade negotiations,* GATT Doc. No. MTN. TNC/W/FA(December 20, 1991), para.

ⓘ 긴급수입제한조치가 세이프가드위원회의 주관하에 정당한 협의를 거쳐 실시되었고,

ⓙ 과거 대표적 기간중의 특정 회원국으로부터의 당해물품의 수입이 총 수입량에 비해 불균형한 비율로 증가하였고,

ⓚ 과거 수입실적을 일탈하는 쿼터의 배분의 사유가 정당화되고,

ⓛ 그러한 일탈의 조건이 모든 공급자에게 공평하다는 증명이 위원회에 제시되는 경우 등이다.

UR 긴급수입제한조치 협정에서는 원칙적으로 수입물품의 원산지에 관계 없이 세이프가드 조치를 적용하도록 함으로써 최혜국대우원칙을 채택하였다. 그렇지만 수량제한조치에 따라 쿼터를 공급국(수출국)들간에 할당함에 있어 동 협정에서 규정하는 특별한 경우에 해당되는 예외적인 경우 종전의 대표적인 기간 동안의 수출물량이나 가액과 관계 없이 쿼터를 할당할 수 있게 허용함으로써 쿼터의 할당과 관련하여 수량제한을 실시하는 국가의 경우 예외적으로 최혜국대우기준을 일탈할 수 있게 허용하였다.

(2) 세이프가드 조치의 제한

1) 내용상의 제한

협정에서는 세이프가드 조치가 심각한 피해를 방지하거나 구제하고 구조조정을 촉진하는 데 필요한 범위 내에서만 실시할 수 있도록 함으로써 당해 조치의 기한를 설정하였다. 또한 수량제한(a quantitative restriction)이 사용되는 경우 당해 조치는 통계자료의 이용이 가능한 지난 대표적인 3년간에 있어 수입의 평균에 해당되는 최근기간의 수준 미만으로 수입수량을 감축하여서는 아니 된다는 한계를 설정하였다.

지연되면 회복하기 어려운 손상을 초래할 중대한 상황에서 증가된 수입이 심각한 피해를 야기했거나 야기할 우려가 있다는 예비판정이 내려지면 잠정긴급수입제한조치(provisional safeguard measures)의 실시가 가능하다. 이 경우 조치의 형태는 관세인상의 형식을 취해야 하며 조치기간은 통상 200일을 초과할 수 없다(제6조).

2) 적용기간상의 제한

① 긴급수입제한조치의 적용기간은 심각한 피해를 방지하거나 치유하고

구조조정을 용이하게 하는데 필요한 기간에만 적용하도록 되어 있다. 원칙적으로 4년을 초과할 수 없으나 주무당국이 이 조치가 계속 필요하다고 인정하고 산업이 구조조정 중에 있다는 증거가 있으며 양허의무(제8조), 통고 및 협의(제12조) 등 관련 규정을 준수하는 경우 연장될 수 있다(제7조 제1항 및 제2항).

② 그러나 긴급수입제한조치의 총 적용기간은 잠정조치적용기간, 최초적용기간 및 그 연장기간을 포함하여 8년을 초과할 수 없다(동 제3항).

③ 긴급수입제한조치의 예상존속기간이 1년을 초과하는 경우 구조조정을 촉진하기 위하여 이 조치를 적용하는 회원국은 정기적으로 긴급수입제한조치를 자유화해야 한다. 3년을 초과하는 경우 조치의 중간시점 이전에 상황을 검토하여 적절한 경우 동조치를 철회하거나 자유화를 가속화해야 한다. 그리고 연장된 조치는 최초기간의 조치보다 더 강화되어서는 아니 되며 자유화되어야 한다(동조 제4항).

④ WTO 설립협정 발효일 이후에 취하여진 조치의 경우 조치기간 만큼의 기간이 경과한 이후에 재발동이 가능하다. 다만 이전의 조치기간이 2년이 안 된 경우 재발동금지기간은 최소 2년으로 되어 있으며 180일 이내의 단기간에 걸친 조치는 조치발동일자로부터 최소 1년 이상 경과해야 하고 조치이전 5년 동안 2번을 초과하여 조치가 취해지지 않은 경우 2년 이내 재발동이 가능하다(동조 제5, 제6항).

3) 발동의 제한

협정에서는 WTO 설립 협정의 발효일 이후에 취해진 세이프가드 조치의 대상이 되었던 물품의 수입에 대해서는 원칙적으로 이전에 당해 조치가 적용되었던 기간과 동일한 기간 동안에는 동 조치를 재차 적용할 수 없도록 하였고 여기에 있어 최소한 2년의 기간 동안은 재발동할 수 없게 함으로써 세이프가드 조치의 재발동을 제한하였다. 그러나 180일 이내의 단기간 동안의 물품의 수입에 대해 적용되는 세이프가드 조치는 상기한 제한에 관계 없이 당해 물품의 수입에 대한 세이프가드 조치의 개시일로부터 최소한 1년이 경과하고 당해 조치가 그 개시일 이전의 5년 동안에 3회 이상 실시된 적이 없는 경우에 한하여 예외적으로 재발동할 수 있게 하였다.

2.3 기타사항

(1) 보상 및 보복

긴급수입제한조치를 적용하거나 연장하고자 하는 경우 수출회원국과의 양허 및 다른 의무를 준수해야 하고 긴급수입제한조치의 부정적 효과에 대하여 보상을 협의해야 한다. 수출국은 30일 이내에 합의가 이루어지지 않는 경우 조치적용 90일 이내에, 그리고 동 조치가 상품무역이사회에 통고된 날로부터 30일이 경과한 후 조치를 적용한 회원국의 무역에 대하여 동등한 양허나 의무의 적용을 정지할 수 있다. 그러나 이러한 보복의 권리는 수입품의 절대적 증가의 결과로 조치가 취해진 경우 조치가 유효한 처음 3년간에는 행사할 수 없다(제8조).

(2) 개발도상국에 대한 특혜

개발도상국이 원산지인 경우 수입비중이 3%를 초과하지 아니하고 3% 미만의 개도국 수입비중이 전체수입의 9%를 넘지 않는 경우 긴급수입제한 조치가 취해질 수 없다.

한편 개발도상국이 이러한 긴급수입제한조치를 취할 경우에는 그 최대적용기간을 10년까지 연장할 수 있는 권리를 갖는다(제9조).

(3) 기존조치의 폐지

회원국은 GATT 1947 제19조에 의거하여 발동한 기존의 긴급수입제한조치를 동조치가 적용된 날로부터 8년 이내 또는 WTO 협정 발효일로부터 5년 이내 중 늦게 도래하는 시한 내에 종료시켜야 한다(제10조).

(4) 회색지대조치의 철폐

수출자율규제(VERs), 시장질서유지협정(OMA) 및 이와 유사한 조치를 가지고 있는 회원국은 WTO 협정 발효후 180일 이내에 그 폐지 일정을 긴급수입제한조치위원회에 제시해야 하고 WTO 협정 발효후 4년 이내에 동 폐지일정에 따라 단계적으로 폐지해야 한다(제11조).

(5) 통보, 협의 및 감시(제12조 및 제13조)

긴급수입제한제도의 투명성을 제고하기 위하여 이 조치를 발동하는 경우 그 발동요건에 해당하는 사항의 발생내용을, 그리고 각국의 제도에 관하여 긴급수입제한조치 이사회에 통보토록 규정하고 있다.

① 긴급수입제한조치 발동시에는

ⓘ 심각한 피해 또는 피해우려와 관련한 조사과정의 개시 및 그 사유,

ⓘⓘ 증가된 수입으로 인한 심각한 피해 또는 피해우려에 관한 판정결과,

ⓘⓘⓘ 마지막으로 긴급수입제한조치의 적용 및 연장에 관한 결정을 위원회에 통보해야 한다.

② 수출국과의 협의결과, 중간검토결과(제7조 제4항), 수출국에 대한 보상의 형태(제8조 제1항), 양허 및 다른 의무의 정지(제8조 제2항)는 긴급수입제한위원회를 경유 상품무역이사회에 통보해야 한다.

③ 회원국은 긴급수입제한조치에 관련된 자국의 법률, 규정 및 행정절차 등을 긴급수입제한조치위원회에 통보해야 한다.

④ 회원국은 WTO 협정 발효일에 존재하는 GATT 1947에 의한 긴급수입제한조치와 제11조 제1항에서 기술한 이 협정에 위배되는 조치를 WTO 협정 발효 후 60일 이내에 위원회에 통보해야 한다.

3. 미국의 세이프가드 법제

미국의 세이프가드 제도는 1974년 통상법 제201~203조에 규정되어 있으며[17] 이 제도를 운용함에 있어서 산업피해요건에 대한 사실조사 및 최종결정에 이르기까지 준사법적 독립기관인 국제무역위원회(International Trade Commission : ITC)가 전담하고 있다.

---

17) 미국의 면책조항(escape clause)은 1950년대의 무역협정연장법(Trade Agreement Extension Act), 1962년 통상확대법, 1974년 통상법, 1984년 통상관세법, 그리고 1988년 미종합무역법을 통하여 법적 근거가 정비되어 왔다.

3.1 국제무역위원회

ITC는 수입으로 인한 국내산업피해 여부조사, 심판 및 구제에 이르기까지 광범위한 권한을 가진 대통령 산하의 독립적·초당파적·준사법적 기관이다.

비록 정책형성에 직접적으로 참여하지는 않지만 건전하고 공정한 국제무역형성에 커다란 기여를 하고 있으며 무역·통상관계 등에 대한 연구와 조사활동 등을 통하여 대통령 및 의회에 기술적·전문적 조언을 하고 필요한 사항들을 건의함으로써 미국의 국제무역에 관한 경제정책 결정의 기초를 이루고 있다. 이를 보다 구체적으로 열거하면 무역협상에 관한 자문, 일반특혜관세제도(GSP), 국내산업에 대한 수입구제, 동서무역 보조금지급 및 덤핑으로 인한 국내산업의 피해조사, 불공정 수입행위, 통일된 통계자료의 확립, 미국관세율표와 관련된 제반 사항, 국제무역의 연구, 무역 및 관세일람표 작성 등이 있다.

ITC는 임기 9년의 상위위원 6명으로 구성된 위원회를 정점으로 3국 14실 24과로 구성되어 있으며 법률전문가, 경제전문가, 산업분석관, 조사관, 전산처리요원 등 각종 전문가를 포함하여 약 500명의 인원을 두고 있다.

3.2 발동요건 및 피해판정 기준

1974년 통상법 201조에 규정된 세이프가드의 발동요건은 ① 수입량의 증가, ② 동종 또는 직접적인 경쟁상품의 국내산업에 대한 심각한 피해 또는 피해우려, ③ 수입과 산업피해간의 인과관계 등으로 요약될 수 있다. 이들은 GATT 19조의 발동요건과 대체로 일치하고 있으나 "예기치 못한 사태의 진전과 GATT의무의 준수결과" 요건은 규정되어 있지 않다. 이는 전술한 바와 같이 동법 201조에 관련된 많은 제소들이 인과관계를 명확하게 규정하고 있는 이 요건을 충족시키기가 어려워 부정판결을 받는 사례가 늘어나자 1974년 통상법에서 제외되었기 때문이다. 그러나 발동요건 ①, ②, ③이 GATT 19조에 규정된 발동요건들과 일치하고 있을 뿐만 아니라 각 요원의 기준이 GATT의 규정에 비해 훨씬 구체적으로 명시되어 있다는 점이 특징이라 할 수 있다.

'수입량증가'는 GATT 19조의 경우와 마찬가지로 수입량의 절대적 증가뿐만 아니라 국내생산량과 비교하여 상대적 증가의 개념을 함께 포함하는 것으로 해석되어 오고 있다. 즉, 절대적인 수입량이 현상을 유지하거나 감소하더라도 그 수입량이 국내생산량에 비해 상대적으로 증가하면 수입량의 증가로 인정된다. '국내산업'의 범위는 제201조 (b) (3)에 구체적으로 명시되어 있는데 그 기준을 살펴보면, ① 국내생산자와 수입을 겸하는 경우에는 국내생산 부분만을, ② 국내생산자가 한 가지 이상의 상품을 생산하는 경우에는 동종 또는 직접 경쟁적인 상품을 생산하는 생산자의 해당 부분만을, ③ 한 가지 이상의 상품을 생산하는 경우에는 미국의 주요 특정지역에서 동종 또는 직접 경쟁적인 상품을 생산하는 생산업자의 당해 부분만을 포함시키되 당해 지역에서의 동 상품생산시설이 미국 내 산업의 상당부분을 점유하고 해당지역 시장을 주공급대상으로 하며 수입이 당해 산업으로 취급가능하다.

'피해'의 요건으로는 현존하는 심각한 피해 또는 심각한 피해위협요소들을 증명하여 제시하여야 하며 반덤핑 상계관세의 실질적인 피해(material injury)보다는 피해 정도가 심한 것으로 해석된다. 심각한 피해의 판정기준으로 통상법 제 201조 (b) (2)는 관련가능성이 있는 모든 경제요인들을 고려하되 특히, ① 관련국내산업 내 생산시설의 상당한 유휴상태(공장폐쇄, 가동률 저하 포함), ② 상당수 기업들의 정상이윤 이하에서 국내생산 가동불능상태, ③ 관련 국내산업 내의 상당한 실업 및 불완전고용상태 등과 이 밖에도 생산·선적·재고·가격수준 등을 고려하도록 하였다. 심각한 피해위협이란, 피해위협이 추상적이어서는 안 되고 실질적으로 명백한 사실에 근거를 둘 것을 요구하는바, 그 기준으로는, ① 종래의 관련 국내생산의 판매감소·재고증가·생산·이윤·임금·고용 등의 감소추세 외에도 1988년 종합무역법에는 ② 국내시장점유율 감소, ③ 제3국에서의 수입규제로 인한 미국으로의 수출전환, ④ 미국기업의 시설현대화자금 조달능력부족, ⑤ 미국기업의 연구개발 지출수준 유지불능상태 등을 고려하도록 하였다.

'수입과 산업피해 간의 인과관계'는 수입의 증가가 피해 또는 피해위협에 있어서 중요할 뿐만 아니라 기타 다른 원인보다 덜 중요하지 않은 원인이 되어야 하며, 판정기준으로 ① 수입의 증가(절대적 또는 상대적), ② 관련 국내상품의 국내시장점유율 하락과 기타 관련이 있다고 생각하는 모든 경제적 요인을 고려할 것을 규정하고 있다.

3.3 조사절차 및 구제절차

업계를 대표하는 주체(무역협회 · 기업 · 노동조합 또는 노동자집단 등을 포함)들은 통상법 제201조 (a)에 의거하여 ITC에 수입구제조치를 요구하는 제소를 할 수 있으며 이 외에도 대통령 · USTR · 하원세입위원회 · 상원재무위원회의 요청에 의하거나 ITC의 자체발의에 의해서도 조사를 신청할 수 있다. 조사가 실시되는 과정에는 공청회가 개최되며 만약 ITC가 긍정적인 피해판정을 내리게 되면 ITC는 ① 피해의 방지 또는 구제에 필요하다고 생각되는 관세의 부과 및 인상과 수입규제조치의 정도를 결정해야 하며, ② 조정지원이 효과적으로 피해를 구제할 수 있다고 판단되는 경우에는 그 지원의 내용을 건의해야 한다.

ITC는 조사개시 후 6개월 이내에 산업피해의 근거 및 구제조치에 관련된 건의를 포함한 조사결과를 대통령에게 보고해야 하며 이를 공표해야 한다. 동 보고에는 관련산업의 노동자 및 기업들이 수입상품에 보다 효과적으로 경쟁하기 위해 취하고 있는 노력에 관한 정보도 포함되어야 한다.

부정판정의 경우에는 ITC가 합당한 이유가 있다고 결정하지 않는 한, 이전 조사에 대해 대통령에게 보고된 이후 1년 이내에 동일한 사항에 대해서 재조사할 수 없다.

대통령은 ITC의 권고를 접수한 후 60일 이내에 그의 권한 내에서 적절한 조치를 취하되 동 조치와 관련된 제반 요인을 고려하여야 한다. 구제조치는 종래의 관세의 부과 및 인상, 관세쿼터, 수량제한, 시장질서유지협정(OMA) 중의 하나 또는 병행실시 외에도 1988년 미종합무역법에서는 적절한 조정조치 · 경매쿼터 · 국제협상 · 의회의 입법제안 · 대통령의 재량조치 등으로 확대되었다. 구제조치의 기간은 종래의 5년에서 1988년 미 종합무역법에서는 최장 8년으로 장기화되었는데 8년 이하의 조치에 대해서는 연장까지를 포함하여 8년 한도로 규정하였다.

그림 7-4 미국의 긴급수입제한조치에 의한 수입구제절차

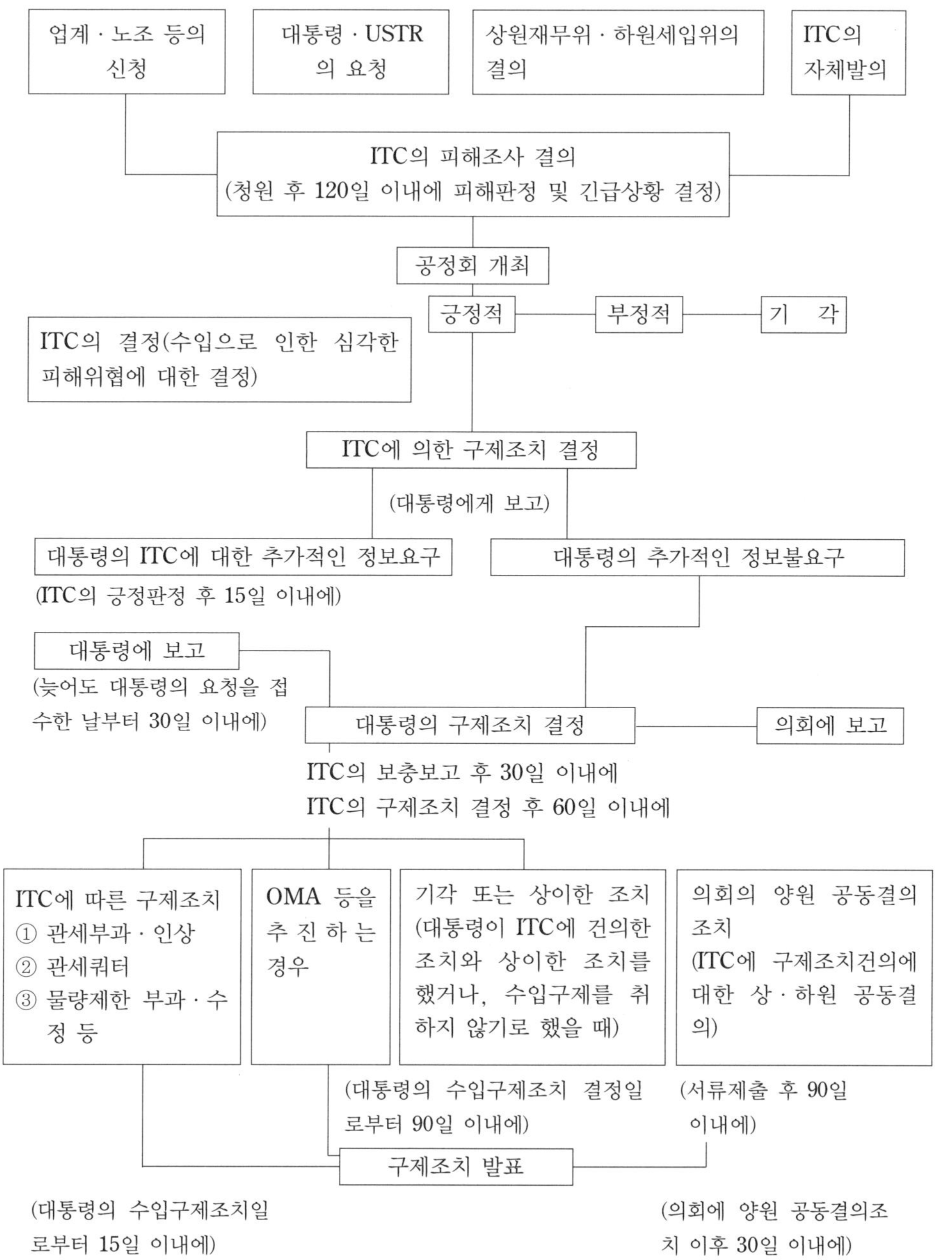

4. EU의 세이프가드 법제

EU역내로 수입되는 상품은 현재 1982년에 제정된 '공동수입규정'에 따른 3가지 규정의 적용을 받고 있으나 이 중 세이프가드 조치에 관해서는 이사회규정 288/82호에 규정되어 있으며 동 제도는 EU집행위원회를 통하여 운용되고 있다.

4.1 집행위원회

EU집행위원회(Commission : 이하 '집행위'라 함)는 EU의 집행기구이지만 어떤 제한된 경우에 있어서는 집행위 자체의 입법권을 보유하고 있어 그 권한은 법률집행 이상으로 막강하다.

집행위는 EU공동체의 일반 이익을 위해 업무를 수행하는 초국가적 기구로서 EU공통의 모든 수입규제조치를 포함한 정책을 입안하고 법률을 제안하며 제3국과의 통상협상도 이사회의 기본방침에 따라 협상의 구체적인 진행과 타결을 책임지고 있다.

집행위는 그 업무를 수행함에 있어서 회원국 정부 또는 단체로부터의 어떠한 지시도 받지 아니하며 회원국 독자적인 수입규제조치도 사전에 집행위에 통보하여 허가를 받도록 되어 있어 대외통상정책에 있어서 집위의 역할은 거의 절대적이라 할 수 있다. 집행위는 임기 4년의 임원 17명으로 구성된 위원회를 정점으로 1국 2실로 구성되며 각종 전문가를 포함하여 약 100명의 임원을 두고 있다.

4.2 발동요건 및 판정기준

이사회규정(council regulation) 288/82호 제9조는 긴급수입제한조치의 발동요건으로 ① 수입량이 절대적 또는 상대적(EU역내생산 또는 소비에 비하여)으로 현저히 증가할 경우, ② 수입상품의 가격, 특히 EU역내의 동일상품가격과 비교하여 현저한 가격인하(price undercutting)가 있는 경우, ③ 결과적으로 EU역내의 동종상품 및 직접적인 경쟁상품의 생산자가 실질적(substantial) 피해나 피해위협을 받아야 한다고 규정하고 있다.

'실질적 피해'의 판정기준으로는 생산량 · 가동률 · 재고 · 판매량 · 시장점유율 · 가격이윤 · 투자자본수익률 · 현금유통 · 고용 등을 고려하도록 하였으며 '심각한 피해위협'이 있다는 주장이 있을 경우에는 원산지나 수출국의 대 EU 수출예상량 등을 고려하여 어떤 특별한 상황이 실질적 피해로 전개될 것인가를 조사해야 한다.

4.3 조사절차 및 구제조치

긴급수입제한조치에 대한 EU의 조사는 회원국 정부의 제소 또는 EU집행위의 자체발의로 개시되며 미국의 경우와는 달리 EU각국의 개별산업이 제소 당사자가 될 수 없다. 그러나 조사를 개시하기 전에 먼저 각 회원국 대표와 집행위원회 대표(의장)로 구성된 자문위원회의 심의를 거쳐야 한다. 자문위원회의 심의결과 조사를 행할 충분한 증거가 있으면 집행위는 조사개시를 EU관보에 게재하고 관계당사국에 통보한 후 조사를 개시한다.

조사가 실시되는 과정에서 집해위는 이해당사자와 청문회를 개최할 수 있다. 조사가 종료되면 집행위는 자문위에 조사결과 보고서를 제출하는데 조사결과 EU의 감시나 보호조치가 필요 없다고 판단되면 EU관보에 동 조사종료를 고시하며 감시나 보호장치가 필요하다고 판단되면 역외 수입감시나 필요한 보호조치를 결정한다.

구제조치로서 수입감시(community surveilling)은 그 자체로는 수입제한이 아니지만 동 조치가 발동된 품목은 허가 없이 EU역내로 수입될 수 없기 때문에 실질적으로 수입제한효과를 가지고 있는 한편 보호조치는 GATT 제19조에 준용되는 조치로서 피해요건에 EU공동체이익을 추가적으로 고려한다는 점이 특징적이다.

수입감시조치는 이사회규정 288/82 제10조 및 제11조에 규정하고 있는데 EU의 동종상품 또는 직접적인 경쟁상태에 있는 상품의 생산자에게 피해를 야기할 위협이 있거나 EU이익을 위해 필요할 때 취할 수 있으며 사전감시와 사후감시가 있다. EU의 사전감시를 받는 품목은 당해 회원국에서 일정의 수입서류를 발급받아야만 자유유통이 가능하다.

또한 당해 상품의 단위거래가격이 수입서류에 명시되어 있는 가격이나 물

그림 7-5 EU의 긴급수입제한조치 조사절차

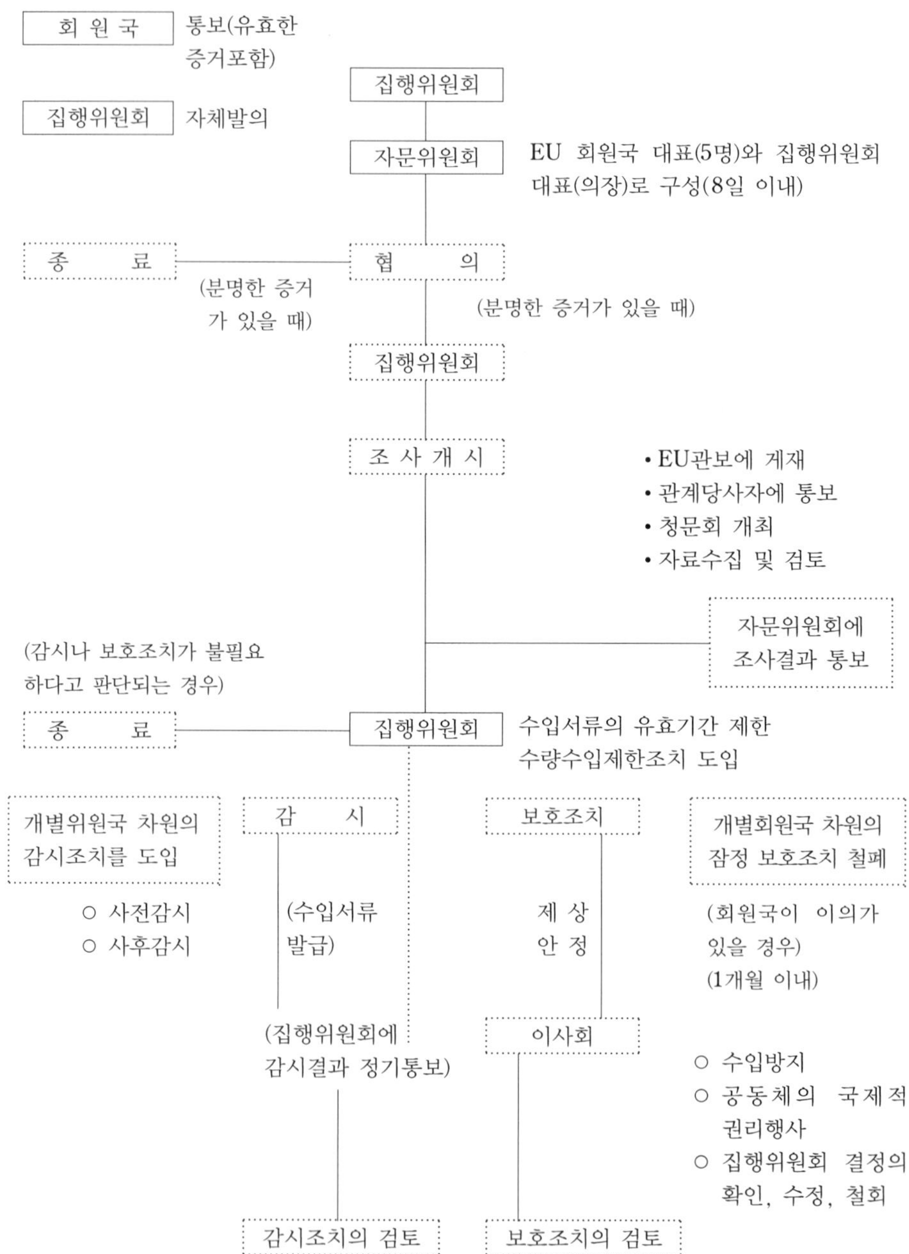

량을 5%(특별한 경우에는 보통 10%까지 가능) 이상 초과하지 않아야 EU 역내 자유유통이 가능하다. 한편 사후감시는 수입제한을 받던 품목이 수입자유화된 후 동 상품의 수입 이후에 이를 감시하는 것을 말한다.

이와 같은 수입감시는 제한된 기간 동안만 실시되어야 하는데 별도의 규정이 없으면 감시조치가 도입된 당해 반기 이후 두번째 반기종료와 함께 종료된다.

보호조치는 이사회 규정 299/82 제15조에 규정되어 있는데 EU에 수입되는 상품의 물량이 급증하거나 또는 수입상황이 EU의 동종 또는 직접 경쟁대상이 되는 상품의 생산자에게 실질적인 피해(substantial injury)를 야기하거나 피해를 야기할 우려가 있을 경우 그리고 긴박한 상황(critical situation)이어서 조금만 지체되어도 회복하기 곤란할 정도의 피해를 야기하게 되어 EU의 이익을 보호하기 위해서 즉각적인 개입이 필요할 경우 취할 수 있다.

동 조치의 형태로는 수입서류의 유효기간 제한이나 관세쿼터 · 총량쿼터 · 쌍무쿼터 · 수량제한 그리고 수량 및 금액의 병행조치 등의 쿼터형태와 정부간 협의에 의해 이루어지는 수출자율규제의 형태가 있으며 EU와의 자유무역협정 체결국을 제외한 제3국으로부터의 대 EU회원국 전체수입에 무차별적으로 적용된다. 보호조치의 기간은 규정되어 있지 않으나 GATT 제 19조의 산업피해의 방지 또는 구제를 위해 필요한 기간만큼의 한시성을 존중하고 있으며 대략 2년 또는 3년 간이고 연장기간도 2년 정도가 통상적이다.

제 4 절 국제통상분쟁과 해결법제

1. 통상분쟁과 해결의 기본개념

1.1 통상분쟁의 의의

일반적으로 통상분쟁 또는 통상마찰이란 특정국이 어떤 이유로 통상 및 무역에 영향을 주는 조치를 취했거나 취하려고 했을 경우에 그 조치에 의해 불이익을 받거나 받을 우려가 있는 상대국과의 사이에서 발생하는 분쟁이라고 할 수 있다.

즉, 일국의 특정품목에 대한 상대국 시장진출의 급격한 증가로 거래의 불균형이 발생 또는 확대되거나 상대국 시장에서의 질서의 혼란과 불공정, 실업의 증대 등으로 위기감을 초래할 때, 상대국은 당해 국가로부터의 수입을 억제 또는 그 나라에 대해 수입확대 및 시장개방 등 대외요구가 나타나는 통상메커니즘의 작용이라고 볼 수 있다.

이러한 분쟁이나 마찰의 현상은 초기에는 개별상품 중심으로 야기되었으나 점점 제도·관행 및 관습에 이르기까지 광범위하게 파급되고 있다. 이에 대응하여 나라마다 규제조치를 취하고, 상품거래에만 한정하지 않고 서비스, 금융, 직접투자 등 경제 전체를 포함하고 있다.

1.2 통상분쟁의 형태

통상분쟁은 관련 분쟁당사자의 유형에 따라 크게 개별당사자간의 분쟁과, 개별당사자와 국가간의 분쟁, 그리고 당사국간의 분쟁으로 대별할 수 있다.[18)]

18) 김선광 외 3인, 「국제통상학개론」, 동성사, 1996, pp. 321~324.

1) 개별당사자간의 통상분쟁

개별당사자간의 국제통상분쟁은 분쟁이 개별기업과 개별기업 사이에서 발생되는 것으로, 다양한 국제통상활동 중 주로 국제계약에서 발생된다. 이러한 범주에 속하는 국제계약에는 물리적 재화의 교역과 관련된 국제물품계약, 기술교역과 관련된 라이슨싱계약, 생산설비건설과 관련된 턴키계약, 두 기업이 각각 출자하여 제3의 회사를 만드는 합작투자계약 등이 있다. 다만 개별기업들간의 국제통상분쟁은 국적이 서로 상이한 기업들간의 분쟁뿐만 아니라 분쟁당사자간의 관련활동이 국제성을 띨 경우 동일국적 기업들간의 분쟁도 의미한다.

이와 같은 개별기업들간의 국제통상분쟁은 계약당사자 중 일방이 계약상 의무를 불이행하거나 충족시키지 못할 경우 즉 계약을 위반할 경우 주로 발생된다. 개별기업들간의 국제통상분쟁은 스스로 권리를 포기하거나 당사자간의 합의 및 제3자의 개입을 통해 해결될 수 있다.

2) 개별당사자와 국가간의 통상분쟁

개별기업과 국가간의 국제통상분쟁은 분쟁이 개별기업과 국가간에 발생되는 것으로 주로 해외에 기업을 설립하여 경영참여를 목표로 하는 해외직접투자와 공익사업이나 자원의 탐사와 개발을 위해 국가와 외국투자기업간에 체결되는 국제양허계약 등에서 발생된다. 이와 같은 개별기업과 국가간의 국제통상분쟁은 계약위반에 따른 개별기업들간의 분쟁과는 달리 대부분 특정당사자 특히 국가의 계약위반 및 일방적 조치에 의해 발생된다. 다만 국제양허계약이나 해외직접투자에 따른 국제분쟁 역시 앞에서 살펴본 개별기업들간의 국제통상분쟁 해결방법과 유사한 방법들을 통해 해결될 수 있다.

3) 당사국간의 통상분쟁

국가들간의 국제통상분쟁은 분쟁이 국가와 국가 사이에서 발생되는 것으로 이는 국제통상관련기구(협정)에 가입한 회원국들간의 분쟁회원국과 비회원국간의 분쟁 그리고 비회원국들간의 분쟁으로 대별될 수 있다.

이와 같은 국가들간의 국제통상분쟁은 특정국가가 자국의 통상관련법, 규칙, 지침 등을 위반하거나 국제통상협정의 규정을 위반하여 다른 회원국에게 피해를 줄 경우에 발생된다. 국가들간의 국제통상분쟁은 일반적인 국가간의 분쟁과 마찬가지로 외교적 수단 · 국제기구 · 국제중재 · 국제재판 그리고 국제통상협정에서 규정하고 있는 분쟁해결절차에 의해 해결될 수 있다.

2. WTO의 분쟁해결법제

2.1 WTO와 분쟁해결

전술한 바와 같이 WTO에는 5가지 기능이 있는데 분쟁해결과 관련해서는 두 가지 기능과 관련성이 크다. 하나는 회원국의 호혜적 이익을 위하여 무역자유화협정의 장을 제공하고 후원하는 일이며, 다른 하나는 어렵게 체결된 국제무역협정이 회원국의 의무회피, 위반, 권리의 남용으로 훼손되지 않도록 함으로써 협정의 실효성을 확보해 나가는 일이다. WTO의 분쟁해결절차와 무역정책검토제도(TPRM)는 바로 이런 노력의 표현이다. 여기에서는 먼저 GATT 체제하에서보다도 훨씬 강화된 WTO의 분쟁해결절차에 대해서 살펴보고자 한다.

분쟁을 해결하는 수단 없이는 규범들을 강제될 수 없기 때문에, 법규에 기초한 시스템 또한 아무 소용이 없어질 것이다. 모든 WTO 절차는 법규를 강조하며 WTO의 분쟁해결제도는 이러한 법규를 중요시하기 때문에, 동 제도는 다자간 무역체제를 보다 안전하고 예측 가능하게 만드는 것이다. 통상분쟁 발생시, WTO 체제의 분쟁해결제도는 사건이 종료될 때까지의 모든 일정을 일정표로 명백하게 정의하고 있는 법에 기초하고 있다. 첫 번째 판정은 패널(Panel)에 의해 이루어지며, 이는 WTO 전체 회원국들에 의해 승인 또는 거부되어질 수 있다. 법적 측면에서의 상소(Appellate)도 가능하다.

WTO가 존재한 지난 약 2년 반이라는 기간 동안 100여 건의 무역분쟁 사례가 WTO에 접수되었다. 일 년간 약 40여 건에 이르는 많은 제소는 획기적으로 개선된 WTO의 분쟁해결제도에 대한 회원국들의 신뢰를 나타내는 것이기도 하다.

2.2 분쟁해결절차의 의의

분쟁의 원만하고도 신속한 해결은 WTO 체제를 유지하는 데 있어서 매

WTO 분쟁해결 규칙과 절차에 관한 양해각서

WTO의 '분쟁해결 규칙과 절차에 관한 양해각서'는 ① WTO 설립협정을 비롯하여, ② 상품무역(GATT-1994), ③ 서비스무역(GATS), ④ 지적재산권(TRIPs) 협정에 관련된 모든 분쟁, 그리고 ⑤ 4개의 복수국간협정에 일반적으로 적용된다. 다만, 동 양해각서의 첨부서 2(Appendix 2)에는 WTO의 일반적 분쟁해결절차의 적용이 배제되는 8개 협정과 1개의 각료결정(Decision)이 열거되어 있다. WTO의 모든 다자간 및 복수국간협정과 관련하여 제기되는 분쟁은 관련협정이 예외적인 규정을 두고 있는 경우를 제외하고는 WTO의 분쟁해결기구(Dispute Settlement Body: DSB)가 처리한다. DSB는 패널의 설치, 패널(및 항소기구)보고서의 채택, 패널의 권고나 재정(裁定)사항의 이행에 대한 감시, 보복조치의 승인 등 폭넓은 권한을 부여받고 있다. DSB의 의사결정은 일반적으로 합의(consensus)에 의한다.

양해각서 제3조는 WTO 분쟁해결절차가 따라야 할 일반적인 원칙들을 다음과 같이 규정하고 있다. 분쟁해결절차는 우선적으로 분쟁당사국이 양국간협의(bilateral consultation)를 통해 상호 수용할 만하고 관련협정에 부합되는 문제해결 방안을 모색할 것을 요구하고 있다. 만일 분쟁당사국 쌍방이 협의를 통해 문제를 해결하지 못하는 때에는 관련협정에 위배되는 조치의 철회(withdrawal)를 최우선 목표로 추구한다. 보상(compensation)의 제공은 문제가 된 조치의 즉각적 철회가 현실적으로 불가능한 경우 그것의 철회를 전제로 요구할 수 있다. 같은 이치로 보복조치는 어디까지나 다른 문제해결책이 없을 때 고려할 수 있는 최후수단으로서 반드시 DSB의 승인을 얻어야 한다.

우 중요한 요소 중의 하나이다. 더구나 잘 정착된 분쟁해결절차는 분쟁을 사전에 예방하는 효과를 발휘한다.[19]

분쟁해결절차는 WTO 회원국간에 발생하는 무역분쟁에 대하여 다자간 규정의 적용을 보장함으로써, WTO 하의 각종 협정(이하 'WTO 협정'이라 칭함)의 권위를 강화하고 효율성을 확보하는 수단이라고 할 수 있다. 즉, 일방회원국이 타회원국의 조치로 인하여 WTO 협정하에서 그에게 직간접으로 연관되는 이익의 침해를 받았을 경우에 신속히 해결함으로써, 동 협정의 효

19) WTO의 분쟁해결 메커니즘은 분쟁해결규칙과 절차에 관한 협정(양해각서, Understanding on Rules and Procedures Governing the Settlement of Disputes : DSU)이 중심이 된다.

과적 기능수행과 회원국들의 권리 및 의무의 적절한 균형을 유지해 주는 제도이다. 동 절차는 다자간 무역체계에 안정성 및 예측능력을 제공하는 핵심요소로서 WTO 협정하의 권리와 의무를 보존하고, 기존의 GATT 규정을 명확히하고자 하는 데에 그 의의가 있다고 하겠다.

또한 동 절차는 WTO 협정의 적용을 받는 분야에 있어서 각국이 국제관습법상의 분쟁해결수단인 일방적인 보복조치에 의존하는 것을 배제하기 위하여 다양한 외교적 또는 법적인 조치 등을 허용하고 있으며, 협정상의 의무위반이 있는 경우에 대해서는 물론이고, 협정을 위반하지 않은 조치라고 하더라도 그로 인하여 일방회원국의 이익이 침해를 받은 경우에는 분쟁해결절차를 원용할 수 있도록 함으로써 그의 광범위한 적용이 가능하게 되었다. 따라서, WTO 협정에 대한 신뢰도는 궁극적으로 분쟁해결절차의 효과적인 운영에 좌우된다고 할 수 있는바, 다자간 무역체제에 대한 신뢰회복을 위해서는 분쟁해결절차의 중요성이 대단히 크다고 할 수 있다.

2.3 분쟁해결의 기구

(1) 분쟁해결기구

분쟁해결기구(Dispute Settlement Body : DSB)는 협의 및 분쟁해결과 관련된 사항에 대한 광범위한 권한을 부여받아 이를 집행한다. WTO의 설립협정에 의거하여 설치된 분쟁해결기구(DSB)는 분쟁패널을 설치하고 패널 및 상소기구 보고서를 채택 또는 기각하며, 판결 및 권고사항의 이행상태를 감독하고 대상협정상의 양허 및 기타 의무의 중지를 허가하는 권한을 갖는다(제2조 제1항). 분쟁해결기구의 결정은 전원합의방식에 의한다(제2조 제4항).

다수의 대상협정의 규정이 관련되는 복합분쟁이 발생하고 그 협정들의 규칙 및 절차가 상호 충돌할 경우에 DSB의 의장은 이를 조정하는 역할을 수행한다. 적용하여야 할 규칙 및 절차에 대한 합의가 패널설치 후 20일 이내에 분쟁당사국들간에 이루어지지 않을 경우 DSB의 의장은 분쟁당사국 일방의 요청이 있은 지 10일 이내에 분쟁당사국과 협의하여 적용할 규칙 및 절차를 확정한다(제1조 2항).

대상협정의 규정과 관련된 분쟁에 있어서 DSB는 관련 세계무역기구이사회 및 위원회에 분쟁의 진전사항을 통고하여야 한다(제2조 제2항).

(2) 패 널

패널은 재판소와 비슷하지만 패널리스트들은 대개 분쟁 당사국들과 협의를 통해 선출된다. 단 양측이 패널리스트의 선출에 합의하지 못하는 경우에만 예외적으로 WTO 사무총장이 임명하게 되어 있다.

패널은 일반적으로 3인(분쟁당사국이 합의할 경우 5인)으로 구성된다. 패널위원의 독립성을 확실히 하기 위하여 분쟁당사국 또는 분쟁에 이해관계를 표명한 제3국의 시민은 분쟁당사국의 합의가 없는 한 패널위원이 될 수 없다. 개도국과 선진국간의 분쟁시 개도국의 요청이 있을 경우 적어도 한 명의 패널위원은 개도국의 국민이 위촉되어야 한다.

패널은 분쟁의 사실부분에 대한 객관적인 평가, 대상협정의 적용가능성 및 동 협정과의 합치성을 포함하여 패널에 회부된 사안에 대한 객관적인 평가를 내린다. 뿐만 이나라 분쟁해결기구(DSB)가 대상협정에 규정되어 있는 권고를 행하거나 판결을 내리는 데 도움이 되도록 여타 조사활동도 행한다. 패널은 분쟁당사국들과 정기적으로 협의하여 이들이 상호 만족할 만한 해결책을 찾을 수 있도록 적절한 기회를 제공한다.

패널은 DSU에 부속되어 있는 작업지침에 따라서 작업을 행하도록 규정되어 있다. 그러나 패널은 분쟁당사국과 협의하여 가능한 한 빨리 패널과정의 일정을 확정하여야 한다. 패널구성에서부터 최종보고서의 제출까지는 일반적으로 6개월(긴급을 요하는 경우는 3 개월)을 초과할 수 없다. 단, 충분한 이유가 있을 경우에는 연장되지만 이 경우에도 9 개월을 초과할 수 없다.

패널은 정보 및 기술적 자문을 구할 권리가 있고(제13조 제1항), 과학적 또는 기술적 사안에 대하여서는 전문가 검토작업반에 검토보고서를 요청할 수가 있다.

(3) 상소기구

상소기구는 7인으로 구성된 상설기구로 이 중 3인이 교대로 개별상소건을 담당한다. 상고기구의 위원은 정부와 관련이 없는 전문가들이 임명되며 4년 임기에 중임이 허용된다. 상소기구의 위원들은 직접 · 간접으로 이해의 충돌을 야기할 분쟁의 심의에는 참여할 수 없다(제17조 제3항).

상소는 분쟁당사국만이 할 수 있다. 그러나 분쟁사안에 대해 실질적인 이해관계가 있음을 DSB에 통고한 제3국은 상소기구에 서면으로 입장을 제출하고 상소기구회의에서 자국의 입장을 표명할 기회를 가질 수 있다(제17조 제4항).

상소기구는 분쟁당사국이 상소의사를 공식통보한 날로부터 60일 이내에 결정을 내려야 한다. 정당한 사유가 있을 경우 연장되지만 심의기간이 90일을 초과할 수 없다(제17조 제5항).

상소의 대상은 패널보고서에 제기된 법률문제 및 패널의 법률적 해석에만 국한된다(제17조 제6항). 상소기구는 패널의 법률적인 조사결과와 결론을 확정, 수정 또는 번복할 수 있다(제17조 제13항). 상소기구 보고서는 30일 이내에 DSB가 만장일치로 채택하지 않기로 결정하지 않는 한 DSB에 의해서 채택되며 분쟁당사국들은 동 보고서를 조건 없이 수락하여야 한다(제17조 제14항).

(4) 전문가 검토작업반

패널 산하에 설치되는 전문가 검토작업반은 패널에 의해서 결정된 작업절차에 따라서 활동하며 패널에 보고한다. 그러나 동 검토작업반의 보고서는 자문의 성격에 국한된다. 분쟁당사국의 국민은 불가피한 경우를 제외하고는 동 검토작업반에 참여할 수 없으며 분쟁당사국의 정부관리는 어떠한 경우에도 참여할 수 없다. 동 검토작업반에 참여하는 사람은 개인 자격으로 참여하여야 한다.

동 검토작업반은 적절하다고 판단되는 출처로부터 정보 및 기술적 조언을 구할 수 있다. 분쟁당사국은 전문가 검토작업반에게 제공되는 관련정보 중 비밀이 아닌 모든 정보에 접근할 권리가 있다. 비밀정보인 경우 제공국의 사전허가를 받아야 하며 제공국은 비밀의 공개를 불허할 경우 공개가능한 형태의 요약본을 제공하여야 한다.

전문가 검토작업반은 보고서 초안을 제출하여 분쟁당사국의 논평을 받아야 하며 적절하다고 판단할 경우 이를 최종보고서에 반영하여야 한다.

2.4 분쟁해결의 절차

(1) 패널에 의한 분쟁해결절차

WTO의 일반당사국이 상대국에 협의를 요청하고 이를 WTO에 통보하여 공식분쟁해결절차가 개시되면 구체적으로 다음과 같은 순서에 따라 진행된다.

① 먼저 제소국이 "협의"를 요청하면 10일 이내에 피제소국이 이에 응해 30일내에 협의를 개시하여 60일내 협의를 통해 분쟁을 해결할 수 있으며, 해결치 못할 경우 제소국은 "패널설치"를 요청하게 된다.

② 일반적으로 3명으로 구성된 패널이 분쟁해결기구(Dispute Settlement Body : DSB)에 의해 설치키로 결정되면 1개월 내에 위원선정, 작업절차 등 활동에 필요한 작업을 마치고 6개월 동안 관련사안을 검토하여 "패널보고서"를 작성, 배포하게 된다.

③ 패널보고서에 대해 당사국이 "상소"하지 않으면 그 후 2개월 내에 DSB에서 패널보고서를 "채택"하고 상소할 경우, 또 다른 3명으로 구성된 상소기구에서 2개월 동안의 검토를 거쳐 보고서를 작성한 후 1개월 내에 마찬가지로 DSB에 의해 채택되게 된다.

④ 패널보고서 채택 후 패소국은 패널의 권고나 이행에 대한 입장을 밝혀야 하며 즉시 이행키 어려운 경우 15개월 이내에서 당사자간 합의 또는 DSB의 동의를 얻어 결정된 "합리적 이행기간"을 부여받는다. 합리적 이행기간 내에 보고서 내용이 이행되지 않는 경우 양당사자간 "보상을 위한 협의"를 하고, 미합의 시 이행기간 만료 후 1개월 내에 승소국이 DSB에 피해에 상응한 "보상, 보복 조치의 승인"을 얻어 "대응조치"를 취할 수 있다.

⑤ 패널의 설치, 보고서의 채택, 보복조치의 인정 등은 DSB에서 'negative consensus(만장일치로 부결되지 않는 한 채택)' 방식에 의하도록 하여 사실상 자동 채택되며, 한편 패널진행중 주선, 조정, 중개를 통해 자발적으로 분쟁을 해결하는 것도 가능하다.

일반적으로 협의요청시부터 분쟁에 대한 시시비비가 가려지는 때까지는 최장 18개월 정도 소요되면 불가피하게 승소국이 보복조치를 취할 때까지는 최장 3년 정도 소요되는 것이 보통이다. 다만 "부패성 상품에 관한 분쟁을 포함하여 긴급한 경우"에는 기간이 어느 정도 단축되어 협의시부터 분쟁의 기본적 판정시까지 6개월 정도의 기간만이 소요될 수도 있으며 동 사안에 대해 상소하더라도 1년 미만 안에 판정이 나올 수 있다. 이는 긴급시에는 협의기간이 20일로 단축되고 패널의 활동기간도 3개월로 한정되는 등 절차를 신속히 진행키 위한 규정이 별도로 마련되어 있기 때문이다. [그림 7-7]에 나와 있는 조사 및 협상절차를 요약하면 다음과 같다.

1) 협의 절차

① 제소국의 서면에 의한 요청(상대국 10일 이내 답변).

② 협의 개시(요청후 30일 이내).

③ 분쟁해결기구(DSB)에 패널설치 요구(상대국의 미답변, 협의거부 및 60일 이내 합의 실패시)하고, DSB는 패널을 설치, 위임사항(terms of reference)(20일 이내에 결정), 패널위원(20일내 구성, 20일 이내에 미구성시 10일 이내에 사무총장이 선임), 패널조사 9개월~12개월(조사기간: 6개월, 부득이한 경우 9개월, 비상시: 3개월).

2) 패널 절차

④ DSB에서 consence(총의)로 부결되지 않는 한 차기 DSB 회의에서 패널설치.

⑤ 패널보고서 송부(패널구성 합의시점으로부터 6개월 이내).

⑥ 패널보고서 채택(보고서 배부일로부터 20일간 검토기간을 부여하고 60일 이내 채택).

3) 상소 절차

⑦ 보고서 작성 송부 DSB로 송부(상소통보일로부터 60일 이내), DSB가 채택된 상소기구 보고서나 패널보고서의 이행감시(합리적 기간내 이행), 합리적 기간은 15개월 내에서(부득이한 경우 18개월)당사자간 합의 이후 당사자간의 이행여부에 따라 DSB가 보복승인.

4) 보복 절차

⑧ 보복 조치 실시(합리적 기간 내 권고나 결정의 불이행시).

⑨ 보복조치에 이의가 있는 경우 중재절차에 회부(합리적 기간 종료 후 60일 이내 절차 종료) : 보복조치 범위 - 동일한 분야에 먼저 적용하나 여타분야에도 적용가능(cross-retaliation 교차 보복).

그러나 승소 당사국의 보복조치에는 다음과 같은 제한이 있다. 첫째, 패

그림 7-6 WTO의 분쟁해결절차

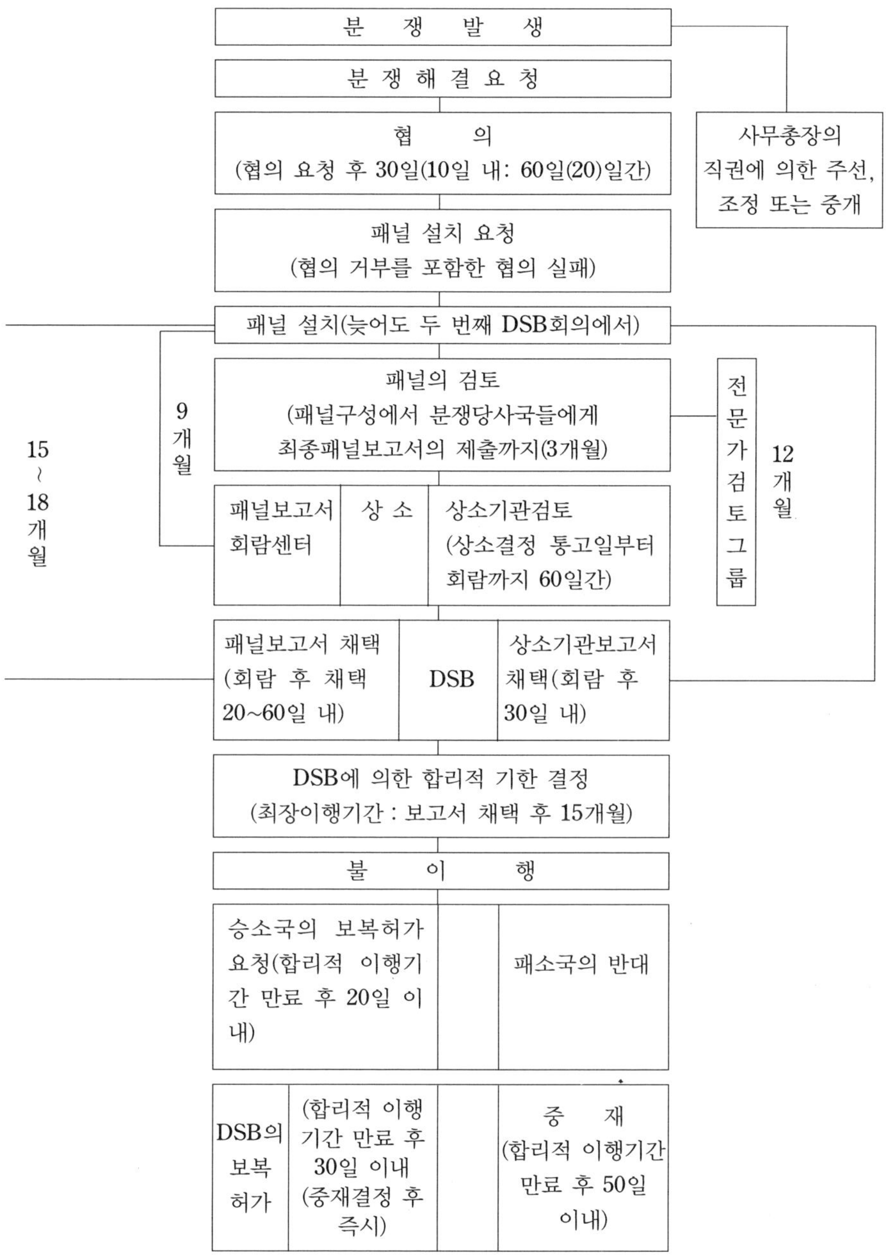

소당사국이 패널 또는 항소기구 권고안이나 이행을 하지 않았다는 증명이 있어야 한다. 둘째, 권고안이 내용대로 이행되지 않은 경우에 양 당사국은 패소당사국의 협정위반에 대한 상호 수락 가능한 수준의 보상(mutually acceptable compensation)을 도출하기 위한 협상 – 약 20일간을 지속해서 – 에 임해야 한다. 다만 미국은 권고안의 완전이해가 더욱 바람직하며 보상은 단지 '임시적이다' 라는 자세를 견지하고 있다. 셋째, 승소 당사국이 보복 조치의 구체적인 내용을 정함에 있어서 완전 재량이 있는 것이 아니다.

DSU에 따르면 제소국은 원칙적으로 패널 또는 항소기구가 협정 위반이 있었다고 판정을 내린 분야와 동일한 분야에서의 양허 또는 기타 의무의 정지를 우선적으로 추진해야 한다. 제소국이 동일한 분야에서의 양허 또는 기타 의무를 정지하는 것이 "현실적 또는 효과적(Practicable or effective)"이며 상황이 충분히 심각하다고 판단하는 경우에는 다른 협정하의 양허 또는 기타 의무의 정지를 추구할 수 있다. 그러나 결국 보복조치의 형태를 결정할 권한은 제소국이 가지고 있다. 어떤 형태의 보복정치가 "현실적이고 효과적"인지를 결정하는 것은 제소국이기 때문이다. 따라서 교차 보복시 우리가 지적재산권을 침범하면 미국이 우리의 자동차 수출에 보복을 가할 수 있게 되고 그것이 가능하게 된다는 것이다.

(2) 패널 이외의 분쟁해결절차

GATT 체제에서와 마찬가지로 WTO 체제에서의 분쟁해결제도의 가장 중요한 기능은 패널이 수행한다. 그러나 분쟁당사국들은 패널절차를 발동하기 전에 협의절차를 통하여 분쟁을 해결하려고 노력하여야 한다. 이외에 주선과 중재 등의 분쟁해결절차가 WTO 체제의 분쟁해결절차의 중요한 내용이 된다.[20]

1) 협　　의

분쟁해결을 위한 분쟁당사국들 사이의 협의(consultation)는 분쟁해결방법 중에서 가장 기본적인 방법이다. 분쟁은 제 3 자의 개입 없이 분쟁당사국들 스스로가 해결하는 것이 가장 기본적이고 원칙적인 것이기 때문이다. 1994년 분쟁해결양해는 협의절차에 시간적 제한을 부과하여 보다 효과적인 분쟁해결

20) 박노형, 「WTO체제의 분쟁해결제도연구」, 박영사, 1995, pp. 29~33.

방법이 될 수 있도록 규정하고 있다. 1989년 분쟁해결개선과 유사한 1994년 분쟁해결양해의 협의에 관한 규정은 분쟁해결의 가장 기본적인 단계에서도 분쟁이 해결될 수 있도록 한다. 이러한 목적으로 회원국들은 자신들이 사용한 합의절차의 효율성을 강화하고 향상하는 결의를 확인한다. 또한 각 회원국은 자국의 영토 내에서 취하여진 대상협정의 운용에 영향을 주는 조치에 대한 다른 회원국의 표명된 입장(representations)에 동정적 고려를 하고 협의를 위한 적절한 기회를 제공할 것을 약속한다.

대상협정에 따라 협의를 요청받은 회원국은 달리 상호간에 합의되지 않는다면 요청의 수령 후 10일 내에 응답하여야 하며 상호간에 만족스러운 해결에 이르기 위하여 그 요청의 수령 후 30일 내에 성실하게 협의를 개시하여야 한다. 회원국이 협의요청의 수령일 후 10일 내에 응답하지 않거나 요청의 수령일 후 30일 내에 또는 상호간에 달리 합의한 기간 내에 협의를 개시하지 않는다면 협의를 요청한 회원국은 직접적으로 패널의 설치를 요청할 수 있다. 협의의 요청수령 후 60일 내에 협의에 의한 분쟁의 해결이 실패하였음을 공동으로 판단한 경우에 제소국은 상기 60일의 기간중에도 패널을 요청할 수 있다.

부패하기 쉬운 상품의 경우를 포함한 긴급한 경우에 회원국들은 요청의 수령 후 10일 내에 협의를 개시하여야 한다. 요청의 수령 후 20일 내에 협의를 통한 분쟁의 해결이 실패한 경우에 제소국은 패널의 설치를 요청할 수 있다. 부패하기 쉬운 상품의 경우를 포함한 긴급한 경우에 분쟁당사국들 패널 및 상소기관은 가능한 한 최대한으로 절차를 가속시키도록 모든 노력을 경주하여야 한다.

협의를 요청한 회원국은 협의의 모든 요청을 DSB와 관련이사회 및 위원회에 통고하여야 한다. 협의의 요청은 서면으로 제출되며 문제가 된 조치의 확인 및 제소의 법적 근거의 표시를 포함한 요청사유를 밝혀야 한다.

협의는 비공개이며 다음 절차에서의 회원국의 권리를 침해하지 않는다. 또한 협의시 회원국들은 개발도상회원국들의 특별한 문제와 이익에 더욱 주의를 기울여야 한다.

협의회원국들이 아닌 다른 회원국이 GATT 1994, 22조 1, GATS 22조 1 또는 다른 대상협정에 상응하는 규정에 따라 수행된 협의에 상당한 무역상의 이익을 갖는다고 고려하는 경우마다 그러한 회원국은 상기 조항상의 협의요청의 회람 후 10일 내에 협의회원국들과 DSB에게 협의에의 참가희망을 통고할 수 있다. 협의를 요청받은 회원국이 협의참가를 희망하는 회원국의 상당한 이익의 주장에 충분한 근거를 갖는다고 동의하면 그러한 회원국은 협의에 참가할 수 있다. 협의에의 참가요청이 거절되면 협의참가를 요청한 회원국은 GATT 1994, 22조 1 또는 23조 1, GATS 22조 1 또는 23조 1 또는 다른 대상협정에 상응하는 규정에 따라 자유로이 협의를 요청할 수 있다.

회원국은 1994년 분쟁해결양해상의 다음 조치를 사용하기 전에 대상협정에 따른 협의과정에서 사안의 만족스러운 조정이 이루어지도록 노력해야 한다. GATT 23조 1과 23조 2와의 관계에 바탕을 둔 그 동안의 GATT의 관행이 반영된 것으로 보인다. 따라서 분쟁당사국은 패널의 설치를 요구하기 전에 먼저 협의를 통하여 분쟁을 해결하도록 노력하여야 할 것이다. 협의가 분쟁당사국들 사이의 직접적이고 기본적인 분쟁해결 방법이라는 점과 1994년 분쟁해결양해상에서 패널에 관한 규정에 앞서서 협의를 규정하고 있는 점을 고려할 때 협의를 통한 분쟁해결의 시작이 타당하다고 볼 수 있다. 1989년 분쟁해결개선이 채택되기 전에는 협의절차에는 시간적 제한이 부과되지 않았으며 1994년 분쟁해결양해상의 시간보다 지체되는 것이 보통이었다. 그러나 최근의 GATT의 분쟁해결 사례를 검토할 때 협의를 통하여 비교적 많은 분쟁이 해결되고 있는 것으로 보인다.

2) 주선 · 조정 및 중개

WTO의 분쟁당사국들은 원하는 경우에 주선(good offices), 조정(conciliation) 또는 중개(mediations)를 통하여 그들의 분쟁을 해결할 수 있다. 분쟁당사국들의 합의를 거쳐 일방 당사국은 패널절차가 진행중인 기간을 포함하여 언제라도 주선 등을 요청할 수 있다. 주선 등의 절차는 언제라도 종료될 수 있으며, 동 절차가 종료되면 제소국은 패널의 설치를 요청할 수 있다. 1994년 분쟁해결양해는 주선 등의 절차가 분쟁당사국 일방만의 의사로 또는 분쟁당사국들의 합의로써 종료되는지를 명시하지 않고 있다. 그러나 주선 등이 정치적인 해결방법으로써 분쟁당사국들의 이들 분쟁해결방법의 활용에 대한 합의를 전제로 한다는 점에서 분쟁당사국 일방의 의사로써 이들 절차가 종료될 수 있다고 보아야 할 것이다. 당사국 일방이 원하지 않는 경우에 이들 정치적인 성격의 분쟁해결방법이 계속 수행되어야 한다는 것은 현실적으로 무의미하기 때문이다.

사무총장은 회원국들의 분쟁해결을 지원하기 위하여 직권으로 주선 등을 제공할 수 있다.

협의의 요청수령 후 60일 내에 주선 등의 절차가 개시되면 제소국은 패널설치의 요청과 협의의 요청수령 사이에 60일 기간을 허용하여야 한다. 분쟁당사국들이 주선 등의 과정을 통한 분쟁해결이 실패하였다고 공동으로 판단하면 제소국은 60일의 기간중에도 패널의 설치를 요청할 수 있다. 분쟁당사국들이 합의하면 주선 등의 절차는 패널절차가 진행하는 동안에도 속행될 수 있다.

주선 등의 절차(proceedings)와 특히 이들 과정에서 분쟁당사국들이 취한 입장은 비밀이며 이들 절차에서의 다음 진행에서의 분쟁당사국 일방의 권리를 침해하지 않는다. 주선 등의 정치적 분쟁해결절차에 관하여 흥미로운 점은 협의나 패널절차와는 달리 긴급한 경우를 위한 특별절차가 규정되지 않은 점이다.

분쟁의 정치적 해결방법인 주선 등을 분쟁당사국들이 언제라도 공식적인 패널절차와 무관하게 요청할 수 있게 함으로써 1994년 분쟁해결양해는 분쟁당사국들이 이들 정치적 해결방법을 적극 활용하게 유도하는 것으로 보인다. 그러나 주선 등의 정치적인 성격 때문에 분쟁당사국들은 역시 언제라도 그 결과를 거부할 수 있다는 단점이 있다. 따라서 이들 정치적 분쟁해결 방법의 활용은 일반국제법관계에서와 같이 분쟁당사국들의 관계 등에 의존하게 될 것이다.

3) 중　　재

중재는 WTO 체제의 기본적인 분쟁해결장치는 아니다. 중재는 손해배상액이나 보상액의 산정과 같은 특별한 문제의 해결에 채용되기 때문이다. 따라서 중재는 WTO 체제분쟁해결의 대체수단이다. WTO 체제 내의 신속한 중재는 양 분쟁당사국들이 명확하게 정의한 문제들에 관한 일정한 분쟁의 해결을 용이하게 할 수 있다. 중재는 양허의 정지수준이 이익의 무효화 또는 침해의 수준에 상응하는가의 문제를 해결하는 데 명시적으로 채용된다. 1994년 분쟁해결양해에서 달리 규정하는 경우를 제외하고는 중재의 사용은 분쟁당사국들의 상호합의를 전제로 하며 이들은 준수되어야 할 절차를 합의한다. 중재사용에 대한 합의는 중재절차의 실제 개시보다 충분히 미리 모든 회원국들에게 통고되어야 한다. 다른 회원국은 중재의 사용을 합의한 분쟁당사국들의 동의에 따라서만이 중재절차의 당사국이 될 수 있다.

중재절차의 당사국들은 중재판결을 준수하기로 합의한다. 당사국들은 중재관의 결정을 최종적인 것으로 수락하여야 하며 해당 당사국들은 2차적인 중재를 요구할 수 없다. 중재판결은 DSB와 관련협정의 이사회 또는 위원회에 통고되어야 하며 회원국은 이들 기관에서 중재판결에 관한 어떤 문제도 제기할 수 있다. 1994년 분쟁해결 양해의 DSB의 권고와 결정의 이행에 관한 규정과 보상 및 양허 등의 정지에 관한 규정은 중재판결에 준용된다. 따라서 중재판결에 대한 DSB의 통제 및 중재판결의 불이행에 대한 보복조치가 가능하게 된다.

(3) WTO 분쟁해결절차의 개선점

우루과이라운드 협정상의 분쟁해결절차는 분쟁해결에 관한 규칙 및 절차 양해각서(DSU)에 규정되어 있다. DSU는 GATT 하의 분쟁해결절차에 다음과 같이 네 가지 근본적 변화를 가져왔다.

1) 엄격한 시한설정

DSU는 분쟁해결절차의 모든 단계마다 엄격한 시한을 설정하였다. 분쟁해결기구의 권고안 내지는 판정을 신속하게 이행하는 것이 분쟁의 효과적 체결에 가장 필수적이라는 점을 고려할 때 실질적인 의미에서 이 이행기간에 시한을 설정한 것이 과거 분쟁해결절차와 가장 중요한 차이라 할 수 있다.

2) 항소기구의 설치

전통적 GATT 분쟁해결 절차하에서 GATT 일반이사회에서 최종적으로 채택되거나 아니면 거부되어서 항소심 절차가 존재하지 않았다. 새로운 분쟁해결 절차에서는 7명으로 구성된 상설항소기구가 설치되며, 패널 판정에 대한 불복이 있는 경우에만 3명으로 구성된 항소패널이 항소심으로서의 기능을 수행하게 된다. 항소기구는 "패널의 법률적인 판정과 결론을 인용, 변경, 번복"을 할 수 있다. 항소기구 설치의 근본취지는 우루과이라운드 협정의 해석에 일관성을 기하기 위한 것으로 풀이된다.

항소는 "패널보고서에서 다룬 범위 내에서의 법률사안과 패널의 법관련 해석"에 관해서만 허용된다. 형사협상관련에서 미국은 항소범위를 좁히기 위해서 노력했으며 EC와 캐나다 등은 상대적으로 그 범위를 넓게 인정하려고 노력하였다.

3) "역만장일치제"의 도입

과거 전통적 GATT 분쟁해결제도하에서는 패널의 판정은 회원국 만장일치에 의해서만 채택되어 어느 나라에서나 거부권을 행사할 수 있었으며, 우루과이라운드협정은 소위 "역만장일치제"를 채택하였다. 이 제도에 의하면 패널이나 항소기구의 판정은 GATT 회원국이 만장일치로 이를 거부하지 않는 한 자동적으로 채택된다. 따라서 패소당사국이나 그 이외 어느 나라들도 전원일치가 아닌 한 패널 또는 항소기구판정의 채택을 저지할 수 없다. 더욱이 만약 패소당사국이 패널판정을 준수하는 것을 거부하는 경우에 분쟁해결기구가 승소당사국에게 보복 조치권을 부여하는 것 역시 "역만장일치제"에 의하기 때문에 승소당사국은 자동적으로 보복 조치권한을 갖게 된다.

4) 보복조치의 자동권한

DSU하에서 승소당사국은 패널권고안이 이행되지 아니하거나 상호간 합리적인 분쟁해결에 도달하지 못한 경우 분쟁과 직접 관련되지 않는 산업분야에 대해서까지 패소당사국에 대하여 보복조치를 할 권한이 자동적으로 부여된다. 미국은 보복조치의 권한 부여가 자동적이라는 점을 강조하고 있지만 DSU는 승소당사국의 보복조치권한에 대하여 여러 가지 제한을 설명하고 있다.

① 패소당사국이 패널 또는 항소기구 권고안이나 판정을 이행하지 않았다는 증명이 있어야 한다. ② 권고안이 내용대로 이행되지 않는 경우에 양당사국은 패소당사국에 협정위반에 대한 "상호수락 가능한 수준에 보상"을 도출하기 위한 협상에 임해야 한다. 승소당사국은 보복조치권한을 수여해 줄 것을 요청하기 위해 보상에 관한 합의에 도달하기 위해 최소한 20일간 협상을 지속하여야 한다. ③ 승소당사국이 보복조치의 구체적인 내용을 정함에 있어서 완전 재량이 있는 것은 아니다.

DSU에 의하면 제소국은 패널 또는 항소기구가 협정위반이 있었다고 판정을 내린 분야와 동일한 분야에서의 양허 또는 기타 의무의 정지를 우선적으로 추진해야 한다. 이것이 현실적 또는 효과적이 아니라고 판단되는 경우 동일 협정하의 다른 분야에서의 양허 또는 기타 의무의 정지를 추구할 수 있다.

3. 미국통상법 제301조의 일방적 해결법제

3.1 통상법 제301조의 의의와 특징

(1) 통상법 제301조의 의미

미국의 무역규제법안의 대명사로 불리는 통상법 301조는 1974년 미국 통상법(Trade Act of 1974)에서 신설되었다. 이 301조는 1979년과 1984년에 각각 개정되었으며, 1988년 종합무역법(Omnibus Trade and Competitive Act of 1988 : 이하 OTCA라 약칭한다)에서 획기적으로 강화되었다. 미국 통상법 제301조란 어느 나라가 미국에 대해 불공정무역관행을 실시하거나 불리한 경제정책을 채택하거나 또는 부당한 법률을 적용할 경우, 미국 대통령은 기존 무역협정 정치 및 파기, 무역협상 추진, 관세율 인상, 수입제한 등 여러 가지 보복조치를 단행할 수 있는 법률적 조항을 의미한다.

1988년 OTCA에서 스페셜 301조 및 슈퍼 301조가 각각 추가(1988. 8. 23. 발효)되었다. 슈퍼 301조는 미국 상원의원 John Danford가 1981년 제시하고 1982년 발의한 'The Reciprocal Trade and Investment Act of 1982' 에 기초하고 있는데, 제안된지 7년만에 제정되었지만, 일방적인 보복조치로서 문제가 많은 법안이다.[21)]

301조는 그 자체 무역정책수단이 아니라 하나의 법적 절차조항에 불과하지만, 외국의 불공정무역관행에 대한 일방적인 대응조치 및 시장개방압력과 관련한 중요성을 갖고 있다.

(2) 통상법 제301조의 특징

이 미국 통상법 제301조는 교역상대국과의 무역을 통하여 미국산업의 피해가 있다고 판단되면, 그 나라에 대하여 미국이 일방적으로 무역 상의 보복조치를 취할 수 있고 보상대상도 제한이 없는 법률조항이다. 미국산업의 피해기준은 산업시설의 심각한 조업의 단축, 유통단계 상의 증가, 산업내 고용의 감소 및 불완전고용, 산업의 적정이윤 감소 등이다.

---

21) 법무부, 「UR협정의 법적 고찰」, 창신사, 1994, p. 610.

미국 통상법 제301조는 통상협정 상 미국의 패권적 권리를 행사하고 미국의 무역을 방해하거나 교란시키는 외국의 불공정무역관행에 대응하기 위하여 명문화된 조항이다. 따라서 통상법 제301조는 미국측의 입장에서 보면 '전가의 보도' 나 '비장의 무기' 임에 틀림없다.

미국 통상법 제301조는 자의적이고 광범위한 보복적 법률조항으로서 미국이 그 교역상대국의 상품시장과 서비스 시장의 개방을 관철시키기 위하여 빈번히 활용하는 가장 강력한 비장의 무기이다. 미국이 통상법 제301조로 불공정무역관행을 제소하여 시장개방을 위한 통상협상을 전개하면 그들은 으레 당초보다 대폭적인 요구를 관철시키려고 하기 때문에 일단 제소나 조사에 걸려들면 통상협상상대국은 불리한 입장을 면치 못한다.

만약 통상협상이 실패되어 미국이 그 협상대상국에 대하여 보복조치를 취하는 경우, 보복조치는 미국 통상법 제301조가 발동된 산업과는 전혀 관계없는 다른 모든 산업분야에도 단행될 수 있다.

(3) 통상법 제301조와 시장개방

그 동안 미국 통상법 제301조는 외국의 시장개방 압력수단으로 많이 이용되어 왔다. 미국은 농업 · 첨단산업 · 통신산업 · 의약품산업 · 서비스 산업분야에 비교우위를 유지해 왔으나 그 교역상대국에서는 국내산업의 보호, 국제수지의 방어, 국내고용의 보호 등 여러 가지 사회적 · 경제적 이유로 미국에 대해 상품 및 서비스 시장을 대폭적으로 개방하지 못하고 있다.

이러한 상황으로 말미암아 미국의 대외수출이 부진하여 무역수지의 만성적 적자가 누적됨에 따라 미국은 국제비교우위도가 높은 산업의 생산물 수출을 증가시키기 위하여 외국시장의 개방을 집요하게 요구하기에 이르렀다. 미국이 외국시장을 개방시키기 위해서는 당사국간의 통상협상이 불가피했고, 이 통상협상에서 미국의 요구조건이 관철되지 않을 경우 미국은 통상법 제301조를 발동하여 협상대상국의 특정상품을 골라 고율의 관세를 부과하는 등 보복조치를 취하겠다고 으름장을 놓았다.[22)]

미국 통상법 제301조는 미국에 대한 시장개방을 거부하거나 혹은 지연시키고 있는 교역상대국을 통상협상의 테이블로 끌어들이는 데에도 아주 유효하게 이용되어 왔다. 만약 어느 나라가 시장개방을 거부하거나 혹은 지연시

22) 富士綜合研究所, 「政權通商政策」, 1993, pp. 20~23.

키는 경우에 미국 통상법 제301조의 적용을 받을 수밖에 없으므로 '울며 겨자먹기식'으로 통상협상에 응하지 않을 수 없었던 것이다.

미국은 그 동안 그들의 상품에 수입규제조치를 엄격하게 취하는 나라에 대해서도 차별 없이 수입을 허용해 왔다고 주장하면서 이러한 나라에 대해서는 통상법 제301조를 적용하겠다고 위협해 왔다. 더욱이 국제경쟁력이 강한 미국의 상품이 외국시장에서 자유롭고 공정한 수출경쟁을 할 수 있도록 그 상품에 대한 차별조치를 취하는 나라에 대하여 미국 통상법 제301조를 적용하려는 강력한 의지를 보여 왔다.

3.2 통상법 제301조의 유형

(1) 레귤러 제301조

통상법 301조(regular 301)는 외국정부가 취하고 있는 무역장벽과 불공정한 교역관행에 대하여 일방적인 통상제재조치를 발동함으로써 미국의 수출경쟁력 회복뿐만 아니라 보호주의 수단으로서 활용하여 왔다. 통상법 301조는 불공정한 외국정부의 관행이 과거 WTO 등의 통상협정(Trade agreement)상의 위반으로 인하여 미국의 권리이권을 침해하거나 부당한(unjustifiable) 행위를 하거나, 불합리한(unresonable) 행위를 하거나, 차별적인(discriminatory) 행위를 하여 미국의 무역을 제한(restrict)하거나 부담(burden)을 주는 경우에 USTR로 하여금 무차별적인 보복조치를 취할 수 있다고 규정, 불공정관행에 대한 유형을 제정하고 있다.

불공정관행의 유형이 직·간접으로 통상협정 등의 위반을 이유로 한 것일 경우에는 그 적용대상이 비교적 명확하다고 할 수 있으나, 불합리성과 같은 기준은 그 개념이 정형화되어 있지 못하기 때문에 그 추상성으로 인하여 여러 가지 문제가 발생할 수 있을 것이다. 그러므로 301조의 발동요건으로서 불합리성과 같은 애매모호한 판단기준을 제정하여 놓은 것은 미국의 대외통상정책에 있어서 그 일방성을 명백히 보여 주는 것이라고 할 수 있다.

(2) 슈퍼 제301조

슈퍼(Super) 301조란 미국이 교역상대국의 불공정 무역관행을 제거하기 위해 우선협상대상국과 우선협상관행을 지정하고, 통상협상을 추진하거나 혹은 이를 거치지 않더라도 무역보복조치를 단행할 수 있도록 한 미국 통상법 제301조의 별칭으로서 1988년 8월에 개정된 '1988년 종합무역 및 경쟁력 강화법' (*Omnibus Trade and Competitiveness Act of 1988*)에 규정된 것이다.

슈퍼 301조는 기존 제301조와는 달리 미국 정부가 업계의 요구 없이도 특정 국가를 불공정무역관행 국가로 지정하여 협상과정을 거치지 않더라도 곧 바로 무역보복조치를 취할 수 있게 한 것이 특징이다.

1988년에 종합무역법에서 도입한 슈퍼 301조는 무역자유화 우선순위를 지정하는 것을 골자로 하고 있는 법안으로 매년 미국무역대표부로 하여금 각국의 무역관행을 의무적으로 검토하게 하고, 그 결과에 따라 무역보복을 하게 함으로써 각국의 공포의 대상이 되고 있다.

미국무역대표부는 주요 무역장벽과 무역왜곡관행으로, 그러한 관행의 제거가 직접적으로 또는 유리한 선례의 확립을 통해 미국의 수출증대에 크게 기여할 수 있는 관행을 우선관행(priority practices)으로 지정하고 불공정교역행위를 시행하는 국가로 우선적인 시정이 필요한 국가를 우선협상대상국가(priority foreign countries)로 지정하게 된다.

미국무역대표부는 매년 3월 31일까지 대통령, 상원 재정위원회, 하원의 관련위원회에 통상문제에 관한 분석과 관행에 관한 국가통상평가보고서(National Trade Estimates)를 제출하여야 하는데, 이 보고서에는 301조에 의해 취한 조치 및 외국정부가 행한 협상 및 협의의 내용을 불공정교역관행 시정을 위해 취한 모든 조치를 기재하여야 한다.

미국무역대표부는 국가통상 평가보고서를 제출한 후 30일 이내에 미국무역자유화 우선대상, 즉 우선대상관행 및 우선협상대상국가(PFC)를 지정하고 우선협상대상국가에 대한 우선대상관행이 개선되었을 경우 전년도에 비해 증가될 수 있는 미국의 상품 및 용역수출의 추정액을 평가하며, 그 대상 목록과 평가내용을 상원 재무위원회, 하원 세입세출위원회에 보고하고 연방관보에 등재하여야 한다.

위와 같이 교역자유화 우선대상순위에 대한 보고서를 제출한 후 21일 이내에 미국무역대표부는 301조에 의한 조사를 개시하여야 한다. 미국무역대표부는 불공정교역국가가 무역장벽 및 시장왜곡관행을 제거하기 위한 협약을 체결하거나 충분한 보상수령방안을 추진하여야 한다. 만약 이러한 합의가 이루어지면 조사는 정지되고 합의가 이루어지지 않으면 강제적인 보복조치가 취해지게 된다.

(3) 스페셜 제301조

스페셜(Special) 301조란 미국이 자국의 특허권, 상표권, 저작권 등 지적재산권을 보호하기 위해 이를 침해한 나라를 우선협상대상국이나 우선감시대상국으로 지정하여 그 나라의 지적재산권 분야에 관한 협상을 하거나 필요한 경우 통상 상의 보복조치를 단행할 수 있는 1988년의 미국 종합무역법의 법률조항을 말한다.

스페셜 301조는 지적재산권에 대한 적절하고 효율적인 보호를 제공하지 않거나 지적재산권보호에 의존하고 있는 미국인에 대한 시장접근의 공정하고 타당한 기회를 박탈하는 국가를 지정하고, 그 중에서 가장 부담스럽고 극악한 행위 · 정책 · 관행을 시행하고 있는 국가를 우선협상대상국가(PFC)로 지정하여 301조 절차를 시행하게 하는 조항이다.

스페셜 301조에 의한 우선협상대상국은 매년 국가무역평가 보고서가 제출된 후 30일 이내로 지적재산권의 공정하고도 실효성 있는 보호조치를 거부하거나 혹은 지적재산권 보호를 기대하고 있는 미국인들에 대한 공정하고도 형평에 맞는 시장접근권을 거부하는 나라 중에서 지정된다. 우선협상대상국은 슈퍼 301조의 경우처럼 USTR이 지정한다.

우선협상대상국

우선협상대상국(Priority Foreign Countries : PFC)이란 미국이 지적재산권(상표권 · 저작권 · 특허권 등) 보호가 미흡한 나라와 이 분야에 대해 우선적으로 협상을 추진하거나 혹은 필요한 경우 통상상의 보복조치를 단행하기 위하여 1988년 미국 종합무역 및 경쟁력강화법 3조에 따라 지정하는 나라를 의미한다. 우선협상대상국으로 지정될 경우 미국은 그 나라에 대해 임의로 어떤 상품을 골라서 100%의 보복관세를 부과하거나 혹은 개발도상국에 대해서는 일반특혜관세(GSP)를 철회하는 등 보복조치를 단행할 수 있다.

미국은 슈퍼 301조 제정 당시 우리 나라에 이 법률조항을 적용하여 불공정무역관행국으로 지정, 우선협상대상국으로 삼으려고 시도한 바 있다. 그러나 우리나라는 이를 피하기 위해 대미통상외교활동을 적극적으로 추진한 바 있다.

미국 통상대표는 스페셜 301조에 따른 우선협상대상국을 지정한 후 30일 이내에 당해 국가의 지적재산권 침해행위나 시장접근관행의 조사를 시행해야 하고, 불공정 및 보복결정은 조사시작 후 6개월 이내에 취해져야 한다. 이는 9개월까지 연장될 수 있다. 미국 통상대표는 지적재산권 보호 거부에 대한 보복 여부를 결정할 경우 무제한의 재량권을 행사할 수 있다.

스페셜 301조가 슈퍼 301조와 다른 점은 첫째, 슈퍼 301조가 모든 무역장벽을 대상으로 하고 있는 반면에 스페셜 301조는 지적재산권분야에 한정되어 있고, 둘째 슈퍼 301조가 1989년과 1990년 등 2년에 걸쳐 시행되도록 된 한시법임에 반하여 스페셜 301조는 한시법이 아니며, 셋째 슈퍼 301조는 지정철회라는 제도를 두고 있음에 반하여 스페셜 301조는 그러한 제도가 없다는 점이다.

우선감시대상국

우선감시대상국이란 미국이 지적재산권 보호가 미흡한 나라를 수시로 점검하고 그 위반 사례가 드러날 경우 언제든지 필요한 조치를 취할 수 있도록 스페셜 301조에 따라 지정하고 있는 나라를 말한다. 우선감시대상국 지정은 우선협상대상국 지정과는 달리 협상 등을 통해 당장 통상 상의 보복조치를 받지 않을 뿐이지 지적재산권 보호조치에 관해 계속 감시를 받지 않으면 안될 뿐만 아니라 그 보호조치가 미흡할 경우 다음 해에는 우선협상대상국으로 지정될 소지가 있는 것이다.

미국 정부는 지적재산권 보호실태를 평가하기 위해 지적재산권 점검대상국을 종래에는 우선협상대상국, 우선감시대상국, 감시대상국으로 분류하였으나 최근에는 우선감시대상국을 '즉각조치계획해당국', '수시점검대상국'으로 세분하였다, 우선협상대상국은 슈퍼 301조의 경우처럼 미국 통상대표부(USTR)가 지정한다.

우리나라는 1993년에 미국 정부의 각국별 지적재산권 보호실태에 관한 평가에서 우선감시대상국으로 지정받은 바 있다. 스페셜 301조는 특정 국가 전체의 통상상태를 평가하여 특정 상품이 아닌 국가별로 보복을 취할 수 있는 미국 통상법 제301조와는 달리 지적재산권에 관한 것만 대상으로 하고 있으며 미국의 교역상대국을 그 침해 정도에 따라 분류하여 이에 대한 적절한 대응조치를 취하는 것이 특징이다.

3.3 통상법 제301조의 발동절차

통상적으로 301조의 발동절차는 이해당사자에 의한 청원의 제출 또는 USTR의 직권에 의하여 USTR의 조사개시결정으로 조사를 개시하여, 당해 불공정교역관행을 한 외국정부와의 협의 및 USTR의 보복조치의 결정과 집행순서로 진행된다. 통상법 301조를 발동하는 경우 특이한 점은 다른 통상법규보다는 그 법적 엄격성과 정치성이 많이 반영되어 있다는 것이다.[23)]

왜냐하면 USTR은 조사개시와 동시에 반드시 당해 외국정부와 협상할 것을 요구하여 협상을 통하여 분쟁해결을 도모하려는 점이 반영되었다는 것을 보면 알 수 있기 때문이다. 또한 USTR이 교역상대국과 불공정무역관행 시정 협상을 하고 이 협상에서 성과를 거두지 못하는 경우, 불공정무역관행에 의한 피해를 받은 만큼 일방적으로 반드시 보복조치를 취하도록 하고 있는데 구체적 내용은 다음과 같다.

(1) 조사의 개시

301조에 의한 조사는 이해당사자(interested persons)가 USTR에 청원을 제출하거나 또는 USTR의 직권에 의하여 개시된다. 청원(petition)은 청원당사자의 표시와 불공정관행의 국가, 관련상품 및 통상관행을 기술하는 사실관계 등을 포함하고 있어야 한다. USTR은 제출된 청원상의 주장을 검토하고 청원을 접수한 날로부터 45일 이내에 조사를 개시할 것인지의 여부를 결정해 연방관보에 공고한다.

그런데 USTR이 301조하의 조사개시를 결정함에 있어서 상당한 재량권을 가지고 있는데, 만약 USTR이 301조하의 보복조치가 외국의 불공정관행에 효율적인 대처가 된다고 판단하면 USTR은 조사를 개시할 것이다. 한편 1988년 종합통상법에 의하여 USTR은 외국의 통상협정 위반관행이나 외국의 부당한 행위에 의하여 미국통상 이익에 부담 또는 제한을 주는 경우에는 "반드시 조치를 하도록"(shall take action)하는 의무적 조항을 신설하였다.

---

23) 富士綜合研究所, 「クリントン政權の通商政策」, 1993, pp. 20~23.

표 7-4 통상법 제301조의 유형

구 분	일반 301조	스페셜 301조	슈퍼 301조
근거법령	1974년 통상법	1988년 종합무역법	좌 동
적용대상	특정 불공정교역 행위 · 정책 · 관행	지적소유권 분야의 불공정행위 · 정책 · 관행	특정국가의 불공정 행위 · 정책 · 관행 전부
지정의 종류	지정 없음	감시대상국 우선감시대상국 우선협상대상국	우선협상대상국
적용기간	1974년 이후	1988년 이후. 실제 적용은 1989년 이후	1989년, 1990년
발동절차에 관한 사항	매년 3. 31. 이전에 무역장벽에 관한 연례보고서 제출	NTE제출 후 30일 이내에 PEC 지정, 지정 후 21일 이내 조사개시.	좌 동

(2) 조사의 진행

조사를 개시하면 USTR은 연방관보에 청원의 내용을 요약하여 공고하고 공청회(public hearing)를 포함하여 의견제시기회를 조사개시일로부터 30일 이내에 제공하여야 한다. 의견제시를 하기 위하여는 이해당사자는 서면으로 요약된 의견서를 20개의 사본으로 제출해야 한다.

USTR은 301조 위원회(Section 301 Committee) 및 미국국제무역위원회(International Trade Commission : ITC) 등으로부터 자문을 받을 수 있다. 그리고 조사기간 중에 여러 관련부서들과 협의를 거침과 동시에 이들의 의견을 조절한다. 또한 USTR은 청원자와 사경제분야의 대표자들과도 긴밀한 협의를 거친다. 또한 USTR은 미국의회의 중요한 관심사항이 되고 있는 문제에 대하여는 절차 진행중에 중요내용을 계속하여 보고하는데, 특히 절차의 진행이 규정된 시한보다 지연될 경우에는 그 이유를 보고하여야 한다. USTR은 조사가 개시된 날로부터 관련 외국정부에 대하여 협의를 개최할 것을 요청하여야 한다. 협상대상은 분쟁해결이 가능하도록 미국이 어떠한 보복조치를 발동할 것인가에는 상관 없이 모든 기회를 제공하는 것으로 되고 있다.

301조 발동에 이러한 복잡한 협의과정을 거치는 목적은 외국정부와의 협상 내지 보복조치를 발동함에 있어 미국의 이익증진과 함께 301조 발동조치로 인하여 미국의 경제산업분야에 역효과를 최대한으로 줄여 보겠다는 다각

그림 7-7 통상법 제301조의 운용절차

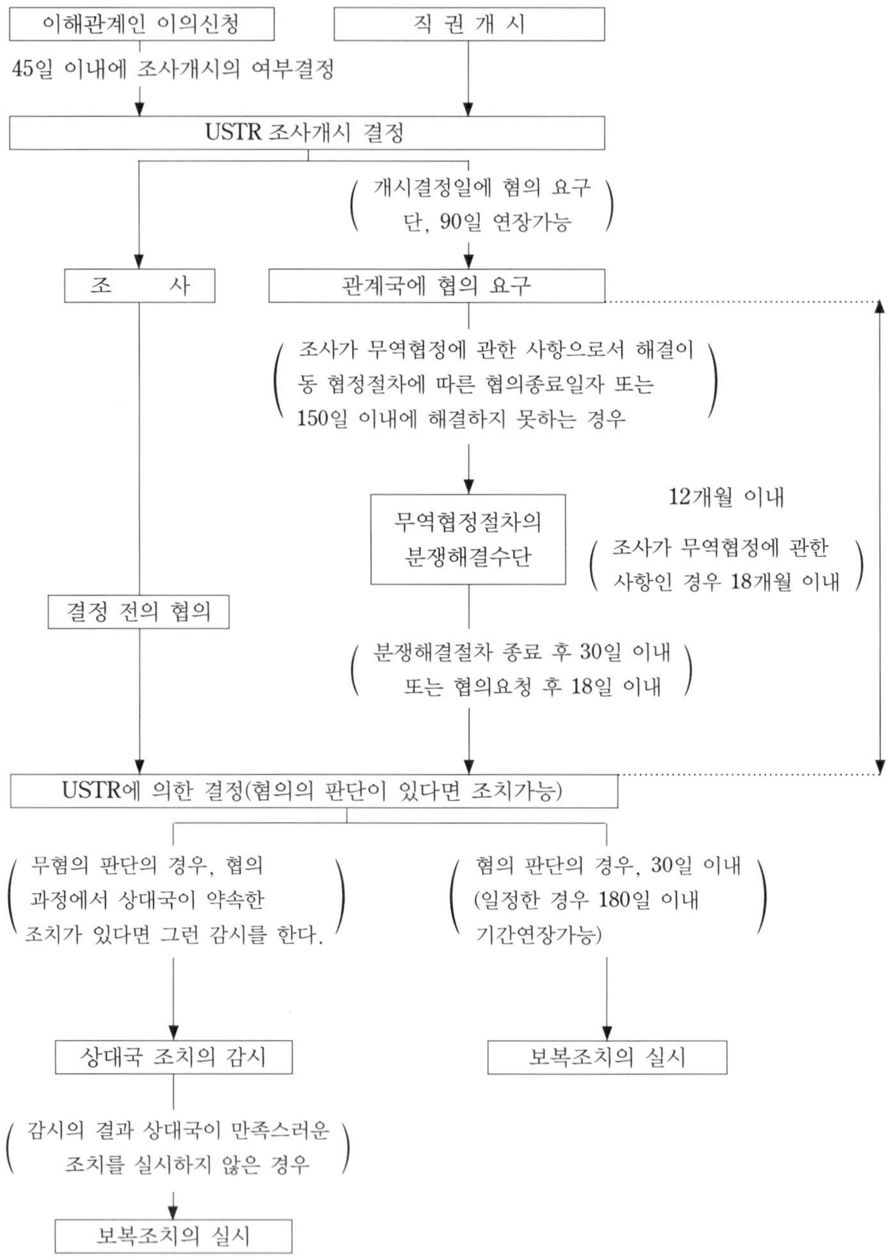

적인 의도가 고려되어 있다고 할 수 있다.

(3) 조사의 시한

일반적으로 조사의 대상이 통상협정이 아닌 경우에는 양자협상에 의하여 해결한다. 그러나 만약 조사가 통상협정과 관련되어 있다면, 통상협정상의 협의기간이 있는 경우에는 그 종료일이 정해진 절차에 따라 협의를 하거나 협의가 개시된 후 150일째 되는 기간 이내에 먼저 해당되는 날 중 관련협정에 따른 분쟁해결절차의 집행을 요청하도록 하고 있다.

그런데 분쟁에 대하여 상호 수락할 수 있는 결론에 도달할 수 없는 경우에는 USTR은 그 통상협정에 규정되어 있는 공식적인 분쟁해결절차에 의거 문제에 대한 심의를 요청한다. 이와 같은 협상에 의하여 종종 USTR은 일방적인 보복조치를 피할 수 있게 된다.

301조의 발동은 USTR의 조사개시부터 최종보복조치를 결정하기까지 대단히 복잡한 과정을 거치게 되는데 301조의 조속한 진행을 도모하기 위하여 각 단계마다 또한 사안의 성질에 따라 일정한 시한을 설정하여 두고 있다. 통상협정과 관련된 사건인 경우에 협상이 실패하면 협상개시 후 150일 이내에 동 협정상의 분쟁해결절차에 회부한다. 또한 불공정교역관행 사건인 경우 보조금과 통상협정 이외의 사안에서는 조사개시 후 12개월 이내, 보조금 이외의 통상협정사항에서는 조사개시 후 18개월 또는 분쟁해결절차 종료 후 30일중 빠른 시한 이내에, 그리고 기타의 모든 사안의 경우에는 조사개시 후 12개월 이내에 판정을 하여야 한다.

3.4 제301조에 의한 보복조치

USTR은 보복조치가 필요하다는 결정이 있는 경우는 결정일로부터 원칙적으로 30일 이내에 조치를 취하여야 한다. 외국의 불공정교역관행에 대하여 보복을 하기 위하여 USTR은 ① 통상협정상의 양허의 적용 내지 혜택을 정지(suspend), 철회(withdraw) 또는 금지(prevent), ② 당해 외국의 물품에 대해 관세 또는 기타의 수입규제 또는 서비스에 대한 규제, ③ 당해 외국국가가 불공정교역관행을 제거하거나 또는 보상을 이행하도록 하기 위한 구속력 있는 협정을 체결할 수 있다. 그리고 이들 보복조치들은 '그와 같은 조치의 대상이 된 법률·정책·관행이 그와 같은 물품 또는 경제부문과 관련되어 있었는지의 여부에 관계없이 무차별적으로' 취해진다.

예를 들면 1985년 USTR은 브라질의 컴퓨터산업에 대한 규제와 관련하여 조사를 개시하였다. 조사결과 대통령은 브라질에서 생산되는 방향성약품과 제지(benzoid drugs and paper)에 대하여 미국으로의 수입에 대하여 제재 결정을 공표하였다. 명백하게 이들 상품은 컴퓨터산업과 상관이 없는 경우지만 301조의 보복조치의 대상이 되었던 것이다.

그러므로 301조 조사의 목표가 된 어느 국가의 수출업자는 자기 제품이 보복조치의 대상으로부터 벗어나려면 보복조치와 관련된 어떤 협상과 공청회에도 참여하여야 하는 것을 유의해야 한다. 왜냐하면 여러 종류의 다양한 제품 또는 산업이 조사와 관련되어 있다는 사실 그 자체로부터는 보복관세나 과징금으로부터 면제를 보장받지 못하기 때문이다.

제 7 장 연 습 문 제

논술형

1. 반덤핑관세의 의의와 부과요건에 대하여 논하시오.
2. WTO 협정상 반덤핑조치를 논하시오.
3. 상계관세의 의의와 부과요건에 대하여 논하시오.
4. WTO 협정상 보조금의 정의 및 특정성을 논하시오.
5. 세이프가드의 의의와 성격을 논하시오.
6. WTO의 분쟁해결절차에 관하여 논하시오.
7. 미국통상법 301조의 의의와 유형을 설명하시오.

약술형

1. 구성가격
2. 실질적 피해
3. 실질적 피해위협
4. 덤핑수입과 산업피해간의 인과관계
5. 가격인상 약속
6. DSB
7. WTO 분쟁해결절차의 개선점
8. 우선협상대상국(PFC)
9. 우선감시대상국
10. Regular 301조와 Super 301조의 차이점

제 4 부

국제협상과 국제협력

제 8 장

국제협상

제 1 절 국제협상의 기본개념

1. 국제협상의 의의

1.1 국제협상의 개념과 단계

(1) 국제협상의 개념

국제협상(international negotiation)은 국제거래 관계에서 뿐만 아니라 우리들의 일상생활에서도 매일 발생한다. 협상은 갈등을 해소하기 위해서나 의사를 결정할 때, 상품을 사고 팔 때, 갈등 그룹간의 의견을 조정할 때, 크고 작은 규모의 조직관리를 수월하게 하기 위해 개인과 국가, 조직에서 언제든지 필요한 것이다.

협상이란 이와 같이 "서로 갈등이 있는 둘 이상의 사람 또는 집단이 그들의 갈등을 해결하기 위해 상호 작용하는 과정"이라고 정의할 수 있다. 이

를 보다 자세히 설명하면 다음과 같다.[1)]

첫째, 협상이란 둘 이상의 사람 또는 집단의 존재를 전제로 한다. 혼자만 있다면 협상은 존재하지 않는다.

둘째, 협상이 이루어지기 위해서는 둘 이상의 사람 또는 집단이 그저 존재하는 것이 아니라 이들간에 갈등이 있어야 한다. 말하자면, 무엇이든지 서로 다른 이익이나 입장이 있어야 하고 또 그것들이 서로 마찰을 빚어야 하는 것이다. 모든 일에 대해 서로의 뜻이 완벽하게 일치하는 경우에는 협상이 필요 없다.

셋째, 서로 둘 이상의 사람 또는 집단간에 갈등이 있을 뿐 아니라, 이러한 갈등을 해결하기 위해 서로 노력할 때 협상이 이루어질 수 있다.

이상을 종합해 정리하면, 협상이란 갈등관계에 있는 사람이나 집단이 서로 대화를 통해 문제를 해결하려고 노력하는 과정이라고 할 수 있다.

소위 관세 및 비관세장벽 등 여러 가지 통상장애요인들이 제2차 세계대전 이후 감소 또는 소멸되었다. 이는 국가간 통상협상을 통해 이루어졌다. 통상협상은 자유무역을 지향하는 한편 상호 불이익이 되는 무역전쟁(trade wars)을 사전에 방지하는 효과가 있다. 즉 통상협상은 국가간 경쟁이 아닌 협력방식으로 상호이익을 도모하는 것이다.

한편 통상협상은 쌍무협상(bilateral negotiation)과 다자간협상(multilateral negotiation)으로 나눌 수 있다. 전자가 수출국과 수입국 양자간의 협상이라면 후자는 다수 국가들간의 동시협상이다. 전자에 비해 후자는 보다 폭넓고 합리적인 해법을 구할 수 있는 반면 협상이 지체되는 단점이 있다.

(2) 협상의 단계

협상이란 다른 조직과의 상호작용에서 조직의 목적을 얻기 위해 또는 서로 다른 의견이 일치되도록 어떤 압력을 사용하는 과정이다. 특히 국제협상에 있어서는 각각의 협상가들이 사회환경, 문화, 언어, 정치제도 등이 다른 상대방에게 어떻게 접근하느냐가 중요하다. 성공적인 협상은 대개 다음과 같은 단계를 거치게 된다.[2)]

---

1) 박종수, 「국제통상론」, 동성사, 1989, pp. 583~589.

2) John Fayerweather and Ashok Kapoor, *Strategy and Negotiation for the International Corporation*, Cambridge, Mass: Ballinger Pub. Co., 1979, pp. 47~49.

첫 번째는, 협상범위를 정하는 것이다. 이 단계에서는 협상가들이 관련된 문제를 명확히 하고 협상범위를 세운다. 예를 들어 제2차 전략무기제한회담(SALT II)에서 소련과 미국은 중장거리 탄도미사일에 대한 협상으로 범위를 한정시켰다.

두 번째는, 이미 설정된 범위 내에서 상세히 협상범위를 조사한다. 일단 관조적인 입장에서 문제를 다시 파악하여 묵시적·명시적인 의견일치의 가능성을 상세히 조사한다. 기타의 문제들은 무시하고 앞으로의 의견일치를 촉진시키는 문제를 찾고 협상하려는 범위를 축소시킨다.

세 번째는, 의견일치에 가깝게 접근하는 단계이다. 따라서 관계가 긴장되고 다소 불확실성을 띠며 결집력이 나타난다. 협상가들은 현실적으로 문제에 접근하며 각 지지자들과 의논하는 과정에서 유연성과 경직성을 조사한다. 위의 각 단계는 모든 협상의 특징적인 요소가 아니며 협상을 이끄는 경향에 따라 변형이 가능하다. 협상가들이 관심을 가지는 것은 의견불일치와 의견차이이다.

1.2 국제협상의 중요성

(1) 국력(외교력, 경제력)과 밀접한 관련

국력은 군사력, 경제력 등 눈에 보이는 것뿐만 아니라 국민의 결속력, 애국심 등과 같은 정신력도 포함된다. 특히 국가전략의 정립이나 운용과 같은 소위 국가경영 능력은 더할나위 없이 중요한 국력의 한 요소이다. 여기에는 특히 주변국가와의 관계, 즉 외교력이 중요하다. 외교력에는 여러 가지 요소가 있으나 근본적으로는 협상력과 직접적인 관련을 맺고 있다.[3] 같은 군사력과 경제력을 갖고도 국제적인 위상이나 외교력에서 국가간에 차이가 나는 것도 해당 국가의 인적 자원이 갖고 있는 대외 협상력이 주요인이 된다. 대외 협상력에는 외교관들이나 국제통상담당관 등의 개인적인 협상력도 중요하지만 대내적 협상력도 중요하다. 예를 들면 1995년 9월 한·미 자동차협상에서도 보았듯이 외무부와 통산부가 협상대표단 파견 5일 전까지 협상대표 선정을 놓고 서로 마찰을 벌였고 워싱턴에서 협상 중에도 협상안이 유출되었다고 알려지는 등 여러 문제점들이 발생하였다. 이와 같은 내부적 갈등은 결

3) 정은성 외 2인, 「협상의 전략」, 다음세대, 1996, pp. 295~296.

국 우리의 협상력을 감소시키는 결과를 초래하였다. 따라서 대외 협상력은 대내 협상력과 직결되어 있다고 할 수 있다. 대내이든지 대외이든지 협상이 중요한 것은 마찬가지다.

따지고 보면 경제력 자체도 협상력에 의해 상당 부분 좌우된다. 예를 들어 우리나라의 경제력과 밀접한 관련이 있는 수출과 수입을 보자. 보통은 기술력, 마케팅 등이 중요하다고 생각하지만 이들은 주로 수출액의 증가에 기여할 뿐이다. 반면 협상력은 수출뿐만 아니라 수입에도 큰 역할을 한다. 우리 공공단체와 기업의 협상대표가 수출·수입의 계약조건을 우리에게 유리하게 만드느냐, 못 만드느냐의 여부에 따라 무역으로 인한 경제적 이익에 상당한 차이가 날 수 있다. 계약서상의 한 줄 차이로 수백 수천만 달러의 차이가 생기기도 한다. 만약 협상력이 가져오는 차이가 1%라면 총무역액이 2천억 달러일 경우 자그마치 20억 달러이다. 물론 그보다 더 많은 차이를 가져올 수도 있다.

(2) 바람직한 정치문화 형성에 영향

대형사고와 부정부패 사건들이 연이어 일어나고 있다. 많은 사람들은 그 책임을 정치지도자들에게 묻는다. 그리고 우리나라 정치가 후진적이라고 이야기한다. 이를 빗대어 행정은 3류, 정치는 4류라는 말도 있다.

이와 관련하여 현재 정치적 무관심현상이 국민들 사이에 널리 퍼져 있다. 이는 민주주의 발전에 크나큰 걸림돌이 된다. 즉 바람직하지 못한 정치문화는 정치발전을 저해한다. 그 원인을 따져보면 여러 가지가 있지만 그 중에서도 중요한 요인은 우리 정치가 지나치게 투쟁위주로 일관되어 왔다는 것이다. 해방 이후 남한의 정치사를 돌이켜 보면 1인독재와 군사독재가 주를 이루었고 탄압과 투쟁의 연속이었다. 문민정부가 들어서자 대다수 국민들은 큰 변화가 있기를 바랬으나 불행하게도 과거의 자랑스럽지 못한 전통은 계속되었다. 아직도 수십 개의 법안이 날치기로 통과되는 등 국회 내 토론문화는 찾기 어렵다. 여·야는 원색적인 공격 등 이전투구 현상을 그대로 보여 주고 있다.

정치는 타협과 절충의 예술이다. 그러나 우리 정치인들은 아직 그런 성숙된 '예술의 경지'에 다다르지 못했다. 이는 협상의 전통과 문화가 자리잡지 못한 탓이다. 토론과 대화 그리고 협상의 문화가 아쉽다. 싸움보다는 대화, 대결보다는 협상하는 풍토가 정치인들 사이에 굳게 자리잡게 될 때 우리

정치가 한 단계 더 발전하는 계기가 될 것이다.

(3) 사회안정에 기여

협상은 사회안정, 특히 사회구성원들간의 조화와도 상관관계가 있다. 우리 국민성을 한 마디로 단정할 수는 없지만 한국인들의 특성 중 하나는 마음이 따뜻하다는 것이다. 감정적이라는 말이다. 그런데 문제는 너무 감정적이 될 경우이다. 감정이 지나치면 잘 참지 못하고 쉽게 화내며 싸움도 자주 일어난다.

이는 미국 신문의 사회면과 우리나라 신문의 사회면을 비교하면 어느 정도는 알 수 있다. 미국에서 대부분의 살인사건은 계산적으로 행해진다. 아무리 바보 같은 살인자도 나름대로는 계획을 세워 실행한다. 계획살인이 아닌 경우는 대부분 마약과 관련된 우발적 살인이다. 그러나 우리나라의 경우는 홧김에 저지르는 일이 많다. 화투를 하다가, 말다툼을 하다가 제 성질을 못 이겨서 휘두른 것이 사람을 죽게 하는 경우가 비일비재하다. 이것을 어떤 사람은 '남비기질'이라고 하며 비하하기도 하지만 절대 나쁘다고만 할 수 없다. 지나치게 이성적인 것은 비인간적이라고도 할 수 있으므로 오히려 우리나라 사람들의 따뜻한 기질이 더 인간적이라고 할 수 있다. 홧김에 일을 저지르는 등 지나치게 감정적이란 단점은 좋은 우리 국민성이 갖고 있는 그림자의 일면에 불과하다.

그러나 인간적인 감정도 지나치면 사회분위기를 해칠 수도 있음을 고려하면 대화하고 설득하며 타협하는 풍토도 어느 정도는 필요하다. 따라서 바람직한 사회분위기 조성을 위해서는 국민들 사이에 협상문화가 정착되어야 한다.

2. 국제협상의 요인과 기술

2.1 국제협상시 고려요인

(1) 협상당사자의 상황

상이한 문화로 인해 협상당사자의 협상에 대한 인식, 협상에 대한 태도, 협상에서의 접근과 진행방법 등이 상이하다. 또한 협상당사자의 선발형태, 협상팀 구성, 협상팀 내부의 역할배분, 힘의 배분 등의 집단역할이 다르게 나타나며 협상에서 협상당사자에게 요구되는 자질의 중요도들도 다르며 개인의 능력이나 행동반경도 다르기 때문에 상대방의 협상상황에 대한 인식과 협상행동[4]에 대한 예측을 자신의 기준에서 행하면 실패할 가능성이 아주 높다.

(2) 의사결정의 형태

상대방의 의사결정을 예측하고 이러한 의사결정과정이 자신에게 유리한 방향으로 되도록 하는 것은 협상가의 중요한 자질 중의 하나이다. 상대방의 의사결정과정을 알기 위해서는 개인적인 의사결정 유형뿐만 아니라 조직 내에서 이루어지는 의사결정 유형을 알아야 한다. 즉 집단의사결정 형태인가 개인의사결정 형태인가를 파악해야 하고, 의사결정에 영향을 주는 요소의 파악이 중요하다.

(3) 국가의 특성에 대한 영향

여러 가지의 기술적, 연구방법론적 제약 때문에 사회과학자들간에는 국가의 특성에 대해서 그 중요성을 크게 부여하고 있지만 그 국가 사회의 고유한 특성의 산물로서 협상당사자의 개성이 형성되기 때문에 협상에 있어서는 국가의 특성이 중요한 요인이 된다.

개성은 공동문화를 갖는 집단 속에서 개인의 사회화 과정을 통하여 형성되는데, 이 과정에서 개인은 집단의 고뇌, 공포, 가치, 신념, 지식 등을 습득하게 된다는 것이 문화인류학의 기본적 과정이다.

---

4) 정은성 외 2인, 전게서, pp. 297~298.

(4) 문화적 차이

국제협상의 의사전달에 있어서 협상당사자들 간에 명쾌하게 의사전달이 안 되는 어려운 상황이 발생될 수 있다.

상대방의 제스처, 행동, 무의식적인 습관, 예법, 의복 형태 등의 요인에 의해서 협상자는 불편함을 느끼거나 감상적 손상을 가져올 수 있고, 토의주제에 대한 주의를 집중시키기가 곤란하게 될 수 있다.

(5) 언어상의 난점

언어는 문화와 밀접하게 관련되어 있기 때문에 한 언어에서 어떤 한 낱말의 의미에 정확하게 대응되는 말을 다른 영역에서 찾아낸다는 것은 매우 어려울 뿐만 아니라 거의 불가능에 가깝다.

따라서 협상가는 언어의 개념, 의미, 뉘앙스, 기본적 사고바탕 등에 있어서 통역 전달의 한계가 어디까지인가를 명확하게 인식해야 한다.

어느 정도 외국어에 자신이 있으면 통역자 없이 외국어로 협상할 수도 있는데 이러한 경우 협상에 실패할 가능성이 크며, 동일언어사용 국가간의 협상이라 할지라도 문화가 다르면 언어의 기본개념이 달라지므로 통역을 두는 것이 더욱 효과적일 수 있다.

2.2 국제협상의 기술

협상기술에 대한 정확한 인식은 실제 협상에 임했을 때 상대의 반응을 정확히 파악할 수 있고, 우리측의 의견을 정확하게 전달할 수 있어야 하므로 이론과 실제에 대한 연습이 필요하다. 협상에서 익혀야 할 기술은 다음과 같다.

① 의견충돌(가치관, 실제문제)의 성격을 파악하는 능력

② 정면충돌을 함으로써 발생되는 효과

③ 상대방의 관점을 듣는 능력

④ 의견일치를 가져오는 문제해결과정의 이용

[표 8-1]의 과정은 협상의 실제상황을 파악하여 위와 같은 과정으로 문제를 해결한다. 협상기술은 방법론적인 측면과, 협상당사자들의 태도 측면, 그리고 협상형태의 측면에서 고려될 수 있다.

표 8-1 관례적인 협상기술과 비관례적인 협상기술의 장·단점

	기 술	장 점	단 점
관례적 협상	의 역	상대가 말한 것에 대한 자신의 이해도를 쉽도록 명확히 하는데 도움이 된다. 상대방에게 관심도 보여 준다.	자기 입장으로 협상하기 때문에 상대방을 화나게 할 수 있다.
	침 묵	상대가 말한 것에 부언을 하게 하고 질문에 대답을 요구하는 방법이 된다.	난처하게 될 수 있고 어떤 문화권에서는 비효과적일 수 있다.
	답변의 여지가 남은 질문	더 많은 정보 획득에 유리하다.	특히 "왜"라는 질문은 공격적인 것으로 받아들여질 수 있다.
비관례적 협상	오 해	상대방이 자신의 입장을 명확하게하고 자기의 주장을 옹호하기 위해 여타의 정보를 제공하도록 한다.	자기 입장으로 이해하기. 이해하지 못한 사람을 화나게 할 수 있고 긴장과 좌절을 촉진할 수 있다.
	과 장	협상가가 상대가 취하려는 행동을 선전할 수 있고, 상대의 의견을 조정할 수 있도록 한다.	상대가 감정적으로 되고 결국에는 화내게 되는 경우도 있다.
	회 피	상대방이 새롭고 다른 방법으로 통합하기 때문에 창의성과 상승작용을 만들어낼 수 있다.	상대를 협상에서 손을 떼게 하고 의욕을 잃게 만든다.

(1) 방법론적인 측면

방법론적인 측면에서 본 협상기술은 크게 관례적인(conventional) 것과 비관례적인(unconventional) 것으로 나눌 수 있으며, 각 장단점은 [표 8-1]과 같다.

여기서 관례적인 협상기술 중 의역이란 상대방의 말을 자기자신의 말로 설명해 보는 것이며, 자기의 이해도를 나타낸다. 또 침묵은 상대방을 초조하고 답답하게 만들어 여러 가지 부연설명을 하게 되어 불필요한 정보노출을 발생시킬 수 있다. 다음 비관례적인 협상기술 중 의도적인 오해로 상대방의 말을 잘못 알아들은 척한다. 상대방의 말을 과장함으로써 상대방이 취할 행동을 봉쇄한다. 의도적인 조정협상을 통해 주어진 협상주제를 일체 거론하지 않으며 딴전을 피우는 회피방법이 있다.

(2) 당사자들의 태도 측면

다음은 협상당사자들의 태도에 따라 다음과 같은 점에 유의해야 한다.

첫째, 협상에 임하는 이유이다. 우리가 협상에 임하는 이유와 상대방이 협상에 임하는 이유를 간파하여야 한다.

둘째, 목표와 포지션 문제이다. 우리가 이 협상에서 달성하려는 바와 상대방이 달성하려는 것이 무엇인가를 알아야 한다. 이 경우 목표는 구체적으로 제시되어야 하며 가능하면 숫자화한다. 목표가 다수일 경우에는 그 중요도에 따라 순위를 두고 각 항목마다 최소 제시할 포지션과 최대한 양보할 포지션을 명시한다. 상대방에 대해서도 똑같은 방법으로 목표를 추정해 본 후 양측의 목표가 일치하는 부분과 상충하는 부분을 가려낸다.

셋째, 필요정보 및 정보교환 문제이다. 협상이 개시되기 전 우리와 상대방이 하고 있는 가정이 무엇이며, 현재 쌍방이 필요한 주요 정보는 무엇인가를 파악하고 있어야 한다. 또한 협상중 서로 상대방으로부터 얻어내려는 정보는 무엇이며, 상대방에게 제공하게 될 정보는 무엇인가이다.

(3) 협상형태의 측면

협상이 흥정형(zero-sum game)[5]인지 문제해결형(positive-sum game)[6]인지 검토한다. 즉 이해가 일치하는 부분(common interest)과 상치하는 부분(conflicting interest)의 경중을 비교하여 주협상형태가 무엇인지 판단한다. 협상에는 여러 가지 분류 유형이 있겠지만 크게 타협, 종합, 시너지(상승효과)에 기반을 둔 협

표 8-2 세 가지 협상유형과 그 장·단점

형 태	장 점	단 점
타협에 기반을 둔 협상(compromise)	곤경을 극복할 수 있고 협상을 빨리 진행시킴.	포기하는 데 드는 위험이 수반된다. 최종결정에 위임권이 부족하다.
종합에 기반을 둔 협상(synthesis)	최종결정에 모든 사람의 생각을 통합시키려고 함. 일의 수행이나 동기를 진작시킴.	관련 없는 요소가 가끔 포함되고 협상의 결과를 약화시킬 수 있다.
상승작용에 기반을 둔 협상(synergy)	협상결과는 창의적인 사람끼리 만들어 내는 실제적인 결과이고 양측이 모두 승자가 되는 상황.	이러한 협상형태는 시간과 유연성, 개방적인 자세가 필요하다.

5) 한 쪽이 이득을 보면 반드시 상대방이 손해를 보는 상황.
6) 양측이 다 이득을 볼 수도 있는 상황.

상으로 나눌 수 있다. 타협은 누가 무엇을 양보해야 하는 협상이고, 종합은 모든 의견을 수렴하는 태도의 협상이고, 시너지는 창조적 아이디어를 중요시하는 효과적인 협상을 말한다. 이러한 협상의 장·단점은 [표 8-2]와 같다.

3. 국제협상의 논리적 접근

협상은 둘 이상의 당사자(개인, 그룹, 또는 보다 큰 사회단위)가 그들의 미래의 행위에 대한 인지[7]와 규정을 제공하기 위해서, 그리고 잠재적인 가능성을 개발하기 위해서 상호작용하는 과정을 말한다.

그러한 협상은 NAFTA와 같이 국가(USA, Canada, Mexico)간에 이루어질 수도 있고, 항로와 공항에서의 출입구 및 예약시스템을 공유하기 위해서 US Air와 British Air 간의 연합체계와 같은 회사간의 협상도 가능하며, 일반적으로 공통의 또는 갈등의 소지가 있는 목적을 획득하기 위해 협조하거나 거래를 할 필요가 있는 둘 이상의 당사자간에 일어날 수 있는 모든 것을 협상(negotiations)이라고 할 수 있다.

어떤 협상에서도 과정과 결과는 상황(context)의 전후관계의 요소에 의해 영향을 받을 수 있다. 두 당사자가 협상할 때마다 전 과정은 두 가지 포괄적인 상황(umbrella contexts), 즉 환경적인(environmental) 측면과 즉시성(immediate)의 측면에서 영향을 받게 된다. 환경과 관련되는 상황은 협상에 참여하는 각 당사자의 통제의 범위를 넘어서는 환경의 힘(forces)과 관련된다. 즉시성과 관련되는 상황은 협상자의 상대적인 힘(power)과 그들의 상호작용의 본질과 같은 그러한 측면들을 포함한다.[8]

3.1 국제협상의 환경적 측면

환경 측면의 차원은 법률적 · 정치적 다원주의, 통화변동과 환율, 외국정부의 통제와 정치제도, 불안정성과 변화, 이데올로기적 · 문화적인 차이, 그리고 외부 제3자의 영향으로 구성된다.

---

7) 인지란 "협상자가 어떤 것을 인식하게 되는 과정 또는 그 결과"라고 할 수 있다.

8) 정상국, 「국제통상협상론」, 두남출판사, 1999, pp. 48~57

(1) 법률적 다원주의

국가주권의 원칙은 모든 국민국가에게 국가이익을 위한 법률을 제정할 권리를 부여하고 있다. 국제상거래는 관련국가들의 법률과 동행하기 마련이다. 어떤 법률들은 일정한 형태의 거래를 금지하기도 한다. 예를 들어 미국은 수출이 금지되어 있는, 특별히 잠재적인 군사적 응용력이 있는 기술의 여러 가지 유형들을 작성하는 입법을 가지고 있다. 크레이(Cray) 컴퓨터회사가 수퍼컴퓨터를 인도에 판매하려고 했을 때, 미국은 그러한 판매가 미국의 국가적인 안보이익에 해를 끼칠 것이기 때문에 판매를 허용하지 않았다.

여러 다른 나라에서도 통신과 자동차 제도와 같은 일정한 경제부문은 완전히 소유된 외국투자에 대한 출입금지를 유지한다. 예를 들어 외국회사는 토착회사와 합작투자의 형태로 인도와 중국시장에 진입할 수 있다. GM, Ford, Volkswagen, Mercedes는 인도회사와 합작기업의 형태로 인도에 제조공장을 설립했다. Volkswagen, Citroen, Peugeot는 중국에 합작기업을 가지고 있다. 합작기업 조건은 경영과 품질관리, 세계시장권, 이전된 기술의 가치, 이윤공유, 기술이전비 등과 같은 전반적인 측면에 대해 당사자간의 협상에 영향을 줄 수 있다.

만일 거래의 법률적 함의가 주의깊게 검토되지 않는다면 좋은 결과가 예상되는 합의를 물거품으로 만들 수 있는 법률적 함정에 대해서 협상당사자들은 조심해야 한다. 투자 유치국이나 수출국 어느 한쪽의 법률하에 불법적인 것을 행할 위험을 피하기 위해 협상자는 매우 주의해야 한다는 것은 필수적인 선행조건이 된다.

(2) 정치적 다원주의

세계는 170개 이상의 국가로 구성되어 있으며, 각국은 독특한 정치적인 체제와 외교정책을 가지고 있다. 국제적인 거래를 하는 사람들은 종종 두 나라 또는 그 이상의 나라들의 갈등되는 외교정책의 공방(crossfire)에 사로잡히는 경우가 있다.

예를 들어 미국회사의 프랑스에 있는 자회사의 한 미국 관리자는 쿠바나 북한과 거래관계에 참여하려고 할 때 프랑스와 미국의 외교정책을 잘 알아야 한다. 프랑스의 정치적·경제적 이익이 될 수 있는 거래는 미국의 이익과 상반될 수도 있기 때문이다.

그러한 상황의 한 예로서 1980년대의 시베리아 송유관의 건설을 들 수 있다. 미국회사들의 유럽 자회사들은 변압기, 발전기, 송유관 건설용역과 같은 장비들을 공급하기 위한 계약을 협상했었다. 그러나 소련이 아프가니스탄을 침략했을 때, 미국의 외교정책은 소련에 대해 매우 적대적인 것으로 변했고, 미국정부는 미국의 회사들과 그들의 자회사들이 장비와 용역의 공급을 중단할 것을 요구했다. 그러나 유럽의 정부는 유럽에 근거를 두고 있는 미국의 자회사들이 소련과의 계약을 이행할 것을 요구했으며, 송유관 공급계약은 유럽국가들의 국가적인 이익에 관계 있다고 주장했다. 결국 높은 차원의 외교만이 그 문제를 해결할 수 있었다.

투자 유치국의 외교정책 또한 국제협상의 수행에 영향을 줄 수 있다. 예를 들어 말레이시아의 수상이었던 모하메드(Datuk Seri Mathathir Mohamad)는 반 유럽, 반영국정치 태도로서 유명하다. 따라서 말레이시아 회사와 거래를 협상하기 위해 참여하는 영미권 회사들은 계약을 성사시키기가 매우 어렵다. 만일 말레이시아 정부와 우호적인 관계에 있는 나라로부터의 비유럽계 회사 또한 이러한 룰(rule)이 그대로 적용된다.

그러한 협상의 결과에 의해 직·간접으로 영향을 받을 수 있는 나라들의 외교정책에 의해 국제적인 비즈니스의 과정에 부과되는 제약들을 이해하는 것이 필수적이다. 관련 당사자들은 협상이 이루어지고 합의가 조인되기 전에 국제적인 상거래의 잠재적인 그리고 정치적으로 예기치 못한 결과를 면밀히 살펴보아야 한다.

(3) 통화변동과 환율

멕시코의 통화위기가 1994년 말에 시작되었을 때 월스트리트 저널을 일주일 이내에 페소의 가치가 달러 대비 약 36% 하락했고, 그해 초와 비교해서 43%가 하락했다고 발표했다. 이는 국제적인 협상에 관한 통화가치 변동의 영향의 중요성을 두드러지게 나타낸다. 그 당시 멕시코에서 상거래나 경영을 협상했던 국제적인 기업들은 멕시칸 기업들과 협상하는 동안 페소의 평가절하의 위험을 감수해야만 했다.

국제적 상거래는 매일매일 변화하는 여러 통화의 세계에서 일어나고 있다. 환율변동을 보상하고 보호하기 위해 효과적으로 구성되어 있지 않은 상거래는 환율이 평가절하되면 막대한 피해를 입게 되는 전조가 되고, 만일 평가절상된다면 이익을 얻게 되는 전조가 된다. 두 회사의 협상자는 국제적인 은행들과 통화의 미래시장과 같은 믿을 만한 출처로부터 관련통화에 대한 환율의 가장 가능성이 큰 예상을 획득하는 데 매우 신중해야 한다.

또한 정부에 의한 외환통제 또한 국제비즈니스 협상에 영향을 준다. 한 회사의 수입되는 원료에 대한 지불능력, 또는 외국의 지주회사에 대한 이윤이나 배당금의 본국 송환능력은 그러한 거래에 대해서 필요한 외환을 유용하게 하는 투자를 유치하는 나라의 자의에 의존한다. 외국기업에 대한 협상자는 어떤 합의가 협상되더라도 합의 세부조항이 이러한 외환의 통제가 회피될 수 있도록 확신해야 한다.

(4) 외국정부의 통제와 행정제도

많은 나라에서 비즈니스에 정부 간여의 정도는 매우 광범위하다고 볼 수 있다. 정부기관은 산업의 전체 생산량을 통제하는 권한을 가질 수 있고, 또한 생산능력의 확장을 허가하는 절대적인 권한을 가질 수 있다. 마켓세어를 증가시킬 수 있는 잠재성을 가진 기업은 생산능력을 확장할 수 있는 허가를 얻게 된다.

회사는 또한 생산라인을 확장하기 위해 고안된 전략을 실행하는 데 필요한 허가를 필요로 한다. 1980년대 동안에 Procter & Gamble의 인도 자회사는 P&G의 소비재를 판매할 수 있도록 인도정부에 간청했다. 개인적인 회사의 사정을 위한 그릇된 강요는 중국, 이집트, 인도와 같은 대부분의 개도국에서 아주 일상적으로 일어나고 있다. 이러한 국가들에 있어서 개방화와 민영화는 이러한 간섭을 다소 줄일 수 있다. 그러나 그러한 간섭의 수준은 경제적으로 선진국인 나라에서 일어나는 것과 비교하면 그 정도가 매우 심하다.

정부기관은 많은 나라에서 전 산업을 통제한다. 최근까지 브라질, 아르헨티나, 칠레, 인도에서 전 통신분야는 정부소유기업의 유일한 부분이었다. 이제 합작투자는 정부와 사기업과 같이 이러한 부문에서 허용되고 있다. 많은 나라에서 사기업은 석유와 개스, 선박, 항공과 같은 분야에서 금지되어 있었다. 인도의 경우에 일부 산업에서만 공기업은 사기업과 경쟁할 수 있다.

위에 지적한 사업환경의 경우에서 협상은 정부를 직·간접으로 외국기업이 협상하게 되는 당사자 중의 하나로 포함한다. 정부기관은 물리적으로 협상테이블에 있지는 않지만 협상과정에 깊이 참여하고 있음을 알 수 있다. 왜냐하면 협상되는 모든 이슈는 정부규제의 측면에서 고려되어야 하기 때문이다.

(5) 불안정성과 변화

헤라크레스는 "변화 외에는 영원한 것이 없다"고 말했다. 1980년대와 1990년대 초반 동안 우리는 소련의 붕괴, 독일의 통일, 걸프전, 중동에서의 괄목할 만한 평화에 대한 전망, 중국·인도·러시아에서 무역과 외국투자에 대한 시장개방과 경제 자유화와 같은 기대하지 못한 사건들을 겪었다. 이러한 일련의 사건들은 국제기업에 대한 여러 가지 기회를 제공했다. 그러나 그러한 기회는 또한 다른 측면에서 위험과 관련이 있다.

정치적 위험이 역시 대두되고 있는 것같다. 국민들간에 다른 생활의 측면에서 더 많은 자유를 위한 강한 욕망을 창조하지 못하고, 오래 된 공산주의 리더에 대한 또 다른 유혈사태를 경험함이 없이 시장은 자유화를 유지할 수 있을 것인가, 등소평이 사망한 후의 중국의 권력구조에 무슨 일이 일어났는가, 그러한 관심은 중국에 대해 장기적인 경우에 부정적인 영향을 미치는 것은 아니지만 확신을 가지기는 어렵다. 투자자는 인내, 총명함, 격변에 대한 강한 적응력 등이 필요하다.

격변과 위험에 대항하기 위해 협상자들은 목표국가의 경제적·정치적 위험의 가능성에 대한 전문가로부터 조언을 가지고 준비해야 한다. 가장 가능성이 있는 경제적·정치적인 시나리오에 대한 유용하고 믿을 만한 정보를 가지고 무장한 국제관리자들은 투자 유치국에 있는 그들 회사의 상대 회사들과 가능한 최상의 거래를 효과적으로 협상하기 위하여 보다 확고한 자리를 점하게 된다.

국제협상 담당자들은 세계무역환경에서 뿐만 아니라 목표국가에서도 전문성을 가져야 한다. 세계적 기회와 한 회사제품의 위험에 대한 지식은 가장 중요하다. 왜냐하면 그것은 특정한 국가에서 영업행위를 하는 데 있어서 비용과 이익을 평가하는 데 기준을 제공하기 때문이다. 예를 들어 중국시장에서 자동차를 생산하기 위해 중국기업과 합작투자를 협상하는 영국기업은 동일하게 좋은 기회가 인도에도 존재한다는 것을 안다면 보다 나은 협상의 입지를 점하게 될 것이다.

(6) 문화적인 차이

무역협상은 이질적인 문화로부터 경영관리자간의 상호작용과 관련된다. 협상자간의 문화적인 규범이나 차이는 어떻게 그들이 협상과정을 통하여 행동해야 하는지에 대해 중요한 영향을 미친다. 예를 들어 신뢰와 관계의 설정은 일본, 중국, 멕시코, 대부분의 라틴아메리카에 대해서 매우 중요하다. 이와 같은 문화에서 협상을 시작하기 전에 서로 친숙해지고 일정한 안락수준(comfort level)을 설정하는 것이 필수적이다. 일본사람들은 협상을 중요한 이슈들이 토의되기 전에 여러 가지 만남을 위임할 수 있는 마음으로 만나는 상호 협조적인 과정으로 간주한다고 Foster(1992)는 말한다. 대조적으로 미국인은 몇 가지 덕담을 주고받은 후 협상을 시작하는 성급함으로 유명하다.

하나의 자원으로서의 시간 사용에 대한 각국의 문화적 차이는 협상에 큰 영향을 줄 수 있다. 미국인들은 시간엄수, 약속된 시간에 일을 끝내야 한다든지, 시간을 허비하지 않아야 한다는 데 너무 신중한 것으로 알려져 있다. 그들은 시간을 효율적으로 사용해야 하는 소모적 자원으로 인식한다. 반면에 멕시코인이나 중국인은 시간을 우리가 살아가는 데 있어서 제약이 아니라 끊임없이 계속되는 것으로 간주한다.

협상이 진행되는 동안 미국인들은 관계를 형성하고 협상과정을 앞으로 원만히 진행하기 위하여 초반에 조그마한 양허를 하는 경향이 있다. 반대로 일본인들은 협상의 마지막까지 중요한 양허를 지키려는 경향이 있다. 얼마만큼 그리고 어떤 유형의 정보가 상대와 공유하는지에 관한 차이 또한 존재한다. 미국의 협상자들은 그들 회사의 필요, 한계 등에 많은 중요한 정보를 공유하는 경향이 있다. 반대로 일본인들은 상대에게 의미있는 정보를 제공할 그런 필요를 보이지 않고 따라서 교환으로 조그만 양의 정보를 제공한다.

미국인들에게 계약은 협상의 결론을 의미하고 계약의 조건은 권리, 책임, 상대의 의무를 설정한다. 그러나 일본인에게 회사는 그 계약의 조건에 영구히 구속되는 것은 아니다. 사실 기업은 환경의 중요한 변화가 있을 때마다 재협상될 수가 있다. 예를 들어 정부조세, 정책의 예기치 못한 변화 또는 경쟁환경의 변화는 재협상의 합법적인 이유로 고려된다. 중국인에게 합의의 조인자는 그들과 일할 수 있는 동반자이며, 따라서 계약의 조인은 단지 협상의 시작에 불과하다.

대부분의 무역협상은 협상기간 동안 한쪽 또는 상대의 문화적 과실 때문에 결코 그들의 잠재적 기대를 충족시킬 수 없다.

(7) 제 3 자의 영향

협상의 결과에 이해관계를 가지는 다양한 사람과 조직들은 외부적인 제 3 자들이다. 경쟁자 · 소비자 · 노동조합 · 상공회의소 · 기업의 주주와 같은 조직화된 비즈니스 그룹 등이 이에 해당한다.

만일 협상의 결과가 시장에 강력한 새로운 경쟁자의 도입이 있게 된다면 합작투자와 같은 제안된 비즈니스의 합의에 대해 로비를 통한 압력을 가할 수 있다. 로비와 관련되는 전략은 합작투자의 실제적 인위적인 악영향을 보여주기 위해 또는 정부에 의해 부인된 중요한 허가와 승인을 얻을 목적으로 그 거래에 반대하는 공공관련 캠페인의 시작을 포함한다.

협상의 결과에 의해 영향을 받는 소비자들은 협상의 과정을 도울 수도 또는 방해할 수도 있는 방법들과 관련된다. 예를 들어 미국은 미국의 재화나 용역이 일본시장에 더 크게 접근할 수 있도록 일본과 수년간 협상을 진행해 오고 있다. 일본의 소비자들은 시장을 개방함으로써 값싼 물건과 다양한 종류의 물건을 구입할 수 있기 때문에 외국의 경쟁자들에게 시장이 개방되기를 원한다. 따라서 그들은 그것을 위해 로비를 해 오고 있다. 그러나 전자 · 자동차 · 농산물 부문의 산업 비즈니스군은 시장을 외국경쟁자들에게 개방하는 것을 반대해 왔으며, 현재까지 어떤 중요한 시장개방의 증가도 저지하는 데 성공적이었다고는 볼 수 없다.

노동조합은 일반적으로 회원들의 고용기회를 줄이는 어떤 종류의 비즈니스 거래도 반대한다. 예를 들어 노조는 미국의 '지구를 움직이는 장비' 제조업체인 Caterpillar에 몇 차례의 파업을 해 왔다.

이 기업에 대한 노동자들의 주요한 불만 중의 하나는 Caterpillar의 낮은 비용 생산입지를 위한 경영관리에 의해 제조와 관련되는 직업이 해외로 이전되는 결과를 가져 온 미국에 있어서의 직업의 감소이다. Caterpillar는 해외에 몇 개의 합작투자회사를 가지고 있다. 미국에 있는 노동조합의 반응은 어떤 새로운 합작투자의 협상과정에 영향을 미친다.

투자 수출국에서 국제 합작투자의 설립에 대해 노동조합은 조합에 대한 인식, 고용, 선별과정, 직업 세분화, 연공 같은 이슈들에 관심을 가진다. 고전적인 한 예로 1980년대 초반에 있었던 GM과 Toyota 간의 NUMMI 합작투자 협상에 있어서 미국 자동차 노동자들의 역할이 그것이다.

상공회의소 같은 조직화된 비즈니스군의 태도는 국제무역협상의 환경에 영향을 줄 수 있다. 예를 들어 중국, 인도, 러시아의 시장개방에서 미국의 상공회의소는 주요 미국기업의 몇몇 최고수준의 관리자들을 조직하여 합작투자를 위해 이들 나라를 방문할 수 있도록 했다. 각국의 상공회의소는 불필요한 행정적인 절차와 같은 많은 어려움을 제거하는 데 도왔다. 관련 국가의 상공회의소가 적극적으로 도와주지 않았다면, 중국, 인도, 러시아에 설립된 수많은 합작투자는 구체화되지 못했을 것이다.

협상의 진행은 주주들의 반응에 의해서 자극을 받을 수도 있고, 방해를 받을 수도 있다. 주주들이 합병을 반대하는 기업은 협상을 포기하거나 그들의 협상태도를 바꿈으로써 다른 주주들의 태도를 변화시킨다. 주주들은 항상 협상에 보이지 않게 참여한다.

3.2 국제협상의 즉시성 측면

즉시성의 상황은 협상자들이 어느 정도의 통제권을 가지고 전략과 결과를 포함하여 협상과정에 영향을 미치는 요소들을 포함한다. 이는 다음과 같은 다섯 가지 차원으로 구성되어 있다. ① 협상자의 상대적인 협상력과 의존의 본질, ② 갈등이 내재된 잠재적 협상의 수준, ③ 협상기간 동안 또는 기간 전의 협상당사자 간의 관계, ④ 기대되는 협상의 결과, ⑤ 즉각적인 제3자.

(1) 협상자의 상대적인 협상력과 의존의 본질

협상 담당자들은 그들의 개별적인 목적을 성취하기 위해 서로 협조하지 않는 협상은 있을 수 없다. 결과적으로 그들간에 어느 정도의 상호의존성이 존재하게 된다. 에를 들어 대규모의 글로벌 제약회사는 여러 가지 다양한 질병을 치료할 수 있는 돌파구를 마련하기 위해 이제 막 사업을 시작한 조그만 생물화학회사와 합작투자에 성공했다. 소규모의 기업은 대기업만이 제공할 수 있는 재정적인 지원이 필요하다. 반대 급부로 대규모의 제약회사는 가능한 많은 전도 유망한 소규모의 기업들과 연결함으로써 여러 가지 리스크가 있는 프로젝트의 개발에 참여하기를 원한다. 그러한 상호의존성은 협상을 가능하게 하는 동기로 작용한다.

협상의 문맥에서 보면 협상자 사이에 존재하는 의존성의 본질은 상대에 대한 한쪽의 상대적인 협상력을 결정한다. 따라서 한 기업에 의해 채택되는 협상전략은 그 기업에 있어서 상대적인 협상력에 의존한다. 협상력이 큰 기업은 공격적인 “take it or leave it” 전략을 채택할 가능성이 크고, 반면에 보다 협상력이 약한 기업은 훨씬 덜 공격적인 전략을 채택하게 될 것이다.

(2) 갈등이 내재된 잠재적 협상의 수준

잠재적 협상에 내재된 중요한 이슈에 관한 갈등의 정도는 협상자간의 관계가 협조적이건 적대적이건 설정되게 된다. 협상자들이 중요한 이슈에 합의를 하면 할수록, 즉 양자가 공유할 수 있는 공통적인 근거가 많을수록 갈등은 적어지게 되고 따라서 그들의 관계는 보다 협조적이 된다. 다른 한편으로 그들이 중요한 이슈에 대해 합의를 하지 못할수록 그들간의 갈등은 심화되고 보다 적대적인 관계로 귀착된다.

협상자간의 협조적인 관계의 가능성은 소위 “윈윈”(win-win) 해결로 제고될 수 있다. 이를 비제로섬 게임(non-zero sum game) 또는 통합적인 협상(integrative bargaining)이라고도 한다. 양자의 목적은 한쪽이 목적을 얻게 되는 정도가 상대의 목적획득의 정도를 결정하는 그러한 방법으로 서로 연결되어 있다. 윈윈 해결의 예는 다국적 기업이 시장에서 판매할 수 있는 제품의 수가 유치국에 의해 수출되는 제품의 수와 같아야 한다고 말하는 다국적기업과 유치국 정부간의 합의가 그것이다. 이 경우에는 양자가 모두 이기는 것으로 수출은 유치국이 외환을 획득할 수 있도록 돕고, 유치국에서의 판매는 다국적기업이 총수입과 마켓세어를 증가시킬 수 있도록 한다.

양자간의 갈등은 필요불가결한 것으로 “win-lose” 상황을 형성하게 된다. 제로섬 게임 또는 배분적 협상으로 알려진 그러한 상황에서 한 쪽의 이익은 다른 쪽의 손해를 동반한다. 예를 들어 합작기업 각자의 총 순가치의 비율을 협상하는 두 기업은 “win-lose” 협상과 관련된다. 왜냐하면 어느 한 쪽에 대해 50% 이상의 순가치의 증가는 상대의 50% 순가치의 감소를 의미하기 때문이다. 우리는 협상의 목적이 개인의 이익을 극대화하는 양자간의 경쟁적인 상관관계를 관찰한다.

(3) 협상 전후의 협상담당자 간의 관계

첫번째 협상시기 바로 전에 양자간의 관계의 본질은 전 협상기간 동안 그들의 관계에 영향을 미친다. 만일 양자가 장기적인 공정적 관계 또는 상호 이익이 되는 win-win 유형의 협상에 참여하는 조화로운 관계를 가진다면, 각 협상자에 의해 채택되는 협상 전략은 또다른 win-win 결과를 위해 협조적이 될 것이다. 이전의 관계는 협상행위에 영향을 줄 수 있는 현재관계의 미래에 관한 기대를 설정할 수 있다.

실제로 전 협상과정(process)은 일련의 협상시기(session)로 구성된다. 따라서 긍정적이건 부정적이건 각 협상시기의 경험은 다음 협상의 배경으로 작용하고, 전 과정의 극치를 향해 계속 진행된다. 결과적으로 각각의 긍정적인 협상의 시기는 다음의 협상시기에 유용한 결과를 용이하게 하고, 반면에 부정적인 협상의 시기는 다음 시기의 분위기에 악영향을 미치는 잠재성을 갖는다.

(4) 기대되는 협상의 결과

협상의 결과는 유형의 것일 수도 있고 아닐 수도 있다. 유형의 결과로는 이윤분배, 기술이전, 기술이전료, 지적재산권 보호에 관한 법률, 자산소유권, 가치로 평가될 수 있는 실체를 가진 다른 자산 등과 같은 문제에 대한 합의가 그것들이다. 무형의 결과로는 협상에 참여하는 양자간에 도출된 선의(goodwill), 양자간의 선의의 재고(stockpile)를 늘리기 위하여 양허를 만들고자 하는 욕구, 협조와 절충을 통한 win-win 결과를 이끌어내기 위한 욕구 등을 포함한다.

협상의 전략과 결과는 양자 사이에 강조되는 단기적 또는 장기적 관계에 제약을 받는다. 만일 장기적인 관계가 양자의 두드러진 목적이라면 양자는 무형의 결과를 위해 유형의 결과를 조정하도록 기대하는 것이 합리적이다. 다른 한편으로 단기적인 관계가 바라는 모든 것이라면 협상자들은 그들의 만족을 위하여 양자 사이의 선의를 필요로 하지 않는 유형의 결과에 목표를 둘 가능성이 크다. 미국과 일본의 무역협상은 양자간의 보다 장기적인 관계가 일본시장이 개방됨에 따라 즉각적인 유형의 결과보다 훨씬 중요한 예로서 특히 일본과의 약 60 billion달러에 달하는 미국의 연간 무역수지 적자를 감소시키는 것이다.

대부분의 국제비즈니스 협상에서 유형의 결과는 그것이 현실 가능한 것으로 되기 위하여 선의와 장기적인 관계가 필수적임을 강조해야 한다. 예를 들어 국제기업의 외국기업으로의 기술이전은 유형의 결과이다. 그러나 이러한 거래는 일반적으로 양자간의 선의와 조화로운 관계가 주요한 제품이 되는 몇 개월 또는 몇 년이 지난 후에야 가능하다.

(5) 즉각적인 제3자의 충격

비즈니스 협상의 과정에서 즉각적인 제3자들은 ① 협상자들과 그들의 특성, ② 기업의 경영관리자들, 고용인, 이사회 등이다. 협상자들의 특성은 과거 비즈니스 협상의 누적된 경험이라든지 그들의 문화적인 배경과 같은 그러한 측면을 포함한다. 과거에 수많은 비즈니스 거래를 협상한 사람들은 급박한 비즈니스 협상에서 하나의 자산이 될 수 있는 그들의 레파토리 속의 많은 지식을 가지게 될 것이다. 예를 들어 과거에 중국과 협상한 적이 있는 협상자는 초보자의 경우보다는 '이야기되지 않는 언어' (unspoken language)를 읽는 데 훨씬 능숙할 겻이다. 주어진 협상의 문맥에서 어떤 접근과 전략이 작용을 하고, 작용하지 않는지 선택하는 것은 오랜 시간 동안 협상의 경험을 통해 얻어지는 일종의 기술이다.

협상자들의 문화적인 배경은 아마도 협상과정의 가장 심각한 영향을 갖는다. 무엇보다도 상이한 문화적인 배경을 가진 적어도 두 사람간의 상호작용이 없이 국제협상은 존재하지 않는다. 한 사회의 구성원에 의해서 내재되어 온 일련의 가치관, 신뢰, 규범 등의 혼합으로서의 문화는 국제적인 협상에서도 협상 담당자들은 어떻게, 왜 그들이 그 길을 선택해야 하는지에 있어서 분명한 역할을 갖는다.

협상의 결과에 있어서 경영자의 개인적인 이해관계, 고용자, 이사회는 선택된 전략과 협상의 과정에서 이루어지는 오퍼(offer)와 카운터오퍼(counter offer)와 밀접한 관련이 있다. 위의 세 그룹은 협상의 결과에서 다음의 이해관계 중에 하나 이상을 갖는다; 재정, 승진, 자아와 명예, 개인적인 힘, 임금과 고용, 경제적 안정, 경영자들은 그들 자신 · 고용자 · 이사회의 이해관계를 손상시키는 합의를 협상하기 전에 두번쯤 생각할 것 같다.

제 2 절 국제협상의 유형과 협상전략

1. 주요국의 국제협상 유형

협상은 탁구나 테니스와 비슷하다. 왜냐하면 쌍방이 승점에 도달할 때까지 밀고 당기는 게임이 계속되기 때문이다. 협상의 형태를 게임형과 전술형으로 나눌 수 있다. 게임형은 국내에서 주로 벌어지는 현상으로 동질의 문화가치관을 소유한 사람끼리의 협상이어서 서로의 필요성에 의해 협상이 발생하므로 쉽게 결론에 다다를 수 있다. 전술형은 국제협상에서 주로 이용된다. 문화가치관의 차이가 발생하는 까닭에 상대방에 대한 충분한 이해가 중시된다.

1.1 미국인과의 협상

한 문화를 건너서 하는 협상에서는 공통되는 특징을 이해하는 것이 중요하다. 다른 문화나 협상유형을 많이 알면 알수록 협상에서 성공하는 비율이 높게 된다. 우리가 직면하는 협상의 대부분이 미국인과의 협상이므로 이들과의 협상기술을 개발하면 상당히 쓸모가 있을 것이다.

미국인들이 주로 사용하고 있는 협상유형으로 존 웨인(John Wayne, 영화배우) 유형이 있다. 즉 "Shoot first and ask questions later"라는 말이 있다. 행동을 중요시한다는 말이다. 이들이 협상에서 가지고 있는 특성을 보면 다음과 같다.[9)]

첫째, 힘의 논리에 의존하는 편이다. 둘째, 상당히 독립적이다. 셋째, 솔직하다. 협상에서 당신의 카드와 내 카드를 보면서 하자는 것이다. 넷째, 경쟁하는 것과 이기는 것 모두를 중요시한다.

문화적인 특성을 보면 미국인을 좀더 쉽게 이해할 수 있다. 일본인과는

9) 장대환, 「국제기업협상」, 김영사, 1989, pp. 104~107.

반대로 감정을 높이 평가하지 않으며, 모든 거래가 합리적으로 이루어진다. 약육강식의 논리가 뚜렷하게 나타나며 체면이 협상에서 그렇게 중요시되는 것이 아니다. 따라서 모든 의사결정은 비용과 편익분석에 의해서 한다. 자기들의 주장과 논리를 분명하게 하며, 실제적인 행동을 취한다. 실제 협상에서 나타나는 특징을 살펴보기로 하자.[10)]

① 혼자 할 수 있다는 것은 미국인의 영웅심리에 영합하는 것일 뿐 실제 협상에서는 아무런 도움이 되지 않는다. 가령 지방출장에서의 협상은 상대방이 다수이므로 협상에서 불리할 수밖에 없다.

② 미국인들의 인간관계는 호칭에서부터 평등하다(예: '미스터' 사용). 그러나 일본인들은 수직적인 위계서열이 있다.

③ 미국인들은 항상 통역을 합석시킨다. 이것은 통역자가 통역하는 동안 시간을 벌게 되어 생각을 할 수 있다. 따라서 협상진행에서 실수를 그만큼 줄일 수 있다.

④ 미국인들은 업무에 있어서 재량권의 폭이 크므로 그들은 그것을 자랑스럽게 생각한다.

⑤ 협상을 실제적으로 이끌기 위해서 대외적으로 친분관계를 일단 유지시킨 다음 실제 일과 관련된 정보를 교환한다. 이 단계까지는 필수적인 단계이다. 미국인들이 실제 관심 있는 단계는 먼저 제시된 안건을 수정하는 협상에서부터 시작하여 마지막으로 결론에 다다르는 단계에 관심이 있다. 예컨대 브라질 사람들은 대인관계의 발전을 위해 상당한 시간을 투여한다. 그들이 협상에서 제기하는 가격은 협상이 가능한 근접한 가격에서 시작한다는 것을 상기하자. 동양계 사람들은 터무니없는 가격을 부르는 경우가 종종 있다.

⑥ 솔직하게 협상하기를 좋아한다.

⑦ 그들은 협상을 진행하는 동안 결코 침묵을 지키는 법이 없다. 무슨 말이든지 한다.

⑧ 확고한 결론에 도달할 때까지 그들은 끈기를 가지고 계속적으로 접근해 온다.

⑨ 문제와 문제들을 분리시킨 다음 어느 시점에서 모든 문제들을 같은 선상에 놓고 해결한다. 그러나 동양계 사람들은 끝날 때가지 문제를 분리시키지 못하고 한데 섞어서 문제의 진의를 파악하지 못하는 경우가 있다.

---

10) 김동기, "한미일중 4국의 협상전략," 주간매경.

⑩ 협상은 어디까지나 협상이라는 인식을 갖고 있다. 따라서 융통성이 없는 편견을 배척한다.

⑪ 행동지향적, 예측성, 확고성을 수반하는 협상을 전개하므로 법적인 문제에 근거해서 협상을 진행시킨다.

1.2 중국인과의 협상

최근 들어 양국간 무역과 투자 등의 급격한 증가로 기업들이 불가불 중국을 중요한 협상의 대상으로 삼지 않을 수 없게 되었다. 중국과의 협상은 3국을 통하여 일찍부터 시작되었지만, 한·중수교 이후 관계개선이 표면화되면서 협상의 중요성이 한층 더 필요하게 되었다. 중국인의 협상술은 오랜 역사와 문명, 그리고 수많은 민족으로 구성되고 동양철학으로 이어온 정신적 유산에서 그 연원을 찾아볼 수 있다. 수많은 전란과 통치, 지배계급의 몰락으로 병법에 관한 많은 전술·전략서가 있는데 이들은 모두 중국인의 협상술에 있어서 기본적인 지침서가 되고 있다. 전쟁과 고난의 역사를 통한 처세술에서 그들의 독특한 국민성을 엿볼 수 있다.

가장 근간을 이루는 「손자병법」(孫子兵法)과 「오자병법」(吳子兵法)은 그들의 협상전술의 고전이라 할 수 있다. 손자병법은 정공(正攻)을, 오자병법은 기공(奇攻)을 중요시한다. 실제 협상에서 이들은 정공과 기공을 교묘하게 배합하여 사용한다.

그러면 먼저 협상에서 나타나는 중국인의 특징을 살펴보자.

① 모두가 이득을 보는 평등호혜(平等互惠) 원칙을 중요시한다.

② 궤계(詭計)보다는 정공을, 그러나 기공을 적절히 사용한다.

③ 협상을 하기 전에 완벽한 준비를 하여 일단 시작되면 주도권을 잡으려 한다.

④ 먼저 상대방을 알고 허허실실(虛虛實實: 자기의 약점과 상대방의 약점을 역이용) 작전을 사용한다.

⑤ 협상을 느긋하게 이끌어서 상대방을 지쳐버리게 만든다.

이들의 이러한 협상특징은 실제 협상에서도 많이 나타난다. 미국인이나 일본인은 협상재량권의 귀속이 명확한데 중국인은 그렇지 않다. 중국 협상팀은 단지 조직이 의견일치를 볼 수 있도록 하고 매개체 역할을 수행할 뿐이다. 그러므로 그들은 매개체 입장에서 같은 문제를 가지고 OK 여부를 수없이 다시 묻는 형태를 보이게 된다. 또한 협상진행을 매우 느긋하게 이끄는 표면적인 협상은 시간확보의 수단으로 이용하고 만찬, 연회, 관광 등의 스케줄이 마련되어 있는 것을 볼 수 있다. 중국인의 배타적이고 자기중심적인 사고, 즉 중화사상(中華思想)으로 인해 자기식으로 협상하려는 태도를 강하게 나타낸다.

이상에서 볼 때 중국인의 협상관은 단기적 임기응변적인 협상이 아니라, 장기적이고 투자를 많이 하며 시간적인 여유를 가지고 임해야 하는 협상형태를 나타내고 있다. 따라서 중국인과의 협상에서는 우리 쪽에서 조급함을 보이지 말고 협상단계마다 철저히 사람들을 점검하고 주도권을 빼앗기지 않도록 주의해야 한다.[11)]

중국인과의 실제 협상에서 주의해야 할 점을 요약하면 다음과 같다.[12)]

① 협상 초기의 어떤 항목이라도 중국인은 의례적으로 생각하지 않고 중요시하기 때문에 소홀히 다루거나 실수를 범하지 말 것.

② 협상 전의 사전작업이 아무리 충분하더라도 협상이 시작되는 시기는 테이블에서 마주보면서 시작되는 것이 아니라 공항 트랩을 내려설 때부터 협상이 시작됨을 유의하자.

③ 중국인은 이해대립을 원하지 않고 우호적인 분위기를 우선적으로 생각한다.

④ 끝까지 마음을 놓아서는 안 된다. 중국인은 마지막 단계에서 가장 핵심적인 협상요인의 가격협상을 하는 수가 많다. 따라서 마지막 서명에서 잉크가 마를 때까지는 마음을 늦추어서는 안 된다.

이상의 지적에서 볼 수 있는 것처럼 동양인이라는 막연한 친근감에 의한 관계개선이 아니라 협상상대자로서의 '우리'라는 면의 인식이 무엇보다 필요하다 하겠다.

1.3 일본인과의 협상

일본인들은 대체로 협상을 싫어하는 편이고 상대방과 정면충돌을 피하려

11) 전게서, pp. 108~109.
12) 김동기, 전게서, p. 23.

고 하는 경향이 강하여 막후에서 조정하려고 한다. 막후조정은 'give and take' 에 기초를 둔다. 대체로 일본인들은 서구인들을 볼 때 말로만 모든 것을 해결하려 하는 피상적이고 불성실한 사람으로 간주하는 경향이 있다.

상대방과 대화를 할 때 침묵을 지킨다는 것은 그 문제에 대해서 할 말이 없다든가, 말재주가 없어 가만히 있는 경우이거나, 그 문제를 호의적으로 깊이 생각하는 것으로 간주할 수 있다.

일본인들은 상거래에서 빈틈 없는 준비보다는 완전한 인간관계에 의한 신용상태에서 거래협상을 행하므로 계약서, 송장, 상품목록과 같은 것을 주고 받지 않고 거래하는 경우가 많다.

그들이 일반적으로 상거래에서 지키고 있는 원칙을 살펴본다.

① 끈기있게 하라(고객을 끌어들인다).

② 여타의 서비스를 제공하라(친절하다는 인상 제공).

③ 자기 상품에 대해서 이야기하지 말라(자기를 상품판매에만 급급한 사람으로 만들지 않도록).

④ 인간관계를 가장 중시하라(상대방과 동고동락하는 기분을 가져라).

위와 같은 원칙이 일본인의 협상유형을 구성하는 요소가 되는데 이러한 유형은 그들의 문화에 깊게 뿌리를 잡고 있다. 그들이 미덕으로 간주하는 것은 사람들에게 호의적이고 상관의 명령을 충실히 따르는 것이다. 그러나 서구와는 반대로 힘에 의한 영향력이 상대방의 마음을 좌우하게 된다. 만약, 명령을 거역한다면 사회적 이미지, 지위까지도 손상을 입게 된다. 따라서 일본인의 조직 속에서 성공하려면 상사와는 다투지 말아야 한다.

일본협상가는 감상적이고 솔직하다. 또한 자신들은 항상 약자의 입장이라고 여기고 있어 공격을 정당화시킨다(예를 들면, 진주만 공격).

이러한 일본인들이 타인들로부터 쉽게 영향을 받고 쉽게 영향을 주는 요소를 살펴보면 다음과 같다.[13]

① **양 심** 양심에 호소하면 상당한 효과가 있다.

② **막후교섭**(네마와시, ねまわし) 사전적 포석. 특히 문제가 심각한 경우 비공식적 접근을 통해 대책을 세운다. 나무를 이식하기 전에 옆둘레 파기와 같다.

③ **먼저 주라** 일본인은 직장이나 주택을 자주 옮기는 경우가 적어서

13) 전게서, pp. 116~117.

남에게 먼저 도움을 줌으로써 채무의식을 유발시키고 나중에 자기가 필요할 때 적절히 사용한다.

④ 부　채　모든 일본인은 상대방의 은혜를 잘 기억한다. 그러나 보답을 바라는 호의는 속 좁은 사람으로 인식되며, 보답을 바라지 않을 경우 상대방에게 부채로 남게 된다. 따라서 먼저 주는 방법과 부채를 지우는 방법은 전통적인 일본사회의 체제이고 자연스럽게 상대방에 대한 채무를 갚을 수 있는 기회를 가지려고 한다.

⑤ 충　고　선배가 후배에게 한 충고는 상당한 의미를 가지며 후배는 그것을 중요하게 생각하며 따른다.

⑥ 추　방(무라하치부, むら－はちぶ, 村八分)　단체규약을 지키지 않으면 따돌림을 받게 되고 일체의 도움, 교제가 단절된다.

일본인들은 전통적인 사회체제를 중시하며 거의 따르는 편이다. 그들의 사상적인 측면은 손자병법에서 상당한 영향을 받고 있다. 따라서 상대방을 알기 위해 정보수집을 중시하지만 산업스파이를 이용하는 따위의 비도덕적인 방법은 싫어한다.

일본인들의 성격을 보면 자기감정을 절제하고 끈기있게 기다리며 자기를 드러내지 않는 조심스러운 면을 보이고 있으며, 체면을 중시하고 위험한 상황에서는 나니와부시(なにわぶし, 浪花節) 전략을 구사한다.

1.4 프랑스인과의 협상

프랑스인은 대체로 문화, 언어, 예술에 대한 자존심이 대단한 국민이다. 이러한 이유 때문인지 몰라도 미국의 작가 마크 트웨인(Mark Twain)은 "신은 인간을 천사보다는 조금 못하게, 프랑스인보다는 조금 낫게 만들었다"라고 할 정도로 혹평하고 있다.[14)]

이들은 협상을 일종의 논쟁이라고 생각한다. 원래 프랑스인은 서로 의사교환하는 것을 무척 좋아해서 협상(negotiation)과 논쟁(debate)을 혼동하는 경우가 종종 있다. 즉 생활은 싸움이라는 인식이 여러 글에서 발견되듯이 협상은 한치의 양보도 없는 상황이라고 생각하고 있다.

보수적 사고를 가지고 있는 이들은 업적을 능력에 의해서 평가하기보다

14) 전게서, pp. 108~109.

는 사회신분, 가족관계, 나이 등에 의해서 평가하는 경향이 많다. 일반적으로 합리적일 것이라고 생각되지만 동양에서 강조하는 속성들을 많이 가지고 있다고 볼 수 있다.

실제 협상에서 이들의 속성 중에서 주의해야 될 것은 그들이 중요한 문제, 구체적인 문제라고 생각하는 것이 우리가 알고 있는 가격과 수량에 대한 실제적인 언급을 의미하는 것이 아니란 것이다. 따라서 그들은 사실보다는 명확한 것, 실제 물건보다는 말을, 과학보다는 궤변을 좋아한다. 협상을 마음과의 만남 쯤으로 생각하여 상대방이 하는 일에 동참하기를 좋아한다. 그러나 그들과 사귀면서 우정을 나눈다는 것은 다른 유럽국가들보다는 어렵다.

프랑스인은 자기 주장과 자기 생각을 가지는 개인주의를 높이 평가한다. 따라서 책임의 소재도 자기 자신에게 있으며 성취율도 자기에게 있는 것이다. 이들은 행동에 의한 결과를 중요시한다. 또 전통적으로 보수적인 사고에 젖어 있기 때문에 생활에 큰 불편이 없는 한 예전 그대로 있기를 좋아한다.

시간관념이나 약속에 있어서는 정확한 것을 중요시한다. 이들의 시간관념은 보통 유럽인들과 다르다. 예를 들면 점심시간이 유독 길다든가(2~3 시간), 하계휴가(1개월), 영업시간의 자유로운 조절 등이다. 또 의사결정도 집중화되어 있다. 앞에서도 언급했지만 위계 서열에 의한 조직구조로 인하여 의사결정의 순서가 집중되어 있다.

협상의 마지막 순간에 모든 것을 문서화하기를 좋아한다. 이것은 오랜 외교관습과 공식성에 의해서 비롯되어 왔다.

1.5 남미인들과 협상(멕시코)

남미인들은 대체로 다혈질이고 다정다감한 성격을 갖고 있으며, 정열적이고 낙천적이다. 모든 일은 합리성보다는 안면을 중시하는 인간관계로 처리된다. 이는 뇌물이면 만사가 해결되는 부정부패의 원천이 되고 있다.

멕시코의 문화는 주로 식민지 지배국인 스페인의 영향을 받았고, 그 다음 프랑스, 미국 등 서방 선진국의 영향을 받았다. 그러나 멕시코인들은 자기 국가를 그들 스스로 설립해야 한다고 믿고 있고, 지금 그렇게 하고 있다. 경제적인 관계는 주로 미국과 이루어지고 있다. 멕시코의 비즈니스 스타일은 미국식과 한국식의 중간이라고 볼 수 있다. 면담은 미국식으로 사전에 약속을 해야 하고, 계약의 성사는 일정한 요구조건이 제시되는 경우가 다반사이다. 멕시코인들과의 협상의 주요 특징은 다음과 같다.[15)]

① 그들은 협상에 있어서 조건 대 조건이 협상이 아니라 뒷돈이나 막후세력에 의해서 이루어지는 것으로 믿고 있다.

② 전문성에 의한 업적보다도 개인적인 능력을 높이 평가하므로 정치적·사회적 신뢰도를 개인이 얼마나 갖고 있느냐에 따라 협상상황은 달라진다고 생각하고 있다.

③ 인간관계, 개인적인 친분이 여타의 관계보다 협상상황을 더욱 진전시킬 수 있다.

④ 사회적인 통념, 의례가 중요시되므로 올바른 이해가 없다면 실패할 수 있다.

⑤ 의사표현의 행동양식으로 몸짓, 감정을 많이 사용한다.

⑥ 멕시코인들은 감정적인 요소에 의해 쉽게 좌우되므로 설득되는 경향이 많다. 특히 외국인과의 협상에서 풍부한 경험에 의한 설득조의 말은 그들에게 효과가 있다.

⑦ 개인주의적이냐 집단주의적이냐는 사회적인 영역에 따라 다르다. 가족·사회적 관계로, 상당히 집단적인 성향이 강하게 나타난다.

⑧ 일단 친분이 없으면 협상관계는 어렵게 된다. 또한 그들은 친분관계에서 협상이 시작되므로 친분관계 유지가 무척 중요하다.

⑨ 안정적인 것을 좋아하고 위험성이 있는 것은 피한다.

⑩ 시간관념에서는 가족과 친구관계가 우선이기 때문에 시간에 구애받아 일을 그르치는 경우는 드물다.

⑪ 의사결정권은 집중되어 있으므로, 의견일치는 묵시적으로 한다.

1.6 사우디인과의 협상

세계 제2의 산유국이고 정부수입의 89%를 석유수입에 의존하고 있는 사우디아라비아는 왕조국가이며, 이슬람교를 믿고 있다. 현재 거의 모든 산업에 있어서 기술자들이 외국인이므로 이들은 앞으로 자국 기술자로 대체시키려고 노력하고 있다.

15) 김종윤, 「세계시장을 알자」, 해돋이, 1996, p. 326.

이들이 협상에서 가지는 특징을 보면 다음과 같다.

① 상대방에 의한 평가와 공개적인 질문을 싫어하며 간접적인 의견표출을 선호한다. 충돌이 일어나면 일단 싸우고 난 뒤 그 이유를 묻는다.

② 협상에서 만나게 되는 사람은 거의 남성으로 그 중 협상의 최종단계는 왕족과의 협상으로 이루어진다.

③ 사회구조의 폐쇄성 때문에 사교가 무척 중요하게 되며 그들은 이러한 관계를 문제해결의 방법으로 생각한다.

④ 회교국가이므로 전통적인 예의범절을 극히 중요시한다. 회교경전 코란에 기초한 사회적 관계를 중요시한다. 예를 들면 "신을 믿지 않는 자일지라도 손님이라면 예우를 갖추라"는 말이 있다.

⑤ 이들의 언어적 표현수단은 서구국가들과는 많은 면에서 다르다. 즉 실제적인 것보다도 그들이 바라는 것, 객관적인 것보다는 그들이 하고 싶은 것에 비중을 많이 둔다. 그리고 왼손과 발바닥을 드러내 보이면서 다리를 꼬는 행위는 모욕의 표시이며, 대화를 위해 아주 가까이에서 말한다. 그리고 대화를 할 때 눈을 마주보는 경우가 많은데 이것은 "눈은 마음의 창"이라는 생각 때문이다.

⑥ 신의 교리에 따른 것이 무난하다고 여기고 있다.

⑦ 가족 중심적인 사고 내에서 개인적인 성취욕구를 나타낸다.

⑧ 조직에 의한 관계보다 개인적인 친분관계를 중시한다.

⑨ 위험은 피하나 약간의 불확실성은 받아들인다.

⑩ 그들에게는 시간이란 것이 중요하고 우선적인 문제로 여겨지지 않는다. '지금'이 아니면 '다음'이란 생각을 한다.

⑪ 문화적으로 엄격한 위계적 조직이므로 의사결정의 집권화가 되어 있다.

⑫ 과거에는 말로 하는 의견합의를 많이 해 왔으나, 오늘날에는 문서화하는 경우가 대부분이다.

2. 성공적인 협상전략

협상을 성공적으로 수행하려면 협상팀과 조직(본부) 간의 수직적인 협상, 협상팀 내의 협상, 협상 상대방과의 수평적인 협상, 언론이나 여론, 정부 등

외부당사자들 사이의 협상 등 네 가지를 모두 능수능란하게 이끌어 갈 수 있어야 한다.[16)]

2.1 조직관리(수직적인 차원)

협상의 마지노선은 협상테이블에 앉아 있는 협상대표가 아니라 통상본부에서 정한다. 협상상대방과의 관계보다 협상절차의 수용 여부를 결정하는 권한을 가진 본부(본국) 사람들과의 관계가 더 중요하다. 본부(본국)와의 관계를 제대로 유지하지 못하면 협상테이블에 앉아 협상하기가 어려울 수밖에 없다.

그러면 협상결과를 본부(본국)에서 거부하지 않게 하려면 어떻게 해야 할 것인가.

첫째, 협상테이블에 나가기 전에 협상목적에 대해 분명한 지침을 받아야 한다.

둘째, 협상전략을 명확히 하는 데 필요하다. 협상초 본부(본국) 보고 라인에 협상에서의 포지션과 목적을 명확히 해 달라고 요청해야 한다. 그렇게 함으로써 그들의 입장에 대해 협상파트너가 반발할 수 있다는 점을 숙지시키고 포지션을 바꿀 수 있도록 해야 한다.

셋째, 협상진행과정을 본부에 충분히 알려야 한다.

마지막으로 최고경영자의 간섭을 배제해야 한다. 최고경영자들은 협상당사자들보다 협상과정을 잘 알지 못하기 때문에 협상을 엉망으로 만들어 버릴 수도 있다.

2.2 협상팀 관리(내부적인 차원)

협상테이블 건너편의 상대방은 일사불란한 것처럼 보인다. 하지만 실제로는 그렇지 않은 경우가 대부분이다. 상대방도 다른 의견과 개성을 가진 개인들의 집합이고 공식·비공식적인 구조를 갖고 있다. 흔히 상대방과의 수평적 협상보다 협상팀 내 협상(의견통일)이 훨씬 더 많은 에너지를 소모케 한다.

협상은 의사결정과정이다. 협상팀 내 이견이 발생하면 팀원은 보통 우호

16) Posses, Frederick, *The Art of International Negotiation*, London: Business school press 1986.

형(stabilizers), 적대형(destabilizers), 중재형(quasi-mediator) 등 세 부류로 갈라진다.

우호형인 사람은 한 마디로 함께 일하기에 좋은 사람들이다. 그들은 대개 분쟁을 피하려 한다. 반면 적대형인 사람은 함께 일하기 힘든 사람이다. 그들은 상대팀뿐만 아니라 자신의 팀도 믿지 못하며 협상을 분쟁의 한 영역으로 한다.

중재형인 사람은 다차원적으로 협상을 조율한다. 이들은 자신의 팀과 상대팀, 자신의 팀 내, 자신의 팀과 조직, 자신의 조직과 관련된 외부조직들 간 충돌점을 중재한다.

만일 협상대표가 우호적인 사람이라면 협상결과가 부드럽게 될 것이나 적대적인 사람이라면 협상의 결론을 쉽게 도출할 수 없다. 만약 합의가 이루어지기 원한다면 중재형인 사람을 협상대표로 선택해야 할 것이다.

2.3 상대방관리(수평적인 차원)

공식적인 협상은 수평적으로 테이블을 사이에 두고 벌어진다. 협상테이블에서 양측은 진행과정에 합의하고 상대방을 설득시킨다. 협상은 많은 긴장을 요구하지만 다음과 같은 방법으로 자신의 팀에 가해지는 불확실성과 압력을 줄일 수 있다.

첫째, 대안 마련이다. 당신이 여러 가지 일을 할 수 있다면 사장과 임금인상협상에서 유리한 위치에 설 수 있다. 협상도 마찬가지이다.

둘째, 협상에는 상대방이 있다는 점을 인식하는 것이다. 협상의 기본법칙은 협상에는 어떤 '법칙'도 없다는 것이다. 상대방이 당신의 동의 없이 어떤 협상도 할 수 없듯이 당신 또한 상대방의 동의 없이는 협상에서 아무것도 할 수 없다.

셋째, 첫 인상이 좋아야 한다. 첫 미팅은 협상이 끝날 때까지 영향을 미치기 때문이다. 세일즈맨의 첫 실수가 고객들에게 오랫동안 부정적인 이미지로 기억되는 것과 마찬가지다.

넷째, 자신을 위해 시간을 할애할 줄 알아야 한다. 가령, 독일에서 1시간은 기다리기에 매우 긴 시간이고, 중동이나 아시아에서는 비교적 짧은 시간이다. 당신이 시계를 보고 있는 동안 상대방은 달력을 보고 있다면 당신은 이미 불리한 위치에서 있는 것이다. '양측의 이익을 위해 어떤 시간이 가장 적당한가'를 항상 스스로에게 물어야 한다.

다섯째, 상대팀을 혼란스럽게 하면 안 된다. 경험 없는 협상가는 상대방을 놀라게 함으로써 이익을 얻을 수 있다고 생각한다. 하지만 이것은 잘못된 판단이다. 혼란에 빠진 상대방은 예측불가능한 행동을 하게 되고 따라서 당신은 협상진행의 주도권을 잃게 된다.

여섯째, 자신의 의도를 상대방에게 분명히 알려야 한다. 예측가능성은 상대방으로 하여금 당신을 믿도록 하는 데 도움이 된다.

일곱째, 상대방의 행위와 발언에 대해 노트정리를 꼼꼼히 하라. 상대방과 이뤄진 모든 회합 및 전화통화 내용 등에 대한 꼼꼼한 노트정리는 정확한 기록이 될 뿐만 아니라 어려운 분석작업의 기본틀이 될 수도 있다.

2.4 외부그룹 관리(외부적인 차원)

협상에서 자신감을 갖는 것은 서로가 편안하게 대안을 모색할 수 있다는 점에서 중요하다. 협상에 이해관계를 갖고 있는 많은 집단, 즉 언론, 정부, 대중 그리고 경쟁업체 등은 협상진행에 대해 더 많은 정보를 얻기 원한다. 잘못 전달된 정보는 상대방과 쌓은 신뢰를 무너뜨리고 자신을 불리하게 만들 수 있다. 또 양측이 합의를 도출하는 데 어려움이 될 수 있다.

그러나 정보에 따라서는 외부집단과 공유할 필요가 있는 것도 있다. 물론 대외공표는 상대방의 동의 아래 해야 한다.

제 8 장 연습문제

논술형

1. 국제협상의 의의와 중요성을 논하시오.
2. 국제협상의 의의와 성공전략
3. 환경적 측면을 고려한 국제협상의 접근방법에 대하여 논하시오.
4. 즉시성 측면을 고려한 국제협상의 접근방법에 대하여 논하시오.

약술형

1. 국제협상시 고려 요인
2. 미국인과의 협상시 고려요인
3. 중국인과의 협상시 유의점
4. 일본인과의 협상시 유의점
5. 남미인들과의 협상시 유의점
6. 사우디인과의 협상시 유의점

제 9 장

국제경제협력

제 1 절 국제경제협력의 기본개념

1. 국제경제협력의 의의

국제경제협력(International Economic Cooperation)이란 관계 당사국이 대등한 수평적 입장에서 어떠한 공통된 경제적 목적을 추구하기 위하여 2국간 또는 다자간 합의 또는 협정하거나 WTO 등의 기구를 통해서 제휴하는 것을 말한다. 그런데 경제협력은 대부분 선 · 후진국간의 경제협력을 의미한다. 즉 선진국이 개별적으로나 집단적으로 자금, 기술, 무역면에서 개도국에 공여하는 경제적 지원을 뜻한다.

이른바 경제협력자금(자금협력)에는 무상자금공여, 장기자본대출, 장기수출신용, 민간직접투자 등이 포함된다. 기술협력에는 기술이전을 위한 경제협력인 기술원조가 있고, 무역협력에는 개도국 상품의 수출확대를 지원하기 위한 특혜관세제도 등이 있다. 일반적으로 경제협력의 목적은 다음과 같은 세 가지 관점에서 논의될 수 있다.[1)]

1) 박종수, 전게서, pp. 641~643.

첫째, 인도주의적 입장에서 인류의 연대성이란 도덕적인 책임감에서 경제적으로 난처한 입장에 있는 개발도상국에 경제적 협력을 제공하는 것이다.

둘째, 정치적 동기에서 경제원조를 함으로써 선·후진국간의 발전적인 갭을 시정하고, 상호간의 대립적인 긴장을 완화시켜 세계평화에 이바지하고, 또한 상호간의 유기적인 유대감을 더욱 강화시킨다는 것이다.

셋째, 경제적인 동기로서, 경제원조에 의한 개발도상국의 경제성장을 촉진시켜 세계무역확대에 균등한 기회를 부여하게 하고, 나아가서는 선·후진국 공히 세계경제의 안정적인 번영을 추구할 수 있는 기초적인 토대구축에 참여할 수 있도록 하는 데 그 목적이 있다 할 것이다.

1.1 세계적인 국제협력

제2차 세계대전 후 제국주의국가 간의 대립, 세계경제의 대혼란 등의 반성 위에서 통화·금융면에서의 상호협력을 위해 IMF, 무역면에서의 자유·무차별·다각상호주의원칙 하에 GATT가 성립하게 되었다. 이처럼 IMF·GATT는 원칙적으로는 자유무역을 지향하고 통화체제의 안정화를 도모하기 위한 세계적인 국제경제협력기구이다.

이와 같이 국제협력이 필요한 동기는 1930년대에 발생한 세계대공황과 제2차 세계대전에 이은 경제활동수준의 현저한 감퇴 등으로 인하여, 세계각국은 그 간의 쓰라린 경험과 그 반성에 입각하여 국가주의적인 입장과 국내경제의 우선정책에 따라 각국은 경쟁적인 평가절하, 외국환관리 그리고 고율관세와 각종의 수입제한 등을 실현함으로써 세계무역을 축소시켰기 때문이다. 따라서 세계는 근린궁핍화정책으로 인한 뼈아픈 경험을 토대로 하여, 그 무엇인가 새로운 각도에서 자국경제의 안정을 도모하게 되었고, 그 발전을 위해서 국제경제의 안정이 절실히 요구되었으며, 그 안정을 위해서는 세계적인 규모의 국제협력이 필요하다는 것을 인식하게 되었다.

1.2 지역적인 국제협력

IMF나 WTO는 세계적인(global) 규모에서의 국제협력기구이지만, 이에 대하여 유럽경제협력기구(Organization for Europe on Economic Cooperation :

OEEC)는 지역적인(regional) 규모에서의 국제협력기구이었다. 1948년 설립된 OEEC는 당초 유럽부흥원조계획, 즉 마샬플랜(Mashall Plan)의 수원기관으로서 등장하였지만, 1950년대에 들어와서는 무역자유화코드와 유럽지불동맹(European Payment Union : EPU)[2)]을 결성하여 OEEC 가맹국의 무역 및 외환의 자유화를 진척시켰다.

그러나 OEEC의 여러 나라 사이에는 그간의 경제협력의 단계로부터 한층 더 진보된 형태의 협력관계, 즉 경제통합을 추진하는 계기를 마련하였다. OEEC제국 중의 프랑스, 서독, 이탈리아 및 베네룩스 6개국은 EEC를 결성하였고, 이에 대항하여 영국, 오스트리아, 스위스, 포르투갈 및 북구 7개국은 EFTA(European Free Trade Association : 유럽자유무역연합)를 수립함으로써 서구 내 양대 경제권이 분립하였다.

그러나 OEEC제국은 그간에 눈부신 경제발전을 이룩함에 따라, 전후 미국에만 의존하였던 발전도상국의 원조문제를 재검토할 단계에 이르게 되었다. 한편 미국도 1958년부터는 국제수지가 악화되어, 지금까지의 자유제국에 대한 경제원조, 특히 발전도상국에 대한 원조를 재검토할 필요성이 대두되었다. 이러한 국제환경에서 OEEC제국은 보다 광범위한 국제협력이 필요하다는 것을 깨닫고, OEEC가맹국 18개국에 미국과 캐나다를 합한 20개국이 OEEC를 계승하는 OECD를 설립함으로써 대 후진국 원조를 취지로 삼는 지역적인 국제협력기구가 형성되었다.

1.3 남북문제 해결을 위한 국제협력

일반적으로 좁은 의미에서의 국제경제협력이란 주로 오늘날과 같은 남북문제에 관한 논의에서 사용되는 것을 말한다. 따라서 이러한 의미에서의 경제협력은 결국, 경제원조와 동일한 의미로 사용되고 있다. 통상 원조라고 하는 경우에는 자본 또는 기술이 무상으로 이전되는 것을 의미하고 있다.[3)]

1940년대와 50년대의 국제협력은 선진국을 중심으로 하여 발전되어 왔으

---

2) EPU는 서독, 프랑스, 영국, 이탈리아 등 서유럽 17개국간의 역내무역자유화와 결제의 다각화를 목표로 1950년 9월에 성립된 지역적 다각결제기구이다.

3) 선진제국의 경제조정기구인 OECD와 DAC(Development Assistance Committee : 개발원조위원회)는 원조를 공공개발지원이라는 용어를 사용하고 있다. DAC는 공공개발지원 속에 정부에 의한 이국간 증여로 기술협력은 포함시키지 않고 있다.

나, 1960년대에 들어오면서부터 남북문제의 해결이 세계경제의 원활한 발전을 위해서는 무엇보다도 가장 중요한 과제라는 것을 인식하게 됨으로써, 선진국의 후진국에 대한 국제협력이 진전되기 시작하였다.

물론, 1960년대 이전에 있어서도, 후진국에 대한 국제협력은 있었으나, 그것은 거의 미국을 중심으로 하는 것이었다. 그러나 그간의 경제발전과 더불어 선진제국에 의한 새로운 경제협력체제인 개발원조위원회(Development Assistance Committee : DAC) 등이 설립되면서 후진국에 대한 원조의 상호조정이 필요하게 되었다.

이와 같이 DAC의 설치에 의하여 개발원조에 대한 국제협력은 한층 더 활발해졌다. 그러나 DAC의 멤버로 되어 있지 않은 개도국으로서는 그것은 그림의 떡이었고, 오직 선진국을 중심으로 하는 원조문제의 토의장에 불과하였으며, IMF나 IBRD 역시 선진국 중심의 기구였다.

이 점에 비추어 GATT는 개발도상국 무역문제를 중시하고 GATT 협정문에 새로운 조항(개도국조항)을 추가할 노력을 기울였으나, 근본적인 문제는 해결되지 못하였다.

따라서 개도국은 무역과 개발문제를 해결하기 위해 UN에서의 유엔무역개발회의(UNCTAD) 개최를 요구하기에 이르렀다. 이를 계기로 하여 남북문제해결을 위한 국제협력의 중요성에 대한 인식이 한층 더 고조되었다.

2. 국제협력의 조건과 필연성

2.1 국제협력의 전제조건

모든 국제협력에는 각 국민간의 동일한 사항에 대한 서로 다른 이해가 존재한다. 이처럼 서로 다른 이해를 조정하는 데에는 다방면에서의 상호교류가 무엇보다 중요하다.

즉 서로 다른 역사와 전통을 가지고 있으며 경제발전수준, 정치제도 및 사회관습과 관행이 각각 다른 여러 지역의 협력을 촉진하기 위해서는 여러 분야에서의 상호이해를 증진시키기 위한 교류가 필요하다.[4)]

4) 小林正一, 「經濟協力援助たおける企業と國家のあり方」, 海外コンサルテイング企業協會, 1991.

(1) 문화교류

국제적 상호의존관계가 심화되고 있는 요즈음 각국의 사람들이 국경을 초월하여 접촉할 때 서로 다른 관습으로 인해 마찰이 발생할 가능성이 높다. 예를 들어 어떤 나라에 합작기업이 설립되어 각국의 관계자가 함께 작업에 참여하는 경우 사고방식의 차이로 인해 뜻하지 않은 어려운 일이 생길 수도 있다. 이러한 일을 미연에 방지하고 보다 원활한 협력이 이루어지기 위해서는 여러 계층간의 광범위한 문화교류가 필요하다. 장기적으로 보아 문화교류는 상호이해를 촉진시키는 결과를 가져오게 한다.

(2) 교육교류

교육교류는 관련 각 국민간의 상호이해를 촉진시키는 방법으로서 단기간 그 효과가 나타나지 않는다. 그러나 젊은 학생들 중심의 교육교류는 지속적이고 확실한 효과를 기대할 수 있다. 젊은 학생들의 상호 유학을 촉진하기 위해서는 입학시 특별전형, 학위취득절차의 간소화 등을 고려해 볼 수 있다. 이 밖에 정부 및 민간단체가 장학금을 지급하는 방안이 적극 고려되어야 함이 바람직하다.

(3) 학술교류

대학 및 연구기관의 학술교류에 대해서는 인문·사회과학분야 및 자연과학분야에 이르는 모든 분야에서 각국의 공동관심사가 되는 부분은 각국의 전문가 및 학자들이 공동으로 연구하는 것이 바람직하다. 예를 들어 인문·사회과학분야에서는 각 지역의 민족문화 및 민속, 관습 및 관행 등에 대한 공동연구를, 자연과학분야에서는 생명과학, 의학, 환경학, 해양학 등의 부문에서 공동으로 연구하는 것을 우선적으로 생각할 수 있다.

학술교류 및 공동연구를 원활하게 추진하기 위해서는 각국의 각 대학 및 연구기관에 집적되어 있는 각종 정보를 집중적·통일적으로 파악할 수 있는 종합적인 자료문헌센터를 설립함이 바람직하다고 본다. 이러한 자료문헌센터를 각국에 설치하여 상호 원활하게 이용하기 위해서는 각국의 도서목록방식을 표준화·통일화할 필요가 있다. 이 밖에 관광교류, 스포츠교류 등도 각국간 상호 이해를 증진시키는 데 큰 도움이 된다.

2.2 경쟁과 국제협력의 필요성

(1) 단일 지구촌 경제의 출현

무역 · 투자장벽의 완화와 교통·통신의 발달 등에 따라 세계각국 및 기업의 경제활동영역은 범세계적으로 확대되고 있다. 세계무역은 세계경제의 성장보다 빠른 속도로 신장되었으며, 자본이동은 80년대 후반과 90년대 초에 이르러 80년대 전반보다 7배 이상 확대되었다. 다국적기업의 판매고도 세계교역 총액을 능가하고 있다. 이제 세계경제는 확대의 차원을 넘어 통합의 수준에 이르고 있으며, 경제는 국제화에서 세계화로 그 추세가 바뀌고 있다 하겠다.[5)]

세계무역기구(WTO)체제의 출범에 따른 교역장벽의 완화와 세계공동 경제규범의 확산 등으로 세계는 이제 국경 없는 하나의 지구촌 경제시대로 나아가고 있다. 구사회주의권의 시장경제 도입확대, 지역주의 확산에 따른 역내교역의 자유화 등도 하나의 '열린시장' 형성을 촉진하고 있다.

단일 지구촌 경제시대를 맞아 세계각국은 시장개방을 통한 경제체제의 확립, 행정규제의 완화, 초고속정보망의 건설, 교육개혁 등을 통하여 급속한 경제환경변화에 대응하고 있으며, 각 기업들도 전세계를 상대로 자본, 노동, 기술 및 경영여건을 최적 결합하여 생산판매하는 기업경영의 세계화를 적극 추진하고 있다.

경제활동의 무국경화 추세는 개별기업의 활동뿐만 아니라 국내외 기업간의 전략적 제휴를 통해서도 나타나고 있다. 일부 다국적기업은 이미 활발하게 전략적 제휴를 통해서 과거 경쟁기업과도 협력과 경쟁을 조화시키고 있으며, 앞으로 이러한 전략적 제휴는 중소기업에까지 확산될 것으로 보인다.

세계경제환경의 변화는 이러한 변화에 맞는 새로운 국제경제규범의 형성을 촉진하고 있다. 우루과이라운드에 따른 세계무역기구(WTO) 체제는 교역자유화의 범위를 종전의 공산품에서 농산물 및 서비스분야 등 사실상 교역가능한 모든 분야로 확대되었으며, 지적재산권 보호, 투자자유화, 보조금에 대한 규범설정 등을 통하여 무역자유화가 보다 공정하고 명료하게 이루어질 수 있도록 제도적 틀을 강화하고 있다. 새로운 세계공동 경제규범은 과거보다

5) 세계화추진위원회, 「세계화의 비전과 전략」, 서울프레스, 1995, pp.71~72.

교역자유화의 범위와 정도를 확대하였을 뿐만 아니라 그 규범의 구속력을 강화함으로써 경제에 관한 영토주권의 개념을 허물고 있는 것이다.

(2) 지역주의 확대와 국가의 경제적 역할 재정립

세계무역기구(WTO)의 출범으로 배타적 경제블럭의 확산에 대한 위기감은 다소 완화되었지만, 세계경제환경의 변화에 대응하기 위해 역내 국가간에 경제를 통합하여 집단적으로 공동이익을 추구하는 지역주의는 계속 확대되고 있다.

유럽연합(EU)은 현재 추진하고 있는 통화통합을 1999년까지 완성함으로써 21세기 초에는 단일통화와 공동 중앙은행을 보유하고, 더 나아가 외교·안보정책은 물론 법무·내무분야의 협력까지 실시하는 고도의 통합체를 이룰 것으로 예상된다.

아울러 EU는 이에 그치지 않고 21세기 초까지 동구국가를 회원국으로 확대하는 외에 지중해연안의 10여 개국 및 남미공동시장(MERCOSUR)의 4개 회원국과의 자유무역협정체결도 모색할 것으로 보인다.

유럽연합에 대응하여 미국도 현재의 북미자유무역협정(NAFTA)에 칠레를 비롯한 중남미국가를 추가로 가입시킨 뒤, 2005년까지 미주자유무역지대(FTAA)의 창설을 적극 추진하고 있다. 아·태지역에서도 아·태경제협력체(APEC)가 무역·투자자유화 일정을 제시하는 등 경제협력기구로서의 틀을 갖추어 가고 있으나 EU와 같은 수준의 지역적 경제통합체로 발전하기에는 많은 제약을 안고 있는 것이 사실이다.

APEC은 1994년 11월 보고르정상회담에서 선진국은 2010까지, 개도국은 2020년까지 역내의 무역 및 투자자유화의 완료를 천명하는 '보고르선언'을 채택한 바 있으며, 현재 이를 위한 각 분야별 논의를 진행시키고 있다.

이와 같이 EU를 중심으로 한 유럽경제권의 확대, NAFTA를 중심으로 한 미주자유무역지대의 창설계획, APEC의 자유무역지대화 구상 등 지역주의 움직임은 서로 영향을 주고 받으면서 전세계적으로 확산되고 있다. 최근에는 유럽과 북미간에도 자유무역지대를 결성하려는 움직임이 나타나고 있음을 감안할 때, 이러한 지역주의 움직임이 WTO를 중심으로 한 다자주의와 상반된 기능을 할 것인가 아니면 다자주의를 보완하는 방향으로 전개될 것인가의 여부는 앞으로 이러한 움직임을 주도하는 주요 국가들의 전략적 선택에 의해 좌우될 것으로 보인다.

국경 없는 경쟁이라는 세계경제환경의 변화 속에서 개별국가는 일견 무력해지는 것처럼 보이나, 실제로는 세계시장에서 전방위적 경쟁과 협력을 주도하는 중요한 역할을 수행하고 있다. 최근 미·일간 무역분쟁에서 나타났듯이 각국은 한 나라의 산업정책, 무역정책, 통화정책 등을 세계전략의 종합적 기반 위에서 고려하고 있으며 이를 상대국에 적용함으로써 세계적인 영향력을 구축하려 하고 있다. 이제 국가는 '국경 있는 경제체제'에서 '국경 없는 경제체제'로 변화를 주도하면서 스스로 그 역할을 확산시켜 가고 있는 것이다.

제 2 절 국제경제협력의 유형

경제협력의 유형은 그 형태 내지 방식에 따라서 다음과 같이 여러 가지로 분류할 수가 있다.[6]

첫째, 통상협력은 이를 공여하는 주체의 성질에 따라 ① 쌍무간 협력과 다자간 협력, ② 정부간 협력과 민간 협력의 두 가지로 구분할 수 있다.

둘째, 통상협력은 공여방법 또는 실질적인 내용의 차이, 즉 형태별로 ① 자금협력과 기술협력, ② 유상협력과 무상협력, ③ 계획사업원조와 비계획사업원조의 세 가지로 나눌 수 있다.

셋째, 개발도상국에 대한 경제협력의 종합적인 조정기관역할을 하고 있는 OECD의 산하기구인 DAC의 분류를 들 수 있다.

---

6) 박종수, 전게서, pp. 545~548.

1. 주체별 유형

1.1 쌍무간 협력과 다자간 협력

쌍무간 협력방식(bilateral cooperation basis)이란 2국간의 교섭이나 협력이 공여국과 수원국 간에 직접 이루어지는 경제협력방식으로 주로 자본, 재화, 용역 등의 무상원조를 위시하여 차관 및 직접투자방식 등이 포함된다. 그러나 여기에는 반드시 공여국으로부터 재화 및 용역을 구입해야 한다는 조건이 붙는 것이 보통이다.

즉, 공여국의 재화수출과 결부되는 자금공여를 구속대부(tied loan)라고 한다. 이와 같은 구속대부성을 갖는 2국간 협력방식은 공여국의 입장에서 볼 때에는 자국의 수출을 증대시키고, 또한 국제수지면에서도 하등 불리한 점이 없기 때문에 부담감이 없으나, 수원국의 입장에서는 자국에 불리한 조건으로 물자를 구입해야 하고, 또한 자국의 경제발전에 자주성을 상실케 할 우려가 있다.

한편 다자간 협력방식(multilateral cooperation basis)이란 3개국 이상의 국가들이 관여하는 국제기구, 즉 IBRD, IMF, ADB 등의 국제협력기구를 통하여 이루어지는 경제협력을 뜻한다. 이 방식에 따른 경제협력은 전자에 비하여 다음과 같은 이점이 있다.[7)]

첫째, 국제협력의 결정방향이 임의적이 아니고 일정한 국제적인 기준에 의하여 수행되고 있다는 점에서 비교적 공평성을 갖고 있다.

둘째, 2국간 협력방식과는 달리 일방적인 공여국의 판단이 우선되는 것이 아니고 국제기관의 자주적인 판단에 의하여 결정된다는 점에서 객관성을 띠고 있다.

셋째, 이는 조건부 공여가 아니라는 점에서, 전자와 같은 구속적 대부성을 띠고 있지 않다는 점이다. 따라서 자금공여면에서 피공여국의 자유재량성이 부여됨으로써, 자국의 경제개발에 자주성을 갖게 되는 점이다.

7) 이남구, 「국제지역경제」, 무역경영사, 1988, pp.133~138.

1.2 정부간 협력과 민간 협력

경제협력의 주체에 따라 분류하는 방식으로서, 즉 자금의 원천이 정부인 경우에는 정부간 경제협력이고, 민간인 경우에는 민간 경제협력이라고 한다. 이 두 가지 경제협력은 개발도상국에 대한 자금의 흐름이라는 점에서는 공통점을 지니고 있으며, DAC가 상업적인 이윤동기에서 이루어지는 민간 경제협력을 경제협력의 한 유형으로 분류하고 있는 것도 바로 이 때문이다.

정부간 협력의 경우 이는 공공개발지원과 기타 공공자금의 흐름으로 나누어진다. 공공개발지원은 경제개발 또는 복지향상을 그 목적으로 하기 때문에 명확한 원조동기를 갖는다고 할 수 있다. 또한 공공개발지원은 그 주체가 정부이기 때문에 계획성, 정책의 일관성 그리고 계속성의 이점을 발휘할 수 있다. 동시에 정부의 정책의도를 반영시킬 수 있어 정부의 정책수단으로 활용될 수 있다.

이에 대해 민간 협력의 경우 민간자금으로 행해지는 수출신용, 직접투자, 국제기관에 대한 출자, 비영리단체에 의한 증여 등이 이에 속하는데 그 공통적인 특성으로는 이들이 모두 상업적인 이윤동기에 의해 지배되고 있다는 점이다. 물론 공공개발지원도 그 집행과정에서 민간업자가 개재하는 경우 이윤동기가 개입할 여지가 있지만 민간 협력에 비하면 미미한 정도이다.

2. 형태별 유형

2.1 자본협력과 기술협력

공여되는 경제협력의 대상이 자본인가 또는 기술인가에 따라 자본협력과 기술협력으로 구분된다. 즉, 자본협력은 투자자본의 부족을 메꾸어 주는 협력이고 기술협력은 기술의 부족을 메꾸어 주는 경제협력이라고 할 수 있으나 그 구분이 명백하지 않다.

일반적으로 통계상 원조공여자가 자본의 공여형태를 취하느냐, 기술의 공여형태를 취하느냐에 따라 구별하는 것이 통례이다. 이때 자본협력의 경우에는 경제를 전제로 하는 차관(유상협력) 또는 반제를 전제로 하지 않는 증여(무상협력)의 두 가지가 있고, 기술협력의 경우에는 일반적으로 증여형태가 위주가 되고 있다.

자본협력과 기술협력의 유형을 구체적으로 보면 전자에는 공공개발지원,[8] 기타 공공자금,[9] 민간자금지원(연불수출, 직접투자 등) 등이 있고, 후자에는 유학생 및 연수생의 수용(지도형 협력), 전문가 파견(지도형 및 서비스 제공형 협력) 및 기자재 공여 등이 있다.

사실 선진제국은 수출촉진, 시장개척, 최신설비의 판매 등을 목적으로 자본이 부족한 개도국에게 자본을 공여하여 왔을 뿐 개도국의 경제성장을 위하여 개도국이 필요로 하는 경제협력을 제공하여 온 것이 아니었다. 기술협력이 자본협력을 유효하게 흡수하여 이를 경제성장으로 연결시키는 역할을 함에도 불구하고 선진제국은 그들의 경제정책상의 목적달성을 위하여 자본협력에만 치중하고 기술협력은 경시하여 왔다.

그러나 오늘날 기술협력의 중요성에 대한 인식이 높아지고 있을 뿐만 아니라 제협력의 유기적인 조화가 강조되고 있다.

더욱이 기술수준이 곧 자본협력의 흡수능력을 결정한다고 할 수 있는바 자본협력의 효율성을 제고시키기 위해서는 기술협력의 증대가 무엇보다도 중요하다고 하겠다.

2.2 유상협력과 무상협력

유상협력이란 2국간 협력의 경우에는 원조국측에, 다국간 협력의 경우는 협력의 상대방인 국제기구에 대하여 일정기간이 경과한 뒤 상환하는 것을 전제로 자금을 공급하는 경제협력을 말한다. 유상협력에 있어서는 공급된 자금의 상환을 전제로 하기 때문에 수원국이 상환조건대로 반제할 수 있는 능력이 있느냐 없느냐 하는 점이 크게 문제시되며 채권국회의 등을 통하여 수원국의 경제운영을 검토할 필요가 있다.

협력의 대상은 일시적인 국제수지의 역조를 보전하기 위한 상품원조 등을 예외로 하면 특정의 개발계획사업이 대부분이다. 이 때문에 계획사업의

8) 2국간 무상자본협력, 2국간 재정차관, 국제기구에 대한 출자 등.
9) 수출신용, 직접투자금융, 국제기구에 대한 융자 등.

경제적 수익성이 유상협력의 전제조건으로서 중시된다.

이에 대해 무상협력이란 유상협력과는 달리 2국간은 물론 다국간의 경제협력에 있어서 자금의 상환을 요구하지 않는 경제협력을 뜻한다.

무상협력에는 기술협력·교육협력·식량원조 등이 있는데 무상협력의 공여주체는 정부인 경우도 있으나 일반적으로 전담기관이 별도로 설치되는 경우가 많다. 왜냐하면 기술협력·교육협력 등을 중심으로 하는 무상협력을 실시하는 데 있어서 많은 시간을 필요로 하기 때문이다. 2국간 무상협력을 공공개발지원의 중심으로 삼고 있는 나라로서는 오스트레일리아, 프랑스 등을 들 수 있고, 유상협력을 공공개발지원의 중심으로 삼고 있는 나라로서는 일본, 미국, 캐나다 등을 들 수 있다.

한편 다국간 협력에 있어서는 世銀군, 각 지역개발은행 등이 통상 자본협력을 중심으로 유상으로 원조를 공여하고 있는 데 비하여, UNDP 등 유엔 전문기관 등은 기술협력을 중심으로 무상으로 원조를 공여하고 있다.

2.3 계획사업원조와 비계획사업원조

계획사업원조는 개도국의 개발을 위한 구체적인 사업을 지정, 이에 필요한 자금을 공여하는 경제협력으로서 다음과 같은 것들이 있다.

① **개별계획사업에 대한 자금원조**　각각의 개별계획사업에 대해서 원조공여국측이 계획사업심사를 행하고 난 다음 약정이 이루어지는 협의의 계획사업원조이다.

② **계획사업그룹에 대한 자금원조**　비교적 복수의 계획사업을 대상으로 하는 자금원조, 경제개발계획 등에 대한 부문별 자금원조가 이에 해당한다.

③ **2단계융자(two step loan) 방식에 의한 원조**　중소규모의 제조업 및 농업개발을 위하여 개발도상국의 개발금융기관을 통하여 이루어지는 자금원조이다.

④ **현지비용(local cost) 중심의 자금원조**　개별계획사업이 필요로 하는 현지통화를 마련하여 공여되는 원조이다.

⑤ **계획사업준비를 위한 자금원조**　계획사업의 조사설계에 필요한 자금에 한정하여 공여되는 자금원조이다.

한편 비계획사업원조는 개도국의 경제 전체의 개발 또는 안정에 기여하는 것을 주목적으로 하여 공여되는 것으로 다음과 같은 것들이 있다.

① 상품원조 개도국이 부족하여 필요로 하는 소비재 및 자본재를 공급하여 주는 원조이다.

② 국제수지 재정지원을 위한 원조: 개도국의 외화부족 또는 재정적자를 보전하기 위하여 공여되는 자금원조이다.

③ 채무구제 채무이행 불능사태에 처하게 되는 개도국을 구제하기 위하여 공여되는 것으로 재융자 및 채무재조정이 있다.

3. 주요 경제협력기구

제2차 세계대전 이후 범세계주의와 지역주의라는 상호 모순된 두 개의 세계경제의 흐름 가운데 경제협력이라는 목적으로 UN무역개발기구(UNCTAD)와 경제개발협력기구(OECD)가 출범하였다.

3.1 남북문제와 경제협력

(1) 남북문제의 성립 배경

남북문제(North-South Problems)란 아시아 · 아프리카 · 라틴 아메리카 등 적도 이남에 위치한 빈곤한 개발도상국과 미국 · 유럽 등 적도 이북에 위치한 부유한 선진공업국 간의 경제적 가치에 관한 여러 문제를 의미한다.

남북문제라는 용어가 국제적으로 사용된 것은 얼마되지 않았으나, 이 문제의 역사적 배경은 결코 짧지 않다. 1944년 국제통화질서의 확립을 위한 브레튼 우즈 협정과 1947년 국제무역질서의 확립을 위한 제네바 협정 당시에도 이미 개발도상국의 경제개발에 관한 문제의식이 제기되었고, 그 후 1949년 미국의 트루먼 대통령에 의한 '포인트 포 계획' (Point Four Program)에서도 이 문제의식이 드러났었다. 그리고 1951년 '콜롬보 계획' 에서도 이 문제의 의식이 내포되었다.

그러나 제2차 세계대전 후에 대두된 남북문제에 관한 의식은 이 문제를 근본적으로 해결하려는 데 그 목적이 있었던 것이 아니었다. 당시 이 문제를 제기한 것은 주로 선진공업국이었는데, 선진공업국은 전후 자본주의경제의 확립을 위하여 개발도상국의 경제를 개발하려고 노력했기 때문에 문제의 핵심은 개발도상국의 경제적 지위를 개선시키는 데 있기보다 오히려 선진공업국의 공동이익을 추구하는 데 있었다.

따라서 당시에 제기된 남북문제에 관한 의식은 개발도상국의 경제개발과 이에 의한 개발도상국의 경제적 지위를 개선하는 데 별로 도움을 주지 못하였다.[10)]

1950년 중엽에 이르러 선진공업국과 개발도상국 간의 경제적 격차가 한층 더 심화됨에 따라 개발도상국측에서는 남북문제를 분명히 의식하게 되었고, 드디어 이를 국제적 문제로 제기하였다. 개발도상국측은 선진공업공과의 경제적 격차가 주로 국제무역면에서 발생되고 있다는 점을 인식하고, 우선 국제무역질서를 확립하기 위하여 설치된 GATT를 공격하기 시작하였다.

특히 개발도상국측은 GATT가 선진공업국 중심으로 형성되어 있으므로 국제무역의 균형적 확대를 위한 국제경제기구로서 불완전하다고 인정하고 이를 불신하기 시작하였다.

한편 아랍연합 · 인도 · 유고 등 일부 개발도상국은 1962년 카이로에서 회의를 개최한 후 '카이로 선언'을 채택하였다. 이 카이로 선언은 개발도상국의 무역을 개선하기 위하여 UN주최의 회의를 개최하도록 촉구한 것이다.

이러한 결과로 그 달에 개최된 제34차 UN경제사회이사회는 카이로 선언에 따라 선진공업국측의 동의를 얻어서 UN무역개발회의의 개최를 위한 결의를 채택하였다. 그 해 12월에 개최된 제17차 UN총회에서는 UN무역개발회의의 개최를 위한 경제사회이사회의 결의를 확인하고, 회의 의제의 대요를 규정한 결의를 채택한 후 동 회의의 개최를 정식으로 결정하였다. 이와 동시에 UN총회에서는 UN무역개발회의 준비에 필요한 준비위원회(32개로 구성)의 설치를 결의하였다.

이상과 같이 1960년대부터 남북문제는 국제적 차원에서 토의되었고, 또 이 문제에 관한 의식은 '도전과 응전'(Challenge and Response)이라고 하는 다이나믹한 상호적 관계의 문제로 전개되어 왔다. 남북문제가 국제적 차원에서 검토되었던 것은 개발도상국의 집단적 항쟁과 이에 따른 1962년 카이로회의의 결의 결과였다. 카이로 회의는 남북문제를 국제무대로 옮기는 데 결정적 역할을 했다고 평가되고 있다.

10) 신형종, 「세계통상정책론」, 박영사, 1999, pp.362~365.

3.2 남북문제의 전개

1960년대부터 본격적으로 대두된 남북문제는 엄청난 변화를 겪어 왔다. 1960년대와 1970년대에는 남북문제의 해결을 둘러싸고 선진국측과 개발도상국측이 팽팽하게 대립했으나 1990년대에는 상호 협력관계를 모색하고 있다.

즉 1964년에 개최된 제1차 UN무역개발회의 이래 수차에 걸친 총회에서 개발도상국측은 1차산품문제 · 제품 및 반제품문제 · 개발원조문제 등 현안문제가 선진국측의 무성의로 해결되지 않게 되자 선진국측에 대한 항쟁을 선언하고 이를 공격하였던 것이다.

그것은 제1·2차 UN무역개발회의 총회에 제출된 '프레비쉬 보고서'(Prebisch Report)나 이 총회에서 채택된 '국제무역의 새로운 질서확립과 개발도상국의 경제개발 및 무역확대를 위한 일반원칙과 특별원칙'에서 명백하게 반영되었고, 또한 제2차 총회를 앞두고 1967년에 채택된 '제3세계의 경제권헌장'(알지에 헌장)에 드러나 있다. 더욱이 알지에 헌장은 제3세계의 경제적 · 사회적 개발을 추구하기 위한 對선진국 항쟁의 공동보조를 명문화한 것으로 그 국제적 의의가 매우 컸던 것이다.

그러나 1990년대에는 사회주의 경제체제의 붕괴, 냉전체제의 종식, 국제경제질서의 변혁, 국제분업체제의 개편, 지역적 경제통합의 확대 등으로 말미암아 남북문제를 둘러싼 양측간의 긴장과 갈등은 점차 해소되고 새로운 경제적 협력관계가 조성되어 나가고 있다. 더욱이 1993년 12월 우루과이 라운드가 타결되고 WTO체제가 출범되어 국제경제질서가 크게 바뀌고 또한 국제분업체제가 새롭게 개편되어 개발도상국들의 국제경제적 지위가 점차 향상됨에 따라 양측간의 경제적 유대관계는 긴밀화되고 있다. 그리고 지역적 경제통합의 확대도 남북문제의 의식을 누구러뜨리고 있다.

따라서 종전에 '도전과 응전'이라고 하는 다이나믹한 상호적 문제로 전개되었던 남북문제는 그 문제의식이 점차 약화되고 있는 것이 사실이다. 따라서 남북문제에 관한 자료나 문헌도 점차 감소되고 이에 대한 관심도 점차 줄어들 수밖에 없다. 그러므로 남북문제는 국제경제사적 관점에서 분석되기도 한다.

3.3 남북문제관련 보고서

(1) 프레비쉬 보고서

1) 제1차 프레비쉬 보고서

프레비쉬(R. Prebisch)는 아르헨티나의 중앙은행총재와 ECLA(UN 라틴 아메리카 경제위원회)의 사무국장을 역임한 후 UNCTAD의 사무총장을 역임하였다. 그는 제1차 UNCTAD 총회의 개최를 앞두고 '개발을 위한 새로운 무역정책을 향하여' (*Towards a New Trade Policy for Development*)라는 보고서를 작성하여 이를 동 총회에 주요 문제로 발표하였다. 이것이 프레비쉬 보고서이다. 이 보고서는 전후 국제경제의 방향을 제시하고 있을 뿐 아니라 선진공업국과 개발도상국 간의 경제적 격차를 완화시킴으로써 남북문제를 해결하기 위한 하나의 이론적이고 실증적인 지침서이다.

프레비쉬 보고서는 3부로 구성되어 있다. 제1부는 국제무역개발문제, 제2부는 가능한 해결책과 기구적 측면, 제3부는 현실주의와 개혁이 수록되어 있다. 제1부에서 프레비쉬는 국제경제의 과거와 현실을 분석한 후 개발도상국의 1차산품의 수출이 정체되어 그 교역조건이 악화되었다는 점을 지적하였다. 이와 동시에 그는 개발도상국의 공업화와 제품수출의 필요성을 강조하였다. 그리고 그는 GATT는 개발도상국의 무역확대에 기여하지 못했기 때문에 개편되지 않으면 안 된다고 주장하였다.

제2부에서 프레비쉬는 UNCTAD의 중요 의제로서 1차산품, 저개발국에서의 공업제품수출과 특혜, 저개발국에 대한 국제적 자금의 공여, 사회주의 국가와 기타 국가, 특히 저개발국과의 무역, 세계무역개발을 위한 제도·기구 등의 문제점을 지적한 후 이 문제에 대한 해결책의 방향과 구체적 조치를 제시하였다. 제3부에서 그는 이러한 일련의 해결책의 제안을 요약하고 개발도상국의 자조적 노력을 역설하였다.

이상과 같이 프레비쉬 보고서는 당시 국제경제가 직면했던 광범위한 문제를 취급하여 이에 대한 가능한 해결책을 제시하였는데, 그 주요 내용은 다음과 같다.

즉 ① 개발도상국의 1차산품의 수출확대를 위하여 선진공업국의 관세 및 비관세장벽을 완화 내지 철폐할 것, ② 선진공업국은 개발도상국의 교역조건의 악화에 의한 손실을 보상하기 위하여 보상융자를 공여할 것, ③ 개발도상국의 1차산품의 가격안정과 수출확대에 필요한 국제상품협정을 체결할 것, ④ 선진공업국은 개발도상국의 경제개발과 수출확대를 위하여 개발도상국의 제품 및 반제품에 대하여 특혜관세를 공여할 것, ⑤ 개발도상국의 분열을 조성하는 기존 특혜관세제도를 점진적으로 해소하고 개발도상국 상호간의 지역적 특혜 그룹의 형성을 장려할 것, ⑥ 개발도상국의 대외채무를 조정하고 그 반제기간을 연장할 것, ⑦ 선진국중심의 GATT체제를 개편하여 새로운 국제무역질서를 확립하는 데 필요한 국제경제기구를 설치할 것, ⑧ 사회주의 국가와 특히 개발도상국 간의 무역확대를 검토할 것 등이다.

2) 제 2 차 프레비쉬 보고서

1968년 제 2 차 UNCTAD 총회에서 프레비쉬는 '새로운 세계적 개발전략을 향하여' (*Towards a Global Strategy for Development*)라는 보고서를 발표하였다. 이 보고서에서 그는 제 1 차 UNCTAD 총회에서 발표된 여러 가지 제안을 조속히 실시하도록 촉구하였다. 제 1 차 보고서에서는 '원조보다 무역' 이라는 슬로건이 반영되었으나, 제 2 차 보고서에는 '무역도 원조' 라는 슬로건이 반영되어 있다. 이것은 선진공업국의 끄나풀 없는 원조가 개발도상국에서 필요하다는 점을 의미한 것이다. 2차 보고서에서는 개발도상국의 경제개발의 저해요인을 극복하기 위한 전략이 마련되었으며, 이러한 저해요인을 극복하기 위한 선진공업국측의 협력이 촉구되었다.

제 2 차 보고서에 반영된 주요한 내용은 대체로 다음과 같다. 즉 ① 선진공업국은 개발도상국의 경제개발의 촉진과 대외채무의 완화를 위하여 원조를 공여해야 한다. ② 조건부원조를 점진적으로 완화시켜야 한다. ③ 개발도상국이 직면하고 있는 대외채무의 압력을 완화시키기 위하여 선진공업국은 원조조건을 개선해야 하며, 동시에 채무상환계획을 국제적으로 조정하고 수출신용을 확대시켜야 한다. ④ 개발도상국의 교역조건의 악화에 의한 손실을 보상하기 위하여 선진공업국은 보상융자를 조속히 공여해야 한다. ⑤ 개발도상국의 1차산품의 가격안정화를 위한 완충재고를 설치하고, 이에 필요한 융자제도를 검토해야 한다. ⑥ IMF에서 창출된 SDR의 일부를 개발도상국에 대한 원조로 공여해야 한다. ⑦ 개발도상국의 제품 및 반제품의 수출확대를 위하여 특혜관세제도가 조속히 실시되어야 한다.

(2) 피어슨 보고서

1970년부터 실시되는 제2차 'UN 개발의 10년'을 앞두고 1969년 세계은행의 요청에 의하여 국제적인 원조정책의 기본방향을 제시한 하나의 보고서가 작성되었다. 이 보고서는 전 캐나다 수상으로서 노벨 평화상을 받은 피어슨(B. Pierson)을 중심으로 8명의 각국 경제학자에 의하여 작성되었으므로 이를 '피어슨 보고서' (*Partners in Development*)라고 한다. 피어슨 보고서는 대부분 원조문제의 현상을 분석하고 권고를 제시했으며, 원조정책의 기본방향을 밝혀 주고 있다. 이 보고서는 어느 특정국이나 집단에 치우치지 않고 세계 각국의 경제학자들에 의하여 객관적으로 작성되었기 때문에 원조의 이념과 원조의 철학이 담겨진 것으로 평가되고 있다.

이 보고서의 가장 주요한 특징은 원조를 도덕으로 본 점이다. 즉 선진공업국은 개발도상국에 대하여 왜 원조를 공여하지 않으면 안 되는가의 기본적 문제에 대하여, 그것은 "가지고 있는 자가 가지고 있지 못한 자에게 나누어 준다는 것은 분명히 옳은 일이다."라는 도덕적인 입장을 취하고 있다. 그리고 이 보고서는 "우리는 세계라고 하는 하나의 마을에 살고 있고, 또 세계공동체에 속해 있으므로 가난한 나라에 대하여 관심을 가져야 한다"는 점을 강조하면서 종래에는 1국이 하나의 공동체였으나 지금이야말로 문명의 진보에 의하여 세계가 하나의 공동체로 형성되어 있으므로 원조는 도덕적인 관념에서 필요하다는 점을 강조하고 있다.

이미 틴버겐(J. Tinbergen)은 원조를 위한 연대성(Solidarity)의 원칙을 국가간에뿐만 아니라 국제간에 있어서도 적용시키지 않으면 안 된다고 강조한 바 있으나, 피어슨 보고서에서는 이 연대성의 원칙을 단순한 목표로서가 아니라 사회도덕으로 보고 있다.

이와 같이 피어슨 보고서는 도덕으로서의 국제적 연대성을 중시하면서 선진공업국은 개발도상국에 대하여 원조를 증가시킬 필요성이 있으며, 그 원조조건도 개선해야 할 필요성이 있다고 주장하였다. 특히 원조는 문자 그대로 원조로서의 구실을 하기 위하여 선진국은 증여형태의 정부원조를 증가시킬 필요가 있으며, 동시에 국제연대성의 중요성에 비추어 조건이 까다로운 원조를 피하기 위하여 다수국간 원조의 필요성을 강조하였다.

피어슨 보고서는 이상과 같이 원조의 기본정책을 강조한 후 8개 항목의

68건에 걸쳐 광범위한 권고를 제시하였다. 그 중에 1항목은 무역정책에 관한 권고이고, 그 나머지는 거의 모두 원조문제에 관한 권고이다. 그 권고사항은 다음과 같다. ① 민간외자도입의 촉진, ② 원조국과 피원조국 간의 협력, ③ 원조액의 확대, ④ 개발도상국의 대외채무의 구제, ⑤ 원조행정의 효율적 운용, ⑥ 개발도상국에 있어서 가족계획 및 교육연구를 위한 원조의 강화, ⑦ 다수국간 원조의 강화와 원조조건의 개선 등이 이에 속한다.

(3) 틴버겐 보고서

틴버겐 보고서는 UN경제사회이사회의 자문기관인 개발계획위원회의 권고안으로 그 정식명칭은 제2차 UN개발의 10년을 위한 지침의 준비와 제안' 이다. 틴버겐을 위원장으로 하는 이 개발계획위원회는 1950년대 및 1960년대에 국제경제가 달성한 성과를 분석하고, 이를 통하여 1970년부터 시작되는 '제2차 UN개발의 10년' 계획에 필요한 지침을 마련, 이에 따른 권고를 제시하였다. 그 결과는 틴버겐 보고서에 반영되었다.

이 보고서는 1970년대의 세계개발전략이 담겨진 것으로 상당한 평가를 받고 있다. 더욱 피어슨 보고서는 원조의 기본방향을 제시하는 '원조의 철학' 으로 인정받고 있는 데 비하여, 틴버겐 보고서는 경제개발의 기본노선을 제시하는 '개발의 철학' 으로 인정받은 바 있다.

이 보고서의 주요 내용은 다음과 같다. 이 보고서에서도 피어슨 보고서처럼 세계개발의 원칙으로서 세계공동체라는 연대성의 의식과 국제능력이 상당히 강조되어 있다. 즉 1970년대의 10년 동안 가난한 나라의 개발촉진이 실현되지 않는다면 세계적인 긴장은 한층 더 악화될 가능성이 있으므로 이를 해결해야 하며, 이의 해결은 세계공동체의 당연한 의무라고 강조되어 있다. 이러한 점은 개발의 기본이념을 말해 주는 것이다.

3.4 UN 무역개발기구(UNCTAD)

(1) 성립배경

전후 경제개발의 부진에 따른 남북문제 대두로 1962년 7월 개발도상국(75개국)은 UN을 통한 개발도상국의 무역증대 및 개발을 위한 국제회의를 주최할 것으로 요구한 카이로선언을 채택하였다.

한편, UNCTAD 총회에 앞서서 발표된 프레비쉬(Prebisch)보고서는 개발도상국의 1차산품 수출에 의한 소득 증대방안을 강구하고, 개발도상국의 공산품 수출에 대하여 선진국이 특혜관세 조치를 취할 것을 주장하고 있다.

즉, 이 보고서에 의하면 남북문제의 원인이 개발도상국의 대내적 여건 이외에도 개발도상국에 불리하게 되어 있는 기존 국제무역질서에 연유한다고 지적하고, 이와 같은 국제무역질서 하에서는 개발도상국의 획기적인 수출증대를 기대할 수 없으므로 GATT 체제를 개혁해야만 한다는 것이었다.

이러한 제안을 근거로 UN산하의 상설기구로서 스위스 제네바에 본부를 둔 UNCTAD(the UN Conference on Trade, Aid and Developement)가 1964년 12월 UN의 상설기구로서 정식 발족되었다.

(2) 조　　직

회원국은 각국의 경제상황에 따라 A그룹(아시아 · 아프리카), B그룹(서구 선진국), C그룹(라틴아메리카 국가), D그룹(사회주의 국가)으로 나누고, 상설기구로서 총회, 무역개발회의, 사무국 등을 두고 매 4년마다 정기총회를 개최하여 오고 있다.

그림 9-1 UNCTAD의 조직

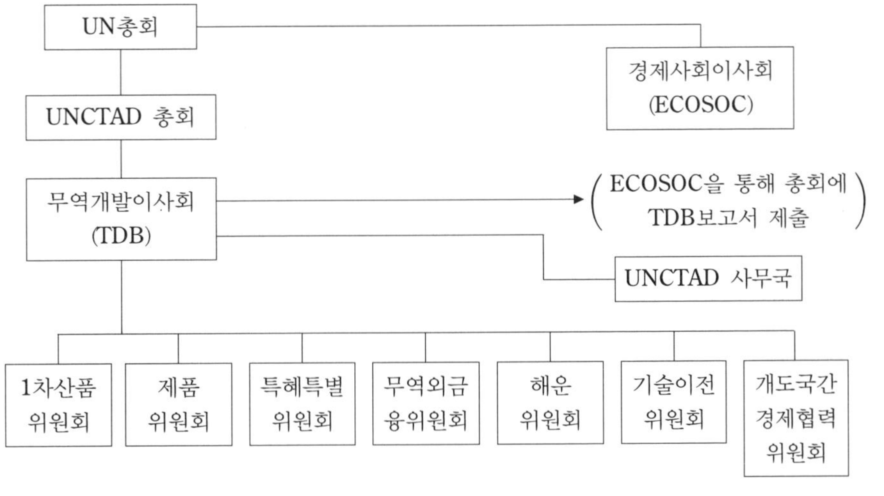

(3) UNCTAD의 성과

UNCTAD는 GATT가 국제무역질서를 관장하여 세계후생의 증진에 기여하는데 주목적이 있는 데 반하여, 선진국과 개발도상국 간의 소득재분배를 다루고 있는 것이 특징이다.

이러한 목표하에 출발하기는 하였으나, 개발도상국 및 후진국에 대한 저개발의 책임소재에 관한 선·후진국 간 인식 차이는 좁혀지지 않았으며, 선진국은 GATT를 고수하는 반면에 저개발국은 UNCTAD를 고수하는 등 기존 국제무역질서에 대한 입장 차이도 계속되었다.

UNCTAD의 성과라면 일반특혜관세제도(Generalized System of Preferences : GSP)[11)]가 실질적 성과라 해도 과언이 아니다. 그러나 대선진국협상에서 개발도상국의 전체 입장을 대변하는 역할을 하였다는 데 의미가 있다.

(4) UNCTAD의 주요 내용

1) 1차산품문제

1차산품문제 중 가장 중요한 문제는, ① 1차산품의 수출확대를 위한 선진공업국의 무역장벽의 철폐, ② 1차산품의 가격안정화를 위한 국제상품협정의 체결, ③ 1차산품의 가격안정화와 개발도상국의 수출소득증대를 위한 완충재고(buffer stock)의 설치, ④ 1차산품의 생산 및 가공의 다양화계획에 필요한 기금설치 등이었다. 이외에도 선진공업국의 국내 농업보호정책의 완화, 선진공업국의 농산물 수출보조금제도의 시정, 일부 선진공업국의 잉여농산물의 처리방법의 개선, 선진공업국의 공업원료의 합성품 및 대체품의 생산규제, 세계식량원조계획의 개선 등이었다.

1차산품문제가 UNCTAD 총회에서 주요한 문제 중의 하나로 논의되었던 것은 대부분의 개발도상국이 1차산품의 생산에 특화하여 이를 수출했으므로 1차산품은 개발도상국의 경제성장 및 소득향상과 밀접한 관계가 있었기 때문이다.

---

11) 개발도상국의 수출증대 및 경제개발을 촉진하기 위하여 선진국이 일방적으로 개도국으로부터 수입하는 물품에 대하여 일반적·무차별적·비상호주의적으로 무관세 또는 낮은 관세율을 부과하는 관세를 말한다.

2) 제품 및 반제품문제

제품 및 반제품문제 중에 가장 중요한 문제는 ① 개발도상국의 제품 및 반제품에 대한 선진공업국의 관세 및 비관세장벽의 철폐, ② 개발도상국의 제품 및 반제품에 대한 선진공업국의 특혜관세의 증여 등이었다. 이 밖에 UN공업개발기관의 설치, 개발도상국의 2차산업육성에 대한 선진공업국의 지원 등이 토의되었다.

제품 및 반제품문제가 주요한 안건으로 매 총회마다 상정되었던 이유는 개발도상국의 제품 및 반제품의 수출증대가 개발도상국의 공업화를 촉진시키는 기본적 요인이었는 데에도 불구하고 선진공업국에서는 그들의 국내산업의 보호, 국제수지의 개선 등 여러 가지 이유로 개발도상국의 제품 및 반제품에 대하여 관세장벽과 비관세장벽을 설치하여 이의 수입을 규제해 왔기 때문이었다. 이 문제가 제 1 · 2차 UNCTAD 총회에서 논의되던 끝에 1971년 하반기부터 선진공업국에서는 개발도상국의 제품 및 반제품에 대한 일반특혜관세제도를 실시하였다.

일반특혜관세제도(Generalized system of Preference: GSP)란 선진공업국이 남북문제 해결의 일환으로 개발도상국의 경제개발과 수출확대를 촉진시키기 위하여 개발도상국의 제품 및 반제품에 대한 일방적인 관세의 전면철폐 또는 부분적 인하 등 관세상의 특혜를 공여하는 국제적인 관세제도이다.

따라서 이 일반특혜관세제도는 영국과 영연방 간의 특혜관세, EEC와 구 프랑스령 아프리카 식민지 간의 특혜관세, 미국과 필리핀 간의 특혜관세 등 기존 관세제도와는 달리 선진공업국과 개발도상국 간에 적용되어 왔다. 그리고 일반특혜관세제도가 국제적으로 제도화된 것은 남북문제 해결의 일환으로 개발도상국의 제품 및 반제품의 수출을 확대시키고, 이에 따라 개발도상국의 경제개발을 촉진시키기 위함이었다.

3) 개발원조문제

제1차 UNCTAD 총회 때부터 개발도상국측은 선진공업국측에 대해 선진공업국은 개발도상국의 경제개발을 위하여 적어도 연간 국민소득의 1%를 원조자금으로 제공할 것을 주장해 왔었다. 그리고 개발도상국측은 그들의 교역조건의 악화에 의하여 발생된 손실을 보상받기 위하여 보상융자제도를 선진공업국측에 요구한 바 있다. UNCTAD 총회에서 논의된 개발원조문제는 주로 원조의 규모확대, 원조조건의 개선, 보상융자의 실시, 대외채무의 경감, 국제통화제도의 문제 등이었다.

개발원조는 1차산품문제나 제품 및 반제품문제처럼 매우 주요한 문제였다. 왜냐하면 대부분의 개발도상국은 기아와 질병에 시달리고 있으므로 경제원조가 필요하지 않을 수 없으며, 더욱이 자립경제를 위한 경제개발을 추진하는 과정에서도 개발원조자금이 필요했기 때문이다. 뿐만 아니라 일부 개발도상국에서는 대외채무의 항구화경향이 발생되었기 때문에 대외채무의 원리금을 상환하기 위해서도 개발원조자금이 요청되었다.

4) 무역외거래문제

UNCTAD 총회에서 토의된 무역외문제는 주로 ① 해운문제, ② 보험 및 재보험문제, ③ 국제관광문제였다. 이 무역외문제는 제1차 UNCTAD 총회 제3위원회에서 채택된 특별원칙 중에 반영되었다.

제2차 총회에서는 이 문제에 대한 구체적인 결의안이 채택되었는데 그 내용은 다음과 같다. 즉, ① 선주 및 화주의 해운협의기구 설립의 권고, ② UNCTAD 해운위원회의 회기설정의 요청, ③ 해상운임의 재검토 및 해운동맹회의에 개발도상국 참여의 요청, ④ 항만개선에 대한 원조의 고려, ⑤ 해운기술협력의 요청, ⑥ 개발도상국의 무역에 대한 선적조건의 영향조사, ⑦ 개발도상국의 상선대의 확충을 위한 호의적 배려의 요청, ⑧ 국제해운법의 검토를 위한 실무자회의의 구성 등이었다.

그리고 개발도상국은 선진공업국의 보험료율의 과다적 책정을 시정하고 개발도상국의 보험업을 개발하기 위하여 다음과 같은 점을 요청했었다. 즉 ① 개발도상국에 대한 선진공업국의 재보험료를 인하할 것, ② 개발도상국으로부터 취득한 선진공업국 보험기관의 보험료수입의 일부를 개발도상국에 대한 투자를 위해 유보할 것, ③ 개발도상국의 보험제도의 개선을 위하여 선진공업국은 재정 및 기술원조를 제공할 것 등이 그것이다.

한편 개발도상국에서 관광유치의 강화와 관광시설의 확충을 위한 선진공업국의 원조 및 국제관광기금의 설치문제가 토의되었다.

무역외문제가 토의되었던 것은 무역외거래가 무역거래와 밀접한 관계가 있고, 이는 경상수지에 상당한 영향을 미치며 개발도상국의 해운업 · 보험업 · 관광사업에 미치는 영향이 컸기 때문이다.

5) 무역원칙문제

무역원칙문제는 종전의 GATT가 끌어온 선진국 중심의 국제무역질서를 시정하여 새로운 국제무역질서를 확립하는 데 중점을 둔 것이었다. 제1차 UNCTAD 총회에서는 개발도상국의 경제개발과 무역확대를 위한 새로운 국제무역질서의 확립을 위하여 15개 항목의 일반원칙과 13개 항목의 특별원칙이 채택되었고, 이 문제는 그 후 UNCTAD 총회에서도 토의되었다.

이 두 가지 원칙에는 종래 국제무역질서의 결함을 시정하고 새로운 국제무역질서의 확립을 위한 원대한 목적이 포함되었고 개발도상국의 경제개발의 촉진과 무역의 확대를 도모하기 위한 광범위한 방향이 제시되었다. 따라서 이 원칙에는 세계주의와 개발도상국 중심주의의 두 개의 사상이 명백하게 반영되었다.

이 원칙의 내용은 주권의 평등과 자결, 차별화의 반대 등 기본원칙에서부터 1차산품에 대한 무역장애의 철폐, 제품 및 반제품에 대한 특혜의 공여, 원조의 제공 등 특별원칙에 이르기까지 극히 광범위하다.

6) 국제금융문제

국제금융문제 중에서 가장 중요한 문제는, 국제통화제도의 개혁문제와 SDR(Special Drawing Rights ; IMF 특별인출권)과 개발원조와의 링크(link) 문제였다. 국제통화제도의 개혁문제가 토의되었던 것은 국제통화제도인 IMF는 선진공업국 중심의 국제경제기구에 지나지 않기 때문에 이 기구를 통하여 선진공업국측은 막대한 이익을 얻어 왔으나 개발도상국측은 별로 이익을 얻지 못하고 있기 때문이라는 것이었다. 따라서 개발도상국측은 현행 국제통화제도의 개혁을 요구했던 것이다. 그리고 SDR과 개발금융의 링크는 개발도상국의 경제발전에 필요한 자금을 IMF의 SDR의 추가적 발행으로 충당시키려고 했던 것이다.

결국 문제가 UNCTAD 총회에서 토의되었던 것은 선진국측의 방만한 통화관리에 의하여 발생된 국제통화위기가 개발도상국의 통화가치와 환율의 안정을 교란시키고 대외채무부담을 증가시킬 뿐 아니라 교역조건을 악화시켜 왔기 때문이다. 그리고 개발도상국은 국제통화위기에 의하여 발생된 무역환경의 악화 등으로 상당한 손실을 입어 왔기 때문이다.

한편 국제통화기금 가맹국의 이익을 옹호하기 위하여 국제무역의 확대와 조화 있는 발전을 촉진하기 위하여 남북쌍방의 적절한 배려를 확보하기 위하여 개발도상국은 국제통화체제와 그 개혁의 정책결정과정에 효과적으로 참여할 수 있어야 한다고 주장해 왔다.

7) 대외채무문제

1970년대까지만 하더라도 개발도상국에서는 대외채무가 누적되고 국제수지는 만성적으로 악화되어 경제적 위기가 대두되었다. 따라서 개발도상국측에서는 대외채무문제에 지대한 관심을 가지고 UNCTAD 총회 때마다 이 문제를 해결하려고 적극적으로 노력해 왔다.

특히 1976년 5월 3일부터 그 달 31일까지 153개국의 대표들이 참가한 케냐의 나이로비에서 개최된 제4차 UNCTAD 총회에서 개발도상국측은 다음과 같은 점을 요구하였다. 즉 ① 최빈국에 대한 채무의 최소 또는 변제유예 조치를 취하고, 2국간의 공적 채무에 대해서는 이자지불의 정지 또는 연장 조치를 취할 것, ② 상업채무의 상환을 최저 25년까지 연장할 것, ③ 1976년 내로 주요 채권국 · 채무국 회의를 개최할 것.

그 후에도 개발도상국의 외채문제가 더욱 심각해지자 개발도상국측은 ① 대외채무에 대한 원리금상환을 유예할 것, ② 심각한 대외무역에 시달리고 있는 국가에 대하여 그 외채를 동결하거나 취소할 것, ③ 원리금상환계획의 재조정을 위한 채권국 · 채무국 간의 협정을 체결할 것, ④ 외채로 인한 경제적 위기에 직면하고 있는 국가에 대하여 긴급자금을 공여할 것 등을 주장해 왔다.

대외채무문제가 UNCTAD 총회에서 다른 문제보다 더욱 주요한 문제로 취급되었던 것은 경제개발을 위하여 도입된 개발도상국의 대외채무가 눈사람처럼 불어나서 맘모스화되고, 이것이 개발도상국의 자주적 경제발전을 저해했기 때문이다.

2.5 경제개발협력기구(OECD)

(1) 성립배경

경제협력개발기구(Organization for Economic Cooperation and Development : OECD)는 제2차 세계대전 직후인 1947년 유럽부흥을 목적으로 미국이 구상

표 9-1 OECD 연대별 회원국 현황

연도 \ 내용	회 원 국	비고
1960년대	오스트리아, 벨기에, 덴마크, 프랑스, 독일, 그리이스, 아이슬랜드, 이탈리아, 룩셈부르크, 네덜란드, 노르웨이, 포르투갈, 스페인, 스위스, 터키, 영국, 미국, 캐나다.	창설멤버
	일본(1964), 핀란드(1969)	
1970년대	오스트레일리아(1971), 뉴질랜드(1973)	
1980년대		
1990년대	멕시코(1994), 체코슬로바키아(1996), 헝가리(1996), 폴란드(1996), 한국(1996)	

* 현재 유고슬라비아는 비회원국이나, 1961년 OECD와 양자협정에 의거, OECD 활동에 참가하는 특별한 지위(special status)를 가지고 있다.

한 '마샬플랜'에 따라 결성된 유럽경제협력기구(OECD)를 토대로 1961년 9월 30일 서유럽 18개국과 캐나다, 미국 등 자본주의 국가를 중심으로 설립된 기구이다. 그러나 엄격한 의미에서는 경제협의체로서 GATT와 같은 강력한 국제기구는 아니나 세계경제에 미치는 영향력은 대단하다.

세계경제의 운영전략을 수립하거나 정책방향을 제시함으로써 1960년대에는 경제성장의 촉진, 1970년대에는 에너지 및 경제위기의 극복, 1980년대는 세계경제의 불황극복 등 세계경제의 현안을 해결하는 데 실질적인 영향력을 행사하여 왔다.

최근 OECD는 냉전체제의 소멸 이후의 새로운 국제질서에 부응하여 일부 선발개발도상국과 동구권 국가들을 포함하는 소위 '같은 생각을 가진(like-minded)' 국가들의 모임으로 변화하고 있으며, 세계경제에 미치는 영향력이 더욱 확대될 것으로 전망되고 있다. 현재 OECD는 범세계적인 경제개발기구로의 이행을 모색하고 있다.

현재 회원국은 29개국이며, 우리나라, 헝가리, 폴란드, 체코 등이 OECD 이행국가(Partners in Transition : PTI)로 각종 위원회에 참가하고 있다. 우리나라는 1995년 3월 29일 가입신청서를 제출하여 1996년 10월 11일부로 29번째 가입국이 되었다.

한편, 주로 선진국들인 OECD 회원국들의 인구는 전세계 인구의 18%에 불과하나, 통합 경제규모가 1994년을 기준으로 전세계 GNP의 81%, 수출액은 61%, 수입액은 70%를 차지하고, 1인당 GNP 규모에 있어서도 약 20,106 달러를 기록하는 등 막강한 경제력을 보유하고 있다.

(2) 목 적

OECD 설립의 목적은 OECD 협정문 제1조에 명시된 내용을 근거로 하여 살펴보면 다음과 같이 세 가지로 요약할 수 있다.

첫째, 통화안정을 유지하면서 고도의 경제성장을 촉진시키고 고용증대 및 생활수준 향상을 도모한다. 둘째, 개발도상국의 건전한 경제개발지원을 한다. 셋째, 무차별, 다자적 자유무역 기초 위에서 세계무역 확대에 기여한다.

이러한 목표를 달성하기 위해 회원국들은 ① 자국 경제자원의 효율적인 이용을 촉진하고, ② 과학, 기술분야에서 자원개발과 연구활동을 촉진하고, ③ 재정금융상의 안정을 달성하고 타국경제를 위협하는 사태를 방지할 수 있는 정책을 시행하며, ④ 제품 및 수출시장 확대를 통해 개도국의 경제발전을 지원하기로 합의하였다. 또한, OECD의 제반 목표와 목표달성을 위한 약속사항을 이행하기 위해 회원국들은 항시 정보를 교환하고, 지속적인 협의와 연구를 행하고 합의된 계획에 참가하며, 긴밀히 협력하고 특정한 경우에는 합의된 조치를 취한다는 것이다.

특히 OECD의 기본목적을 효과적으로 수행하기 위한 주요 수단의 하나로서 경상외무역거래와 자본이동에 대한 자유화 규약이 주요 원칙의 법적 의무사항으로 채택하여 회원국들로 하여금 준수하도록 하고 있다.

(3) 조직과 기능

OECD의 조직은 이사회(council), 집행위원회(executive committee), 특별집행위원회(executive committee in special session) 및 24개의 분야별 위원회, 81개의 작업반(working party), 그리고 이들의 활동을 보조하는 사무국(secretariat)으로 구성되어 있으며 이와 별도로 4개의 반독립적 부속기구와 2개의 민간자문기관이 있다.

1) 이 사 회

이사회는 전 회원국으로 구성되는 최고의사결정기구로서 상주대표이사회(Council at Permanent Representatives' Level)와 각료이사회(Council at Ministerial

그림 9-2 OECD의 조직체계

Level)로 구분되어 있다. 상주대표이사회는 OECD 주재 각 회원국의 상주대표로 구성되어 있으며 사무총장(Secretary General) 주재로 통상 월 2회 개최된다. 상주대표이사회는 주요 정책문제토의, 기구설립, 예산승인 등 기구 활동 전반에 걸쳐 최종적인 의사결정을 내린다. 한편, 각료이사회는 회원국의 각료로 구성되어 연 1회 개최되며 G-7 정상회담에서 논의할 의제에 대한 사전 입장조정 등 G-7 정상회담과 긴밀히 연계되어 있다.

2) 집행위원회

이사회에서 선출되는 14개국(상임이사국 : G-7 국가)으로 구성된 집행위원회는 이사회 활동을 보좌하기 위해 설치된 보조기구로서 이사회가 결정한 사항을 집행 · 감독하는 기관이다. 1972년 이래 각 회원국의 국제경제자문 고위담당자들로 구성된 특별집행위원회 역시 이사회의 보조기구로서 특히 무역자유화와 통화제도 개혁방안의 검토 등이 주요 기능이다.

3) 위원회 및 작업반

회원국 대표들이 모여 실질적인 경제, 사회문제를 다루는 이사회 산하의 토의기구로서 [그림 9-2]에서 볼 수 있는 바와 같이 현재 24개의 분야별 전문위원회가 있다. 위원회는 각 회원국의 상주 대표단의 일원으로 구성되기도 하지만 보통 각 회원국의 본국으로부터 전문가가 회의에 참석한다. 위원회 산하에는 위원회 활동을 지원하기 위한 81개의 작업반이 있다.

4) 사 무 국

사무국은 OECD 이사회와 위원회의 활동을 보좌하는 기능을 갖고 있으며, 사무총장 이하 3인의 사무차장, 그리고 12개 부서 2,000여 명의 정규직원으로 구성되어 있다. 사무총장은 이사회에 토의안건을 건의할 수 있으며, 사무국은 토의의 참고자료 및 보고서를 제공하고 위원회 및 위원회 산하 실무작업반 토의에 참가한다. 사실상 OECD 사무국은 경제 · 사회의 광범위한 분야에 걸쳐서 세계선진경제국에 대한 통계자료 및 연구결과를 제공하는 세계최대의 자료공급원 중의 하나이다.

5) 반독립적 관련기구

OECD 내에서는 각종 위원회에 비해 목적이나 활동, 그리고 가입절차 등에서 신축성을 갖는 반독립적 관련기구와 특수재원에 의한 프로젝트가 다수 있는데, 현재 국제에너지기구(International Energy Agency), 개발센터(Developement Center), 원자력기구(Nuclear Energy Agency)와 교육연구 및 혁신센터(Center for Educational Research and Innovation)가 있다.

6) 민간자문기구

이사회와 각 위원회에서 산업계와 노동계의 입장을 반영하기 위해 민간자문기관인 기업 · 산업자문위원회(Business and Industry Advisory Committee : BIAC)와 노동조합자문위원회(Trade Union Advisory Committee : TUAC)가 있다.

위와 같은 방대한 조직의 운영을 위해서는 적지 않는 예산이 소요되는데, 이는 거의 전적으로 회원국의 분담금에 의해서 조달되고 있다.[12] OECD 예산은 일반경비로서 OECD 가입국의 공통목적을 위해 지출되는 제1부비용과 이해당사국만이 부담하거나 특별수입에 의해 충당되는 제2부비용으로 나누어지는데, 전 회원국이 부담하는 제1부비용에 대한 각국 분담금의 크기는 기본적으로 각국의 최근 3년간의 평균 국민소득을 기준으로 결정한다. 그러나 어느 회원국도 해당 예산총액의 25% 이상 또는 0.1% 이하를 부담할 수 없으며, 매년 0.75% 이상 증감할 수 없다.[13]

OECD 분담금 기준을 적용할 때 우리나라의 분담금 규모는 1996년 OECD 전체 예산(2억 6천만달러)의 약 1.8% 정도에 해당하는 480만달러(기본적 활동 370만달러, 선택적 활동 110만달러)로 예상된다. 480만달러는 우리 돈 38억원에 해당하는 것으로서 우리나라 예산의 0.006%에 불과하다.

(4) 주요 활동

OECD의 전반적인 활동은 크게 세 가지로 구분되는데, 그 첫 번째는 각 회원국의 주요 경제 · 사회문제에 대해 토의를 통한 문제의 본질을 규명하고, 대안을 모색하는 활동이며, 두 번째는 UR, 환경협상 등 주요 국제회의에서 논의될 사안에 대하여 회원국들이 사전에 의견교환 및 협의를 통해 공동 해결책 및 전략을 강구하는 것이며, 세 번째는 주요 국제경제문제에 대하여 회원국간 적용시킬 규범을 만들어 공표 · 시행함으로써 국제경제질서 향상의 역

12) 분담금 납부는 OECD 회원국의 일반적 의무사항의 하나이다.
13) 미국 25%, 아이슬란드와 룩셈부르크는 0.1%로 고정되어 있으며 일본, 독일, 프랑스 그리고 영국이 각각 23%, 12%, 7%, 8% 정도 분담하고 있다.

표 9-2 OECD 주요활동

	내 용
1	거시경제정책의 협의 · 조정
2	산업구조조정의 촉진
3	자유무역의 확대 · 발전
4	외국인 직접투자 촉진
5	에너지정책 개발
6	환경보호
7	개발원조의 확대
8	경쟁정책에 관한 연구
9	첨단기술개발 촉진
10	소비자 보호
11	농업 및 어업분야정책
12	기타(국제간 이중과세방지 및 탈세 해소방안 모색, 교육제도의 개혁, 여성지위 향상, 농촌지역의 균형개발, 정부조직의 효율화 방안 등 광범위한 분야의 정책개발과 시행)

할을 하는 것 등이다. 이를 내용별로 살펴보면 다음과 같다.[14)]

1) 거시경제정책 관련 활동

회원국 전반에 공통되는 경제문제의 연구, 토의 및 개별국가의 국내경제정책이 다른 회원국에 미치는 영향 등을 토의, 분석함으로써 회원국간의 경제정책의 협조를 도모한다. 또한 회원국들로 하여금 정기적으로 각종 관련자료를 제출하도록 요청하여 이를 경제개발검토위원회에서 평가하고 이 결과를 「OECD국가 경제보고서」로 발행한다. 더불어 inter link 모델을 사용하여 세계경제를 예측하고 그 결과를 「OECD 경제전망; OECD Economic Outlook」으로 발간한다.

2) 산업구조조정 관련 활동

완전고용과 적정성장을 유지할 수 있는 다각적인 산업구조조정방안의 하나로서 자본시장 육성문제, 과도한 정부지출확대의 억제방안, 노동시장의 구

14) 「OECD와 한국경제」, 대한무역투자진흥공사.

조개선을 위한 학교교육 및 직업교육 프로그램 개발, 사양산업 및 특정산업 구조조정을 위한 효율적인 정부보조금 지출방안 등과 관련된 주요 사항을 논의하여 그것에 기초하여 회원국이 준수해야 할 주요 규정 등을 제정·시행한다.

그리고 기초산업의 세계적인 구조조정을 위한 다자간협정을 주도하는 역할을 수행하고 있는데 대표적인 예가 OECD 주도에 의한 조선산업과 철강산업에 있어서 세계적인 수급불균형 조정문제와 덤핑방지, 정부보조금 남용 규제, 해당 산업 내에서의 실업문제 해결 등을 위한 다자간 협상의 진행이다.

3) 자유무역 확대방안 관련 활동

기본적으로 세계무역질서와 관련된 다자간 규범의 제정 및 시행은 그동안 GATT와 WTO에 의해서 주도되고 있기 때문에 OECD는 무역질서와 관련된 강제적 규범의 논의 및 협상에는 크게 관여하지 않으나 새로운 무역질서의 모색과 GATT 체제 강화 등과 관련된 주요 선진국들의 관심사항을 심층적으로 논의하는 기회를 제공한다.

4) 서비스거래 및 자본이동 자유화 관련 활동

그동안 GATT가 세계무역과 관련된 다자간 규범의 제정 및 시행을 시도하였다면 OECD는 「경상무역외거래 자유화규약」 및 「자본이동 자유화규약」이라는 양대 자유화규약을 통하여 세계 서비스교역 및 자본거래의 자유화 확대를 선도해 온 유일한 다자간 국제기구라 할 수 있을 것이다. OECD는 1961년 양대 자유화규약을 제정하여 각 회원국으로 하여금 경제발전단계에 걸맞는 서비스교역 및 자본거래의 자유화를 점진적으로 시행하도록 유도하고 있는데 「경상무역외거래 자유화규약」이 의미하는 내용은 국제간 서비스거래 체결의 자유화인데 이러한 사항은 UR 서비스 협정의 기본적인 개념과 방향을 제시하였다. 또한 국제간 각종 자본거래의 유형을 자유화 항목으로 포괄하고 있는 「자본이동 자유화규약」은 주요 선진국의 자본거래 자유화 확대에 크게 공헌하고 있다.

이 밖에도 외국인 직접투자관련 활동, 환경관련 활동, 개발원조관련 활동, 에너지개발관련 활동, 첨단기술개발관련 활동, 농업 및 어업관련 활동, 소비자보호관련 활동 등이 있다.

(5) OECD 주요 규정

OECD는 기구의 설립목적을 효과적으로 달성하기 위해서 회원국 모두에 공통적으로 적용하는 것이 필요하다고 판단되는 각종 규범을 그 중요성 및 법적인 의미에서의 준수의무 정도에 따라 결정사항(decision), 권고사항(recommendations), 선언(declarations), 지침(guidelines), 양해각서(understandings) 등으로 구분하고 있다.

이 가운데 결정사항은 법적 강제성을 갖는 규정으로 회원국 모두가 궁극적으로 준수해야 할 내용들이 포함되어 있다. 반면 기타 규정들은 법적 강제성은 없으나 회원국들이 가능한 한 준수 또는 지지하는 것이 바람직하다고 판단되는 사항들로 구성되어 있다.

OECD 제규정을 분야별로 분류해보면 총 규정의 수는 166개로 결정사항 38개, 권고사항 107개, 기타 21개의 규정으로 구성되어 있으며 환경, 금융, 산업분야 등과 관련된 규정이 큰 비중을 차지하고 있다.[15)]

한편, 금융분야에서 경상무역외거래와 자본이동과 관련된 결정사항은 비록 각각 1개에 지나지 않으나 이 규정들은 OECD의 양대 자유화규약으로 OECD를 특징짓는 대표적인 규정이다. OECD의 주요 규정 중 금융, 환경, 산업, 재정, 무역분야를 중심으로 주요 내용을 소개하면 다음과 같다.

1) 금융분야

금융분야와 관련된 규정은 경상무역외거래와 자본이동과 관련된 양대 자유화규약, 국제투자 및 다국적기업과 관련된 규정 그리고 금융시장 및 보험 관련 규정 등으로 구성되어 있다.

① 양대 자유화규약 OECD는 보다 자유로운 거래가 보장되는 국제경제환경을 조성하기 위한 주요 수단으로 1961년 12월 OECD 이사회의 결정사항으로 양대 자유화규약인 「경상무역외거래 자유화규약」(Code of Liberalization of Current Invisible Operations)과 「자본이동 자유화규약」(Code of Liberalization of Capital Movement)을 채택하였다.

경상무역외거래 자유화규약은 무역거래 및 서비스거래에 따른 자금의 대외지급 및 이전의 자유화뿐만 아니라 국제간 서비스거래관련 계약체결의 자

15) 공배완, 「신세계질서와 국제통상」, 한올출판사, 1999, pp. 250~256.

표 9-3 분야별 OECD 규정

분 야	결정사항 (decisions)	권고사항 (recommendations)	선언, 지침 및 기타규정 (declarations, guidelines, etc)	계
금 융	6	15	2	23
경상무역외거래	1	1	-	2
자본이동	1	-	-	1
국제투자 및 다국적기업	4	6	2	12
금융시장	-	6	-	6
보 험	-	2	-	2
환 경	13	41	3	57
환경정책	-	10	3	13
대 기	-	1	-	1
수 질	-	5	-	5
에 너 지	-	4	-	4
폐 기 물	5	3	-	8
화학물질	7	8	-	15
오염물질의 국경이동	1	4	-	5
환경상태보고	-	1	-	1
소 음	-	2	-	2
해안 및 해양	-	3	-	3
산 업	12	7	4	23
농업	11	3	-	14
철강	-	-	1	1
조선	-	-	3	3
행운	-	2	-	2
관광	1	2	-	3
에 너 지	6	4	3	13
일반에너지	1	-	-	1
핵에너지	5	4	3	12
경쟁제도 및 소비자정책	1	14	-	15
경쟁제도 및 정책	-	7	-	7
소비자정책	1	7	-	8
재 정	-	13	1	14
무 역	-	4	2	6
과학 · 기술 및 정보	-	4	2	6
과학 및 기술정책	-	2	1	3
정보 · 컴퓨터 및 통신	-	2	1	3

분 야	결정사항 (decisions)	권고사항 (recommendations)	선언, 지침 및 기타규정 (declarations, guidelines, etc)	계
교육 및 고용	-	2	3	5
교 육	-	-	1	1
고용 · 노동 및 사회문제	-	2	2	4
개별원조	-	3	1	4
합 계	38	107	21	166

자료: 대한상공회의소 한국경제연구센터.

유화를 포함하고 있다. 이런 점에서 OECD의 경상무역외거래 자유화규약은 경상거래와 관련된 대외지급의 제한 철폐를 의미하는 IMF 협정문 제8조보다 자유화 범위가 포괄적이라고 할 수 있다. 한편 자본이동 자유화규약은 직접투자를 포함하여 단기 및 장기 자본거래 등 국제간의 가능한 모든 형태의 자본거래를 자유화 항목으로 포함하고 있다.

② 양대 자유화규약의 주요 원칙

ⓘ 점진적 자유화 OECD는 자유화규약을 각 회원국에 요구, 집행해 나가는 데 있어서 개별회원국의 경제발전 정도 및 자유화 수용능력 그리고 현재 직면하고 있는 경제상황 등을 고려하여 무조건적이고 전면적인 자유화보다는 점진적인 자유화 추진방식을 채택하고 있다. 점진적 자유화의 추진을 위해서 각 회원국들은 자유화규약에 명시된 자유화항목에 대하여 자국의 경제상황에 따라 자유화유보(reservation) 또는 적용면제(derogation) 등의 조치를 취할 수 있는 제도적 장치가 마련되어 있다.

ⓘⓘ 내국민대우 외국인의 국내시장 진입이나 일단 설립된 외국인 지배기업에 대한 대우를 내국인이나 내국인 지배기업의 경우와 동등하게 부여할 것을 의미하는 내국민대우원칙은 자본이동 규약의 대내직접투자항목에 포함된 회사설립권 관련 사항과 경상무역외거래 규약의 보험, 은행 및 금융서비스 공급기업의 해외지사와 대리점의 설립 및 운영과 관련된 항목에 명기되어 있다.

ⓘⓘⓘ 무차별대우 한 회원국의 자유화조치는 여타 회원국의 자유화의 정도와는 무관하게 모든 회원국에게 무차별적으로 적용되어야 한다는 무차별대우원칙은 자유화규약의 주요 원칙 중의 하나이다. 단 무차별대우원칙 적용의 예외로는 관세 또는 통상동맹을 결성하여 해당국가에게 OECD 자유화규약보

다 더 높은 수준의 자유화 조치를 부여하는 경우와 금융·보험·서비스분야 등 일부 분야에서의 대내직접투자와 관련하여 상호주의를 작용하는 경우이다.

③ **경상무역외거래 자유화규약의 항목별 내용** 경상무역외거래 규약의 자유화 항목은 11개의 대항목과 57개의 소항목 그리고 보험, 은행 및 금융서비스, 항공운송, 여행 및 관광 그리고 필름관련 대항목에 대한 부속서로 구성되어 있다.

본 규약의 주요 내용은 서비스의 국경간 거래체결의 자유화와 그것에 수반되는 대가지급의 자유화 그리고 기타 이전거래의 자유화라 할 수 있는데 여기서 국경간 서비스거래란 거주자가 비거주 공급자로부터 국내외에서 서비스를 제공받거나 반대로 국내공급자가 비거주 수요자에게 국내외에서 서비스를 제공하는 것을 의미한다.

④ **자본이동 자유화규약의 항목별 내용** 현재 시행중인 자본이동 자유화규약은 1989년에 대폭적으로 보완·확대되었는데 주요 변동사항으로는 그 이전에 자유화대상에서 제외되었던 각종 단기자본거래나 외환거래, 금융기관과의 예금계정거래, 옵션, 스왑 및 back-up facility 등과 같은 신종 금융수단을 새로운 자유화대상 자본거래에 포함하였다는 점이다. 따라서 현재의 OECD 자본이동 자유화규약은 직접투자, 부동산거래, 단기금융시장거래, 자본시장거래, 담보 및 신용, 외환거래, 파생금융상품거래, 개인적 자본거래 등 국제간 자본거래의 거의 모든 유형이 포함된 유일한 자본거래관련 국제규범이다.

자본이동 자유화규약의 항목은 16개의 대항목과 91개의 소항목으로 구성되어 있는데 소항목은 다시 list A와 list B 항목으로 구분된다. list A 항목은 일단 자유화가 된 이후에는 자유화유보가 금지되는 항목이며, list B 항목은 경제상황의 변화에 따라 재보유가 수시로 가능한 항목을 의미한다.

⑤ **금융시장관련 규정** 거주자의 해외증권매입을 제한하거나 회원국의 은행 및 기타 금융기관이 신디케이트나 증권매각단에 참여하는 것을 규제하는 조건의 철폐 그리고 해외증권 발행시 자국통화 표시를 규제하는 조치의 완화 등을 내용으로 하는 「외국증권의 공모 및 상장에 관한 이사회 권고」, 외국 공동투자증권기관의 영업허가의 자유화 확대규정을 포함하는 「공동투자증권기관의 운영요건에 관한 이사회 권고」, 비상장증권 또는 비가격고시 증권투자에 대한 회원국의 규제와 관련된 사항, 일반에게 공모되는 증권의 공

표 9-4 자본이동 자유화규약 항목

대 항 목	소 항 목		
	list A	list B	계
Ⅰ. 직접투자	6	-	6
Ⅱ. 직접투자의 청산	2	-	2
Ⅲ. 부동산거래	2	2	4
Ⅳ. 자본시장에서의 거래	8	-	8
Ⅴ. 단기금융시장에서의 거래	-	12	12
Ⅵ. 매매가능 금융수단 및 증권화되지 않는 권리 등의 거래	-	10	10
Ⅶ. 공동투자증권의 거래	8	-	8
Ⅷ. 무역 및 용역제공관련 신용	2	1	3
Ⅸ. 금융상의 신용 및 대부	-	2	2
Ⅹ. 담보, 보증 및 Back-up Facility 금융	6	2	8
Ⅺ. 예금계정거래	2	2	4
Ⅻ. 외환거래	-	6	6
XIII. 생명보험	2	-	2
XIV. 개인적 자본거래	7	1	8
XV. 자본의 실물이동	4	-	4
XVI. 비거주소유 봉쇄자금의 처분	4	-	4
합 계	53	38	91

자료: 대한상공회의소 한국경제연구센터.

개요건과 절차 그리고 외국증권의 공모, 상장, 평가 등에 대한 감독규제와 관련된 사항들이 권고규정으로 제시되고 있다.

⑥ **보험관련 규정** 개인보험에 대한 감독기능을 갖는 회원국의 해당기관 간에 개인보험에 대한 감독을 보다 효과적으로 수행하기 위한 정보교환의 계약체결을 권고하는 규정과 보험사업 면허발급시 필요한 보험산업에 대한 분류를 OECD가 제시하는 기준에 따르도록 권장하는 규정 등이 있다.

2) 환경분야

환경문제와 관련한 국제적 논의는 UN 산하의 환경개발회의(UN Conference on Environment and Development : UNCED), UR 협상결과로 1995년

1월부터 출범한 WTO 산하의 무역환경이사회, 몬트리얼의정서와 바젤협약 등으로 대표되는 기존의 환경관련 국제협약, 그리고 OECD의 환경위원회 등에서 주로 이루어지고 있다.

UNCED의 후속작업을 위해서 UN에 설치된 지속개발위원회(Commission on Sustainable Development : CSD)는 1992년에 개최된 리우정상회담에서 채택된 「의제 21」의 이행사항을 검토·감독하는 기능을 담당하는 기구로서 매우 포괄적인 환경의제를 취급하고 있다. 반면 WTO 산하의 무역환경위원회는 무역과 환경의 상호관련 문제를 집중 논의하며 각종 국제협약은 오존층 파괴문제, 유해폐기물의 국제이동, CO_2 등 지구온난화 방지문제 등 개별환경부문에 대한 국가 간 합의에 의한 문제해결에 주안을 두고 있다.

한편, OECD는 강제적인 협정보다는 다양한 환경관련 주제에 대한 회원국들 간의 심층적인 토의 및 정책협조에 초점을 맞추고 있다. 환경관련 OECD규정은 「오염자 부담원칙(PPP)」 수립, 환경지표와 관련된 환경계정개발 등 환경정책과 관련된 사항뿐만 아니라 대기오염, 에너지 효율제고, 폐기물 재활용, 소음경감 등 국내 환경대책과 폐기물의 국가간 이동, 해양오염 등의 지구환경문제 등을 전반적으로 포괄하고 있는데 OECD 전체 규정의 약 1/3을 차지하고 있다.

이 규정에는 ① 환경정책관련 규정, ② 대기관련 규정, ③ 수질관련 규정, ④ 에너지관련 규정, ⑤ 폐기물관련 규정, ⑥ 화학물질관련 규정, ⑦ 오염물질의 국경이동관련 규정, ⑧ 기타 규정(환경상태보고, 소음, 해안 및 해양)이 있다.

3) 산업분야

산업관련 분야의 주요 관련규정에는 농업관련 규정, 철강관련 규정, 조선관련 규정, 해운 관련 규정이 있다.

4) 재정분야

여기에는 조세회피 및 탈세와 관련된 사항, 관련기업 간의 이전가격 결정문제, 국제조세협정하에서 과세와 관련된 효율적인 전보교환문제 그리고 이중과세방지문제 등과 관련된 사항들을 주 내용으로 하는 권고규정들과 회원국들이 양자간 조세협약을 체결하거나 개정할 경우 참고할 표준조세협약을 제시하고 있는 규정 등이 있다.

이전가격과 관련된 주요 내용은 이전가격을 산정하여 과세소득을 결정할 경우에는 OECD의 이전가격결정에 관한 보고서의 지침을 원용할 것을 권고하고 있다. 정보교환의 문제에 있어서는 OECD의 표준서식을 채택할 것을 권고하고 있다.

또한, 이중과세방지와 관련해서는 부동산, 상속 및 증여 그리고 산업용, 상업용 및 과학실습용 장비의 임대와 콘테이너 임대 등에서 발생하는 소득과 관련된 이중과세방지를 위한 회원국 또는 비회원국 간의 협정체결을 적극 권장하는 내용을 포함하고 있다. 그리고 1992년에 제정된 「소득 및 자본에 대한 표준조세협약에 관한 이사회 권고」에서는 조세협약체결시 또는 개정시 반영해야 할 구체적인 내용 및 형식을 제시하고 있다.

5) 무역분야

무역규제의 본질적 목적과 무관하거나 교역에 장애가 되는 행정적 · 기술적 규제사항의 철폐를 주요 내용으로 하는 「무역확대에 장애가 되는 행정 · 기술적 규제에 관한 이사회 권고」, 특정 의약품의 회원국간의 교역을 촉진하기 위하여 각국의 의약품 등록절차에 대한 상호 인정 및 조화와 간소화 그리고 각국의 의약품 및 향후 제조품에 대한 표시 부착절차의 간소화를 규정하고 있는 「특정 의약품의 등록절차에 관한 이사회 권고」, 「의약품 세부품목표시 부착절차에 관한 이사회 권고」 등이 있다.

그리고 수입자유화된 물품에 대한 수입가격제한 철폐, 수량제한이 없는 수입규제조치로서의 사용금지, 수량제한이 없는 물품의 통과시 수입승인서류 제출 면제, 쿼터가 적용되는 물품의 수입시 절차 간소화 등의 내용을 포함하는 「수입절차 간소화 및 표준화에 관한 이사회 권고」 규정이 있다.

또한 개방적, 다자간 무역체제 유지를 위한 WTO 체제의 강화와 수출경쟁력 왜곡효과가 있는 정책이나 조치의 억제 등 무역부문의 자유화를 제한하는 조치의 억제 등의 내용을 포함하는 「무역정책선언」이 있다.

6) 기타 분야

에너지분야(일반에너지, 핵에너지), 경제제도 및 소비자정책(경제제도 및 정책, 소비자정책), 과학 · 기술 및 정보, 과학 및 기술정책, 정보 · 컴퓨터 및 통신, 교육 및 고용(교육, 고용 · 노동 및 사회문제), 개별원조 등이 있다.

(6) 우리나라 OECD 가입

1) 우리나라의 OECD 가입추진 배경

우리나라의 OECD 가입은 1978년 6월 미국의 블루멘탈(Blumenthal) 재무장관이 거론한 바 있었으나 별로 주목받지는 못하였다. 그러나 우리의 경제적 위상제고에 따라 1980년대 전반부터 자연스럽게 OECD 활동에 참여해 왔다. 우리가 OECD 활동에 처음 참여한 것은 1982년 10월 이사회직속 조선작업반 전문가회의였으며, 그 후 1988년부터 철강위원회와 비공식대화를 시작하였다. 이와 같은 협력활동 외에 정부는 1990년 10월 조선작업반 정회원 가입을 시작으로 각종위원회와 산하 기구활동에의 참여를 지속적으로 확대해 왔다.

우리의 OECD 활동 참여가 본격화된 것은 1989년 이후 시작된 OECD와 DAEs(Dynamic Asian Economies)라 불리는 아시아 신흥공업국가 간의 정책대화(OECD/DAEs Workshop)에 참여하면서부터였다. 1989년 1월 OECD 회원국과 역동적인 경제성장을 하고 있는 한국, 대만, 홍콩, 싱가포르 등 아시아 4개국이 참가한 가운데 개최된 제1차 비공식 세미나에서 모든 참가국들은 선진국 및 DAEs간 정책협의 필요성에 인식을 같이 하였고, 향후에도 비공식대화를 지속하기로 합의하였다. 이에 따라 1990년 이후 OECD 회원국과 DAEs 6개국(태국, 말레이시아 추가 포함)은 보다 세분화된 주제를 가지고 전문적 워크숍(workshop)을 개최해 왔으며, 1993년부터는 남미지역의 멕시코, 브라질, 아르헨티나, 칠레를 비회원국 그룹에 추가하고 명칭도 OECD/DNMEs(Dynmic Non-Member Economies)로 변경하였다.

이러한 일련의 한·OECD 회원국간 정책협의를 통해서 대부분의 OECD 회원국들은 한국이 세계경제에서 차지하는 위상에 비추어 볼 때 OECD 가입은 당연한 것으로 인식하게 되었으며, 우리 정부도 경제의 국제화 추진을 위한 중장기과제로 OECD 가입을 검토하기 시작하였다. 이어서 1992년 1월 '제7차 5개년계획' 에서 우리 정부는 계획기간(1992~96) 말에 OECD에 가입할 것을 결정하였으며, 1993년 7월 '신경제 5개년계획' 에서도 이를 재확인하였다.

1995년 3월 29일 우리 정부는 가입신청서를 OECD에 공식적으로 제출하였다. 1995년 5월 OECD 이사회가 한국의 가입협의계획을 확정한 뒤, 동년 11월부터 OECD 해운위원회의 심사를 필두로 시작한 위원회별 검토가 종료되자 1996년 10월 11일 OECD 이사회에서 우리나라의 OECD 가입을 만장일치로 결정하였다. 1995년 우리나라의 GDP(4,556억달러 : 세계 11위) 및 무역규모(2,602억달러 : 세계 12위)는 세계 10위권에 육박하고 있었고 1인당 GNP는 1만 달러를 상회하고 있었다. 이와 같은 경제수준은 OECD에 가입한 멕시코, 체코, 헝가리, 폴란드 등의 국가들에 비해 월등히 높은 수준이었다. 그러므로 우리나라는 외견상 OECD 회원국이 될 수 있는 기본경제력을 갖추고 있었으며, 국제사회 역시 우리 경제력에 걸맞는 책임과 역할수행을 요구하고 있었던 것이다. 더욱이 무역의존도가 높고, 전자, 자동차, 철강 등 주요 산업의 세계시장점유율이 높은 구조를 지니고 있는 우리 경제는 WTO 체제의 출범에 따른 국경 없는 대외경제여건 변화를 능동적으로 수용해 가야 할 것이다. OECD 가입은 우리가 선진각국의 축적된 지식과 경험을 국내제도의 선진화, 경쟁촉진 및 국민의식과 관행의 국제화에 활용하여 국가경쟁력을 확충하고 국민생활을 질적으로 개선하는 데에 기여할 것이다.[16]

2) 가입의 혜택

① 신국제경제질서 형성에의 효과적 대응 과거 우리는 세계경제의 주도세력에 의해 새로운 국제경제질서가 형성된 뒤에, 그 결과에 따라 가면서 우리의 국익을 확보하기 위해 어려운 협상과정을 거치는 등 국제질서의 흐름에 사후적으로 대응하는 노력에 치중해 왔다.

그러나 우리 경제규모가 세계 10위권 진입을 눈 앞에 둔 현재 상황에서는 세계경제에 수동적으로 대처할 것이 아니라 환경, 경쟁정책, 노동, 국제투자, 부패방지 등 앞으로 중요하게 부각될 국제경제현안에 능동적으로 참여함으로써 새로운 세계경제질서 형성논의에서 초기단계부터 우리의 입장과 이익을 반영할 수 있게 되었다.

② 경제운영방식의 선진화와 국민생활의 질적 개선 OECD 가입을 통해 국가운영방식 및 제도·의식의 선진화, 국제화 및 국민생활의 질적 개선을 위한 계기를 마련할 수 있을 것이다. 아직도 우리 경제제도와 관행이 국제규범에 비해 낙후된 분야가 다소 있는 것은 사실이다. OECD의 제반규범과 선진국의 정책 및 제도 중 바람직한 부분을 수용함으로써 우리 경제의 선진화 및 세계화를 촉진할 수 있을 것이다.

16) 김완순·한복연, 전게서, pp. 315~319.

우리 경제는 양적 성장과 함께 앞으로 소비자 권익보호, 환경개선, 국민보건 및 안전 증진, 공정한 상거래관행의 정착, 여성고용의 확대 등 국민생활의 질 문제가 매우 중요한 문제가 될 것이므로 OECD 가입은 국민생활의 질적 개선을 위한 기반조성에 기여할 것이다.

③ 우리 경제의 대외기반 확충　OECD 가입을 통해 미국, 일본 그리고 EU국가들은 물론 아시아 및 남미의 선발개도국, 동구권 시장경제전환국가들과의 정책대화 및 협조확대가 가능하다. 우선 선진국의 주요 경제정책의 수행에 관하여 축적한 경험과 정보를 전수받을 수 있는 기회를 가지게 된다. 또한 우리에게 아직 익숙하지 않은 많은 회원국가들의 시장동향, 투자제도 및 경제 · 사회정책 등에 대한 정보를 입수하고 경제협력을 확대하여 우리 기업의 대외진출을 지원할 수 있을 것이다. 한편 우리는 아직도 폐쇄적이고 대내지향적이며 피동적인 나라로 알려진 지금까지의 우리나라 '이미지' (image)를 근본적으로 쇄신하는 계기로 활용할 수 있을 것이다. 부연하면, 세계인들이 우리나라, 우리 기업 그리고 우리 상품에 대해 새로운 '이미지'를 갖게 함으로써 수출증대, 해외건설수주 확대, 국가신용등급의 상향조정(이에 따른 해외차입비용의 절감) 등에 기여할 수 있을 것이다.

3) 가입에 따르는 의무사항

OECD 가입에 따르는 의무사항은 일반적 의무사항, 권고적 의무사항, 자유화 의무사항 등 크게 세 가지로 분류할 수 있다.

① 일반적 의무사항　일반적 의무로 첫째는 앞에서 이미 언급한 바 있는 OECD 설립협정문 제1조에 명시된 OECD의 설립목적을 준수하는 것을 의미한다. 둘째는 OECD 제규정(Acts)의 원칙적 수락이다. OECD 규정이란 OECD가 회원국에게 적용시킬 목적으로 채택한 규범이다. OECD 규정에는 강제적 효력이 있는 규범으로 모든 회원국을 구속하는 결정(decisions) 38개, 권고(recommendations) 115개, 선언(declarations) 10개, 협정(arrangements) 및 지침(guidelines) 등 16개, 총 179개가 있다. 결정사항은 주로 농업과 환경(폐기물, 화학물질과 관련된 규정항목), 핵에너지, 그리고 국제투자 및 다국적기업 관련분야에 집중되어 있다. 특히 OECD 양대 자유화규약이라고 일컬어지고 금융시장개방을 규정하는 '경상무역외거래 자유화규약'과 '자본이동 자유화규약'은 가장 구속력이 강한 결정사항이다. 그러나 신규가입국이 179개의 규

약을 반드시 지켜야 하는 것은 아니고 가입희망국 국내상황을 고려하여 유보(reservation) 또는 적용면제(derogation)가 가능하다. 세 가지 의무 중 분담금 납부의무는 앞에서 이미 설명하였다.

② 권고적 의무사항

ⓘ GATT 11조 및 IMF 8조 준수의무 OECD는 가입희망국에게 OECD 가입 전에 GATT 11조국 및 IMF 8조국으로 이행할 것을 권고한다. 우리나라는 1988년 12월에 IMF 8조국으로, 그리고 1990년 1월에 GATT 11조국으로 각각 이행하였다. IMF 8조는 경상지불에 대한 외환제한 철폐, 차별적인 통화조치의 철폐, 그리고 외국인 보유원화잔고의 교환성부여 등의 의무를 규정하고 있으며, GATT 11조는 무역에 있어서 관세나 조세 또는 기타 과징금 이외의 쿼터제, 수출입허가제 등과 같은 수출입제한조치를 원칙적으로 사용할 수 없도록 규정하고 있다.

ⓘⓘ 대 개도국 원조 OECD 회원국은 원칙적으로 저개발국가에 GNP의 0.7% 이상의 공적 개발원조(Official Development Assistance : ODA)를 제공할 의무를 가지나 이 권고사항은 엄격히 준수되지 않고 있다. 예컨대 OECD에서 개발원조를 수행하고 있는 개발원조위원회(Development Assistance Committee : DAC)에 참여하고 있는 회원국의 경우도 1994년말 현재 GNP 대비 ODA의 비율이 약 0.33 %에 불과하며, 또한 DAC 가입이 의무적이 아니기 때문에 회원국 중에서도 멕시코, 터키, 아이슬란드 등은 DAC에 가입하지 않고 있다. 미국, 일본, 독일 등 주요 선진국의 ODA 규모도 자국 GNP의 0.15%~0.30% 수준에 불과하다. 스웨덴, 노르웨이, 덴마크, 네덜란드 4개국만이 권고수준을 충족하고 있다.

우리나라의 ODA 수준은 1994년 기준으로 GNP 대비 약 0.04%인 1.4억 달러이다. DAC 가입이 의무적이 아니기 때문에 부담을 느낄 필요는 없으나, 앞으로 우리의 경제력 향상에 따라 우리 기업의 대 개도국 진출과 경제협력 차원에서 대개도국 원조를 확대해 나갈 필요가 있다.

③ 자유화 의무사항 자본이동 및 경상무역외거래위원회(Committee on Capital Movements and Invisible Transaction : CMIT)는 국제투자 및 다국적기업위원회(Committee on International Investment and Multinational Enterprises : CIME)와 더불어 직접투자와 포트폴리오(portfolio) 투자를 포함한 자본이동, 그리고 서비스교역 및 국제거래와 관련된 지불 및 송금 등을 관장하는데, 이 부문의

표 9-5 양대 자유화규약 유보율 비교

	전체 항목	OECD 평균	한 국	멕 시 코	일 본
경상무역외거래	57	12 % (7)	18 % (10)	25 % (14)	11 % (6)
자 본 이 동	91	11 % (10)	45 % (41)	29 % (26)	9 % (8)
전 체	148	11 % (17)	34 % (51)	27 % (40)	9 % (14)

자료: 괄호 안은 유보 항목수.

자유화 의무는 전통적으로 DAC 가입의 가장 중요한 관문으로 간주된다. 양위원회는 회원국간의 자본이동 및 서비스교역을 증진시키기 위하여 '자본이동 자유화규약', '경상무역외거래 자유화규약'과 '국제투자 및 다국적 기업에 대한 선언'(Declaration on International Investment and Multinational Enterprises) 등 세 가지 주요 규정을 갖고 있다. 이 세 가지 규정 중 OECD의 전 회원국에 대해 법적 구속력을 갖는 양대 자유화규약은 회원국간의 투자 및 서비스 교역의 장벽을 제거하여 궁극적으로 자유화하자는 원칙을 담은 것이며, 선언은 기존 외국인기업에 적용되는 자발적 약속을 유도하는 것으로 그 중 가장 중요한 것은 내국민대우규정이다.

WTO가 무역자유화를, IMF가 경상거래에 따른 결제수단인 외환자유화를 촉구한 데 반해, OECD의 경상무역거래 자유화규약은 기초가 되는 거래(계약)의 자유화까지 추구하고 있으며, 자본이동 자유화규약은 EU 지침을 제외하고는 자본이동의 자유화 촉진을 위하여 다국 간에 적용되는 유일한 제도이다.

자유화규약에는 명시된 자유화 항목에 대하여 개별회원국의 경제상황에 따라 일정기간 자유화 유보 또는 적용면제조치를 취할 수 있는 제도적 장치가 마련되어 있다. 사실 OECD 회원국 중 양대 자유화규약의 모든 조항을 수용한 나라는 없다. [표 9-5]에서 알 수 있듯이 우리나라 양대 자유화규약은 66 %로서 OECD 회원국의 평균수준인 89 %에 크게 못미치는 수준이며, 우리나라의 자유화 유보율은 멕시코에 비해서도 다소 높은 편이다. 특히 자본이동분야에 있어서는 가장 많은 항목을 유보하고 있어 자유화율은 OECD 회원국의 평균수준인 89 %에 크게 못 미치는 수준(55%)에서 규약을 수락하고 있다. 자본이동 및 국제투자분야는 우리나라 OECD 가입협의과정에서 가장 어려움이 많았던 분야였음을 단적으로 나타낸다.

앞으로 경상무역외 및 자본 거래의 자유화는 역행할 수 없는 추세이므로 우리나라는 외국인 직접투자, 증권발행과 매매, 단기자본거래 등에 대한 대폭적인 개방부담을 안을 수밖에 없을 것으로 보인다.

제 3 절 국제경제협력의 지역화

1. 세계경제의 지역화 확산

90년대 세계경제의 가장 주요한 흐름으로 대두된 지역주의의 확대와 심화현상은 다음 세기 초까지 이어질 것이 확실하다. 또 지역그룹의 확대와 융합은 세계무역기구(WTO)로 상징되는 다자주의를 보완하면서 결국에는 지구촌 단일경제권 형성에 기여할 것이라는 기대도 커지고 있다. 그러나 각국의 특수한 경제사정을 충분히 고려하지 않은 지역그룹의 확대는 선진경제의 일방적 시장확대로 귀착되게 마련이다.

1.1 지역통합의 가속화

지역주의가 세계적으로 확산되면서 세계무역환경은 지역주의와 다자주의가 동시에 진행되는 다변화된 형태를 띠고 있다. 유럽과 미주 대륙뿐만 아니라 동아시아 지역에서도 자유무역협정이 본격적으로 추진되고 있다. 지역무역협정은 제2차 세계대전 이후 유럽에서 평화를 정착시키기 위한 수단으로 시작되었다. 그 후 지역주의는 선진국·후진국간 산업구조 조정문제, 세계경기침체와 함께 대두하는 보호주의 증가 및 다자주의의 한계 등 세계경제 환경의 변화에 따라 다양한 동기에 의해 추진되고 있다. 특히 1990년대 이후에 확산되고 있는 지역주의는 기존의 지역주의에 의해 발생하는 시장상실 등의 기회비용을 줄이려는 방어적 동기를 배경으로 하고 있으며, 이에 따라 지역주의의 전세계적인 도미노 현상이 나타나고 있다고 해도 과언이 아니다.

우루과이라운드의 타결로 GATT 체제에 비해 무역자유화를 더 강력하게 추진할 수 있는 WTO 체제가 탄생하였다. 그럼에도 불구하고 FTA와 같은 지역주의가 오히려 확대되는 역설적인 현상이 발생했는데, 이는 주요 국가들이 우루과이라운드가 장기화됨에 따라 다자간 통상협상의 한계를 인식하고 이를 극복하기 위해 지역주의를 널리 활용했기 때문이다. 현재의 EU가 1980년대 중반부터 1992년 말까지의 기간에 걸쳐 상품의 이동뿐만 아니라 생산요소의 자유로운 이동을 포함하는 공동시장을 완성하자, 1994년에 미국, 캐나다 및 멕시코는 NAFTA를 체결함으로써 세계경제에 EU와 NAFTA라는 대표적인 양대 지역주의가 형성되었다. 또한 그 이후에도 지리적 인접성을 넘어서는 원거리 FTA가 다수 체결되는 등 많은 국가들이 서로 다른 FTA 네크워크에 참여하는 합종연횡이 나타나고 있다. 이러한 점에서 FTA의 확산은 다자주의에만 의존하기 어려운 세계무역질서의 현실을 반영한다고 하겠다.

2001년 카타르 도하에서 열린 4차 WTO 각료회의에서 3년간 협상 시한을 목표로 한 도하개발어젠다(DDA) 협상이 출범되었으나, 2006년 7월 WTO는 그동안 지지부진했던 DDA 협상을 잠정적으로 중단시키기도 했다. 2006년 11월 DDA 협상을 재개하기로 합의하기는 했지만, 협상이 언제 본격적인 궤도에 오를 수 있을 것인지, 또한 언제 종결될 수 있을지 현 시점에서는 장담하기 어려운 상황이다. 즉 이렇게 다자주의에 의한 무역자유화가 더디게 진행될수록 지역주의가 발흥했던 과거의 경험을 감안하면, 향후 일정기간 동안 지역주의가 더욱 활성화될 것으로 예측해볼 수 있겠다.

1.2 지역통합의 이중성

오늘날 지역화추세가 보다 강화되고 있는 배경에는 역내국들의 경제성장 촉진을 비롯하여 여러 가지의 이유가 있겠지만 서구선진국들의 경우 현행 국제규범인 UR만으로는 실질적인 공정무역을 달성하기에 아직 미흡하다는 불만이 짙게 깔려 있다.

최근 미국과 EU가 환경과 경쟁을 비롯한 새로운 통상의제를 다자차원에서 제안하면서 지역통합에 주력하고 있는 것이 좋은 예일 것이다. 이러한 면에서 볼 때, 지역화란 세계경제의 통합이 심화되는 과정의 연속선상에 놓여 있으며 각국 경제가 세계화하는 과정 중의 한 중간단계로서 다자체제의 발전에 보완적인 역할을 수행하고 있다고 말할 수 있다. 일례로, NAFTA는 UR이 포괄하고 있지 못한 노동조건 및 환경부분을 포함하고 있는 세계최초의 협정이다. 향후 이 분야에 대한 국제규범 제정을 위한 다자간 협상시에 가교역할을 할 것으로 예상되고 있다.

하지만 지역화는 상대적인 의미에서 역외국을 차별하게 되므로 우려의 대상이 되고 있다. 지역협력체가 법적으로는 역외국에 대한 차별적 성격을 띠고 있어 역내국과 역외국 간의 경쟁력 격차를 초래하고 따라서 실질적으로는 차별적 성격을 띠고 있다고 볼 수 있다. 사실, 오늘날 지역화 추진에 활발한 국가들의 대부분이 국제경쟁력에 심각한 문제를 안고 있다는 점을 감안할 때, 이들이 내부지향적으로 발전하게 될 개연성이 적지 않으며 따라서 향후 다자주의에 대한 심각한 도전으로 대두될 가능성을 전혀 배제할 수도 없다.

만약, 지역화가 배타적 지역주의로 발전하게 된다면 지역협력체 내의 국가들간에는 자유무역이 이루어지지만 지역간에는 관리무역이 이루어지는 이중적인 무역체제가 형성될 가능성이 높아진다. 문제의 핵심은 역내국 기업들이 역내에서의 경쟁에서 역외국의 기업들에 비하여 안위적인 경쟁력 프리미엄을 누리게 된다는 데에 있다.

즉 역외국 기업은 통관시 지불하는 관세분만큼 가격경쟁력의 약화를 감수해야 한다. 실질적인 역외차별성의 정도가 크면 클수록 역외국 기업들은 수출 대신 직접투자를 통하여 역내생산을 시도하게 될 것이다. 결과적으로, 지역통합은 시장의 국지화경향을 촉발하고 따라서 역외국기업들로 하여금 비효율적인 역내 현지생산을 촉진하게 될 것이다.

종합적으로 지역화는 국가간의 통합추세를 지역차원에서 더욱 강화하는 효과를 낳기도 하지만 역외국에 대한 차별성을 내포하고 있기 때문에 세계통합을 저해하는 요인으로도 작용하게 되는 이중적 성격을 띠고 있는 것이다.

2. 경제통합의 의의와 형태

2.1 경제통합의 의의

(1) 경제통합의 개념

일반적으로 경제통합이란 여러 나라가 기회균등이란 이상 밑에서 지리적으로 인접한 다수국이 동맹을 결성하여 역외국에 대해서는 공동으로 무역제한을 가하며 회원국 상호간에는 무역의 자유화를 꾀하는 수평적 결합이라 할 수 있다. 이처럼 경제통합이란 역내무역자유화와 요소이동뿐만 아니라 재정, 금융 등 전반에 걸친 상호협력을 도모하고자 하는 지역적 경제협력조직의 결성이라고 볼 수 있다.[17)]

(2) 경제통합의 전제조건과 추이

1) 경제통합의 전제조건

① 정치적 · 경제적인 공동목표하에서 지리적으로 인접되어 있어야 한다.

② 각국 국민들의 생활습관과 태도, 생활수준 그리고 경제발전 정도가 비슷해야 한다.

③ 각국의 사회 · 문화의 구조가 비슷해야 하며, 또한 그것과 유대관계가 강화되어 있어야 한다.

④ 대외의 각종 정책이 공통성을 가지고 있어야 한다.

⑤ 인종이나 혈통 등도 비슷해야만 통합의 가능성이 강해지며 성립 후에도 잘 운영될 수가 있다.

2) 경제통합의 추이

① 지역적 경제통합은 제 2차 세계대전 이후 전후부흥을 위한 유럽제국간의 상호 협력과정에서 시작되었으며, 그 후 개도국간에 급속히 확산되었다.

② 특히 80년대 들어 GATT 주도하에 추진되어 온 우루과이라운드 협상의 지연과 냉전체제 붕괴 후의 경제력 대결의 격화 등으로 기존 통합체는 결속력을 더욱 강화하는 한편, NAFTA와 같은 대규모의 새로운 통합체가 결성되었다.

---

17) 박종수 외 2인, 전게서, pp.197~199.

2.2 경제통합의 형태

경제통합체의 경우 대부분 초기에는 역내국간 경제협력강화 및 관세를 철폐하는 단순한 형태로 시작하나 점차 결합의 정도를 강화해 나가고 있으며, 통합의 정보와 진행과정에 따라 다음과 같이 다섯 단계로 구분하고 있다.

(1) 자유무역지역(free trade area)

자유무역지역이란 통합에 참가한 각 가맹국 상호간에는 상품이동에 대한 일체의 무역제한조치를 철폐하여 역내에서는 자유무역을 보장하는 한편, 역외의 비가맹국에 대해서는 각국이 독자적인 관세정책 및 무역제한조치를 취하는 형태의 경제통합이다.

표 9-6 자유무역지대의 효과

		내 용	효과(가입국)
무역 및 입지 효과	무역창출 효과	관세인하로 가입국 간 무역이 새로 발생	무역의 발생으로 소비자잉여 증가하고 국가전체로도 후생증가
	무역전환 효과	관세인하로 효율성이 가장 높은 국가에서 역내국으로 수입이 전환	비효율적 국가로부터 수입 전환되어 후생감소
	생산설비 재배치	역내의 기업들이 기존 생산설비를 재배치	비교우위가 있는 역내국의 입지 증가, 일부 국가 산업 이탈
시장효과	규모효과	무역장벽 제거로 시장이 확대되면 기업은 규모의 경제 발생	시장 확대로 수출 기업의 생산이 증가하고 비용 하락
	경쟁효과	경쟁 압력의 증가로 기업의 효율 및 생산성 향상 규제 완화, 구조 개혁으로 산업구조 고도화	수입 개방으로 수입 대체 기업들은 경쟁압력에 직면
	투자유치효과	제3국 기업들의 투자	역내 시장 지향의 제3국 기업 투자가 증가
정치적 효과	안전보장효과	비회원국에 대항한 안전보장	안전보장 강화
	협상력효과	소수 국가가 통합으로 협상력 증강	협상력 증가
	개혁효과	개혁의 조류를 이용하는 정치적 목적	국내 기득권 세력에 대한 개혁·개방 목적 달성

자료: 삼성경제연구소.

(2) 관세동맹(customs union)

관세동맹은 자유무역지역에서 한 걸음 더 나아가 역외공동관세(common external tariff)를 부과하는 형태의 경제통합이다. 즉 가맹국 상호간에는 상품의 자유이동이 보장될 뿐만 아니라 역외 비가맹국으로부터의 수입에 대해서는 공통의 수입관세를 부과한다.

(3) 공동시장(common market)

공동시장은 관세동맹이 더 발전하여 역내제국간 생산요소의 자유이동이 보장되고 있는 형태의 경제통합이다.

즉 가맹국 상호간에는 재화뿐만 아니라 노동, 자본과 같은 생산요소의 자유이동이 보장되며 역외 비가맹국에 대해서는 각국이 공동의 관세제도를 채택하여 하나의 공동시장을 형성한다. 그 대표적인 예가 유럽공동시장(EC)이다.

(4) 경제동맹(economic union)

경제동맹은 공동시장을 더욱 발전시킨 형태로서 역내 상품 및 생산요소의 자유이동과 역외공동관세를 부과하는 외에도 각 가맹국간 경제정책의 조

표 9-7 경제통합의 종류와 포괄 범위

<table>
<tr><th>역내 관세 철폐</th><th>역외 공동관세 부과</th><th>역내 생산요소 자유이동 보장</th><th>역내 공동경제정책 (금융 · 재정) 수행</th><th>초국가적 기구 설치 · 운영</th></tr>
<tr><td>자유무역협정
(NAFTA, AFTA 등)</td><td></td><td></td><td></td><td></td></tr>
<tr><td colspan="2">관세동맹
(MERCOSUR, 2001년 이전)</td><td></td><td></td><td></td></tr>
<tr><td colspan="3">공동시장
(EEC, MERCOSUR 2001년 이후)</td><td></td><td></td></tr>
<tr><td colspan="4">경제공동체
(EC)</td><td></td></tr>
<tr><td colspan="5">완전 경제 통합
(EU : 마스트리트 조약 발효 이후의 EU)</td></tr>
</table>

정과 협력을 강화하기 위해 공동경제정책을 실시하는 형태의 통합이다.

(5) 완전경제통합(complete economic integration)

완전경제통합은 가맹국 상호간에 초국가적 기구를 설치하여 그 기구로 하여금 각 가맹국의 모든 사회 · 경제정책을 조정, 통합, 관리하는 형태의 통합이다.

3. 지역별 경제통합

제2차 세계대전 이후 형성되기 시작한 경제통합체는 그동안 급속히 증가하여, 현재 그 수가 30여 개에, 가맹국수는 120여 개국에 달하고 있다. 현재 시장기반과 경제력을 갖춘 지역그룹은 유럽연합(EU), 북미자유무역협정(NAFTA), ASEAN, AFTA, CEFTA, CACM 등 10여 개 정도이고 APEC과 아시아 · 유럽정상회의(ASEM)는 지역그룹의 확대가 수천 km 떨어진 타대륙간의 협의체논의단계가 진행중이다.

3.1 유럽지역 경제통합

제2차 세계대전 후 유럽의 정치 · 경제적인 지위의 쇠퇴에 대한 위기의식과 더불어 미국과 구소련에 대항하는 독자적인 세계전략을 전개시키기 위해서는 서유럽제국들을 집단화해야 할 필요성이 강하게 제기되었다.

경제통합의 대표적인 유럽경제협력기구(Organization for European Economic Cooperation : OEEC)가 터키와 동구를 제외한 18개국으로 구성됨으로써 유럽경제통합의 시발점이 되었다.

① 1958.1 유럽경제공동체(EEC) 및 유럽원자력공동체(EURATOM) 발족(로마조약)되었다.

② 1967.7 유럽공동체(EC) 탄생하였다.

③ 1993년 11월 1일 유럽연합조약(Treaty on European Union)이 발효됨에 따라 종전의 EC가 EU로 바뀌었다.

④ 동 조약의 발효로 현존 EC 기구들의 명칭을 변경시켜야 하는 문제가

표 9-8 지역별 주요 경제통합체 현황

지 역	명 칭	설립연도 및 통합형태	주요 참가국
유 럽	EU (유럽연합)	1958년 1968년 관세동맹 1993년 공동시장	서독, 프랑스, 네덜란드, 벨기에, 룩셈부르크, 이탈리아, 영국, 덴마크, 아일랜드, 그리스, 스페인, 포르투갈, 오스트리아, 핀랜드, 스웨덴(15개국)
	EFTA (유럽자유무역연합)	1960년 자유무역협정	오스트리아, 핀란드, 아이슬란드, 노르웨이, 스웨덴, 스위스(6개국)
대 양 주	NAFTA (북미자유무역협정)	1994년 자유무역협정	미국, 캐나다, 멕시코(3개국)
아 시 아	AFTA (ASEAN자유무역권)	1993년 자유무역협정	인도네시아, 말레이시아, 싱가포르, 필리핀, 타이, 브루나이(6개국)
중 남 미	MERCOSUR (남미공동시장)	1995년 자유무역협정	아르헨티나, 브라질, 파라과이, 우루과이(4개국)
	LAFTA (라틴아메리카 자유무역연합)	1961년 자유무역협정	아르헨티나, 브라질, 칠레, 멕시코, 파라과이, 페루, 우루과이, 에콰도르, 콜롬비아, 볼리비아, 베네수엘라(11개국)
	CACM (중미공동시장)	1961년 관세동맹	코스타리카, 과테말라, 엘살바도르, 온두라스, 나카라과(5개국)
	ANCOM (안데스공동시장)	1991년 공동시장	볼리비아, 콜롬비아, 에콰도르, 페루, 베네주엘라, 파나마(6개국)
	CARICOM (카브리공동시장)	1973년 자유무역협정	안타구아 버뮤다, 바베이도스, 가이아나 및 카브리해 영연방제국-벨리스(온두라스), 도미니키, 그레나다, 아이티, 자메이카, 몬세데스트, 세인트 크리스토퍼 네비스, 세인트루시아, 세인트빈센트, 트리니다드 토바고- 등(15개국)
	G3 (중미3국그룹 자유무역협정)	1993년 관세동맹	멕시코, 베네수엘라, 콜롬비아(3국)
아프리카	ECOWAS (서아프리카제국 공동체)	1975년 관세동맹	베넹, 감비아, 라이베리아, 나이지리아, 부르키나파소, 가나, 말리, 세네갈, 깝베르데, 기니, 모리타니, 세에라리온, 코트디부아르, 기네비소, 니제르, 토고(16개국)
	AMU (아랍, 마그렙동맹)	1988년 자유무역협정	모로코, 알제리, 튀니지, 리비아, 모리타니(5개국)

지 역	명 칭	설립연도 및 통합형태	주요 참가국
아프리카	ECCAS (중부아프리카 국가 경제공동체)	1983년 관세동맹	부룬디, 카메룬, 중앙아프리카공화국, 콩고, 가봉, 적도기네, 루안다, 쌍토메 프린시페, 챠드, 자이드(10개국)
	COMESA (남동부아프리카 공동시장)	1993년 자유무역협정	이디오피아, 소말리아, 우간다, 케냐, 탄자니아, 앙골라, 루안다, 부룬디, 말라위, 잠비아, 짐바브웨, 스와질랜드, 모잠비크, 레소토, 코모로, 모리셔스, 수단, 지부티, 나미비아, 이집트, 에리트리아, 마다가스카르, 세이셜군도 (23개국)
	SADC (남부아프리카 관세동맹)	1969년 관세동맹	보츠와나, 레소토, 스와질랜드, 나미비아, 남아프리카공화국(5개국)
중 동	ACM (아랍공동시장)	1974년 공동시장	이라크, 쿠웨이트, 요르단, 시리아, 이집트(5개국)
	GCC (걸프협력 위원회)	1983년 관세동맹	사우디아라비아, 쿠웨이트, 아랍에미레이트 연합, 카타르, 바레인, 오만(6개국)

남아 있으며 EC 이사회는 EU 이사회로 개칭되었다.

⑤ 과거 경제분야에 치중했던 EC는 역내 시민인식의 제고, 공동외교 및 안보정책 추진, 사법 및 내부협력관계 유지 등으로 그 목표를 확대시키는 한편 EC산업경쟁력 강화, 에너지 · 환경 · 건강 · 직업훈련 등으로 활동영역 또한 확대되어 왔다.

EU에서는 공동독점금지법, 공동특허법, 노동자의 자유이동과 같은 조항들은 실천되고 있다. 공동운송정책, 역내회사법 등에 대해서는 작업이 진행되고 있다. 통화 측면에서는 유럽통화제도(European Monetary System : EMS)를 기초로 한 유럽중앙은행의 설립노력이 EU 각국의 통화제도를 조화시키기 위한 움직임이다.

그러나 EU의 완전한 통합이라는 목표에서 보면 아직도 갈 길이 멀다. 완전한 통합이 이루어지려면 개별국가들이 각국이 별도로 보유하는 고유한 권한들을 포기하고 경제문제와 통화문제의 중앙집권적 관리를 받아들여야 할 것이다. EU는 1999년까지 통화통합을 이루어 유럽합중국(United States of Europe)의 골격을 건설한다는 계획을 세운 바 있다.

3.2 북미지역의 경제통합

NAFTA(North American Free Trade Agreement), 즉 북미자유무역협정은 미국, 멕시코, 캐나다 3개국이 교역 및 상호투자의 확대를 위해 관세 및 비관세 장벽을 철폐하려는 지역경제협정을 말한다.

1992년 8월 12일 발표된 기본내용에 의하면 상품의 규제완화뿐만 아니라 투자, 금융, 지적재산권 등 서비스 부문까지 포함하고 있어 포괄하는 범위가 매우 넓다.

NAFTA는 EU와 달리 경제발전단계가 다른 선·후진국간에 체결된 최초의 포괄적 자유무역협정이다. NAFTA는 관세인하에 의한 자유무역지역의 구성에 그치지 않고 국가간의 정책협조를 통한 경제구조의 조정도 추구한다. NAFTA는 또한 역내국간의 교역증진 및 자원의 효율적 배분도 추진하며 이러한 노력을 통해 역내국의 역외국에 대한 경쟁력 강화를 모색한다. 그러나 NAFTA는 또한 단일통화체제의 실현과 정치적 통합까지도 모색하는 EU의 통합노력과는 그 궤를 달리하고 있다.

NAFTA의 회원국들인 미국, 캐나다, 멕시코는 북미경제권의 형성이라는 큰 목표에 대해서는 의견의 일치를 보이고 있으나, NAFTA를 통하여 추구하는 경제적 효과에 대해서는 의견의 차이를 보인다. 미국은 NAFTA를 통해 미국, 캐나다 간의 경제관계를 더욱 공고히 하고 멕시코시장의 개방을 유도하고 지적재산권을 보호하는 등 미국의 이익이 걸린 문제를 해결하려 한다. 캐나다는 미국시장에서의 기득권을 유지하는 한편 무역확대를 원하며 미국과의 분쟁을 원만하게 해결할 수 있는 틀을 갖추려 하고 있다. 멕시코는 또한 미국시장을 안정적으로 확보하고 멕시코가 자체적으로 추진하고 있는 경제개혁을 국제적인 조약과 연계하여 차질 없이 추진하려 하고 있다.

3.3 동남아지역의 경제통합

ASEAN(Association of South East Asian Nations : 동남아시아국가연합)은 1967년 8월에 설립을 결정하고 같은 해 9월에 정식 발족한 동남아시아 국가들의 지역협력기구이다. 가맹국은 현재 타일랜드·인도네시아·필리핀·말레이시아 · 싱가포르 및 브루나이의 6개국이며 설립목적은 다음과 같다.

① 경제발전 · 사회진보 및 문화발전,

② 기술 · 과학 · 행정 등 각 분야에서의 상호원조,

③ 역내자연자원의 이용강화,

④ 무역 및 통신분야의 공동문제연구 등이다.

ASEAN의 기구로는 각료회의 · 상임위원회 · 국내사무국 등이 있는데, 각료회의는 가맹각국의 외무부장관에 의하여 1년에 한 차례 개최되며 필요에 따라 특별외무부장관 회의가 개최된다.

ASEAN의 본부는 인도네시아의 수도 자카르타에 있으며 형태로는 특혜관세시행을 들 수 있다. 한편, ASEAN회원국에다 베트남 · 캄보디아 · 미얀마를 합쳐 광역 ASEAN도 구상 중이다.

1993년 12월 현재 ASEAN은 경제통합단계의 가장 초보적이라고 할 수 있는 특혜무역제도(PTA)를 적용하여 역외국가에 비하여 낮은 관세를 부과하고 있다.

그러나 회원국들의 산업구조가 우리나라나 대만과 같은 선발 개발도상국과 상호보완적 관계에 있고, ASEAN 회원국간에는 오히려 경쟁적 관계에 있기 때문에 역내국가 사이의 특혜관세폭이 크지 않고 많은 품목을 특혜관세 대상에서 제외시키고 있다.

3.4 아 · 태지역의 경제통합

아 · 태지역의 경제협력 및 경제통합(Asia Pacific Economic Cooperation : APEC)에 관한 논의는 1950년대 말부터 있어 왔지만, 최초의 정부간 공식협의체인 APEC이 탄생한 것은 1989년에 이르러서였다. 그러나 아 · 태지역의 '실질적인 경제통합'은 역내 상호의존도의 빠른 증가를 바탕으로 이미 1970년대부터 실현되어 왔다고 할 수 있다.

아 · 태지역, 특히 일본, 아시아 신흥공업국, ASEAN, 중국 등을 포함하는 동아시아지역은 지난 20여 년간 세계 제일의 경제성장을 기록하였다. 1980년대 후반에는 동아시아 국가들의 국내투자 및 해외직접투자가 급증하였고 수출입도 빠른 속도로 증가하였다.

이러한 동아시아지역의 고도성장은 아시아지역 내 무역의 증가를 가져왔

으며, 아시아지역과 북미지역의 교역신장에도 기여하였다. 특히, 교역 측면에서는 아·태지역의 상호의존도가 꾸준히 증가해 왔다. 해외직접투자부문도 역내 상호의존도의 증가를 보여 준다. 아·태지역의 가장 큰 자본공여국은 미국과 일본인데, 1980년대 들어 일본의 투자가 미국을 능가하기 시작하였다. 아·태지역에서 외국인 직접투자의 가장 큰 수혜국은 신흥공업국들이며, 특히 홍콩은 적절한 투자환경정비를 통해 미·일의 직접투자를 상당부문 유치하고 있다. 아·태지역 내 직접투자의 증가는 양적인 측면에서 뿐만 아니라 질적인 측면에서도 상호의존도를 증가시키고 있다. 즉 역내 무역증가와 밀접한 관계에 있는 제조업부문에 투자가 집중되고 있으며, 주로 산업구조조정과 관련된 주요 부문에서 투자가 이루어지고 있다.

아·태지역의 고도성장과 역내의존도 증가추세를 지속시키기 위해서는 선진국과 개도국간의 협상한계가 극복되어야 하며, 역내국간의 발전수준 격차가 완화되어야 한다. 또한 무역마찰을 비롯한 역내국간의 이해대립이 합리적으로 조정되어야 한다. 이를 위해서는 역내 무역이 더욱 활성화되어야 하고, 역내 직접투자가 보다 효율적으로 이루어져야 하며, 역내 기술이전이 보다 활발해져야 하는데, 이는 결국 아·태경제협력의 증진을 통하여 실현가능할 것이다.

EU나 NAFTA가 시장확대로부터의 이익을 추구하기 위한 경제통합 움직임인데 비해, 아·태지역 국가들은 별다른 제도적 틀 없이 상호의존도 증가에 따른 실질적인 경제통합의 이익을 향유해 왔다고 할 수 있다. 이러한 실질적인 통합의 진전에 따라, 느슨한 형태이기는 하나 APEC이라는 공식협력체가 탄생하게 된 것이다.

3.5 아프리카 경제통합

① **서아프리카 경제공동체(West African Economic Community)** 서아프리카 경제공동체는 베닌(Benin), 부르키나 파소(Burkina Faso), 아이보리 코스트(Ivory Coast), 말리(Mali), 나이제르(Niger), 세네갈(Senegal) 등 6개국으로 구성된 경제공동체이다.

② **앙땅떼 회의(Antente Council)** 앙땅떼 회의는 베닌(Benin), 부르키나 파소(Burkina Faso), 아이보리 코스트(Ivory Coast), 나이제르(Niger), 토고(Togo)

로 구성되어 있다.

③ 서아프리카국가 경제공동체(Economic Community of West African States: ECOWAS)

④ 아프리카 통일기구(Organization of African Unity: OAU)　거의 모든 아프리카 국가들이 이 기구의 회원이다.

⑤ 남아프리카 개발조정회의(Southern Africa Development Co-ordination Conference: SADCC)　앙골라(Angola), 보스트와나(Bostwana), 레소토(Lesotho), 말라위(Malawi), 모잠비크(Mozambique), 스와질란드(Swaziland), 탄자니아(Tanzania), 잠비아(Zambia), 짐바브웨(Zimbabwe)가 회원국이다.

3.6 기타의 지역통합

EU, NAFTA 그리고 APEC 등을 제외한 기타의 지역통합은 규모면에서 작고, 따라서 세계경제에 미치는 영향도 상대적으로 미미하다. 그러나 범세계적으로 블록화가 심화된다면 이들 협력체들도 보다 강화될 가능성은 충분하다. 아·태지역의 소지역통합인 아세안 자유무역지역(ASEAN Free Trade Area: AFTA)과 뉴질랜드·호주간 경제무역협정(New Zealand-Australia Closer Economic Relations Trade Agreement : CERTA)은 우리나라가 속해 있는 APEC의 발전에 영향을 미칠 수 있다는 점에서 중요하다.

동아시아 경제협의체(East Asian Economic Caucus : EAEC)는 아직 개념화가 진행중인 단계에 머물러 있지만, 우리나라가 15개 참가대상국 중의 하나라는 점에서 주목할 필요가 있다.

또한 남미의 지역통합은 북미지역과의 연계를 통해 미주경제권의 일부가 될 수 있으므로, 그 성공 여부가 불투명하고 우리나라에 미치는 경제적 효과가 비교적 작음에도 불구하고, 우리가 주시할 충분한 이유가 있다. 남미의 지역통합 움직임은 상당히 활발한 편인데, 여기에서는 남미 지역주의의 대표적인 라틴아메리카통합연합(Latin America Integration Association : LAIA)과 남미의 소지역통합인 안데스공동시장(Andean Common Market : ANCOM) 등을 살펴보기로 한다.[18]

18) 지용희 외 2인, 「무역개론」, 경문사, 1996, pp. 140~144.

(1) 아 · 태지역의 소지역통합

1) AFTA

싱가포르, 말레이시아, 태국, 인도네시아, 필리핀, 브루나이 등 ASEAN 6개국은 1993년 1월 1일부터 AFTA를 결성하기로 합의를 보았다. 이는 ASEAN이 꾸준히 추진해 온 경제협력 강화를 위한 여러 가지 계획이 결실을 본 결과라고 할 수 있으며, ASEAN이라는 협력체를 통한 회원국간의 정치협력관계 증진에 힘입은 바 크다.

AFTA는 공통유효관세(Common Effective Preferential Tariff : CEPT)를 통해 향후 15년간 점진적으로 관세를 인하하여, 궁극적으로 0~5% 수준의 역내관세를 달성하는 것을 목표로 하고 있다. 현행 관세율의 수준에 따라 관세인하 대상품목이 두 범주로 분류되는데,

첫 번째 범주인 관세율 20% 이상인 품목에 대해서는 1993년부터 15년 이내에 20%까지, 그 후 7~10년 이내에 0~5%로 관세를 인하하는 2단계 인하계획을 채택하였다.

두 번째 범주인 현행 관세율 20% 이하인 품목에 대해서는 1993년부터 15년 이내에 0~5%로 관세율을 인하하기로 합의를 하였다.

한편, AFTA는 15개의 가속관세인하 대상품목을 선정하여 이들에 대해서는 현행 관세율이 20% 이상인 경우에는 10년 이내에, 20% 이하인 경우에는 7년 이내에 0~5%의 관세율을 달성할 계획이다.

AFTA의 가장 큰 특징은 각 회원국이 자국의 사정에 맞도록 관세인하계획을 작성하도록 허용한다는 것이다. 이 회원국간에 존재하는 경제적 격차에도 불구하고 AFTA가 결성될 수 있는 원동력이 되었다고 할 수 있으나, 단기간 내에 실질적인 관세인하효과를 기대할 수 있는 요인이 되기도 한다. 또한 AFTA는 각국의 이해관계가 민감한 폭목에 대해서는 폭넓은 예외를 인정하므로 관세인하효과에 의문이 제기되고 있다.

그러나 AFTA는 만족할 만한 무역증대효과를 가져올 수 있을지 여부에 관계 없이 동아시아지역 최초의 공식적인 자유무역협정이라는 점에서 큰 의의를 지닌다.

AFTA의 결성은 ASEAN의 산업구조조정을 가속화시킬 것이며, 동아시아지역, 나아가 아 · 태지역의 경제통합 움직임에 상당한 영향을 미칠 것으로

예상되고 있다.

2) CERTA

1965년에 체결된 뉴질랜드와 호주간 자유무역협정(New Zealand Austalia Free Trade Agreement : NAFTA)은 양국간의 무역증진에 큰 기여를 하지 못한 것으로 나타났다. 이에 따라 양국은 1982년에 동협정을 폐기하고 1983년 3월에 새로이 CERTA에 조인하기에 이르렀다. CERTA의 주목적은 모든 무역상품에 대한 관세 및 수량제한을 철폐하고 양국간에 완전한 자유무역지역을 형성하는 것이다. 관세인하계획은 이미 양국간에 조정을 보았으며, 시간계획에 따라 자동적으로 추진된다.

즉 CERTA는 이미 합의된 관세 인하품목이나 관세율에 대해서는 재조정을 거의 불가능하게 함으로써 과거에 부진했던 자유무역협정의 전철을 밟지 않으려고 노력하고 있다.

CERTA는 아·태지역 내의 소지역통합 움직임의 하나임에는 틀림 없으나 AFTA만큼 아·태경제협력에 큰 영향을 미칠 것으로 예상되지는 않는다. AFTA회원국들이 작은 경제규모에도 불구하고 역내 개발도상국의 일치된 목소리를 냄으로써 아·태지역경제협력의 발전방향에 영향을 미치는데 반해 호주와 뉴질랜드는 역내 선진국의 일원으로서 미국과 일본의 그늘에 가려 독자적인 견해를 강하게 표명하지 못하고 있다.

3) EAEC

EAEC는 개념화가 진행되고 있는 '구상'에 불과하며 아직까지는 지역주의적인 실체를 가지고 있지 않다. 그러나 EAEC는 우리나라가 참여할 수 있는 지역주의 움직임이라는 데에서 그 의미를 찾을 수 있으므로 개괄적인 검토를 하는 것이 필요하다고 볼 수 있다.

1990년 12월 말레이시아의 마하티르 수상은 국제통합협상에서 동아시아 국가들의 발언권을 강화하고 무역·투자부문에서의 역내 협력을 공고히 하기 위한 동아시아 경제그룹(East Asian Economic Group : EAEG)의 창설을 제안하였다. 그러나 1991년의 ASEAN 경제장관회의에서 EAEG 구상에 대한 합의가 이루어지지 않았으며 미국이 그러한 구상에 대하여 강력한 반대의사를 표명하였기 때문에, EAEG는 보다 결속도가 약한 EAEC 구상으로 변경되었다.

EAEC의 참가대상국은 ASEAN, 한국, 일본, 중국, 대만, 홍콩, 미얀마,

베트남, 라오스, 캄보디아 등 총 15개국이다. EAEC 구상은 인도차이나 반도의 사회주의 국가들을 포함한다는 특징을 가지고 있다. EAEC는 동아시아 역내 협력확대를 통하여 역내 경제에 활력을 주고, 역내 국가들의 개방화 및 자유무역체제 확대에 기여하는 것을 목적으로 한다. 그 밖에 국제적인 협상에서 필요한 경우에 상호 관심분야에 대한 공동보조를 추구한다는 내용도 가지고 있다.

(2) 남미의 지역주의

1) LAIA

EU의 성공적인 진행에 자극받은 남미국가들은 1960년대에 경제개발을 목적으로 하는 여러 경제통합체를 발족시켰다. 그 중 1961년의 몬테비데오조약에 의해 창설된 라틴아메리카 자유무역연합(Latin American Free Trade Association : LAFTA)은 초기에 의욕적인 통합계획을 수립하여 역내 교역의 확대 및 회원국들간의 산업구조 조정을 추진하였다. 그러나 역내 선·후진국간의 무역불균형이 심화되고 공업성장의 격차가 누적됨에 따라 내부결속력이 약화되었고, 무역자유화계획의 추진이 각국의 상이한 이해관계로 인해 한계에 부딪치게 되었다.

이에 따라 LAFTA 회원국들은 1980년 8월 제2차 몬테비데오조약을 통해 LAIA를 발족시키기에 이르렀다. LAIA의 참가국은 아르헨티나, 브라질, 칠레, 멕시코, 파라과이, 우루과이, 페루, 에콰도르, 콜롬비아, 베네주엘라, 볼리비아 등 총 11개국이다.

LAIA는 역내 제국간의 관세양허를 통해 시장통합을 추진한다는 LAFTA의 기본방침을 그대로 유지하고 있다. 그러나 LAIA는 역내 선후진국간의 경제적 격차가 통합에 장애가 된다는 점을 인식하여, 회원국을 경제개발단계에 따라 브라질, 멕시코, 아르헨티나 등의 역내 선진국, 베네주엘라, 칠레, 페루, 우루과이 등의 역내 중진국, 그리고 기타 국가들로 이루어진 역내 후진국 등 세 그룹으로 나누어, 각 발전단계에 상응하는 특혜공여 및 의무조항을 부여하고 있다. 또한 일부 LAIA 회원국간의 쌍무협정은 모든 회원국에 자동적으로 적용되며, 역내 저개발국에 대한 특혜는 비호혜적인 성격을 띠고 있다.

LAIA의 주요 역내 무역자유화 메커니즘인 역내 특혜관세제도는 회원국 상호간의 시장접근을 용이하게 하는 것인데, 회원국의 경제개발단계에 따라 특혜관세 대상에서 제외되는 품목을 인정하고 있다. 역내 저개발국에 대해 특혜적인 관세인하를 제공하기 위하여 마련된 지역무역협정은 주로 1차 상품을 대상으로 운용되고 있다. 한편, LAIA는 부분협정을 이용하여 상품별 관세양허도 실시하고 있다. 동 협정은 탄력적으로 운용되며 비교적 짧은 시간내에 실질적인 관세인하효과를 가져온다.

2) ANCOM

1969년 카르타헤나 협정으로 인해 성립된 ANCOM은 당시 LAFTA(현재 LAIA) 내의 소지역그룹으로서 국가간의 경제개발 격차에 따른 통합이익의 불균형적 배분을 극복한다는 목적을 가지고 있다. 발족 당시에는 볼리비아, 콜롬비아, 에콰도르, 페루, 칠레 등의 5개국이 회원국이었으나 그 후 칠레가 탈퇴하고 베네주엘라가 가입하였다.

ANCOM은 LAFTA의 선별적 관세인하방식의 한계를 극복하기 위하여 자동적 일괄인하방식을 채택하였으며, 역외 공동관세 채택을 위한 계획도 수립하였다. 관세인하의 성과는 LAFTA의 경우보다 크게 나타나고 있으며, 역외공동관세에 있어서는 공동 최고관세와 최저관세를 설정하여 그 범위내에서 역외 관세율을 조정하고 있다.

ANCOM은 공동외자규제조치, 사회간접자본에의 합작투자계획 등 적극적인 통합정책을 시도하고 있으나, 가맹국간의 이해조정에 어려움을 겪고 있다. ANCOM은 또한 회원국간의 정치·외교적인 불균형으로 인해 기대한 만큼의 경제적 실익을 거두지 못하고 있는 것으로 판단된다.

4. 지역통합의 확산

4.1 세계 FTA 전망

(1) FTA의 경제효과 외 국제정치적 효과

세계적으로 FTA가 급속하게 확대되고 있는 이유는 FTA의 체결이 가져다주는 경제적 효과 및 국제 정치적 효과 때문이다. 일반적으로 FTA 체결의 경제적 효과로는 ① 무역창출 및 시장 확대 효과 ② 경쟁조건의 개선 효과

③ 경쟁 촉진 및 경제 활성화 효과 ④ 국내 제도 개혁 효과 ⑤ 규칙에 의거한 분쟁처리 효과 등이 지적되고 있다. FTA의 경제적 효과에 못지않게 중요한 것은 국제 정치적 효과이다.

첫째는, 경제 외교에 있어서의 전략적 유연성 확보 효과다. WTO 교섭의 경우 교섭 당사국이 너무 많고 협상속도도 느려 실효성에 의문이 제기되는 한편 FTA는 교섭 상대국이 한정되는 관계로 다자 체제에 비해 협상 타결에 소요되는 기간이 짧아 보다 기동적으로 대응할 수 있다. 또한 자국과 비슷한 환경에 놓여 있고 이해가 일치하는 국가들과 협력 관계를 구축함으로써 WTO 교섭에 있어서 협상력도 제고할 수 있다. 둘째는, 경제적 상호의존의 정치적 파급 효과이다. FTA의 체결은 경제적 상호의존을 강화시킴으로써 정치적 연대와 신뢰를 증진하고 전략적 의미에서의 일체감을 제고시키는 효과를 얻을 수 있다. 구미 각국이 지역주의를 강화하는 배경에는 단지 시장통합으로 인한 경제적 효과뿐만 아니라 경제적 상호의존의 강화에 따른 정치적 연대감과 신뢰를 강화하려는 의도가 강하게 내포되어 있다. 예를 들어, 제2차 세계대전 이후 유럽이 지역통합을 추진하게 된 배경으로 미국에 대한 경제적 영향력의 강화와 더불어 소련 및 동구 공산권에 대한 정치력 및 군사력 강화라는 안전보장상의 목적이 있었다. 특히 탈냉전시대의 냉전지대로 남아있는 동아시아의 경우에는 경제적 상호의존을 강화함으로써 정치적 통합과 안정을 도모할 수 있다는 효과는 무엇보다 강한 동기 부여가 될 수 있다. 셋째는, 국제정치적인 영향력 및 발언권이 강화되는 효과를 동반한다. 중국이 아세안과의 FTA 추진에 박차를 가하고 있는 것도 동아시아에서의 중국의 영향력과 발언권을 강화하려는 의도에서이다.

(2) FTA의 확산은 세계화의 과정

세계경제는 동아시아, 미주, 유럽의 지역화 경향과 함께 제도로서 지역주의도 심화되고 있다. 세계경제의 3극 체제 전환이 다자주의의 확산에 기여할 수 있을 것인가는 세계경제 발전에 중대한 문제이다. 이들이 폐쇄적 지역통합체로 발전한다면 세계의 후생수준에 미치는 부정적인 효과가 가장 크게 되지만[19] 반대로 지역내 자유화를 세계 전체의 자유화로 발전시킬 수 있다면

19) 크루그만은 세계의 후생수준이 최악인 경우가 세계가 3개의 대형 무역블록으로 나뉠 때라고 주장한 바 있다(박번순, 「세계화 속의 FTA」, 삼성경제연구소, pp. 29~30 참조).

표 9-9 WTO 발족 이전과 이후의 FTA 비교

협상 대상국	WTO 이전(전통적 FTA)	WTO 이후(새로운 FTA)
FTA 목적	• 정태적 목적 –관세인하 –무역확대	• 동태적 목적 –외국인직접투자 유치 –경제개혁
FTA 대상	• 상품 및 서비스	• 상품 및 서비스 • 투자, 노동, 환경, 경제협력 • FTA는 맞춤복
무역에 대한 시각	• 무역의 후생효과 강조 –긍정적 효과 : 무역창출 –부정적 효과 : 무역전환	• 무역창출효과 강조 –자유화로 인한 무역창출
무역 체제	• 블록화에 대한 우려 –블록 간 보호주의의와 통상마찰 우려	• 자유화 촉진효과 인정 –체약국 간 자유화가 세계적 자유화에 기여한다고 봄
체결 대상	• 유사한 경제발전 단계 • 지리적 인접 국가	• 자유화 의사 공유국

자료: 삼성경제연구소.

세계무역은 보다 활성화될 수 있을 것이다. 물론 3극 체제가 지역통합체로 발전한다고 해도 이들이 각각 "공개된 지역주의"(Open Regionalism)를 유지할 수만 있다면 궁극적으로 다자주의의 실현이 가능할 것이다.[20]

현실적으로 세계경제에서 보이는 경제활동의 지역화 경향이 당분간은 블록화로 악화될 가능성이 더 많다. 첫째 이유는 집적의 경제를 향유하기 위해 기업이나 국가들이 적극적으로 블록화를 지향할 수 있기 때문이다. 일단 무역과 투자의 지역 편중 현상이 나타나면 집적의 경제 등 편익을 누리는 이해당사자인 기업이나 정부는 관세의 인하, 투자자유화, 국가간 각종 제도의 조화를 추구하여 경제적 편익을 증대하고자 한다. 국가들이 블록화를 강조하기보다는 공개된 지역주의를 표방할 수 있으나 APEC의 사례에서 보듯이 공개된 지역주의는 성공하기 힘들다. 그 이유는 타당성을 갖지 못한 지역통합이 역내 회원국의 관심을 끌지 못하기 때문이다.

20) 여기서 '공개된 지역주의'(open regionalism)는 APEC이 지향하고 있는 일방적이고 동조적인 무역자유화를 의미하는 것이 아니다. APEC의 공개된 지역주의는 회원국이 일방적으로 무역자유화를 취하되 다른 회원국이 동조적으로 하자는 것이다. WTO의 상호주의 원칙에 비해 이러한 성격은 실로 예민한 것이고 성과가 나타나지 않는 것이다.

(3) 다자주의 부진과 자유화 욕구 증대

신고전파 이론에서는 개방을 통한 국제무역은 요소가격을 균등화시켜 무역에 참여하는 국가들의 소득을 수렴시킨다고 되어 있으며, 이는 개방과 세계화를 추진한 GATT와 WTO의 다자주의 체제의 주요한 토대였다. 이러한 이론적 바탕 위에 GATT가 WTO로 그 기능을 강화하고 전환한 때가 1994년이었다. 그러나 WTO체제는 1999년 11월 WTO가 시애틀에서 뉴라운드를 출범시킬 예정이었으나 실패함으로써 다양한 국제무역 이슈를 다루는 데 효과적이지 못하다는 사실을 증명했다.

동시에 GATT/WTO체제가 추구해 온 다자주의 자체가 적어도 일부 국가의 소득수준을 향상시키는 데 실패했다는 사실도 부정할 수 없게 되었다. 세계화의 진전과 함께 세계경제는 성장했으나 국가간 격차는 계속되었다. 사실 1960년대 이후 진행된 세계화 과정에서는 과거 후진국이었던 동아시아 일부 국가의 소득이 증가한 것을 제외하면 아프리카나 중남미에 따른 환경 파괴, 노동 권익의 저하 등에 대한 반발과 함께 반세계화를 촉발시켰고 1990년대 말 WTO 체제의 기능 저하에 많은 영향을 미쳤다.

한편 세계화와 개방의 효과를 누린 국가들은 자유화의 지체를 달가워하지는 않는다. 이들은 독자적으로 자유를 추진하게 되었고 이는 FTA로 나타나게 되었다. 따라서 전통적 FTA는 투자 유치 및 경제개혁 등 동태적 효과를 중시하고 있다. 과거 중남미, 중동, 아프리카 등의 지역무역협정이 교역증가에 별로 기여하지 못했으며 UR 타결로 전반적으로 관세가 인하되면서 관세인하 자체에 큰 의미가 없게 된 것이다. 대신 개도국들은 선진국과 무역협정을 체결하여 다국적기업을 유지하거나 경제구조 고도화, 산업구조조정 등 경제개혁을 위한 유효 수단으로 이를 이용하기 시작했다.

따라서 최근의 FTA는 재화의 관세 및 수량 제한 철폐, 내국민대우, 무역규범 등 필수적 요소 외에도 투자보장협정, 조세조약, 경제협력, 상호인증, 경쟁법 조화 등 체약국의 이해가 일치하는 다양한 분야를 포함하고 있다.

4.2 지역별 FTA 전망

(1) 미국의 지역통합 가속화

미국은 제2차 세계화 과정에서 다자주의를 추진해 온 주도국이었으나 정치적 · 경제적 필요에 따라서는 지역협정에도 관심을 보여 왔다. 미국은 1985년 이스라엘과 자유무역협정을 맺었는데 정치적 요소가 작용한 것이었다. 경제적으로는 1989년 캐나다와 자유무역협정을 체결하였고 1992년에는 NAFTA를 발족시켜 1994년부터 발효시켰다. 미국은 정치적 목적 외에 쌍무적으로는 칠레 및 싱가포르와 FTA체결을 위해 노력해 왔다.

미국은 NAFTA 외에도 미주 전체를 포괄하는 지역통합에 관심을 가져왔다. 1990년 6월 당시 부시 대통령은 "미주를 위한 구상"(enterprise for the Americas Initiative: EAI)을 제안했고 1994년 1월 제1차 미주 정상회의에서 클린턴 대통령이 이를 다시 구체화했다. 미주 정상들은 이때 미주 자유무역지대(FTAA)의 추진 원칙에 합의하여 1998년 칠레 산티아고에서 열린 제2차 미주 정상회의 이후 무역협상위원회와 시장접근, 투자 서비스, 정부조달, 분쟁해결, 지적재산권 등을 포함한 9개의 협상그룹을 운영해 왔다. 그러나 그동안 브라질 등 MERCOSUR 내에서도 브라질의 독주에 불만이 점증하자 2001년 4월 캐나다의 퀘벡에서 개최된 제3차 미주 정상회의에서는 미주 자유무역지대 창설이 다시 한 번 합의되었다. 제3차 정상회의는 2005년 1월까지 협정을 체결한다는 원칙 아래 시장 접근분야의 가이드라인을 2002년 4월까지 설정하고 2002년 5월부터는 분야별 협상을 시작하기로 했다. 이렇게 되면 2005년 말까지 각국 의회의 비준을 거쳐 FTAA가 정식으로 출범하게 된다.

(2) 동유럽 국가의 EU가입

유럽에서는 동유럽 국가의 EU가입이 가시화되고 있다. 2000년 12월 프랑스 니스에서 열린 EU 정상회담에서는 동유럽 국가의 EU 가입 시기를 2003~2004년으로 사실상 획정지었다. 비록 EU 정상들은 성명에서 정확한 가입 시기를 밝히지 않았으나 "가장 먼저 가입이 결정되는 국가들은 2004년 유럽의회 선거에 참여할 수 있을 것"이라고 가입 시기를 분명히 했던 것이다. EU는 이에 앞서 1993년 6월 코펜하겐 EU 정상회담에서 신규 회원가입자격기준(Copenhagen Criteria)으로 3가지를 제시했는데, 첫째, 민주체제 안정(법체제 정비, 인권, 소수민족 보호), 둘째, 시장 기능 및 가입 후 경쟁에서 생존할 수 있는 경제력의 확보, 셋째, 회원국으로서의 의무이행 능력(정치 및 통화통합 등)이었다. 또한 EU는 1995년 마드리드 정상회담에서 코펜하겐 기준에 덧붙여 EU법규정(acquis communautaire)의 이행 능력을 추가로 요구했다.

EU는 13개 가입 신청국 가운데 터키를 제외한 12개국과 가입협상을 진행중이다. 1차 협상국은 헝가리, 체코, 폴란드, 슬로베니아, 에스토니아, 사이프러스 등 6개국으로 1998년 3월 31일부터 EU와 가입 협상을 시작했다. 2000년 6월 현재 31개 협상분야 가운데 23개 분야에 대해 협상이 진행되어 국가별로 10~15개 분야가 잠정 타결된 상태이다. 농업, 지역 정책, 노동력의 자유 이동, 사법 및 내무 분야, 금융통제, EMU, 환경 분야 등 가장 민감한 8개 분야가 협상 과제로 남아 있다. 그리고 2차 가입 협상국은 불가리아, 슬로바키아, 라트비아, 리투아니아, 말타, 루마니아 등 6개국이며 2000년 3월부터 협상이 시작되었다. 한편 터키는 1999년 12월 헬싱키 EU 정상회담에서 가입 협상국에 포함되었으나 예외적인 협상 대상국으로 분류되어 있다.

(3) 동아시아의 FTA 전망

유럽이나 아프리카, 중남미에서 지역통합이 활발한 데 비해 아시아에서 생명력을 가진 지역통합체는 아시아 자유무역지대(AFTA)에 불과하다. 제2차 세계화 과정에서 아시아 지역은 지역화보다 다자주의를 이용해 성장했다. 냉전체제에서 미국은 동아시아의 주요 시장이었고 역내 협력은 경제적인 것보다는 정치적 측면이 우선되었다. 동북아의 중국은 사회주의 체제를 고수했고 미국 주도의 세계화를 이용한 일본과 한국 등 신흥공업국들은 눈부신 경제발전을 할 수 있었고 그 때문에 이들은 다소 달랐다. 이들은 이미 1967년에 아세안을 창설하여 지역주의의 토대를 쌓았다. 물론 아세안의 창설 배경은 정치적인 것이었고 10여 년간 유명 무실했던 아세안은 1975년 인도차이나반도가 공산화되자 협력을 강화하기 시작했다. 1980년대 말 공산주의 붕괴로 공동의 적이 사라지고 UR의 타결 전망이 밝아지면서 아세안 정상회의는 아세안 자유무역지대(AFTA)를 창설하기로 결정했다.[21]

한편 아세안이 비록 AFTA를 추진하고 있으나 중국이 WTO에 가입하면

21) 박번순, 전게논문, pp. 36~37.

서아세안으로 올 직접투자의 상당 부분이 중국으로 방향을 돌릴 것이다. 중국의 부상에 대해 우려하는 아세안을 달래기 위해서 중국은 자신이 미국 시장이나 다른 선진국에서 아세안과 경쟁 관계가 아니라고 주장했고 중국과 아세안이 장기적으로 자유무역지대를 창설할 수 있을 것이라고 했다.

1) 동아시아 FTA의 필요성

동아시아 지역 FTA 논의의 경우는 이와 같은 일반적인 경제적 · 국제정치적 효과에서 한발 더 나아가 더욱 중요하고도 긴급한 필요성이 있음이 지적되고 있다. 첫째는, 동아시아 지역만이 FTA를 체결하지 않을 경우에 발생할 수 있는 상대적 고립과 불이익을 방지하기 위해 FTA라는 시대적 조류에 빠르게 편승해야 한다는 지적이다. WTO는 현재 43% 수준인 세계 총무역 중 지역협정 내의 무역 비중이 2005년에는 51% 수준에 달할 것으로 전망하고 있다. 이와 같은 현실 속에서 FTA를 체결하지 않은 국가는 상대적으로 불리한 무역여건 속에 놓이게 된다. 둘째는, 세계화로 인한 피해와 부작용을 완화하고 세계화의 위험요인에 대해 지역 차원에서 공동으로 대응하기 위해 FTA가 필요하다는 지적이다. 특히 1997년 외환위기를 경험하는 과정에서 동아시아의 국가들은 역내국간의 경제협력과 공동 대응의 필요성을 절감하게 되었다.

이와 같은 필요성에서 최근 동아시아 지역에서의 FTA 논의가 급속히 확산되고 있으며, 최근 우리나라에서는 FTA라는 시대적 흐름에 가능한 한 빨리 편승하는 것이 유리하다는 방향으로 대체적인 합의가 이루어지고 있다. 또한 FTA 체결의 대세에 빨리 합류하지 못할 경우 갈수록 손실이 커지기 때문에 머뭇거리기에는 이미 늦었다는 논조가 급부상하고 있다. 지역통합이 진전됨에 따라 역외국이 부담하게 되는 '소외비용'이 너무 커지게 된다는 것이다.

2) FTA의 현실적 제약과 추진 조건

하지만 FTA의 필요성과 체결로 인한 여러 가지 효과에도 불구하고 FTA를 추진하기 위한 동아시아 지역의 현실적인 조건은 아직 정비되어 있지 않다는 점에 유의할 필요가 있다. 동아시아의 지역경제통합이 세계 어느 지역보다도 뒤쳐지게 된 것은 바로 경제통합의 조건이 제대로 갖추어져 있지 못하기 때문이기도 하다. 동북아 지역에는 아직도 상대적으로 국가주의의 벽이 매우 높을 뿐더러 역사 인식의 문제 등으로 인하여 국가간의 상호 신뢰도가 낮다. 특히 일본에 대한 뿌리 깊은 의구심은 협력의 커다란 장애가 되고 있다[22]. 그럼에도 불구하고 최근 국내에서 이루어지고 있는 대부분의 FTA 논의에서는 경제적인 측면의 이해득실만이 지나치게 강조되고 국제정치적 측면에 대한 심도 있는 분석은 이루어지지 못하고 있다. 한국이 FTA를 체결할 때 경제적 이해득실 못지않게 고려되어야 할 사항은 다름 아닌 동아시아의 국제정치적인 측면이다. 특정국가와 FTA를 체결하는 것이 국제정치 혹은 지역의 역학 관계에 어떤 영향을 미치게 될지에 논의가 필요한 시점이다.

22) 김영호, “동아시아 경제협력과 한-중-일 FTA,” 〈http://www.khdi.or.kr〉.

제 9 장 연 습 문 제

논술형

1. 국제경제협력의 의의와 필요성에 대하여 논하시오.
2. 한국의 OECD 가입에 따른 혜택과 의무사항을 논하시오.
3. 경제통합의 의의와 형태를 논하시오.
4. OECD의 금융분야 규정을 논하시오.
5. OECD의 의의와 그 기능을 논하시오.
6. 남북문제와 경제협력에 관하여 논하시오.
7. 세계 FTA 확산과 전망에 관하여 논하시오.

약술형

1. 쌍무간 협력과 다자간 협력
2. UNCTAD
3. OECD
4. 지역통합의 이중성
5. EU
6. NAFTA
7. APEC
8. ASEAN
9. AFTA
10. OECD의 환경분야
11. FTA
12. 지역통합의 이중성

제 10 장

국제통상전략

제 1 절 통상전략의 개요

1. 주된 통상전략

1.1 적극적 조정전략

적극조정(positive adjustment)전략은 상대국의 통상압력을 건설적으로 받아들여 대내적으로 수용하는 전략을 지칭한다. 이 적극조정전략에서 가장 중요한 역할을 하는 것은 산업구조의 전환이다.

산업구조의 전환은 일반적으로 과잉생산으로 국제경쟁력이 떨어지는 동시에 보호무역의 집중적 대상이 되고 있는 사양산업을 합리화하고, 반면 국제경쟁력이 있고 무역규제가 심하지 않은 첨단산업에 역점을 두는 것을 의미한다.

품목의 다양화, 신제품의 개발, 다품종 소량체제 등이 이러한 산업구조의 전환을 통하여 얻어질 수 있을 것으로 보인다. 산업구조의 적극적 조정과 관련하여 추구할 수 있는 것은 수출입선의 다변화이다. 현재 미국과 일본에 치중되어 있는 한국의 수출입시장을 통상압력이 적은 제3의 지역으로 다변화하는 것이 이 적극적 조정전략의 중요 부문을 차지한다. 결국 적극조정은 시장이라는 제도적 틀 안에서 단기적 희생을 감수하며 장기적인 이득을 추구하는 전략이라고 말할 수 있다.[1)]

적극적 조정전략을 이행하는 데는 그 나름대로의 수지타산이 따르게 마련이다. 우선 당장에 얻을 수 있는 실리는 주요 교역상대국과의 쌍무적 통상마찰을 완화시켜 규제를 받고 있지 않는 다른 품목들의 지속적 수출을 보장해 주는 일이다. 그리고 수입개방의 경우는 국내 관련산업에 대한 합리화의 계기를 가져다 주는 동시에 국제경쟁력을 제고시킬 수도 있다. 특히 중복되는 특화와 그에 따른 과잉공급의 위험을 감소시켜 줄 수 있을 뿐 아니라 한국경제의 구조적 신축성을 장기적 측면에서 강화시켜 주게 될 것이다. 그러나 이와 같은 장기적·구조적 이점에도 불구하고 단기적인 희생과 손실이 수반된다.

첫째, 적극조정을 통하여 상대국의 요구를 들어 줄 경우, 전례가 만들어져 지속적인 무역규제의 재발가능성을 높여 줄 수 있는 점이다. 사실 1986년 7월 통상법 301조의 일괄타결을 통하여 한국측이 대폭적인 시장개방을 한 바 있는데, 이를 계기로 하여 미국측은 그 뒤 지속적으로 추가개방을 요청하고 있다는 사실이 좋은 예로 지적될 수 있을 것이다.

둘째, 산업구조의 전환을 통하여 적극조정을 추구하는 방안은 상당한 기회비용을 전제로 한다는 점이다. 사양산업의 합리화 경우, 이에 따른 적절한 산업정책과 재정적 지원을 필요로 한다는 점에서 상당히 어려운 대안일 수도 있는 것이다.

셋째, 수입개방을 적극조정의 틀 안에 수용할 경우 유치산업들이 치명적 타격을 받을 수 있다.

마지막으로 정책결정자로서 당면하는 가장 큰 위협은 국내정치적 반발효과가 크다는 점이다. 국내정치의 맥락에서 볼 때, 적극조정이란 명목하에 상대국의 요구를 궁극적으로 수락하는 것은 일종의 정치적 모험이라 할 수 있을 것이다.

---

1) 박종수, 「국제통상정책」, 백산출판사, 2007, pp. 618~620.

1.2 통상외교전략

통상외교(diplomatic bargaining)전략은 규제국의 요구를 전폭적으로 수용하지 않고 외교교섭을 통하여 단기적 손실방지를 추구하는 전략이다. 이 전략은 여러 가지 형태의 보조전술들을 활용할 수 있을 것이다. MFA와 GSP와 같이 쌍무적인 무역규제나 상호주의에 입각, 서비스 부문 등의 수입개방 요구에 따른 쌍무적 협상을 WTO나 UNCTAD 등을 활용하여 다자간 협상으로의 전환을 유도할 수 있다. 그리고 이와 관련하여 일본, 대만, 싱가포르, 홍콩, 중국 등 무역규제 대상국들과 연합전선을 형성하고 집단적 대응전략을 구상할 수도 있을 것이다. 이와 같은 다자간 협상유도와 더불어 쌍무교섭 역시 강화할 수 있다. 수입개방이나 수입규제의 부분적 양보를 교섭의 무기(bargaining leverage)로 이용하여 다른 분야에 있어서 상대측의 양보를 얻어낼 수도 있다. 뿐만 아니라 쌍무적 교섭에 있어서 상대국의 법률적 하자나 맹점(loopholes)을 백분 활용하여 교섭상의 이득을 극대화시키는 것도 하나의 보조전술로 고려될 수 있을 것으로 보인다. 이러한 통상외교의 강화를 위하여 필수요건은 국내의 정치적 단합이다. 왜냐하면 상대국의 통상압력에 대한 국내의 정치적 반대와 저항을 또 다른 외교교섭의 수단으로 이용할 수 있기 때문이다.[2)]

적극조정전략과 마찬가지로 통상외교전략 역시 일련의 장단점이 따르게 마련이다. 그 장점으로는 다음 사항들을 들 수 있다.

첫째, 쌍무교섭에 성공할 경우 실업이나 기업의 도산 같은 단기적 손실을 방지할 수 있다.

둘째, 협상이 가열되면 될수록 상대국을 보호주의 색채가 강한 국가로 부각시켜 상대방의 공신력을 실추시킬 수도 있을 것이다.

셋째, 이와 같은 공신력 실추와 장기적 외교교섭은 상대방으로 하여금 외교교섭의 비용을 증대시켜 향후 수입규제나 수입개방이란 통상압력의 재연 가능성을 감소시키는 이점이 있다.

마지막으로 외교교섭에서 실패하더라도 국내정치적 지지를 획득할 수 있

2) 대내적 반대는 특히 대미협상에서 큰 효과를 가져오지 못한 것 같다. 왜냐하면 국내정치적 반대와 이에 따른 항의시위를 미국측은 일종의 관제시위로 받아들이는 경향이 있기 때문이다.

는 장점이 있다.

그러나 동시에 불리한 점도 배제할 수 없다는 점에 유의할 필요가 있다. 실패할 경우, 보다 강도 높은 상대측이 보복을 유발할 수 있다는 점이다. 그리고 상대국의 법률적 하자나 맹점을 활용, 외교교섭의 유리한 고지를 차지했을 때 상대측이 이를 보완함으로써 중장기적인 손실을 초래하게 될 수도 있을 것이다.[3)]

뿐만 아니라 외교교섭을 통한 대외적 해결책의 강구는 국내기업들의 장기적이고 구조적 대응력 배양을 저해할 수 있다. 한국과 같이 약소국의 경우, 미국과 같은 강국으로부터 지속적인 외교교섭상의 우세를 유지할 수 없다는 점을 고려할 때 통상외교전략의 한계가 있다 하겠다.

2. 보조적 통상전략

2.1 쟁점연계전략

쟁점연계(issue-linkage)전략은 양국간 외교관계의 복합성을 백분 활용하여 통상외교에서 유리한 협상의 고지를 차지하려는 전략을 의미한다. 이 전략에서 가장 용이하게 이용할 수 있는 전술은 수입규제의 승복이나 수입개방의 허용에 따른 관련부문에서의 반대급부를 요구하는 일이다. 가령 예를 들어 일부 쇠고기 수입시장을 개방하는 조건으로 환율의 절상압력을 완화시켜 줄 것을 요청할 수도 있으며, 섬유부문에서의 양보를 조건으로 개방압력을 완화하여 달라고 교섭할 수도 있다는 것이다.

그리고 일본 등의 경쟁대상국을 한·미 무역분쟁에 연관시켜 이를 협상의 도구로 이용할 수도 있을 것이다. 특히 이러한 전략의 하나로는 한국측이 제2의 일본이란 고정관념을 제거하기 위하여 활용하고 있는 여러 가지 전술들이 이에 해당한다고 할 수 있다.

그뿐만 아니라 일본으로부터의 수입의존도를 줄이고 그만큼의 수입을 미국측으로 하겠다는 회유전술도 가능한 방법 중의 하나일 것이다. 이와는 별

---

3) 미국측과의 섬유협상이 그 대표적인 예이다.

표 10-1 통상전략의 제 형태

형 태	내 용	예 상 이 득	예 상 손 실
〈주전략〉 a. 적극 조정전략	① 산업구조의 전환(품목의 다양화/신제품 개발/다품종소수체제/첨단산업강화/사양산업 정리) ② 수출입선의 다변화 ③ 단기적 희생/장기적 적응	① 쌍무적 마찰 완화 ② 구조적 신축성 증가 ③ 중복되는 특성화와 과잉생산방지 ④ 관련분야에서의 미측양보확보 ⑤ 장기적 국제경쟁력 확보	① 양보의 전례를 만듬으로 재발 가능성 높음 ② 국내정치적 반발고조 ③ 구조조정 및 전환에 따른 비용증가 ④ 유치산업의 성장저해
b. 통상 외교전략	① 미측 요구에 불응하고 양자협상강화 ② 양자협상을 다자협상으로 전환유도 ③ 규제대상국 공동전선 형성 ④ 수입개방을 협상의 도구로 이용 ⑤ 미법률의 하자와 신축성 최대 활용 ⑥ 국내정치적 저항조항	① 단기적 손실(실업, 도산) 방지 ② 미국의 공신력 실추 ③ 미국의 협상비용증대를 통한 재규제 움직임 억제 ④ 국내정치적 지지 획득	① 협상 실패시 강도높은 보복유발 ② 미의 법률적 미비점보완을 통한 중장기적 손실 ③ 장기적·구조적 대응력 배양억제
〈보조전략〉 a. 쟁점·연계전략	① 수입규제승복에 따른 보상요구 ② 수입개방에 따른 수입규제 완화요구 ③ 일본 등의 "속죄양" 이용 ④ 안보외교적 이해관계와의 연계(국방비 부담 등) ⑤ 미국에 대한 직접투자를 통한 정상참작 요구	① 단기적 규제완화 ② 기회비용의 극소화 ③ 규제의 초점을 경쟁대상국으로 전환 ④ package deal의 이점	① 역연계효과 유발가능(예, 담배시장개방과 안보) ② 경쟁 대상국으로부터 보복 가능 ③ 규제국의 협상태도 강경화 유발
b. 회피전략	① 규제회피 ② 제3국 통한 우회수출 ③ 상표 및 원산지증명의 위조 ④ 불법적 quota 확보 ⑤ 수입개방시기와 실시지연	① 단기적 손실방지 ② 발각시까지 기회비용의 극소화	① 강화된 규제유발 ② 강화된 보복유도 ③ 장기적 이미지 훼손 ④ 구조적 적응저해

자료: *Power and protectionism*, New York: Columbia Univ., 1983.

도로 미국측에 대한 직접투자를 확대함으로써 이를 외교협상의 카드로 활용할 수도 있다.

예컨대 과거 한·미 무역역조현상과 관련하여 미국측이 계속적인 환율인상의 압력을 가하고 있었던 점을 고려하여, 대미 직접투자를 증가시켜 경상수지상의 균형을 유지하게 함으로써 이러한 환율인상 압력에 대응할 수도 있는 것이다.

사실상 쟁점·연계전략은 실제의 통상교섭에 널리 활용되고 있으며 단기적인 규제완화를 유도할 수 있는 방법이기도 하다. 특히 이 전략은 기회비용의 극소화가 가능하므로 매우 효과적인 보조전략이라 평할 수 있을 것이다. 동시에 규제의 초점을 분쟁대상국으로 전환할 수 있는 이점이 있다. 그러나 예상되는 손실도 적지 않다. 무엇보다 상기 전략은 역으로 부정적인 연계효과를 유발시킬 수 있다는 점이다.

그것의 한 예로 쇠고기시장 개방과 안보간의 함수관계를 들 수 있다. 한국측은 쇠고기시장 개방이 국민 감정을 격화시킬 뿐만 아니라 국고수입을 감소시켜 국가재정상 어려움이 많기 때문에 제고해 줄 것을 미국측에 요청한다. 특히 GNP의 6% 이상을 국방비로 할당하는 입장에서 쇠고기시장개방은 시기상조라고 강조한다.

이와 같은 쟁점연계전략은 역으로 부정적 효과를 야기할 수도 있다. 뿐만 아니라 쟁점연계를 이유로 대미협상을 장기화할 경우 미국측의 교섭태도를 강경하게 만들 수도 있고, 일본과 같은 제3국을 끌어들여 협상의 수단으로 이용할 때 이 국가들로부터 보복을 받을 가능성도 있는 것이다.

2.2 회피전략

보조전략 중에서 가장 손쉬운 것이 있다면 이는 바로 회피전략(evasion)일 것으로 보여진다. 회피전략은 규제국의 통상압력을 외교적 통로를 통하여 수락하지만, 민간채널을 통해서 또는 실제 집행과정에서 이를 준수하지 않는 파행적 술수를 지칭한다.[4] 회피전략이 적용될 수 있는 것은 쌍무 쿼터나 총량 쿼터 등 물량규제가 실시되는 분야이다.

4) David Yoffie, *Power and protectionism*, New York: Columbia Univ. press, 1983, p. 37.

섬유류의 경우처럼 외교적 통로를 통해 일정한 물량규제를 수락하되 제3국을 통한 우회수출, 원산지증명의 위조, 불법적인 쿼터 확보 등을 통하여 실제적으로는 이러한 규제를 회피할 수 있는 방법도 있다. 일본의 경우처럼 미국의 수입개방요청을 받아들이지만 실제로는 각종 행정절차상의 개입을 통하여 사실상 일본에 시판을 지연하거나 방해하는 사례도 회피전략의 하나로 간주할 수 있을 것이다.

근본적으로 회피전략은 하나의 기만(cheating)전술로 보아도 무방할 것이다. 회피전략은 단기적으로 기업이나 노동자의 손실을 방지시켜 주고 발각되지 않는 한 최소의 비용으로 최대의 효과를 얻을 수 있는 전략이다. 그러나 일단 기만사실이 노출될 때 그에 따른 손실은 매우 크다고 할 수 있다. 당장 규제국의 외교적 항의를 야기시킬 뿐 아니라 한층 강도 높은 보복과 처벌을 초래하여 한국의 이미지를 훼손시킬 우려가 크다는 점이다.

더구나 이러한 회피전략을 방치할 경우 한국기업들의 구조적 적응능력의 신장을 저해함으로써 국제경쟁력을 약화시킬 가능성이 있다. 그리고 궁극적으로는 규제국으로 하여금 그에 상응하는 제도적 장치를 구축하게 유도해 주는 결과를 가져오게 될 수 있다.

제 2 절 장외교섭으로서 로비전략

1. 로비의 기본개념

1.1 로비의 개념

로비란 사적인 시민이나 집단이 특정한 입법 및 정부의 정책결정에 영향력을 행사하려는 행위를 의미한다. 1946년에 제정된 미국 연방로비규제법에 규정된 로비의 법률적 정의는 “미 합중국 의회의 모든 법안의 성립 또는 불성립에 직접 또는 간접으로 영향력을 행사할 것을 목적으로 하는 것"이라고 되어 있다. 여기서 법안은 단순한 법안뿐 아니라 결의안, 개정, 임명, 세입안 등 모든 의안을 의미한다.[5)]

또한 로비스트에 대한 정의는 "미 합중국 의회의 법안을 성립시키거나, 불성립시키거나 또는 성립·불성립을 위해 직·간접으로 영향력을 미치는 것을 주된 목적으로 자기 스스로 또는 대리인을 통해 대가를 요구하거나 받는 사람"이라고 규정하고 있다.

이외에도 실질적으로 의회와 정부의 각 기관 또는 단체들의 의사결정에 영향력을 행사할 것을 목적으로 활동하는 개인이나 이익단체를 통틀어 광의의 로비스트라고 한다. 이러한 광의의 로비는 의회나 정부기관에 대한 직접공작뿐 아니라 홍보, 법률활동, 정보수집, 조사활동 등을 포함한다.

1.2 로비의 필요성

(1) 미국의 보호무역 경향에 대응

미국에서 로비가 의사결정과정의 한 부분으로서 중요한 역할을 하고 있는 이상, 우리는 대미관계에 있어서 '로비'를 충분히 활용해야 한다. 특히 날로 심화되고 있는 미국의 보호무역 경향에 대처하기 위해 로비의 필요성은 절실한 실정이다.

미국은 국제경쟁력의 저하와 산업의 공동화현상 등으로 인해 매년 거액의 무역적자가 계속되고 있다. 무역적자로 인한 경제성장의 둔화와 실업의 발생은 정치문제화되고 있다. 이러한 문제를 해결해 나가기 위해 최근 미국정부는 대외무역에 적극적으로 개입하고 나섬으로써, 자유무역에서 보호무역으로 정책을 전환해 가고 있다.

이처럼 무역이 시장경제의 메커니즘에 의하지 않고 정부의 개입에 의해 좌우되는 이상 대미무역 의존도가 높은 우리로서는 미국정부의 무역정책 결정에 관심을 갖고 그들의 통상정책으로부터 우리의 정당한 이익을 보호함과 동시에 통상정책이 우리에게 유리하게 유도될 수 있도록 하기 위한 방안을 모색해

5) 미국 연방로비규제법 SEC, 302(e)에는 "The term, legislation means bills, resolutions, amendments, nominations and other matters pending or proposed in either House of Congress and includes any other matter which may be the subject of action by either House."로 규정되어 있다.

야 한다.

(2) 경쟁국 로비에 대항

미국시장에서 우리와 경쟁관계에 있는 국가가 적극적인 통상로비활동을 벌인 결과 한동안 시장에서 우리보다 우위를 점하게 된다는 것은 우리에게 불이익이 온다는 것을 의미한다. 따라서 그같은 불이익을 피하기 위해서도 로비가 절실히 요구된다.

(3) 유리한 통상환경의 조성

미국시장에서 우리에게 유리한 통상환경이 조성되도록 미국측에 우리를 이해시키고 통상정보를 수집하여 앞으로의 대미통상에 대비하는 것은 매우 중요하다. 정보를 빨리 입수하면 우리측에 불리한 법안이 제출되었다 할지라도 보다 유리한 입장에서 대응책을 마련할 수 있는 시간적 여유를 가질 수 있으므로 대미 로비활동을 강화해 나가야 할 것이다.

(4) 미국사회의 특성

미국은 지리적으로 광대한 영토와 다양한 기후로 인해 지역마다 서로 다른 특성을 갖고 있기 때문에 각 지역이 산업과 기후의 차이로 인한 이해관계도 서로 다르다. 따라서 지역구 출신의 의원들은 자신들의 출신지역의 산업을 보호해야 출신주민의 지지를 받아 의원직을 유지할 수 있게 된다. 또한 미국은 인종과 종교가 다양해 지역마다 인종, 혹은 민족별 거주지역이 있고 종교별 단체의 조직이 결성되어 자신들의 이익을 보호하고 있다. 이처럼 다양한 미국사회에서 우리의 이익을 보호하고 뜻을 관철시키기 위해서는 이해관계를 가지고 있는 각종 사회단체들이 미국내 단체들과의 교류를 활발히 전개해 나가야 하며, 우리의 대미진출 분야와 관련 있는 주(州)에 대한 로비도 강화해 나가야 한다.

2. 로비의 종류

2.1 직접 로비

직접 로비란 어떤 단체나 그 대리인인 로비스트가 의원 또는 의원스태프, 관료 등의 공직자들과 직접 접촉하여 자신들의 주장을 의회의 입법과 정책결정에 반영하기 위한 로비방식이다. 직접 로비는 사용수단이나 자원에 따라 권력형 로비와 기술형 로비로 대별할 수 있다.

(1) 권력형 로비

권력형 로비는 의회에서 직접 영향을 발휘할 수 있거나 정치적 영향력을 가지고 있는 전직 고위층 인사들을 매체로 한 로비이다. 전직의 경험과 친분관계를 토대로 로비를 수행할 수 있는 인사들은 전직 상원의원이나 하원의원 그리고 행정부의 고위관리와 의회의 요직에 있었던 인사들로서 이들은 정부의 정책결정과정의 동향을 잘 파악하고, 정책결정의 과정을 자세히 알고 있으며 정책결정에 관계하고 있는 사람과의 접촉이 용이한 점, 또한 정책결정권자에게 접근해 영향력을 발휘할 수 있다는 점을 이용한다. 그러나 권력형 로비는 사후 수습(收拾)지향형 로비시스템으로, 단계적이고 효율적인 로비의 수행을 기할 수 없고 비합법적인 수단으로서 정치적 부작용이 발생할 위험을 안고 있다.

(2) 기술형 로비

기술형 로비란 각 분야별로 전문지식을 가진 인사에 의한 실무형 로비를 말하는 것으로, 권력형 로비가 사후 수습형 로비방식인 데 반해 기술형 로비는 조기경보체제(early warning system)의 로비시스템이라 할 수 있다. 법률적 자문과 소송을 수행할 수 있는 전문로비스트에 의한 기술형 로비는 각국의 정부와 단체들이 선호하고 있는 로비방식이다.

2.2 간접 로비

간접 로비란 시민들을 동원해 압력을 가하는 로비의 형태로서 우회적인 커뮤니케이션 및 조직활동을 통해 정책결정자에게 영향력을 행사하는 방법이다. 간접 로비는 대중을 로비활동에 참여하도록 하는 데 많은 비용이 소요되는 문제와 의사전달과정에서 메시지가 잘못 전달될 위험이 있으나 최근 들어 직접 로비활동을 보완하기 위해 많은 로비단체들이 간접 로비방식을 취하고 있다. 간접 로비의 대표적인 방식은 대중동원형 로비, 언론 로비, 데먼스트레이션 등이 있다.

(1) 대중동원형 로비

대중동원형(grass-roots mobilization) 로비는 대중을 동원해 의원들에게 영향력을 행사하는 방법으로서, 유권자인 대중을 의식하고 있는 의원들로서는 '여론' 이라는 대다수 유권자의 동일한 의사표시를 외면할 수 없기 때문에 최근에 그 중요성을 더해 가고 있는 간접 로비방식이다.

① 방 법 대중에 대한 선전에 의해 여론을 유리하게 형성하여 특정법안에 대한 지지 혹은 반대를 이끌어 내기 위한 대중동원형의 방법으로는, 시민의 압력, 매스미디어를 이용한 홍보, PR운동 등이 있다.

즉 유권자인 시민들로 하여금 편지나 전화를 이용해 의원에게 직접 압력을 가하도록 유도한다든지 이익단체의 뉴스레터를 통해 뜻을 같이하는 시민들의 동참을 유도하고 각 이익단체의 주장의 정당성을 홍보하며, 매스컴을 이용해 대중의 관심을 불러일으키는 방법 등을 말한다.

② 특 성 대중동원형 로비가 최근에 와서 빈번히 이용되고, 점점 더 중요성이 인식되어진 이유는 다음과 같은 특성에 기인한다.

첫째, 첨단기술의 발달로 인쇄물의 대량복사와 정보전달이 용이해졌기 때문이다.

둘째, 통계분석력의 향상과 특정계층에 대한 전략개발로 응답률이 높아졌다.

셋째, 유권자 파워의 증대로 정부의 관료나 특히 대중동원형 로비에 직접적으로 관계가 있는 의원들이 선거민의 압력에 민감해졌다는 것 등이다.

이처럼 선거에 의해 주민의 평가를 받는 미국의 의원들은 여론에 민감하기 때문에 각종 이익단체에서는 자신들의 입장을 지지하는 선거민을 조직적으로 동원하여 의원에게 영향력을 행사하는 대중동원형 로비를 선호하게 된 것이다.

(2) 언론 로비

언론 로비는 언론매체를 통해 여론을 불러일으켜 의원과 정책결정자에게 압력을 가하는 전술이다. 유력 일간지나 의원들의 출신지역에서 발행되는 지방신문에 유권자들에게 영향을 미칠 만한 사설이나 기사가 실릴 경우 쉽게 독자들의 관심을 끌 수 있다. 유권자인 독자들은 기사에 설득되어 의원에게 직접 편지를 쓰거나, 언론매체가 실시하는 여론조사에서 적극적인 반응을 보임으로써 의원이나 정책결정자에게 영향력을 행사하는 결과를 낳게 되며, 이들의 적극적인 의사표시는 다시 기사거리가 되어 더욱 커다란 여론을 형성하게 되기도 한다. 또한 기사나 논설뿐 아니라 유료광고를 통해서도 일반대중과 의원들에게 특정법안의 찬성이나 반대를 촉구하기도 한다.

언론 로비활동은 이미지향상 홍보, 공격적 로비활동, 방어적 언론전술로 대별할 수 있다. 언론 로비활동은 어떤 경우든 비용이 많이 들기 때문에 대기업이나 대규모 이익단체들에 의해 자주 이용된다.

① **이미지 향상 홍보** 이미지 향상을 위한 홍보활동은 공격적 로비활동이나 방어적 활동의 기반을 마련하기 위해 장기간에 걸쳐 수행하는 로비전술이다. 각종 문화행사를 지원하거나 공익광고를 통해 대중에게 기업이나 이익단체에 대한 이해를 넓히는 것 등이 이미지 향상 홍보활동에 속한다.

② **공격적 로비활동** 공격적인 언론로비활동은 특히 정책결정에 영향을 미치고자 하는 단체들이 채택하는 전술로 정부의 정책결정과정에서 언론캠페인을 통해 특정법안의 발효나 폐기를 촉구하는 대대적인 선전활동을 벌인다. 또한 외국정부의 정책변경을 노리는 언론캠페인도 가능하다.

③ **방어적 언론전술** 방어적 언론전술은 기존 질서의 변동을 막기 위한 소극적 로비활동으로서 자신들의 정당성을 대중에게 홍보하고, 상대의 언론캠페인에 대항하기 위해 펼치는 언론활동이다. 의회에서 새로운 법안이 가결되도록 하는 것보다는 정부에서 저지시키는 일이 더 쉽기 때문에 성공 가능성이 비교적 높은 전술이다.

(3) 데먼스트레이션

시위와 항의를 통해 대중의 관심을 창출하고 영향력을 행사하는 이 전술은 대개 약자들이 사용한다. 시위와 항의의 목적은 자신들의 주장이 정당함을 역설하고, 대중의 관심을 불러일으켜 상대를 당황하게 함으로써 양보를 얻어 내는 데 있다. 그러나 시위활동은 쉽게 대중의 관심을 끌고 참여의욕을 불러일으키는 반면 과격해질 경우 역효과를 초래할 수 있다. 공격적이고 극단적인 시위전술은 부정적인 여론을 일으켜 오히려 치명적인 손실을 입게 되는 것이다.

3. 로비의 대상

3.1 의회 로비

대(對) 의회 로비를 성공적으로 수행하기 위해서는 의회에 대한 고도의 정보수집이 전제되어야 하지만 의회가 어떻게 구성되어 있으며, 어떤 절차를 밟아 법안이 성립되고, 의사결정이 이루어지는가에 대한 지식을 갖추어 적절한 시기에 적절한 대응이 가능하도록 해야 한다.

3.2 행정부 로비

미국 연방정부의 기능, 조직 및 행정절차는 매우 복잡하며 효과적인 로비를 위한 대상의 접근과 정보의 수집을 위해서는 특히 행정부의 준입법기능과 각부 공무원의 계층별 업무를 정확히 파악해야 한다.

행정부의 기능 중에서도 가장 중요한 기능은 의회에서 제정된 법률에서 위임된 시행령을 제정하는 준입법기능을 들 수 있다. 의회에서 제정되는 법률은 총체적인 것이지만 행정부가 제정하는 시행령은 세부적인 것이므로 실제로 기업이 개인의 이익에 영향을 미치는 것은 시행령의 제정이며, 법과 시행령을 어떻게 적용하느냐에 달려 있다. 따라서 법령이나 시행령과 이해관계를 가지고 있는 이익단체들은 법령 시행령의 제정시에 자신들의 의견과 자료를 제출하여 자신들의 이익을 반영시키고

표 10-2 통상로비 전략분석

구 분	전략형태	로비매체	로비 대상	필요자원	전술형태
직접 로비	① 권력형 로비	권력부로커/전직고관/유명변호사/P.R.회사(컨설팅비를 주고 직접 채용)	최고위 정책결정자(의회 및 행정부)	정치적 연줄/중요 정보에의 접근 용이성/정치적 영향력	개인적 접촉 및 설득/P.R. 활동/중재활동 및 타협안 중재
	② 기술형 로비	변호사/전문직(컨설팅비 주고 직접 채용)	중간급 정책결정자(의회 및 행정부)/언론/이익단체/대중여론	법률 및 기술적 전문지식과 경험/정치적 연줄	조기경보 체계 수립/행정개입 및 설득/의회 증언/소송에의 참여변론/법률적 하자 활용/간접로비방법에의 자문
간접 로비	③ 기능연계형 로비	이익단체/농산물 수출업자/정부부서/소비자 단체/수입업자(상호이익의 보완성에서 오는 미국정치 행위자들의 자발적 로비)	최고위 및 중간급 정책결정자/언론/관련 이익단체	구매력, 직접 투자 등을 통한 정치적 연합전선	이슈연계/정치적 헌금/대중동원/언론조작/의회에서의 증언/행정개입 및 설득/정책중재
	④ 대중동원형 로비	인종적 또는 이데올로기/이익집단 및 개인	입법부/대중여론/언론	선거구민의 정치적 영향력/혈연관계 및 이념적 유대에 기초한 자발적 참여	지역구 의원들에게 편지공세/지역구 의원의 의회내 투표형태 분석/개인적 접촉 및 설득/정치헌금/항의/대리로비

자 활발한 로비활동을 전개한다. 한편, 법의 시행과 법의 적용이라는 기능을 갖고 있는 행정부에서는 법의 시행 자체가 공무원의 업무내용이기 때문에 기업, 이익단체의 이해관계가 법을 적용하는 담당공무원의 법의 해석에 따라 영향을 받을 수 있다. 이러한 이유로 담당공무원에 대해 법적용의 제외완화 또는 강화를 요청하는 로비를 수행하게 된다.

3.3 주정부 로비

미국은 지방의 주가 모여 합중국을 만든 형태로서 합중국 헌법이 공포되기 이전에 이미 각 주가 헌법을 갖고 있었다. 19세기 후반부터 20세기에 걸쳐 각주가 연방헌법에 저촉되지 않고, 또 법률적 결함이 없도록 주의 법을 개정하였으나 아직도 주권주의와 연방주의의 의견이 갈라져 있고, 연방정부와 주정부 사이의 크고 작은 알력이 일어나는 경우가 있다.

오늘날과 같이 급변하는 국제정세에 기민하게 대처하기 위해서는 연방정부에 힘과 권력이 부여되어야 하므로 점차적으로 연방정부의 권한이 강화되어 가고 있기는 하나, 각주의 입장을 소홀히 할 수 없다. 또한 대통령도 주단위로 표를 획득해야 당선할 수 있으므로 각 지방정부의 정치적 지도자나 이익단체의 의사를 존중해야 한다. 이러한 미국 내 상황을 고려해 볼 때 주정부에 대한 로비의 필요성이 절실함을 알 수 있다.

한편 각 주의 의원은 각 주의 이익을 대변하는 사람들로서, 예를 들어 한국의 산업이 미국에 진출할 때 자기 주의 산업에 영향을 미친다면 한국의 진출을 봉쇄하기 위한 조치를 취할 것이다. 이러한 경우, 워싱턴을 중심으로 행해지는 로비활동으로는 각 주 단위로 발생하는 문제의 해결이 어려우므로 주정부차원에서의 로비활동을 통해 연방의회에서 생길 수 있는 문제를 근본적으로 해결해 나가지 않을 수 없기 때문에 주의회에 대한 로비는 매우 중시되어야 할 것이다.

따라서 효율적인 주정부 로비를 위해서는 우리와 관계가 깊고, 전국적으로 영향력이 큰 캘리포니아, 뉴욕, 워싱턴, 플로리다, 텍사스 등의 각 주에 대한 정치활동, 경제상황, 이익단체의 상황, 주정부의 내막 등에 관한 정보를 자세히 파악하고 있어야 한다.

또한 미국의 앞으로의 움직임을 알기 위해서는 주요 주, 특히 미국 전역에 영향을 미칠 만한 주의 움직임에 유의해야 한다. 예로는 캘리포니아, 플로리다, 코네티컷, 콜로라도, 워싱턴 등은 나머지 45개 주에 큰 영향을 미치고 있다는 보고가 있다.[6]

6) John Naisbitt, *Megatrends,* Warner Books, N.Y. 1982, pp. 6~7.

4. 로비스트와 로비활동 규제

4.1 로비스트

(1) 업 무

로비스트의 업무는 크게 나누어 다음의 세 가지 주요 활동을 들 수 있다.

첫째, '접촉담당자' (contact person) 역할이다. 로비스트는 그의 고객에게 특정한 의사결정권자에게 접촉할 수 있는 통로를 마련해 준다.

둘째, 역할은 '전략가' (strategist)이다. 고객에게 의사결정권자를 설득하는 전략을 수립해 주는 것을 말하는데 이것은 고도의 능력을 필요로 한다.

셋째, 중요한 역할은 '연락자' (liaison) 역할로서 로비스트들은 의회, 감독기관, 백악관 등 자기 담당구역에서 일어나는 일에 대한 정보를 모집하고 만일 고객의 이해관계가 있는 사항이 있으면 알려준다. 연락자로서의 로비스트가 맡은 부차적인 역할은 옹호자(advocate)로서의 역할이다. 그들은 정치인들과 관료들을 방문하며 청문회에서 자료를 제시하고 증언하는 등의 활동을 한다.

(2) 성 분

로비스트의 출신배경을 살펴보면 전직 정치인이나 전직 관료, 변호사 등이 대부분임을 알 수 있다. 여기에서 어떤 출신배경이 일류 로비스트를 낳는지에 대해서는 여러 가지 의견이 있을 수 있으나, '이상적인 로비스트'가 갖추어야 할 요소는 다음과 같이 정리할 수 있다.

먼저 입법절차와 정치적 절차, 그리고 법과 법적 절차, 로비조직의 주요 관심사, 홍보기술, 여기에 지성적인 인물로서 광범위한 교육, 훌륭한 판단력, 적극적인 태도, 융통성, 원만한 대인관계 등으로 요약된다.

그러나 이런 요소들을 두루 갖춘 인재를 찾기는 어려울 것이므로 대부분의 이익집단들은 전직 고관이나 로비경험이 풍부한 로비스트들을 고용하고 있다.

4.2 로비활동 규제

(1) 로비 비판론

미국에서의 로비활동은 헌법에 의해 보장된 국민의 기본권이나 사회적 물의를 빚는 로비 스캔들이 계속 발생되자 로비비판론이 일기 시작했다. 로비활동을 비판하는 주장의 근거는 다음과 같다.

첫째, 로비스트의 무책임성이다. 소수의 이익 때문에 다수의 이익을 희생시킬 가능성뿐만 아니라 고객에 대해서도 책임을 지지 않는 데 있다.

둘째, 공공의 복지를 추구해야 하는 민주국가에서 로비활동을 하는 단체 때문에 공공복지의 추구가 위협받고 있다는 것이다.

이처럼 로비에 대한 비판이 거세지자 1938년 외국대리인등록법과 1946년에 연방로비규제법이 제정되기는 했으나, 실질적으로 로비활동을 규제하기란 어려운 실정이다.

(2) 로비 옹호론

로비를 적극 옹호하는 견해를 살펴보면 다음과 같다.

첫째, 압력단체란 일종이 직능대표제로서 현재의 지역대표제의 결점을 보완시킬 수 있다는 주장이다. 즉 옛날에는 의원들이 무리없이 자신의 선거구의 이익을 대변할 수 있었으나, 오늘날 사회가 고도로 분화되면서 의원이 모든 종류의 이익을 대변하기 어려울 만큼 입법내용이 다양해졌기 때문에 지역대표제의 미비점을 보완할 조직적인 집단이 필요하다는 것이다.

둘째, 중앙집권주의를 보완할 수 있다는 주장이다. 미국의 역사를 보면 주정부의 성립 이후에 연방정부가 생겼으며, 연방정부의 권한은 형식상 주정부가 위임한 권리를 대행하고 있는 형태이다. 이러한 배경 때문에 주정부는 각기 정치·경제·사회·문화적 특성에 맞는 독자적 정책을 실시하고 있는데, 이 같은 현실을 무시하고 중앙정부가 독주하게 된다면 현실적으로 많은 어려움이 생길 것이다.

셋째, 로비방식의 변화로 인해 유용성이 인정된다는 것이다. 옛날의 로비는 의원에 대한 직접적이고 개인적인 청탁이 주된 로비방식이었으나 오늘날의 로비는 간접 로비방식, 즉 광범한 대중의 지지를 형성하는 대중동원형 로비에 대한 선호도가 증대하고 있다. 따라서 오늘날 미국의 압력단체 활동은 종전에 비해 공개적이고 공정한 활동으로 인식되고 있다는 것이다.

넷째, 미국정치에 있어 압력단체의 지위가 일단은 정착되었고, 그 필요성이 일반적으로 받아들여지고 있다는 것이다.

오늘날 행정부나 의회의 정책입안에 있어서 관련단체와의 사전협의와 의견교환은 지극히 당연한 일이다. 또한 의회가 압력단체로부터 정보를 입수할 수 없다면 의회는 행정부의 정보에 의존할 수밖에 없게 되어 정책형성에 있어 입법부와 행정부의 불균형을 초래할 수 있다는 것이다. 그 밖에도 의회의 입법활동을 위해 기술적인 정보를 제공해 줄 수 있으므로 로비는 존재해야 한다는 것이다.

제 3 절 한국의 통상전략

1. 통상전략의 기본방향

1.1 국가경쟁력의 강화

세계화체제의 관점에서 볼 때 UR에 따른 개방이란 향후 우리에게 닥칠 압력과 비교하면 단지 서곡에 불과하다고 할 수 있다. 일반적으로 국제규범이 대상으로 하는 각국의 제도는 크게 세 가지의 범주로 구분할 수 있다.

첫째가 개방 또는 국경장벽의 제거이다. 최근 타결된 UR은 거의 모든 분야의 국경장벽을 제거하여 생산물과 생산요소가 자유로이 이동할 수 있는 여건을 조성해 주었다는 데 의의가 있을 것이다.

둘째는 범주로서 내국민대우이다. 비록 개방이 되어 외국기업이 국내에 들어와서 영업활동을 하더라도 국내기업과의 차별이 존재한다면 정상적인 시장경쟁이 이루어질 수 없다는 것이다. 내국민대우 원칙은 GATT체제에서 제

그림 10-1 세계화시대의 통상전략방향

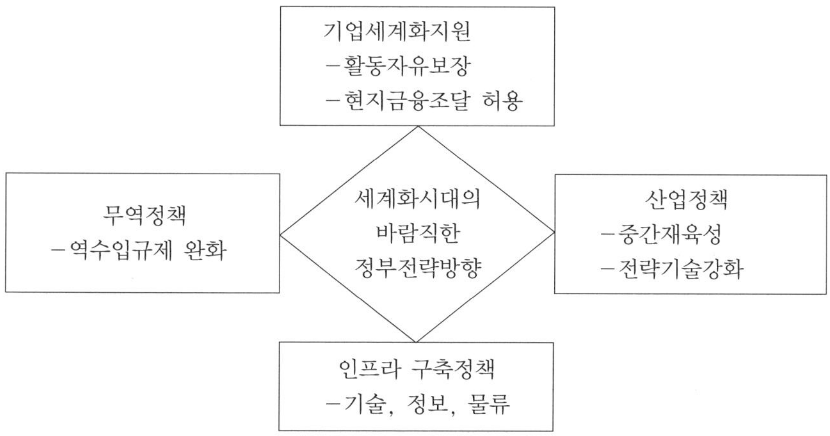

기되어 왔지만 직접투자, 서비스 분야에서 완전하게 적용되고 있지 않았으며 특정분야에서는 상호주의가 주류를 이루고 있는 실정이었다. 향후 WTO 체제가 이 분야에 상당한 진전을 가져올 것으로 예상된다. 끝으로 국내제도 및 관행의 국가간 차이(system differences)를 조화시키는 것이다. 이 문제는 아직까지 다자간 협상 테이블에 오를 정도의 수준으로 구체화되지는 않았지만 쌍무협상, 쌍무협정 또는 지역협정을 통하여 급속하게 진전되고 있는 상태이다. 소위 신통상이슈라고 불리는 환경, 경쟁, 노동, 기술 등의 분야가 이에 속한다.

UR의 타결을 계기로 개방뿐만 아니라 내국민대우, 체제 차이의 조화에 대한 통상압력이 계속해서 가해질 것으로 예상되고 있는 통상현실을 감안할 때 현재 우리나라는 UR의 충격흡수에만 급급할 수 있는 상태가 아닐 것이며 보다 장기적인 안목에서 국가경쟁력을 제고할 수 있는 방안을 모색해야 할 것이다. 세계화시대를 맞아 국가경쟁력의 강화문제는 한 마디로 기업에게 금융, 세제 등을 통하여 직접적으로 경쟁력을 지원하던 체제에서 간접적으로 지원하는 체제로 전환하는 문제이다.

다시 말하면 기업에게 인위적인 경쟁력을 갖도록 하는 대신 효율성을 제고할 수 있는 여건을 조성해 주는 것이다. 이제 기업들은 활동범위를 국내에만 국한할 필요가 없으며 국내 경제여건의 악화와 함께 점차 중국과 동남아로 생산기지를 이전하고 있다.

이러한 새로운 여건을 맞아 국가가 경쟁력을 강화할 수 있는 방안으로서는 [그림 10-1]에서 보듯이 기업세계화를 지원하고 그를 위하여 역수입에 대한 부정적 시각을 탈피하며, 산업의 심화를 위하여 중간재산업을 육성하고 전략적 기술산업에 대해서는 지원책을 강구하며 기술, 정보, 물류 등의 인프라를 구축하는 것이다.[7)]

(1) 기업세계화 지원정책

현재 대부분의 제한업종이 규제완화됨으로써 해외투자에 대한 규제는 거의 해제되어 있다고 볼 수 있다. 하지만 아직 모든 규제가 풀린 것은 아니며 그들에 대한 지속성에 대하여 제고할 필요가 있을 것이다. 예를 들어, 기성복의 경우 국내투자보다 해외투자금액이 많으면 규제를 받는 등의 제한조치가 아직 남아 있다. 향후 대기업들은 전략적으로 중요한 선진국 투자, 기술습득형 해외투자 등을 추진할 것으로 예상되므로 대기업들에게 주어지는 규제들에 대하여 어느 정도는 완화해 주는 것이 바람직할 것으로 예상된다. 이러한 규제완화의 기본 목적은 기업활동의 자유를 보장하는 데 있다. 세계경쟁을 맞아 생존을 위한 전략의 일환으로서 기업들이 해외로 진출하고자 하는 것을 사전적으로 규제하는 것은 바람직하지 못하다. 대신 정부의 역할은 진출기업의 사전적 규제보다는 사후적 현지화능력을 강화시키는 데 도움을 줄 수 있는 지원기능을 강화하는 것이 바람직하다. 예를 들면, 현지화능력을 향상시킬 수 있는 정보와 국제전문인력의 양성 등 인력개발차원의 지원이 필요할 것이다.

여기에서 특히 지적할 것은 해외투자기업의 최근 동향이 본국으로부터 자본을 유출시키기보다는 국제금융시장과 현지시장에서의 자금조달비중을 제고하고 있다는 점이다. 물론 우리 경제의 여건상 금융개방의 스케줄에 따라 완화가 되겠지만 해외에서 우리 기업들이 실질적으로 자금에 애로를 겪지 않도록 관련되는 규제들을 상당부분 완화하는 것이 바람직할 것이다.

---

7) 산업연구원, 「세계시장경영전략」, 1994, pp. 33~34.

(2) 무역정책(역수입에 관한 인식전환)

한국무역협회의 설문조사에 의하면 우리나라 기업들이 해외공장에서 생산한 제품을 국내로 반입하는 역수입은 그리 심각하지 않을 것으로 예상된다고 하였다. 약간 증가할 것이라고 응답한 회사가 42.4%인 반면 별 변화가 없을 것이라는 응답이 48.9%에 달했다. 업종별로 분석해 보면 역수입이 주로 일어날 업종으로는 부품, 의류 그리고 잡제품 분야로 파악되었다.

역수입이 제한된다고 하더라도 UR의 체결로 수입개방화가 가속화되는 상황에서 국내산업의 비교우위가 약화된다면 외국기업으로부터의 수입은 증대하게 될 것이다. 역수입에 대한 우려는 국내산업의 공동화 우려에서 빚어지고 있지만 그것은 역수입에 의하여 공동화가 일어나는 것이 아니라 국내산업의 비교우위가 상실되기 때문일 것이다. 그리고 그것을 해결하는 방안은 역수입의 제한에 있는 것이 아니라 국내산업의 고도화에서 찾아야 할 것이다. 역수입이란 다국적화한 우리 기업의 경쟁력을 강화하는 데 기여할 수 있으며 궁극적으로 국내 모기업의 제품고도화에 기여할 수 있을 것이다.

물론 역수입에 있어서 속도문제가 있을 수 있지만 그것은 국내경쟁이 제대로 이루어지기만 한다면 장기적으로 국내산업의 경쟁력을 강화하는 방향으로 나아갈 것이다. 사실 현재도 비공식적으로 이미 역수입을 하는 기업들이 많이 있으며 이를 제도적으로 막기도 어려운 여건에 있다.

역수입을 장려하는 대표적인 국가로서 미국을 들 수 있다. 미국은 역수입의 경우 자국에서 생산한 부가가치분에 대해서는 관세를 면제해 주는 제도를 시행하고 있다. 수입개방에 따라 어차피 외국으로부터의 수입이 필연적이라면 그러한 품목들에 대해서는 국내생산분에 대한 관세면제를 전향적으로 검토하는 것이 세계화체제하에서 우리 기업들이 경쟁력을 강화하는 방안의 하나가 될 수도 있는 것이다.

(3) 산업정책

1) 산업심화정책의 추진

기업의 세계화가 점차 보편화되고 심화되면서 산업정책의 중요성이 더욱 높아지게 된다. 기업세계화는 산업공동화를 야기할 수도 있으며 다른 한편 산업구조 고도화에 기여하는 양면적인 성격을 지니고 있다. 이와 관련하여 핵심적인 문제는 해외생산과 국내생산을 어떻게 연계하느냐의 문제이다. 만약 이러한 연계가 제대로 이루어진다면 우리 산업은 과거 국제화시대에서 무역에 의하여 압축성장을 달성할 수 있었던 것처럼 세계화시대에서도 제2의 도약을 할 수 있을 것이다.

현재 우리 기업들의 해외투자와 관련하여 우려가 되는 부분은 기업들이 제품개발능력이 부족하여 상당수의 기업이 해외에서도 국내에서와 동일한 제품을 생산하고 있다는 것이다. 이에 대하여 정부는 우선 해외에 투자한 기업들이 국내에서 제품고도화를 할 수 있는 방안을 모색해야 하며 다음으로 중요한 것은 해외생산 최종재에 들어가는 중간재를 국내에서 생산해야 한다는 것이다. 이것이 바로 산업심화(industrial deepening)이다. 현재 지역화를 추진하는 선진국들은 특혜원산지 규정을 강화하여 현지조달부품의 비율을 높이고 있다. 따라서 기업들이 범용중간재는 현지에서 조달하되 핵심부품은 국내에서 조달할 수 있도록 정부는 빠른 시간 내 관련 중간재 생산을 육성해야 한다.

이것은 현재 정부가 추진중인 산업구조 고도화에 못지않게 중요하며 특히 세계화시대를 맞아 외국기업이든 국내기업이든 국내에 잔류하고자 하는 동기를 유발하게 되는 것이다. 사실 해외투자를 통하여 해외생산을 추구하는 기업이 중간재산업에 종사하는 모든 기업과 함께 동반진출할 수는 없으며 따라서 이 기업들은 입지조건 중 가장 중요시되는 이러한 산업여건을 찾아가게 되는 것이다.

Porter가 강조하는 군집산업(industrial cluster)이란 이러한 관련산업을 지칭하는 것이다. 일본의 경우 비교열위산업이 중소기업을 중심으로 해외이전되고 있으나 자국생산의 보완, 산업구조 고도화차원에서 추진되고 있다. 특히 국내는 기술집약적 공정을 맡고 해외는 저부가가치 제품의 생산을 맡는 제품간 분업이 이루어지고 있다. 정부는 해외투자기업들이 수직적인 기업내 분업을 활성화할 수 있도록 관련산업의 육성에 주력해야 할 것이다. 이를 위하여 향후 정부의 역할을 공정한 분업 또는 제품간 분업을 추진하는 해외투자를 특별히 장려하는 인센티브를 개발하는 한편 국내에서 고부가가치제품 또는 기술집약적 공정을 수행하도록 하는 데 필요한 국내 투자여건의 조성에 노력하여야 할 것이다.[8)]

8) 장윤종, 전게서, pp. 140~143.

2) 전략적 기술산업의 육성정책

기술집약산업의 중요성은 다음과 같은 산업적 특성에서 찾아볼 수 있다. 첫째, 1970년대 이래 국제무역에서 가장 빠른 속도로 성장하였고 앞으로도 지속적인 수요증가가 예상되는 성장산업이며, 둘째 여타 산업에 파급효과(spill-over effect)를 가져다주는 외부경제 유발산업이며, 셋째 여타 산업에 비하여 수출입 의존도가 높은 산업이며, 넷째 상당한 정도의 지속적인 R&D 투자 등이 요구되는 독과점적 성격과 전략적 성격을 띠는 산업이며, 다섯째 국가개입의 요청이 증대되는 산업이다. 이와 같은 특성 때문에 각국은 기술집약산업에 특화하여 높은 부가가치를 실현하고 여타 산업을 선도하며 국제무역에서 장기적으로 유리한 위치를 차지하려는 노력을 하게 된다.

그런데 이들 기술집약산업의 주요 생산요소인 기술과 R&D는 전통적 비교우위론에서 상징하는 것처럼 '신에 의하여' 주어진 것이 아니라 축적이 가능한 생산요소인 것이다. 따라서 각국은 기업, 산업 및 국가적 차원에서의 전략을 통하여 이 산업의 경쟁우위를 제고하여 동태적으로 자국의 생산특화를 이 산업으로 전환하려는 노력을 하게 된다. 이러한 점에서 기술집약산업에서의 단순한 가격경쟁일 뿐만 아니라 기술혁신을 통한 신제품경쟁의 양상을 함께 띠는 치열한 경쟁으로 된다. 전략적 기술정책의 중요성은 산업세계화시대에서 새로운 수출산업을 육성한다는 면에서 특히 중요하다. 해외투자에 역점을 두는 세계화산업에서는 수출의 성장속도가 상대적으로 둔화될 수밖에 없다. 따라서 정부는 새로운 수출산업의 개발에 주력해야 하며 우리 경제에서 기술집약산업이 아직 경쟁력을 확보하지 못한 실정임을 감안할 때 이들의 지원에 주력해야 한다. 향후 머지않아 직접지원에 대한 국제적인 제약이 뒤따를 것으로 예상되므로 직접지원방식을 지양하고 효율적인 간접지원방식에 대한 검토가 적극적으로 이루어져야 할 것이다.

3) 산업정책 방향(보조금문제를 고려한)

21세기 선진형 국가발전 패러다임은 부가가치가 높은 공업생산을 바탕으로 하여 상품무역과 서비스, 그리고 고도의 경제활동이 조화롭게 어우러진 복합적인 산업발전전략을 근간으로 한다. 개방화 · 세계화로 전개되는 디지털시대에는 결국 모든 국가들이 개방형의 통상국가를 지향할 수밖에 없는 상황으로 치닫게 될 것이므로 세계 환경변화에 능동적이고도 적극적으로 대응하고 참여할 필요가 그 어느 때보다 요구되고 있다.

우리나라가 선진산업국으로 도약하기 위해서는 분야별로 R&D 투자확대를 통한 성장동력의 확보, 산업수요에 부응하는 인적자원개발, 낙후지역의 산업화, 중소기업 및 벤처기업에 대한 지원, 시장과의 조화를 이루는 환경투자 등에 있어 정부의 지속적인 역할이 강조되고 있는데, 이러한 분야에 있어 정부의 직·간접적인 역할이 경우에 따라 소위 '보조금'으로 해석될 수도 있다. 각국이 어떠한 산업 경쟁력 정책을 운용하느냐 하는 것은 각국의 고유권한이라 할 수 있지만, 어떤 종류의 보조금은 특정산업이나 기업의 경쟁력을 인위적으로 변화시키며, 그 결과 상당한 정도의 수출촉진이나 수입억제 등의 무역왜곡효과를 초래하기도 한다. 이러한 이유에서 WTO에서는 타국의 경쟁산업이나 기업에 피해를 줄 수 있는 보조금을 규제대상으로 하여 이를 보조금협정으로 규율하고 있다. 따라서 특정정책목표의 달성을 위한 산업정책의

그림 10-2 21세기 산업패러다임의 변화와 도전

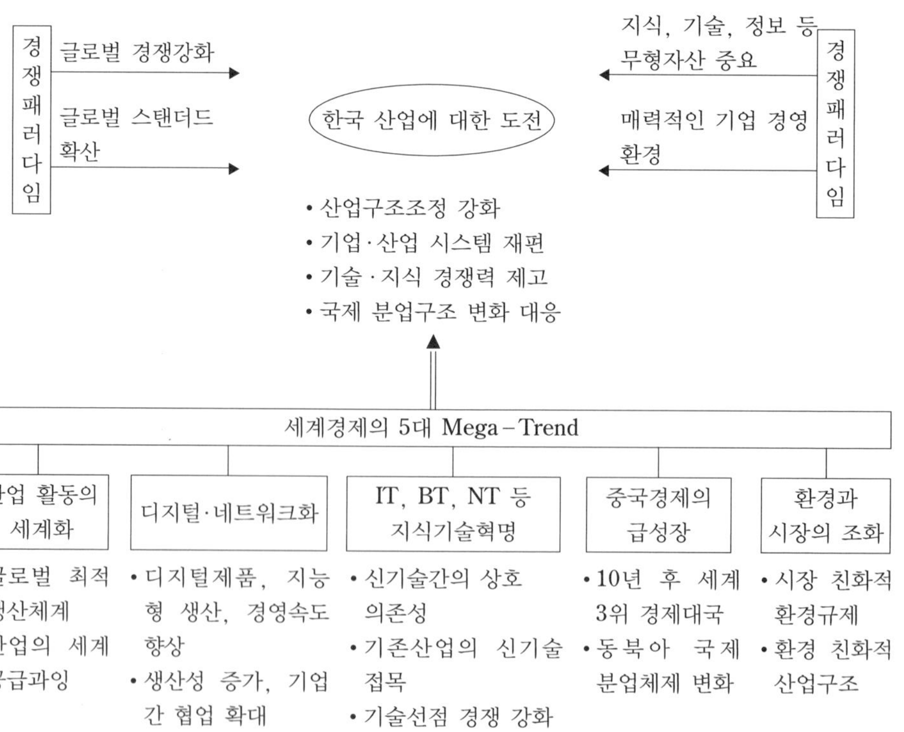

수단으로 보조금이 사용될 경우에는 WTO 보조금협정과의 합치성 여부가 사전에 검토되어야 한다. 만약 이를 소홀히 하여 당해 보조금이 협정상의 규정들과 합치하지 않을 경우에는 협정에서 규정하고 있는 다자적 또는 양자적 제재조치의 대상이 되기 때문이다.

국제기구에서 보조금을 규제하려는 논의 동향을 차지하더라도, 세계 경제여건의 급속한 변화는 새로운 패러다임에 기초한 산업정책의 전개를 요구하고 있다. 중국경제의 급격한 부상, IT, BT, NT 등을 바탕으로 한 지식정보사회로의 이전, 전 세계의 글로벌 네트워크화 진행 등 많은 정책변수들이 나타나고 있다.

① 정부의 지원은 시장실패 영역으로 최소화

정부주도의 경제성장을 추진하고 있는 많은 개도국의 경우, 거의 모든 분야에 있어 정부의 지원과 개입이 이루어지고 있다. 이러한 개개의 정부지원과 개입을 보조금으로 정의하지 않는다 하더라도 정책의 실효성 관점에서 정부의 과다한 개입은 곧 '정부실패'의 결과를 가져다주기 쉽다.

정부의 지원제도는 시장의 실패가 나타나는 영역에 정부의 개입을 최소한 시장기능에 맡겨두는 경우보다 좋은 결과를 가져다 줄 수 있을 때 합리화될 수 있다. 물론 정부정책에 대해 정확히 비용-편익분석을 할 수는 없지만, 정부의 지원제도 도입에 있어 '시장실패'의 영역인지 여부와 경제적 외부효과를 감안하여 '선택'과 '집중'을 해야 한다.[9]

이러한 기준이 적용될 수 있는 대표적인 분야로 기술개발투자(R&D)의 부족을 들 수 있다. 기술개발투자가 산업 전체의 혁신을 가져다줌에도 불구하고, 실제 성과를 도출하기까지는 많은 위험이 있어 민간부문의 기술개발투자 수준은 늘 적정수준 이하에 있다. 이러한 시장실패 부분을 매꿔 주는 정부정책이 요망된다. 다음으로는 인력수급문제를 들 수 있다. 상대적으로 낮은 처우로 인해 해마다 대학의 이공계 진학률이 떨어지고 있으며, 이미 산업현장에서 이공계 전문 인력의 부족문제가 심각하게 제기되고 있다. 특히, 오랫동안 해결되지 않고 있는 중소기업의 인력난은 정부의 적극적인 개입이 요구되는 분야라 할 것이다. 또한, 우리나라의 경우 경제력이 지나치게 수도권에 집중해 있음에 따라 지방경제의 활성화문제가 지역간 불균형문제와 함께 중요한 정책과제로 부상하고 있다.

9) 김종갑, "21세기 우리나라의 산업정책과 WTO," 한국국제거래법학회, 2002. 11, pp. 3~7.

② 투입주도형에서 혁신주도형 발전전략으로 전환

과거에는 자본투입의 확대를 통해 성장을 견인하는 자본투입형(Investment-Driven) 발전전략을 추진해 왔다. 따라서 산출을 높이기 위해서는 투입을 늘려야 했으며, 정부는 이를 지원할 수 있는 방안들을 강구해 왔다. 그러나 외환위기를 통해 자원동원형 성장전략은 한계에 봉착했음을 경험하게 되었으며, 현 상황에서 노동 및 자본투입의 큰 증가를 기대하기는 곤란한 상황에 처해 있다. 따라서 경제발전전략의 전환이 필요한데, 우리 경제가 상대적으로 취약한 점이 '생산성' 부분이다. 1990~2000년간 연평균 5.9%의 경제성장을 달성하였는데, 그 중에서 79.8%가 자본투입에 의한 것이었고 생산성 향상에 의한 경제성장은 9.6%에 불과하였다.

앞으로의 경제성장은 혁신주도형(Innovation-Driven) 전략에 의한 총요소생산성을 높이는 방향으로 이루어져야 할 것이다. 산업발전의 중심이 자본·설비 등 하드웨어 중심에서 기술·효율성 등 소프트웨어 중심으로 이동하는 것을 의미한다. 총요소 생산성을 제고하기 위해서는 기업과 정부 간 긴밀한 협력하에 고기술, 고부가가치, 고생산성의 3고 전략을 실현하는 데 역량을 결집해야 한다. 인적자원·생산관리 등 기업 경영체제의 혁신과 함께 교육·기업·금융·세제 및 정부지원제도의 혁신을 유도하고, 기업과 정부 간의 긴밀한 파트너십을 통해 혁신 과제(agenda)를 발굴·실천하는 것이 중요하다.

	열심히 하자(산업화시대)		잘하자(정보화시대)
성장전략	자본투입형		혁신주도형
기　술	-모방 · 도입기술 -기초과학 · 산업기술간 연계 부족 -생산기술개발 중심 -기술의 융합 · 접목 소홀	→	-원천 · 핵심기술 개발 -기초과학 · 산업기술의 통합 · 연계 시스템 강화 -차세대기술 전략적 개발 집중 -기술의 융합 · 접목 역점

성장전략	자본투입형		혁신주도형
생 산 성	-비용절감형 노무관리 -자본장비율 · 자동화 -규모의 경제 -선 생산 · 후 판매체제	→	-지식정보형 인적자원화 -생산 · 경영의 IT화 -지식 · 기술 · 정보집약화 -주문형 · 유연생산체제
부가가치	-대량생산체제 -조립 · 가공위주 -코리아 디스카운트 브랜드	→	-다품종 · 소량생산 -첨단 부품 · 소재 -코리아 프리미엄 브랜드

③ 중복적인 지원제도를 수요자 중심으로 정비

최근 들어 새로이 부상하고 있는 신기술분야에 정부 각 부처가 경쟁적으로 지원제도를 발표하고 있다. 또한 중소·벤처기업에 대한 지원제도 역시 각 부처에 흩어져 있다. 이렇게 정부의 정책적 지원제도가 여러 부처에 흩어져 있을 경우 예산의 효율적인 사용과 집행에 어려움이 있으며, 규모의 경제를 실현할 수도 없다. 또한 이러한 정책 접근은 수혜자 입장에서 마련되었다고 하기보다는 다분히 공급자 위주로 편성되어 있기 때문에 문제가 더욱 심각하다.

국제사회에서 보조금에 대한 규제를 더욱 엄격히 하면 할수록 정부가 선택할 수 있는 정책수단의 폭은 적어지는데, 정책의 효과를 제고하기 위해서는 보다 수요자 중심의 정책을 고안하고 추진하는 것이 필요하다.

표 10-3 WTO 보조금협정의 주요 조항

항 목	내 용	비 고	조 항
보조금 정의	정부의 직접적 자금지원	자금의 직접 이전(무상지원, 대출 및 지분참여 등), 잠재적인 자금 또는 채무부담의 직접 이전(대출보증 등), 세입포기 또는 미징수(세액공제와 같은 재정적 유인), 재화·용역의 제공 및 구매	(1.1)
	정부의 간접적 자금지원	상기 사항 민간기구에 위임 또는 지도	
	혜택 발생	가격 및 요율결정시 통상적인 시장원리와 차이가 있을 경우	(1.1)
특정성	특정 산업, 기업, 지역에 공여	객관적 요건하에 자동적으로 공여되지 않고 자의적으로 결정되는 경우 (사후적 개념도 포함)	(1.2) (2)
부정적 효과	피해, 무효화 또는 침해, 심각한 손상	상대국시장, 시장점유율 변화에 따른 잠재적 이익 포함	(5)
	심각한 손상의 형태	수입배제 및 방해 효과(제3국 시장 포함), 가격인하 또는 가격인상억제, 시장점유율 변화	(6.3)
	심각한 이익침해의 간주	보조금규모 5% 초과, 영업손실보전, 직접적인 채무감면	(6.1)
분쟁해결절차에 따른 대응 조치 적용	금지보조금	보조금 공여가 인정되는 경우	(4)
	상계가능보조금	부정적 효과가 인정되는 경우	(7)

이러한 관점에서 11개부·청 91개 자금으로 산재되어 있는 중소기업지원제도의 정비는 시급하다 할 것이다. 아울러, 정보통신 기술개발, 환경청정 기술개발 등 소위 신기술산업 분야에 대한 정부부처간 중복지원 문제의 해결도 중요한 과제이다. 매번 새로운 지원제도를 마련하여 추진하는 것도 중요하지만, 더욱 중요시해야 할 것은 기존의 지원제도의 틀 내에서 보다 수요자 지향적으로 생각하고 제도를 보완함으로써 정책의 효과성을 높일 수 있다는 점일 것이다.

④ 정부 지원제도 도입시 보조금협정과의 합치성 심사

WTO 보조금 협정(Agreement on Subsidies and Countervailing Measures: ASCM)은 보조금에 해당되는지 여부를 판단하기 위한 기준으로 다음의 3가지를 들고 있다. 첫째, 정부(government) 혹은 공공기관(public body)이 지원의 주체가 되어야 하며, 둘째, 이들의 행위로 재정적 기여(financial contribution) 혹은 가격/소득지원(income or price support)이 발생하였고, 셋째, 이로 인해 수익자에게 혜택(benefit)이 제공된 경우 보조금을 지급한 것으로 규정하고 있다. 이와 함께 상계관세를 부과하기 위한 조건으로 특정성(specificity) 요건이 있다.

다시 말해서 WTO 보조금협정상의 보조금이 되기 위해서는 정부의 재정적 기여와 수혜자에 대한 혜택이란 기본 요건을 충족하여야 한다. 그리고 설사 이러한 요건을 충족시키는 보조금이라 하더라도 특정성이 없으면 허용되는 보조금이다. 따라서 정부에서 추진 또는 새로이 도입하고자 하는 각종 지원제도가 보조금 요건을 충족하는지 여부와 특정성을 가진 제도인지 여부에 대한 사전적 점검이 필요하다. 아무리 정부의 개입이 요구되는 영역이라 할지라도 국제사회에서 허용하고 있는 제도의 틀 내에서 정책을 운용해야 하기 때문이다.

그러나 새로운 지원제도를 도입함에 있어 이러한 사전적인 분석과 검토를 수행하는 노력은 매우 미흡한 편이다. 또한 이러한 사전적 검토의 소홀은 향후 우리의 국익에 큰 피해를 야기할 수도 있다. 따라서 차제에 정부가 새로운 지원제도를 도입하거나 현행 지원제도를 운용할 경우, 특히 동 제도들의 WTO 보조금협정과 합치하는지 여부에 대한 사전검토의 강화와 함께 이에 대한 제도적 장치의 마련이 시급하다 하겠다.

(4) 인프라 구축정책

거시－입지적인 측면에서 유래하는 경쟁력의 원천은 첫째, 영토적 의미에서 다른 국가와 차이를 갖는 입지적 요소 부존상태, 둘째 사회 · 경제적 의미에서 차이를 발생시키는 관습제도와, 셋째 거시경제정책, 산업정책, 환율정책 등을 포괄하는 정부의 경제정책, 넷째 노동력의 질과 교통, 통신망 등을 포괄하는 인적 · 물적 사회 infrastructure, 다섯째 소득수준과 밀접한 관계가 있는 수요조건이라는 다섯 가지의 원천으로 구성되어 있다고 볼 수 있다.

오늘날 세계경쟁하에서 거시-입지경쟁력을 강화하는 것이 더욱 중요해지고 있는 것은 기업들에게 외부효과를 제공하기 때문이다. 이와 관련하여 중요하게 부각되고 있는 것이 기술과 정보, 물류 그리고 일반 사회간접자본이다. 특히 기술인프라의 구축은 기업경쟁우위의 직접적 원천을 구성한다는 면에서 아무리 강조해도 지나치지 않을 것이다.

이와 함께 물류를 원활하게 할 수 있는 정보와 물적 사회간접자본의 구축이 중요한 국가경쟁력 제고의 수단으로 생각되고 있다. 물류는 기본적으로 기업들이 부품조달에서부터 완제품의 소비자 전달에 이르기까지 재화와 정보가 효율적으로 흐르도록 하는 것이다. 시간경쟁이 중요해지고 유연생산의 도입으로 재고절감을 주요 경쟁력의 원천으로 삼는 최근의 상황에서 정부는 이들 분야에서 기업들에게 외부불경제가 아니라 외부경제를 제공할 수 있는 기반조성에 주력해야 할 것이다. 이를 위하여 교통과 물류센터 그리고 특히 통신망의 확충이 필요할 것이다. 이와 관련하여 정부가 적극적으로 검토해야 할 사항은 운송, 창고, 통신 등 물류와 관련된 업종에 세제혜택을 비롯한 인센티브를 제공하는 문제이다. 현재 UR에 따른 보조금규정은 수출입에 관련한 제조업체에 대하여 직접 보조금을 금지하고 있다.

물류산업은 사회 전체의 효율성을 제고하는 한편 제조업의 경쟁력제고를 간접적이지만 적지 않게 가져다 줄 것으로 기대된다. 정부는 지난 고도성장기에 소홀하게 취급하였던 이들 업종에 대한 보조금지급을 국가경쟁력제고 관점에서 차제에 보다 적극적으로 검토해야 할 것이다.

1.2 통상전문인력 및 정보체제의 구축

(1) 통상전문인력의 확보

행정을 둘러싼 환경이 급격히 변하고 있다. 국제적으로는 이념투쟁의 종식에 따른 경제경쟁의 가속화와 국내적으로는 민간부문의 급격한 발달에 따른 성장으로 인하여 국내외적으로 치열한 경쟁에 직면해 있다. 좀더 자세히 말하면 행정환경이 전문화 · 정보화 · 개방화되어 가고 정치, 경제, 사회, 문화 등 모든 분야가 다원화되어감에 따라 국민들은 행정에 참여하는 기회가 많아지게 되었고, 정부가 고품질의 행정서비스를 제공할 것을 요구하게 되었다. 특히 개방화추세의 지속은 국제사회 및 국내의 개방체제로의 전환을 강요하고 있으며, 이에 따른 통상교섭, 과학기술, 정보통신 등 경제전문가의 확보와 양성은 중요한 정책현안으로 등장하게 되었다. 경제전문가의 수요는 급격히 증가할 것으로 예상되며, 통상전문가는 국제적 안목으로 문제를 해결할 수 있는 능력을 갖출 필요가 증대되어 가고 있다. 그러나 기존의 순환보직체계는 통상전문가를 육성하는 데 적합한 체계가 아니므로 새로운 인사관리체계를 확립하여 시대가 요청하는 통상전문인력을 양성해야 할 것이다.[10]

통상관련 전문인력충원은 충원방법에 따라 크게 두 가지로 나누어 볼 수 있다. 하나는 내부로부터의 충원이고 다른 하나는 공직 외부로부터의 충원이다. 내부로부터의 충원은 일반행정직으로 공직에 입직한 인력을 교육과 훈련을 통하여 통상관련 전문인력으로 양성하여 해결하는 방법이다. 소정의 절차를 거쳐 내부에서 선발한 공무원을 앞으로 통상업무 대상이 될 지역이나 국가에 유학을 보내거나 국내 정부출연기관에서 교육프로그램을 개발하여 체계적인 연수교육을 받게 하여 통상관계 전문인력으로 양성하는 것이다. 현재 외교통상부에서 외무고시를 통하여 외교통상부 직원을 충원하던 것을 행정고시와 통합하고 통상직을 신설하여 경제 · 경영 · 무역분야 전공자를 대폭적으로 늘려서 선발한다. 외부로부터의 충원은 통상업무에 필요한 외국어나 외국의 문화, 제도, 그리고 관습에 익숙한 사람을 채용하여 간단한 재교육과정을 거쳐 통상에 관한 업무를 담당케 하는 것이다.

통상관련 업무는 외국어 구사력, 외국문화 이해, 국가별 통상업무 진행상황 파악 등의 전문성이 요구되므로 현재 실시되고 있는 순환보직제로는 통상관련 전문인력 양성에 한계가 있으므로 전문직제도를 통하여 전문인력을 확보해야 한다. 통상관련 인원충원은 내부로터의 충원방법도 활용하여야 하지만 통상전문인력이 되려면 통상에 관한 지식이나 기술 이외에도 세계화나 개방화에 대한 확실한 인식이 있어야 하며 현재 통상전문인력이 부족한 실정이므로 통상관련 업무에 차질이 없도록 외부로터의 충원방법을 이용하여 통

10) 이수철 · 유석진, 「통상외교의 강화를 위한 제도개혁」, 세종연구소, pp. 364~366.

상전문인력을 별정직 공무원으로 다수 선발하도록 한다. 선발대상으로는 해외에서 공부한 유학생, 외국현지에서 근무한 경험이 있는 민간상사원 그리고 해외거주교포도 포함시킨다.

(2) 통상정보 공유제도의 확립

1) 행정정보의 전산화추진

행정전산화 사업은 1975년 행자부에 행정전산계획관이 신설되면서 본격적으로 시작되었다고 볼 수 있는데, 1978년부터 1986년까지의 9년간에 걸친 제1, 2차 행정전산화 사업은 각 부처 전산화대상업무를 중심으로 그 추진실태를 사후관리하는 체제로 추진되었으며, 1987년부터 1991년까지 5년간에 걸친 제1차 행정전산망사업은 주민관리, 고용관리, 자동차관리 등 전국적 대민서비스 업무를 대상으로 전담사업자를 지정하여 국가적 사업으로 추진하였다.

1992년부터 추진된 제2차 행정전산망 기본계획은 제1차 행정전산망 기본계획과 같이 전국적 규모의 우선업무, 부처단위의 계획업무 및 기존 업무로 나누어 추진되었고, 지금까지 각 부처에서 자체적으로 개발·보유하고 있는 다양한 행정정보를 범정부적으로 공동활용할 수 있는 행정종합정보시스템 구축에 역점을 두고 있다. 이러한 점은 앞에서 언급한 바와 같이 정보화사회에의 대응에 마땅하다고 생각되며, 국가의 산업 및 대외경쟁력을 높이는 차원에서 전산화가 이루어져야 할 것이다.

2) 정보공유체제의 구축

행정정보화의 필요성 및 영향에 비추어 볼 때, 미래의 행정체제는 조직, 인력관리 등 여러 측면에서 고려해야 할 사항들이 많이 있다. 특히 각 부처에 분산되어 있는 정보관련 정책 및 관리기능은 앞에서 언급한 바와 같이 정보화사회에서의 행정정보화와 관련하여 그 중요성을 더하여 가고 있다. 또한 세계화·개방화시대에 능동적이고 적극적으로 대처하기 위한 통상교섭 등 대외경제업무의 국가경쟁력 강화라고 볼 수 있다. 따라서 그에 맞는 국가전략적 차원에서의 정보의 공유체제가 확립되어야 할 것이고, 국내 각 부처간에는 범부처 차원에서의 정보공유체제가 꼭 이루어져야 하는 것이다.

이러한 통상정보의 공유체제를 확립하기 위해서는 기관별 전산시스템의 연계관리로 유관기관간의 정보공유체제를 구축하는 것이다. 우선 세부계획을

그림 10-3 정보공유체제(information pool)의 개념도

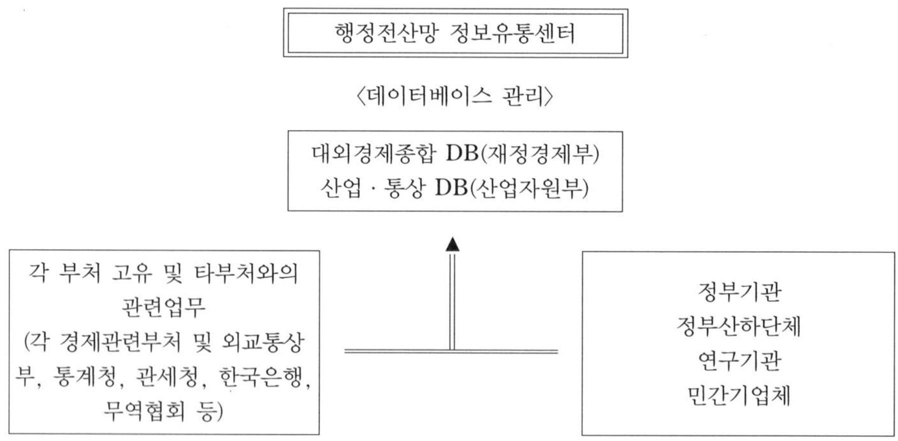

수립시행하고 각 기관별 관련 데이터베이스를 구축하여 단계적으로 관련정보를 연계유통시켜야 할 것이다. 더 나아가서는 민간분야와의 연계를 위한 민관 정보제공시스템을 구축하여 대민서비스를 실시해야 할 것이다.

따라서 조직차원에서 보면, 각 부처의 전산관련 조직을 정보관리조직 등의 형태로 발전시키고, 이러한 각 부처의 정보를 종합관리 · 운영하는 정보관련부서를 설치하여 종합적으로 다루어주는 방안이 있을 수 있다. 특히 대외경제업무 및 산업통상의 경우는 다른 분야보다 각 부처간의 유기적인 연계를 통하여 업무를 수행하여야 하는 특징이 있고, 앞에서 언급하였듯이 경제 · 행정분야에서 더욱 중요시될 것임에 틀림없다고 판단된다. [그림 10-3]에서 보는 바와 같이 대외경제 및 산업통상의 경우 주요 업무를 현재의 조직체계에서는 재정경제부와 산업자원부에서 주로 담당하고 있으므로 이들 부처를 중심으로 정보를 관리 · 유통하여야 할 것이다.

다만 이 글에서는 장기적으로 산업과 통상을 분리하고 있으며, 이에 따라 조직개편이 있을 때일지라도 이들 부처가 공동으로 정보를 관리하는 주요부처가 된다는 것이다.

3) 통상정보 공유체제의 확립방안

우리나라 경제가 개방화되어 감에 따라 국내의 경제정보뿐만 아니라 국

외의 경제정보도 경제발전에 중요한 요소가 되어 가고 있다. 국내의 경제정보의 활용이 선진국대열에의 진입에 절대적으로 필요하다. 그러나 국내외 경제정보가 단일조직 내에서만 수집되어 사용된다면 정보의 활용도가 크게 떨어진다. 이러한 비효율성을 방지하기 위하여 통상정보 공유체제를 확립하여 국내외의 모든 정보를 필요로 하는 모든 조직이나 사람이 활용할 수 있도록 하여야 한다. 통상정보 공유체제 확립방안은 다음과 같다.

우선 행정정보 공유체제를 확립하기 위한 전단계로 각 부처에서 자체적으로 수집·관리하고 있는 행정정보를 체계적으로 전산화하고, 이러한 정보를 국가적 차원에서 활용할 수 있도록 행정정보 종합시스템을 구축한다. 이러한 통상행정정보의 공유체제는 기관별 전산시스템 연계·관리로 유관기관간의 정보공유체제를 구축하여야 한다.

정보공유체제를 구축하기 위해서는 우선 세부계획을 수립·시행하고 각 기관별 관련 데이터베이스를 구축하여 단계적으로 관련정보를 연계·유통시켜야 한다. 민간부문과의 연계를 위한 민·관 정보제공시스템을 구축하여 대민서비스를 실시하여 국가적 차원의 경제행정 정보체제를 확립한다.

경제행정정보 공유체제확립을 위하여 보완되어야 할 사항으로는 ① 기술적으로 정보시스템이나 네트워크의 안전성을 확보하는 것, ② 범국가차원에서의 체계적이고 일관성 있는 체제를 구축하는 것, ③ 지적소유권이 보장되고 필요에 따라서는 자료의 사용을 유료화할 수 있는 법제를 확립하는 것, ④ 끝으로 산·학·연 간의 자료공유체제를 구축하는 것 등을 망라할 수 있다.

2. 주요 시장 진출전략

2.1 기본전략

세계경제가 미국, 일본, EU 등으로 점차 다극화되고 있고 중국과 아세안 국가 등의 후발공업국 시장이 새로 등장하고 있는 만큼 우리의 수출시장도 이에 맞추어 전략적으로 관리해야 한다. 즉 우리의 수출시장을 주력시장과 보완시장으로 나누고, 주력시장을 다시 현존시장과 미래시장으로 나누어 관리해 나갈 필요가 있다.

미국 · 일본 · EU 등 선진국시장은 '현재시장'으로 관리함으로써 우리의 대선진국 수출비중이 장기적으로 총수출의 50% 이상을 계속 유지하도록 해야 한다. 이를 위해서는 2000년대에 들어서도 최소한 선진국들의 수입수요 증가율 이상으로 우리 수출이 증가할 수 있도록 경쟁력을 갖추어 나가야 한다.[11)]

선진국시장 가운데서도 미국시장은 범미주 통합 가능성이나 아·태자유무역지역 설치 가능성에도 불구하고 기본적으로는 미국의 경기변동에 따라 수입수요가 좌우될 것으로 보인다. 그러므로 미국과의 통상전략은 항상 단기 또는 중기의 현안 중심으로 세워져야 하며, 정책수립에 있어서 기간적인 우선순위도 가장 먼저이다.

일본시장은 장차 시장개방의 폭이 보다 더 넓어질 것에 대비하여 관리해 둘 필요가 있다. 특히 엔화강세가 지속, 1달러당 100엔 수준을 돌파하게 되면 일본의 조야에서도 일본의 국제적인 역할증대와 관련하여 시장개방에 대한 필요성을 절감하게 될 것이므로 이에 대비한 진출전략이 요구된다. 교역규모로 볼 때 일본시장은 '현재시장'으로서의 의미가 작지 않으나 중·장기적인 안목에서 우리 고유의 유통망을 구축하는 전략이 더욱 긴요하다. 통상전략에 있어서도 무역불균형 시정 등 현안문제를 항상 앞세우되 이는 중·장기 진출확대의 교두보를 확보하기 위한 전술이어야 한다. 따라서 통상전략의 시간적인 우선순위는 미국 다음이다.

반면 EU의 경우 '현재시장'이기는 하나 역내 시장통합의 효과가 '90년대 후반기부터나 본격적으로 가시화될 전망이므로 단기간의 경기변동보다는 확대되는 시장을 겨냥한 경쟁과 협력의 파트너로서 관리해야 한다. 따라서 통상전략의 기간적인 우선순위는 미국, 일본 다음의 순이다.

중국, 아세안 등 후발공업국과 중남미 등 개도국시장은 성장잠재력이 큰 '미래시장'이다. 그러므로 이들 지역의 산업발전과정에 적극적으로 참여하면서 개척해 나가되, 상품진출뿐만 아니라 유통·금융 서비스의 진출을 동반시킴으로써 장기적인 안목에 시장확대의 기반을 조성하는 것이 바람직하다. 다만 아세안, 중남미 시장은 산업구조 조정기마다 고비가 있을 것으로 예상되고, 그 때마다 시장상황 전망이 불투명할지도 모르기 때문에 중기의 전략이 필요하다. 반면 지속적인 산업구조 고도화가 순조로울 것으로 예상되는 중국은 21세기 최대의 생산기지와 시장제공자 역할을 담당할 것이므로 보다 더

11) 산업연구원, 전게서, pp. 36~38.

장기적인 안목에서 접근하는 전략으로 대처하는 것이 바람직하다.

동구, 러시아, 중동, 호주 등은 자원 및 기술의 '보완시장'으로 관리하는 한편, 경제발전단계와 시장규모에 따라 통상 및 산업협력을 강화해 나가는 방안을 도모해야 한다.

이와 같은 우리의 통상전략은 높은 해외의존도와 약한 대외협상력에 비추어 볼 때 가능한 한 GATT와 같은 다자간 질서내에서 진행되는 것이 유리하므로 UR 타결 이후에도 다자간 협상의 타결을 위해 적극 협조할 필요가 있다. 다만 현재로서는 UR 타결에도 불구하고 오히려 지역주의, 쌍무주의, 일방주의 무역질서가 심화되는 추세를 보일 것이므로, 이에 대응하기 위해서 아·태지역을 중심으로 결성된 경제협력체에 적극 참여함으로써 어떤 경제블록에서도 포함되어 있지 않는 상대적인 불이익을 극복해 나가야 한다.

2.2 지역별 전략

(1) 북미지역

북미지역, 특히 미국으로의 시장확대를 위한 통상전략은 기존의 한·미 FTA라는 큰 틀의 통상전략을 넘어 적용할 수 있는 부분이 많지 않다. 왜냐하면 통상전략을 결정하는 지식의 역량이나 표준설정, 싱크탱크와 학계의 역할 등 미국의 소프트파워[12) 역량이 한국에 비하여 훨씬 우월하므로 미국에서 이러한 미국의 역량을 극복하여 한국의 소프트파워를 적용하는 것은 한계가 있다. 따라서 미국으로의 시장확대 전략은 소프트파워의 통상전략보다는 기존의 자유무역협정과 같은 공인된 제도적 수단을 이용한 통상전략을 통하여 추진하는 것이 바람직하다고 판단된다.

다만 앞에서도 언급하였지만 한국으로의 외국인직접투자 유치를 활성화하기 위하여 미국에 대하여 소프트파워의 시각에서 전략적으로 접근할 분야가 있다. 그것은 한국 통상당국이 민관협동으로 미국의 대표적인 기업 혹은 투자회사의 한국투자를 집중적으로 성공시키는 전략인데, 상황변화 가속화의 전략에 맞추어 상징적이고 가시적인 투자유치 성공사례를 만들어 다른 국가

12) 여기서 말하는 소프트파워(Soft Power)란 군사적인 강제력 등 소위 하드파워에 대칭되는 개념으로 상대방을 강제하는 것이 아니라 상대방이 나와 같은 선호(perference)를 갖도록 하여 자발적으로 따라오게 하는 힘을 의미한다(이근, "한국의 중장기 통장전략의 정치경제와 소프트파워 통상전략," KIEP, 2008, pp. 77~87 참조).

나 회사에게 대대적으로 홍보하는 것이다. 이러한 가시적이고 상징적인 성공 사례가 집중적으로 다수 이루어지게 되면 한국 정부의 동시에 진행되는 외국인직접투자 유치 활성화 정책과 맞물려 외국인직접투자 유치를 가속화할 가능성이 커진다. 따라서 통상당국이 소프트파워의 측면에서 미국에 역점을 둘 수 있는 한 부문은 바로 굵직하고 상징적인 투자유치 노력이다.

개도국의 시장확대를 위하여 개도국의 무역장벽 철폐를 위한 무역장벽보고서를 미국의 USTR과 함께 출간하는 것도 고려해 볼 전략이다. 물론 한·미 FTA가 성립된 이후의 전략이 되겠지만 개도국이나 미국 이외의 시장에 대해서 한국의 시장접근을 늘리기 위하여 미국과 함께 무역장벽보고서를 출간하여 무역장벽을 지적하게 되면 그 시장에 대하여 시장개방의 압력, 무역장벽 제거의 압력으로 작용하여, 한국이 이를 자국 산업에 유리하게 활용할 여지가 있다. 물론 한국과 미국의 산업구조, 이해관계가 상이하여 공동으로 출간한 무역장벽보고서가 반드시 한국에 유리하게 작용하지 않을 수 있지만 한국이 출간하는 무역장벽보고서 혹은 통상환경보고서의 국제적 공신력이 올라갈 때까지 미국과 함께 무역장벽보고서를 출간하는 것을 고려해 볼 만 하다.

(2) 동아시아

동아시아는 중국, 일본, 북한, 몽골 등의 동북아시아 그리고 ASEAN이 중심이 되는 동남아시아를 포괄하는 지역을 의미한다. 이 지역은 일본과 같은 선진경제, 중국, 몽골, 베트남과 같은 체제전환 경제, 그리고 기타 개도국 경제 등이 혼재되어 있는 지역이어서 이 큰 지역에 일괄적으로 적용할 수 있는 소프트파워 통상전략을 찾기는 쉽지 않다. 따라서 이 지역에 속해 있는 각국 경제의 특성에 맞추어 거기에 맞는 소프트파워 통상정책을 마련하여야 한다.

우선 시장확대전략과 관련하여서는 기준의 통상정책을 넘어서서 소프트파워를 이용한 통상정책을 구현하는 데 가장 필요한 것이 경제전략대화의 정례화 및 전략적 이용이다. 이를 위해서는 앞에서도 언급한 바와 같이 우선적으로 한국 국내의 분석 및 예측의 지적역량이 갖추어져 있어야 하는데, 이러한 한국의 지적역량 개선에 대한 집중적인 투자가 이루어진다는 전제하에서 개도국, 체제전환국과의 경제전략대화를 추진하고, 경제전략대화를 통하여 상대국의 정부 및 여론 주도층에 한국의 전략적 이해를 반영한 통상정책을 권고하게 하면 상대국에 대한 시장접근을 늘릴 수 있다.

또한 미국의 USTR과 공동으로 출간하는 무역장벽보고서를 통하여 (혹은 단독으로 출간하는 통상환경보고서를 통하여) 상대국의 무역장벽에 대하여 지적하고, 그로 인하여 발생되는 상대국의 정치경제적 손실을 분석하여 주면서 이의 개선을 통하여 한국의 시장접근을 늘려나갈 수 있다. 한편 한국의 경제개발의 경험, 금융위기 극복의 경험 등을 소프트파워 자원으로 활용하여 이 지역의 개도국 및 체제전환국에게 미리 준비해야 할 제도적 변화, 미래 성장동력에 대한 권고 등을 자문하면서 이를 통하여 한국 산업의 진출을 적극 유도하는 것도 한 가지 방법이다.

시장확대의 소프트파워 전략 중에 현지에서의 모델하우스 효과를 통한 시장확대전략은 이 지역에 적용하여 성공할 가능성이 가장 높다고 판단된다. 왜냐하면 일본을 제외한 이 지역의 대부분의 국가는 한국이 초고속 경제발전에 성공하였고 금융위기도 성공적으로 극복한 나라로 인식되고 있으며, 인적자원에 대한 평가 및 한류를 통한 한국 문화에 대한 평가 역시 높기 때문이다. 따라서 한국에서 성공사례를 배우고, 한국의 성공을 이식, 모방하고자 하는 국민적·국가적 관심이 있다. 이를 활용하여 이들 동아시아 국가에 대표적인 한국타운, 기업타운을 건설하고, 이 타운을 중심으로 한국의 선진사업, 기술 및 표준을 자연스럽게 전파하게 되면 이 지역과 국가에서 한국의 산업이 시장을 확대할 가능성이 크다. 특히 한국의 경제와 한류 문화에 대하여 높은 평가가 이루어지는 몽골, 동남아시아, 중국 등지에 처음부터 잘 디자인되고, 전략적으로 계획된 한국타운을 건설하여 모델하우스 효과를 내는 것이 중요한 소프트파워 통상전략이 될 것이라고 판단된다.

한국으로의 외국인직접투자 유치전략과 관련해서는 동아시아 표준 및 트렌드의 창출이라는 소프트파워 통상전략을 활용할 필요가 있다. 외국의 주요 투자기관이나 기업이 한국에 관심을 갖게 될 가능성을 높이기 위해서는 한국이 혹은 한국과 일본이 함께 동아시아의 표준, 트렌드를 만들어 나가는 국가로 인식되어야 한다. 그래야 연구개발 및 시장접근을 위한 외국인투자가 증가할 것이다. 이를 위해서는 한국이 독자적으로 산·관·학·연의 전략적 연계로 동아시아 표준 및 트렌드 창출 작업을 하거나, 아니면 한국이 타국과 전략적으로 공조하여 동아시아 표준 및 트렌드 창출 작업을 시도하여야 한다. 다만 경제발전의 수준, 역사적, 문화적 시각에서 볼 때 한국과 일본이 공동으로 동아시아의 표준 및 트렌드를 창출해 나가고, 이를 통하여 동아시아의 시장확대 및 한국 및 일본 지역으로의 외국인직접투자 유치를 활성화하는 전략이 더욱 바람직할 것으로 예상된다.

(3) 유 럽

유럽, 특히 EU 지역은 한국의 시장 접근을 높이기 위해서 이미 FTA를 추진하는 지역이며 FTA를 넘어서는 소프트파워 전략으로 시장확대를 꾀하기에 용이한 지역은 아니다. 지적인 역량도 한국에 비하여 보다 선진적이며 자본주의 시장경제에 대한 오랜 역사적 경험으로 인하여 오히려 한국에게 조언하고 자문할 수 있는 위치에 있다. 또한 한류의 영향력도 그렇게 크지 않아 문화적으로도 오히려 한국이 유럽에 압도되는 경향이 있다. 따라서 EU와의 시장확대와 관련해서는 자유무역협정이라는 통상적인 수단을 활용하는 것이 현 단계에서는 가장 적절하다고 판단된다.

하지만 개도국이나 체제전환국에 대한 시장접근에 있어서도 EU의 활용도가 상당히 크다고 보인다. 우선 아프리카·중동 지역은 오래전부터 유럽과 연고가 깊은 지역이며 유럽은 이 지역에 대하여 상당히 오랜 기간 전문적인 지식을 쌓아 놓은 지역이다. 따라서 아프리카·중동 지역에 대한 시장 진출에 있어서 유럽의 지역전문가와 한국의 지역전문가가 공동으로 경제전략대화를 이 지역 국가와 열고, 이를 통하여 이 지역에 대한 한국의 지적 역량을 높이고, 동시에 지적 영향력을 확보하는 것이 한 가지 전략이 될 수 있다.

한편, 앞에서도 언급한 바와 같이 EU와 함께 무역장벽보고서를 출간하는 것도 하나의 소프트파워 통상전략이 되는데, 미국의 USTR과의 무역장벽보고서 출간이 국제적인 거부감을 불러일으킬 여지가 있다면 한·EU FTA가 체결된 이후 EU와 함께 무역장벽보고서를 출간하여 한국에 불리한 무역장벽을 제거해 나가는 전략을 고려하는 것도 대안으로서 생각해 볼 수 있다.

외국인직접투자 유치전략은 미주지역과 유사하다고 할 수 있는데, 유럽의 세계적인 기업이나 투자회사를 집중적으로 접촉하여 유치하고, 미국의 세계적인 기업이나 투자회사의 한국 유치와 동시에 집중적으로 대대적으로 홍보하게 되면 외국인투자를 가속화시키는 효과를 가져 올 수 있을 것이다. 따라서 이러한 투자유치가 가능하도록 유럽지역의 투자유치전담반을 통상당국에 설치하고, 미주지역의 투자유치전담반과 공조하여 양 지역이 서로 상승작용을 일으킬 수 있는 투자유인책, 투자시점, 지역 및 산업 등을 선정하여 유치·발표·홍보를 조직적으로 할 것을 권고한다.

유럽지역은 또한 자본주의 시장경제를 오래 경험한 국가이므로 한국경제의 앞날을 디자인하는 데 있어서 참고할 수 있는 경험적·이론적 자원이 풍부한 지역이다. 따라서 한국의 경제구조개혁, 제도개선, 글로벌 스탠더드에의 참여 등을 추진할 때 유럽의 사례와 조언에 보다 많은 관심을 기울일 필요가 있다. 이를 위해서는 미국, 일본과 비교하여 상대적으로 수가 부족한 유럽전문가의 양성이 시급한 과제라고 할 수 있다.

(4) 러시아·중앙아시아 지역

러시아·중앙아시아 지역은 러시아와 구소련에 편입되어 있었던 CIS 국가 지역을 의미한다. 이 지역은 에너지 자원이 풍부한 지역으로 앞으로 한국의 에너지 안보에 있어서 공급부문에서 중요한 가치를 지니고 있는 지역이다. 또한 체제전환을 성공적으로 이루어 나가게 되면 한국이 새로운 시장을 확대, 개척할 수 있는 지역이다.

이 지역에 대한 소프트파워 통상전략은 에너지 공급선의 확보 이외에는 다른 개도국 지역에 대한 소프트파워 통상전략과 유사할 수밖에 없다. 경제전략대화를 통하여 우리에게 유리한 시장을 만들어 나가거나, 모델하우스 효과를 낼 수 있는 한국타운을 건설하여 한국의 트렌드와 표준을 확산시키는 전략, 그리고 무역장벽보고서 등을 통하여 무역장벽을 제거해 나가는 전략 등이 그것이다.

다만 에너지 자원확보와 관련하여 과연 소프트파워 통상전략을 활용할 수 있는지에 대해서는 현 단계에서 분명한 답을 구할 수 없다. 기본적으로 에너지 수급은 시장원리에 의해서 일어나고 있으므로 문화적이나 정치적인 특수 관계를 구축하여 얼마나 확실한 에너지 공급선을 확보할 수 있는지 의문시되며, 설사 문화적이고 정치적으로 특수 관계를 구축하여 에너지 공급선을 확보할 수 있다 하더라도 중아아시아, 러시아 지역은 한국에게 상당히 생소한 지역이므로 이러한 접근방법을 활용하는 것도 용이하지 않을 것으로 보인다.

오히려 에너지 공급 라인의 안전성을 높이기 위한 대테러 국제협력, ODA 공여 등의 정책이 일반론상에서 필요하며, 에너지 자원을 우선적으로 확보할 수 있는 소프트파워 통상정책은 현 단계에서 특별히 존재하지 않는 것으로 판단된다.

(5) 라틴아메리카 지역

라틴아메리카 지역에 적용할 통상전략 역시 다른 개도국이나 체제전환국과 차별되는 전략을 개발하는 것이 용이하지 않을 것으로 보인다. 경제전략대화나 자문을 통한 시장창출 및 확대전략도 한국의 소프트파워보다는 미국의 소프트파워가 더욱 강하게 작용하고 있기 때문에 크게 효과적이지 않을 것으로 판단된다. 다만 한류의 부분적 성공사례를 볼 때 한국타운 건설을 통한 모델하우스 효과가 부분적으로 효과적일 수 있고, 미국과 함께 무역장벽보고서를 만들어 한국에게 불리한 무역장벽을 제거해 나가는 것이 다른 한 가지 활용가능한 소프트파워 통상전략이 될 것이다.

(6) BRICs

다소 중복되지만 브라질, 러시아, 인도, 중국으로 구성되는 소의 BRICs 시장에 대한 소프트파워 통상전략은 경제전략대화, 그리고 미국 혹은 EU와 함께 출간하는 무역장벽보고서를 통한 무역장벽 제거 압력, 한국의 경제개발 및 금융위기 극복 경험 전수를 통한 우리에게 유리한 경제제도 및 시장창출 정도 이상을 고안해 내기 어렵다. 워낙 규모가 큰 경제들이고, 선진국 기업과 투자자가 경쟁적으로 접근하는 시장이어서 한국 나름의 소프트파워로 단기간에 효과를 볼 수 있는 통상정책을 수립하는 것은 쉽지 않다.

다만 이들 큰 시장을 대상으로 하여 한국이 주도, 혹은 한국이 핵심적인 역할을 하여 한국에게 유리한 제도적 · 기술적 · 문화적 표준을 확산시키면 한국에게 유리한 미래의 거대 시장을 확보할 수 있다는 점에서 표준 확산의 소프트파워 통상전략에는 유념할 필요가 있다. 초보적인 단계로 우선 이들 국가들과 경제전략대화를 적극적으로 추진하고, 한국의 지적 역량을 보여주면서 우리의 지적 영향력을 확대해 나가는 것을 권고한다. 이를 위해서는 이들 지역에 대한 다수의 지역전문가를 육성하고, 이들이 조직적이고 체계적으로 전략대화에 참여, 기여하는 시스템을 한국 내부에서 우선적으로 정비하여야 할 것이다.

(7) 중동 · 아프리카 지역

중동 · 아프리카 지역은 한국에게 매우 중요한 에너지 공급선이며 미래의 시장이 될 수 있는 지역이다. 하지만 이 지역에 대한 한국의 진출 및 지식의 전문성은 다른 지역에 비하여 상대적으로 많이 떨어진다. 그러나 앞으로 이 지역 시장의 발전가능성을 고려할 때 이 지역에 대한 전략적 접근을 점진적으로 강화할 필요가 있다. 현 단계에서는 ODA를 통한 지역의 개발, 정치경제적 안정화, 한국에 대한 우호적 여론의 형성 등 이상으로 소프트파워 통상전략이 활용될 여지가 많지 않다. 다만 이 지역에 대한 지역전문가의 육성을 통하여 이 지역에 대한 참여 및 접근이 용이해지게 되면 한국의 개발 경험을 전수하면서 한국에 유리한 경제제도 및 시장을 창출해 나가는 전략을 활용할 수 있을 것이다.

중동 지역은 특히 대테러전, 미국과의 마찰, 왕정에 대한 불만에 따른 정정의 불안정 등으로 전반적으로 매우 유동적이고 불확실한 지역이다. 따라서 이 지역에 대한 한국의 외교적 관여는 군사적인 성격을 띠게 될 가능성이 큰데, 이 경우 무력에만 의존하는 외교정책보다는 인도주의적인 지원, 지역사회 개발, 교육지원 등을 병행하면서 지역 안정에 기여하는 국제협력을 추진하여야 할 것이다.

3. 투자협력전략

3.1 외국인 투자유치

기업활동의 범세계화추세, 선진국의 해외투자증대, 서비스교역의 자유화 등은 장차 국가간의 비교우위 구조변화에 따라 공업내의 수평분업을 촉진할 것으로 보인다. 각국의 산업경쟁력은 국내에서 고용, 투자, 기술향상에 기여할 수 있는 고부가가치의 기업을 얼마나 유치할 수 있느냐에 달려 있다고 할 수 있다. 이러한 의미에서 본다면 앞으로는 투자기업의 본국이 어느 나라인가보다는 그 기업이 어느 나라에 투자하느냐 하는 것이 더 중요할 수도 있다. 즉 우리의 입장에서는 Korea owned industries보다 Korean based industries가 더 중요하다는 뜻이다.

외국인투자의 유치가 절실한 분야는 국내의 고급인력을 활용하거나 기술이전의 여지가 있는 우리의 유치산업이나 첨단산업, 특히 제품수명 주기상 유년기나 성장기에 있는 제조업들이다. 이러한 업체들은 우리나라에 적극 투자하도록 유도하기 위해서는 외국인 투자업종의 확대뿐만 아니라 투자제한조치의 완화, 자유로운 영업활동 보장, 투자심사 및 인가절차의 명료화·간소화 등과 같은 실질적인 자유화정책이 병행해서 일관성 있게 추진되어야 한다. 또한 외국인투자기업으로 하여금 해외금융조달과 토지매입 그리고 공장설비의 절차 등이 보다 자유롭거나 간소화되도록 제도적인 장치를 마련할 필요가 있다.

오늘날 외국인투자 유치의 의미는 과거와 같이 외자를 효과적으로 유치·보호하고 이를 적절히 관리하는 데 목적을 둔 외환관리의 차원을 넘어선다. 이보다는 오히려 국내의 산업발전과 밀접한 관련이 있으며, 따라서 외환정책보다는 산업정책에 입각해서 접근할 필요가 있다. 그렇다고 해서 직접적인 산업지원책이나 전통적인 투자유인책만으로 외국인투자 유치에 긍정적인 효과를 기대할 수는 없다. 외국인투자기업에 대한 단기적인 특혜조치에 의한 투자유인은 그 시효가 경과한 이후에는 급격한 투자감소라는 결과를 반복할 가능성이 크다. 그러므로 중·장기적인 관점에서 국내자본과 외국인자본이 다같이 국내산업발전에 유익한 부문으로 유입되도록 하기 위해서는 사회간접자본의 확충, 기술개발의 지원, 고급인력의 양성 등과 같이 비교적 이동성이 적은 생산요소에 대한 투자확대를 통해서 보다 유리한 투자환경을 조성하는 것이 더 주효할 수가 있다.

3.2 해외투자진출

해외진출 및 투자의 확대를 통한 기업의 국제화는 국내의 고임금과 노동력부족, 선진국의 보호주의에 대한 대처뿐만 아니라 우리 기업의 경쟁력향상을 도모한다는 측면에서도 절실한 문제이므로 적극적으로 추진되어야 한다. 해외투자전략을 우리의 산업구조 조정에 따른 산업구조 고도화 및 해외시장 확대에 연계시킴으로써 비교열위·사양산업에 대해 후발개도국으로 생산설비 이전을 적극 도모하는 한편, 첨단 고도기술 습득을 위해 미국, 일본, EU 등 선진제국과의 산업협력을 강력히 추진해야 한다. 다만 국내산업의 공동화를 방지하고, 국내생산과 해외생산의 공정간 분업 또는 제품차별화 분업을 확대해 나가도록 하기 위해서는 사전조정이 필요하다. 특히 비교우위가 점차 약화되고 있는 노동집약적 산업 가운데에서도 가공·조립과 봉제부문은 해외진출을 촉진하되, 부품·소재, 연구개발, 설계부문은 국내생산이 이루어지도록 조정되어야 한다.

투자지역으로는 현재 아세안제국 및 중미·카리브지역에 집중되어 있는 노동집약적인 해외투자를 노동력이 풍부하고 임금이 저렴한 방글라데시, 미얀마, 스리랑카 등 서남아지역, 베트남 등으로 투자지역을 확대해 나가야 한다.

지역블럭화현상에 대응하기 위해 현지에 투자하는 대기업은 부품을 공급하는 중소기업과 동반하여 진출하되 현지에서 기업들이 공동으로 부품을 구매토록 함으로써 규모의 경제를 실현시킬 수 있도록 해외진출기업간 협조체제를 구축할 필요가 있다.

한편 기업활동의 범세계화시대에 적응하기 위해서는 외국문화에 대한 친밀감을 가질 수 있도록 장기적인 안목에서 지역연구를 강화하고, 그 지역에 대한 역사, 문화, 언어, 풍속에 대한 교양교육이 보편화될 필요가 있다.

4. 기술 및 자원개발전략

국제적인 기술보호주의에 따른 기술도입의 한계를 극복하기 위해서는 현지의 기업과 연구소를 활용하는 방법과 구 사회주의국가의 우수한 기술을 직접 도입하거나 이 지역의 고급두뇌유치, 공동연구과제의 수행 등과 같은 적극적인 활용방법이 강구되어야 한다. 선진제국의 첨단기술의 습득을 위해 기업 인수·합병(M&A)을 통한 투자확대와 전문기술연구소와의 공동합작으로 개발프로젝트를 적극 추진할 필요가 있다.

러시아나 중국 등지로부터는 복합소재, 레이저, 우주항공, 프레온가스(CFC) 대체물질, 첨단 석유화학제품 소재 등 세계적 수준의 첨단과학기술을 적극 도입, 실용화시켜 나가는 방안을 적극 강구한다. 아울러 헝가리, 체코, 슬로바키아, 중국 등 기술우위의 구 사회주의 경제권과는 부문별 투자·기술협력을 강화하고, 자본과 인력을 적극 투입하여 우리의 제조기술과 결합하여 상용화하기 위해 기술도입선의 다변화를 도모해 나가는 것이 바람직스럽다.

자원협력 역시 투자·기술협력과 마찬가지로 우리의 산업구조 고도화 및 통상협력 강화차원에서 산업구조의 상호 보완성에 입각, 교역을 확대하는 방향으로 추진시켜야 할 것이다. 기존의 동남아, 중동, 중남미지역에서의 원유 및 광물, 임산자원의 개발수입을 계속 확대시킴으로써 이들 국가와의 무역흑자 지속에 따라 예상되는 무역마찰을 해소하고, 장기적으로 교역의 확대를 도모할 필요가 있다. 또한 생활용품 등 소비재부문의 수요가 급증하고 있으나 시장경제체제 도입에 따른 경제적 혼란으로 만성적인 외화부족문제에 직면하고 있는 구소련 및 동구국가와는 물론 지리적 인접성과 경제구조의 상호 보완성으로 유리한 중국과의 자원협력을 강화해 나가야 한다. 특히 우리의 공업발전 및 안정성장에 불가결한 원유, 천연가스, 목재, 광물 등 천연자원의 장기적인 공급선을 확보하는 차원에서 협력이 이루어져야 한다.

한편, 자원선진국인 호주와는 보완적인 산업협력체제를 강화하기 위해 한·호 양국간의 FTA의 설치를 적극 검토할 필요가 있다.

제10장 연습문제

논술형

1. 통상전략에 관하여 논하시오.
2. 로비의 의의와 필요성을 논하시오.
3. 로비의 찬반론을 논하시오.
4. 한국의 통상전략에 관하여 논하시오.
5. 투자협력전략에 관하여 논하시오.
6. 산업정책과 보조금문제에 관하여 논하시오.

약술형

1. 기술형 로비
2. 권력형 로비
3. 대중동원형 로비
4. 기술 및 자원개발전략
5. 통상 외교전략의 장점
6. 로비스트의 업무

제 5 부

세계화와 문화 및 정보혁명

제11장

세계화와 정보혁명

제1절 새로운 경제질서와 세계화

1. 새로운 경제질서의 전개

1.1 정보기술의 발달에 따른 Globalization

근래의 정보 및 통신 기술의 혁신적인 발전은 근본적으로 시간과 공간의 장애를 극복하는 길을 활짝 열어놓았고, 다양하고 막대한 정보를 손쉽게 저장, 전송, 처리할 수 있게 하였다. 이러한 정보기술의 눈부신 발달과 인터넷으로 대표되는 글로벌 정보통신 네트워크의 끊임없는 확장 및 이용 확대는 정치, 경제, 사회, 문화 전 분야에 걸쳐 막대한 영향을 미치기 시작하였고, 궁극적으로 새로운 가능성의 장을 열고 있다. 특히 기업들은 새로운 정보기술을 활용하여 이전과 비교할 수 없으리 만큼 빠르고 효율적으로 사내(社內)의 다양한 정보를 축적, 공유할 수 있게 되었다. 뿐만 아니라 급속하게 변화하는 시장환경에 대한 외부 정보를 빠르고 광범위하게 입수, 활용할 수 있는 길이 열림으로써 거대하게 펼쳐진 세계 시장(global market)에 손쉽게 적응할

수 있게 되었다.[1)]

Globalization은 "무역과 투자, 기술의 흐름에서 국제적인 거래의 확산"(앤더슨컨설팅, 1998. 1.)을 의미하는데, 정보기술의 급속한 발전과 확산으로 새롭게 열린 가능성들과 관세인하 및 무역장벽 제거로 대표되는 무역자유화를 통하여 가능해졌고, 급속히 확대되고 있다. 이렇듯 몇 가지 복합적인 요인들에 의하여 급속하게 진전되고 있는 경제질서의 Globalization은 개별 경제주체와 개별 국가들, 즉 각각의 지역에서 지대한 변화를 유발하고 있다.

1.2 경쟁구조의 세계화에 따른 경쟁의 심화

Globalization의 확산에 따라 경쟁구조 자체가 세계화되고 있고, '기술력=경쟁력'에 입각한 선진국의 기술패권주의가 심화되면서, 국가 차원에서도 기술혁신에 기초한 생존전략적 '무한경쟁' 시대에 돌입하게 되었다. 이에 따라 자국의 생존과 번영을 위하여 각국은 국가경쟁력 강화에 총력을 기울이고 있고, 자국의 이익을 극대화하기 위한 국제간 경제블록 형성이 가속화되고 있다.[2)]

미국은 NII(National Information Infrastructure) 구상을 통해 비교적 산업경쟁력이 뒤떨어지거나 뒤떨어질 가능성이 있는 하드웨어 분야, 특히 독립형(stand-alone) 제품 산업에 산업정책적 노력을 보이기보다는 미국이 다른 나라에 비해 월등한 산업경쟁력을 보이고 있는 네트워크(network) 분야와 소프트웨어 분야, 그리고 기술개발(R&D, technology) 분야의 시장 또는 시장 가능성을 확대하고 이 분야의 부가가치의 비중을 확대하려고 하고 있다.

정보사회에서의 국가경쟁력은 시시각각 고객의 새로운 취향에 맞는 새로운 제품이나 서비스를 만들어 내는 창의력과 새로운 환경에 맞도록 새로운 제도를 만들어 내는 유연성으로 측정된다. 따라서 업무와 권한의 하부이양과 현장화 그리고 이를 위한 정보의 공유와 활용은 국가경쟁력 강화의 중요한 요건으로 작용한다.

여기서 국가경쟁력이란 "특정국가가 다른 나라에 비해 갖는 '특정분야'의

1) 박종수 · 신경환, 「국제통상의 이해」, 두남, pp. 377~384.
2) 정보화 사회 연구실, "경제위기 극복과 기업경쟁력 혁신을 위한 산업정보화 전략," 정보통신정책연구원, 1999, pp. 25~40.

경쟁력을 의미하는 것이며, 특정분야로 국한시키는 이유는 국가가 가지는 여러 가지 경쟁력 가운데에서는 상호 비교가 불가능한 것도 있을 수 있어 모든 분야를 망라한 전반적인 국가경쟁력이라는 말은 성립되지 않기 때문"이다.

1.3 지식자본 중심의 세계경제질서의 재편

산업혁명이 자본주의 시장경제시스템의 출발이었듯이 정보의 생성, 가공, 유통, 활용의 신속성과 엄청난 응용성은 경쟁의 내용, 정부정책의 범위 등 시장경제 전반에 새로운 충격을 가하면서 경제시스템뿐만 아니라 사회 전체의 시스템을 변화시키고 있고, 지식자본 중심으로 세계경제질서가 재편되고 있다. 제품은 이제 더 이상 물리적인 측면으로만 판단되는 것이 아니라 정보의 집합체로 인식되고 있으며 그러한 정보를 획득하는 것이 가장 중요하게 되었다.

실제로 선진자본주의 경제는 표준화된 제품의 대량생산을 중시하는 제조업 중심의 경제에서 창의적 아이디어와 축적된 지식이 중시되는 산업 중심으로 전환하고 있다. 뿐만 아니라 OECD회원국들은 산업사회에서 지식경제사회로 옮겨가고 있음을 계속해서 입증하고 있는데, 이들 국가의 생산성과 성장은 기술적 진보와 지식의 축적비율에 의해 크게 좌우되고 있다. 지식은 이제 이 시대 더 나아가 미래를 상징하는 키워드가 되었는데, 지식사회, 지식산업, 지식기업, 지식경영, 지식노동자 등이 바로 이러한 추세를 잘 표현하고 있다. 지식자본이 세계경제의 핵심으로 부각되고 있음을 몇 가지 사항으로 정리하면 다음과 같다.

(1) 지식의 경제적 비중증대

자연자원, 노동, 유형의 제품이 자본이 되던 시대에 이어 이제는 지식이 부의 원천이 되는 시대가 도래했다. 이렇게 변화는 "몸으로 부가가치를 올리는 시대는 지났다," "21세기에는 지식이 부가가치 창출의 원천이다," "지식이 부를 창조하는 열쇠이다" 등의 말로 곳곳에서 표현되고 있다. 국가 차원에서도 자본주의냐, 사회주의냐의 논쟁이 끝나면서 이제 국가간 경쟁은 얼마나 효율적인 국가경영시스템을 만드느냐로 모아지고 있고, 시스템 경쟁의 핵심요소가 바로 지식으로 전환되고 있다.

(2) 경제구조 및 시장구조의 질적 변화

산업사회에서 지식기반사회로의 전환에 따라 획일성에서 다양성으로 익명성과 집단성에서 개별성으로 수요자의 특성이 급격하게 변화하고 있다. 산업경제시대의 시장은 획일화된 다량의 수요자들로 구성된 단일집단이 주를 이루었기 때문에 근로자들에게는 특정한 공정라인에서 특정의 작업기술만이 요구되었고, 과학적 관리법이 지배하던 다량생산체제하에서 경영자들의 관심 또한 오로지 자본재로 노동력을 대체, 자본생산성을 올리는 데 있었다. 그러나 지식이 중심이 되는 지식기반사회로 이전되어 옴에 따라 기업의 성패는 실체가 불분명한 시장에 대한 대응보다 취향이 까다로워진 고객과의 1대 1 대응에 의해서 좌우되어갔다.

한편, 경제활동 수요의 다양화, 공급의 네트워크(network)화 등에 의하여 독립단독형(stand-alone activities)에서 연결형(connected and networked activities)으로 전환되고 있다. 다시 말해 지식기반경제에서의 경제 및 시장구조는 다양하고 개별적인 수요의 충족을 위한 노력과 네트워크화된 조직 등, 산업경제시대와는 근본적으로 차별화된 특징을 가지게 되었다.

(3) 생산방식의 패러다임 변화

근대 산업사회에서 자본, 토지 그리고 노동력이 가장 중요한 생산요소였다면, 탈근대사회 혹은 지식사회에서는 지식과 정보가 가장 중요한 생산요소이며, 사회구성원리의 중심축이 되었다고 할 수 있다(Drucker, 1993). 이러한 사실은 지식의 경제적 비중이 증가하였다는 사실과 일맥상통하는 또 다른 표현이라고 할 수 있다.

(4) 정보 · 지식 중심의 산업구조로 재편

제조업의 비중이 약해지고 소프트웨어 산업이나 컨설팅 산업 등과 같은 지식자원을 중심으로 이루어지는 지식산업의 비중이 급속도로 증대하고 있다. 지식이 가장 중요한 생산요소가 되는 지식경제시대에서는 상대적으로 제조업의 비중이 약해지고 고부가 가치를 창출하는 지식자원이 중심을 이루는 지식산업이 커지는 것이다. 1998년 발간된 앤더슨 컨설팅 보고서는 국제무역 측면에서 볼 때도 기술집약적이거나 지식집약적인 산업의 상대적인 중요성이 증가된다는 사실을 보여주고 있다.

또한 지식산업의 확장과 함께 지식기업도 급속도로 성장하고 있다. "지식기업 혹은 지식집약기업(Knowledge Intensive Firm: KIF)이란 지식이 가장 중요한 경영자원이며 동시에 결과물인 기업"(Starbuck, 1992)을 의미하는데, 대표적인 예로 경영컨설팅회사(Management Consulting Firm), 법률법인(Law Firm), 회계법인(Accounting Firm), 광고회사, 소프트웨어회사 등을 들 수 있다. 이러한 지식기업의 성공요소와 핵심역량은 지식을 어떻게 창출, 관리, 축적, 전파하는가 하는 지식경영에서 찾을 수 있다.

(5) 서비스 부문의 확대

정보기술의 집약적 활용, 지식의 생산요소화 등의 현상들이 두드러지게 발견되는 서비스부문(특히 생산자 서비스부문)이 새로운 생산양식의 도입에 결정적인 역할을 수행한다. 매일경제신문의 '지식혁명보고서'에서는 20세기 말 이후에는 금융과 지식을 기반으로 하는 서비스 중심의 경제가 융성하게 되고 기업의 활동영역은 전세계로 확대될 것으로 보고 있다. 서비스부문의 이러한 변화와 역할 증대의 상당한 부분은 정보기술의 혁신에 기인한다.

(6) 지식노동자의 역할 증대

지식기반경제에서는 기존의 산업사회에서 요구하던 근면한 순종형의 근로자들보다는 자신의 업무에 지식을 적극적으로 활용하는 창의적인 '지식노동자'들을 필요로 하며, 이러한 지식노동자들의 역할이 증대하고 있다. 드럭커(Drucker, 1993)는 지식노동자(knowledge worker)를 분류하면서 지식자원을 배분하는 지식담당임원(knowledge executive 또는 CKO)과 지식창조를 담당하는 지식전문가(knowledge professional)로 나누고 있다.

1.4 핵심역량 중심의 생산협력 강화

경쟁이 심화된 글로벌화된 경제환경에서 다양하고 개별화된 수요에 맞추어 경쟁력을 갖추기 위해서는 한 기업의 내부에서 모든 핵심역량을 갖출 수는 없고, 이전의 수직계열기업도 비용 및 자원의 한계 때문에 모든 핵심역량을 갖추도록 계열을 구성하고 유지할 수는 없게 되었다.

이러한 환경에서 살아남기 위해서는 기업 내부에 모든 것을 끌어안는 수직적인 통합관계가 아니라 협업을 하는 협력관계(Collaborative Partnering)의 필요성이 강조된다. 이렇게 협력관계가 강조되는 방향으로의 변화 요인으로는 기술, 시장 접근, 통신기반기술, 운송체계, 새로운 거래 방식, 고객의 차별성 증가, 맞춤해결안에 대한 요구 증가 등이 있다. 각각의 기업은 자체 핵심역량에 집중하면서 서로 협력관계를 구축함으로써 "Win-Win" 전략을 이루어 내는 것이 필요하다. 정보기술의 적극적인 활용을 통하여 이러한 협력관계의 구축 및 강화가 훨씬 더 용이해지게 되었다.

1.5 세계경제질서의 불확실성 증대

새로운 시대의 경영환경은 불확실성이 아주 높고 미래예측이 불가능해졌기 때문에 미리 정해진 기업활동의 목적과 목표를 수행하는 것만으로는 기업의 경쟁력을 확보할 수 없게 되었다. 이러한 불확실하고 변화무쌍한 경영환경에서 스스로 문제점을 발견하고 이에 대한 해결책을 내부에서 곧바로 창출·적용하는 일련의 프로세스가 중요해지고 있다. 다시 말해 급속한 경쟁환경 변화가 지속되는 환경에서 기업의 실질적인 경쟁우위는 '조직을 변경시킬 수 있는 능력'으로, 급격하게 변화하는 고객의 취향과 경영환경상의 불확실성 속에서 그것에 대응할 수 있는 능력을 갖춘 조직이 지식기업이며 그러한 경영상의 패러다임이 곧 지식경영이라고 할 수 있다. 이에 따라 조직의 유연성이 강조되는데, 기존처럼 미리 짜여진 고정된 조직에서 최대한 대량생산을 하는 것이 목표가 아니라, 급변하는 상황변화를 예민하게 감지해서 대응을 할 수 있는 유연한 경영시스템이 필요하다.

1.6 정보기술 혁신에 따른 새로운 가능성의 확대

지금까지 언급한 국내외의 혁신적인 환경변화는 대부분 정보기술의 급속한 발전 및 이용 확대와 밀접하게 연관되어 있다. 정보기술의 혁신은 시간과 공간의 축약, 광범위한 지식의 가공·처리용량의 확대, 정보통신네트워크를 통한 광범위한 지식공유의 가능성 확대 등과 같은 가능성의 확장 및 새로운 가능성의 개척을 통하여 사회 전반에 영향을 미치고 있다.

기술발전은 어느 시대에나 있어 왔던 것이었지만, 3차 산업혁명 또는 과학기술혁명이라고도 불리워지는 이유는 지금까지의 기술혁신과는 뚜렷하게 구분되는 두 가지 특징, 즉 기술발전의 응용성과 신속성 때문이라고 할 수 있다. 기술의 신속성과 응용성은 광범위한 정보를 통해 획득될 수 있고 정보의 수집과 이용을 가능케 하는 정보기술의 발전은 기술의 중요성이 곧 정보의 중요성이라는 인식을 공유하게 한다.

2. 세계화의 본질

2.1 세계화의 의미와 특징

(1) 세계화의 의미

오늘날 국가간의 상호 의존관계를 특징으로 하는 세계경제는 기업들이 해외로 사업활동을 확산하고, 정보통신기술의 발전이 세계를 단일정보권으로 만들며, 다자간 통상규범의 방향이 개방에서 국내제도조화로 전환하게 되면서 근본적인 변혁기에 들어가게 된다. 세계화(globalization)라는 의미는 바로 이러한 시대적 변화 속에 자리잡고 있는 것으로, 말 그대로 지구 전체를 하나로 통합하는 과정이다. 세계화는 국제화된 경제활동 위에 기능적 통합요소를 가미함으로써 세계시장이 단일화되어 가는 현상을 의미한다.

세계화시대는 주요한 행위의 단위가 고도로 분화되어 복합·중층적인 질서를 만든다는 점에서 이전 시대와는 구별된다. 즉, 지구촌이라는 단위, 유럽·아시아 등의 지역적 단위, 국민 국가라는 단위, 지방이라는 단위, 나아가 기업과 개인이라는 단위들이 제각각 행위 주체가 되어 중층적인 연결망과 체계를 형성하고 있다. 이들 단위체의 복합화인 '지구촌화'가 고려되어야 한다. 우리가 살고 있는 이 시대는 사실상 인류 역사상 처음으로 지구촌 전체를 단위로 해서 문제에 접근하고 문제를 해결해야 하는 시대이다.[3)]

무엇이 지구촌을 하나의 단위로 만들고 있는가?

첫째, 제2차 세계대전 이후 지구촌을 갈라놓았던 동서 양진영의 체제경

3) 세계화추진위원회, 「세계화의 비전과 전략」, 서울 프레스, 1995, pp. 7~10.

쟁이 구 소련의 붕괴와 독일 통일로 마감되면서 이제는 복수의 세계체제가 아니라 하나의 지역이 있다면 그 곳으로 필요한 생산부문을 이전할 것을 강요받고 있다. 국가는 세계화시대를 맞아 자원과 보호를 통하여 자국기업에게 인위적인 경쟁력을 더 이상 제공할 수 없게 되었다.

우리 경제가 활로를 찾고 급변하고 있는 세계경제질서에 적응해 나가기 위해서는 앞으로 짧은 기간내에 우리의 경제제도와 관행을 국제수준이나 국제규범에 맞춰 나가야 한다. 아울러 우리 기업이나 국민 모두가 외국의 경쟁기업, 세계 각국의 한 사람 한 사람과 경쟁에서 이길 수 있는 능력이 갖춰지지 않으면 다가오는 21세기의 경제전쟁에서 살아남기 어렵게 되었다. 따라서 세계화는 우리가 좋아하든 싫어하든 우리 앞에 다가오고 있는 중요한 현실이며, 엄청난 도전을 제기하고, 동시에 커다란 기회를 제공하고 있다.

(2) 세계화의 특징

1) 무역자유화의 확산

세계화의 특징 중의 하나가 세계적 무역자유화이다. 세계적 무역자유화가 급속도로 진전되고 있는 이유는 WTO체제가 출범한 데다가 정보통신기술이 확산되고 있기 때문이다.

WTO체제 출범에 따라 세계적 무역자유화가 급진전으로 확대되어 나가고 있는 것은 WTO협정이 발효되고 이에 따라 관세장벽과 비관세장벽이 점차 철폐되어 나가고 있기 때문이다. WTO협정은 관세, 농산물, 위생검역, 섬유 및 의류, 무역에 관한 기술장벽, 무역관련투자조치, 선적전검사, 원산지규정, 보조금 및 상계관세, 긴급수입제한조치(Safeguard), 서비스무역, 무역관련지적재산권, 무역정책검토제도, 복수국가간 무역 등이다.

세계적 무역자유화가 급속도로 확대되고 있는 것은 '거리의 소멸'(Death of Distance)을 촉발시키고 정보통신의 혁명을 몰고 온 전자정보초고속도로(Electronic Information Super Highway)가 발달되고 있기 때문이다. 즉 초고속정보통신기술의 발달이 세계적 무역자유화에 견인적 역할을 수행하고 있다.

전자정보초고속도로의 발달은 세계적 무역자유화를 확대시키고 있는 주요한 요인 중의 하나이다. 최근 전자정보초고속망이 발달되어 정보 및 통신이 수렴되고 확산됨으로써 세계정보혁명이 초래됨에 따라 세계무역자유화는 괄목할 만하게 진전되고 있는 것이 사실이다. 종래 무역거래에서 실행되던 국제마케팅은 텔레마케팅으로 전환되었고 전통적 수출입거래는 인터넷 무역(Internet Trade), 전자상거래(Electronic Commerce), 웹 상거래(Web Commerce)로 바뀌고 있다. 그리고 수출입결제는 전자결제시스템(Electronic Payment System)을 통해 실행되고 있다.

이 중에서 인터넷무역이 괄목할 만하다. 인터넷은 상품의 광고, 주문, 배달, 지불 등 여러 거래과정에서 매우 중요한 기능을 수행하고 있다. 인터넷기술은 기업 간 또는 기업과 소비자 간 거래의 확대를 도모하는 인트라넷(Intranets)과 엑스트라넷(Extranets)을 확대시키고 있다.

이와 같은 초고속정보통신기술의 발달로 세계시장이 단일화되고 이에 따라 세계적 무역자유화가 성숙단계로 들어가고 있는 것이다.

2) 금융의 세계화

오늘날 세계경제질서의 주요한 특징은 금융의 세계화가 확대되고 있는 점이다. 금융의 세계화는 그동안 양자간협정(Bilateral Treaty)에 따라 점차 확대되어 오다가 OECD의 자본이동자유화규약(Code of Liberalization of Capital Movements)과 국제투자 및 다국적기업에 관한 선언(Declaration on International Investment and Multilateral Enterprises)에 따라 더욱더 확대되어 오고 있다. 금융의 세계화는 최근 다자간 투자협정의 발효를 앞두고 급속도로 진전되고 있다.

그것은 다자간 투자협정(Multilateral Agreement on Investment: MAI)이 투자장벽을 제거하고 국제자본이동을 촉진시킴으로써 금융의 세계화를 도모하기 때문이다.[4]

금융의 세계화는 세계자본시장이 성장되고 통합됨으로써 촉진되고 있으며 이 세계자본시장의 성장과 통합은 세계화의 엔진임이 틀림없다.

국제적으로 막대한 규모로 이동되는 자본은 산업에 직접 또는 간접적으로 투자를 위한 자금이거나 국가 간, 금융기관 간, 금융기관 · 기업 간 차관성격의 자금이다. 그리고 그것은 뮤추얼 펀드(Mutual Fund; 투자신탁기금)의 투자자금이거나 또는 헷지 펀드(Hedge Fund)의 투기자금이다.

세계금융자본은 최근에 혁신적으로 구축된 전자정보초고속망을 따라 하루 24시간 동안 지구 도처로 이동되고 있다. 어느 나라 금융시장에 광속으로 들어왔다가 초광속으로 빠져 나가기도 한다. 이 자금은 투자수익이나 자본원

---

4) 신현종, 「세계통상정책론」, 박영사, 1999, pp. 72~76.

본의 가치 보존을 위해 어느 때나 어느 나라를 가리지 않고 수시로 모든 국가에 드나들고 있기 때문에 '국적 없는 돈'(Stateless Money), 즉 '무국적 자본'이라고 일컬어지고 있다.

이 자본은 실물투자, 증권, 채권 등 투자수익을 취득하기 위해 끊임없이 이동될 뿐 아니라 환율 및 금리의 차를 얻기 위하여 부단하게 이동되기도 하고 심지어 자본투기를 노리기 위해서도 이동되고 있는 것이 사실이다. 이 자본은 환율, 금리 등에 영향을 미치는 외환정책, 재정금융정책 등 정부정책에 따라 민감한 반응을 보여준다.

3) 생산의 세계화

최근 세계경제의 특징 중의 하나는 생산의 세계화가 급진적으로 진전되고 있는 점이다. 생산의 세계화는 세계적 무역자유화와 금융의 세계화를 통해서 더욱더 촉진되어 나가고 있다.

생산의 세계화를 촉진시키고 있는 주역이 초국적기업이다. 초국적기업은 거대한 자본, 첨단화된 기술, 우수한 경영능력, 방대한 판매망, 막강한 로빙능력 등을 통해서 또는 모국의 정치적·경제적 비호를 받아가면서 세계 도처에 생산 및 판매거점체계를 구축하여 극대이윤을 추구하고 있다.

초국적기업은 이윤 극대화를 도모하기 위해 ① 가장 저렴하게 생산할 수 있는 곳에서 상품을 생산하고, ② 금융비용이 가장 싼 곳에서 자본을 조달하고 있다. 초국적기업은 ③ 세금이 가장 낮은 곳에서 생산거점을 구축하거나 또는 이곳으로 기업소득을 이전시키고, ④ 자본수익과 환차익이 가장 높은 곳으로 자금을 이동시키고 있다. 그리고 초국적기업은 ⑤ 판매와 수출을 최대화시킬 수 있는 곳으로 생산기지를 옮기고, ⑥ 정치적·경제적 안정성이 유지되는 곳에서 사업활동을 한다.

따라서 초국적기업은 ① 해외자회사의 이윤 극대화, ② 범세계적 자본조달비용의 극소화, ③ 범세계적 조세부담의 극소화, ④ 범세계적 자본수익 및 환차익의 극대화, ⑤ 범세계적 판매 및 수출의 최대화, ⑥ 범세계적 정치적·경제적 안정성 추구 등을 도모하고 있다.

따라서 초국적기업이야말로 국경과 국적을 초월하여 여러 나라에서 동계자회사를 설립한 후 현지국 국민들을 경영에 참여시키면서 생산, 판매, 무역, 서비스, 연구개발 등 모든 활동을 추진하는 거대한 경제조직체라고 말할 수 있다.

초국적기업은 생산의 세계화를 촉진시켜 나가고 있을 뿐 아니라 서비스의 세계화도 확대시켜 나가고 있다. WTO협정에 따라 서비스에 대한 최혜국대우와 내국민대우가 부여되게 되자 초국적기업은 서비스를 세계규모로 확대시켜 나가고 있다.

2.2 세계화의 본질과 전제조건

(1) 세계화시대의 본질

세계화 과정은 단선적이고 일면적인 과정이 아니다. 그것은 중층적이며 복합적인 과정이다. 또한 세계화는 여러 가지 딜레마와 난제를 안고 각 영역간 · 인종간 · 지역간 · 나라간 불균등 발전 속에 진행된다. 따라서 이처럼 복합중층적이며 불균등하게 전개되는 세계화를 입체적으로 파악하기 위해서는 그 성격을 여러 관점에서 이해할 필요가 있다. 장기적인 구조의 변화를 중심으로 고려할 때 세계화 시대는 크게 다섯 가지 흐름과 특성이 교차하고 있는 것을 볼 수 있다.[5)]

1) 사회의 정보화와 지식화

정보기술혁명은 과거의 근대산업주의에 기반한 문명에서 지식과 정보에 기반한 문명으로 전환을 가져오고 있다. 이 지식기반 문명에서 삶의 모습은 크게 달라진다. 고도의 통신 네트워크를 통해 사회의 모든 부분 · 집단 · 개인들의 관계가 혁신되고 있다. 정보통신혁명은 시간과 공간을 결정적으로 압축시키고 있다. 그리하여 모든 분야와 사람들을 국경을 넘어 직접 연결시키고 서로 대화할 수 있게 만드는 쌍방향적 통신시대를 열고 있다. 정보의 양과 흐름은 이전과 비교할 수 없을 정도로 거대해지고 또 빨라지고 있다. 우리의 삶의 모든 부분이 정보화에 의해 변화되고 있다.

지식정보 문명시대에는 정보통신기반이 사회의 가장 중요한 인프라스트럭처가 된다. 행정, 기업, 학교, 환경, 복지, 문화 그리고 개인적 삶의 모든 영역에서 정보시스템의 구축이 필연화되고 또 당연시된다. 이에 따라 정보를

---

5) 장윤종, 「세계화와 한국경제」, 산업연구원, 1994, pp. 4~6.

효율적이면서도 싼 값으로 구입, 생산, 이용할 수 있는가가 국가경쟁력의 결정요인이 되고 있다. 따라서 신사회간접자본으로서 정보통신기반의 체계적·통합적 구축이 국가 장기발전에서 핵심적인 중요성을 지닌다. 정보고속도로로 표현되는 이 정보통신기반은 일국 내에 한정되는 것이 아니라 지역 및 세계의 정보고속도로로 신속히 확장되며, 이를 통해 지구촌은 더욱 하나가 되어간다.

2) 경제와 기술의 무국경화

세계가 시장경제로 통합되면서 기업들의 초국적화가 이전과 비교할 수 없을 정도로 빨리 진행되고 있다. 세계경영체제를 갖춘 기업들은 조직을 고도로 분화시켜 경쟁력이 있는 곳이면 어디든지 찾아 들어가고 있다. 이들 기업들에게 중요한 것은 국적이 아니라 들어가고자 하는 장소의 투자 매력이다. 이와 함께 무국적 상품이 속출하고 사람, 정보, 물건, 화폐들은 자신의 필요에 따라 국경을 마음대로 넘고 있다. 과거에는 경제가 국제화한다 하더라도 경제적 영토주권은 국가에 귀속되어 있었으나 세계화시대에는 경제적 영토주권의 개념이 크게 희석되고 있는 것이다. 이에 따라 '우리 경제', '우리 기업'에 대한 정체성도 바뀌고 'Made in Country' 보다 'Made in Company'의 개념으로 변화되고 있다.

이는 국민경제간의 상호 의존성과 통합성을 증대시킨다. EU통합, NAFTA, APEC 등이 지역적 수준의 상호 의존성과 통합을 가리킨다면 WTO는 범세계적 수준에서의 상호 의존성을 표현하는 것이다. 하지만 이 상호 의존은 경쟁을 배제하는 것이 아니라, 오히려 경쟁을 조건으로 하고 또 심화시킨다. 그동안 국가의 보호 아래 국경 안에 안주해 온 경제주체들로 하여금 전세계를 무대로 펼쳐지는 자유경쟁에 뛰어들 것을 요구하고 있다. 이 경쟁에서 앞설 수 있는 힘, 즉 경쟁력을 키우라는 것이 시대적 명령이 되고 있다. 이 경쟁력의 주체는 기업에 한정되지 않는다. 정부, 지방행정, 기업, 교육, 시민사회의 조직과 개인, 그 외 모든 분야에서 경쟁력을 자율적으로 높여가야 하는 시대가 되고 있는 것이다.

이처럼 '상호 의존과 무한경쟁'이 교차하는 여기에 세계경제의 딜레마가 놓여 있다. 하지만 경쟁을 상호 의존의 틀과 조화시킬 수 있는 새로운 규칙이 필요하다는 데는 광범한 자각이 이루어지고 있다. 실제로 관세나 무역,

투자의 국가적 장벽이 제거됨에 따라 대폭 넓어진 공간에서 벌어지는 경쟁의 게임규칙에 대한 경제주체들간의 합의가 어느 때보다 중요해지고 있다. 이 게임규칙은 '제로-섬'(zero-sum)이 아니라 '포지티브-섬'(positive-sum)으로 설정되어야 한다. 경제적 강자의 이익만이 배타적으로 추구되고 경제적 약자의 이익은 무시되는 게임이 아니라, 말 그대로 공존공영을 위한 자극으로서 경쟁이 위치지어져야 하는 것이다.

3) 지구환경의 중요성

지구 온난화, 오존층의 파괴, 대기와 수질의 악화, 토양의 오염, 생물종의 감소, 열대우림의 파괴, 이상기후의 만연 등이 지구환경 위기를 심화시키는 주요한 요인들이다. 이러한 지구환경 위기가 인류가 생존할 수 있는 한계에 대한 광범한 자각과 반성을 불러일으키고 있다. 전지구적 환경위기의 극복은 더 이상 미룰 수 없는 시대적 과제가 되었다.

환경문제의 해결이 국경을 넘는 전지구적 공동노력 없이는 불가능하게 되었다. 이제는 환경 자체가 발전의 중요한 전제이자 요인이라는 인식이 자리해야 하는 것이다. '환경적으로 건전하고 지속 가능한 발전'이 이 시대의 과제가 되고 있는 것이다. 그러기 위해서는 경제시스템이나 도시시스템, 그리고 우리의 소비양식 전체가 환경친화적으로 전환되지 않으면 안 된다.

이와 함께 지식정보 문명의 성과를 환경문제 해결에 폭넓게 이용하는 것이 매우 중요한 과제가 되고 있다. 깨끗한 기술, 녹색환경산업의 중요성이 커지고 있다. 아울러 이들 분야의 부가가치가 높아짐에 따라 정보기술혁명의 성과를 환경분야에 이용하려는 노력이 광범하게 일어나고 이에 따를 국제경쟁도 심화되고 있다. 그린라운드에서 보는 것처럼 환경이 새로운 경제적 경쟁의 무대가 되고 있는 것이다.

4) 문화우위시대

문화의 중요성이 더욱 커지는 시대가 되고 있다. 자유시간이 늘어나고 자아실현에 대한 욕구와 문화적 욕구가 확대되면서 문화는 삶의 부차적인 영역이 아니라 중심적 영역으로 부상하고 있다. 문화가 삶의 질을 결정하는 핵심적 요소가 되고 있는 것이다. 이와 함께 환경과 마찬가지로 문화가 새로운 경제영역이 되고 있음을 이해하는 것이 중요하다. 경제와 문화의 상호 연관성은 깊어지고 있으며, 대중매체, 영상, 음악, 게임, 디자인, 지식매체 등을 포함하는 문화산업은 새로운 고부가가치 산업이 되고 있다. 이에 따라 지식정보 문명시대에 부응하는 문화 인프라스트럭처를 견실히 구축하는 것이 국가의 중요한 과제가 된다.

국제교류의 폭발적 증가와 전 지구를 동시적 영향권으로 몰아넣고 있는 통신혁명은 비슷한 생활양식, 비슷한 욕구, 비슷한 가치와 규범을 확산시키고 있다. 즉, 세계화는 이질적인 문화들을 서로 융합하면서 각 민족과 국가 또는 지역의 문화적 차이를 넘는 통합적 세계문화시대의 장을 열게 된다.

이런 맥락에서 세계문화란 단일하고 획일적인 문화를 의미하는 것이 아니라 다원적인 민족적 · 국지적 문화들의 열린 각축의 장을 의미하는 것이다. 예를 들면 '가장 한국적인 것이 가장 세계적인 것'이 될 수 있다. 단, 여기서의 중요한 전제는 자기 문화의 고유성에 대한 관심과 자긍심을 가지면서도 폐쇄적 태도에 빠지지 않고 열린 마음으로 세계문화를 받아들일 수 있어야 한다는 것이다. 오히려 우리의 문화적 역량과 자산이 세계문화의 형성에 녹아 들어가 긍정적 영향을 줄 수 있도록 만들어야 한다.

5) 지방화시대

세계화시대에 모든 조직의 기본방향은 분권화와 자율화이다. 중앙집권적 · 관료적 조직경영보다는 권한과 책임의 이양에 기초한 분권적 · 자율적 조직경영이 요구되고 있는 것이다. 세계화시대에는 어떤 사회적 영역에서든 권력의 집중은 효율성이 떨어지고 삶의 질도 향상시키지 못한다. 전지구화는 점과 점의 결합일 뿐 아니라 선과 선의 결합이고, 면과 면의 결합이다. 국가와 국가, 지방과 지방, 기업과 기업, 사람과 사람, 정보와 정보의 결합이 단일한 경로를 통해서가 아니라 중층적이고 다양한 경로를 통해서 이루어진다. 이 결합은 단일한 센터에 의해 관리될 필요도 없고 관리될 수도 없다. 공룡과 같은 거대조직, 수직적 관료주의에 매몰된 중앙집중형 조직은 살아남기 힘들다.

새로운 경쟁의 무대에서 지방은 중앙정부의 하위단위라는 소극적 의미로 해석될 수 없는 셈이다. 지방은 전지구화시대의 경쟁력을 확보하는 중심단위로서 국가경쟁력은 지방의 경쟁력으로부터 시작된다는 인식이 필요하다. 또한 지방은 시민들의 삶의 질을 결정하는 일차적인 공간이자 영역으로서 새로이 정의되어야 한다.

요컨대 지방화시대를 통해 지방의 활력을 살리는 것은 과거의 경직적이고 수직적 구조를 탈피해 자율적 · 분권적 요소를 강화하기 위해서 필수적이라 할 수 있다. 이에 따라 지방화 개혁은 세계화시대의 필수적인 항목이 되고 있다. 세계화는 지방을 하나의 행위주체로 부각시키며 지방간의 국제적 교류와 경쟁을 필연화하고 있는 것이다.

(2) 세계화의 전제조건

경쟁력을 강화하고 세계화를 이루기 이전에 우리가 이루어야 할 몇 가지 전제조건이 있다. 이러한 몇 가지 사안들이 조직이나 개인의 행위에서 내면화할 때만 세계화는 올바른 궤도에 올라설 수 있는 것이다.[6]

1) 합 리 성

세계화를 위해 우리에게 가장 먼저 요구되는 것은 합리적 사고이다. 합리성은 계승해야 할 근대화시대의 가장 중요한 유산이다. 더욱이 우리처럼 압축비약형 발전을 거친 사회에서는 이 합리화가 충분히 뿌리내리기 힘들었기 때문에 세계화 시대에는 합리성이 중요하게 자리매김되어야 한다. 이것은 개발독재 및 성장지상주의하에서 쌓인 비합리적이고 잘못된 제도와 의식을 고치고 비틀어진 질서를 공정하게 만드는 데 초점이 두어져야 한다. 이를 통해 합리적인 판단과 행동이 존중받을 수 있게 만들어야 한다. 개혁을 수행함에 있어 합리화를 이룬다는 원칙이 가장 기본이 되어야 하고, 시장경제의 효율성도 경제주체들의 합리성에 의해서 증대될 수 있는 것이다.

2) 전문화 · 일류화

두 번째 필요한 조건은 전문화이다. 전문화가 가장 크게 요구되는 분야는 기업이다. 재벌로 대표되는 우리나라의 기업들에게는 전공이 없다. 라면에서 자동차, 휴대용 전화기, 백화점 경영까지 이윤이 있는 곳에 재벌의 손길이 뻗치지 않고 있는 곳이 없다. 이런 환경 속에서는 어느 것 하나 제대로 창조할 수 없고 모방만이 판치는 영원한 이류밖에 될 수 없게 된다. 한마디로 전문화는 모든 부문에서 일류를 추구할 때 가능해진다.

전문화나 일류화는 근대화 · 산업화시대에 그랬던 것처럼 단순히 어느 한

---

6) 정진영, "세계화시대의 국가발전전략," 세종연구소, 1995 : 세계화추진위원회, 전게서, pp. 43~44.

나라를 모방하거나 따라잡는 수준에서 행동할 것이 아니라 오히려 남들이 배우고 싶어하고, 모방할 수 있는 독창적인 모델을 만들어가야 함을 의미한다. 창조를 함축하는 일류가 되어야 하는 것이다. 정부, 기업, 학교, 지방, 국민의 모든 주체와 정치, 경제, 사회, 문화의 모든 분야에서 이러한 창조적인 전문화(일류화)의 추구는 우리 사회 전체에 새로운 활력과 생명력을 불어넣을 것이다.

3) 관용과 아량

우리나라는 외부의 침략을 받아온 역사적인 경험으로 인해 외국인, 외국기업에 대해 피해의식에 가까운 폐쇄적이고 비호의적인 국민정서가 아직도 다른 나라에 비해 심하다. 외국인 개개인에 대해서도 그렇지만 외국투자에 대해서는 더욱 부정적인 정서를 지니고 있다. 외국자본의 국내진출에 대한 피해의식도 크다. 외국인에 대한 아량과 관용을 지니고 자신감을 갖지 않으면, 그들을 이용할 수도 없다. 일본의 유럽 투자액의 40%가 영국에 투자되고 있으나, 영국인들은 여전히 일본의 투자를 환영하고 있다. 그 이유는 영국인들은 일본의 투자가 많을수록 고용효과, 세수증대 그리고 기술획득이 커진다는 자신감을 지니고 있기 때문이다.[7] 역사는 반드시 반복하는 것이 아니며, 우리도 피해의식에서 벗어나 영국처럼 일본 등 외국의 자본이나 선진기술을 이용할 수 있어야 한다.

4) 한 국 화

자기 것을 제대로 아는 민족만이 세계화에 성공할 수 있다. 자기 나라의 문화와 역사를 존중하지 않으면서 다른 나라, 나아가 세계의 문화와 역사를 존중할 수는 없다. 민족적 자긍심의 기초 뒤에서 '우리 것을 세계화'한다는 원칙을 잊지 말아야 한다. 상품의 개발, 관광지의 조성, 서비스의 제공 등 모든 과정에서 우리 민족의 멋과 정, 분위기를 느낄 수 있도록 만들어야 한다. 이를 토대로 한국의 빛깔과 향취가 세계사회 속에 뚜렷이 각인될 수 있도록 해야 한다.

7) 이홍구, "세계화를 향한 의식개혁의 과제," 계간사상, 1993, pp. 15~16.

2.3 세계화와 국제화의 비교

국제화(internationalization)가 국경을 초월한 경제활동의 지리적 확장을 의미한다면 세계화(globalization)는 국제화된 경제활동 위에 기능적 통합(functional integration) 요소를 가미함으로써 세계시장이 단일화되어가는 현상을 의미한다.

국제화라는 용어는 말 그대로 국가간의 관계에 초점을 맞춘 것으로서, 근대국민국가가 성립되고 이들 상호간에 관계가 맺어지고 교역이 이루어지는 가운데 자리잡게 된 것이다. '국제화한다'는 말은 따라서 자국내에서 모든 것을 자급자족하는 대신 외국과의 관계를 맺으면서 주고받는다는 것을 의미한다.

국제화에 대한 관심은 18세기로까지 거슬러 올라간다. 당시, 아담 스미스와 리카르도는 분업의 이익과 비교우위론을 제시하면서 무역을 통하여 각국은 성장과 후생을 증진할 수 있다는 것을 설파하였다.

각국은 국제화에 의하여 상호 의존관계를 맺게 되고 경제 측면에서는 무역이라는 형태를 통해서 상호 의존관계가 형성된다. 무역의 비중이 높으면 높을수록 그 경제는 외국과의 혹은 세계경제와의 의존관계가 심화되는 것이다. 이것이 바로 국제화인 것이다.[8)]

국제화시대에서 세계경제는 무역을 통한 국제분업으로 형성된다. 국제화시대를 특징짓는 중요한 요소는 기업이 국가내에 포섭된 형태를 띤다는 점이다. 즉, 기업은 정부의 보호와 통제를 받으면서 자국내에서 부가가치를 창출하는 생산활동을 영위한다. 기업은 생산을 자국내에 국한함으로써 세계와는 무역을 통한 상업적인 관계만을 맺게 되고 그것은 국가를 매개로 한 간접적인 관계로 나타난다. 이러한 세계경제에서 제기되는 핵심적인 문제는 세계경제적 차원에서는 국제화의 룰을 정하는 것이며 일국차원에서는 자국경제의 이익을 극대화하기 위하여 기업정책을 쓰는 것이다.

세계화(globalization)라는 용어는 바로 이러한 시대적 변화 속에 자리잡고 있는 것으로, 말 그대로 지구전체를 하나로 통합하는 과정이다. 사실, 국제화도 국제분업에 의하여 세계경제를 통합하는 것이며 각국 경제를 상호 의존

---

8) 박종수, 「국제무역관리」, 삼영사, 1994, pp. 598~599.

적으로 만드는 것이므로 지구를 통합하는 기능을 해 온 것이다. 이러한 면에서 보면, 세계화의 국제화는 통합도의 차이라는 측면에서 대비되는 것이다.

세계화가 국제화와 구분되는 근본적인 차이는 기업들의 다국적기업화에 따른 기업과 국가 간의 관계변화에서 찾아진다. 오늘날 기업들은 해외에 자회사를 설치하거나 외국기업과 전략적 제휴를 함으로써 생산을 국내에만 국한하는 것이 아니라 세계 각지로 분산시키는 경향을 심화시키고 있다. 정보통신기술의 발달과 WTO의 출범은 이러한 경향을 가속화시킬 것이다. 기업들이 사업활동을 세계 각지로 확장하게 되면 그들은 초국가적으로 독자적인 영역을 확보하게 된다. 국가가 부동의 지역을 중심으로 주권에 의하여 해당지역에 통제력을 확보한다면 기업은 동적인 자본과 기술을 중심으로 경영권에 의하여 세계 각지에 분산된 자회사들에 통제력을 확보하는 것이다.

국제화시대에서 세계경제는 무역에 의한 국제분업으로 형성되었는데 기업이 직접 세계 각지로 옮겨다니게 되면서 한 제품이 한 나라에서 생산되는 것이 아니라 여러 나라에서 생산된 부품들의 조합으로 구성된다.

세계경제가 국제화시대에서 세계화시대로 이행하게 되면 국가와 기업 모두 경쟁력의 문제가 일차적인 관심사로 부각된다. 기업의 최대 관심사는 전통적으로 중요한 경쟁우위의 지속적 개발이다. 특히 기술 변화가 빠르고 소비자 기호가 상당히 다양해지는 가운데 제품개발을 비롯한 경쟁우위의 원천을 개발하는 것이 더욱 중요해진다. 이와 함께, 더욱 중요해지고 있는 것은 세계 각지의 입지적 우위를 활용하여 세계적 경쟁력을 확보하거나 다른 기업

표 11-1 세계화와 국제화의 차이점

		국 제 화	세 계 화
기업	활동범위	일국 내에 국한	다국에 걸쳐서 독자적 내부영역 구축
	국가와의 관계	국가의 전적인 통제화에 예속	초국적 지위를 획득하면서 국가와 대등한 위치로 격상
	세계와의 관계	무역을 통한 사업적 관계	해외투자를 통한 생산적 관계
국가 · 세계의 관계		개 방	국내제도조화
세계	구조의 성격	국가 중심의 상호 의존관계	국가 · 기업공존의 세계화 체제
	통합메커니즘	무역, 수출입경쟁	산업세계화, 글로벌 경쟁
	통합의 정도	연식통합	경식통합

과의 제휴를 통하여 경쟁우위의 원천을 공유하는 것이다. 이러한 기업들이 많아지면 그동안 내수시장에 치중했던 기업들과 수출에만 의존했던 기업들은 생존에 위협을 느끼게 되므로 그들도 이러한 길로 나아가지 않을 수 없게 된다. 따라서, 기업세계화는 점차 보편화되고 가속화될 것으로 예상되는 것이다.

2.4 세계화의 과제와 전략

(1) 세계화의 과제

현재 각국은 세계화의 시대로 점진적으로 진화 · 변화하고 있다. 이러한 변화의 추세에서 세계화를 위해서는 우리는 무엇을 해야 하는가?

첫째, 경제이익을 국가 존망의 이익과 같은 수준으로 올려놓아야 한다. 즉, 안보이익과 경제이익이 동일선상에 있다고 본다. 경쟁력이 없이는 안보도, 통일도 이룩할 수 없다. 경제력의 뒷받침이 있어야만 안보를 공고히 할 수 있고, 통일을 이루어낸 후 통일비용을 부담할 수 있다.[9]

둘째, 교육과 연구에 대한 투자를 엄청난 수준으로 늘려야 한다.

셋째, 교육과 연구분야의 과감한 투자의 결과로 과학영역에서 획기적인 진전이 있어야 한다.

넷째, 상업적 응용능력을 키워야 한다. 이면우 교수는 하이테크(High Tech)개발을 위해서는 엄청난 기술과 자본이 필요하므로 하이테크개발을 위해 노력하면서 우선은 하이터치(High Touch)를 개발할 것을 주장한다. 하이터치는 기존의 기술을 가지고 소비자들의 구매욕을 충동할 수 있는 제품을 만들자는 것이다.[10]

다섯째, 우리는 바로 '우리라는 느낌'(we feeling)이라는 개념을 바꾸어야 한다. 미국 노동부장관 로버트 라이히(Robert B. Reich)는 '국가의 일'(The Works of Nations)에서 우리 개념의 문제를 지적한 바 있다. 오늘날 단순히 혈통, 영토 등으로 우리라는 느낌을 지녔지만, 현재의 상황에서는 이러한 '우리' 개념은 문제가 있다는 것이다.

따라서 우리라는 개념을 넓혀서 생각해야 한다. 우리를 위해서 일하는 사람, 우리나라 상사의 해외지사에서 일하는 현지 고용인들, 외국인 노동자,

---

9) 정진영, 전게서, p. 272.

10) 이면우, 「W이론을 만들자 : 한국형 기술, 한국형 산업문화 발전전략」, 지식산업사, 1992.

외국기업이라도 우리 근로자를 고용하고 훈련시키고 기술이전을 해 주는 기업이라면 바로 그것이 우리이다. 단순히 혈연과 영토의 개념으로 우리를 규정짓는 것은 낡은 사고방식이다. 진정한 세계화는 우리라는 개념 자체를 넓혀야 가능한 것이다.

(2) 발전전략으로서의 세계화

1) 교육의 세계화

교육개혁은 세계화개혁의 중심고지이자 관건이다. 교육개혁에 최우선을 두는 세계화전략을 펼쳐야 한다. 교육개혁은 세계화시대의 교육일류국가를 만들고, 평생학습사회를 실현하며, 수준 높은 시민사회와 도덕공동체의 기반을 형성한다는 비전 아래 진행되어야 한다.

교육개혁의 기본정신은 자율과 개방, 창의와 경쟁에 입각한 교육체제와 세계화 · 정보화시대에 걸맞는 창의적 인재와 세계시민을 양성하는 방향으로 교육의 큰 물줄기를 새로이 잡는 데 그 목표를 두어야 한다. 진취적이고 창의적인 차세대 국민을 양성하기 위한 교육개혁은 다음 두 가지를 그 핵심목표로 삼고 있다.

첫째, 지식정보문명에 적합한 인재를 양성하는 것이다. 창의력, 자율성, 문제발견 및 해결능력, 협동작업을 중시하는 교육으로 전환해야 한다.

둘째, 지적 · 도덕적으로 성숙한 세계시민을 양성해야 한다. 지구환경시대, 시민참여시대, 지방화시대, 문화우위시대에 걸맞고, 우리 국가를 문화도덕 국가로 만드는 데 부합되는 시민적 덕성과 문화적 소양, 그리고 도덕적 자질을 갖춘 세계시민을 양성하는 교육이어야 한다.

2) 법질서 · 경제질서의 세계화

기초질서는 사회적 신뢰와 안정의 기본이다. 기초질서의 확립 없이 일류국가가 될 수는 없다. 이를 위해서는 무엇보다도 공정한 행위준칙으로서 법의 지배가 정착되어야 한다. 이를 위해서는 모든 법규범을 세계수준인 선진규범으로 만들어야 한다. 이와 함께 사법도 그동안의 비합리적 관행과 제도를 합리적으로 바꾸고, 사법부 전체가 세계화할 수 있는 개혁이 필요하다.

경제질서도 세계화되어야 한다. 모든 경제거래가 실명화되고 투명하여야 하며, 공정하고 자유로운 경쟁질서 속에서 이루어져야 한다. 불필요한 행정

규제를 과감히 없애야 한다. 금융이 자율화되고, 소비자 주권이 존중되며, 세무행정이 공평하고 투명해야 한다.

이러한 기초 위에서 정의롭고 균형잡힌 경제질서의 확립이 필요하다. 예컨대 고령화사회에 대비해 사회복지제도를 비롯한 사회개발분야의 효율을 중시하는 방향에서 획기적으로 개선해야 하며, 그리하여 우리 사회가 생산적 복지체제를 구축할 수 있도록 해야 한다.

이와 함께 지역개발과 중소기업 지원도 단순한 균형 맞추기의 차원에서가 아니라 지방과 중소기업이 세계화시대에 중요한 주체라는 관점에서 이들이 홀로 설 수 있도록 지원을 강화해야 한다.

노사관계도 세계화되어야 한다. 노사간의 극한적인 대립과 갈등의 시대는 끝났다. 기업발전에 대한 노동책임의식을 다함으로 생산적이고 협력적인 파트너십을 강화해야 하며, 민주적 타협의 제도화를 위해 노사 양측이 노력해야 한다.

3) 정치 및 언론의 세계화

정치가 다른 사회분야의 발전을 선도하기보다는 따라잡지도 못하고 있는 것이 우리의 현실이다. 이로 인해 정치에 대한 불신과 탈정치화가 광범히 일어나고 있다. 이러한 정치의 후진성이 국가적 조정력과 통합력을 약화시키고 시민참여 시대를 여는 데 장애가 되고 있다.

정치를 세계화 시대에 맞게 선진화 · 일류화해야만 한다. 정당은 정책을 가지고 경쟁하는 정당으로, 그리고 당내 민주화가 확실히 보장되고, 동시에 차세대 지도자를 양성하는 미래 정당으로 발전되어야 한다. 깨끗하고 투명한 선거를 통하여 지역대표뿐 아니라 직능대표성과 전문성을 가진 사람들이 정치적 대표가 될 수 있게 해야 한다.

이와 함께 의회의 운영도 합리화 · 효율화하여 정치의 생산성을 제고해야 한다. 정치권의 뼈를 깎는 자기 개혁이 동반될 때만 정치의 본래 기능인 정책개발과 국민적 조정 및 통합력 확보가 가능할 것이다.

언론의 자기성찰과 개혁도 필수적이다. 오늘의 시대에서 언론의 역할과 비중은 급속도로 높아지고 있다. 하지만 언론의 선전화, 상업화 그리고 과당 경쟁 경향은 우려할 만한 수준에 이르렀다.

미래지향적 공론을 형성하고, 새로운 시대적 흐름을 앞서 제시하며 국민적 합의를 모아나가는 사회적 공기로서의 역할을 할 수 있도록 언론 스스로가 자기 개혁능력을 보여 주어야 하며, 언론에 대한 국민적 감시와 참여를 강화해야 한다.

4) 행정과 지방의 세계화

행정은 민간의 참의를 극대화하는 방향에서 서비스행정으로 바뀌어야 한다. 이를 위해서는 탈규제가 시급히 요구된다. 이것은 행정의 공공적 역할이 감소되는 것을 의미하는 것이 아니라 그 역할이 바뀌고 효율화되어야 함을 의미한다. 공정거래, 노동, 환경, 복지 등의 분야에서는 정부의 질서확립 차원에서 공공적 기능이 강화되어야 한다.

행정 전체가 관료적·권위주의형 행정에서 기업가형·고객중시형 행정으로 바뀌어야 한다. 이를 통해 관리 중심의 행정개념에서 경영 중심의 행정개념으로 발상이 전환되어야 한다. '작고 능률적인 정부', '똑똑하고 유연한 정부' 없이 세계화를 이룰 수 없다.

이와 함께 지방을 세계화의 거점으로 만들어야 한다. 21세기 '메트로폴리스 시대'를 대비하여 적정 규모의 경제권·생활권에 맞는 행정단위로 지방행정 조직이 개편되어야 한다. 이와 아울러 지방간의 경쟁질서를 확립하고 지방의 매력과 발전 잠재력을 활성화하기 위한 지방의 자율적·주체적 노력을 존중해야 한다. 이를 위해서는 중앙정부의 권한과 업무를 대폭 이양하고, 이를 토대로 지방자치제가 성공할 수 있도록 해야 한다.

5) 환경의 세계화

지구환경시대에는 환경선진국이 되는 것이 세계중심국가가 되기 위한 전제가 되고 있다. 우리 사회의 모든 시스템을 자연환경에 적합한 방식으로 바꾸어야 한다. 이와 아울러 우리의 생활양식도 환경보존형으로 바꾸어야 한다. 쾌적한 환경을 조성하고, 이를 토대로 사람간의 관계나 사람과 자연의 관계에서 공동체적 유대를 강화해야 한다. 이를 통해 '자연과 공생하는 녹색사회'를 만들어가야 한다.

정부는 '건전하고 지속 가능한 발전'을 추구해야 한다. 정부의 환경감시 역할을 강화하고, 환경산업육성을 도모하며, 기업과 더불어 환경투자를 늘려야 한다. 지방정부는 자신의 지역을 '에코폴리스화'할 수 있도록 최선의 노력을 기울여야 한다. 시민환경 운동단체와 협력하여 환경의식과 환경친화적 생활양식을 확산하는 데 힘써야 한다.

6) 문화의 세계화

문화대국, 정신대국, 도덕대국을 위한 폭넓은 문화개혁과 의식개혁이 필요하다. 다가오는 '자유시간 사회'를 맞아 탐닉적·향락적 문화가 지배하지 않고, 학습적·자아실현적 문화가 득세하도록 해야 한다. 또 인성과 도덕을 중시하는 사회풍조를 조성해야 한다. 폐쇄적 의식을 고쳐 보다 개방적이고 다원적이며 합리적인 세계시민으로서의 마인드와 행동방식을 가질 수 있도록 사회화가 이루어져야 한다. 이런 일들을 가능케 하기 위해서는 교육과 함께 가족의 가치와 중요성이 거듭 확인되어야 한다.

우리의 문화적 정체성을 재확립하고 이를 세계문화와 접목시켜야 한다. 자기 것에 대한 자긍심과 남의 것에 대한 존경심을 가지고 열린 마음으로 세계에 나아가 세계인들과 당당하고 대등하게 교류할 수 있는 태세를 갖추어야 한다.

이와 함께 문화가 새로운 고부가가치를 낳는 경제영역임을 분명히 인식하여 문화산업의 육성과 문화 인프라스트럭처의 구축에 힘을 기울여야 한다. 지식정보시대, 문화우위시대의 경쟁력의 원천은 여기서 나온다. 정보 인프라스트럭처를 중심매체로 하는 문화 인프라스트럭처 구축이 가장 확실한 미래 투자임을 분명히 인식하고 이를 위해 힘을 아끼지 말아야 한다.

이와 같이 각 부문에서의 세계화전략을 착실히 추진해 가는 것이 통일을 앞당기는 가장 확실한 방법이기도 한다. 우리의 세계화는 북한의 개방을 촉진하고, 남북간의 교류를 확대하며 궁극적으로 우리의 국력을 신장시킴으로써 통일의 기반을 닦는 것이기 때문이다. 이 세계화전략을 통해 통일의 비용도 줄여갈 수 있는 것이다.

제 2 절 지식기반 및 디지털 경제

1. 지식기반 경제

1.1 지식기반 경제의 의의

(1) 지식과 지식기반 경제

'지식기반 경제' (knowledge-based economy)는 지식의 창출과 활용이 경제적 가치창출에서 중심적인 역할을 하는 경제를 말하는데, 이를 보다 간단히 표현하자면 知力(knowledge power)이 중시되는 경제라고 볼 수 있다.[11]

1980년대 이후 창의적인 아이디어 및 정보 등이 바로 산업화되는 현상이 나타나고, 아이디어와 정보가 생산, 분배, 소비의 주요 단위로 대두되어 물리적 재화나 서비스를 실질적으로 대체하는 추세가 나타나면서 지식과 기술이 생산성과 경제성장에 미치는 영향에 대한 연구가 활발해졌다. 이러한 연구 결과 Romer, Barro, Helpman, Grossman 등을 중심으로 신고전학파의 경제성장이론을 비판하는 '신경제성장론' (New growth theory)이 등장하게 되었다. Romer 등의 신경제성장론자들은 지식이 투자의 수익을 증가시키고 또 투자수익의 증가는 지식의 축적을 가져와서 경제의 지속적 성장을 가능케 한다는 경제모형을 제시했다.[12]

이들에 따르면 아래와 같은 이유로 인하여 경제성장에 있어서 지식이 가장중요한 생산요소가 되고 있다. 첫째, 지식은 전통적인 생산요소인 자본과 노동의 생산능력을 증대시킨다. 둘째, 지식은 이러한 투입요소를 조합하여 제품혁신이나 공정혁신을 낳는 데 필요한 know-how를 제공한다. 셋째, 노동과 자본은 희소하고 증가가 느리나, 지식은 상대적으로 축적이 용이하고 증

11) OECD, The knowledge-based Economy, 1996.

12) 정보통신정책연구원, "지식기반경제를 위한 정보통신 산업정책," 1999, p. 5.

가속도가 빠르다. 넷째, 지식은 축적되어도 한계수확체감의 원칙에 구애를 받지 않는다. 다섯째, 새로운 지식은 연구개발에 관계된 기업이나 산업에서 다른 부문으로 파급(spill-over)되고, 이때 새로운 아이디어는 추가적인 비용이 많이 들지 않고도 반복적으로 다른 사용자들에게 사용된다.

(2) 지식기반 산업

지식기반 경제에 대한 개념에서 더 나아가 지식기반 산업(knowledge-based industry)을 정의하기란 쉽지 않다. 그 이유는 지식기반 산업이라는 용어 자체가 다소 애매하고 확장된 해석이 가능하기 때문이다.

한편 OECD에서는 지식의 투입과 활용이 많은 하이테크 제조업과 통신서비스, 금융 · 보험산업, 사업서비스업 등을 지식기반 산업으로 정의하고 있다. 즉, 항공, 컴퓨터, 전자, 의약 등의 하이테크 제조업은 연구개발의 투입이 많다는 점에서, 통신서비스, 금융 · 보험산업, 사업서비스업 등은 정보통신 기술을 집약적으로 사용한다는 점에서 각각 지식기반 산업에 포함시키고 있다. 이러한 OECD의 연구를 참고로 한다면, 우리는 지식기반 산업을 "생산활동에 있어 자본과 노동 등 전통적인 생산요소 이외에 지식(knowledge)의 투입과 활용이 많은 산업"으로서 정의할 수 있을 듯하다.

OECD기준에 따라 지식기반 산업을 정의하고 지식기반 산업의 비중을 살펴보면, OECD 국가들의 경우 지식기반 산업의 부가가치 비중이 1985년의 30%에서 1994년 34%로 증가한 것으로 보고되고 있다. 우리나라의 경우는 투입산출표를 기준으로 할 때, 1985년 11%에서 1995년의 경우 19%나 증가한 것으로 보고된다. 이로부터 우리는 우리 지식기반 산업이 선진국에 비하여 그 성장률이 매우 높은 편임을 알 수 있다. 하지만 국가별, 부문별 비교를 해 보면, 우리는 경제의 지식기반화가 상당히 미흡하여 미국의 1/2수준에 그치는 것으로 나타나고 있다. 특히 금융 · 보험의 경우 생산액 비중이 1985~1995년의 10년 사이에 1.5배 증가에 그치는 등 발전이 미흡한 것으로 보여진다.

2. 디지털 경제

2.1 디지털 경제의 의의

디지털 경제에 대한 일반적 개념은 그 역사가 일천하기 때문에 아직 명확한 개념은 존재하지 않으나, 이에 대한 개념 정립은 정보기술의 측면과 정보기능의 측면을 중심으로 정의하고 있다.

(1) 정보기술 측면에서의 정의

정보기술 측면에서의 디지털 경제에 대한 정의는 미국 상무부의 견해이다. 미국 상무부는 디지털 경제를 정보기술을 생산하는 산업, 정보기술을 이용하는 산업 그리고 전자상거래 등 세 가지 요소가 혼합된 것으로 정의한다. 미국 상무부의 견해에 따르면 디지털 경제를 이루는 하부구조는 정보기술이고, 정보기술의 급속한 진보가 없었다면 디지털 경제가 도래할 수 없었다는 것이다. 그리고 이러한 정보기술 진전의 꽃으로 부각된 것이 전자상거래라는 것이다. 이러한 시각은 미국 상무부가 지금까지 발표한 네 권의 보고서에 그대로 집약되어 있다.

(2) 정보기능 측면에서의 정의

정보기능 측면에서의 정의도 기본적으로 미 상무부의 정의와 크게 다르지 않다. 이 정의는 디지털 경제를 다음과 같이 네 가지 요소로 정의하고 있다.[13)]

① 생산품이란 지식집약적 상품 및 정보이다.

② 생산과정이란 전자상거래와 네트워크의 활용이다.

③ 기술은 디지털 기술, 인터넷, 컴퓨터이다.

④ 산업은 서비스와 지식산업이다.

다만 이 정의는 지식집약적인 측면을 강조하며, 산업으로서는 서비스를 강조한다는 차이를 가질 뿐이다. 그래서 이 정의는 서비스산업을 강조한 나머지, 디지털 혁명을 "제조업에서 서비스 경제로의 이행"이라고 정의하기까

13) The Emerging Digital Economy I. The Emerging Digital Economy II. The Digital Economy 2000, The Digital Economy 2002.

지 한다.

그러나 이 두 정의가 가지는 공통점은 디지털 경제의 구성원리로서 전자상거래를 강조하고 있다는 것이다. 다시 말해 어떠한 형태로 정의하든지 전자상거래는 디지털 경제의 필수 불가결한 요소가 될 수밖에 없다는 것이다.

2.2 디지털 경제의 특징

디지털 경제의 특징은 지식기반 경제, 네트워크 경제, 신경제 등으로 요약할 수 있다.

(1) 지식기반 경제

디지털 경제가 가지는 가장 큰 특징은 그것이 지식을 기반으로 하여 움직이는 사회가 될 것이라는 점이다.

이것은 과거와 같은 토지와 노동이라는 생산요소 외에 지식(광범위하게는 정보)이 새로운 생산요소로 기능하게 된다는 것을 의미한다. 하지만 이 경우 지식은 '또 다른 하나의 생산요소'가 아니라, 토지와 노동이라는 다른 생산요소들의 효율을 좌우하는 가장 중요한 요소가 된다. 그래서 지식이 노동, 자본 등 전통적인 생산요소들보다 국가의 경제성장과 산업발전에 상대적으로 더 많이 기여하게 된다.

지식기반 경제의 핵심은 축적, 확산, 활용이며, 이 모든 과정에서 가장 중요한 것은 지식과 정보를 획득하고 전파하는 네트워크라고 할 수 있다.

(2) 네트워크 경제

디지털 경제는 필연적으로 네트워크 경제, 즉 지식이나 정보가 네트워크로 연결되어 쉽게 활용되는 경제시스템이다. 정보나 지식이 네트워크를 통해 공유된다는 것은 경제활동에서 매우 중요한 의미를 가진다. 네트워크를 통해 공유된 지식은 과거보다 훨씬 효율적으로 활용되어 생산성의 획기적 향상으로 연결될 수 있기 때문이다. 또한 네트워크를 활용하기 위한 기술적 변화는 디지털 기술을 근간으로 한 정보통신 부문의 발전에 의해 주도되고 있다. 이렇게 볼 때 인터넷의 급속한 확산, 정보통신의 발전, 그리고 이들을 근간으로 한 새로운 상품과 서비스의 출현 등은 모두 네트워크에 기반한 지식기반

사회로의 전환을 더욱 촉진시키는 계기가 될 것이다.

(3) 신경제 현상

디지털 경제가 성숙될 경우 기존의 경제원리는 다른 경제원리가 적용되는 신경제로 연결될 수 있다. 신경제의 정의나 그 원인에 대해서는 의견이 분분하나 대체로 다음 세 가지 특성을 갖고 있다.

① 신경제는 정보통신기술과 접목된 기업경영의 효율성 제고에 힘입어 높은 성장 추세를 갖는다.

② 경제 일부에서 발생하는 네트워크 효과와 수확체증으로 경제성장이 촉진된다. 네트워크 효과의 가장 대표적인 예가 인터넷과 전자상거래이다.

③ 정보통신 기술과 글로벌화가 결합함으로써 인플레이션 압력 없이, 그리고 인플레이션과 고용의 상쇄 효과 없이 장기적인 경제성장이 이루어진다.

이 같은 세 가지 특성은 모두 정보통신 기술과 긴밀한 관계를 가진다. 그래서 미국의 신경제 현상[14]은 디지털 경제의 산물이라 말할 수도 있다.

표 11-2 구 경제와 신 경제

내 용	구 경 제		신 경 제
신 호	아날로그	➔	디지털
프로세서	전통적인 반도체	➔	마이크로프로세서
시 스 템	호스트 기반	➔	클라이언트/서버
네트워크 용량	오솔길	➔	정보고속도로
장 치	벙어리	➔	정보장치
정보형태	분리된 데이터, 분자, 음성, 이미지	➔	멀티미디어
시 스 템	독자적	➔	개방적
네트워크	벙어리	➔	지능형
소프트웨어 개발	개인기능	➔	객체 컴퓨팅
인터페이스	GUI	➔	MUD, MUI, MOO

14) 소위 '미국의 신경제 현상'은 1991년 4월부터 2000년까지 무려 10년가량 계속된 미국의 호황 국면을 의미한다. 미국에서는 이 기간동안 일반적인 경제현상과는 달리 실업률이 하락면에서도 인플레이션은 발생하지 않는다. 이러한 90년대 미국의 호황 국면에 대해서는 다양한 견해가 제시되어 왔는데, 그 중 하나가 신경제(New Economy)론이다. 이 견해에 따르면 미국의 호황은 장기적인 경제구조의 변화에 기인한 것으로, 미국 경제의 지속적인 생산성향상에 의해서 경제성장과 물가안정을 동시에 달성할 수 있었다는 것이다.

2.3 디지털 시대의 파워엘리트

세계 흥망의 역사에서 볼 때 경제의 성쇠를 결정하는 것은 역시 인적자원이며, 인간적인 요인이 대단히 큼을 알 수 있다.

산업시대가 조직과 막대한 재력으로 승부하는 시대였다면 디지털 시대에는 개인의 창의성과 아이디어가 파워의 원천이 되고 있다.

수십만 명의 대군(大軍)보다는 한 명의 제갈공명이 세상을 바꾸고 있는 것이다.

소수의 창의성이 세상을 바꾸는 상황에서 기존의 경직된 거대 조직은 '박제 된 공룡' 일 뿐인 것이다. 이제 남은 것은 지식과 창조성이다. 부와 권력도 여기서 나온다. 조직도 무력도 재력도 이런 변화 속에서는 무기력해졌다.

재래식 전쟁도 디지털 혁명에는 손을 들었다. 이라크를 상대로 '사막의 폭풍작전' 을 벌인 미국은 그들이 소유한 하이테크 기술로 '사람 없는 전쟁' 을 승리로 이끌었다.

이미 전쟁도 땅이 아닌 컴퓨터에서 진행되고 있었기 때문이다. 단지 필요한 것은 고도의 지식을 소유한 소수의 정예부대와 이를 운영할 수 있는 새로운 전략체계뿐이었다.

2.4 디지털 경제와 인터넷

디지털 경제의 정의에서 본 바와 같이 전자상거래는 디지털 경제의 알파와 오메가이다. 디지털 경제에서 전자상거래가 이렇게 중요한 위치를 차지하는 것은 그것이 인터넷을 통해 이루어지기 때문이다. 사실 전자상거래를 광범위하게 정의할 경우에는 인터넷뿐만 아니라 다양한 전자적 매체를 통해 이루어지는 거래까지도 전자상거래에 포함된다. 하지만 디지털 경제의 특성과 관련된다는 점에서 인터넷을 통해 이루어지는 전자상거래가 더욱더 중요하게 부각된다.

그렇다면 디지털 경제에서 인터넷은 왜 중요한 것일까?

간략히 말해 인터넷은 디지털 경제에서 네트워크의 도구로 사용되고, 새로운 생산요소인 지식과 정보의 전달 통로로서 사용되며, 그 결과 새로운 미디어로 작용하기 때문이다.

(1) 네트워크 도구로서의 인터넷

앞서 말한 바와 같이 디지털 경제에서 인터넷이 중요한 것은 우선 이것이 네트워크의 도구로 사용되기 때문이다. 주지하는 바와 같이 네트워크는 연결된 사람 혹은 정보가 더 많을수록 그 경제적 효과가 더 커진다(네트워크 외부성). 따라서 전 세계적으로 인터넷 사용자가 증대할수록, 인터넷의 경제적 효과는 더 커지고, 그 결과 더 많은 사람과 정보가 인터넷에 연결된다.

그래서 인터넷상에서 이루어지는 비즈니스는 사이버 비즈니스라기보다는 네트워킹 비즈니스로 이해되는 것이 바람직하다. 즉, 인터넷을 현실 공간의 대응으로서의 가상 공간이라기보다는, 가상 공간과 현실 공간을 연결하는 도구, 현실 공간의 많은 주체들과 정보를 연결하는 도구로 이해하는 것이 바람직하다는 것이다.

(2) 지식과 정보의 통로로서의 인터넷

인터넷은 지금까지 어떠한 매체도 가지지 못한 개방성, 글로벌성, 쌍방향성 때문에 정보의 확산과 공유에 가장 적합한 매체로 부각되고 있다. 달리 말하면 인터넷에서의 정보는 모두에게 개방된 것이기 때문에 정보를 얻는 최선의 방법도 인터넷을 통하는 것이고, 또 가급적 많은 사람에게 특정의 정보를 전달하는 최선의 방법도 인터넷을 통하는 것이다. 특히 전 세계적인 인터넷의 보급, 확대는 이런 특성을 더욱 강화시킬 것으로 보여진다.

지식과 정보의 활용이 절대적으로 요구되는 지식기반 산업의 육성이라는 측면에서 볼 때 인터넷을 이용한 전자상거래는 지식기반 산업의 활성화와 보다 밀접한 관계를 가진다. 인터넷 전자상거래 시스템을 통하여 시장에서 요구되는 상품에 대한 정보를 용이하게 파악할 수 있고(정보 가공과 정보 제공), 비용을 절감하는 형태의 판매망를 구축할 수 있으며(홈페이지 구축), 보다 쉽게 자사의 상품을 필요로 하는 소비자를 찾을 수 있으며(상거래 연결기능), 재고 관리를 손쉽게 할 수 있으며 (전자데이터 교환), 상품의 유통 또한 효율적으로 진행할 수 있다(데이터 집적 시스템)는 것이다.

이러한 점에서 인터넷을 통한 전자상거래의 도입과 발전은 디지털 경제와 지식기반 산업의 육성을 위한 필요충분조건으로 보여진다. 특히 기존의 산업 또한 정보와 지식의 활용에 의해 그 효율성을 높일 수 있다는 점에서 인터넷을 통한 전자상거래의 중요성은 더욱 커진다.

(3) 새로운 미디어로서의 인터넷

디지털 경제 시대에 인터넷이 수행할 수 있는 또 하나의 기능은 새로운 미디어로서의 역할이다. 이미 인터넷은 이용자수 5,000만명을 돌파하는 데 4년이 걸려, 라디오(38년), TV(13년), PC(16년)를 제치고 인류 역사상 가장 빠른 속도로 확산된 미디어로 평가되고 있다.

인터넷이 새로운 미디어로서 작용할 수 있는 것은 기존 미디어보다 서비스 제공 비용이 저렴하다는 것이 가장 큰 이유로 꼽힌다. 이와 함께 인터넷이 가지는 다음과 같은 특성은 새로운 미디어로서 인터넷의 활용 가능성을 더 높여준다.

① 상호작용성(Interactivity)이다. 이는 정보의 수요자가 동시에 공급자가 되는 상황을 의미한다. 기존의 전통적인 미디어에도 이러한 기능이 없는 것은 아니지만 극히 제한적이었고, 그 속도 또한 매우 느렸다. 따라서 상호작용성을 기반으로 하는 인터넷이 미디어로 발전할 가능성은 매우 높다.

② 비동시성(Asynchrony)이다. 녹음이나 녹화를 하지 않은 이상 방송시간에만 보고 들을 수 있었던 텔레비전이나 라디오와는 달리 인터넷은 시간 제약 없이 원하는 정보를 원하는 시간에 송수신할 수 있다.

③ 다차원 커뮤니케이션의 기능성이다. 인터넷이 1대 1 통신은 물론 1대 다수, 그리고 다수대 다수 통신이 모두 가능한 다차원 커뮤니케이션 수단이라는 점도 큰 위력을 발휘하고 있다. 전자우편을 통해 두 사람이 정보를 교환하기도 하고, 또 전자게시판(BBS)에서는 한 명이 여러 명에게 동시에 정보를 알릴 수 있기 때문이다.

2.5 디지털 경제와 전자상거래

앞에서 제시된 디지털 경제와 인터넷에 대한 이해를 바탕으로 디지털 경제에서 E-비즈니스가 가지는 위치를 파악할 수 있다.

디지털 경제가 출현하기 위해서는 세 가지의 상호 연관된 발전이 이루어져야 했는데, IT 산업, 통신망 그리고 인터넷의 발전이 그것이다. 이러한 세부류의 발전은 제각기 이루어지기보다는 서로 연결됨으로써 기존의 경제적 특성과는 다른 새로운 특성을 형성해 나가기 시작했다. 이러한 특성의 결정체로서 디지털 경제는 앞서 본 바와 같이 지식기반경제, 네트워크 경제, 신경제라는 현상을 보이기 시작했다. 그리고 이러한 디지털 경제의 실질적인 개화를 가능하게 한 것이 인터넷을 매개로 한 전자상거래임을 앞에서 설명하였다. 그런데 이 같은 과정에서 주목할 만한 현상은 전자상거래의 중심이 B2C에서 B2B로 계속하여 이동하고 있다는 것이다.

인터넷을 매개로 한 전자상거래가 시작될 당시 경제주체의 관심을 끈 것은 쇼핑몰로 대변되는 기업과 소비자간(Business to Consumer : B2C) 전자상거래이다.

기업들은 이러한 거래 형태를 통하여 자신들이 생산하는 상품의 새로운 유통 경로를 발견했을 뿐 아니라, 새로운 시장의 가능성도 발견했다. 그래서 기존 오프라인(실물경제 공간)상의 상점들이 대거 온라인(인터넷의 가상공간)상의 상점을 개설했을 뿐 아니라, 벤처기업의 형태로 새로운 온라인 상점들이 다수 출현하였다.

하지만 1998년을 기점으로 기업간 전자상거래(Business to Business e-Connerce : B2B)에 대한 관심이 급속도로 증대하고 있다. 이는 기업과 소비자간, 즉 B2B의 중요성이 감소되었다는 의미가 아니라, 종래에는 관심을 끌지 못했던 B2B의 중요성이 더 부각된 것으로 이해된다. B2B의 시장 규모가 B2C의 7~8배에 달한다는 것 외에도, B2C가 주로 기업과 소비자의 행위방식에 영향을 미치는 데 비하여 B2B는 기업, 산업, 나아가 국민경제 전체의 경쟁력에 영향을 끼치기 때문이다.

바로 이러한 점에서 B2B는 디지털 경제의 가장 중요한 요인의 하나로 등장하기 시작했다. 즉, 인터넷을 이용하기 때문에 인터넷이 가지는 모든 특성을 가지고 있다는 점, 전자상거래의 새로운 조류로 등장했다는 점 등이 B2B가 디지털 경제에서 차지하는 위상을 보여준다. 하지만 B2B가 정말 중요한 것은 단순히 IT와 인터넷발전의 결정체라기보다는 그것이 향후의 경제에 던지는 시사점이기 때문이다.

제 3 절 인터넷 혁명과 전자상거래

1. 인터넷 정보혁명

1.1 인터넷 신세계의 탄생

우리는 지금 인류 역사상 세 번째의 변혁을 경험하고 있다. 신석기 시대의 농업혁명과 17~18세기의 산업혁명에 이은 디지털 혁명이 그것이다. 이는 인터넷혁명, 정보혁명, 지식혁명이라는 다른 말로도 불리고 있다.

혹시 '혁명' 이라는 용어가 지금 과장된 것은 아닐까? 별것도 아닌 일로 사람들을 자극하는 말들을 좋아하는 사람들의 소란은 아닐까? 절대로 그렇지 않다.

우리는 지금 인류 역사상 한번도 경험하지 못한 변화의 소용돌이 속에서 있다. 인터넷이 본격적으로 사용된 지 불과 5년만에 사용자 수는 5,000만명을 돌파하였다. 이것은 우리 일상생활의 일부분이 되어 있는 라디오와 TV가 각각 38년, 13년만에 달성한 기록이다. 현재 전 세계 인류 중 3억명 이상이 인터넷을 사용하고 있을 것으로 추정되고 있다. 국내의 인터넷 사용자도 이미 1,100만명을 넘어선 것으로 추정하고 있다.

표 11-3 매체별 사용자 수 5,000만명 돌파 기간

매　체	햇　수	기　간
전　화	25	1920~1945
라 디 오	38	1922~1960
TV	13	1951~1964
케 이 블	10	1976~1986
인 터 넷	05	1993~1998

우리는 이 새로운 세계의 본질을 제대로 이해해야 한다. 이것은 사업방식의 변화가 아니다. 이것은 단순한 신기술의 출현이 아니다. 한번의 유형은 더더욱 아니다. 이것은 우리가 상상할 수 있는 것 이상의 근본적인 변화이다. 그렇기 때문에 누구도 미래를 자신있게 예측할 수 없다.[15)]

인터넷 경제는 종종 산업혁명과 비교되지만 그 잠재력에 있어서 근본적으로 다른 점이 있다. 산업혁명은 철강, 석유, 가스 등 유한자원에 의존한다. 그러나 인터넷 경제는 인터넷 프로토콜에 기반한 네트워크, 인터넷 응용기술, 새로운 마케팅과 비즈니스 모델로 전자 중개기술 등 거의 무한한 요소로 이루어져 있다. 따라서 수확체증(increasing return)의 세계라고 할 수 있다.

새로운 세계의 특성과 발전 방향을 알기 위해서 우리는 역사적인 관점을 취할 필요가 있다. 현재의 패러다임 변화는 200년 전의 산업혁명기를 다시 돌아봄으로써 보다 잘 이해할 수 있다. 또한 최근의 인터넷 비즈니스는 100년 전에 전화시스템이 맨 처음 가동된 것에 견줄 만하다. 전화를 처음 발명한 그레이엄 벨도 전화가 그렇게 눈부신 발전을 하리라고는 전혀 생각하지 못했듯이 인터넷도 처음의 의도와는 달리 발전하고 있다. 그러므로 인터넷의 미래를 알고 싶으면 과거의 여러 현상들을 고찰해 봄직하다.

1.2 인터넷 혁명과 전자상거래

위대한 경영철학자인 피터 드러커(P. Drucker)는 정보혁명의 혁명적 변화는 이제 막 시작되었다고 강조한다. 그리고 이러한 혁명을 주도하는 힘은 정보기술도 인공지능도 아닌 전자상거래(e-commerce)라고 한다. 즉 컴퓨터의 탄생이 세상을 변화시킨 것이 아니라 인터넷이 세상을 바꾸고 있으며, 인터넷 혁명을 몰고 가는 힘은 전자상거래에 있다는 것이다. 드러커는 이를 산업혁명의 역사와 비교해서 고찰하고 있다.

정보혁명의 현 단계는 1776년 제임스 와트가 증기엔진을 개발한 때로부터 40여 년이 경과한 1820년대 초와 유사한 상황이다. 우리는 역사상 정보혁명만큼 빨리 진행되는 것은 없다고 생각하지만 산업혁명의 진행 속도 역시 폭발적이었다. 예를 들어 면직물의 가격은 18세기 초 50년 동안 90%가 떨어

---

15) 장승권 · 정명호 · 김영수, 「인터넷 지식벤처의 성공조건」, 삼성경제연구소, 2000, p. 19~27.

표 11-4 산업혁명과 지식혁명의 비교

매 체	산업혁명	지식혁명
촉 발 제	내연(증기)기관	컴퓨터 기술
조직 형태	공장제	주식회사
변화의 동력	철도	인터넷과 전자상거래
변화의 중심 차원	거래의 정복	거리의 소멸
기업 구조	근대적 기업가 - 노동 계층	주주 → 지식근로자
사회 주도 계층	기술자 / 엔지니어	지식근로자
사회적 리더십의 이동	젠틀맨 → 기술자	자본가 → 지식근로자
기업 내 사회적 관계	위계조직(고용관계)	파트너십

졌다. 이것은 무어의 법칙(Moore's Law)[16]에 비견될 만하다.

증기(내연)기관의 발명이 산업혁명의 촉발제가 되었다면 세상을 바꾼 것은, 어떤 사회적 위치를 차지했느냐에 따라 한 나라 경제의 진로가 결정되었던 것이다.

마찬가지로, 앞으로 10년 후면 '주주 부의 극대화' 라는 기업경영의 근본 가정은 비생산적인 것으로 바뀌게 될지도 모른다. 지식이 기반이 되는 산업 구조에서는 지식근로자들을 어떻게 유인하고, 보유하고, 동기를 부여하느냐에 따라 기업의 성패가 결정될 것이다.

현재 우리 주변에도 인터넷 비즈니스가 본격화되면서 전혀 새로운 계층이 나타나고 있다. 이들은 지식 근로자들이며, 정보기업가(infopreneur)로 불리고 있다. 인터넷 벤처기업의 경영자는 대부분 386세대로서 주어진 경영수업을 확실히 받은 이전 세대와는 다르다. 학창시절 사회운동을 했던 경력자도 여럿 있다. 이들은 대중에 대한 이해도가 높다. 세상 돌아가는 일에 관심이 많다. 함께 어울리기를 좋아한다. 직접 책을 쓰고, 학자들과의 토론이나 세미나에 격의 없이 참석한다. 이들은 새로운 계급(New Class)으로 자리매김하고 있다.

앞으로 이들에 대한 사회적인 인식과 지원이 우리 사회의 장래를 결정하게 될 것이다.

16) 반도체 칩의 가격이 18개월마다 절반(50%)으로 떨어진다는 것.

2. 인터넷 전자상거래

2.1 인터넷 비즈니스의 이해

(1) 인터넷 비즈니스란

'인터넷 비즈니스'란 인터넷을 활용한 비즈니스이다. 인터넷을 활용하여 오프라인의 비즈니스에 필요한 정보교환을 하거나, 온라인으로 광고를 하거나, 인터넷에 사이트를 개설하여 온라인으로만 비즈니스를 하는 경우도 있을 수 있다.

'인터넷 비즈니스'를 시작하기 위해서는 먼저 인터넷 사용에 익숙하여야 한다. 인터넷 비즈니스는 특성상 정보 비즈니스이며, 지금까지의 오프라인 비즈니스와는 다른 사람을 상대로 하게 된다.

인터넷 비즈니스를 접근하는 방법은 다음의 세 가지 형태로 분류될 수 있다.[17)]

① 온라인에서 시작한 비즈니스에서 오프라인 비즈니스로 확대해 들어가는 방법이 있다.

이는 '넷스케이프 사'처럼 인터넷망을 통해 브라우저를 배포한 후 지명도를 바탕으로 서버 시장에 뛰어드는 형태, 또는 소호 형식의 비즈니스라면 '딴지일보'처럼 홈페이지를 통해 지명도와 독자를 확보한 후 일반 언론의 관심을 끌어 책 등을 출판하여 성공한 유형이다. 이것을 온라인, 오프라인 형식의 비즈니스라 할 수 있다.

② 오프라인에서 온라인으로 비즈니스 영역이나 방법을 확대하여 성공하는 경우도 있다.

이는 '핑거헛'과 같이 '카달로그 셀링'으로 성공한 회사가 인터넷 커머스로 재고상품을 팔아 성공한 경우이다. '한국무역정보통신(주)'처럼 기존의 무역이라는 방식을 인터넷을 통해 가능성을 모색하고 무역 서류의 표준화 작업을 통해 '인터넷 무역'이라는 새로운 영역을 만든 경우이다.

17) 오익재, 「인터넷 비즈니스」, 도서출판 청양, 1999, pp. 37~41.

실제로 동사에서 운영하는 '이씨코리아'(eckorea.com)와 같은 무역정보를 제공하는 사이트의 경우, 세계 1,000대 비즈니스 사이트 가운데 두 번째의 히트수를 기록했다.

③ '델컴퓨터 사'처럼 기존의 비즈니스 방식과는 무관하게 온라인상에서 시작하여 온라인으로 비즈니스 영역을 확대해 들어가는 방식이다.

'야후'와 같은 경우도 주로 온라인으로 포탈 사이트가 되기 위한 투자를 하는 등 온라인에서 시작하여 온라인으로 영역이나 고객을 확대해 가는 경우이다.

다시 말해서 온라인 → 오프라인, 오프라인 → 온라인, 온라인 → 온라인의 접근방식이 있다고 하겠다.

(2) 인터넷 비즈니스의 특징

비즈니스의 목적 중의 하나가 이익 또는 이윤을 극대화하는바, 마찬가지로 인터넷 비즈니스의 경우도 장기적인 이익 창출을 위한 효과적인 방법이 무엇인지를 찾고, 이에 따라 비즈니스가 전개되어야 한다.

먼저 인터넷 비즈니스의 특성을 이해하고 이러한 특성을 활용하기 위하여 어떠한 방식으로 비즈니스를 전개해야 할지와, 이익을 어떻게 창출해야 할지를 결정해야 할 것이다.

1) 의사소통채널

인터넷은 커뮤니케이션 채널이라는 관점에서 우수한 마케팅 도구이다. 인터넷은 사람들 사이의 문자, 음성, 동영상 등을 통해 의사소통을 할 수 있는 커뮤니케이션 도구이자, 기업에서는 하나의 마케팅 믹스 전략을 구사하기 위한 도구로서, TV나 라디오, 신문, 잡지와는 다른 제5의 매체이다. 커뮤니케이션 채널이라는 관점에서 인터넷을 보면 대단히 우수한 마케팅 도구이다. 인터넷은 매우 다양한 형태로 의사소통을 할 수 있는 상호 작용적인 매체이므로 기존 매체에서 할 수 없었던 새로운 형태의 광고를 펼칠 수도 있고, 다양한 방식으로 고객을 지원할 수 있다.

2) 시 장

인터넷은 사람들이 모여 활동하는 곳이자, 물건을 사고파는 장소인 시장 그 자체이다. 이와 같이 인터넷이 가지고 있는 두 가지 속성은 상당히 함축적인 비즈니스적 의미를 가지고 있다. 왜냐하면 이제 인터넷은 단순히 정보를 검색하고 뉴스나 오락을 즐기는 곳이 아니고, 인터넷이 제공해 주는 커뮤니케이션 채널과 시장을 이용하여 기업 경영을 완전히 변화시킬 수 있는 새로운 도전의 장이기 때문이다.

2.2 인터넷 전자상거래의 이해

(1) 전자상거래의 개념

인터넷 전자상거래는 웹 상거래(Web Commerce), 사이버 상거래(Cyber Commerce)라고도 한다. 인터넷 전자상거래가 범세계적으로 이루어지는 경우에는 인터넷 전자교역거래(Internet Based Electronic Trade)라고 불러보는 것도 바람직할 것이다.

인터넷 전자상거래의 개념은 협의로 또는 광의로 내려질 수 있다.

협의의 인터넷 전자상거래란, 인터넷 등 개방형 전자정보통신망을 통해 상품을 판매하는 기업과 이를 구매하는 소비자 간에 이루어지는 전자상거래를 의미한다. 이 전자상거래에서는 상품의 주문, 대금결제 등이 따른다. 기업이 인터넷 홈페이지를 구축하여 문자, 그림, 동화상(Animation), 음향 등을 통해 가상점포(Cyber shop)나 가상쇼핑몰(Cyber Shopping Mall)을 개설하면, 소비자들이 이 사이버 스페이스(Cyber Space)에서 대금을 결제한 후 상품을 구입하거나 다운로드(Download)를 받는 경우는 협의의 전자상거래에 해당된다.

한편 광의의 인터넷 전자상거래란, 인터넷을 비롯하여 팩스, 전자우편(E-Mail), 광속상거래(Commerce at Light Speed : CALS), 전자문서교환(Electronic Date Interchange : EDI), 파일전송 등 전자정보통신망을 통해 상품, 서비스, 자본 등 유형 또는 무형자산을 공급하는 기업(개인 또는 정부 포함)과 이를 구매하는 소비자(개인, 기업, 정보 포함) 간에 성립되는 전자상거래를 뜻한다.

이 광의의 전자상거래에서도 상품, 서비스, 자본 등 모든 자산의 광고, 주문, 결제, 배달 등이 따른다.

기업이 전자정보통신(Electronic Information and Communication Network)에 연결된 컴퓨터 시스템을 통해 상품, 서비스, 자본 등의 거래에 필요한 문서를 전자방식으로 발송 또는 접수하는 전자문서교환방식은 광의의 전자상거래에 포함된다. 또한 상품의 기획, 개발, 생산, 판매, 애프터서비스, 폐기 등

표 11-5 전자상거래와 전통적인 상거래의 비교

구 분	전자상거래	전통적 상거래방식
유통채널	기업 ↔ 소비자	기업 → 도매상 → 소매상 → 소비자
거래대상지역	전세계(Clobal Marketing)가 판매 대상	일부지역(Closed "Clubs") 판매에 한정
거래기간	24시간 영업	제약된 영업시간
고객수요파악	온라인으로 수시 획득 재입력이 필요없는 Digital Date	영업사원이 획득 정보재입력이 필요
마케팅 활동	쌍방향 통신을 통한 1 : 1 Interactive Marketing	구매자의 의사에 상관없는 일반적인 마케팅
고객대응	Needs를 신속히 포착하여 즉시 대응	Needs 포착이 어렵고 대응 지연
판매거점	Cyber space	판매 공간 필요

상품의 전 주기에 걸친 기업활동 전반을 전자화한 광속 상거래도 광의의 전자상거래에 해당된다.

결국 전자상거래란, 전자정보통신기술과 그 통신망을 이용하여 상품을 비롯한 서비스, 자본 등에 관한 광고, 상담, 주문, 결제, 배달 등을 수행하는 상업적 거래를 말한다.

(2) 전자상거래의 유사개념

1) EDI

EDI(Electronic Data Interchange)란 전자문서교환방식으로 거래당사자가 인편이나 우편에 의존하는 종이서류 대신 컴퓨터가 읽을 수 있도록 서로 협의하여 표준화된 자료인 전자문서를 데이터통신망을 통해 컴퓨터와 컴퓨터 간에 교환하여 재입력 과정 없이 직접 업무에 활용할 수 있도록 하는 정보전달방식을 말한다.

2) CALS

CALS(Commerce At Light Speed)란 상품의 설계, 개발, 판매, 유지보수 등 상품의 전 수명주기에 걸쳐 기업활동 전반을 전자화하는 것으로 궁극적으로는 국내·외 전체 산업활동을 전자화하는 것이다. 이는 1985년에 처음으로 미국에서 무기 매뉴얼의 디지털화 등 컴퓨터에 의한 병참지원에서 출발한 개념이다.

초기의 CALS가 종이문서 위주의 정보체계를 디지털화하여 서로 다른 시스템 간의 데이터 교환을 위한 표준에 역점을 두었다면, 최근의 CALS는 기업간 비즈니스 프로세스의 스피드화를 통한 글로벌한 정보사회에 대처하려는 전략적 의미가 점차 강조되고 있다.

3) 전자상거래와 EDI

전자상거래는 기업간의 효율적인 활동을 도와줄 수 있는 통합 데이터베이스를 공유하면서 사람과 사람 간의 상호 통신교류 및 자금의 이전을 가능하게 하는 것이다.

즉, EDI가 회사간 컴퓨터와 컴퓨터 간에 기술적으로 사용될 목적으로 단일한 기술을 사용하도록 고안된 것인 반면, EC는 기업 대 기업은 물론이고, 기업 대 개인, 개인 대 개인 간에도 이용되며, EC를 유지하는 기술적 구성요소도 이용자들 간의 전자적 의사소통을 전제로 이루어져야 하는 것이다.

따라서 EC는 EDI의 기술적 수단을 이용하여 거래상대방과의 관계성과 계약이행을 강화하는 데 그 목표를 두게 된다.

4) 전자상거래와 CALS

CALS는 EC에 비해 보안성이 있어 더 안전한바, CALS는 기존의 폐쇄적 기업통신망을 중심으로 안전한 폐쇄적 네트워크(Secure Closed Network)가 그 특징이며, EC는 개인 및 기업 · 기관에 공개된 개방적 네트워크를 이루고 있다.

적용분야에 있어서도 CALS는 제조업이나 엔지니어링 등 특정기업간의 거래인 반면, EC는 유통업 또는 쇼핑 등의 분야로 기업뿐만이 아니라 소비자까지도 거래단위에 포함시킨다.

2.3 전자상거래의 유형

(1) 전자상거래의 특성에 따른 분류

1) 구조화된 전자상거래(Structured EC)

구조화된 전자상거래란, 표준화된 거래형식과 데이터 교환방식에 따라 조직적이고 체계적으로 이루어지는 전자상거래를 말한다.

① 온라인 쇼핑(Cyber Shopping)

불특정 다수의 일반소비자들을 대상으로 하는 온라인 쇼핑의 형태.

② EDI(Electronic Date Interchange)

계속적 거래관계가 있는 기업 간에 거래에 관한 데이터를 교환함으로써 이루어지는 거래로 전자문서교환(EDI) 등의 형태로 실현되는 거래.

③ CALS(Commerce At Light Speed)

정부조달의 전자화로부터 시작되어, 기업들이 제품의 개발, 제조에서 유통 및 보수유지에 이르기까지 필요한 데이터를 공유하는 광속상거래.

2) 비구조화된 전자상거래(Unstructured EC)

비구조화된 전자상거래란, 거래당사자 간에 특정한 표준 없이 자유로운 내용과 형식으로 이루어지는 전자상거래를 의미한다. 비구조화된 전자상거래는 전자우편이나 전자게시판(Bulletin Board System : BBS) 등을 통하여 주로 개인 간에 1대 1로 이루어진다.

(2) 전자상거래 당사자에 따른 분류

1) 기업 간 거래(B to B : Business to Business)

기업 간 거래는 사설 데이터시스템(Proprietary Date System)이나 부가가치통신망(Value Added Network) 등의 네트워크상에서 주로 EDI를 사용하여 기업 간에 주문을 받거나 송장을 받고 대금을 지불하는 것으로 무역 제조 등의 분야에서 활용.

2) 기업과 소비자 간 거래(B to C : Business to Customer)

기업과 소비자 간의 거래는 최근 인터넷 사용의 급격한 증가로 점차 확산되고 있는 가상 쇼핑몰에서의 소규모 거래.

3) 기업과 정부 간의 거래(B to G : Business to Government)

기업과 정부 간의 거래는 기업과 정부조직 간의 모든 거래를 포함하는 것으로 아직까지는 이용 초기 단계이나, 정부활동에서 경쟁력 강화 등을 위해 전자상거래를 이용한다면 급속히 성장할 수 있는 부문.

4) 개인과 행정기관 간의 거래(C to G : Customer to Government)

아직은 활성화되고 있지는 않지만, 향후 거래가 활성화될 것으로 예상되는 부분이다. B to C 및 B to G 간 전자상거래가 성장세에 있어 정부는 연금 등의 복지급여의 지급 · 세금 환급 등과 같은 분야에 확대 적용될 것이다.

3. 전자상거래 관련 국제규범

3.1 국제적 논의 배경

인터넷 관련 기업, 특히 닷컴기업의 쇠퇴는 디지털 경제의 퇴조를 연상시키고 있다. 그러나 인터넷을 기반으로 하는 디지털 경제와 디지털 경제의 핵심인 전자상거래가 우리의 일상 생활에 미치는 영향은 더욱 커지고 있다. 주식 및 은행 거래 등은 물론 의식주 생활에 필요한 상품과 서비스에 관련되는 정보의 수집 및 구매 등 우리 생활에서 전자상거래는 빼놓을 수 없는 수단으로 자리잡고 있다. 무엇보다도 디지털 경제는 정보의 수집, 종합 및 배포를 통하여 가치를 창출하기 때문이다.

전자상거래는 다양하게 정의되고 있지만, 기업을 중심으로 정의한다면 '기술을 매개로 개인 혹은 조직 간의 교환(exchange)은 물론, 이러한 교환이 전자적으로 가능하도록 하는 조직 내부 혹은 조직 간의 활동'으로 정의될 수 있다.[18] 이러한 전자상거래의 범주는 기업 간(B2B), 기업과 소비자 간(B2C), 경매의 예에서 보는 소비자 간(C2C)과 구매자가 집단을 이루어 구매하는 소비자 집단과 기업 간(C2B) 등의 거래로 구분하기도 한다.

전자상거래의 범주가 어떻게 전개되건 전자상거래를 성공적으로 추진하려면 네 가지의 핵심 부문이 조화를 이루어야 한다. 먼저 하드웨어 백본

18) Introduction to e-Commerce, p. 4, Reyport & Jaworski, 2001년.

(backbone)과 네트워크 기술, 컴퓨터, 서버 및 라우터 등 시스템의 기반과 이들 하드웨어에서 운용되는 소프트웨어 및 통신 표준 등 기술 부문이다. 다음은 이러한 투자를 조직내에서 혹은 벤처 형태로 사업을 추진하는 데 소요되는 자본의 조달 및 확보와 사업의 평가(valuation) 부문이다. 아울러 새로운 커뮤니케이션 유형으로서의 전자상거래 운용은 라디오, 텔레비전, 잡지, 서적 등의 콘텐츠가 통합되는 웹 구축과 운용이기 때문에 매체(media) 부문이 조화되어야 한다. 그리고 끝으로 조화되어야 할 부문은 위 세 부문에 공통적으로 영향을 미치는 법(law)이나 규제(regulation)와 관련되는 전자상거래에 대한 공공정책(public policy) 부문이다.

이러한 네 가지 부문 모두 중요하지만 특히 공공정책 부문은 인터넷을 통하여 전 세계를 대상으로 사업을 추진하는 전자상거래에 문제를 제기한다. 인터넷을 기반으로 하는 전자상거래에는 국경이 없으나 개별국가의 전자상거래에 대한 법과 규범 등 공공정책은 국경을 전제로 하여 상거래를 제약하는 것이기 때문에 상호 충돌된다.[19)]

3.2 주요 논의 이슈

(1) 무　역

온라인상에서 거래가 완결되는 디지털 제품에 대한 분류와 관세 문제가 국제적 쟁점으로 대두되고 있다. 전자적으로 주문되고 전송되는 디지털 제품에 대하여 현재 기술 및 관리상의 문제로 관세를 부과하지 않고 있으며 미국은 인터넷을 자유무역지대로 규정하고 무관세에 대한 범세계적인 합의를 도출하기 위한 노력을 집중하고 있다. WTO 각료회의의 결정에 따라 디지털 제품에 대한 관세 부과는 잠정적으로 유예되고 있다.

(2) 조　세

인터넷을 이용하는 전자상거래에서 국경에 따라 운영되는 조세제도 또한 문제 중 하나이다. 조세가 부과되려면 상거래가 언제, 어디서, 누구에 의하여 어떤 형태로 이루어졌는지 확인할 수 있어야 하는데, 인터넷 전자상거래는 이를 어렵게 한다. 어느 상품 주문자와 대금 지불인이 다를 수 있으며,

19) 정보통신부, 「e-비즈니스 백서」, 2003, pp. 406~413.

서울에서 미국의 어느 사이트에 주문했는데 상품의 배달은 일본에서 이루어질 수도 있다. 이에 전자상거래의 발전을 저해하지 않으면서 조세 측면의 문제를 해결하는 과세기준에 대한 국제적인 합의와 집행이 중요 과제로 등장하였다. 전자상거래 환경에 적합한 조세제도 정비와 관련된 논의는 OECD 재정위원회를 중심으로 소비세, 소득세, 국제 조세 등 분야에 걸쳐 연구가 추진되고 있다.

(3) 전자서명 및 인증

전자상거래의 안전성과 얼굴을 대하지 않는 사용자간 신뢰 확보를 위하여 거래 상대방의 신원확인과 의사표시의 진위 여부를 확인하기 위한 방법으로 전자서명 기술이 필요하다. 전자서명 기술의 안전한 운영을 위하여 법과 제도에 바탕을 두고, 관련 정보 및 사용자 인증을 시행하는 신뢰할 수 있는 제3자로서 인증기관의 기능이 필요하다.

(4) 지적재산권 보호

전자상거래에서 무단 복제가 용이한 소프트웨어, 음악, 영화 등 디지털 상품에 대한 저작권 보호와 데이터베이스 보호, 지적재산을 인터넷에 올릴 수 있도록 시설을 제공하는 온라인 사업자의 책임 문제 등이 논의된다. 저작권 이외에 상표(trade mark)의 보호, 신기술 보호와 이러한 기술에의 접근 등 또한 주요 쟁점이다. 상표와 직접 관련되는 것은 도메인명을 둘러싼 분쟁도 해결과제이다.

(5) 표 준

전자상거래 발전에 필요한 신뢰성, 호환성 및 이용편의성 등을 확보하기 위해서는 전자지급, 보안, 고속 네트워크 기술 등의 분야에서 표준 설정이 필요하다. 예를 들면, 범세계통신기반(GII)의 구축에 관련되는 상품 혹은 서비스에 대하여 하나의 표준만을 인정하거나 기술적 표준의 강제 없이 복수의 표준을 경쟁시키는 등은 주요 관심 사항이다. 현재 다수의 국가는 정부가 강제하는 표준만을 따르도록 하고 있고 민간 부문의 표준 개발을 허용하고 있지 않다. 급속한 발전을 거듭하고 있는 전자상거래 부문에서 하나의 표준이 강제될 경우에는 여러 가지 기술 개발에 따른 낭비는 줄일 수 있을지 모르지만, 전자상거래 발전에 장애물이 될 수도 있고 국제무역에 있어서는 비관세 장벽으로 작용할 소지도 있다.

(6) 보 안

군사 및 외교 분야에 국한되었던 보안의 개념이 전자상거래 활성화에 따라 민간 분야의 정보보안 문제로 나타난다. 보안기술의 핵심은 암호기술이며, 전자상거래의 안전성 · 신뢰성을 확보하기 위하여 암호기술의 수요가 급증하고 있다. 그러나 암호의 자유로운 사용은 국가 안보 및 공공복리, 법 집행력 등을 침해할 수 있는 소지를 담고 있어 문제가 되고 있다. 유럽 국가는 암호화 기술의 이용 및 수출입에 대해 그다지 규제를 하고 있지 않는 반면, 미국은 이러한 기술의 보급에 보수적인 자세를 취하고 있다.

(7) 개인 정보 보호

전자상거래에 있어서 소비자 개인에 관한 신상 정보 및 거래 정보의 수집 · 처리 · 이용 및 제공 활동이 적절히 통제되지 않는다면, 소비자들은 이를 자신의 사생활을 침해할 수 있는 위협적 요소라고 생각할 수 있다. 수집된 개인 정보는 당초 수집 목적 이외에는 사용치 않아야 하며, 직무상 알게 된 개인 정보를 누설 또는 본인의 허락없이 타인에게 제공해서는 안 된다. 개인 정보 보호를 완전히 민간 자율에만 맡기는 것은 부적절하다는 합의가 국제사회에서 이루어지고 있다.

(8) 소비자 보호

인터넷 전자상거래는 얼굴을 마주하지 않기 때문에 사기 · 기만 거래의 가능성이 높다. 국제적인 전자상거래의 경우 소비자 피해에 대한 실질적인 구제는 간단하지 않다. 투명하고 효과적인 소비자 보호를 통하여 사기, 기만 및 불공정 거래를 예방하고 구제하기 위한 방안이 모색되어야 할 것이다. 소비자 보호 측면에서 소비자에게 제공하여야 할 사업자의 신원 및 거래에 관한 정보의 범위, 소비자와 사업자 간에 분쟁이 발생하였을 경우에 어느 쪽의 법률을 적용할 것이며, 어느 지역의 법원이 재판을 관할할 것인가 등이 주요 논의 내용이다.

(9) 콘텐츠 규제

인터넷의 확산과 더불어 증가하고 있는 미성년자에 대한 음란외설 정보유통 및 불법적 또는 사회적으로 바람직하지 않은 목적으로 인터넷이 사용되는 것에 대한 규제 방안이 각국에서 논의되고 있다. 특히 미성년자에 대한 음란외설 정보유통금지 방안이 주요 과제이다. 인터넷 내용 등급제의 실시와 차단 소프트웨어의 개발 및 보급과 아울러 윤리강령을 보다 구체적으로 정의하여 민간 부문 사업자의 행동 수칙으로 제정, 준수하도록 유도하는 노력이 병행되고 있다.

3.3 주요 국제기구의 논의 현황

인터넷의 전 세계적 확산에 따라 전자상거래의 위력을 감지한 선진국, 특히 미국의 주도로 앞에서 살펴본 바와 같이 전자상거래에 관한 국제적 논의가 활성화되었다. 거의 모든 전자상거래 관련 국제기구는 물론 지역 협력기구에서 전자상거래가 주요 이슈로 다루어지고 있다. 기구별로 자체의 과업을 정의하고, 문제 해결방안을 유관 기구와의 협조하에 찾고 있다. 각국 정부와 관련 국제기구 이외에 비정부기구(NGOs)도 전자상거래 관련 이슈 해결에 동참하고 있다. 비즈니스 업계는 기술적인 국제 상호운용 등 과거에는 정부에서 담당하던 기능도 수행하고 있다.

공공 및 민간 부문을 포함하여 국제적인 노력은 대체로 3가지 방향에서 전개되고 있다. 세계무역기구(WTO), 국제통신연맹(ITU), 유엔국제무역법위원회(UNCITRAL) 및 세계지적재산권기구(WIPO)와 같은 국제기구 혹은 기능 수행기구는 기존 정책을 전자상거래에 조화시키기 위하여 노력한다. 경제협력개발기구(OECD), 유엔무역개발회의(UNCTAD), 유럽연합(EU), 아태경제협력체(APEC) 등 지역 혹은 국제 협조기구는 다양한 전자상거래 이슈를 다룬다. 끝으로 범세계기업대화(GBDe), 국제인터넷주소관리기구(ICANN) 및 월드와이드웹컨소시엄(W&C) 등 비정부기구는 정부와 기업 및 비영리조직과의 협력관계 속에 활동하고 있다.

이들 국제기구에서의 전자상거래 논의는 범세계적인 전자상거래 확대를 위한 장애 요인의 제거와 전자상거래에 적합한 국제적인 규범 제정 등을 중심으로 이루어지고 있다. 정부의 역할은 전자상거래에 필요한 최소한의 환경 조성에 국한하고 창의적인 민간 부문의 주도적인 역할을 강조하는 기본 원칙에 있어 각 기구는 동일하다고 볼 수 있다. 또한 전자상거래가 갖는 무국경성 때문에 국제적인 합의와 협력을 전제로 하는 것도 유사하다. 주요 논의 기구를 논의 주제와 연결시키면 [표 11-6]과 같이 요약된다.

표 11-6 전자상거래 주요 이슈와 관련 국제기구

구 분	무 역	조 세	전자서명	지적재산	표 준	보 안	프라이버시	소비자보호	콘텐츠
WTO	○					○			
ITU					○				
UNCITRAL			○						
WIPO				○					
WCO	○								
OECD	○	○	○			○	○	○	○
UNCTAD	○								
IEC					○				
APEC	○				○		○		
EU		○	○		○	○	○	○	○
ICANN				○	○				
W&C					○		○		○
GBDe	○	○	○	○		○	○	○	○

자료 : 정보통신부(Global Electronic Commerce, p. 144의 내용을 일부 수정).

제11장 연습문제

논술형

1. 새로운 경제질서에 대하여 논하시오.
2. 세계화와 그 특징에 대하여 논하시오.
3. 세계화의 본질과 전제조건에 대하여 논하시오.
4. 지식기반경제와 디지털경제에 대하여 논하시오.
5. 전자상거래와 그 유형을 설명하시오.

약술형

1. 세계화(globalization)
2. 세계화와 국제화
3. 세계화의 과제
4. 지식기반경제
5. 지식기반산업
6. 인터넷비즈니스의 특징
7. 전자상거래의 유형

제12장

문화의 상품화 및 세계화

제1절 문화의 기본개념

1. 문화의 이해와 인식

1.1 문화의 의미 이해

흔히들 다가오는 21세기는 문화의 세기라고 한다. 그만큼 문화가 우리 생활에서 가지는 중요성이 커졌다는 의미일 것이다. 또한 우리는 일상생활에서 너무 평범하게 문화라는 용어를 사용하고 있다. 그러나 막상 문화가 무엇이냐는 질문에는 한 마디로 답하기가 어렵다. 문화는 전통, 문화는 역사, 문화는 습관, 문화는 생활양식, 문화는 민족의 뿌리이자 혼(魂), 문화는 생산요소, 문화는 상품 등 다양한 풀이가 있기는 하지만 모두 쉽게 수긍되지 않는 해석이다. 그러나 우리는 다음의 예에서 문화란 무엇인지 이해할 수 있을 것이다.

누구든지 프랑스를 연상하면 파리의 '개선문'을 떠올린다. 그 개선문을 구경하고자 세계 각국의 많은 사람들이 모여 들고 있으며, 그 웅장한 건축물을 배경으로 기념촬영을 하고, 또한 그 사진을 영원히 기념으로 간직한다. 그런데 프랑스의 개선문과 완전히 똑같은 개선문을 서울 광화문 네거리에 새로이 만들어 놓는다면 세계 각국의 수많은 관광객들이 모여들까. 그런데 대답은 그렇지 않다는 것이다.

프랑스의 개선문보다 아무리 더 크게, 더 웅장하게 만들어 놓는다 하더라도 이를 보려고 수많은 관광객들이 모여들지는 않는다는 것이다. 왜냐하면 서울에 세운 개선문은 프랑스의 역사와 함께 살아있는 문화가 깃들지 않은 개선문이기 때문이다.

위의 예에서 우리는 어렴풋하게나마 문화가 무엇인지 짐작할 수 있다. 문화는 역사적 흐름을 지나오는 동안에 그 지역 혹은 그 민족의 생활양식은 물론 꿈과 이상, 그리고 전통과 역사 등 제 요인이 집적(集積)된 유형 · 무형의 집합체라고 하면 문화에 대한 정의에서 크게 벗어나지는 않을 것이다. 바꾸어 말하면 모든 민족이나 지역주민, 모든 공간과 시간, 그리고 모든 조형물은 문화를 가지고 있다는 의미이며, 또한 모든 유 · 무형 상품에는 문화가 깃들어 있기 마련이라는 의미가 되기도 한다.

야구공 1개에 50만 달러, 볼티모어 오리올스의 에디머리를 메이저리그 역사상 3번째 '500 홈런－3,000 안타 클럽'에 가입시킨 대니 존스의 500호 홈런볼이 50만 달러(약 4억 1천만원)에 팔려 역사상 가장 비싼 스포츠 기념품으로 기록되었다.

불과 10~20달러에 불과한 야구공이 500호 홈런 기념볼이 되면서 50만 달러에 팔리게 됨으로써 홈런볼의 주인공인 회사원 존스는 팔자를 고치고 아울러 억세게 재수 좋은 사나이로 기록되었다.[1)]

위의 예는 어떠한 물품에 특별히 기념적인 사실이 체화(體化, embodied) 됨으로써 그 물품의 가치를 크게 변동시키게 된 경우이다. 즉, 평범한 야구공이 500호 홈런 기록이라는 스포츠문화가 그 속에 체화되면서 그 가치를 크게 변동시킨 것이다.

올림픽 기념상품이나 유명관광지에서의 기념품들이 그 상품이 있는 곳의 문화를 체화하였을 때와 그렇지 못한 때 가격 차이를 나타내는 경우와 마찬가지이다. 가령 순금으로 만들어진 서울올림픽 기념주화가 주화 무게에 해당하는 금값의 몇 배 이상의 가격으로 판매되는 것도 동일한 이치일 것이다.

1) 한국무역협회, 「문화가 체화된 수출상품 개발전략」, 1996. 11, pp. 49~54.

문화생성의 원리를 보면 문화란 무(無)의 상태에서 어느 순간에 일시적으로 만들어지거나 몇몇 사람들에 의해 형성되는 것이 아니라, 지금까지 쌓여진 것에 조금 다른 것이 더해져 새로운 것이 생겨나는 것이다. 문화는 또한 기록으로 보존되거나 유형물로 전수되는 것도 아니다. 문화재라고 해서 문화 그 자체와 동일한 것은 아니며, 다만 문화가 담긴 유물일 뿐이다.[2)]

1.2 문화의 경제적 의미

서비스 등 무형재의 국가간 거래뿐만 아니라 유형상품의 국가간 거래도 곧 국가간 문화거래의 일부로 볼 수 있다. 왜냐하면 어느 상품이든지 생산을 위해 투하된 노동과 자본, 또는 기술을 제외한 나머지 부분은 모두 문화가 체화된 것으로 볼 수 있기 때문이다. 다시 말해서 유형·무형 재화의 생산에 투입된 인건비와 재료비를 제외한 나머지 부가가치를 문화 그 자체의 가치로 볼 수 있다는 것이다. 다만, 인건비의 경우 순수한 노무비 이외 생산현장에서 노무를 제공하는 근로자의 가치관 등을 문화가치의 일부로 볼 것인가 아니면 생산원가의 일부로 볼 것인가에 대하여는 다소 견해 차이가 있을 수 있다.

또 하나의 예를 들어 동일상품에 대해 어느 두 지역간 가격 차이를 고려해 볼 때, 그 가격 차이에서 양 지역간 운송비 부분을 제외한 나머지 부분의 실체가 곧 문화적 가치라 할 수 있을 것이다. 모든 상품의 유통가격은 시간 및 공간적 차이에 따라 다르다. 이러한 유통마진의 실체는 당해 상품이 시간적·공간적으로 처해 있는 문화환경의 가치로 이해할 수 있으므로 어느 두 지역간 상품가격차이는 곧 문화적 가치로 이해되는 것이다.

2. 문화의 관점변화

문화의 실체에 대한 관점은 시대적 환경변화에 따라 변하기 마련이다. 즉, 문화에 대한 시각이 비경제적 관점에서 경제적 관점으로 바뀌기 시작한 것이다. 이는 세계가 지구촌화되고 무한경쟁시대로 진입함에 따라 자국의 경제난 해소 및 경쟁력 제고를 위한 수단의 일환으로 문화를 이용하게 되었고

2) 이는 기록 그 자체가 아니라는 의미이다.

또한 문화를 수출상품 그 자체의 하나로 인식하기 시작한 데에서 비롯된 것이다.

오래 전에는 문화란 그 문화주체의 전통 내지 역사인 동시에 혼(魂)이자 자존심이었으며 또한 특유의 생활양식으로 고유성을 크게 강조하는 관점이었다. 그러나 경제발전과 더불어 소득수준이 향상되자 모든 문화주체들의 생활패턴이 변모하게 되었고, 인간의 끝없는 욕구를 충족시키기 위한 문화수요가 지속적으로 확대되어 왔다.

문화수요의 끊임없는 증가는 인간으로 하여금 문화의 경제적 가치를 재평가하게 만드는 요인으로 작용하였으며, 이로써 경제적 가치가 인정되자 문화의 상업화 내지 상품화과정을 겪게 된다. 이어 세계 경제체제의 글로벌화가 인적 · 물적 교류의 급증에 따라 더욱 진척되면서 각국의 고유문화들이 세계화하기에 이른 것이다. 물론 문화의 세계화 진전은 문화마찰로 이어지고, 이는 다시 문화보호주의를 야기시키게 됨으로써 각국들로 하여금 자국문화의 고유성 · 독자성 또는 정통성을 강조하는 계기가 되었다.

과거 냉전시대 하에서는 막강한 군사력을 가지거나 철저한 이데올로기로 무장하면 세계의 열강대열에 쉽게 들어설 수 있었다. 그러나 군사력 및 이데올로기로 무장된 대결구도는 이미 오래 전에 붕괴되었고, 각국들은 경제력의 크기가 강대국의 명성을 부여하기에 이르렀다. 그리고 이 경제력을 뒷받침해주는 힘은 바로 그 나라가 가지고 있는 문화의 힘으로부터 비롯된다. 즉, 현대는 문화가 그 나라 국민의 삶을 얼마나 우아하게 격상시키고 있는가에 따

그림 12-1 문화의 관점변화 과정

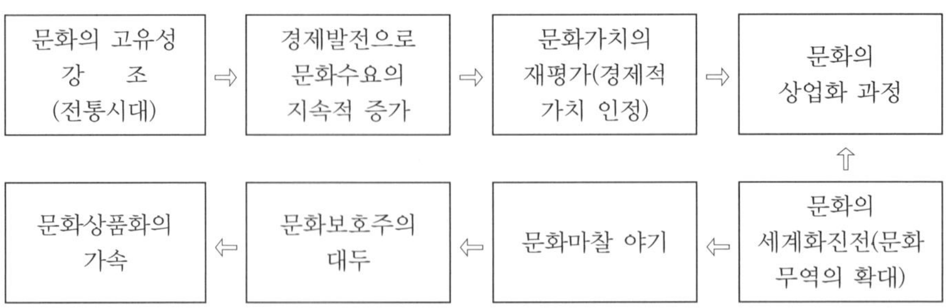

자료 : 한국무역협회.

라 강대국의 지표가 달라지는 시대인 것이다.

이처럼 한 시대를 지배하던 이데올로기적 문화가 사라지고 생활 속에 살아 움직이는 문화가 강조되면서 각국은 자국의 문화를 산업화하고 동시에 상품화하여 이를 국제거래하기에 이르렀다. 또한 문화 그 자체를 생산요소 내지 인프라(사회간접자본) 또는 경제재의 하나로 인식함으로써 유통 대상의 상품으로 취급하게 된 것이다.

한 예로 세계가 국경 없는 경제전쟁시대로 접어들고 있는 한편으로 거대한 자본과 기술을 바탕으로 한 미국의 문화가 영상산업을 필두로 세계의 문화행태를 바꾸고 있는 것이다. 비단 미국뿐만 아니라 세계 모든 나라들이 이 문화 침투에 대비하고 자국 고유의 문화를 상품으로 만드는 작업을 국가의 주요 전략으로 육성해 나가고 있다. 이제 문화라는 것은 소비하고 향유하는 개념에서 투자하고 창조하여 생산하며 수출하는 것으로 인식이 전환되는 시대가 된 것이다. 이와 같이 문화를 상업적인 관점에서 보면 문화산업, 문화경제학, 기업문화, 문화무역 등의 용어를 사용할 수 있으며, 이에 대하여 보다 구체적으로 검토해 보기로 한다.

2.1 문화와 산업

문화를 돈이 매개되는 산업으로 볼 것인가 아니면 오직 정신적 차원의 것 그 자체만으로 볼 것인가 하는 문제에 대하여 의견이 분분하다. 왜냐하면 이는 한 나라 문화정책의 방향과 폭을 결정하게 되기 때문이다. 그러나 최근의 추세는 세계 모든 나라들이 전자의 관점에서 문화정책을 전개하고 있다. 이러한 문화산업에는 영화, TV, 출판, 음반, 미술, 공연 등 대중문화와 순수문화의 모든 영역이 포함된다.

다가오는 21세기에는 문화산업이 가장 유망한 산업으로 전망되고 있고, 또한 황금알을 낳는 거위로 알려져 있다. 미국영화 '쥬라기공원' 한 편이 우리나라의 자동차 150만대를 수출한 것보다 더큰 수익을 올렸다는 기록이 그 좋은 예이다.[3)]

---

3) 스티븐 스필버그 감독이 만든 '쥬라기 공원'은 그동안 평균 1년에 8억 5천만달러(약 6천 8백억원)의 흥행수입을 기록한 것으로 알려지고 있다. 이 액수는 우리나라가 2년 동안 150만 대의 자동차를 수출해서 벌어들일 수 있는 수익과 같다고 한다.

영화뿐만 아니라 음악의 경우도 마찬가지이다. 세계 정상급 음악가들의 공연에는 수백만 달러의 출연료가 보장되고 이들의 공연을 담은 음반과 비디오 역시 그 시장이 무한하다.

경제가 발전함에 따라 국민소득이 증대되면서 문화에 대한 욕구가 급격히 상승하게 된 것이 어느 나라든 공통적인 현상으로 나타났고, 이에 문화산업의 발전속도는 더욱 가속화되었다. 특히 전기통신기술의 발달에 힘입어 문화전파를 담당하는 미디어 기술이 급격히 발전하면서 문화산업은 더욱 빠른 속도로 확대되고 있다.

문화산업은 문화라는 무형의 상품을 파는 부가가치가 매우 높은 산업이다. 문화가 체화된 상품은 그 상품의 판매대금뿐만 아니라 그 상품에 부수되는 이미지 제고의 효과도 매우 크게 기대된다.

2.2 문화와 무역

얼마 전 마이클 잭슨이 내한공연한 일이 있다. 약 200만달러(16억 원) 정도의 개런티를 지불하고도 소득세 한푼 징수하지 못하였다는 지적이 있기도 하였지만 공연에 필요한 장비가 145톤, 그리고 수행인원이 180여명에 이르며, 보잉 707 전용기 2대를 이용하여 한국에 왔다. 워커힐 호텔에 묵는 동안 마이클 잭슨이 사용하는 방 하나의 1일 숙박비만 260여만 원으로 전해지고 있으며, 외국의 대통령이 방문하는 규모에 해당한다.[4] 문화무역의 대표적 예의 하나이다.

문화무역은 '문화' 라는 재화 단독으로 수출되는 경우와 상품무역에 문화가 체화되어 거래되는 경우로 나누어 고려해 볼 수 있다. 문화 단독의 국가간 거래는 인적교류에 의한 문화공연활동, 문화재의 해외전시, 뉴미디어에 힘입은 음성영상(A/V)물을 비롯한 컴퓨터프로그램 등의 소프트웨어의 국가간 거래, 관광무역의 경우 등이 문화 단독의 무역거래에 해당한다.

상품에 체화되어 문화무역이 이루어지는 경우의 예로는 전통상품 및 특

4) 물론 대통령이 방한하는 경우와 마이클 잭슨이 내한공연하는 경우는 국가차원의 예우, 방문일정, 방문에 따른 비용부담, 공적 성격의 방문활동 등 제반 측면에서 상이한 면이 있으며, 방한규모가 크거나 같다고 하여 동일시할 수는 없다. 이를 방한문화(訪韓文化)의 차이라고 할 수 있을 것이다.

산품의 수출입, 디자인 및 브랜드 등 문화체화 요인에 의한 무역상품의 부가가치, 문화교류에 의한 무역파급효과와 그 상호작용 등이 있다.

문화무역은 무형재의 국가간 거래이므로 서비스무역의 일부로 보아야 할 것이다. 따라서 WTO/GATS와 같은 서비스무역에 관한 규범들이 적용될 수 있으며, 또한 무역자산이 가치를 발휘하는 특성이 있기 때문에 지적재산권 관련규범들이 문화무역거래에 직·간접으로 관련된다. 문화무역에 관련된 국제규범의 적용문제는 문화단독의 무역거래이든 무역상품에 체화된 문화무역이든 구분할 필요가 없을 것이다. 이제 문화무역은 국제무역거래의 중요한 일부분이 되었고, 통상마찰을 야기시키는 주요 변수로 자리잡고 있다.

2.3 문화와 기업(기업문화)

우리 사회에는 기업, 교육기관, 정부, 의료기관, 사회단체 등 각종 조직체가 존재하고 있고, 이들은 모두 독특한 조직문화(organizational culture)를 가지고 있다. 또한 사회가 문화를 가지고 있고 개인이 개성을 가지고 있는 것처럼 기업은 기업문화를 가지고 있는 것이다. 즉, 기업체가 가지고 있는 조직문화가 기업문화이며, 이는 기업체가 주어진 환경여건 속에서 자체의 목적을 달성해 나가는 과정에서 형성된다.

기업의 독특한 성격이라 할 수 있는 기업문화는 오랜 기간에 걸쳐 형성되어 쉽사리 변하지 않고 계속 유지되면서 기업구성원의 행동에 영향을 주고, 조직행동에 중요한 변수로 작용하며, 나아가 기업의 성과에도 많은 영향을 줄 수가 있는 것이다.[5)]

만약 어느 기업이 대화와 협력을 통해 공동번영을 추구하는 윤리적 기업문화가 형성되어 있지 못하고 수단과 방법을 가리지 않고 경쟁에서 이기고자 하는 비윤리적 기업문화가 형성되어 있다면 이 기업의 생산성이나 이미지는 크게 악화될 수도 있다. 따라서 어느 기업에서 합리적인 기업문화가 형성되어 있느냐 아니면 비합리적인 기업문화가 형성되어 있느냐에 따라 기업의 미래가 좌우되며, 이는 기업활동에서 매우 중요한 변수가 될 것이다.

우리나라의 기업문화는 어떠한가. 최근 발표된 한 연구보고서에 따르면 한국에서 성공한 기업과 실패한 기업의 차이점은, 최고경영자가 시류를 읽는

5) 이학종, 「기업문화론: 이론, 기법, 사례연구」, 법문사, 1989, pp. 13~15.

사업예측능력을 가졌거나 인재 제일주의에 기초해 우수인력 양성 등에 힘을 쏟은 기업은 성공한 반면, 최고경영자의 독단적인 경영이나 족벌경영의 심화, 정부와의 관계가 악화된 기업은 실패한 것으로 나타났다.[6]

이처럼 기업문화의 상이한 패턴들은 기업의 흥망을 좌우하게 되며, 특히 21세기를 맞이하여 치열한 국제경쟁사회에서 우리 기업들이 살아남기 위해서는 한국실정에 맞는 기업문화를 창출·조성해 나가야 할 것이다.

2.4 문화와 경제학

문화경제학(cultural economics)은 기존의 문화산업(cultural industry)의 발전된 개념이다. 문화경제학은 우선 문화경제의 개념을 정립하고 기업과 정책입안자들이 기획하는 문화행사, 문화정책이 생산성을 갖게 되고 재원투입의 적정선을 사전에 예측할 수 있도록 하는 데에 1차적인 목표가 있다. 1980년대 초반부터 기존의 문화산업이라는 개념보다는 문화의 계량화 내지 통계화, 그리고 문화정책의 과학화를 의미하는 문화경제학이라는 용어가 사용되기 시작하였다.

문화경제학에서는 문화를 공연과 전시 등 문화행사 그 자체에만 초점을 맞추지는 않는다. 왜냐하면 문화행사 그 자체만으로는 공연과 관객, 전시와 관람객 등에서 이들의 상호관계를 유기적으로 연결하는 정책을 입안할 수 없기 때문이다. 또한 현대의 문화창작물들은 대부분이 상업화되었다고 볼 수 있는데, 다만 이들 상업화 과정을 보다 효율적으로 진척시킬 수 있는 방법을 강구하는 것이 문화정책의 과제로 대두되고 있다.[7]

문화경제학의 연구영역은 거시적 연구와 미시적 연구의 두 가지 분야로 나누어진다. 거시적 연구는 지역사회발전 내지 경제발전과 문화발전의 상관관계를 연구하는 것을 주요 영역으로 하고 있고, 미시적 연구는 각 문화장르에 일정한 재원이 투입되었을 때 그 재원의 효율적 운영방법이나 조세감면의 방법 등에 관한 연구를 주요 영역으로 한다.

6) 신유근, 「한국기업의 성공과 실패」, 대한상공회의소, 1996, p. 17.
7) 池上惇, 「文化經濟學のすすぬライブラリ」, 丸善ライブラリ, 1991, pp. 54~57.

표 12-1 한국의 기업문화(10대 성공 · 실패 요인과 경영 10계명)

구 분	요 인
10대 성공요인	① 인재 제일주의에 기초한 우수인력 양성 ② 연구개발(R&D) 투자를 통한 첨단핵심기술의 토착화 ③ 정부의 지원확보를 위한 정부시책에의 적극적 부응 ④ 노사불이(勞使不二)의 노사화합, 신뢰관계 형성 ⑤ 전문경영자 활용을 통한 책임경영제 구축 ⑥ 시류를 읽는 최고경영자의 사업예측능력 ⑦ 지속적인 신제품개발 ⑧ 인화단결을 강조하는 공동체적 기업문화 ⑨ 사업다각화 전략추구 ⑩ 내수시장의 한계점을 극복하기 위한 해외시장 개척
10대 실패요인	① 과시욕에 따른 무리한 사업확장 ② 방만한 자금관리 ③ 최고경영자의 독단적인 기업경영 ④ 경영자의 사업경험 부족 ⑤ 족벌경영의 심화 ⑥ 경영환경변화에 대한 대응부족 ⑦ 기술개발노력 부족 ⑧ 경영자의 비윤리성 ⑨ 정부와의 관계악화 ⑩ 배타적이고 무분별한 유통망 관리
한국형 경영을 위한 10계명	① 기업가정신을 발휘하도록 경영자의 자질과 능력 함양 ② 한국적 독특성을 지닌 기업가적 특성과 역할개발 ③ 규모와 업종을 고려하는 상황적합적 패턴경영 ④ 성장 라이프싸이클에서 직면하는 위기 극복 ⑤ 정부의존을 벗어나 자율적 기업경영시스템 구축 ⑥ 이질적 자원의 결합을 통한 시너지효과 극대화 ⑦ 새로운 전문주의를 통해 지식창조적 조직 구축 ⑧ 상호작용적 권력공유를 통해 공생기반 확대 ⑨ 경쟁력 제고를 위해 경영혁신과 기업문화 연계 ⑩ 경제적 · 인간적 · 사회적 관점에서 경영비젼 정립

자료 : 신유근, 「한국기업의 성공과 실패」.

3. 경제발전과 문화수요

우리나라는 1995년 1월 WTO 출범을 기념이나 하듯 우리 경제의 전환점들이 이어지고 있다. 즉, 수출 1,000억 달러 기록과 더불어 1인당 GNP 10,000 달러를 넘어선 것이 그것이다. 또한 OECD 가입에 따라 또한번의 대변신이 예견된다. 이러한 경제수준의 변모에 걸맞게 세계화에 대한 우리 국민들의 의식이 점차 자리잡고 있고, 모든 경제활동이 세계적 관점에서 출발하는 습성들이 확대되고 있다.

교역규모의 확대와 소득수준의 향상, 그리고 이를 입증해 주는 OECD 가입은 세계경제 시스템 내에서 우리나라의 위상을 제고시키게 됨으로써 국가이미지 개선에 크게 기여할 수 있다. 이는 곧 세계시장에서 우리 상품(유·무형을 불문한)의 성가를 높이게 되어 해외진출이 그만큼 용이해질 수 있다.

결국 WTO 출범은 직접적으로든 간접적으로든 통상환경에 상당한 영향을 미치게 되었고, 그 한 가지 특징을 서비스협정 및 지적재산권협정을 마련하여 소프트(soft) 무역에 관한 규범을 체계화하였다는 데에서 찾을 수 있다. 즉, WTO는 과거 국제통상이 상품무역을 중심으로 이루어지던 관점에서 탈피하여 서비스, 기술 등 무형재와 노동 및 자본 등 생산요소의 국제거래까지 규율할 수 있는 다자간규범을 마련함으로써 이른바 소프트재의 국가간 거래를 규율할 수 있게 되었다는 것이다.

이처럼 WTO 출범과 더불어 문화수요가 증대되고 있는 배경들을 찾아보면 서비스경제의 진전, 근로시간 단축에 의한 근로 패턴의 변화, 정보화의 진전, 문화 자체의 수요창출 등 몇 가지 요인으로 요약할 수 있다.

3.1 서비스경제화의 가속

문화수요 확대의 첫번째 배경은 우선 경제의 서비스화현상이 가속화되고 있다는 점에서 찾을 수 있다. 경제발전에 따라 소득수준이 증가되고 이와 동시에 근로시간 단축에 따른 여가증대로 인하여 사람들은 문화생활에 대한 여력을 확대시킬 수 있게 되었다. 경제의 서비스화현상은 경제 전부문에서 물질 내지 하드(hard) 부문의 비중이 상대적으로 줄어들고 문화 등 서비스 내지 소프트(soft) 부문이 확대된다는 의미이다. 또한 자동화 및 정보화시대로 진입하면서 근로시간 단축 및 여성의 사회진출 등으로 근로패턴에 변화가 일어났고, 그 여파는 곧 문화수요를 변동시키기에 이른 것이다.

3.2 정보화의 진전

컴퓨터의 보급 확대 및 통신기술의 발전에 문화의 확대공급을 가능하게 만들었다는 점이다. 최근 전기통신기술의 발달은 문화전파속도를 가속화시킴은 물론 문화전파의 범위 역시 이를 확대시키는 데 충분하였다. 특히 방송매체의 확충과 전파이용기술의 발전, 그리고 인터넷 등 컴퓨터 통신망의 급속한 보급으로 지구 전체가 동일 내지 단일문화권으로 변모하고 있고, 이로써 세계인 모두가 문화활동에 쉽게 접할 수 있게 된 것이다.

3.3 문화 자체의 수요창출

문화는 문화 그 자체로서 문화수요를 창출한다. 각국은 문화활동 그 자체가 곧 상품이라는 인식을 가지게 되었고, 문화지원활동을 강화하고 있다. 또한 전통문화의 발굴 및 보존과 더불어 타 문화권에의 문화전파를 위해 온갖 노력을 기울인다.

인공위성을 지구 상공에 띄우고 위성방송을 다른 나라에 송출한다. 외국에 문화사절단을 보내는 등 문화교류활동도 강화하고 있다. 이와 같은 문화창출노력으로 인하여 사람들은 문화활동에 점차 익숙해지게 되었고, 문화에 대한 욕구가 증대되기 시작한 것이다.

3.4 시대적 환경변화

모든 사람들이 21세기를 문화의 세기로 인식 · 전망하고 있다. 이는 경제의 흐름이나 인간생활의 패턴, 그리고 정보통신기술의 발전 등 제반 요인들을 고려해 볼 때 문화가 우리 생활의 중심으로 자리잡고 있음을 의미한다. 또한 문화가 유형의 재화를 대체하는 한편 중요한 수출상품으로 인식됨으로써 이 부문의 확대를 촉진하게 되었다.

4. 문화의 세계화

4.1 문화 세계화의 배경

앞에서 언급하였듯이 어떤 나라나 어떤 민족이든지 고유의 문화를 가지고 있다. 그러나 매스미디어가 급격히 발달한 현대에서는 엄밀히 말해서 한 나라 한 민족에 고유한 유일한 문화란 찾기 힘들 것이다. 각국간 문물교류가 활발해지면서 다른 문화에 접할 수밖에 없고, 문화적 충돌과정을 거치면서 결국은 다른 문화에 적응하게 된다. 이로써 현대의 지구촌은 곧 다문화시대를 살아가고 있는 것이다. 이처럼 문화의 세계화가 진행되는 몇 가지 원인과 그 과정을 검토해 보자.

(1) 무역규모의 확대

국제무역규모의 확대가 문화의 세계화를 주도한다. 세계는 하루가 다르게 교역량이 급증하고 있으며, 국적을 상실한 제품의 종류도 매우 많다. 이들 국제무역상품에서는 생산국의 문화가 체화되어 있기 마련이며, 무역으로 인하여 생산국의 문화가 소비국에 전파됨으로써 문화의 세계화가 더욱 진전되는 것이다.

(2) 미디어의 발전

미디어 기술의 발전이 문화의 세계화를 가속화시킨다. 현대는 전기통신기술의 발전이 극치를 이루고 있는 시대이다. 다양한 전파를 이용하고, 인공위성을 띄우며, 거미줄과 같은 정보통신망이 이 지구를 얽어 놓고 있다. 아무리 외딴 지구촌 구석일지라도 그 곳에서 일어나는 사건은 발생과 동시에 온 지구촌 가족들에게 알려진다. 이제는 공간적 차이로 인한 시차(time lag)의 발생과 이로 인한 문화전달체계의 단절은 거의 없다고 볼 수 있다. 서울 어느 골목에서 발생하는 사건 · 사고는 같은 시간에 뉴욕에 사는 사람들에게 뉴스로 알려진다. 오히려 서울의 어느 이웃집보다 더 빨리 알려질 수도 있다. 바로 이러한 미디어 기술의 발전이 문화의 세계화를 가속화시키는 데에 지대한 기여를 한 것이다. 각종 첨단 미디어기술은 지구촌의 불특정 다수 가족들에게 동시적으로 문화를 전달하기 때문에 문화의 교류가 더욱 용이해지는 것이다.

(3) 인적 교류의 증대

문화의 세계화는 해외관광 등 인적 교류의 증대에 힘입어 더욱 진척된다. 문화적 가치라는 것은 인적 자원에 의존하는 바가 크고, 쉽사리 형체화시킬 수 없는 부분들이 많기 때문에 인적 교류의 확대는 곧 문화전파를 가속화시킬 수 있는 것이다. 항공여객 운송수단의 발전과 더불어 해외여행의 자유화, 그리고 기업의 해외진출로 인한 해외주재 등으로 국가간 인적 교류는 더욱 활발해지고 이로써 문화의 세계화 역시 진척될 수밖에 없는 것이다.

(4) 문화의 상업화와 교류확대

문화의 상업화 및 국가간 문화교류 그 자체에서 문화의 세계화가 확대진행된다. 이미 이데올로기의 냉전시대가 끝난지는 오래되었다. 냉전시대하에서는 이념이 다른 국가간 인적·물적 교류가 어렵기 때문에 이들 국가간 문화의 교류란 매우 어려웠을 것이다. 설령 문화적 교류가 있었다 하더라도 자국문화 우월주의가 만연하여 상대국에게 자국문화를 강요하게 되고, 그러한 과정에서 상대국으로부터 야기되는 문화거부현상 등으로 문화의 세계화는 어려울 수밖에 없었을 것이다. 그러나 탈냉전의 이 시대는 수많은 민족·인종이 다 함께 모여 올림픽과 월드컵을 치르고, 국제회의를 통해 현안문제를 풀어 나가고 있다. 이러한 이벤트성 행사에 참여하는 과정에서 자국문화를 선보이고 자랑한다. 또한 축제의 자리에서는 자국문화 우월주의에 대하여도 문화수용자는 별 거부감을 가지지 않는다. 다양한 문화교류과정에서 문화의 세계화는 이미 상당수준 진행되어 있는 것이다.

4.2 문화산업의 공격과 방어

요즈음과 같은 문화마찰의 시대에서 각국은 인터넷과 같은 네트워크를 통한 문화유입 및 위성방송, 디지탈방송 등을 통해 들어오는 외국의 문화에 방어하지 않으면 안 된다. 또한 방어적 입장을 견지함과 동시에 정부관료 등 모두가 총체적인 홍보에 나서는 등 공격적인 입장도 취해야 한다. 외국의 문화산업 공격에 방어전략의 한 가지로 합작투자의 방법을 택할 수 있다.

방송사들의 영화제작개입이 일반화된 것과 더불어 '터미네이터2', '원초적 본능', 'JFK' 등과 같은 영화 합작은 미국과 프랑스 모두에게 매우 넓은 영상시장을 제공해 주었다. 즉, 프랑스는 자국영화로 미국시장 공략이 어렵자 미국영화를 만들어 배급하기 시작하였고, 미국의 입장에서는 유럽의 보호주의 장벽을 피하는 한 가지 방법으로 합작을 선택한 것이다. 게다가 프랑스는 합작을 통한 미국배급망을 이용해 자국영화의 해외진출을 노림으로써 문화마찰을 해결하고 있는 것이다.

우리에게 널리 알려진 영화 'Leon'(뤽 베송 감독, 장 르노 주연)의 경우를 보면, 이 작품은 프랑스 Gaumont사와 미국 Columbia사가 합작하여 크게 성공한 작품으로 오랜만에 프랑스의 자존심을 회복한 것으로 평가되고 있다. 그러나 이 영화는 뉴욕을 배경으로 영어로 제작되었고, 그 영화적 제작방식까지 헐리웃의 폭력물과 흡사하기 때문에 미국 영화인지, 프랑스 영화인지 구분이 안 된다는 비평을 받기도 한다. 그러나 이에 대한 프랑스의 평은 다음과 같다.

영화 '레옹'은 작품성과 흥행성 모두를 갖추었다. 헐리웃을 모방한 국적을 포기한 영화라는 평도 있지만 장차 프랑스 영화의 판도를 바꿀 기념비적인 것이다. 고부가가치산업으로서의 영화의 미래와 프랑스 영화의 예술성 사이에서 앞으로의 진로에 대해 갈등해야 하지만, 개방화시대에 받아들일 것은 받아들이고 경쟁력을 갖추어야 한다. 보호하는 것도 좋지만 무엇인가 해야 하며, 아무 것도 하지 않고 싸울 수는 없다는 것이 뤽 베송의 입장이다. 뤽 베송은 "영화 '레옹'이 전하는 메시지는 모두 프랑스적인 것이었다"는 평으로 비평가들과는 무관하게 프랑스 영화의 미래방향을 제시하고 있다.

4.3 미·불의 문화차이와 마찰

7년이 넘도록 협상을 벌여오던 우루과이라운드가 1993년 말 타결을 앞두고 있을 즈음 미국은 세계의 문화산업에 대해 대대적인 협상의 포문을 열었다. 특히 문화산업에 상당한 자존심을 지켜오던 프랑스 등 유럽국가들에 대해 미국은 유럽 문화산업에 대한 보호정책을 철폐하게 하기 위해 협상의 강도를 높였던 것이다. 당시 미국은 유럽의 방송쿼터제를 전면 철폐할 것을 요구하고, 유럽영화에 대한 국가의 지원정책도 동결할 것을 요구하는 한편 유럽공동체가 시청각산업 관련법안을 제정할 때는 먼저 미국에 알리고 자문을 받도록 요구하였다. 무엇보다도 프랑스 국민을 흥분시키는 것은 마지막 조항이었다.

이에 대한 프랑스의 주장은 영화도 산업이고, 방송도 산업이지만 그러나 그것이 전부는 아니라는 주장이었다. 즉, 미국의 패션이 유럽의 젊은이에게 이미 보편화되어 있고, 영화 등 모든 분야에서 미국이 이룩한 위대함은 인정하지만 유럽인에게도 유럽의 문화가 존재할 수 있는 여지는 마련해 주어야 한다는 것이었다. 왜냐하면 그것은 자동차 제조활동과 같은 실물적인 문제가 아니라 자기 민족성에 관한 문제들이기 때문이라는 주장이다.

이미 유럽의 문화시장은 영화의 60%, 방송의 70% 이상 그리고 프랑스영화의 50%를 미국이 점하고 있다. 문화적 자존심이 강한 유럽이 이 정도로 미국문화에 침식당한 마당에 다른 지역의 문화시장은 80% 내지 90%가 미국에 의해 점령당해 있다고 보아야 할 것이다.

이러한 세계화과정 속에서 최소한의 수준이라도 순수성을 보전해야 할 문화가 상업화의 속성에 물들기 시작하였다. 그것도 너무 지나칠 정도로 상업화과정을 겪음으로써 문화 그 자체는 이제 문화산업 내지 문화상품의 개념으로 이해되기 시작한 것이다. 상업화시대의 문화는 어느 한 나라 한 민족의 고유성·전통성이 유지되기 어려운 다문화 내지 이문화 상황을 특징으로 한다.

현대의 다문화 속에서 살아가는 여러 나라들이 공통적으로 가지고 있는 속성은 제1문화는 물론 자국문화일 것이고, 제2문화가 미국문화라는 점이 그것이다. 이는 영화, TV, 비디오, 방송 등 각종 문화산업에서 선두주자인 미국이 세계시장을 석권함으로써 지구촌 곳곳이 미국을 알고 있고, 미국의 상품을 사용하며, 미국의 대중문화생활을 누리고 있다는 것이다. 세계 각국들은 문화적 측면에서 미국의 돈과 흥행성에 이미 모든 시장을 내어 주고 말았다고 비판한다.

문화적 자존심이 특히 강한 나라 중의 하나인 프랑스[8]는 이러한 미국의 문화상업주의를 배제하기 위해서 프랑스의 전 분야 예술인들이 1987년 6월

8) UR 당시 프랑스 영화 시장은 쿼터제가 실시되고 있었다. 즉, 프랑스는 영화방영 규정을 엄격히 적용하여 자국영화 40%, 유럽산 영화 20%, 외국산 영화 40%의 비율로 상영을 의무화하였다. 외국산 영화의 대부분은 미국영화들이었음은 물론이다.

17일 파리에서 문화국민회의를 발족시키고 문화보호를 위한 결의를 촉구했다. 아울러 이러한 프랑스 예술인들의 노력이 전세계의 예술인에게도 공감대를 형성하게 되기를 바라며 어떠한 국민도 자국문화를 포기하지 않아야 한다고 강조하였다.[9)]

어느 나라든 자국의 문화를 가질 수 있는 권리가 있다. 프랑스가 영상산업에서 당면한 문제는 작품성과 흥행성면에서 미국의 그것과 다르다는 것이다. 그러나 프랑스는 헐리웃화되지 않은 프랑스 영화로 세계시장을 석권하려는 희망을 가지고 있다. 헐리웃 영화와 프랑스 영화의 차이는 곧 상업영화와 작가영화의 차이이다. 미국 영화는 제작비가 많이 들고 관객에게 규격화된 모델을 제시하지만 프랑스 영화는 작가에서 출발하여 장인정신으로 만들어지는 것이다. 특히 미국 영화는 막대한 제작비와 첨단기술을 투입하여 상업적 논리에 충실한 영화를 만들어 낸다. 이는 미국 영화의 제작지침으로 알려져 있는 헐리웃 십계명[10)]에서 잘 알 수 있다.

이러한 상업적 논리에만 획일화된 미국문화에 프랑스는 반대한다. 헐리웃 영화를 이길 프랑스의 힘은 영화의 생명을 상업성만으로 평가할 수 없다는 것에서 나온다. 즉, 마케팅 없이 영화에 담긴 메시지만으로도 커뮤니케이션이 가능하여야 하며, 영화매니아들에게는 일종의 종교와도 같은 것이어야 한다는 것이다. 프랑스 영화산업에 대한 신념은 자국내에서는 흥행에 실패하였지만 세계시장에서 크게 성공한 영화 '퐁네프의 연인'에서 쉽게 찾을 수 있다.

9) "문화란 인간의 저변에 자리잡고 있는, 말하자면 꽃장수가 꽃다발을 만들 수 있는 가능성과 같은 것이다. 그 꽃다발 속에는 다양한 꽃들이 있어야 한다. 새로운 GATT체제는 꽃다발 속에 미국꽃만 묶어서 만들려는 것과 같다. 그러나 분명 미국꽃만 최상의 것이 아님을 우리는 잘 알고 있다." 이 말은 1987년 문화국민회의(Etats generaux de la culture)를 조직하여 유럽의 영상시장개방을 반대하던 쟉 할리트 오베흐비에르 시장이 한 말이다.

10) 헐리웃 10계명 : 오락이란 우선 현실의 문제를 비켜 나가고 도피적이어야 한다. 심각한 문제의식은 피하는 것이 좋다. 보통의 관객은 그 욕구가 청소년 취향과 같다. 따라서 그들을 충족시키기 위해서는 훔쳐보기, 사디즘, 마조히즘, 센티멘탈, 흥분 등의 요소가 들어가야 한다. 그리고 그런 내용에 적합한 영화적 방식은 섹스와 폭력, 스릴러물, 혹은 로멘틱 코미디 등이다. 그러면서도 천박한 느낌을 주면 안 된다. 관객의 자부심이 느껴지도록 세련된 형태라야 한다.

5. 문화산업의 개방과 자유화

5.1 문화산업과 국제교역

문화산업의 국제교역은 유형의 재화인 문화상품(cultural goods)과 무형의 재화인 문화서비스(cultural services)로 나눌 수 있다. 도서, 잡지, 필름, 비디오, 멀티미디어 소프트웨어, 공예품 등 '문화상품'은 제조업 상품과 마찬가지로 대량생산 · 유통(배급) · 소비되고 있다. 또한 일반소비자들의 문화적 욕구와 필요를 충족시켜주는 '문화서비스'는 광고 및 출판물의 제작 · 유통, 필름 · 비디오 · 방송프로그램 제작, 배급, 전송, 상영, 연극 · 오케스트라 및 대중가수 공연, 도서관 · 박물관 운영 등 여러 활동을 포함하고 있다.

문화상품과 교역규모는 지난 20년간 가파르게 증가하였다. 즉, 출판물, 영화, 음반, 미술, 라디오 및 TV 수신기, 게임 및 스포츠상품은 지난 1980년 미화 953억 달러에서 1998년 3,879억 달러로 4배가 증가하였다. 그러나 문화상품의 교역은 미국, 일본, 유럽 등 소수 선진국들 간에 편중되는 현상을 보이고 있다.[11)]

문화서비스도 매우 빠른 속도로 성장하고 있으며, 특히 시청각서비스 분야는 방송과 통신의 융합 등 뉴미디어의 출현 및 글로벌 메이저기업들의 M&A 등으로 미국, 유럽 등 소수 선진국의 독과점 현상이 두드러지고 있다. 특히, 미국은 뛰어난 제작 및 배급 기술과 막대한 자본을 바탕으로 세계 시청각서비스 시장의 40% 이상을 점유하고 있다.

5.2 문화산업과 국제통상 이슈

문화상품 및 서비스의 시장개방과 무역자유화는 WTO, OECD 등 다자간 무역기구 및 협정과 FTA 및 양자간 투자협정(Bilateral Investment Treaty: BIT) 등 여러 차원에서 논의되고 있다. 다만, 문화산업은 그 분야의 고유성격에 따라 협정의 적용범위 및 수준을 다르게 적용하고 있다.

11) 문화관광부, 문화산업백서, 2002. 12, pp. 69~81.

문화산업은 일국의 고유한 언어, 역사 및 문화를 반영한 문화정체성의 보호 및 유지와 깊은 관련이 있으므로, 이를 체화한 문화상품 및 서비스의 무역자유화는 문화정체성의 상실을 가져와 문화의 세계적 획일화를 유도하게 되므로 교류(exchange)의 대상이지 교역(trade)의 대상이 아니라는 NGO 단체 및 국가들로부터 제기되고 있다. 반면 문화상품 및 서비스가 일반 제조업 상품 및 서비스와 다른 측면이 있기는 하나, 문화상품 및 서비스도 엄연히 교역대상으로서 제작, 유통(배급), 소비의 각 단계에서 경제적 이윤논리 내지 상품논리가 적용되고 있으므로 무역협정에서 제외하거나 예외로 취급할 수는 없다는 상반된 입장이 제기되고 있다.

5.3 시장개방과 무역 자유화

(1) 시장개방 배경

1980년대 선진국들의 시장개방압력에 대응하면서 지속적인 개방화 정책을 펴온 결과, 우리 경제의 시장개방의 폭은 꾸준히 확대되었다. 1990년대에 들어서 시장개방의 계기는 크게 세 가지로 나누어 살펴본다.

① 첫 번째 계기는 UR의 최종 타결이다.

1948년 이후 전후 세계교역체제는 「관세와 무역에 관한 일반협정(GATT)」에 의해 유지되어 왔다. 그러나 GATT는 이름에서 알 수 있듯이 정식기구가 아니라 잠정적 협정이었기 때문에 규정의 통일성과 법적 구속력이 미약하다는 단점을 안고 있었다. GATT는 소위 '무역라운드'라는 이름의 여러 차례의 다자간 협상을 통해 이러한 단점을 꾸준히 보완해 왔다. GATT의 제8차 무역라운드인 우르과이라운드는 1970년대 이후 서비스부문의 확대와 직접투자의 증가라는 세계교역구조의 변화에 대응하는 새로운 규칙을 제정할 필요성이 제기됨에 따라 1986년 개시되었고 1994년 최종 타결되었다. 우루과이라운드에서는 그 동안 논의대상이 되지 못했던 서비스교역부문의 시장개방을 협상대상에 포함시켰다. 이로 인해 주로 공산품에 국한되었던 우리 경제는 대외개방에 있어서도 획기적인 계기를 맞게 되었다. 협상에서 우리 정부는 서비스부분의 총 155개 업종 가운데 78개 업종에 대해 양허하였다. 그 결과 우리나라의 서비스 개방도는 31.5%로 고소득국가 평균 40.6%보다 낮지만, 싱가

포르(27%), 멕시코(22.3%), 홍콩(18.4%)보다는 높게 나타났다.[12]

② 두 번째 계기는 1996년 경제협력개발기구(OECD) 가입이다.

시작부터 정부는 우루과이라운드 타결에 대응해서 1993년 6월 '외국인투자개방 5개년(1993~1997) 예시계획'을 수립하여 224개에 달했던 외국인투자 제한 업종을 132개 업종으로 축소하였다. 이어 1994년 6월 150개 제한업종 가운데 43개 업종에 대해 투자기준을 마련하고 54개 업종에 대해서는 1997년 이후 기준을 마련하도록 5개년 예시계획을 수정함으로써 개방을 진전시켰다(산업자원부, 1998). 그런데 OECD에 가입하면서 최종적으로 44개 업종에 대한 유보 및 개방계획을 제출함으로써 5개년 예시계획 수정안보다 1년 앞서 그 개방폭을 확대하게 되었다.[13]

③ 세 번째 계기는 1998년 이후 우리 경제를 강타한 IMF 경제위기라고 할 수 있다.

경제위기는 경제 전 분야에 걸친 구조조정을 요구하였다. 정부는 이를 위해 막대한 해외자본의 유치가 필요하다고 판단하고 적극적인 개방조치를 취했다. 이에 따라 1998년 4월 주거용 건설임대업 등 10개 업종에 대해 외국인투자 개방이 확대되었고, 이어 5월 상품교환업 등 20개 업종에 대한 개방이 확정되는 등 외국인직접투자(FDI)에 대한 개방이 전반적으로 확대되었다. 더불어 정부는 자본·외환거래 자유화, 세제혜택 등 외국인투자에 유리한 환경조성에 진력하고 있다.

이러한 경제 전반의 지속적인 시장개방 추세에 따라 문화산업분야에서도 외국인에 대한 시장접근이 꾸준히 확대되었다. 광고시장의 경우 이미 1985년 이후 미국의 강력한 시장개방요구에 따라 개방된 결과 1991년 광고대행업에 대한 외국인 전면투자(지분율 100%)가 허용되기에 이르렀다. 우루과이라운드 협상과정에서는 영화/비디오 제작 및 배급, 음반제작 및 배급 등 2개 업종이 양허대상에 포함되었다. OECD 가입 당시 서적출판업, 유선방송프로그램 공급업에 대해 부분적인 개방이 이루어졌고, 뉴스제공업과 신문 및 정기간행물 발행업에 대해 추후 개방일정을 제시하였다. IMF경제위기 이후 문화산업에 대한 자유화조치가 더욱 확대된 결과, 현재 문화산업부문 가운데 외국인투자

12) 김준동·강인수, "우리나라 서비스 자유화 평가 및 서비스 개방효과," 외교통상부 공처회 발표문, 1999.

13) 김관호, 미국의 양자간 투자협정, 대외경제정책 연구원, 1998.

에 제한을 받는 업종은 총 6개 업종으로 이 가운데 미개방 업종이 2개, 부분개방 업종이 4개를 차지하고 있다.

(2) 외국인 사업자에 대한 투자제한 및 규제

현재 외국인투자 제한업종에서 문화산업으로 분류될 수 있는 6개 업종[14) 가운데 라디오와 텔레비전 방송업은 아직 외국인이 투자할 수 없는 미개방 업종이다. 반면 신문 발행업의 경우, OECD 가입시 제시한 개방일정에 따라 1997년 12월 25%까지 외국인투자에 개방되었다. 이후 1999년 1월 개방폭이 확대되어 현재는 30% 미만까지 외국인투자가 가능하게 되었다. 잡지와 같은 정기간행물 발행업의 경우 신문과 마찬가지로 1997년 12월 25%까지 외국인투자에 개방되었고, 1999년 1월 현행과 같이 개방폭이 확대되어 50% 미만까지 외국인이 투자할 수 있게 되었다. 이에 따라 라이선스 잡지가 늘고 있을 뿐만 아니라, 외국인이 국내인을 앞세우고 경영에 참여하는 국내 잡지사와의 합작투자도 가시화되고 있다.[15)]

유선방송업은 1996년 12월 OECD 가입시 15%까지 투자를 허용하도록 개방되었다가 1998년 4월 개방확대조치에 따라 외국인투자 상한선이 33%로 상향조정되었다. 한편, 뉴스제공업의 경우, OECD 가입시 약속한 개방일정에 따라 2000년 1월 1일부터 외국인에 대해 25% 미만의 투자가 가능하도록 허용기준이 완화되었다.

문화산업과 같은 서비스산업의 경우, 대부분 투자의 형태로 외국시장에 진출하기 때문에 외국인투자제한은 가장 주요한 시장보호수단이자 투자장벽이 된다. 그러나 이외에도 여러 형태의 국내규제가 시장개방과 관련된다. 대표적인 예가 방송에 일정 비율 이상 국내 프로그램 편성을 의무화하는 프로그램쿼터와 극장 상영일 중 일정 비율 이상 국내영화를 상영케 하는 스크린쿼터이다. 최근 제정된 방송법시행령에 따라 지상파방송은 전체 방송시간 가운데 80%를, 케이블방송 등 비지상파방송은 50%를 반드시 국내제작프로그램을 편성하도록 했으며, 영화 등 국내제작 컨텐츠에 대해서도 [표 12-2]와 같이 각각 의무편성비율을 규정하고 있다.

---

14) 라디오 방송업(미개방), 텔레비전 방송업(미개방), 신문 발행업(외국인 투자비율 30% 미만 허용), 정기간행물 발행업(50% 미만 허용), 유선방송업(외국인 투자비율 33% 이하 허용), 뉴스제공업(25% 미만 허용)

15) 김준기, 한국영화의 생존과 스크린쿼터, 1999.

표 12-2 국내제작 프로그램 및 컨텐츠 의무편성비율

	국내제작 프로그램	국내제작 컨텐츠		
		영 화	애니메이션	대중음
지상파 방송	80%	25%	45%	60%
비지상파 방송	50%	30%	40%	60%
특정국가별 편성비율	–	전체 방송시간의 60% 이내		

* 월간 전체 방송시간 대비.
* 각 부문별 전체 방송시간 대비.

한편, 1966년 제2차 영화법 개정에서 도입된 스크린쿼터제도는 1985년부터 의무상영일수 기준을 146일로 정하여 시행되고 있다. 이는 우리 영화의 국내시장 점유율 목표 40%를 기준으로 결정된 것인데, 1996년 7월부터는 우리 영화의 수급현황에 따라 의무상영일수를 20일(군 및 10만 이하 시는 40일) 단축할 수 있으며 성수기 우리 영화 상영시 일수 단축(40일 단축지역 제외)으로 실제적인 의무상영 일수는 106일인 셈이다.

이러한 국내법적 규제들은 향후 서비스시장에 대한 개방폭이 더욱 확대되고 투자자유화에 관한 국제규범의 수준이 보다 높아짐에 따라 국가간 분쟁의 소지로 작용할 가능성이 높다.[16)]

5.4 WTO/DDA협상에서의 논의

(1) 논의 배경

UR협상에서 서비스 분야의 국제교역을 다루는 최초의 다자간 규범인 「서비스교역에 관한 일반협정(General Agreement on Trade in Services: GATS)」이 제정되었지만, 지난 50년간 진행된 GATT의 공산품 협상에 비해 5년 정도밖에 지나지 않아 회원국의 개방수준은 미미한 편이었다. 따라서 WTO 출범시 농업과 함께 서비스는 5년 내에 협상을 재개하는 후속 협상의제(Built-in Agenda: BIA)를 규정하여 2000년 2월부터 협상이 재개되었다. 이후 2001년 3월 향후 협상의 주요 골격과 지침을 담은 협상가이드라인이 채택되었고, 여러 서비스분야에서 각국이 제출한 협상제안서(Negotiating proposal)를 검토하였

16) 김휴종, 스크린쿼터제와 한국영화산업, 삼성경제연구소, 1998.

다. 또한, DDA 각료선언문에서 밝힌 서비스협상 일정에 따라 2002년 6월 말 우리나라의 주요 교역상대국에게 1차 시장개방 요구서인 양허요청안(initial Request)을 전달하였고, 2003년 3월까지 우리나라의 1차 시장개방안(initial Offer)을 제출할 예정이다. 양허요청안을 통해 나타난 미국, EU 등 선진국은 자국이 우위에 있는 금융, 통신, 환경, 교육 및 의료·법률 등 전문직 서비스의 폭넓은 개방을 추진하고 있고, 개도국들은 '점진적 자유화'(progressive liberalization)라는 GATS의 기본적 원칙에 따라 자국의 개발수준에 적합한 개방을 주장하면서 인력이동(Mode 4) 및 관광서비스 등의 분야에서 개방요구를 하고 있다. 우리나라는 금융, 통신, 건설, 해운, 유통 등의 분야를 중심으로 국내기업의 진출가능성이 높은 중국, 아시아 국가들을 중심으로 시장개방을 요구하고 있다.

(2) DDA 서비스협상과 문화산업

2000년부터 시작된 서비스협상에서 문화산업 분야, 특히 시청각서비스 분야는 그 분야의 성격상 각국 간 이견이 노출되었는데 미국, 일본, 스위스 등이 자국의 입장을 담은 협상제안서(Negotiating proposal)를 제출하였다.

미국은 협상제안서에서 IT기술의 발달로 시청각물의 제작비용의 감소와 유통채널의 다양화로 각국의 문화정체성 유지가 가능해졌고, GATS체제 내에서도 보조금 등 회원국의 국내산업 보호조치가 가능하다는 점을 들어 시청각서비스 분야의 무역자유화를 주장하고 있다. 일본의 협상제안서에는 각국이 시청각산업의 개방을 통해 국제적인 최신 기술을 습득하고, 국민들의 다양한 문화와 정보에 대한 접근이 가능해진다는 점을 시장개방의 논거로 들고 있다. 또한, 스위스는 다소 절충적인 입장에서 시청각서비스의 공공성, 경쟁문제, 문화정체성에 미치는 영향 등을 고려하면서도 동 서비스의 상업적 성격 및 교역현실을 고려하는 견해를 제안서에서 밝히고 있다.

본격적인 DDA 서비스협상에 들어서면서 회원국 간에 자국의 경쟁력과 진출지역을 고려한 양허요청안(Request)의 제출 및 접수가 이루어졌다. 우리나라도 문화산업 분야에서 국내 개방수준이 높고 경쟁력이 있는 분야를 중심으로 진출가능성이 높은 국가 중 20여 개국에 양허를 요청하였다. 주로 UR 당시 이미 우리나라가 양허한 분야 및 이후 자발적 자유화(Autonomous Liberalization)가 이루어진 광고, 인쇄·출판, 영화 및 비디오 제작·배급, 음반, 공연 등 5개 업종을 대상으로 시장개방을 요구하거나 시장접근(Market Access) 및 내국민대우(National Treatment)상의 제한사항을 철폐하도록 요청하였다. 우리나라도 2002년 10월 현재 미국, 중국, EU, 멕시코 등 10여 개국으로부터 출판, 영화상영, 방송, 뉴스제공업(통신사), 스포츠 등의 분야에서 양허요청을 받았다.

WTO 회원국들이 양허요청안(Request)을 제출한 이후, WTO본부가 위치한 제네바를 중심으로 주요 국가 간에 양자협상이 진행되어 왔다. 문화산업 분야도 이러한 협상과정에서 양허요청안을 제출 및 접수한 국가를 중심으로 양자협상과 2003년 3월 말 양허안(Offer) 작성을 위한 비롯한 준비작업을 진행하고 있다. 우선, 문화산업 각 분야별 업체, 단체 및 협회, 전문가 등의 의견을 수렴하고, 협상 쟁점 분석 및 전략수립에 활용하고자 기존 협상지원반을 확대 · 개편하였고, DDA협상을 중심으로 문화분야의 통상문제를 체계적으로 추진하고자 태스크 포스(task force)팀을 조직, 가동하고 있다. 둘째, 2003년 3월 양허안 제출과 시장개방에 대비하여 국내 문화산업의 경쟁력 평가 및 개방에 따른 영향 분석, 보조금 등 정부지원 및 국내규제 사항 파악을 위한 연구작업을 수행하고 있다. 마지막으로 재경부, 중소기업청 등 관련부처와의 협의를 통해 세제 및 금융지원, 규제 완화 및 제도개선 등을 통한 문화산업의 서비스경쟁력 제고방안 마련을 준비하고 있다.

(3) 시청각서비스 분야 DDA협상전망

DDA협상에 제출된 각국의 최초양허안에 의하면, EU을 비롯한 대다수 회원국이 시청각서비스 분야 시장개방에 대해 여전히 부정적 입장을 유지하는 데 반해, 미국은 상대적으로 전략적이고도 적극적인 입장을 취하고 있다는 점에서 대조적이다. 시청각서비스 분야 시장개방에 대한 향후 논의 방향을 예단하기에는 협상의 진전 속도가 무척이나 느리다. 하지만 협상의 양대 축이라고 할 수 있는 미국과 EU의 최초양허안을 살펴보면, 시청각서비스 분야에 대한 DDA협상의 양상이 과거 협상과 차별화될 가능성을 배제할 수 없다.[17)]

과거 협상의 역사와 협상전략 관점에서 볼 때, 미국과 EU의 입장 변화는 상이한 동기에서 출발하는 것으로 추정된다. 미국의 입장 변화는 기존 시청각서비스 분류체계하의 시장개방협상에 분명한 한계가 있음을 인정하고,

기존 분류체계의 틀을 유지하기보다는 그 조정을 통해 간접적으로 시장개방 효과를 발생시키기 위한 일종의 포럼선택(forum-shopping)으로 이해할 수 있다. 다시 말해 무역제한적인 시청각서비스 분야로부터 전송 기능에 해당하는 서비스를 무역개방적인 통신서비스 분야로 이전 시킴으로써 시청각서비스 분야의 일부분에 대해서라도 시장개방을 가속화하겠다는 의지의 표현이라고 볼 수 있다. 반면 EU는 미디어융합의 추세에서 문화산업의 핵심이라 할 수 있는 콘텐츠에 대해서 만큼은 좀더 확실한 규제 및 시장보호 자세를 유지하겠다는 의사의 표현인 것으로 풀이된다.

DDA협상이 중단되었다가 다시금 기지개를 펴고 있는 현재까지의 진행 상황을 지켜보면, 시청각서비스 분야에서 돌파구를 찾을 가능성은 극히 희박해 보이며, 설령 낙관적인 기대를 한다고 해도 시기상조라고 해야 할 것이다. 그러나 WTO체제를 주도하는 미국과 EU 모두 DDA협상 실패의 비난을 애써 외면하지 않는 한, 체면을 유지하면서도 실익을 찾는 행위는 불가피하다. 이른바 양허의 트레이드오프이다. 혹자는 DDA협상에서 양국의 트레이드오프 가능성이 가장 높은 분야가 미국의 해운서비스(maritime services)와 EU의 시청각서비스라고 한다.[18] 어떠한 방식으로든 GATS 전반적으로 양국 간 양허 균형이 달성된다면, 시청각서비스 분야에서 가장 가능성이 높은 협상타결의 시나리오는 콘텐츠 제작 이외의 전송부분에 대한 개방일 것으로 전망된다.

17) 이한영, 디지털@통상협상, 삼성경제연구소, 2007.

18) Des Freedman, "Trade versus Culture: An Evaluation of the Impact of Current GATS Negotiations on Audio-visual Industries," memeo, Department of Media and Communications, Goldsmiths College, University of London.

제 2 절 문화의 상품화와 문화체화 요인

1. 문화의 상품화과정

문화에 대한 이와 같은 수요증대 요인들로 인하여 각국의 문화는 국가간 거래 또는 교류되는 일반상품으로 변모하기에 이르렀다. 세계화시대에서의 기업활동과 상품수출활동은 곧 무한경쟁을 의미한다. 즉, 수많은 국가, 수많은 기업, 수많은 상품이 국제시장에서 경쟁하는 것이다. 즉, 문화가 체화된 상품을 만들어 수출하고, 기업활동에서도 기업문화를 적극 활용하며, 국가차원에서도 자국문화를 살려 세계시장에 알리는 것이다.

최근 진정한 세계화는 문화의 세계화라는 말이 유행하고 있다. 경제의 세계화가 우리 경제 · 사회의 폐쇄성과 후진성을 극복하고 경제의 재도약을 통해 선진 · 개방경제를 구축할 수 있는 지름길이라는 의미를 담고 있을 때 세계화의 실천은 곧 국가간 문화교류와 문화체화상품의 수출확대가 그 한 방법이 될 수 있는 것이다.

우루과이라운드가 종전의 GATT 체제하의 협상들과 크게 다른 점 한 가지는 무엇보다도 서비스무역에 관한 협상이 있었다는 것이다. 즉, 1947년의 GATT 협정은 상품무역을 대상으로 한 것이고, WTO가 출범하기까지 상품무역에 관한 질서를 유지해 왔던 것이다. 그러나 경제의 전 부문이 하드중심에서 소프트중심으로 변모하고, 서비스화현상이 가속화되면서 국제무역질서를 유지하기 위한 차원에서 서비스무역에 관한 다자간 규범의 필요성이 크게 대두된 것이다.[17)]

WTO의 출범은 1차산품 및 2차산품 등 유형상품의 무역자유화는 물론, 건설 등 플랜트상품, 서비스 등 무형상품을 비롯하여 문화상품에 이르기까지

---

17) 한국무역협회 · 산업연구원, 「새로운 무역문화의 정립」, 1996.

그림 12-2 시대적 변화에 따른 수출상품의 구성

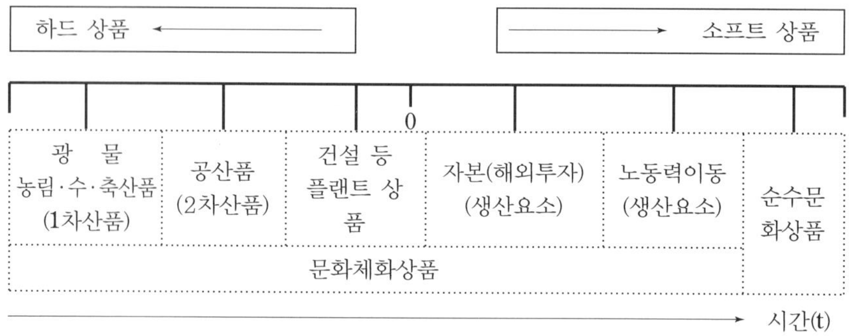

유 · 무형재화 전반에 걸쳐 무역자유화를 목표로 하는 이른바 총체적 무역자유화시대로의 진입을 의미한다. WTO가 종전의 GATT 주도하의 무역자유화 노력과 다른 점은 무엇보다 무형상품의 무역자유화에 관한 다자간협정이 마련되었다는 점일 것이다. 즉, 서비스협정, 지적재산권협정, 투자규범 등 무형상품의 국가간 거래와 상품으로서의 재산권보호를 위한 국제적 규범들이 마련되었다는 점에 의의가 있다.

제2차 세계대전 이후 지금까지 이 지구촌 경제에 번영을 가져올 수 있었던 것은 무엇보다도 국제무역이 확대되었기 때문이라는 데에는 누구나 동의할 것이다. 각국간 통상교류의 확대는 자국의 생산, 유통, 소비부문에 2차, 3차의 파급효과를 미치고 이러한 유발효과는 다시 국가간 통상을 확대시키는 싸이클을 겪어 왔던 것이다.

이와 같은 시대적 흐름에 따라 국가간 무역의 주력상품 구성도 과거의 하드(hard) 상품 중심에서 소프트(soft) 상품으로 변모하고 있다. 즉, 과거의 광물 및 농림 · 수산 · 축산물 등 1차산품이 주종을 이루던 시대에서 종전 이후 급격한 산업발전과 더불어 공산품 등 2차산품이 대종을 이루게 되었다. 그 후 1980년대를 지나면서 서비스 등 무형상품의 국가간 교역이 급격히 확대되기 시작하였으며, 최근에는 문화체화상품 내지 순수문화상품의 국가간 교역이 확대되고 있다. 이러한 수출상품의 소프트화 추세는 WTO 출범 및 21세기 도래와 더불어 더욱 진척될 전망이다.

2. 문화체화의 의미와 그 요인

2.1 문화체화상품의 구체적 의미

어떠한 방법으로 수출상품의 문화체화전략을 강구할 것인가. 수출상품에 대한 문화체화의 구체적 의미는 무엇인가. 본래 문화는 문화 그 자체를 구성하는 여러 요인들을 가지고 있다. 어떠한 문화이든 해당 문화주체의 전통과 역사, 멋과 꿈 내지 이상, 민족혼과 생활양식, 패션과 디자인, 기능과 편의성, 이미지 등 제반 요소들이 문화를 형성하는 요인들인 것이다. 문화의 쉬운 의미는 이들 제문화요인들의 집합체로 이해하면 될 것이다.

이러한 문화요인들은 경제발전에 따른 문화욕구 증대와 세계화시대의 진전과 더불어 경제적 문화요인과 비경제적 문화요인으로 구분되는 양상을 보이게 되었다. 물론 경제적 문화요인과 비경제적 문화요인 중 어느 부문이 보다 중요한가는 따질 수 없다. 그러나 현실세계가 경제를 중시하는 시대라는 점을 감안한다면 아무래도 경제적 문화요인들이 보다 더 중요시된다고 보는 것이 옳을 것이다.

문화요인들은 문화자체에 대한 관점변화에 따라 경제적 요인과 비경제적 요인으로 구분되기 시작하였다. 이러한 구분에 따라 각각의 요인들은 그 특성을 반영하여 문화의 상업화과정을 겪게 되고, 독립된 문화상품으로 또는 문화체화상품으로 국가간 이동을 시작하였으며, 이른바 문화의 세계화 과정을 거쳐 문화무역의 시대를 맞이하게 된 것이다.

모든 상품에는 문화가 체화되기 마련이며, 따라서 모든 상품은 곧 문화체화상품이라 할 수 있을 것이다. 그러나 이와 같은 관점에서라면 우리는 수출상품의 문화체화전략을 수립한다는 것이 사실상 불가능하게 된다. 왜냐하면 아무리 사소한 요인일지라도 문화적 요인이 투입되지 않으면 상품생산이 어렵다는 다소 역설적인 딜레마에 빠지기 때문이다.

결국 수출상품의 문화체화전략을 강구한다는 의미는 상품생산에 있어서 문화요인의 투입을 전제로 할 수밖에 없다는 결론이 된다. 다만 어떠한 문화요인들이 어떠한 비율로 투입되느냐에 따라 상품의 특성이 구분될 뿐인 것이다. 또 한 가지 전제는 앞의 그림에서 열거된 경제적 · 비경제적 문화요인들

그림 12-3 문화요인의 구분과 문화무역

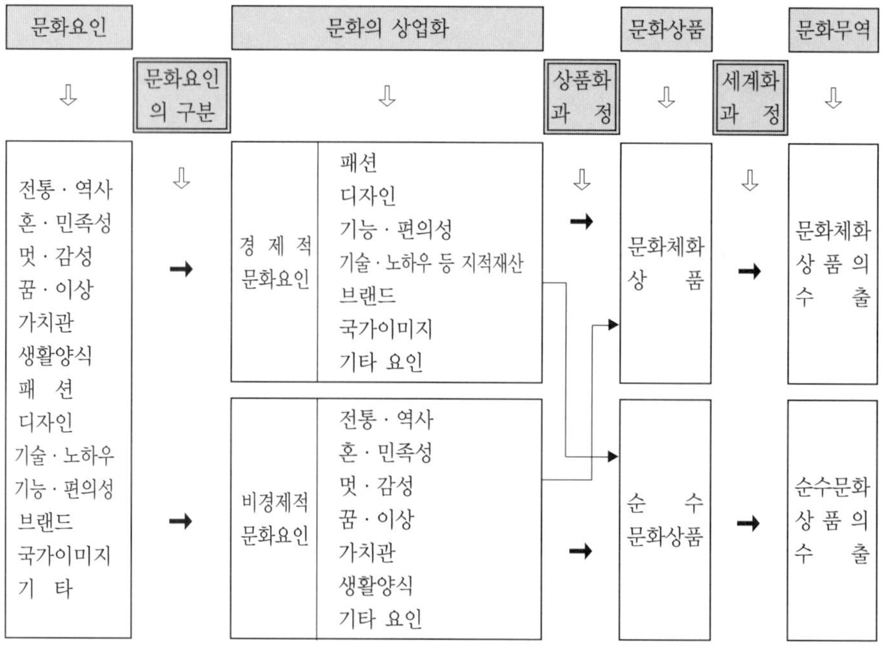

은 모두 그 자체로서 독립된 상품이라는 점이다. 즉, 이들 문화요인들은 무형의 재화(service goods)로서 국내외를 불문하고 현실적으로 상거래 또는 교류되는 독립된 상품이며, 엄밀한 의미에서 볼 때 그야말로 순수문화상품[18]이 되는 것이다.

그러나 수많은 문화요인들을 독립된 상품으로 인식하는 것에 그친다면 역시 수출상품의 문화체화전략이란 고려할 필요가 없게 된다. 다시 말해서 수출상품의 문화체화전략이 필요한 것이 아니라 순수문화상품의 수출확대 전략이 필요하게 될 것이라는 의미이다. 따라서 여기에서는 부득이 문화요인들을 경제적 요인과 비경제적 요인으로 구분하고, 이들 요인들이 어떠한 비율로 투입되어 상품이 되느냐에 따라 문화체화상품과 순수문화상품의 두 가지 유형으로 나누어 문제해결의 실마리를 찾고자 한다.

좀더 구체적인 관점에서 본 문화체화상품이란 상품의 제조과정에서 경제

18) 무역협회, 전게서, pp. 62~63.

적 문화요인이 비경제적 문화요인보다 더 많이 투입되어 생산되는 경우를 의미하며, 순수문화상품은 그 반대의 경우를 의미한다. 즉, 상품생산에 패션, 디자인, 기능 및 편의성, 노하우 등 지적재산 등과 같은 경제적 문화요인들이 보다 많이 투입되어 생산된 상품을 문화체화상품이라 하고, 그 반대의 비율로 투입되어 생산된 상품을 순수문화상품으로 지칭하는 것이다. 물론 문화체화상품이라 하여 패션, 디자인 등 순수한 경제적 문화요인들로만 구성되는 것은 아니다. 전통과 역사, 생활양식 등 비경제적 문화요인도 함께 투입되어 생산된다는 점을 간과하여서는 아니 될 것이다. 다만 그 투입비중의 차이만 있을 뿐이라는 의미이다.[19]

현재까지 문화체화상품에 대한 이론이나 정의는 아직 확실하게 정립되어 있지 않으나 제품에 체화된 문화는 전통문화의 범주를 떠나 보다 넓게 인식되어야 할 것이다. 협의의 문화체화는 제품화단계까지 반영된 문화를 의미한다. 즉, 소재, 디자인, 색상, 기능성 등 상품개발단계에서 직접적으로 적용되고 응용된 독특한 요인이 있다면 이는 곧 제품에 체화된 문화이며, 그 독특한 요인으로 인해 제품이 일류화되었다면 이는 성공한 문화체화상품인 것이다.

표 12-3 제품의 문화체화에 대한 구분

	전통문화체화	협의의 문화체화	광의의 문화체화
적용 범위	제품 자체	제품 자체	일련의 마케팅
특 징	변형되지 않은 고유의 문양, 선, 색상, 이미지 적용	응용되어진 디자인, 소재, 기능성 추구	마케팅활동에 적용가능한 모든 사회적·문화적 요소 고려
장 점	왜곡되지 않은 순수한 문화의 적용 및 전파	가장 현실적인 문화체화 형태, 제품성공과의 직접적인 연관성	가장 광범위한 문화의 적용
단 점	일반산업으로서의 직접적용 곤란, 상품화 범위의 한계성	촉진, 유통 등 여타 고려요소의 중요성 배제	제품과의 직접적인 연관성 부족

자료: 한국무역협회.

19) 경제적 문화요인으로 분류된 패션, 디자인 등은 그 자체로서 독립적으로 수출입된다. 그러나 이러한 경우는 순수문화상품이라기보다는 단순한 서비스재화의 자격으로 수출입된다고 보는 것이 옳을 것이다.

광의의 문화체화는 제품화단계뿐만 아니라 촉진(promotion)과 유통(place) 단계 및 아프터서비스(A/S)와 비포어서비스(B/S) 등 일련의 마케팅활동에 반영된 사회구조, 가치관, 이미지 등을 의미하며, 이러한 요인들이 제품의 성공에 이롭게 작용하였다면 이것 역시도 넓은 의미에서 분류한 문화체화로 정의될 수 있다.

문화를 제품에 체화시킨다는 것은 제품에 적용, 접목 혹은 반영시킨다는 것과 상당한 의미의 차이를 지닌다. 협의건 광의건 간에 문화라는 요인은 어떠한 형태로든지 제품에 부합되어질 수 있다. 즉, 단순히 적용되거나 접목되거나 혹은 반영되어질 수 있음을 의미한다. 그러나 이처럼 적용, 접목, 반영되어진 문화가 제품을 성공으로 이끄는 데에 있어서 하나의 중심적 요소로서 기여하였을 때 우리는 비로소 문화가 '체화'되었다고 말할 수 있는 것이다.

2.2 문화체화 요인의 유형과 특성

(1) 문화체화 요인(제품개발 단계의 문화체화 요인)

1) 제품의 기능(기술, 노하우=장인정신, 아이디어 등)

기술을 문화(체화)요인의 하나로 볼 것인가에 대한 논의는 중요하지 않다. 왜냐하면 수출상품의 궁극적인 문화체화 목적은 수출상품의 경쟁력 제고 또는 수출활로를 찾는 데 있기 때문이다. 기술은 디자인과 더불어 상품의 경쟁력을 결정하는 가장 중요한 요인 중의 하나이다. 신기술이 체화된 상품은 제품수명주기를 선도함으로써 경쟁상품과 차별화를 기할 수 있고, 또한 지적재산권이 보호되는 시대이기 때문에 기술개발의 대가를 충분히 회수할 수 있으므로 경쟁력 우위확보라는 측면에서는 기술이야말로 매우 중요한 요인이다. 모든 제품은 기능측면이 강조되든 디자인측면이 강조되든 확실한 문화요인을 담고 있다면 우위를 점할 수 있다. 제품의 기능은 다시 신기술개발, 노하우, 아이디어 등과 같은 요인들에 의해 결정된다.

노하우는 제조·영업 등에 대한 비법(秘法) 내지 독창적인 기술의 의미로 알려져 있다. 따라서 노하우란 일반에 널리 공개된 기술을 의미하는 것은 아니며, 첨단 또는 고급기술 그 자체만을 의미하는 것도 아니다. 다시 말해서 노하우는 공개된 것이 아니기 때문에 남이 쉽게 모방할 수도 없는 것이며,

구태여 지적재산권 보호의 절차를 밟을 필요도 없을 것이다.[20] 이것 역시 인간의 지적 노력에 전적으로 의존하기 때문에 노하우 소지자에게 만약 불행한 사고가 있게 되면 그 순간에 노하우의 경제적 가치는 사라지게 되는 위험이 있다. 이러한 노하우는 제품차별화를 위한 가장 확실한 요인이 된다. 국산 노하우에 의해 생산된 수출상품은 해외시장에서 외국제품과의 경쟁이란 있을 수 없다. 노하우에 근거한 제품생산, 즉 제품의 품질개선을 위해서는 생산자의 장인정신을 필요로 한다. 장인정신이 깃든 수출상품이라 함은 생산자의 혼과 명성이 담긴 제품이라고 여겨지기 때문에 이러한 사실이 전해지면 제품에 대한 신뢰도 제고 내지 이미지개선의 문제는 쉽게 해결되리라 본다. 이러한 장인정신이 문화체화할 수 있도록 각종 제도적 뒷받침이 있어야 함은 물론이다. 명장제도나 독일의 마이스터(Meister)와 같은 제도가 필요한 것이다.[21]

노하우와 비슷한 요인이라 할 수 있는 아이디어를 체화한 상품도 차별화의 지름길이 될 수 있다. 최근 국내에서 지퍼넥타이를 개발하여 꾸준한 매출신장을 보이고 있는 한 중소기업이 아이디어 상품개발 성공의 좋은 예가 된다. 아이디어는 그 자체로서 새로운 생각이란 의미가 담겨있기 때문에 아이디어 제품은 곧 발명품 · 고안품이 됨으로써 다른 제품과 차별화된다.

2) 디자인과 패션

① 디 자 인 디자인 역시 기술과 더불어 여러 가지 문화요인들 가운데 가장 중요한 요인의 하나가 된다. 상품의 가격이나 기능이 뒤지더라도 디자인면에서 소비자들로부터 외면당하지 않는다면 경쟁력은 확보할 수 있다. 특히 보석 및 귀금속 산업의 경우는 디자인 그 자체가 곧 상품의 가치를 결정할 수도 있을 것이다. 직조기술과 방직설비가 세계 최고임에도 영국의 섬유제품들이 경쟁력을 상실하게 된 이유는 디자인에 소홀하였기 때문이라는 지적에 모두 공감하고 있으며, 우리는 이를 타산지석(他山之石)의 예로 삼을 필요가 있다.

---

20) 그러나 재산권 가치를 법적으로 보호받으려면 특허권 등 필요한 지적재산권 보호절차를 밟는 것이 유리할 것이다.

21) 마이스터(Meister)란 그 분야의 최고 명장(名匠)을 뜻하며, 기술자를 존중하는 독일사회의 상징적인 존재이다. 이는 마이스터 자격시험을 거치며, 현장에서 5년 이상의 경력을 쌓은 기술자에게만 응시자격이 부여된다. 실습생을 훈련시키는 일이 가장 중요한 업무의 하나이다.

디자인은 이제 기업의 운명을 좌우하는 핵심적인 경쟁력 요인이며, 우리 생활의 일부분으로 자리잡고 있다. 이 때문에 각종 매스미디어들이 경쟁적으로 디자인에 관해 관심을 기울이고 있다. 대체로 1인당 국민소득이 1만 달러를 넘어서면 디자인의 중요성이 크게 부각되기 시작한다고 한다. 경제발전과 더불어 소득이 증가하여 구매력이 커지고 생활의 여유가 늘어남에 따라 디자인을 통해 삶의 질을 추구하게 된다는 것이다. 즉, 제조기술이 일정 수준에 오르고 소득과 소비수준이 높아지면서 기능 및 가격측면과 더불어 디자인을 필수적으로 고려하게 된 것이 현대 소비자들의 구매패턴이 되었다.

② **패션(유행)** 한 시대의 정치 · 경제 · 사회 · 문화의 변화와 이로 인한 가치관의 변화는 아름다움에 대한 기준을 바꾸어 놓는다. 결국 패션은 사회를 구성하고 있는 모든 요소의 상호작용에 의해 창조된다. 우리들이 입고 있는 옷은 이미 외모의 치장이나 신분상승 욕구의 표현인 단순한 날개가 아니라, 그 시대의 사고방식을 표현하고 라이프스타일을 반영하는 문화상품으로 자리잡고 있다.

이 문화상품들은 개인적 차별화와 사회적 공통화의 욕구, 즉 개성과 동일시되는 이율배반적인 심리를 바탕으로 끊임없이 새로운 수요와 공급을 창출해 왔다. 그리고 지금도 언어와 피부색이 다른 세계 수십억 사람들에게 그들이 원하는 이미지를 제공하며 보다 고부가가치의 거대한 산업으로 성장해 가고 있다.

패션상품은 디자이너의 상상력에 소비자의 기호가 합해진 것이라 할 수 있으며, 이때의 패션은 우리가 어떤 라이프스타일을 가질 것인지, 시대를 앞서서 예측해보는 이미지라는 의미가 된다. 사람들이 고급브랜드를 좋아하는 것은 그것이 가지고 있는 명성과 제품의 질 때문일 것이다. 이 때문에 수많은 디자이너들이 명성을 얻고 싶어하며, 명성을 얻은 상품의 브랜드는 곧 무한한 부가가치를 보장하게 된다.

3) 브 랜 드

문화체화전략에 있어서 브랜드이미지가 가지는 역할은 국가이미지가 가지는 역할과는 다소 다른 면이 있다. 국가이미지를 수출상품에 체화한다는 것은 상당히 곤란하다. 굳이 국가이미지를 체화한다면 전통문화상품 또는 특산품의 경우에나 가능할 것이기 때문이다. 다시 말해서 브랜드이미지는 제품의 생산단계에서 고려할 수 있는 요인이지만 국가이미지는 제품의 생산 이후의 단계에서 역할을 가지는 요인이라는 차이점이 있는 것이다.

브랜드는 상품의 이름이자 돈 그 자체이다. 특히 소비자들에게 잘 알려진 유명 브랜드일수록 브랜드의 자산가치는 높아진다. 똑같은 품질의 제품이라도 브랜드에 따라 그 가격이 달라진다. 브랜드는 이제 단순한 상품의 이름을 넘어 기업들이 가진 중요한 자산이 되어 있으며, 기존 제품에 없던 새로운 부가가치를 창출하는 원동력이 된다. 현대의 기업들은 강력한 브랜드를 얼마나 보유하고 있느냐에 따라 경쟁력이 좌우된다. 또한 브랜드가 유명해지면 브랜드 자체가 이익을 보장해줄 수 있기 때문에 이를 사용하려는 기업들은 프리미엄까지 지불하며 브랜드를 도입하려 한다. 소비자들이 믿을 수 있는 브랜드를 사용하게 되면 곧 상품의 가치를 소비자에게 명확하게 전해줌으로써 구매심리를 자극하게 되므로 경쟁력을 확보할 수 있게 되는 것이다.[22)]

4) 전　통

전통은 오랜 기간에 걸쳐 형성되는 시간적 개념의 무형자산이다. 공간적 개념에서는 소규모 지역, 어느 국가, 아시아지역 등 특정 단위에 한하여 형성될 수 있는 것이며, 세계적 전통이라는 말은 있을 수 없다. 외국상품과 경쟁하기 위한 우리 상품의 문화체화와 관련한 전통의 의미는 한국의 전통을 의미한다. 한 나라의 전통은 다른 나라의 전통과는 엄연히 다를 것이며, 이러한 전통을 체화한 문화상품은 다른 나라의 경쟁상품과는 당연히 차별화된다. 이제는 수출상품이 고유한 특징이나 차별화된 장점이 없으면 세계 어느 시장에서도 살아 남기 어려운 시대가 되었다.

시대가 첨단화되는 한편으로 사람들은 옛것을 찾는 경향이 있다. 복고풍이 유행하는 때가 주기적으로 나타나는 현상이 있고, 옛것에 대한 향수를 간직하고 있으며, 옛것에서 미래를 예측할 수 있는 지혜가 담겨있다고 믿는 사람들이 많이 있다. 또한 사람들은 관습에서 탈피하기를 싫어하는 버릇, 즉 진보적인 성향을 가진 사람들이 많다. 그래서 한 나라의 전통을 지키기 위해 목숨을 버리기도 하고, 수많은 돈을 투자하기도 하며, 각종 제도적 장치를 마련하여 전통적인 것을 보존한다.

---

22) 무역협회, 상게서, pp. 67~70.

5) 인증 · 인정

공산품에만 규격 · 인증제도가 적용되는 것이 아니라 문화 · 서비스 상품에도 인증제도가 필요한 시대가 되었다. ISO 9000시리즈를 비롯하여 환경표준 14000시리즈, A/S 표준, 김치표준규격 등 유 · 무형상품 모두에 공식 표준 인증제도가 도입되고 있다. 제품의 인증절차를 거침으로써 그 제품에 대한 품질을 공식적 · 객관적으로 인정받게 되며, 제품이미지를 제고시킬 수 있다. 최근 들어 이러한 인증제도가 남용되고 있다는 주장도 있지만 인증절차를 오히려 강제적으로 요구하는 나라도 적지 않다. 많은 기업들이 품질인증절차를 거쳐 표준규격을 인정받게 되면 이를 대대적으로 광고하여 브랜드이미지를 높이는 데 활용한다.

또한 세계자동차경주대회에서 우승한 자동차, 제품품평회 등에서 그랑프리 상품으로 선정된 상품은 그 자체로서 품질 · 성능을 인정받게 됨으로써 문화체화가 이루어지게 된다. 올림픽 · 월드컵 등 대규모 스포츠행사에서 후원상품으로 내놓았다가 후원선수가 우승하는 경우, 등반가를 후원하여 세계적으로 이름 난 봉우리를 등정케 하는 경우 등이 모두 간접적 방법으로 제품품질을 인정받거나 상품홍보로써 문화체화를 이룩한 경우들이다.

(2) 문화촉진 요인(제품개발 이후의 문화요인)

1) 광고 및 홍보

유통전략이나 광고 및 홍보전략은 문화체화를 촉진시키는 중요한 요인이 된다. 제품의 기능을 개선하고 디자인을 개발하여 상품을 만들어 수출한다 하더라도 드넓은 해외의 소비자들은 이를 알 턱이 없다. 광고 · 홍보의 첫번째 기능이 여기에 있다. 이는 해외시장에서 제품의 이미지를 개선시키고 소비자에게 알리는 직접적인 효과도 있지만 장기적으로는 그 제품의 원산국에 대한 이미지를 개선시키는 효과가 있다. 최근 국내에서 인기를 끌고 있는 가격파괴상점이나 이제 막 소개되기 시작한 사이버마켓, 인터넷 쇼핑몰 등 새로운 유통형태는 유통망 자체를 히트상품화한 것들이고, 이로써 그 상품에 대한 부가가치가 제고됨으로써 문화체화의 과정을 겪게 되는 것이다. 또한 시장구조와 특성을 잘 이용하여 수출상품을 히트시키는 경우가 있다. 즉, 틈새시장(niche market)이나 남미 등과 같은 신흥시장(emerging market) 등에서 한국산 자동차나 전자제품들이 잘 팔리는 경우이다. 세계적인 패션그룹인 이탈리아의 베네통(Benetton)은 개성있는 수천가지의 색깔로 불황을 모르는 기업으로 잘 알려져 있다. 이는 독특한 상품기획력과 판매전략에 기인한 것이기는 하지만 강력한 광고 및 홍보전략이 효과를 발휘하는 경우로 보아야 할 것이다.[23)]

2) 미 디 어

지금 세계는 국경도 국적도 존재하지 않는 전선에서 또다른 전쟁을 치르고 있다. 전장의 총성 대신 한편의 영화와 음악이 있고, 병사대신 화려한 스타와 모델들이 문화전쟁터인 글로벌 미디어를 타고 전장을 누비고 있다. 바야흐로 세계는 문화전쟁의 시대에 접어들었으며, 새로운 전쟁의 서막이 올랐다.

이제 우리가 살고 있는 아파트의 대부분은 위성방송 수신이 가능하다. 이 때문에 외국의 전파를 수신하는 것은 일상적인 일이 되었으며, 미국의 CNN과 영국의 BBC가 더 이상 미국이나 영국만의 방송이 아닌 것으로 변모되었다. 이처럼 위성방송 및 글로벌 TV의 등장으로 시간과 공간을 초월하여 전 세계인을 타겟으로 광고하는 것이 가능하게 되었다.

위성방송시대의 도래와 더불어 인터넷과 같은 국제통신망의 발전은 세계 인류의 문화를 크게 변모시켰다. 이미 지구촌 10대들은 공통의 문화권에 살고 있으며, 지구 곳곳에서 발생하는 뉴스를 같은 시간대에 접한다. 한 광고회사가 포착한 teen-ager들의 모습을 보면 그들 앞에 도래한 지구촌시대를 실감케 하며, 어떠한 방법으로든 새로운 소비문화와 결합된 모습들을 보여주고 있다. 그들은 한결같이 동일한 상표의 운동화를 신고, 같은 브랜드의 청바지를 입는다. 농구스타 마이클 조던의 사진을 약속이나 한 듯이 침실 안에 걸어 두고 있으며, CD-ROM으로 일본산 비디오게임을 즐긴다. 연인들끼리 휴대폰을 사용하는 것은 세계적인 유행이 되었다. 이처럼 첨단미디어는 지구촌 10대들을 세계적인 공동체로 묶고 있다.

3) 국가이미지

국내외 시장에서 우리나라 가전제품이 선진국들, 특히 일본제품에 비해 인지도가 낮은 것으로 나타나는 원인은 도대체 무엇인가. 우리의 기술수준이나 원가 측면에서 일본 등 선진국들에 비해 절대적으로 열세에 있기 때문일

---

23) "기술, 신개념이 히트상품 만든다", 「이코노미스트」, No. 352, 1996. 8. 27, pp. 82~83.

까. 이러한 문제에 대한 답을 구하려고 정부와 업계는 많은 노력을 기울여 조사·분석한 결과 우리 제품이 일본 등 선진국 제품에 비해 디자인이나 끝마무리 면에서 뒤지기 때문이라는 것이다. 그러나 이러한 분석이 얼마나 정확하고, 이에 공감해야 할지는 의문이다. 조사의 응답자들이나 분석자가 디자인이나 끝마무리를 평가하는 데 얼마만큼의 전문적 지식을 가지고 있으며, 실질적으로 디자인에 큰 차이가 있는지 의문을 가져볼 필요가 있다. 문제의 핵심이 광고나 홍보 또는 국가이미지 등 다른 요인에 있는 것은 아닌지 생각해 볼 필요가 있는 것이다. 즉, 한국은 개발도상국으로 세계시장에서 잘 알려져 있지 않은 반면 일본이나 선진국들은 국가이미지면에서 우위에 있기 때문에 인지도 조사결과 또는 매출측면에서 차이를 보이고 있을 것이다. 국가이미지의 열세가 판매의 우위를 결정한다는 주장에 대하여는 많은 사람들이 인정하는 부분이다.

국가이미지는 지구촌 사람들이 어느 국가에 대하여 가지는 '인식의 총체'로서 그 나라의 역사·정치·문화·외교·경제·사회·예술·스포츠 등 제반 요인들이 복합적으로 작용하여 형성되는 것이다. 일류국가의 건설은 경제력·군사력 등 국력을 기반으로 하여 대내적으로는 국가의 법과 제도, 국민의 의식과 행태, 문화와 예술이 종합된 문화력이 고도로 선진화될 때 가능해진다.[24)]

4) 기업이미지(CI)

현대 기업의 마케팅은 '개인과 조직의 목적을 충족시키는 교환을 창조하기 위한 과정'으로 정의된다. 기업은 고객요구의 만족과 경쟁적 우위의 확보를 지상목표로 삼고 교환창출을 한다. 마케팅 목표달성을 위한 자원의 효율적 운용이 마케팅전략이며 이를 위해 경영전략이 필요하다. 최근 세계화 추진이 기업경영의 당면과제로 등장하면서 각 기업들이 회사 심벌마크와 로고를 세계적 이미지로 바꾸는 기업이미지통일화(CI) 작업을 주요 경영전략의 하나로 삼고 있다.[25)] 기업들은 세계화의 이미지를 심기 위해 로고에 영문자 표

24) 무역협회, 전게서, pp. 71~72.

25) 기업이미지(CI)의 발전적 이해를 위해서는 기업이미지와 기업아이덴티티(Cooporate Identity)의 개념을 구분할 필요가 있다. 기업이미지는 '고객의 마음에서 형성되는 기업에 대한 주관적 인식'으로서 선택적·비선택적으로 대중에 드러나는데 반해 기업아이덴티티는 기업이 어떻게 보여야 하는가를 조사하여 대중에 인식시키고 또 고객이 원하는 방향으로 보여주는 것이다(전중옥, "세계화시대의 신아이덴티티 전략구상", 대한상공회의소 CI포럼 자료).

기를 그대로 사용하고 심벌마크를 통해 기업의 특성을 담고 있다. 뿐만 아니라 국내브랜드와 해외브랜드를 통일시킨다.

CI는 기업들이 제품이나 로고타입 · 색상 · 유니폼 · 휘장 · 상징물 · 뱃지 등을 통해 자사의 이미지를 체계적이고 과학적으로 통합관리하는 기법이다. 기업이 문화를 창출하는 인격체의 하나라면 고객이 아닌 일반대중에게도 관심을 기울여야 하며, 판매위주의 마케팅전략은 더 이상 존립이 곤란하기 때문에 장기적 관점에서 높은 관심과 투자를 아끼지 말아야 할 것이다. 따라서 CI 전략 그 자체는 곧 수출상품의 문화체화전략의 한 수단이 되는 것이다.

3. 문화체화상품 수출을 위한 정책과제

최근의 우리나라 무역환경은 악화일로를 걷고 있다. 무역입국을 자부하는 우리나라가 무역수지 적자확대와 더불어 무역외수지마저 큰 폭의 적자로 반전되어 좀처럼 개선의 여지가 없는 등 해결의 실마리를 찾지 못하고 있다. 우리나라 수출부진의 근본적인 원인이 외부적인 요인에 의한 것이든 내부적인 요인에 의한 것이든 이미 총체적인 딜레마에서 헤어나지 못하고 있는 것은 사실이다.

수출부진에서 탈출하기 위해 품질 · 성능을 개선해야 하고, 우수한 디자인을 개발해야 하며, 광고 · 홍보에 매진함으로써 상품 · 기업 및 국가이미지를 제고시켜야 하는 등 원론적인 대안들이 무수하게 쏟아져 나오고 있다. 이들 각자의 대안들은 모두 실행가능한 것들이고 나름대로 효과를 기대할 수 있는 것들임을 우리는 잘 알고 있다. 그러나 수출부진 타개를 위한 각 개별전략들은 제로섬 게임과 같이 어느 한 전략을 강화하면 다른 전략이 소홀해지고, 또한 다른 전략을 강조하면 나머지 전략이 부실하게 되는 등 근본적으로 해결하기 어려운 면을 가지고 있다. 그럼에도 우리 문화상품의 인지도 제고를 위한 노력의 기본은 역시 광고 및 홍보활동의 성패 여부에 달려 있으므로 이러한 측면과 기타 수출지원측면에서 문화상품 수출전략과 관련한 정책과제를 검토하기로 한다.[26]

---

26) 전게서, pp. 224~227.

3.1 박람회 등 광고 · 홍보활동 강화

문화상품의 브랜드 인지도를 제고시키기 위해 박람회 또는 세계적 규모의 전시회, 스포츠대회 및 국제회의 등 이벤트성 행사를 개최하거나 개최를 지원해야 한다. 우리나라는 '86아시안게임과 '88서울올림픽의 대규모 스포츠 행사와 대전엑스포까지 치른 경험이 있으나 기대했던 만큼 파급효과의 기회를 살리지는 못했다. 그러나 그러한 경험은 곧 산 지식이나 축적된 노하우이므로 향후의 세계적 규모의 이벤트성 행사에서는 과거경험을 바탕으로 하여 상당한 효과를 기대해도 좋을 것이다.

우리의 문화와 문화상품을 '해외에 널리 알리는 활동'이야말로 지속적으로 추진되어야 할 뿐더러 범정부적 차원에서 수행되어야 할 필요가 있다. 우리나라의 문화와 문화상품이 아무리 우수하다고 하더라도 외국의 소비자들이 잘 몰라서 구매를 못한다고 하면 그만큼 우리 상품의 시장은 좁아지고 마는 것이다. WTO 출범으로 무한히 넓어진 해외시장을 마음껏 활용하려면 광고 · 홍보활동이 절대적으로 필요하며, 이러한 활동은 우리나라와 우리나라 사람과 기업, 그리고 우리나라 상품을 총체적으로 해외에 알리는 노력으로 집약되어야 한다.

이의 구체적 실천방안으로 우리나라 기업 · 제품 및 국가 인지도의 제고를 위한 전시회 또는 박람회 개최 등 대규모 이벤트성 행사가 필요하다. 국제무역전시회 내지 박람회는 행사의 성격이나 의미뿐만 아니라 그 규모를 보더라도 민간기업 차원이 아닌 국가 또는 정부 차원에서 기획 · 실행되어야 할 것이기 때문에 중요한 정책적 과제이자 정부가 앞장서서 처리해야 할 분야가 되는 것이다.

현재 우리나라는 주변 경쟁국들에 비해 전시회 또는 박람회 개최를 위한 하부구조가 매우 취약한 실정에 있다. 전시회나 박람회와 같은 대규모 이벤트성 행사는 수출상품의 경쟁력 확보를 위한 활동의 저변을 다지는 데 기여할 것이므로 아무리 많은 투자를 하여도 지나치지는 않을 것이다.

3.2 구체적 과제

문화체화상품을 개발하여 수출하는 것은 수출부진 타개를 위한 가장 확실한 전략으로 기대할 수 있는 것이다. 왜냐하면 문화체화전략은 개별적 문화요인 전부를 고려하지 않으면 안 되는 전략이기 때문이다. 여기에서는 문화체화상품 개발 이후의 단계를 중심으로 수출을 위한 정책과제를 몇 가지 제시하기로 한다.[27)]

첫째, 문화체화상품의 개발전략과 수출전략은 별개의 것이 아니며, 오히려 개발 이후의 단계에서 부가가치를 높일 수 있다는 점에 유의하여야 한다. 수출상품이 만들어져 외국소비자의 수중에 이르는 전과정은 물류과정이다. 흔히들 물류는 생산부문과 소비부문에 이은 '제3의 이윤원'으로 지칭되어 기업이 이윤을 창출할 수 있는 무한한 보고로 인식되고 있다. 따라서 문화체화상품의 수출과정도 상품의 개발단계에서 동시에 검토함으로써 문화상품개발의 효율성을 제고시킬 필요가 있는 것이다.

이를 위해 문화상품의 수출과정에서 발생가능한 불필요한 비용요소들을 제거하고, 동시에 상품 및 기업이미지와 국가이미지를 제고시켜 부가가치를 높여 나가는 일을 정부가 맡아야 할 것이다.

둘째, 이미 개발단계에서 고려되어야 하겠지만 외국의 수입장벽을 회피할 수 있는 방안이 고려되어야 한다. WTO 출범으로 무역자유화는 거의 완성단계에 이르렀다고 보아야 할 것이지만 자유화의 노력에 비례하여 수입을 제한할 수 있는 장치도 지속적으로 마련되고 있다. 특히 수입국 국민의 건강과 안전, 그리고 수입국의 환경보호를 위해서는 합법적인 수입규제 조치들이 마련되어 있으므로 이를 수출전략에서 고려할 필요가 있다. 정부가 할 일은 이러한 조치들과 관련된 정보를 기업에게 신속·정확하게 제공해 주고 문제해결능력이 부족한 중소기업들에게 자발적인 도움을 주며 통상협상에서 우리나라에 유리한 방향으로 타결되도록 모든 노력을 기울이는 것이다.

셋째, 문화정책과 수출정책이 조화를 이룰 수 있도록 정책조정자의 역할을 정부가 해야 한다. 문화정책에서 언급한 바와 같이 문화지원부처와 통상지원부처가 다르기 때문에 정책적 조율이 없는 문화정책지원과 수출지원은

27) 전게서, pp. 62~63.

자칫 낭비와 마찰만 야기할 뿐이므로 부처간 이기주의를 배제하고 국익을 우선적으로 고려하는 관료들의 배려가 있어야 할 것이다.

뿐만 아니라 민주화·자율화의 영향으로 말미암아 정부와 기업 간은 물론 기업과 기업 간에도 자기 우선의 논리로 접근할 수 있으므로 중복투자 또는 과당경쟁을 유발할 수 있다. 따라서 정부는 각 당사자간 이해를 조정해 나가는 역할을 효과적으로 수행해 나가야 할 것이다.

넷째, 문화체화상품의 수출과 관련하여서도 인적·물적 지원과 정보의 지원을 위한 정책적 배려는 기본적이다. 특히 세계화시대의 통상전문가들은 거시적 안목과 미시적 안목을 겸비하여 장·단기적 통상정책들을 모색하고 이를 효과적으로 추진할 수 있는 능력을 갖추어야 한다. 왜냐하면 복잡다양하기 그지없는 지구촌 통상무대에서 근시안적인 안목으로 목전의 이익만을 고려한 정책을 수립·시행하는 능력으로는 급변하는 무역환경에서 도태될 수밖에 없기 때문이다. 이러한 전문가 양성·배치와 더불어 유가(有價)의 무역정보를 수집·축적·가공하여 기업에게 제공해 주어야 한다. 정보화시대에서 정보는 곧 자산일 뿐더러 기업의 사활이 걸려 있기 때문에 정부의 지원이 뒷받침되지 않으면 안 될 것이다.

다섯째, 문화와 무역을 동시에 연구하는 교육여건이 마련되어야 할 것이다. 현행의 고등교육과정에는 통상무역에 관련된 전공은 많이 설치되어 있으나 문화관련 연구영역들이 대부분 누락되어 있으며, 통상 및 무역관련 학문마저도 학문이 특화되지 못하고 경제학 및 경영학분야에 희석되어 있어 대학 4년 재학기간중 전문분야를 숙지하지 못하고 있는 것이 현실이다. 따라서 향후의 통상 및 무역관련 학문의 교육과정은 우리의 문화는 물론 외국의 문화를 보다 심층적으로 연구할 수 있도록 해외시장연구, 국제마케팅, 관광 등 무형무역 등 세부적 연구영역들이 반영되어야 할 것이다.

여섯째, 민간기업들이 앞장서서 문화체화상품을 개발·수출할 수 있도록 유도해 나가야 한다. 생산성측면에서 본다면 사적 부문이 보다 더 효율적일 수 있고, 또한 시대적 환경이 정부주도적 정책실행을 요구하지 않으므로 가급적 민간 자율에 의한 수출전략이 되도록 지원해 줄 필요가 있는 것이다.

이와 같은 정책과제들이 정책담당자들의 사명감에 의해 자발적으로 실행될 때 비로소 수출상품의 문화체화전략이 궁극적으로 의도하는 목표의 하나인 수출부진에 대한 타개효과를 기대할 수 있을 것이다.

제 3 절 세계 일류상품의 문화적 특성

문화체화전략의 전제와 고려 요소 등 앞 절에서 살펴본 바와 같이 수출 상품의 문화체화과정은 인위적으로 문화를 덧붙이거나 퍼담는 것이 아니라 간접적 처방을 이용하는 것이 효과적일 것이라는 데 의견을 모았다. 따라서 본 절에서는 실태분석을 통하여 검증된 각 산업의 일류제품에 대한 보유국별 문화와 상품에 체화된 문화의 특성에 대하여 살펴보기로 한다.

세계적으로 명성을 얻고 있는 품목들의 브랜드에 체화된 문화요인을 미국, 그리고 독일, 프랑스, 이탈리아 등 유럽 국가, 일본 등의 주요국별로 구분하여 요약 정리하면 다음과 같다([표 12-4] 참조).

표 12-4 각국별 제품에 체화된 문화요인

구분	미 국	유 럽				일 본
		독 일	프랑스	이탈리아	기 타	
가 전	내구성, 실용성, 사용의 편리성, 견고성, 단순성	실용성, 단순하고 강함, 정교함	패션제일주의, 예술적 감각주의	편리성, 주변 가구와의 조화 중시	동양의 변조음보다는 원음제일주의, 고전과 전통중시, 원칙주의	단순성, 실용성, 축소지향성, 편리성, 질서와 조화의 문화, 평면중시문화, 소비자 제일주의, 소비자와의 상호주의
자동차	표현주의이미지, 화려함, 대형화, 대륙성	보수주의, 고전적, 간결이미지, 견고성, 안전성중시, 인체공학, 자원재활용, 경제적 여유, 환경존중, 기능성, 전통성	예술성	화려함, 다변성, 예술성	안전성, 경제성, 보수주의	경제성, 실용성, 소형화, 절제되고 단절된 듯한 선, 질서표현, 개성 creative, 깔끔함

구분	미 국	유 럽				일 본
		독 일	프랑스	이탈리아	기 타	
패 션	실용주의, 도시적, 카우보이, 블루진문화, 뉴욕문화, 개척정신, 뚜렷한 직업관	절도감, 직선라인, 검소하고 유행을 타지 않는 디자인, 정형화된 안정감	화려함, 강한 개성, 자유분방한 이미지, 상류사회, 귀족주의 파리문화, 예술중심주의	생활문화, 화려함, 편안함, 지중해의 화려한 색상, 창의성, 도시적 미감, 뚜렷한 4계절, 세계패션의 중심, 밀라노 문화, free style, 뛰어난 원부자재 및 봉제기술		화려함, 무채색, 일본적인 정신추구, 파괴주의, 산업화 · 첨단화하는 일본의 이미지.
신 발	조깅 및 에어로빅 붐, NBA농구, 유행창조, 업계리드, 세계최고이미지, 국제분업화 조기정착, 상대적 흑인취향	전통성, 축구, 삼선로고, 전문스포츠, 강인한 이미지, 굵은 선		패션스포츠의 정착, 색상의 제품체화, 바다느낌, 고급스러움, 강력한 업계경쟁력, 깨끗하고 심플한 이미지		동경올림픽, 동양분위기 조성, 제품 편리성, 깔끔함
조 명	실용성, 내구성, 과학성	기능의 우수성, 안전성, 견고성		디자인이 우아하고 독창적이며 예술적 심미성	소재의 특이성, 실용성, 웅장함, 견고성	실용성, 내구성, 기능성, 깔끔한 끝마무리
완 구	미국의 자동차문화에 근거를 둔 승용물, 인간중심의 안정성 추구, 대형화제품	안전선, 기능성			북유럽인들의 강인함, 견고함, 실용성, 원색(초록색, 푸른색)추구, 교육적인 면 강조, 제품에의 의미 반영	정밀하고 섬세한 전자기술, 축소지향성
공통요인	대형화, 실용성, 상업성	전통성, 경제성, 안전성	예술성, 패션성, 자유 분방	화려함, 예술성, 심미성	고전주의, 경제성	축소지향성, 편리성, 기능성

1. 미 국

미국제품에 체화된 문화요인은 광활한 대륙과 주거공간을 바탕으로 한 대형화, 고성능, 고품질, 대중민주주의 의식이 반영된 대중주의적 이미지, 자연에 대한 도전과 개척정신을 바탕으로 한 표현주의 이미지, 실용성, 창의성, 검소한 소비정신을 바탕으로 하며, 제품의 소유가치보다는 사용가치지향성을 반영한 내구성과 편리성 등으로 나타났다.

1.1 전자제품

미국 가전제품에 체화된 문화적 요소의 경우 검소한 소비정신을 바탕으로 하는 제품을 추구하며 제품의 소유가치보다는 사용가치에 소비의 중심을 두므로 상품의 내구성과 사용의 편리성이 제품에 체화되었다. 또한 견고하고 오래 사용할 수 있는 제품을 선호하게 되는데 이는 상품에 있어서도 실용주의 문화로 표출되었으며, 디자인 문화로는 제품의 품질과 성능 그리고 내구성을 중시한 결과 화려한 것보다는 간단하고 단순하면서도 실용적인 면이 강한 단색문화가 나타난것이다.

1.2 자 동 차

자동차컨셉은 저에너지가격, 장거리운행, 넓은 직선도로 등에 바탕을 두고 있으며 대형선호문화에 바탕을 두고 있다. 미국자동차에 체화된 문화요인은 표현주의 이미지, 화려함, 대형화, 비실용성, 대륙성, 고출력, 근육질의 강인함, 대중주의적 이미지 등으로 나타났다.

1.3 패션 피혁제품

미국의 패션상품은 실용주의문화가 깊이 자리잡고 있어서 캘빈클라인이나 게스, 리바이스 등 블루진 계열의 브랜드 외에 도나카란 등 여타의 브랜드에서도 실용주의가 제품을 대표하는 문화로 자리잡고 있는 것으로 나타났다. 실용주의를 대변할 수 있는 여타의 표현으로 개척정신, 블루진, 도시적 감각, 뉴욕커, 뚜렷한 직업관 등이 있다. 미국의 피혁제품은 대부분 실용주의와 합리주의 문화에 근거를 두어 제품이 실생활에 적합하도록 디자인된 것이 특징이다.

1.4 완구, 조명제품

미국의 대표적인 완구상품인 리틀타익스의 경우에는 승용물에 특화를 하고 있으며, 제품 자체가 대형이라는 점을 특징으로 하고 있다. 이는 미국이 세계자동차 문화를 선도하고 있다는 점과 미국인들의 대륙적인 인성에서 기인한다고 할 수 있다. 그리고 제품의 안정성에 극히 신경을 쓰고 있다는 점 또한 큰 특징이며, 이러한 점은 완구제품의 연결고리나 모서리 부분이 어린이들이 사용할 때 상처를 입지 않도록 세심하게 곡선처리되어 있다는 점 등에서 발견된다. 미국의 조명제품은 산업화와 도시화에 따라 실용성과 내구성이 뛰어나고 과학적인 조명기구로 나타났으며, 조명산업에서도 램프에 있어서 타국보다 뛰어난 제품을 생산하고 있다.

2. 유　　럽

유럽 중 독일 상품에 체화된 문화요인은 유행의 변화보다는 전통적이고 고전적인 가치를 중시하고 원칙을 고수하며 인위적으로 가공되어진 새로운 것보다 전통의 것을 중시하는 원칙주의, 보수주의, 고전미 등이 기본적으로 모든 상품에 체화되어 있다.

한편 좁은 국토와 근검 · 절약정신이 반영된 공간효율성, 경제성, 간결이미지, 견고성, 생명존중사상이 반영된 안전성중시, 인체공학적 설계, 환경친화적인 가치관이 반영된 자원재활용, 리싸이클링, 지적 이미지, 독일의 과학적 수준 반영, 기능주의, 기능성, 완벽함, 내구성, 실용성 등이다.

2.1 전자제품

유럽 가전제품의 경우 유행의 변화보다는 전통적이고 고전적인 가치를 중시하고 원칙을 고수하므로 인위적으로 가공되어진 새로운 것보다 전통의 것을 중시하는 원칙주의 문화라 할 수 있다. 따라서 상품문화는 미국의 경우와 비슷한 면들이 나타났으며, 상품의 사용가치를 중시하므로 내구성과 기능성에 초점을 맞추어 실용적이면서도 기능 제일의 완벽주의 문화와 더불어 제품 본래의 기능과 함께 다른 주변물품들과의 조화를 중시한다.

또한 디자인 측면에서는 실용적이면서도 정교하고 세밀한 것이 특징이며 제품 하나하나에도 패션성을 예술로 승화시켜 패션과 디자인의 조화를 이루려는 예술적 감각주의가 나타났다.

2.2 자 동 차

유럽자동차컨셉은 1974년에 출시된 1세대 Volkswagen Golf에 나타난 것처럼 우수한 핸들링과 성능을 가진 경제자동차(econobox)이다. 소형차일지라도 유럽차들은 실내공간, 저연비, 옵션의 간편성, 정밀한 핸들링, 기능적 우수성 등을 특성으로 하며 경제성, 편리성, 넓은 공간, 안락성 등에서 매우 높은 수준의 균형을 이루고 있다.

유럽자동차컨셉은 우수한 공학적 지식, 높은 에너지가격, 과학적이고 지적 욕구지향적인 고객, 협소하고 굽은 길이 많은 도로에서 오랫동안 체화된 관습과 유럽의 경제적 · 인구통계적 · 기술적 환경에 바탕을 두고 있다.

(1) 독　　일

유럽을 대표하는 독일자동차에 체화된 문화요인은 보수주의, 고전미, 간결이미지, 견고성, 안전성중시, 인체공학, 자원재할용, 자긍심, 풍요함, 고품질, 경제적 여유, 환경존중, 명성, 절제된 세련미, 정통성, 전통성(장인정신), 지적 이미지, 독일의 과학적 수준 반영, 기능주의, 기능성, 완벽함, 내구성, 안전성, 실용성, 은은한 미, 보수적 미려함 등이다.

(2) 이탈리아

이탈리아자동차에 체화된 생활문화는 표현주의, 화려함, 스포티, 비실용성, 달리는 즐거움, 강인함, 자존적 우월주의, 미려함 등의 요인들에 바탕을 두고 있으며, 이들 요인들이 자동차에 반영되어 스포츠카 시장을 선도하고 있다.

2.3 패 션

(1) 이탈리아

이탈리아 패션 브랜드의 경우 조르지알마니에는 유행을 창조하는 창의력과 강력한 정부의 지원책 등이 반영되어 있으며 지아니베르사체는 생활문화와 화려함이, 베네통은 지중해의 화려한 색상과 free style, 프라다는 도시적 아름다움의 이미지가 강하게 나타나 세계패션 중심지, 밀라노 패션문화, 뛰어난 원부자재와 봉제기술 등이 전체적으로 이탈리아 브랜드에 반영되어 있는 것으로 평가되었다.

(2) 프 랑 스

프랑스의 샤넬은 자유분방한 개성이 강조되었고 겐조는 일본디자이너의 영향을 받은 동양적인 화려함이 프랑스에서 대성공을 거둔 케이스로 평가된다. Cartier는 귀족주의, 피아제는 상류사회의 이미지가 강하여 대체로 파리지엔느와 파리의 고급스러운 예술문화가 자연스럽게 의류. 패션제품에 체화되어 있음을 알 수 있다.

(3) 영국, 독일

영국은 안개와 비 등 기후여건이 전통섬유국의 이미지와 어울려 버버리와 같은 세계적인 브랜드를 보유하고 있으며, 독일은 에스카다 등의 브랜드를 통해 검소하면서 유행을 타지 않고 정형화된 안정적인 이미지를 보여 주고 있다.

2.4 조명제품

이탈리아 조명의 경우는 화려함과 복잡함이 어우러져 예술적 가치가 뛰어나며 소재의 다양성으로 인하여 새로운 아이디어 제품이 많이 생산되며, 장인정신의 전통계승, 중소기업들의 상품 전문화(비메카니즘적인 것), 고유상품 전략화 및 협동조합화(지역과 기업), 예술가치 창출의 저변화 및 고품격화, 역사와 문화의 시나리오화, 제품의 에콜로지(ecology)화, 공간 및 도구세계의 나레이션(narration) 추구 등이다.

독일의 경우는 기능의 우수성, 안정성, 견고함이 뛰어나고, 스페인의 경우는 소재의 특이성과 웅장함을 갖춘 미적인 아름다움이 연출되었다.

2.5 완구제품

북유럽지역 완구제품의 특징은 튼튼하고 강인하며, 자존심이 강한 유럽인들의 모습을 그대로 반영하고 있는데 이러한 점은 이 지역의 대표적 상품인 레고(Lego)를 통하여 살펴보면 알 수 있다. 레고는 제품구조 자체가 단순하면서도 내구성이 강하고 잘 부서지지 않는 것이 특징이다. 또한 이들 제품은 자그마한 완구제품 하나에도 의미를 부여하고 있고 교육적이며 인성개발에 초점을 맞추고 있다.

특히 이들은 유행에 따른 제품개발보다도 레고 제품이라는 독자적인 캐릭터를 갖추고 있는 것이 특징이다.

2.6 피혁제품

이탈리아의 피혁제품은 반도문화를 반영하여 색상면에서 화려함을 보였고 제품 자체에 로마인의 후손답게 자존심과 장인정신이 내재되어 있다. 프랑스의 피혁제품은 프랑스인 특유의 예술적 감각을 바탕으로 하여, 특히 디자인면에서는 화려함과 동시에 세심한 배려가 배어 있다. 영국의 제품은 영국특유의 자연환경에 바탕을 두어 무거운 색채를 주로 띠고 있지만 나름대로 보수주의적 성향이 강해서 유행에 민감하지 않은 것이 특징이다.

3. 일 본

일본상품에 체화된 문화요인은 미국과 독일의 혼합문화이나 양 문화의 특성을 취사선택하여 사용함으로써 일반적이면서 차별성 부각, 편리성과 기능성, 고품질, 신뢰성, 좁은 주거문화를 잘 활용하기 위한 지혜로써 정리정돈과 청결의식이 생활화된 질서와 조화의 문화, 깨끗함, 제품우수성, 성능우수, 절제된 선, 묵직함, 무난함 등이다.

3.1 전자제품

일본 가전제품의 경우 좁은 주거문화를 잘 활용하기 위한 지혜로서 정리정돈과 청결의식이 생활화되면서 질서와 조화가 배어난 문화를 가지고 있다. 따라서 상품에 체화된 문화로는 잘 발달된 지하철교통과 근면한 생활습관 속에서 음악감상과 여가를 즐기기 위해서 고안되고 휴대가 간편하도록 축소화시킨 작으면서도 실용적인 제품을 만드는 지혜가 체화되었다. 특히 제조업자가 소비자와의 상호신뢰를 상품을 통하여 구축하는 상호주의 문화와 곡면보다 평면을 중시하는 디자인문화 및 상품의 선전효과를 위한 가식적이고 화려한 다색문화가 일본제품에 체화된 문화이다.

3.2 자 동 차

일본의 자동차컨셉은 급성장과 경제개발의 압력을 반영한다. 일본제조업체들은 70년대까지 미국과 유럽회사로부터 초기 컨셉을 빌어 사용해 왔다. 수요자층이 다양해짐에 따라 그 욕구도 다양해지고 변화무쌍해짐으로써 그 결과는 유럽과 미국의 컨셉이 혼합된 여러 가지 다양한 모델의 출현으로 나타났다. 예를 들어 1970년대 Corolla는 유럽자동차의 엔진성능, 차체, 통합패키징과 미국차의 특성, 실내 인테리어의 안락함, 옵션의 다양성 등을 가지고 있다. 결과적으로 일본자동차컨셉은 미국자동차컨셉과 유럽자동차컨셉을 취사선택하여 만들어 낸 것이다. 일본자동차에 체화된 문화요인은 미국과 독일의 혼합문화, 세심한 배려, 첨단성, 고급이미지, 일반적이면서 차별성 부각,

편리성과 기능성, 고품질, 신뢰성, 깨끗함, 실용성, 제품우수성, 성능우수, 절제된 선, 묵직함, 무난함, 제품성 등이다.

3.3 패 션

일본 패션산업은 산업화와 첨단적인 이미지 및 일본고유의 정신 등 양 측면에서 자신의 캐릭터를 형성하려고 노력하고 있으며, 홍콩의 경우는 젊은 문화와 실용성의 이미지가 강하다. 한국의 홍미화는 동양적 아름다움과 무채색의 느낌으로 세계 패션업계에서 호평을 받았지만 이것이 확고한 한국 의류·패션제품의 문화와 가치관 및 이미지로 정착되지는 못하고 있는 실정이다.

3.4 조명, 완구제품

일본의 조명제품은 좁은 주거문화에 따른 공간연출문화를 갖고 있으며, 단순하고 깨끗하다. 또한 자연과의 조화와 공간의 연출을 위하여 나무색이나 나무결을 있는 그대로 살리거나 종이를 이용한 소재를 많이 이용하는 특징을 가지고 있다.

일본 완구제품은 세계적 수준으로 급성장하였는데, 여기에는 일본인들의 섬세·정교하고 축소지향적인 성향이 그대로 반영된 것이라 할 수 있다. 특히 일본 완구제품은 전자게임기 등에 특화하고 있는데 여기에 잘 발달된 일본의 전자기술이 그대로 전이되어 소형이며 가벼운 점이 특징이다. 또한 일본 전자완구는 자주 바뀌는 인기만화영화 주인공 등 특정 캐릭터에 따르며 유행에 민감하다.

4. 한 국

각 국가별 일류제품에 체화된 공통문화요인을 한국의 문화요인과 비교하면 [표 12-5]와 같다. 미국은 대형화, 실용성, 상업성, 독일은 전통성, 경제성, 안전성, 프랑스는 예술성, 패션성, 자유분방함, 이탈리아는 화려함, 예술성, 심미성이며, 일본은 축소지향성, 편리성, 기능성 등으로 요약할 수 있

표 12-5 제품에 체화된 공통문화요인의 국별비교

국 명	한 국	미 국	독 일	프랑스	이탈리아	일 본
체화요인	적당주의 손재주 적극성	대형화 실용성 상업성	전통성 경제성 안전성	예술성 패션성 자유분방	화려함 예술성 심미성	축소지향성 편리성 기능성

다. 이에 반해 한국의 경우는 적당주의, 조급성, 근시안적 사고, 모방성, 외형치중성 등 부정적인 요인이 많았다. 그러나 근면성, 적극성, 손재주 등 긍정적인 요인도 있다.

즉, 한국제품에는 근면성, 시간초월성, 일 중심성, 유행추구성, 적극성, 능동성 등의 긍정적 문화요인이 체화되어 있다. 예를 들면 농경문화에서 손을 많이 사용하고 젓가락을 사용함으로써 손재주가 뛰어나 패션, 가죽, 완구, 신발 등의 가공기술이 세계적으로 인정받고 있음이 이를 증명한다. 한편 한국의 전자제품은 적당주의와 조급성에서 오는 끝마무리 소홀로 품질불량이 많으며 적당주의로 철저함이나 사용자의 편리성이 고려되지 않고 있다. 자동차는 일부부품의 수준 미달과 잦은 모델변경으로 인해 품질의 신뢰도와 안전성이 낮은 편이다.

제12장 연습문제

논술형

1. 문화의 의미와 관점 변화에 대해 논하시오.
2. 경제발전과 문화의 수요에 대해 논하시오.
3. 문화의 의미와 문화의 세계화에 대해 논하시오.
4. 문화의 상품화와 문화체화요인에 대해 논하시오.
5. 문화체화상품의 수출에 대해 논하시오.
6. 문화산업의 시장개방과 무역자유화에 대하여 논하시오.
7. DDA협상과 문화산업에 관하여 논하시오.

약술형

1. 문화의 경제적 의미
2. 문화와 산업
3. 문화와 무역
4. 문화와 기업
5. 문화의 상업화
6. 문화 세계화의 배경
7. 문화산업의 통상 이슈

참 고 문 헌

국내 문헌

강인수 외 5인, 「국제통상론」, 박영사, 1999. 8.

공배완, 「신세계질서와 국제통상」, 한올출판사, 1999.

김기수, 「WTO와 반덤핑관세」, 세종연구소, 1995. 6.

김관호, 「미국의 양자간 투자협정」, KIEP, 1998.

김선광 외 4인, 「국제통상학개론」, 동성사, 1999.

김성준, 「WTO법의 형성과 전망」, 삼성출판사, 1996.

김완순 · 한복연, 「국제경제기구론」, 박영사, 1998.

김세원, 「무역정책」, 무역경영사, 1988.

김신행, 「국제경제론」, 법문사, 1987.

김박수, 「범유럽경제권 형성의 전망과 방향」, 대외경제정책연구원, 1992.

김종윤, 「세계시장을 알자」, 해돋이, 1995.

김준동 · 강인수, 「우리나라 서비스 자유화 평가 및 개방효과」, 외교통상부, 1999.

김준기, 「한국영화의 생존과 스크린쿼터」, 1999.

김정수, 「국제통상정책론」, 박영사, 2000.

김희주 · 홍석일, 「아세안의 도전」, 산업연구원, 1995.

남종현, 「국제무역론」, 경문사, 1992.

―――――, "확산되는 특혜무역협정과 정책과제," 「세계경제지평, 세계경제연구원」, 1995. 8. 22.

농협중앙회, 「GATT와 농산물교역」, 1991. 12.

대외경제연구원, 「OECD 가입과 분야별 평가와 과제」, 1996. 11.

―――――, 「OECD 기구의 성격과 향후 역할」, 1995. 3. 24.

―――――, "OECD 특집: OECD 가입과 자본시장 개방 그 영향 및 대응책," 월간경제, 「대우」, 1996. 11.

대외경제정책연구원, “UR체제의 출범과 새로운 세계무역질서,” 「오늘의 세계경제」, 1994. 1. 29.

―――――, “WTO체제 첫 1년의 평가와 향후과제,” 「오늘의 세계경제」, 1996. 2. 3.

―――――, 「최근의 세계경제동향과 주요 대외경제 현안」, 1996. 6.

―――――, 「WTO 출범과 신교역질서」, 1994. 7.

―――――, “제 1차 아시아 · 유럽정상회의(ASEM)의 배경과 경제적 의미,” 「오늘의 세계경제」, 1996. 2. 27.

대우경제연구소, 「우루과이라운드와 한국경제」, 한국경제신문사, 1994.

―――――, “WTO 출범 2년의 평가와 우리 경제의 활용도 분석,” 「월간경제」, 1997. 1.

대한무역진흥공사, 「구주통상정보」, 각호.

―――――, 「주요 교역상대국의 비관세장벽」, 1993.

―――――, 「북미자유무역협정과 우리의 대응」, 1994.

문화관광부, 「문화산업백서」, 2002. 12.

박노형, 「WTO체제의 분쟁해결제도연구」, 박영사, 1995.

박만승 외, 「GATT를 중심으로 한 국제무역질서의 전개방향과 우리의 대응」, 산업연구원, 1985. 3.

박원암, 「OECD 가입과 자본자유화」, 한국개발연구원, 1996.

박정동, 「북한의 경제특구」, 한국개발연구원, 1996.

박민수, 「대미경제로비론」, 교보문고, 1989. 7.

박빈순, 「세계화 속의 FTA」, 삼성경제연구소, 2003.

박종수, 「국제통상관계론」, 도서출판 두남, 1998.

―――――, 「관세론」, 법문사, 1995.

―――――, 「국제통상 · 무역관리」, 삼영사, 1998.

―――――, 「국제통상원론」, 박영사, 1997.

―――――, 「신체계무역학개론」, 도서출판 두남, 1998.

―――――, 「국제통상의 이해」, 도서출판 두남, 1999.

백 훈, 「글로벌경제」, KID연암프레스, 2000.

산업연구원, 「실물경제」, 각호.

―――――, “WTO와 신통상의제,” 「김철수 WTO 사무차장 초청 KIET 세미나」, 1997. 1. 30.

―――――, 「21세기 세계시장경영전략」, 1995.

———, 「뉴라운드 이슈와 한국경제, 세미나 자료」, 1996. 10. 8.
서정두, 「국제통상법」, 삼영사, 1998.
서진교 외, "DDA 협상의 전개과정과 다자통상체제", KIEP, 2007.
서헌제, 「통상문제와 법」, 율곡출판사, 1994.
삼성경제연구소, 「한국의 FTA전략」, 2003.
성극제, 「표준 및 검사제도」, 대외경제정책연구원, 1992. 7.
세종연구원, 「WTO체제와 한국의 전략」, 1994. 5.
손병해, 「경제통합론」, 법문사, 1995.
손상호 · 윤재형 · 백인수, 「주요국의 산업지원제도와 국내제도의 개편방향」, 산업연구원, 1994.
손찬현, 「기술장벽에 대한 국제적 논의와 대응방안」, 대외경제정책연구원, 1991. 12.
신현종, 「세계통상정책론」, 박영사, 1999.
———, 「세계통상론」, 법문사, 1999.
심승진, 「국제경제관계론」, 법문사, 1996.
안승철, 「국제경제의 이론과 정책」, 법문사, 1977.
양평섭, 「아세안 자유무역지역의 형성과 우리의 대응」, 대외경제정책연구원, 1994.
오상면, 「ASEAN 자유무역지대의 설립과 한국의 대외무역정책」, 대외경제정책연구원, 1994.
오익재, 「인터넷 비즈니스」, 청양, 1999.
왕윤종, 「무역과 노동기준의 연계」, 신통상의제와 WTO의 미래, KIEP 정책세미나, 1996. 6. 7.
외교안보연구원, 「WTO 출범 1년의 평가와 향후전망」, 1996. 5.
외무부, 「ASEAN 개황」, 1996. 1.
외무부 통상국, 「제19차 UNCTAD총회 참가보고서, 1996. 5.
우영수, 「경쟁정책의 국제규범화와 WTO」, 신통상의제와 WTO의 미래, KIEP 정책세미나, 1996. 6. 7.
원용걸, 「ASEAN 자유무역지대(AFTA)의 전개과정과 그 시사점」, 대외경제정책 연구원, 1996.
유장희, 「APEC과 신국제질서」, 나남출판, 1995.
윤영각, 「WTO시대의 반덤핑제도」, 한송, 1995. 7.
이삼성, 「현대미국외교와 국제정치」
이은섭, 「국제통상법」, 부산대학교 출판부, 1999.

이종원 · 이학규 · 정중재 · 배기형, 「국제지역경제」, 비봉출판사, 1996.
이창재(편), 「21세기 동북아 경제협력을 위한 추진전략」, 1994.
이한영, 「디지털@통상협상」, 삼성경제연구소, 2007.
이호생, 「WTO 무역-환경논의 및 협상의 전개와 시사점」, 신통상의제와 WTO의 미래, KIEP 정책세미나, 1996. 6. 7.
자유주의 경제학연구회, 「시카고학파의 경제학」, 민음사, 1994.
재정경제원, 「OECD 가입, 재도약을 위한 선택」, 1995. 3.
────, 「OECD 가입추진현황 및 향후 추진계획」, 1996. 9.
장대환, 「국제기업협상」, 김영사, 1989.
장승권 외 2인, 「인터넷 지식벤처의 성공조건」, 삼성경제연구소, 2000.
정도영, 「국제경제」, 박영사, 2000. 3.
정은성외 2인, 「협상의 전략」, 다음세대, 1996.
정상국, 「국제통상협상론」, 도서출판 두남, 1999. 8.
정진영, 「세계화시대의 국가발전전략」, 세종연구소, 1995.
정홍주, 「국제통상론」, 문영사, 1999.
정인교, 「APEC 무역자유화의 경제적 효과」, 대외경제정책연구원, 1996. 11.
조 현, "WTO체제와 한국의 대응," 「통상법률」, 법무부, 1996. 4.
주한광, 「국제금융론」, 진음출판사, 1993.
외교통상부, 「지구환경 동향과 환경외교」, 1992.
이근, "한국의 중장기 통상전략", KIEP, 2007.
이성배 외 3인, 「세계비지니스 기행」, 사계절, 1995.
이종태, 「세계문화 뛰어넘기」, 더난출판사, 1997.
인하대 국제관계연구소, 「대미통상로비연구」, 1987.
장효상, 「국제통상법」, 법영사, 1996.
────, 「국제경제법」, 박영사, 1986.
정보통신연구원, 「지식기반경제를 위한 정보통신산업정책」, 1999.
정보통신부, 「e-비즈니스 백서」, 2003.
채 욱, 「서비스교역과 세이프가드」, 대외경제정책연구원, 1994.
최병선, 「무역정치경제론」, 박영사, 1999. 7.
최병일, "선진통상국가 실현을 위한 중장기 통상전략연구", KIEP, 2007.
최세영, 「신국제통상론」, 도서출판 두남, 1999. 6.
최영진 외 2인, 「뉴라운드」, 지식산업사, 1995.

최인범, 「정부조달관련 장벽」, 대외경제정책연구원, 1992. 8.
KOTRA, 「분쟁해결과 GATT」, 1993.
통상산업부, 「제1차 WTO 각료회담 결과보고」, 1996. 12.
통상산업부 · 대한상의, 「WTO 협정해설」, 1995. 1.
한철수, 「서비스산업 개방과 WTO」, 다산출판사, 1994.
한국개발연구원 · 제일경제연구소 공동번역, 「OECD 한국경제보고서」, 1994.
한국무역협회, 「한국경제의 주요 지표」, 각호.
————, 「한미통상마찰사」, 1991.
————, 「한미간 통상협상추이와 향후 정책과제」, 1994.
————, 「UR 이후의 미국의 통상관계법률」, 1996.
————, 「지역경제통합요람」, 1994.
————, 「주요 무역동향지표」, 각호.
————, 「무역연감」, 1995.
한국산업은행, 「산업경제」, 1996. 10.
————, 「산은조사월보」, 각호.
한국수출입은행, 「아시아지역의 경제블록화 현황과 전망」, 1992. 12.
————, 「주간 해외투자정보」, 제686호, 1991. 4. 6.
————, 「주간 해외투자정보」, 제763호, 1992. 10. 17.
————, 「문화가 체화된 수출상품 개발전략」, 1996. 11.
————, 「주간 해외투자정보」, 제784호, 1993. 3. 20.
————, 「주간 해외투자정보」, 제794호, 1993. 5. 29.
————, 「주간 해외투자정보」, 제799호, 1973. 7. 3.
————, 「수은업무편람」, 1996.
————, 「수은조사월보」, 제14권, 1995. 4.
한국은행, 「국제금융기구」, 1993. 4.
————, 「해외경제정보」, 1996-I.
————, 「국제결제은행(BIS)의 조직과 기능」, 1996.
현대경제사회연구원, 「APEC에 거는 기대와 향후과제」, 1995. 11. 17.
————, 「'96년 필리핀 APEC의 결산」, 1996. 11. 28.
한국은행, 「새로운 국제정치, 경제질서의 형성과 우리의 대응」, 1994.
————, 「조사통계월보」, 각호.

외국 문헌

Albaum, Gerald, *International Marketing & Export Management*, Addison Wesley, 1990.

ADB, *Asian Development Bank: Basic Information,* 1993.

————, *Asian Development Outlook 1994,* 1994.

————, *Asian Development Bank Annual Report 1995,* 1996.

AfDB, *African Development Bank, 1995 Annual Report,* 1996.

Appleyard, D. and A. Field, *International Economics,* 2nd edition, IRWIN, Inc., 1995.

Ashworth, F. G., *International Commodity Control,* Croom Helm, 1982.

Bakoup, Ferdinand, Abdelrahml Bessaha, and Luca Errico, *Regional Integration in Eastern and Southern Africa: The Cross-Boder Initiative and Its Fiscal Implication,* IMF Working Paper #95/23, IMF, 1995.

Bergsten, C. Fred and Marcus Noland, *Pacific Dynamism and the International Economic System,* Institute for International Economics, Washington D.C., 1993.

Bhagwati, J., "Regionalism vs. Multilateralism," *World Economy,* Vol. 15, No. 5, 1992. pp. 535~555.

BIS, *Bank for International Settlements, 66th Annual Report,* 1996.

Bierwagen, Rainer M., GATT Article VI and the Protectionist Bias in Anti-dumping Laws, Studies in Transnational Economic Law Vol. 7, Kluwer Law and Taxation Publishers, 1990.

Chacholiades, M.: *International Monetary Theory and Policy* McGraw-Hill Book Co., 1978.

Danial C. Esty, *Greeting the GATT-Trade, Environment, and the Future,* 1994. 5.

Daniels, John D. and Lee H. Radebaugh, *International Business - Environments and Operations,* 7th ed., Addison Wesley, 1995.

Des Freedman, "Trade versus Culture: An Evalurtion of the Impact of Current GATS Negotiations on Audio-Visual Industries, Goldsmiths College, University of Londen, 2004.

Dornbusch, R. and S. Marcus(eds.), *International Money and Debt,* San Francisco: ICEG, 1991.

Driscoll, David D., *The IMF and the World Bank-How Do They Differ?,* IMF, 1992.

EBRD, *1995 Annual Report,* 1996.

Ethier, W., *Modern International Economics,* 3rd ed., New York: W. W. Norton & Company, 1995.

Finlayson, J. A. and M. W. Zacher, *Managing International Markets: Developing Countries and the Commodity Trade Regime,* Columbia Univ. Press, 1988.

Foreman-Peck, J., *A History of the World Economy,* 2nd ed., London: Harvester Wheatsheaf, 1995.

GATT, *Trade Policy Review:* European Community, 1991.

———, *Trade and Industrial Policy in EU 1994,* GATT, 1995.

Glick, Leslie Alam, *Guide to United States Customs and trade Laws,* Kuwer Law and Taxation Publishers, 1991.

Grubel, Herbert G: International Economics Irwin Inc., Revised Edition, 1981, Part Ⅲ and Ⅳ.

Jackson & Vermulst (eds.), Anti-dumping Law and Practice: A Comparative Study, 1986.

Jackson, John H. and Davey, William J., *Legal problems of International Economic Relations* (2nd ed.), West Publishing Co., 1986.

Jeffrey J. Schott ed, *The World Trading System; Challenges Ahead,* 1996.

John H. Jackson, *International Economic Relation,* West Publishing Co., USA, 1986.

John Whalley, Collin Hamilton, *The Trading System after the Uruguay Round,* 1996.

———, *WTO 2000; Setting the course for world Trade,* 1996.

Herrmann, R., K. Burger and H. P. Smit, *International Commodity Policy: A Quantitative Analysis,* Routledge, 1994.

Hitiris, T., *European Community Economics,* 2nd ed., St. Martin's Press, 1991.

Hoekman, Bernard M. and M. K. Kostecki, *The Political Economy of the World Trading System-From GATT to WTO,* Oxford: Oxford University Press.

Root, F. R., Entry Strategies for International Markets, Lexington Books, 1987.

Round of Multilateral Trade Negotiations), 1993.

Schmitthoff, C. M. Export Trade, 7th ed., London, Stevens & Sons, 1980.

Stewart, Terence P., Markel, Susan G. & Kerwin, Michael T., Antidumping, in: Stewart, Terence Sweet & Maxwell, 1986.

Thomaso. Bayard, Kimberly Ann Elliott, *Reciprocity and Retaliation in U. S. Trade*

Policy, 1994.
U. S. Trade Barriers: *A Legal Analysis,* European Law Press, 1991.
UN. World Investment Report, 1993.
Varian, Hal R., *Microeconomic Analysis, 3th,* Norton, 1992.
Vernon, Raymond and Louis T, Wella. Jr., *The Economic Environment of International Business,* Prentice-Hall, 1990.

久保新一・中川信義, 「國際貿易論」, 有斐閣, 1981.
伊藤元重・大山道廣, 「國際貿易」, 岩波書店, 1994.
大山道廣, 「現代の貿易政策」, 東洋經濟新報社, 1992.
小宮隆太郎, 「世界貿易体制」, 東洋經濟新報社, 1993.
秋山憲治, 「技術貿易とハイテク摩擦」, 同文館出版社, 1993.
本間忠良, 「ウルグァイ・ラウンドが世界貿易を 變えた」, 中央經濟史, 1994.
岩下貢, 「海外ビヅネスと葛藤処理」, 日本貿易振興會, 1995.
向高男, 「國際ビヅネス・コミュニケーション」, 大修館書店, 1992.

국문색인

영문색인

著者略歷

經營學學士(東亞大學校)
經濟學碩士(成均館大學校)
經營學博士(中央大學校)
韓國關稅硏究所 硏究員
韓國動力資源硏究所 硏究員
尙志大學校 貿易學科長
University of California, Berkeley 객원교수
關稅士試驗銓衡委員
韓國貿易學會 理事 및 監事
行自部 國家考試銓衡委員
行自部 中央提案論文審査專門委員
順天鄕大學校 社會科學大學長
大韓商事仲裁院 仲裁人
韓國通商學會 副會長
지식경제부 TI 및 GTEP 사업단장
現 順天鄕大學校 社會科學大學 國際通商學科 敎授
韓國貿易學會 副會長
國際地域學會 常任理事

著 書

국제통상론(박영사)
국제통상정책론(백산출판사)
關稅論(法文社)
세계지역론(三英社)
貿易商務論(三英社)
무역창업의 이해(삼영사)
貿易學세미나(共著) (國際貿易硏究院)
國際通商 · 貿易管理(三英社)
무역학개론(법문사)
국제통상원론(博英社)

제 2 개정판
국제통상론

2000年 7月 25日 初版發行
2005年 1月 15日 改訂版發行
2010年 2月 15日 第2改訂版印刷
2010年 2月 25日 第2改訂版發行

著 者 朴 鍾 秀
發行人 安 鍾 萬
發行處 (株) 博 英 社
서울特別市 鍾路區 平洞 13-31番地
電話 (733)6771 FAX (736)4818
登錄 1959. 3. 11. 제300-1959-1호(倫)

www.pakyoungsa.co.kr e-mail: pys@pakyoungsa.co.kr

定 價 34,000원 ISBN 978-89-7189-729-4